SFV

ARTHUR RUBINSTEIN

Erinnerungen

DIE FRÜHEN JAHRE

S. FISCHER

Autorisierte Übersetzung aus dem Englischen
von Günther Danehl
Textredaktion: Claudia Mertz-Rychner

21.-30. Tausend

Die amerikanische Originalausgabe erschien 1973 unter dem Titel
»My young years« bei Alfred A. Knopf Inc., New York
Das Register wurde von Knut Beck angelegt
Umschlagentwurf: Eberhard Marhold
Umschlagfotos: Vorderseite RCA - Teldec, Hamburg;
Rückseite Photothèque Ed. Robert Laffont, Paris
Satz und Druck: Georg Wagner, Nördlingen
Einband: G. Lachenmaier, Reutlingen
Printed in Germany 1973
ISBN 3 10 067601 7

Für Nela,
seit vierzig Jahren meine Frau und meine Freundin,
die mich ermutigte,
dieses Buch zu schreiben,
und die so großartiges Verständnis zeigt
für die Abenteuer meiner frühen Jahre

Ein Wort zuvor

Ich habe nie Tagebuch geführt, und selbst wenn ich es getan hätte, wären die Tagebücher mit all meiner sonstigen Habe im Verlaufe zweier Weltkriege verloren gegangen. Zum Glück besitze ich ein ungewöhnlich gutes Gedächtnis, das mir erlaubt, mein Leben beinahe Tag für Tag noch einmal zu durchleben.
Mit dieser Bemerkung möchte ich mich beim Leser dafür entschuldigen, daß ich ihm diese kunstlose Schilderung der Mühen und Irrtümer, der Abenteuer, aber auch der wundersamen Schönheit und Seligkeit meiner Jugendjahre vorsetze – so wie sie gewesen sind.

ARTHUR RUBINSTEIN

ERSTER TEIL

Kindheit in Polen

Kapitel 1

Mein Leben danke ich Tante Salomea; acht Jahre nach der Geburt ihres letzten Kindes, des sechsten, wollten meine Eltern auf keinen Fall noch eines, und hätte meine Tante Salomea Meyer sich nicht so leidenschaftlich für das Ungeborene ins Zeug gelegt, mein Eintritt in dieses Jammertal wäre wohl verhindert worden.

Ich bin in Polen geboren, diesem ewigen Schlachtfeld Europas, so oft gewaltsam geteilt und nie sich des Friedens erfreuend. Die Polen haben einfach Pech, weil ihre Vorfahren, die Sarmatier, als sie aus Asien kamen, um ein Plätzchen an der Sonne zu suchen, den Fehler machten, sich an einem ungeschützten Ort zwischen den beiden Friedensstörern Rußland und Deutschland anzusiedeln.

Polen ist flach, ein Land der Ebenen und der Wälder, durchflossen von wenigen Strömen, die Weichsel bildet seine Hauptader, im Süden wird es von einer schönen Gebirgskette begrenzt. Nirgends kann es mit Sensationen aufwarten. Seine Städte waren zu meiner Zeit altmodisch und bescheiden, denn alle hatten unter den Nachwirkungen von Kriegen und Aufständen zu leiden; die Dörfer waren primitiv, die Straßen schlecht, die Menschen arm.

Ich liebe mein Heimatland, aber nicht als Patriot, nicht als Chauvinist. Aus meinen Erinnerungen geht hervor, wie wenige Jahre meines Lebens ich in Polen zugebracht habe. Doch die Liebe zu Polen ist tief in mir verwurzelt, Politik hat nichts damit zu schaffen, auch nicht die Art, wie meine Landsleute mich behandelt haben; die Wurzeln müssen bis in mein Nervensystem reichen. Alles Polnische hat für mich einen unwiderstehlichen Zauber und weckt Heimweh. Suche ich in meinen Erinnerungen und in meinen Eindrücken nach der Quelle dieses Zaubers, so möchte ich sagen, sie entspringt dem Wahren,

Wirklichen, Authentischen. Authentisch sind beispielsweise die Jahreszeiten. Sie sind unverwechselbar, sie sind, was eine Symphonie sein soll: vier vollkommene Sätze in enger Harmonie verbunden. Nichts an ihnen ist unklar. Während ihrer kurzen Dauer entwickelt jede Jahreszeit die ihr eigene Schönheit zum reinsten Ausdruck und ruft so im Menschen die tiefsten Gefühle wach. Der polnische Nobelpreisträger Wladyslaw Reymont schildert in seinem Roman »Chlopi« – »Bauern« – sehr anschaulich, wie das Leben der Bauern, ihre Leidenschaften und Hoffnungen, ihre Freude und ihr Kummer von den Jahreszeiten bestimmt werden. Ich habe eine Vorliebe für den polnischen Herbst mit seinem sanften, melancholischen Licht, wenn die Landschaft in allen nur erdenklichen Abtönungen von Gold, Braun und Gelb den natürlichen Hintergrund zu Chopins schönsten Nocturnes abgibt.

Und die Wälder, die eigens gemacht scheinen, als Kulisse für Märchen zu dienen! Die Felder, auf denen goldener Weizen sanft im Winde wogt! Nie habe ich sie betrachten können, ohne daß es mir den Hals zuschnürte. Blumen und Früchte? In anderen Ländern sind sie vielleicht üppiger, verfeinerter, sie werden dort mit mehr Sorgfalt kultiviert, doch bei uns stammen ihr Duft, ihr Aroma, ihre Süße unmittelbar von der Natur, alles wächst zum eigenen Vergnügen. Sogar die Menschen wirken authentisch: Der Adlige, der Bauer, der Jude, der Priester, die Dame, die Hure, der Arbeiter, der Student, einer wie der andere zeigen sich als was sie sind, unverwechselbar. Und auf dem Lande gibt es heute noch die traditionellen bunten Bauerntrachten.

Als ich geboren wurde, umfaßte meine Heimat nur ein Drittel des in Wahrheit polnischen Landes. Von drei schlauen Herrschern – von Friedrich II. von Preußen, »dem Großen«, der berüchtigten Zarin Katharina II., bedeutungsvoll ebenfalls »die Große« genannt, und Kaiserin Maria Theresia von Österreich – war Polen in einem verwerflichen Abkommen in drei Teile geteilt worden: Der Nordosten mit der Hauptstadt Warschau wurde zum sogenannten Königreich Polen, wobei der Zar sich den Titel eines Königs von Polen beilegte. Der Nordwesten mit Posen als Hauptstadt ging an Preußen, und aus dem Süden machten die Österreicher ihre Provinz Galizien mit der alten polnischen Hauptstadt Krakau; die Provinzialverwaltung saß in Lemberg. Meine Eltern lebten nahe von Warschau in Lodz, unter russischer Herrschaft. Das war die jüngste, aber bereits zweitgrößte Stadt Polens. Um die Mitte des 19. Jahrhunderts kamen auf Einladung von Zar Nikolaus I., der hier Woll- und Baumwollspinnereien ansiedeln wollte, schlesische Weber in dieses winzige Nest, dessen Name Lodz soviel wie ›Kahn‹ bedeutet – eine unpassende Bezeichnung, denn weit und breit war kein Fluß zu sehen. In die damals noch kleine Stadt strömten also Hunderte von Handwerkern, eröffneten ihre Werkstätten und riefen schon bald eine blühende Industrie ins Leben. Angezogen von diesem vielversprechenden neuen Wohlstand kamen Juden aus dem ganzen Land in die junge Stadt. Bald schon hatten sie ihren deutschen Lehrmeistern alle Fertigkeiten abgeschaut und ahmten sie nach. Diese beiden Gruppen wetteiferten erbittert miteinander, Fabriken schossen aus dem Boden wie Pilze, im Handumdrehen entstanden Wohnhäuser, Hotels, Theater, Kirchen und Synagogen. Mit ganz Rußland und einem guten Teil Asiens als Markt, entwickelte sich Lodz zum bedeutendsten Industriezentrum des Zarenreiches nach Moskau.

Die einheimischen Polen nahmen die sich hier bietenden Gelegenheiten kaum wahr. Das Geschäftsleben lockte sie wenig; sie beschäftigten sich lieber mit Landwirtschaft, Naturwissenschaften und Kunst. Doch in die Fabriken strömten Tausende von Bauern zur Arbeit, und so kam das Paradox zustande, daß Lodz im Herzen Polens wie eine fremde Stadt wirkte.

Mein Großvater Heyman gehörte zu den ersten, die ihr Glück in der neuen Stadt versuchten; es gelang ihm, und er zog acht Töchter auf und zwei Söhne – meine Mutter war die älteste. Mein Vater stammte aus Pultusk, einer Stadt im Norden. Bald nachdem er eine Handweberei eröffnet hatte, heiratete er meine Mutter. In rascher Folge wurden ihm sechs Kinder geboren, drei Töchter und drei Söhne, und dann, nach einer Pause von acht Jahren, zog ich, am 28. Januar 1887, die Glocke am Tor zum Leben, ein arg verspäteter und recht unwillkommener Gast. Es wurde meiner Mutter sehr schwer, mich in diese Welt zu befördern, so erzählte man mir, doch nichts konnte mich daran hindern, einen brillanten ersten Auftritt zu geben. Aus irgendwelchen sentimentalen Erwägungen wollte man mich Leo nennen, doch mein damals acht Jahre alter Bruder Ignǎcy lehnte das entschieden ab. »Artur soll er heißen«, bestimmte er, »wie Artur Goldsobel (ein Nachbarssohn), der spielt so schön Geige, vielleicht wird er dann auch ein großer Musiker!« Also nannte man mich Artur – Arthur ist die englische Schreibweise.

Wir bewohnten eine geräumige, helle Wohnung in der Piotrkowska ulica, der Hauptstraße, und ich wurde Thekla anvertraut, einer Amme, die mich hingebend liebte, später jedoch bei Diebereien ertappt und ins Gefängnis gesetzt wurde. Lange Zeit fürchtete ich, mit ihrer Milch auch diese kriminelle Neigung in mich gesogen zu haben, doch erwies sich das als Irrtum: ich habe nie gestohlen – jedenfalls bislang nicht!

Mein erster musikalischer Eindruck war das Klagegeheul mehrerer hundert Fabriksirenen, welche die Arbeiter zu nachtschlafender Zeit aus den Betten trieben. Aus dem Fenster sah ich morgens um sechs massenweise Männer und Frauen zur Arbeit ziehen. Mittags schickte das gleiche Geheul sie in die Essenspause, um eins rief es sie wieder an die Arbeit und um fünf, wenn ich mich recht erinnere, entließ es sie zum Feierabend. Ein vergnüglicheres Musikprogramm boten Zigeuner, die mit ihren buntgekleideten Äffchen im Hofe sangen und tanzten, wozu ein sogenannter Orchestermann gleichzeitig mehrere ausgefallene Instrumente spielte. Sodann hörte ich die Rufe der jüdischen Kleiderhändler und der russischen Eisverkäufer, polnische Bäuerinnen priesen Eier, Gemüse und Obst an. Alle diese Geräusche fand ich herrlich; zwar weigerte ich mich rundheraus, auch nur ein einziges Wort zu sprechen, doch war ich gerne bereit, jedes Geräusch singend nachzuahmen, was meine Angehörigen als höchst sensationell empfanden. Daraus entwickelte sich eine Art Sport, jedermann versuchte, mir Volkslieder beizubringen. Immerhin lernte ich so, die Menschen nach ihrer Melodie zu unterscheiden.

»Wer hat dir diesen Kuchen mitgebracht?«, fragte meine Mutter etwa, und ich erwiderte singend: »Ah, ah, ah, ah.« »So, die Tante Lucia also«, sagte darauf meine Mutter befriedigt. Es gab ein Gebäck, mazurki genannt, und wenn ich mir das wünschte, summte ich eine bekannte Mazurka. So spielte ich denn zwei Jahre lang den Papagei, bis ein bedeutsames Ereignis mein Leben ganz und gar änderte. Meine Eltern kauften ein Klavier, und meine Schwestern Hela und Jadwiga nahmen Unterricht. Das Erscheinen dieses göttlichen Instrumentes überwältigte mich. Das Wohnzimmer war hinfort mein Paradies, und ich war nur schwer von dort zu entfernen.

Da ich mich nur mit Brüllen und Weinen sträuben konnte, tat ich beides ausgiebig. Meine älteste Schwester hatte sich damals verlobt, und das Klavierspiel sollte ihrer Bildung den letzten Schliff verleihen; allerdings nahm sie die Stunden nicht recht ernst. Aber ich! Jedes Wort, jede Bemerkung der dicklichen Mme. Kijanska, Jadwigas Lehrerin, fand in mir den aufmerksamsten Zuhörer, und oh! welche Lust, wenn sie Jadwiga für eine falsch gespielte Note einen Klaps versetzte! Manchmal spielte sie auch selber, und wenn dann sie einen Fehler machte, versetzte ich ihr einen Klaps. Halb im Spaß und halb im Ernst lernte ich die Bezeichnung der Klaviertasten und konnte schon bald mit dem Rücken zum Klavier angeben, aus welchen Noten sich ein beliebiger Akkord zusammensetzte, und sei er noch so dissonant. Danach war es ein Kinderspiel, die Tücken der Tastatur zu meistern, und bald schon war ich imstande, erst mit einer Hand, dann mit beiden jede Melodie wiederzugeben, die mir zu Ohren kam. Manchmal übernahm ich bei Stücken zu vier Händen den Part meiner Schwester und hielt auch mit Stolz im richtigen Moment inne, um die Seite zu wenden, womit ich glauben machen wollte, ich spielte nach den Noten.

Das alles machte selbstverständlich großen Eindruck auf die Familie. Ich muß hier eingestehen, daß keiner in unserer Familie, eingeschlossen die Großeltern und sämtliche Onkel und Tanten, auch nur die geringste musikalische Begabung hatte. Daß ich ihnen unübersehbare Beweise eines Talentes lieferte, stimmte sie anfangs vergnügt; später verwirrte es sie. Mein Vater hatte eine recht snobistische Vorliebe für die Geige; er fand sie menschlicher als das Klavier, auch distinguierter. Dabei spielte wohl der Erfolg eine Rolle, den das eine und das andere Wunderkind sich erfiedelt hatte. Er schenkte mir daher eine Geige, die ich prompt in Stücke haute, wofür er mich durchbleute. Ein weiterer Versuch, mir die Überlegenheit des edlen Saiteninstrumentes vor Augen zu führen, scheiterte ebenfalls. Mich verlangte nach Polyphonie, nach Harmonien, nicht nach dem dünnen Ton der Violine, die so oft verstimmt ist und stets eines Begleiters bedarf.

Es ist erstaunlich, wie klar ich diese Zeit noch vor mir sehe. Ich könnte einen Plan unserer Wohnung zeichnen; ich erinnere mich genau, mit welchem Getöse meine stets verspäteten Geschwister sich auf den Weg in die Schule machten, nachdem Mutter und das Hausmädchen Berge von Pausenbroten geschmiert hatten. Sie brüllten und trampelten, sie zankten und vergaßen immer etwas, es war wie der Aufbruch einer Armee in den Krieg, und dann – völlige Stille, ich blieb mit meinem Klavier allein.

Ich erinnere mich auch noch genau eines Stiefels, eines schmutzigen, stinkenden Schaftstiefels. Er gehörte einem Mann, der meinen Brüdern bei ihren Schularbeiten half und der beim Überschlagen der Beine einen Stiefel sehr hoch zu halten pflegte; mir wurde speiübel davon.

Als die Familie entschied, es müsse mit meinem Talent etwas geschehen, war ich dreieinhalb Jahre alt. Mein Onkel Nathan Follman, der gut deutsch sprach, schrieb an den damals berühmtesten Geiger, Joseph Joachim, den Direktor der Königlichen Musikhochschule von Berlin. Der Onkel schilderte ihm alle meine Fähigkeiten und bat um Rat, wie solche Gottesgaben zu behandeln seien. Professor Joachim antwortete sehr gütig: Nichts solle unternommen werden, bevor ich sechs Jahre alt sei, sodann aber möge man mich einem guten Lehrer übergeben. »Falls Sie mit dem Kind nach Berlin kommen könnten, würde ich es mir gerne ansehen«, fügte er hinzu. Dieser Brief rief in der Familie erhebliche Aufregung hervor . . . der große Joachim interessiert sich für unseren kleinen Arthur.

Man überlegte hin und her und beschloß endlich eine Reise nach Berlin. Meine Schwester Jadwiga – Jadzia genannt – war, wie gesagt, verlobt, und zwar mit dem sehr tüchtigen Wollhändler Maurycy Landau, einem schlanken, dunklen, gutaussehenden Typ, der den Weg zu ihrem Herzen nicht zuletzt dadurch gefunden hatte, daß er mich mit teurem Spielzeug überschüttete. Die Eltern wollten die Aussteuer für ihre älteste Tochter in der deutschen Hauptstadt anfertigen lassen, und so bot sich die denkbar beste Gelegenheit: Ich durfte meine Mutter und meine Schwester auf dieser Reise begleiten.

Wenig später brachen wir auf. Von der Reise ist mir die deutschrussische Grenze in Erinnerung, die wir mitten in der Nacht passierten. Unheimliches Glockenläuten riß uns aus dem Schlaf, meine Mutter gebot uns ängstlich Ruhe, dann herrschte Totenstille, und es erschienen drei bärtige, russische Gendarmen, bewaffnet mit Pistole und Säbel, Sporen klirrten an ihren Stiefeln. Sie verlangten unwirsch unsere Pässe. Damals brauchte man in Europa nur für Rußland und die Türkei einen Paß. Ich fürchtete mich entsetzlich und sah uns schon am Galgen – eine nervöse Angst, die ich jetzt noch beim Überqueren der russischen Grenze verspüre.

In Berlin wohnten wir bei meiner Patentante Salomea Meyer, wo ich mich gleich zu Hause fühlte. Bleibende Eindrücke dieses Aufenthaltes waren nur die Straßenbahn, die Fahrstühle, das mosaikartig verlegte schwarz und weiße Pflaster der Fußwege, die Sauberkeit von Straßen und Fassaden, und vor allem das Fehlen der Fabrikschlote und Sirenen. Zum ewigen Gedenken an diesen ersten Besuch in Berlin wurde eine Photographie gemacht, auf der ich, im Alter von vier Jahren, zu sehen bin mit meiner hübschen Base Fanny Meyer.

Eines Morgens brachte man mich vor Professor Joachim, der uns in seinem Arbeitszimmer erwartete. Der Meister war damals um die sechzig, recht stämmig, das Gesicht von einer grauen Künstlermähne fast verdeckt, der Vollbart rund gestutzt, darüber ein Schnauz- und Backenbart und dicht wuchernde Brauen. Selbst aus den großen Ohren quoll reichlich Haar. Anfangs erschreckte mich seine hohle, dröhnende Stimme, doch der liebevolle Blick seiner Augen beschwichtigte mich sogleich. Joseph Joachim achtete nur wenig auf meine Schwester und ihre umständliche Schilderung meiner Talente. Er wollte sich selber ein Bild machen, und da er Wunderkindern mißtraute, prüfte er mich so gründlich wie ein Arzt seinen Patienten.

Ich mußte die Noten so manchen tückischen Akkordes angeben, den er auf dem Klavier anschlug, und noch auf vielerlei Art mein absolutes Gehör beweisen. Sodann ließ er mich, nachdem er mir es vorgesungen, das wunderschöne zweite Thema aus Schuberts Unvollendeter Symphonie nachspielen, die passenden Harmonien dazu erfinden und dann das ganze in eine andere Tonart transponieren.

Nachdem dies alles zu seiner Zufriedenheit geschehen war, hob Professor Joachim mich auf, küßte mich und reichte mir ein großes Stück Schokolade. Zu Jadwiga und meiner Mutter sagte er: »Dieser Knabe kann ein bedeutender Musiker werden – jedenfalls hat er das Talent dazu. Lassen Sie ihn gelegentlich guten Gesang hören, aber drängen Sie ihm Musik nicht auf. Sobald die Zeit für ein ernstes Studium gekommen ist, bringen Sie ihn mir, ich will gern seine künstlerische Ausbildung beaufsichtigen.«

Wir dankten dem Meister für seine große Güte und gingen beglückt von dannen. Als vierzehn Tage darauf Jadwigas Aussteuer fertig war, kehrten wir heim nach Lodz, wo ein herzlicher Empfang uns erwartete. Die Familie hörte entzückt, daß mir eine große Zukunft bevorstehe, die ganze Stadt war beeindruckt von Joachims hoher Meinung über mich, selbst die Presse brachte begeisterte Berichte über unseren Berliner Aufenthalt. Mir kam es allerdings unsinnig vor, wenn man so viel Aufhebens davon machte, daß ich Melodien nachspielen oder die Zusammensetzung von Akkorden bestimmen konnte, während derart mutige Leistungen wie das Herabspringen von der dritten Treppenstufe oder der Sieg über andere Jungen im Wettlauf gar nicht gewürdigt wurden.

Jadzia wurde daheim getraut. Es war eine wunderschöne jüdische Hochzeit. Für den nachfolgenden Ball hatte die Familie vier oder fünf Musiker verpflichtet. Von deren musikähnlichem Lärm angeregt, erkletterte ich einen Stuhl, übernahm die Rolle des Dirigenten und gestikulierte so heftig, daß ich zu Boden fiel. Eine Beule am Kopf und eine blutende Nase machten deutlich, daß ich nicht zum Dirigenten geboren war.

Kapitel 2

Mein Vater kaufte ein Haus, in dem wir die eine Hälfte des zweiten Stockwerkes bewohnten und die andere Hälfte die Großeltern Heyman. Dank der Nachbarschaft wurde die Verbindung zwischen uns und der vielköpfigen Familie meiner Mutter noch enger. Die alten Heymans waren streng orthodoxe Juden. Die Tradition verlangte, daß die Kinder sich freitags um den Patriarchen sammeln, und so begingen wir in unserem Hause stets feierlich den Sabbat.

In diesem Haus nahm mein Leben eine Wendung durch das Erscheinen eines liebreizenden kleinen Mädchens mit Namen Noemi, einer Base in meinem Alter. Sie wohnte nebenan und war das Adoptivkind meiner Tante Frandzia, einer der drei kinderlosen Schwestern meiner Mutter. Noemi glich einem von Raffael gemalten Engel. Das runde Gesicht krönten goldene Locken, die blauen Augen strahlten in einem unirdischen Ausdruck, die Haut war weich und wunderschön, ihr Naturell lieb und gut. Wir liebten einander glühend und waren bald unzertrennlich. Daß sie ihre Mutter bei der Geburt verloren und daß ihr Vater, mein Onkel Paul Heyman, ein zweites Mal geheiratet hatte, weckte in mir die Überzeugung, daß ich für sie sorgen müsse.

Tante Frandzia betete die Kleine an, und da ihr Gatte wohlhabend war, machte sie Noemi und damit indirekt auch mir das Leben sehr angenehm. Zwei helle, ineinandergehende Zimmer, ausgestattet mit dem schönsten Spielzeug, waren unser Reich; ein Kindermädchen überwachte uns dort und führte uns spazieren; die Mahlzeiten nahmen wir abwechselnd bei meinen Eltern oder bei meiner Tante ein. Noemi – ich nannte sie Nemutka – spielte am liebsten Mann und Frau mit mir. Sie gehorchte mir blind, überließ mir die schmackhaftesten Bissen und weinte bereitwillig, wenn sie mich in Nöten glaubte. Mein Klavierspiel verschlug ihr vor Entzücken den Atem. Wir waren die glücklichsten Kinder der Welt.

Zwei Jahre vergingen wie im Traum, Jahre unbeschwerten Kinderglücks. Waren wir müde vom Spiel, ließen wir uns von Noemis Kindermädchen Märchen vorlesen, doch bald schon dachten wir uns eigene Geschichten aus, und bei immer wachsender Zuneigung erschien uns das Leben selbst mehr und mehr wie ein Märchen. Zu meinem Glück hat sich dieses Gefühl dem Leben gegenüber bei mir nie gewandelt. Lodz war eine denkbar ungesunde und unhygienische Stadt, weder gab es Anlagen und Grünflächen, noch gab es Alleen oder Spielplätze. Es gab überhaupt nichts von alledem, was für das Wohlbefinden von Kindern nötig ist. Die Luft war gesättigt mit Abgasen der chemischen Industrie, Heizungsqualm schwärzte den Himmel, und unser Spaziergang durch die überfüllten Straßen der Stadt brachte keine Erholung.

Nachts wurde alles noch schlimmer. Da jegliche Kanalisation fehlte, karrte man bei Dunkelheit die Fäkalien in einer Wolke unerträglichen Gestankes mit Jauchewagen durch die Straßen.

Noemi und ich sahen alle diese Nachteile mit ganz anderen Augen. Wir liebten Lodz. Die Fabriken waren für uns Burgen mit ragenden Türmen; russische Polizisten waren Menschenfresser, und die Straßenpassanten verkleidete Prinzen und Prinzessinnen.

Daheim stellte ich die Szenen aus unserem Alltag am Piano dar. Den größten Erfolg brachte mir die Nachahmung eines Zankes zwischen Großmutter und ihrer Köchin. Ein Tremolo im Baß ließ den nahenden Sturm ahnen, dann zankten zwei Stimmen in keifendem Crescendo, und unverhofft machte ein Akkord dem Drama ein Ende.

Die Eltern nahmen mich mit in die Oper. Eine italienische Wandertruppe gab »Aida«. Sänger und Ausstattung beeindruckten mich stark, doch beim ersten Forte der Posaunen stieß ich ein Angstgeschrei aus und mußte eilends heimgebracht werden. Noch lange danach habe ich den Ton der Posaunen nicht ertragen.

Mit dem ersten Konzert, das ich anhören durfte, hatte ich viel mehr Glück. Drei vorzügliche Musiker, Zaijc, Max Pauer und Heinrich Grünefeld, spielten Trios von Beethoven und Schubert und enthüllten mir damit den Zauber der Kammermusik. Später hörte ich auch den Pianisten Joseph Sliwinski, war aber noch zu klein, um sein Spiel schätzen zu können.

In der Stadt gab ein Wunderkind sein Konzert und hatte großen Erfolg: Es war der Geiger Bronislaw Huberman, damals zwölf Jahre alt. Sein Spiel entzückte mich, und die Eltern luden ihn zu uns nach Hause ein. Hier spielten wir füreinander, und er behandelte mich ganz reizend. Wir sind bis zu seinem Tod befreundet geblieben.

Das größte Ereignis jener Tage bildete das Auftreten eines Symphonieorchesters in Lodz, Dirigent war der Holländer Julius Kwast. Man spielte die erste Suite aus Griegs »Peer Gynt«, die mich so packte, daß ich sie, heimgekehrt, zum Erstaunen der Familie fast vollständig auf dem Klavier wiedergeben konnte. Auch Kwast besuchte uns, er hörte mich spielen und meinte, es sei an der Zeit für mich, Klavierstunde zu nehmen. Dieser Rat wurde denn auch sogleich befolgt.

Meine erste Lehrerin war eine Frau Pawlowska, typische Vertreterin der alten Schule, die vor allem darauf acht gab, daß ich die Ellenbogen beim Spielen eng an den Leib gepreßt hielt und die Münze nicht verlor, die sie mir auf die Hand legte, wenn ich mit den Tonleitern begann.

Nach drei Monaten ergebnislosen Ringens mußte sie ihre Niederlage eingestehen, und man vertraute mich Herrn Adolf Prechner an, einer sonderbaren, einigermaßen dämonischen Persönlichkeit. Sein Gesicht war voller Pockennarben, er trug einen buschigen gelblichen Schnurrbart, und entweder flüsterte er unhörbar leise oder er brüllte. Doch seine Sache verstand er. Ich machte in kurzer Zeit erhebliche Fortschritte bei ihm und konnte schon bald Stücke von Mozart, Mendelssohn und Bach spielen.

Eines Vormittags kam mein Vater mit einer Schreckensmiene ins

Zimmer und schwenkte die Zeitung. »Weißt du schon, wer gestorben ist, Artur?« fragte er mit tragischer Betonung. Verängstigt brach ich in Tränen aus. »Anton Rubinstein«, murmelte er. »Damit ist deine Zukunft zunichte gemacht!« Offenbar war es seine Absicht gewesen, mich unserem berühmten Namensvetter zu präsentieren, dem damaligen Direktor des kaiserlichen Konservatoriums zu St. Petersburg, und dessen vorzeitiges Hinscheiden durchkreuzte alle seine Hoffnungen und Pläne. Welche Folgen dieser Verlust für mich haben konnte, war mir damals nicht klar. Erst jetzt weiß ich, daß meine Karriere einen ganz anderen Verlauf hätte nehmen können, falls Anton Rubinstein noch ein paar Jahre am Leben geblieben wäre.

Eine Abordnung mehrerer Wohlfahrtsvereine sprach bei den Eltern vor: Ob ich in einem öffentlichen Konzert zu einem wohltätigen Zweck auftreten dürfe? Das war nicht leicht zu entscheiden. Ich war keine sieben Jahre alt, Herr Prechner mußte konsultiert werden. Er stimmte zu, und wir stellten sogleich ein Programm für mein erstes Auftreten als Konzertpianist zusammen.

Das Konzert sollte am 14. Dezember 1894 stattfinden. Am Morgen dieses Tages herrschte im Hause große Aufregung, ich allerdings war gelassen und glücklich. Noemi hatte mir ein wunderhübsches Geschenk überreicht, und anschließend hatte ich meinen bildschönen schwarzen Samtanzug mit weißem Spitzenkragen anprobiert. Ich kam mir darin sehr bedeutend vor.

Das Konzert war großartig. Eine junge Dame spielte das Violinkonzert von Mendelssohn, ein Mann sang etliche Lieder, danach war ich an der Reihe. Da ich zuvor im Künstlerzimmer eine riesengroße Bonbonniere gesehen hatte, spielte ich meine Mozartsonate und zwei Stücke von Schubert und Mendelssohn in bester Stimmung und wurde durch den lebhaften Beifall eines Publikums belohnt, das in der Hauptsache aus meinen Verwandten und deren Bekannten bestand sowie aus den musikinteressierten Juden und Deutschen von Lodz. Noemi war sehr stolz auf mich, und das erfüllte mich mit Freude.

Vierzehn Tage später wurde ich eingeschult – selbstverständlich in eine russische Schule, polnische Schulen waren verboten. Man lehrte uns, die Titel des Zaren und seiner Verwandten herunterleiern: »Seine kaiserliche Majestät, Herrscher aller Reußen, König von Polen, Großherzog von Finnland usw., usw.« Danach sang man die russische Nationalhymne. Ich verabscheute das alles, das aufgezwungene Fremde war mir verhaßt. Daheim sprachen wir polnisch, ich fühlte mich als Pole. Es ist sonderbar, doch die fremde Atmosphäre der Schule brachte mir erstmals zu Bewußtsein, daß ich Polen liebte, daß ich zu ihm gehörte. Nachmittags hatte ich zusammen mit meiner Schwester Frania polnischen Unterricht, und diese Stunden machten mir großen Spaß.

Ein Jahr verging gleichmäßig und eintönig, bis ich eines Abends ganz überraschend zu Jadwiga gebracht wurde, ich sollte dort übernachten. Ich hatte Noemi zwei Tage nicht gesehen – weil sie krank war, wie man mir sagte. Da stimmt doch etwas nicht, dachte ich bei mir, aber man wich meinen Fragen aus. »Du darfst nicht zu ihr«, hieß es, »es geht ihr nicht gut.« Dazu machten sie sehr ernste Gesichter.

Die nächsten Tage waren qualvoll, man benahm sich höchst sonderbar gegen mich, flüsterte in meiner Gegenwart, ging mir aus dem Weg. Ich kam mir vor wie ein von seinem Herrn im Stich gelassener Hund. Eines Nachmittags erschien Jadwiga in Tränen aufgelöst, und als sie mich erblickte, verlor sie völlig die Fassung. Ich ahnte, was geschehen war, Nemutka lebte nicht mehr, meine kleine Nemutka war tot! Jadwiga sagte mit erstickter Stimme: »Noemi ist auf eine lange Reise gegangen«, wozu ich töricht und gläubig lächelnd nickte. Ich konnte es nicht ertragen ... wollte nichts erfahren ... mußte unbedingt allein sein.

Es gibt ein herrliches polnisches Wort, zal heißt es und ist unübersetzbar. Es bedeutet Trauer, Wehmut, Heimweh, Verletztsein, und ist doch etwas anderes. Wenn der Wolf im Herzen heult, so unerträglich, daß man glaubt, das Herz bräche einem: Das ist zal.

Am nächsten Morgen ging mein Vater mit mir spazieren. »Weißt du, Artur«, begann er, doch ich unterbrach ihn rasch. »Ja, ich weiß, sie ist fort, aber sie wird wiederkommen.« Meine Kindheit war zu Ende, jetzt wurde ich ein Knabe.

Erst Jahre später ertrug ich es, darüber zu sprechen, Einzelheiten von dem Scharlach zu erfahren, der sie mir genommen hatte. Meine süße kleine Nemutka, gewiß ist sie ein Engel, falls es welche gibt.

Jetzt kam für mich eine üble Zeit. Ich wurde gereizt und ungehorsam, mochte nicht essen, ging allen aus dem Weg, prügelte mich mit den Mitschülern. Niemand brachte es zuwege, daß ich mich zum Vergnügen ans Klavier setzte. Ich übte täglich meine Tonleitern, doch ohne Überzeugung. Einzig das Kartenspiel mit meinem kranken Großvater machte mir Spaß; er lehrte mich die verzwicktesten Sachen.

Ich mochte mich mit dem Verlust meiner kleinen Freundin nicht abfinden; ich empfand einen unstillbaren Zorn, einen Widerwillen, einen Groll auf irgendwen oder irgendwas – ich wußte nicht was oder wen. Als ich eines Nachts schlaflos lag, wußte ich plötzlich: Gott war es. Gott, zu dem mein Großvater so inbrünstig betete und der, wie er versicherte, allwissend ist und allmächtig, der unser verborgenstes Geheimnis kennt, uns behütet und immer das Richtige tut. Wie, so fragte ich mich, kann Er dann etwas so Grauenvolles und Ungerechtes tun? Er muß sie doch einfach aus Unachtsamkeit vergessen haben, doch das, so heißt es, ist ausgeschlossen! Ein heftiges Verlangen packte mich. Ich mußte herausfinden, ob es Ihn wirklich gab, ob Er von meinem Zweifel wußte – ja, das mußte ich wagen, und koste es mein Leben. Und, kleiner Knabe, der ich war, saß ich aufrecht im Bett, hielt den Atem an und dachte mit Todesangst im Herzen diese schrecklichen Worte: Gott ist ein Narr! Ich erwartete sein sofortiges Erscheinen, einen tödlichen Schlag, zumindest grollenden Donner: Es geschah nichts. Ich sprach diese grauenhafte Beleidigung nunmehr laut aus, und wieder geschah nichts. Nacht für Nacht wiederholte sich dieser Auftritt, und meinen Nerven bekam das gar nicht.

In der Schule war ich unglücklich, es wurde alles mechanisch eingebleut, mit dem Herzen konnte ich nicht dabei sein. Immerhin lernte ich Russisch und auch Deutsch, das ringsumher gesprochen wurde, eingerechnet die polnische Muttersprache also drei Sprachen.

Die politische Lage in Rußland war damals durch Unruhen gekennzeichnet. Die unzufriedenen Arbeiter hörten eifrig auf die Theorien der Sozialisten, wie sie ihnen durch Angehörige der sogenannten Intelligenzija nahegebracht wurden, Studenten und Schüler zumeist. Da es angesichts der immer besseren Organisation der revolutionären Bewegungen zunehmend schwieriger wurde, diese Propaganda zu bekämpfen, machte die russische Geheimpolizei immer häufiger Gebrauch von den berüchtigten Provokateuren. Diese Agenten der Polizei drängten sich in friedliche Versammlungen und suchten bei erster Gelegenheit durch laute Verwünschungen des Zaren oder der Regierung oder auch durch das Abfeuern einer Pistole die Menge aufzuwiegeln, was dann für die uniformierte Polizei das Signal zum Eingreifen war, zum Dreinschlagen und zum Verhaften der ›Rädelsführer‹. Ich hatte das Unglück, eine derartige Szene mitzuerleben. Auf dem Heimweg von der Schule schaute ich mit einigen Mitschülern dem Leichenzug eines Arbeiters zu, wohl eines bekannteren Agitators. Hunderte folgten schweigend seinem Sarg. Plötzlich ein Schrei. Gendarmen sprengten säbelschwingend den Trauerzug auseinander und hieben auf die Leute ein. Voller Angst flüchteten wir in den nächstgelegenen Hauseingang. Das Trauergefolge hob die Verletzten auf und wollte sich zerstreuen; als die Polizei von neuem angriff, wandten sich die Trauernden nunmehr wütend gegen ihre Unterdrücker. Und da geschah etwas Schreckliches. Aus einer Seitenstraße stürmte, Nagaikas schwingend, eine Abteilung Kosaken (wir nannten sie Kosaken, in Wahrheit waren es Mongolen aus Sibirien). Auf kleinen Araberpferden, die Kappe keck auf einem Ohr, warfen sie sich wie rasend auf die Menge, schlugen unbarmherzig auf jeden ein, und als die verzweifelt schreienden Opfer um ihr Leben liefen, gingen die Kosaken auf harmlose Zuschauer los, meist alte Juden im Kaftan, und mißhandelten sie grausam. Dann zertrümmerten sie Schaufenster. Blut floß über die Straße.

Als alles vorbei war, gingen wir heim, den Tod im Herzen, im Gedächtnis unauslöschlich die Bilder des Grauens.

Eines Nachts verschied mein lieber alter Großvater Heyman. Er war lange krank gewesen, nun starb er still im Schlaf. Die traditionelle jüdische Totenklage weckte mich. Es kamen alle Verwandten in Trauerkleidung, sie hatten Tränen in den Augen, sie sprachen mit gedämpfter Stimme, liefen hierhin und dorthin und trafen alle Vorbereitungen für das Begräbnis. Wiederum tat ich, als begriffe ich nichts, hörte auch keine Erklärung an. Ich verabscheute den Tod und hatte furchtbare Angst vor ihm. Bei meinen Mitschülern erkundigte ich mich, wie die verschiedenen religiösen Bekenntnisse es mit den Verstorbenen hielten. Ich wollte nicht begraben werden, sondern in einem durchsichtigen Sarg auf einem hohen Katafalk in einem luftigen Mausoleum aufgebahrt liegen.

Diese Grübelei beunruhigte meine Eltern, ebenso meine Abneigung gegen die Schule. Ich vernachlässigte das Klavier, Herr Prechner beschwerte sich über meine Unaufmerksamkeit und Trägheit. Nur am Lesen hatte ich Interesse. Ich las, was mir in die Hände fiel;

die Romane von Sienkiewicz, aber auch Jules Verne, Märchen, Geschichtliches und Biographien berühmter Männer waren meine Lieblingslektüre. Gedichte mochte ich nicht; sie kamen mir vor wie nachgemachte Musik, wie die armen Verwandten der Musik. Ich genierte mich, wenn ihre Form, ihre Kadenz und ihr Rhythmus sich nicht in Tönen, sondern in erhabener Rede ausdrückten. Sobald eine junge Anverwandte Gedichte aufzusagen begann – damals war so etwas beliebt –, bekam ich einen Lachkrampf und mußte hinausgehen.

Meine Eltern beschlossen, ich solle in Warschau die Schule besuchen.

Kapitel 3

Ich war froh, von Lodz wegzukommen. Unverzüglich wurde mit den Vorbereitungen begonnen, und eines Morgens reisten Mutter und ich nach Warschau ab. Wir erreichten es in nur drei Stunden Bahnfahrt, doch welch staunenswerter Gegensatz bestand zwischen diesen beiden Städten! Man gelangte aus dem Niemandsland ins Herz Polens. Mit Ergriffenheit sah ich zum ersten Mal die wirklichen Farben meiner Heimat. Wir stiegen im Hotel d'Angleterre ab, einem historischen Gebäude, Napoleon hatte hier auf dem russischen Feldzug eine Nacht verbracht. Die stattlichen, mit schönen alten Möbeln eingerichteten, von Kerzen erhellten Räume gefielen mir sehr, und auch die schweren großen Spiegel.

Nahe bei dem Hotel befand sich der von August dem Starken angelegte Sächsische Garten. Mit den prachtvollen Palästen der Adligen und dem alten Königsschloß wirkte Warschau sehr nobel. Auf den Straßen drängte sich fröhliches, übermütiges Volk – nichts kann den Polen die Lebensfreude nehmen. Die Frauen waren anziehend, lebhaft und elegant. Es lag eine unwiderstehliche Heiterkeit in der Luft dieser Stadt, und ich verlor sogleich rettungslos mein Herz an sie. Nur die Anwesenheit russischer Gendarmen kränkte mich, und mit Abscheu sah ich über den polnischen Inschriften jeweils die russischen. Am meisten jedoch verdrossen mich jene Denkmäler, die auf öffentlichen Plätzen irgendwelche russischen Siege verherrlichten oder einen polnischen Verräter ehrten.

Dazu fällt mir eine Anekdote ein. Der neuernannte russische Gouverneur einer polnischen Stadt versammelt die prominenten Bürger um sich und fordert sie höchst beredt auf, großzügige Spenden für ein Denkmal zu Ehren eines russischen Generals zu entrichten, der die jüngste polnische Erhebung niedergeschlagen hat. »Sie schulden es ihm«, schließt er, »ihm verdanken Sie, daß Sie wiederum Mütterchen Rußland und Väterchen Zar gehören.« Seine Zuhörer nicken trübsinnig und tragen sich in die Spendenlisten ein. Der eine zeichnet fünf, der andere zehn Rubel und so fort. Der Gouverneur strahlt: »Das wird man in St. Petersburg zu schätzen wissen. Ich danke Ihnen, meine Herren. Und nun werde ich das Geld einsammeln lassen.« »Geld? Wer spricht denn von Geld?« entgegnet ein angesehener Pole. »Wir wählen doch das Gefängnis. Fünf Rubel bedeuten zehn Tage, zehn Rubel bedeuten fünfzehn Tage . . .«

Meine Mutter meldete uns bei dem bedeutenden Pianisten Alexander Michalowski an, damals erster Klavierlehrer am Warschauer Konservatorium. Das Musikzimmer, in dem er uns empfing, wirkte wie ein Pantheon; Lorbeerkränze mit bunten Schleifen hingen zu Dutzenden herum. Das waren seine Konzerttrophäen, und ich begriff rasch, daß es bei den polnischen Virtuosen als fein galt, sie solcherart zur Schau zu stellen. Die Blätter der Kränze waren so dick verstaubt, daß sogar mein Spiel davon beeinträchtigt wurde: immer wieder mußte ich niesen oder husten. Professor Michalowski sprach dennoch einige aufmunternde Worte, meinte aber, ich sei zu jung für ihn; in einem Jahr etwa wolle er mich gerne wieder anhören. Fürs erste möge ich Professor Rózycki aufsuchen, der zahlreiche Unterrichtswerke für den angehenden Pianisten herausgegeben habe. Rózycki nahm mich ungesehen als Schüler an mit der Erklärung: »Wenn mein vortrefflicher Kollege Sie empfiehlt, reicht das aus.«

Ich wohnte nun bei Verwandten, einer Witwe Glass und ihrer Tochter Isabella, einem sehr hübschen jungen Mädchen. Doch die Wohnung, im dritten Stock eines schäbigen alten Hinterhauses gelegen, war alles andere als hübsch. In die dunkle, stickige Kammer, in der ich die nächsten Jahre verbringen sollte, wurde ein gemietetes Klavier gestellt. Als meine Mutter abfuhr, fühlte ich mich schrecklich allein, doch schon wenige Tage darauf vertrieb der Zauber Warschaus mein Heimweh.

Endlich hatte ich Gelegenheit, mit gleichaltrigen Jungen in dem wunderschönen Sächsischen Garten zu spielen, für mich ein ganz neues Vergnügen. Privatstunden in Polnisch interessierten mich brennend, und Frau Glass besaß einige verbotene polnische Geschichtsbücher, die ich leidenschaftlich verschlang, ebenso das dreibändige Epos von Sienkiewicz.

Eine seiner Novellen, »Hania«, regte mich zu einer Oper an, und ich ging begeistert an die Komposition. Das alles war höchst stimulierend – im Gegensatz zum Unterricht bei Herrn Rózyckí. Dieser beleibte, träge, schwabbelige alte Mann empfing mich kühl, ließ sich eine Mozartsonate vorspielen und schlief erstaunlich prompt ein. Beim letzten Akkord erwachte er und brummte ein paar nichtssagende Worte. Er empfahl mir, die von ihm verfaßten Unterrichtswerke anzuschaffen, die ich täglich drei Stunden üben müsse – damit war ich entlassen. Die folgenden Stunden verliefen ähnlich.

Rózyckís Etüden langweilten mich so sehr, daß ich mir daheim interessantere Stücke vornahm und auswendig lernte. Zum Glück wurde das tägliche Einerlei häufig durch Besuche des einen oder anderen Onkels aus Lodz unterbrochen. Sie führten mich in ein gutes Restaurant, wo ich bestellen durfte, wonach mir der Sinn stand. Danach gingen wir in die Oper. Meine Onkels waren recht bemerkenswert, ein jeder hatte seine ausgeprägte Eigenart. Onkel Paul Heyman, Noemis Vater, war der bestgekleidete Einwohner von Lodz; der Prince of Wales (der spätere Edward VII.) war sein Vorbild, und er glaubte, dem Prinzen sehr zu ähneln. Seine Anzüge und Hüte kaufte er in London, Bart und Haar wurden nach edwardischer Mode gestutzt, und er liebte es, sich in den Posen des Prinzen photographieren zu lassen, nicht selten mit einer Reitgerte in der Hand, obschon er nie ein Pferd bestiegen hatte. Und noch eine Eigenart besaß er – Onkel Paul rutschte leicht die Hand aus, französisch heißt das: »Il avait la main leste.« Widerspruch, besonders im Beruf, begegnete er einfach mit diesem überzeugenden Argument, obschon er im Grunde seines Herzens ein gütiger Mensch war.

Jacob, sein jüngerer Bruder, war ganz anders. Dieser von Kind an gelähmte Junggeselle liebte das bunte Leben, besuchte regelmäßig alle Nachtlokale und war ein echter »noceur«. Onkel Jacob hatte es gern, wenn ich ihm bei seinem Kaviarfrühstück Gesellschaft leistete, anschließend sang er mir die neuesten Schlager vor.

Boleslaw Sznek, auch ein Onkel, schenkte mir zum Geburtstag zwei kleine Büsten, Mozart und Beethoven; und da er ein Opernliebhaber war, sagte er dazu: »Vergiß nicht, Artur, es gibt drei musikalische Genies – Beethoven, Mozart und Battistini!« Das habe ich einige Jahre geglaubt. Ich hörte diesen italienischen Bariton in Anton Rubinsteins »Dämon« und in Verdis »Traviata« und war außerordentlich beeindruckt. Er und Caruso hatten die schönsten Männerstimmen, die ich je gehört habe. Und das große Opernhaus entzückte mich.

Frau Glass war eine untröstbare Witwe, die nichts lieber tat als andere mit ihrer Verbitterung anstecken. Die Tochter pflegte den lieben langen Tag ihre Schönheit, indem sie geheimnisvolle crèmes und Wässerlein auftrug und die Luft mit durchdringenden Parfüms verpestete. Ich ging beiden so gut ich konnte aus dem Weg, was allerdings meine Arbeit am Klavier beschnitt und meine Fortschritte bremste. Professor Rózycki war das einerlei, der schlief ungestört, während ich ihm vorspielte. Frau Glass händigte mir von Zeit zu Zeit einen Umschlag mit dem Honorar des Professors ein, das ich abgeben mußte. Einmal wurde mir auf mein Klingeln nicht vom Hausmädchen geöffnet, sondern von einem etwa dreizehn Jahre alten Knaben. »Hat der Kavalier das Geld gebracht?« fragte er grob. (Als ›Kavalier‹ und in der dritten Person redeten wir Jungen einander damals an.) »Nein«, erwiderte ich schüchtern und arglos. »Dann gibt es auch keinen Unterricht«, blaffte er und knallte mir die Tür vor der Nase zu.

Das war ein großer Schock. Noch nie hatte mich einer beleidigt, es war die erste Demütigung meines Lebens, und ich war tief gekränkt. Ich setzte mich auf die Treppe und weinte lange. In einem Brief beschrieb ich den Eltern diesen Vorfall ausführlich und verschwieg auch nicht die Schlafsucht meines Lehrers.

So dauerte es nicht lange, bis die Mutter mich heimholte. Rózycki gab ihr bei einer letzten Unterredung zu verstehen, daß er mir als Pianist keine große Zukunft prophezeie, ich sei langsam und während des Unterrichtes recht unaufmerksam. Später habe ich dann erfahren, wer der Knabe war, der mich so beleidigte: sein Sohn Ludomir Rózycki, später als Komponist von Opern, Balletten und anderen Sachen bekannt; er schrieb im Stil von Richard Strauss, und nie habe ich auch nur eine einzige Note von ihm gespielt.

Dieses Mal kehrte ich nicht, wie nach der Berliner Reise, im Triumph heim. Rundumher roch es nach Enttäuschung und Mißbilligung; jeder schien mir etwas vorzuwerfen. Schließlich brachten sie es dahin, daß ich mir wie ein totaler Versager vorkam. Die rauchige, stinkende, wimmelnde Stadt, die aufgeregten Leute auf den Straßen und der Mangel an Bäumen trugen zu meiner Depression das ihre bei.

Nach dem Tode meines Großvaters hielten meine Eltern den Sabbat weniger aus religiösen Motiven ein als aus Geselligkeit. Zum Essen versammelten sich etwa zwanzig unserer nächsten Angehörigen, die übrigen kamen später dazu. Die Speisen waren vortrefflich, denn meine Mutter war eine wahre Künstlerin in der Zubereitung von Karpfen und Hecht nach jüdischem Brauch sowie im Herrichten von Geflügel. Diese Freitagabende waren für mich wahre Feste, nicht nur wegen des guten Essens – obschon ich das sehr genoß –, sondern wegen der liebenswürdigen und charmanten Atmosphäre. Schon beim Essen kam eine lebhafte Unterhaltung in Gang, wurde lauter und lauter, schließlich sprachen alle gleichzeitig und überschrien einander gar. Das störte niemand, denn hier machte sich die angeborene Vitalität Luft. Später, wenn im Nebenzimmer geraucht wurde, saßen die Damen um den mit einem frischen weißen Tuch bedeckten Tisch, der jetzt mit Obst, Datteln, Feigen, Nüssen und Rosinen bestellt war. Onkel Follman, unser witziger Anekdotenerzähler, wußte zuverlässig eine neue Geschichte. Onkel Paul – der, dem die Hand so leicht ausrutschte –, berichtete von seinen jüngsten Abenteuern. Gelegentlich forderte man mich auf, etwas vorzuspielen, und währenddessen wurde bis tief in die Nacht heißer Tee mit Zitrone gereicht, dazu köstliches Gebäck, der Stolz meiner Mutter und ihrer Schwestern. Oh ja, die Juden können sehr angenehme Mitmenschen sein, wenn man sie nur in Ruhe nach ihrer Weise leben läßt.

Aber irgendwas war daheim geschehen, irgendwas war anders geworden. Zwar schien alles seinen normalen Weg zu gehen, niemand war krank, und doch herrschte eine gewisse Besorgtheit. Die Sabbatabende verliefen wie immer, und doch hatten sie etwas von ihrem Zauber verloren; die Stimmung war gespannt, die Männer sprachen gedämpft, meine Tanten betrugen sich höchst sonderbar, meine Mutter war hochgradig nervös und schickte mich zeitig zu Bett. Gefaßt war einzig mein Vater, aber auf eine unheimliche, nicht recht zu bestimmende Art. Er ängstigte mich jedenfalls mehr als die anderen.

Eines Vormittags explodierte denn auch die Bombe. Ich übte im Salon, als ein stämmiger Vetter meiner Mutter hereinstürmte, den Hut auf dem Kopf, laut redend und heftig gestikulierend. Meine Mutter wollte ihn zurückdrängen, was ihn in um so größere Wut versetzte, und er begann, meinen Vater laut zu schmähen und ihm aufs gröblichste mit den Gerichten zu drohen. Dies ertrug ich nicht. Ich sprang ihn an und biß ihn in die Hand, daß Blut spritzte. Brüllend zog er mir eins über und verschwand. Nun enthüllte meine Mutter mir alles. In Lodz gingen die Geschäfte schlecht; die großen Fabriken mit den mechanischen Webstühlen hatten die Handweberei so gut wie verdrängt. Zu den ersten Opfern zählte mein Vater, er war total ruiniert. Der wütende Vetter bangte um eine Summe Geldes, die er dem Vater vor Monaten geliehen hatte, doch irre er sich da, sagte die Mutter, auch wenn wir hungern müßten, würden wir jeden geliehenen Pfennig zurückzahlen. Und wirklich, Vater hielt sein Wort, er verkaufte Haus und Fabrik, die meisten Möbel, das Silber und andere Wertgegenstände. Als dieser Vetter sich mir später einmal lächelnd näherte, habe ich ihn wie Luft behandelt.

Der Vater ist für mich ein bemerkenswerter Mensch gewesen mit einem scharfen Verstand und einer auffallenden Begabung für Philosophie. Orthodox erzogen, war er auf einen ›Hayder‹ geschickt worden, eine rechtgläubige Religionsschule und Gebetsstube, dort studierte er den Talmud; da diese Studien seinen Wissensdurst nicht befriedigten, lernte er auf eigene Faust Französisch und Deutsch, um die großen Denker im Original zu lesen. Seine Eltern hatte er früh verloren, beide wurden während der Revolution von 1863 von einer russischen Granate getötet. In Lodz lernte er meine Mutter kennen. Um sie heiraten zu können, mußte er Geschäftsmann werden – selbstverständlich in Wolle.

Als ich geboren wurde, zählte der Vater schon mehr als vierzig Jahre. Er war mittelgroß, hielt sich sehr gerade und blickte aus kleinen Augen. Seine Nase war lang und scharf, die Stirn edel, das Kinn kurz und spitz. Ich kann mich nicht erinnern, ein graues Haar auf seinem Kopf gesehen zu haben. Er war kein schöner Mann, aber er besaß einen besonderen Charme mit seinem gewinnenden Lächeln und den bestechenden Umgangsformen. Geschäfte und Geld ekelten ihn an, sein eigentliches Vergnügen war es, ein Glas Zitronentee neben sich, in einem Buch zu lesen. Auf sein starkes visuelles Gedächtnis bildete er sich viel ein, einen Namen oder ein Datum, einmal gelesen, vergaß er nie mehr. Diese Begabung führte später zu einer übertriebenen Pedanterie, und es machte ihm Spaß, uns mit Fragen der folgenden Art zu piesacken:

»Was ist heute vor sieben Jahren geschehen, Kinder?«

Schweigen.

»Na, na, könnt ihr euch nicht erinnern?«

Nichts.

»Bismarck hatte seinen großen Krach mit Kaiser Wilhelm II.!«

Er lächelte triumphierend. So rekapitulierte er ständig jedes bedeutende oder geringe Ereignis der Vergangenheit.

Vater liebte die Seinen distanziert und zart. Kaum je mischte er sich in unsere Angelegenheiten, er verlor auch so gut wie nie die Beherrschung, doch wenn es dazu kam, fürchteten wir uns vor ihm.

Mutter war ganz anders. Ungeheuer vital verströmte sie sich in der Gegenwart, besonders in der Gegenwart ihrer Familie. Sie war immer für jeden einzelnen von uns da. Arme Mama, ich kannte sie nur niedergedrückt oder krank, und das gewiß auch durch meine Schuld. Als junge Frau war sie hübsch und gesund gewesen, später quälte sie eine Art chronische Bronchitis mit Hustenanfällen, wie ich schlimmere nie gehört habe – sie ängstigten mich schier zu Tode. Nie dachte sie an sich selber, vom Morgen bis zum Abend sorgte sie sich um andere. Ging alles glatt, jammerte und heulte sie vor Schmerzen, die sie angeblich bewegungsunfähig machten, doch kaum hörte sie, daß in der Familie einer krank war, sauste sie berstend vor überschüssiger Kraft an das entfernteste Krankenbett und übernahm dort die Leitung über das Ganze. Nur dann fühlte sie sich wohl und glücklich. Die Verwandten schätzten sie hoch, meinen Vater hingegen fand man allgemein zu egozentrisch. Man verstand seine Distanziertheit nicht. Trotz zahlloser heftiger Auseinandersetzungen war er meiner Mutter übrigens sehr ergeben.

Als der finanzielle Ruin uns ereilte, waren meine älteren Schwestern bereits verheiratet. Jadwiga besaß drei Kinder, Helena hatte erst kürzlich Dr. Adolf Landau geehelicht, den Bruder von Maurycy, einen lieben, ehrenwerten Mann. Frania, die Jüngste, war verlobt. Mein ältester Bruder, Stanislas, ein bescheidener Mensch mit goldenem Herzen, arbeitete in einer Bank. Ich mochte ihn sehr gern. Mein zweiter Bruder, David, studierte in Berlin Elektrotechnik. Ignăcy, der

Jüngste, dem ich meinen Vornamen verdanke, war das schwarze Schaf der Familie, aber der gescheiteste von allen. Wegen sozialistischer Umtriebe von der Schule verwiesen, war er der revolutionären Partei beigetreten und machte uns allen die größte Sorge.

Die Familie zerstreute sich notgedrungen. Die Eltern bezogen bei Follmans ein leeres Zimmer, mein Bruder und Frania schlüpften bei einer anderen Tante unter, und mich nahm Jadwiga mit in ihren Sommeraufenthalt an der Pilica, in einen Ort namens Inowlodz. Früher pflegten wir ein paar Sommerwochen in einem scheußlichen Dörfchen viel zu nahe bei Lodz zu verbringen, wo ich den Ruß und die Sirenen der Stadt nicht vergessen konnte. Inowlodz hingegen erwies sich als ein ganz entzückender Ort. Jadwigas Villa lag nahe dem Fluß und bot einen Blick auf die Felder und Wälder am anderen Ufer. Mit etwas Glück trieben wir auch ein Klavier auf, ich übte recht gut und nahm Stunden bei einem ernsten jungen Studenten aus Warschau. Ich freundete mich mit einigen sehr netten Kindern an, und wir genossen unsere Ferien allesamt ausgiebig. Vor dem Frühstück badete ich im Fluß, dann folgte der Unterricht, anschließend übte ich. Nachmittags machten wir herrliche Ausflüge in den Wald oder wir wurden eingeladen. So vergingen die Tage. Zweimal in der Woche erhielten wir Tanzunterricht, der mir eine neue Welt auftat: Zum ersten Mal im Leben verliebte ich mich. Sie hieß Mania, war sehr schlank mit hübschen Beinen und für ihre zwölf Jahre fast etwas zu groß. Zwei rabenschwarze Zöpfe reichten ihr bis zur Taille, und Augen hatte sie wie eine persische Prinzessin. Wenn sie mit mir tanzte, war ich im siebenten Himmel und brachte kaum ein Wort hervor.

Sie spürte sehr wohl meine Verliebtheit und gelegentlich küßte sie mich, den kleinen Jungen, der so tüchtig Klavier spielte. Dann kratzte ich sie und lief wütend davon. Ich ertrug es nicht, daß sie mich nicht wie einen Liebhaber behandelte. Jadwiga ließ mich ein ältliches, ganz friedliches Pferd mieten, und auf meiner Rosinante versuchte ich nun des Morgens die Aufmerksamkeit meiner Schönen auf mich zu ziehen, indem ich mir das Ansehen eines spanischen Eroberers zu geben hoffte. Allein, Mania flirtete da schon mit einem reifen Sechzehnjährigen, der dazu noch rote Haare hatte! Ich verabscheute ihn.

Im Herbst kehrten wir in die Stadt zurück, dort lebte es sich allerdings nicht mehr vergnüglich. Der Vater ging als Buchhalter in die

Fabrik eines Onkels, blickte heiter wie stets und verbrachte seine freie Zeit mit Büchern. Er schien nicht bedrückt. Ganz anders meine arme Mutter; das letzte Jahr hatte sie furchtbar angegriffen. Sie war viel reizbarer geworden, und ihre Hustenanfälle erschreckten uns. Ignǎcy war verhaftet worden; die Polizei hatte in seinem Zimmer revolutionäre Flugschriften gefunden und ihn weggeschafft, wir wußten nicht wohin.

Mein eigenes Leben vollzog sich in großer Unordnung. Ich schlief auf dem Sofa in Follmans Salon. Ich hatte kein Klavier, keinen Unterricht und hatte nichts zu tun. Und doch war ich glücklich, besonders glücklich sogar, dank einer wundersamen Fügung. Mania Szer, meine erste Liebe, wohnte gegenüber! So war ich denn den ganzen Tag beschäftigt: Ich stellte mich ans Fenster und paßte wie ein Hund auf, ob sich in jener Wohnung die geringste Bewegung zeigte. Sah ich ihre Hand an der Gardine oder ihre Zöpfe, dann schlug mein Herz wie eine Trommel.

Eines Vormittags unternahmen Mutter und ich einen schauerlichen Besuch: wir machten für meinen Bruder einen Bittgang zum Chef der Okhrana, der russischen Geheimpolizei. Er empfing uns, hörte uns gütig lächelnd an. Er sprach mit sanfter, freundlicher Stimme und schaute doch aus Augen, so kalt und grausam wie die eines Leoparden. Ich spielte ihm vor – für Musik hatte er etwas übrig. Sodann brach Mutter in Tränen aus, und schließlich erfuhren wir, daß Ignǎcy in einem Warschauer Gefängnis saß. Einiges Geld, Zigaretten, auch Lebensmittel dürften ihm geschickt werden, und falls er sich gut führe, könne er später einmal entlassen werden. Tatsächlich kehrte Ignǎcy zwei Monate darauf zurück. Er war ein wenig blaß, ein wenig gedämpft und bedauerte, uns so große Sorgen verursacht zu haben, doch spürten wir wohl, daß er seinen Ideen und seiner gefahrvollen Tätigkeit nicht abgeschworen hatte. Nach ein paar Wochen wurde er erneut verhaftet und für fünf Jahre nach Sibirien geschickt.

Damals debattierte man endlos über meine Zukunft. Ich war nun zehn Jahre alt, und es wurde Zeit für einen endgültigen Entschluß. Warschau war ein Fehlschlag gewesen, und nach Anton Rubinsteins Tod kam St. Petersburg nicht mehr in Frage. Wien bot sich an mit dem berühmten Lehrer Theodor Leschetitzky, doch besaßen wir zu ihm keine Verbindungen, und so blieb es denn wieder bei Berlin.

ZWEITER TEIL

Die Berliner Jahre

Kapitel 4

Diesmal tat mir beim Gedanken an die Reise nach Berlin das Herz weh, nicht zuletzt wegen Mania. In die bezaubernde Stadt Warschau zu fahren, die der Heimat so nahe lag, hatte ich weiter nicht schlimm gefunden, aber jetzt war es, als verließe man ein sinkendes Schiff, auf dem die Nächsten zurückblieben. Besonders um Vater war es mir leid. Wortkarg und verschlossen wie gewohnt, stellte er immer noch unser Gedächtnis auf die Probe:

»Was ist heute vor fünf Jahren passiert?«

Ratloses Schweigen.

»Artur hat Tante Rozia mit heißer Schokolade bekleckert.«

Aber Spaß machte ihm das nicht mehr. Mein Vater hatte mich schrecklich gern, und ich wußte gut, was der Abschied für ihn bedeutete. Er spürte, daß uns das Leben von nun an trennen sollte.

Wir fuhren also zum zweiten Mal nach Berlin, Mutter und ich. Tante Salomea, der Onkel Siegfried Meyer und ihre vier Kinder nahmen uns freundlich auf, und wir blieben eine Woche. Für mich war das eine angefüllte Woche, täglich mußte ich einem berühmten Klavierlehrer vorspielen. Ich spielte vor Professor Ehrlich, vor Professor Jedlicka, vor Scharwenka und noch anderen, weniger bekannten. An einen Besuch erinnere ich mich besonders deutlich. Ich sollte mich Vater und Sohn Hofmann präsentieren; meine Mutter hatte ein Empfehlungsschreiben, und ich fand es sehr aufregend, den erfolgreichen Josef Hofmann zu sehen. Er war Pole, stammte aus Krakau, war erst zweiundzwanzig Jahre alt und doch schon berühmt. In Rußland nannte man ihn den einzigen Erben des unvergessenen Anton Rubinstein, der sein Lehrer gewesen, und in den USA galt er als der einzige Konkurrent des dort vergötterten Paderewski.

Man kann sich ausmalen, mit welcher Angst ich dem Vorspielen entgegensah. Man empfing uns mit der üblichen polnischen Höflichkeit, besonders der ältere Hofmann, ein Klavierpädagoge. Er war es auch, der meinem Vortrag aufmerksam zuhörte, während der junge Josef völlig unbeteiligt blieb. Als alles vorüber war und wir gehen wollten, hielt er uns zu meiner Verblüffung zurück und führte mir mit einem geradezu kindlichen Stolz alle möglichen Apparate aus seiner Sammlung vor, darunter Geschenke von Thomas Edison, dem großen Erfinder. Das machte mir einigen Eindruck, allerdings enttäuschte mich, daß ihn Musik gleichgültig ließ.

Ferruccio Busoni befand sich zu unserem Bedauern auf Konzertreise, und das war ein schwerer Schlag für meine Karriere. Er war der einzige, der meine Begabung in die rechte Richtung hätte lenken können, er, eine wirklich große Persönlichkeit und ein Mann von hohem und weitgespanntem künstlerischem Anspruch. Entmutigt von dem Mangel an Interesse der Pädagogen und ihren deutlichen Angeboten kostspieliger Stunden, beschloß meine Mutter, mit mir noch einmal zu Joachim zu gehen, obschon er als Geiger an einem jungen Pianisten wohl wenig Anteil nehmen würde. Zu unserem Erstaunen empfing er uns mit der gleichen feinen Herzlichkeit wie beim ersten Mal. »Spiel mir ein wenig Mozart, mein Junge«, sagte er mit seiner weichen Baßstimme, und ich spielte das Rondo in a-Moll zu seiner offenkundigen Zufriedenheit: Er holte eine Tafel bittere Lindt-Schokolade. Seither kann ich keine andere als bittere Schokolade essen.

Professor Joachim führte meine Mutter ins Nebenzimmer, das Ergebnis der Beratung entschied über mein Leben. Der große Mann wollte es übernehmen, meinen musikalischen Bildungsgang zu leiten. Meine Mutter war ihm zutiefst dankbar. Er gewann drei seiner Freunde dazu, zum großen Teil die Kosten für meine Ausbildung zu tragen, ein weiteres Viertel steuerte er selber bei. Welche Großmut eines bedeutenden, keineswegs mit Reichtümern gesegneten, alten Künstlers einem Ausländer gegenüber, der nichts aufzuweisen hatte als eine vielversprechende Begabung! Seine drei Freunde waren Bankiers: Robert von Mendelssohn, Amateur-Cellist und Großneffe des berühmten Komponisten Felix; Robert Warschauer, ein total unmusikalischer Mensch, dessen Frau Joachim verehrte; und Martin Levy, ein ehemaliger Fabrikant, der als Liebhaberei Streichquartette komponierte, gut geschriebene Stücke ohne eine Spur von Originalität. Er als einziger von diesen dreien interessierte sich auch für mich persönlich. Als echter Snob versammelte er die bekanntesten Namen des feudalen Preußen und des Berliner diplomatischen Corps an seiner Tafel. Zu solchen Diners wurde ich häufig geladen, um den Gästen vorzuspielen.

Noch einmal zu Professor Joachim: Meine Mutter mußte ihm versprechen, mich nicht als Wunderkind auszubeuten, sondern meine Ausbildung ununterbrochen zu Ende zu führen, und ich sage es hier mit Stolz: dieses Versprechen haben meine Eltern gehalten.

Mein neues Leben begann sogleich. Auf Empfehlung von Joachim nahm mich Heinrich Barth, Lehrer für Klavier an der Kaiserlichen Hochschule für Musik, als Schüler auf. Nicht nur das, er unterwies mich auch gratis und regelte meine Geldangelegenheiten: er trieb also die Beiträge meiner Gönner ein und beglich die für meinen Unterricht und den Lebensunterhalt anfallenden Kosten. Alles ließ sich recht gut an, und es schien, als liege meine Zukunft in den besten Händen.

Meine Mutter mietete ein Zimmer in der Wohnung einer grauslich aussehenden Familie – der alte Mann, von Gicht und Gelbsucht gequält, an seinen Stuhl gefesselt; seine Frau abstoßend häßlich; die einzige Tochter, eine alte Jungfer, litt offenbar an Depressionen. Es stellte sich heraus, daß sie nicht nur wahnsinnig war, sondern auch körperlich unheilbar krank. Zwei Tage nach meinem Einzug weckten mich des Nachts ihre grauenhaften Schreie; sie lag bereits im Todeskampf, und am Vormittag war die Ärmste verschieden. Der Anblick ihrer Leiche hatte auf mich eine niederschmetternde Wirkung.

Es stellte sich die Frage des Schulunterrichts. Nach längeren Erörterungen kamen Joachim, Barth und meine Mutter zu dem Ergebnis, es sei besser, mich privat unterrichten zu lassen, als auf ein Realgymnasium zu schicken. Den richtigen Mann zu finden, war aber nicht leicht, denn ich mußte jedes Jahr eine Prüfung am Gymnasium bestehen und den gesamten dort verlangten Wissensstoff bewältigen. Man verfiel schließlich auf Dr. Theodor Altmann, der meine Ausbildung in allen Fächern übernehmen wollte. Professor Barth begleitete mich in die erste Unterrichtsstunde um neun Uhr; täglich zwei Stunden waren geplant.

Dies also war der unvergeßliche Tag, an dem ich Theodor Altmann kennenlernte. Ich fand ihn hoch gewachsen (ich selber war selbstverständlich noch klein), schwer, ja schon etwas dick, und gegen vierzig, das Gesicht groß und länglich, auf der Nase einen stahlgefaßten Kneifer an schwarzer Schnur. Das Haar war nach deutscher Art geschoren, doch der warmherzige, gescheite Ausdruck seiner Augen erfüllte mich gleich mit Zutrauen zu ihm.

Ich muß an dieser Stelle meinem Herzen Luft machen und diesem wunderbaren Menschen danken. Mein lieber, lieber Theodor Altmann: Anfangs gaben Sie mir Unterricht wie jeder andere Lehrer auch. Wir begannen mit deutscher Geschichte, mit Geographie und Latein und, oh! mit der gefürchteten, verabscheuten Mathematik! Sie brachten mir diese unterschiedlichen Gegenstände nahe, und ich verschlang jedes Ihrer Worte. Sie sprachen Ihre Gedanken in so klaren, genauen Sätzen aus, daß es eine Freude und Lust war, Ihnen zuzuhören.

Was die Mathematik angeht, so war mein Mangel an Interesse ein wahres Unglück. Sie wurden ärgerlich, Sie beklagten sich gar über mich bei Professor Barth: Das alles nützte nichts. Der große Pythagoras und die erhabene Kunst der Algebra langweilten mich tödlich. Nach einigen stürmischen Stunden gewahrte ich in Ihrem Blick jedoch ein gewisses Mitgefühl, ein geheimes Verstehen meiner Qualen. Sie wußten sehr wohl, daß meine Unkenntnis der höheren Mathematik meine Zukunft nicht ernstlich würde gefährden können, und von da ab wurde mir – Ihnen verdanke ich es! – das Lernen fürs ganze Leben eine Lust. Sie führten mich in die Gedanken der Philosophen ein, Platon, Sokrates und Aristoteles, später Kant und Schopenhauer. Zusammen lasen wir »Also sprach Zarathustra«. Die Schönheit der Sprache beeindruckte mich tief, weniger die Richtung von Nietzsches Denken, wenngleich ich dem, was er in »Die Geburt der Tragödie aus dem Geist der Musik« zu sagen hat, ganz und gar zustimmte. Was Geschichte angeht, so lösten Sie sich bald genug vom trocknen Text der Schulbücher. Sie führten mir die von den Menschen in Jahrhunderten gemachten Erfahrungen vor Augen. Sie wiesen mich hin auf die Gebrechen unseres eigenen Zeitalters, auf die Machtgier, auf das Böse im Menschen. Zugleich öffneten Sie mir die Augen für die Schönheiten des Lebens in seiner ganzen Mannigfaltigkeit, für seine unendlichen Möglichkeiten, und festigten in mir den Mut, dessen es bedarf, diesem Leben gegenüberzutreten.

Die Bücher, die Sie mir zu lesen gaben, wurden zu dauernden Freunden, Ihnen verdanke ich die Bekanntschaft mit Goethe, Heine, Kleist, Balzac, Maupassant, Dostojewski, Gogol, Tolstoi, die mich im Alter von elf Jahren tief bewegten. Sie, Sie behandelten mich wie einen Erwachsenen, Sie hörten mit Nachsicht und spürbarer Teilnahme meine Einwürfe und Urteile an, Sie duldeten sogar meine Kritik. Dank für dies alles, mein lieber Theodor Altmann. Dank aus tiefstem Herzen, Dank.

Kapitel 5

Meine Mutter konnte nicht mehr bleiben, sie wurde daheim gebraucht; sie suchte also eifrig nach einer vertrauenerweckenden Unterkunft für mich. Das war nicht einfach. Keine ›Familienpension‹, wie man damals sagte, war besonders erpicht auf einen Pianisten, der auf seinem Zimmer üben mußte, und schon gar nicht wollte man sich die Verantwortung für einen Knaben meines Alters aufladen. Wie es Mutter gelang, weiß ich nicht, aber sie fand schließlich eine Familie, die sie für passend hielt.

Frau Johanna Rosentower, eine Frau von einigen sechzig Jahren, war die Witwe eines wohlhabenden Kaufmanns. In Polen geboren, sprach sie immer noch ein wenig, wenn auch nicht fließend polnisch. Der Mann hatte ihr ein bescheidenes Einkommen hinterlassen, dazu eine geräumige Wohnung und drei Töchter samt einem Sohn, der in London verschollen war. Frau Rosentower hielt den gewohnten Lebensstandard in der großen Wohnung dadurch aufrecht, daß sie Zimmer an junge Mädchen vermietete, die nach Berlin kamen, um hier deutsch zu lernen oder sonst eine Ausbildung zu erhalten. Sie führte also, genau genommen, ein Mädchenpensionat. Und dort verbrachte ich die folgenden drei Jahre.

Ich kam mir vor wie Achill – der einzige Knabe zwischen lauter Mädchen! Die Töchter Rosentower ähnelten sich nicht die Spur. Marie, die älteste, eine lange, dünne Person mit tiefschwarzem Haar und einer Geiernase, besaß keinen Charme – die geborene alte Jungfer.

Sie war aber gutmütig. Ihre Schwester Elsa, Mitte zwanzig, war ein schönes Mädchen, groß und stolz, mit feinen Zügen und kastanienbraunem Haar. Sie gefiel mir sehr. Die jüngste der drei, Alice, war geradezu häßlich: Stumpfes rötliches Haar, eine gerötete, stets tropfende Knollennase, kurze häßliche Beine und dazu passend ein zänkischer Charakter. Diese drei nun bildeten ein Trio, Marie am Klavier, Elsa spielte Geige, und Alice versuchte sich mit dem Cello. Elsa war die begabteste und hatte wohl früher Hoffnungen auf eine Laufbahn als Musikerin gehegt; die beiden anderen blieben Dilettantinnen. Die Familie nahm mich sogleich herzlich auf, und ich fühlte mich wohl in der weiblichen Atmosphäre.

Was meine musikalische Ausbildung anging, so wollte Professor Barth, mein Klavierlehrer, mich zweimal in der Woche je eine Stunde unterrichten, und zwar nicht in der Hochschule, wo er an eine Unterrichtsstunde kaum mehr als dreißig Minuten wenden konnte, sondern bei sich zu Hause, wo er manchmal neunzig Minuten Zeit hatte. Auf diese Stunden mußte ich mich durch weitere Stunden bei einem seiner ehemaligen Schüler vorbereiten, einem gewissen Miguel Capllonch, der von der Insel Mallorca stammte. Als besondere Vergünstigung hatte Joseph Joachim mir die Erlaubnis erwirkt, an der Königlichen Hochschule für Musik, deren Direktor er war, Musiktheorie, Harmonielehre und Ensemblespiel zu belegen. Hin und wieder mußte ich seine Violinschüler am Klavier begleiten, und das gab mir Gelegenheit, mich mit der Literatur für Geige bekannt zu machen.

Professor Barth war eine formidable Persönlichkeit, beinahe zwei Meter groß, ein schwerer Mann, doch flink auf den Beinen. Das graue Haar ließ die Andeutung einer Glatze erkennen. Ein langer Brahms-Bart in Pfeffer und Salz und ein buschiger Schnurrbart verbargen eine eher schwächliche Mund- und Kinnpartie; goldgefaßte Brillengläser gaben ihm ein unerbittlich strenges Aussehen.

Ich fürchtete mich vor ihm; noch niemand hatte mir so viel Angst eingejagt wie dieser Sechzigjährige. Doch ich war nicht der einzige, der leiden mußte – ich sah so manchen seiner Schüler in Tränen aus der Schule kommen. Er betrieb das Lehramt mit einer naiven Ehrlichkeit und Integrität; junge Amerikanerinnen beispielsweise, die nach Berlin kamen, um ihr Deutsch zu verbessern, Museen und die Oper zu besuchen, und die dann auch noch, mehr zum Spaß, bei dem berühmten Professor die eine und andere Klavierstunde nehmen wollten, um sich dessen daheim zu rühmen – solche jungen Damen hatten bei ihm nichts zu lachen. Professor Barth sorgte dafür, daß seine Schülerinnen schwer arbeiteten und ihr Bestes gaben. »Ich helfe Ihnen nicht dabei, das Geld Ihres Vaters zu stehlen!« pflegte er sie anzubrüllen. »Und wenn Sie fernerhin Ihre Zeit im Theater und auf Bällen vertrödeln, statt Klavier zu üben, werde ich Ihrem Vater ein Licht aufstecken!« Man kann sich leicht vorstellen, wie die armen Dinger nach ein paar Wochen aussahen. Blaß und resigniert fügten sie sich darein, endlos Tonleitern zu üben.

Bei mir lagen die Dinge selbstverständlich anders. Ich war zu jung für Bälle und Theater, mein Vater besaß kein Geld, das man ihm hätte stehlen können, und dann hatte ich eine angeborene Begabung für das Klavierspiel, man konnte es schon ein echtes Talent nennen. Ich wußte sehr wohl, daß Barth so etwas respektierte. Nach einer Weile merkte ich, daß er mich geradezu mochte. Gelegentlich, insbesondere nach einer gut verlaufenen Stunde, trat in seine Augen ein sanfter Ausdruck, und ein schüchternes, knabenhaftes Lächeln erhellte sein ernstes, strenges Gesicht. Aber wehe, ich kam unvorbereitet zum Unterricht! Bei den ersten falschen Tönen sah ich mit Schrecken, wie der lange Bart sich mehr und mehr in die Horizontale hob, was bedeutete, daß er die Unterlippe heraufzog und wütend auf ihr herumbiß. Und dann brach ein Donnerwetter los! Er sprang auf, es regnete Beschimpfungen, er trommelte mit den Fäusten aufs Piano und verließ das Zimmer. Wenn er, einigermaßen beruhigt, wieder hereinkam, entließ er mich wortlos und mürrisch.

Capllonch, mein zweiter Lehrer, war ganz anders geartet. Noch jung, um die Dreißig, verkörperte er einen ausgefallenen Typ des Südländers, mit lachenden blauen Augen, einem weichen blonden Schnurrbart und einer heiteren Neigung zur Musik. Wenn er Klassiker spielte, legte er nicht die Stirn in ernste Falten als Ausdruck tiefen Empfindens, eine deutsche Angewohnheit, von den Kritikern überaus geschätzt. Für ihn war Musik reine Freude, und er verstand es, sie mir mitzuteilen. Wir spielten mit Gusto vierhändig eine Schumann-Symphonie, das eine oder andere Beethovenquartett, sodann verdrückten wir eine Portion gute Schokolade – er hatte immer welche zur Hand –, und zum guten Abschluß spielte mir Capllonch spanische Volksweisen vor. Das fand ich herrlich.

Leider währte dieses Idyll nicht lange. Professor Barth bemerkte meine Neigung zu dem Mallorquino und wurde eifersüchtig. Und er fand bald einen Vorwand, meinen lieben Capplonch zu entlassen. Alsdann wies er eine ehemalige Schülerin, eine ältliche Jungfer namens Clara Hempel an, den Unterricht in seinem Sinne fortzusetzen, d. h. »aufzuräumen mit dem Unsinn, daß Musik Freude macht«, vielmehr gelte es, ernste Arbeit zu leisten, unermüdlich Tonleitern zu spielen, kurzum, mich in der Tretmühle zu halten.

Das entmutigte mich. Wenn ich zusah, wie meine Finger über die Tasten huschten, kam mir das vor, als putzte ich einem Riesen die Zähne. Jeder innere Antrieb erlosch. Warum machst du nicht, daß ich das mag? dachte ich – die berühmte Frage, die ich mit vier Jahren an meinen Vater gerichtet hatte, als er mich zwingen wollte, eine scheußliche Suppe zu essen. Auch das Repertoire, das Barth für mich wählte, gefiel mir nicht: Stücke aus seiner Jugend, die längst aus der Mode waren. Er fütterte mich mit dem frühen Mendelssohn, mit schwächeren Schumannstücken, nur ab und zu erlaubte er mir einen leichten Beethoven oder, zu meinem Trost, ein schönes Präludium samt Fuge von Bach. Und so ging das Leben seinen Gang . . .

Mit Interesse verfolgte ich den raschen Aufstieg Berlins von der Hauptstadt eines kleinen Königreiches zur Weltstadt. Die bekannte Straße Unter den Linden wurde durch das Brandenburger Tor und den Tiergarten bis zum Stadtrand verlängert. Überall entstanden neue Häuser, neue Straßen. Charlottenburg, einst eine bescheidene Vorstadt, erhielt als ein Handels- und Kunstzentrum schöne Theater, Caféhäuser und Restaurants. Der Kurfürstendamm entwickelte sich zu den Champs-Elysées von Berlin, und die Bevölkerung schien täglich um Tausende zuzunehmen. So fand das Kultusministerium das kleine, aber edle Gebäude der alten Musikhochschule unzulänglich und ersetzte es durch einen modernen, gefängnisähnlichen Bau.

Schön war die Stadt nicht. Das mochte an dem Tempo liegen, in dem sie sich ausdehnte. Nach meiner Ansicht waren die deutschen Architekten verantwortlich für die überladenen und geistlosen Fassaden der Gebäude. Innenarchitekten entwickelten den sogenannten Jugendstil, eine wahre Orgie von wirren Ornamenten, die allgemein begierig zur Mode erhoben wurde. Immerhin gab es noch hier und dort Altberliner Reste, hinter dem Schloß etwa. Gern spazierte ich entlang den vielen Spreekanälen, und der Schloßplatz am Ende der ›Linden‹ war mit seinen beiden königlichen Palästen, der Nationalgalerie, dem Zeughaus, der Königlichen Oper und dem schönen Denkmal Friedrichs II. schon sehenswert.

Um 1900 spielte das kulturelle Leben Berlins eine führende Rolle. Es gab viele gute Theater; die Oper und das Königliche Schauspielhaus, welches das klassische Drama pflegte, erhielten Zuschüsse aus der kaiserlichen Privatschatulle und engagierten erste Kräfte. Höhepunkte der Saison bildeten die Abonnementskonzerte unter Felix Weingartner mit dem Opernorchester.

Meine Vorliebe indessen galt dem Deutschen Theater, dessen Direktor Otto Brahm die Stücke von Gerhart Hauptmann brachte, dem zu dieser Zeit bedeutendsten deutschen Dramatiker, ferner hervorragende Aufführungen der Stücke von Ibsen, Björnson und Tolstoj und vieler weniger bekannter Autoren. Ich liebte seine Darsteller und Darstellerinnen, insbesondere Max Reinhardt, damals ein kleiner Schauspieler. Er sollte bald vom Deutschen Theater weggehen und sich als revolutionäres Theatergenie erweisen.

Mehr als alles andere aber faszinierte mich das Berliner Musikleben. Deutschlands Hauptstadt wurde rasch der Anziehungspunkt für Musiker aus aller Welt, die sich eine Würdigung ihrer Leistung wünschten. Dem berühmten Impresario Hermann Wolff gelang es, die bedeutendsten Sänger und Instrumentalisten nach Berlin zu lokken, und er gewann den großen Arthur Nikisch als Dirigenten der Berliner Philharmoniker. Die Konzerte der Philharmoniker unter Nikisch bestimmten meine musikalische Erfahrung und Entwicklung. Ich lebte für diese Konzerte und in ihnen. Jeden Sonntagvormittag um elf stand ich an der Kasse der Philharmonie, ängstlich bedacht, dem allmächtigen Hermann Wolff aufzufallen. Manchmal erschien er nicht, und das war dann fast eine Tragödie. Manchmal gelang es mir immerhin, auf die eine oder andere Art der Öffentlichen Generalprobe beizuwohnen. Das eigentliche Konzert fand dann am folgenden Montagabend vor dem feinsten Berliner Publikum statt, das weniger musikverständig und überschwenglich war als die Generalprobenbesucher. Ich nahm jedoch mit größter Freude auch eine gelegentliche, gütige Einladung in eine Loge zum Montagskonzert an. Welch unvergeßliche musikalische Wunderwelt eröffnete sich mir da! Nikischs Zauberstab machte mir die Symphonien Beethovens und Mozarts zugänglich. Für den empfänglichen Geist eines Knaben von meinen Jahren waren seine Wiedergabe moderner Musik, nämlich der Werke von Tschaikowsky, Rimsky-Korsakoff, César Franck und des jungen Richard Strauss eine Offenbarung. Nie wieder habe ich solche Darbietungen gehört. Nikisch war ein kleiner, wohlproportionierter Mann mit einem schönen Kopf. Stets elegant gekleidet, stand er reglos und kerzengerade vor seinem Orchester, einzig den Taktstock bewegte er mit rhythmisch genauen Bewegungen, von Zeit zu Zeit hob er die Linke, um eine Phrase hervorzuheben, und deutete mit dem kleinen Finger, an dem ein Brillant blitzte, auf diesen oder jenen Musiker. Diese schöne Hand mit dem Brillanten bildete das Entzücken seiner Berliner Verehrer. Von dem kleinen Mann strahlten unwiderstehlicher Charme und große Macht aus. Frauen verliebten sich in ihn, und auch ich, ich gebe es zu, stand ganz unter seinem Bann.

Und was für Solisten traten in seinen Konzerten auf! Eugen d'Albert spielte das vierte Klavierkonzert von Beethoven mit einer Zartheit und Anmut, die mir für dieses Werk auf immer vorbildlich geworden sind. Ferruccio Busoni mit den schönen, bleichen, christusgleichen Zügen und seiner teuflischen Fingerfertigkeit, war schon der interessanteste lebende Pianist. Wenn er Bach spielte, brachte er mit seinem unheimlichen Anschlag die Wirkung einer Orgel oder eines Klavichords hervor, eine ideale Verknüpfung. Seine Wiedergabe von Liszts Kompositionen blieb unerreicht – sein Temperament und seine perfekte Technik ließen sie gehaltvoller erscheinen, als sie sind. Von ihm gespielt, wurde die berühmte Campanella zu einem atemberaubenden Erlebnis. Seine Interpretation von Beethoven und Chopin ließ mich allerdings völlig kalt. Beethovens späte Klaviersonaten ging er zu meiner Verwunderung auf sarkastische Weise an, er erlaubte sich auffallende Freiheiten in Rhythmus und Tempo, während seinem Chopin bei aller technischen Brillanz die notwendige Wärme und Innigkeit fehlten. Zusammenfassend ließe sich sagen, daß Busoni eine überragende Persönlichkeit war, ein Vorbild für alle Musiker, denn als Interpret lehnte er jeglichen Kompromiß ab, als Komponist wahrte er ein beachtliches Niveau, und im übrigen besaß er eine bei ausübenden Künstlern seltene, umfassende Bildung.

Mein Idol aber war der belgische Geiger Eugène Isaye. Gewohnt an die asketische, edle Zurückhaltung von Joachim, der kaum je ein

Vibrato spielte, wurde ich von der Üppigkeit und der Sinnlichkeit dieses belgischen Löwen einfach überwältigt. Von ihm später mehr; der Erste Weltkrieg brachte uns einander nahe.

Einen weiteren Beitrag zu meiner musikalischen Entwicklung leistete der immer um mich besorgte Joachim, indem er mich zu den Proben seines berühmten Quartetts in seiner Wohnung zuließ. Ich war stolz darauf, daß ich dabei sein durfte. Wenn der alte Meister das Spiel unterbrach, waren seine Anmerkungen für mich höchst lehrreich und nützlich. Eines Tages geschah mir etwas Schreckliches, und ich werde heute noch rot, wenn ich daran denke. Die Herren Joachim, Halir, Wirth und Hausmann übten bereits seit zwei Stunden das letzte Beethovensche Streichquartett; der Tag war heiß, ich saß direkt in der Sonne, noch dazu sehr unbequem, und also schlief ich ein. Man weckte mich mit Mühe. Professor Joachim nahm es mit der gewohnten Güte, doch ich fühlte mich noch lange recht unglücklich.

In musikinteressierten Kreisen war ich allmählich als ›der begabte kleine Rubinstein‹ bekannt, der Schützling Joachims, und man lud mich häufig ein. Besonders wohl fühlte ich mich bei Landaus. Der Bankier Wilhelm Landau (nicht mit meinen Schwägern gleichen Namens verwandt) war mit einer Lodzer Bankierstochter verheiratet; beide zeigten viel Kunstverständnis. Frau Landau sprach gerne polnisch mit mir, und ihr Mann konnte unermüdlich meinem Klavierspiel zuhören. Sie luden mich zu ihren großen Abendgesellschaften ein – Frau Rosentower, vom Reichtum stets überwältigt, erlaubte mir, hinzugehen. Die üppigen Speisen genoß ich sehr, doch mußte ich dafür mit einer kleinen Darbietung bezahlen. Diese Ausbeutung war damals gang und gäbe, eine recht üble Gewohnheit, die man heute kaum noch antrifft.

Bei einem solchen Diner begegnete ich Lotte Hahn, der Schwester meines Gastgebers, einer hochgewachsenen, strahlenden Mittdreißigerin, einer Pianistin mit guten Anlagen, die es gewiß weit gebracht hätte – ohne ihren Reichtum, ihren Mann und ihre Kinder.

Lotte Hahn merkte wohl, daß ich sie bewunderte – in ihrer Gegenwart war ich schüchtern und errötete fortgesetzt – und behandelte mich mütterlich. Sie fand, ich führe ein ›einsames Leben‹, da mir, fern von daheim und umgeben von Mädchen, der Umgang mit gleichaltrigen Knaben fehle. Da mußte etwas geschehen. So wurde denn

Kurt, ihr ältester Sohn, ein Dreizehnjähriger mit ehrlichen blauen Augen, groß und hübsch, mein Gefährte. Er führte mich in sein ›Lesekränzchen‹ ein. Samstags um sieben Uhr abends trafen er und einige Mitschüler abwechselnd in den verschiedenen Wohnungen zusammen, um mit verteilten Rollen klassische Dramen zu lesen, und die Eltern stifteten uns einen kleinen Imbiß dazu. Da ich weder Wohnung noch Imbiß zu bieten hatte, ernannte man mich zum Ehrenmitglied. Altmann fand das Vorhaben höchst lobenswert, ich war natürlich Feuer und Flamme. So las ich Goethes »Faust«, viel Shakespeare in den vortrefflichen Übersetzungen von Schlegel und Tieck, die schönsten Sachen von Kleist, Schiller und Lessing. Wir nahmen sogar die gesamte »Orestie« von Äschylos durch und Sophokles' »König Ödipus«, allerdings nicht Aristophanes und keine Modernen. Frau Hahn schickte Kurt und mich ins Schauspielhaus, wenn diese Stücke gegeben wurden, und ich hatte das Glück, herrliche Aufführungen von Shakespeares Königsdramen zu sehen.

Unser kleiner Kreis war ganz professionell aufgezogen, nach dem Vorbild der Comédie Française eine autonome Körperschaft. Die Rollen wurden durch unanfechtbare Abstimmung vergeben, Reklamationen waren nicht erlaubt. Mit der Zeit entwickelten wir uns zu ausgeprägten Charakterdarstellern. Kurt spielte immer den edlen Helden, etwas anderes konnte er gar nicht sein. Franz Pariser, ein dicklicher Knabe mit Stimmbruch und schalkhaften Augen, übernahm komische Rollen, der zarte Paul Heinitz mit der sanften Stimme zu seinem Leidwesen die Frauenrollen. Hugo Perls, jetzt Kunsthändler in New York, spielte überzeugend die Heldenväter. Er trug damals Zahnklammern, was uns sehr imponierte und uns seine finanzielle Überlegenheit vor Augen führte. Ich wurde stets einstimmig zum Bösewicht erkoren. Mit welcher Wonne mordete ich mich als Richard III. bis zum Thron empor; und wieviel Grimassen konnte ich als Mephisto schneiden; oder wie genußreich verstellte ich meine Stimme als teuflischer Einflüsterer Jago!

Ich bewunderte die Zurückhaltung und die Disziplin meiner jungen Gefährten: Lob und Applaus für diesen oder jenen Auftritt unterblieben bis auf ein höflich anerkennendes Nicken. Wenn der Imbiß in besonders angeregtem Gespräch verzehrt war, baten mich die Eltern gelegentlich ans Klavier, und ich revanchierte mich dann gern auf diese bescheidene Weise für die erwiesene Gastfreundschaft.

Stillschweigend anerkanntes Oberhaupt des Lesekränzchens war Richard Fuchs, ein hervorragend gescheiter Junge. Schon mit vierzehn sprach er wie ein alter Professor, toternst und immer zur Sache; er wurde ein berühmter Jurist.

Auch Lotte Hahn schätzte Kammermusik. Sie eröffnete mir den Zugang zu Brahms, indem sie eines Nachmittags mit einem guten Ensemble das Quartett in A-Dur und das in c-Moll spielte. Ich kann nicht beschreiben, mit welcher Begeisterung ich diese Musik anhörte. Sie bemerkte meine Ergriffenheit, hielt mich zurück, als die anderen gingen, und spielte mir einige Klavierstücke von Brahms vor, die meine Liebe und mein Verständnis noch steigerten.

Von da an war ich von ihm geradezu besessen. Ich mußte seine Werke unbedingt kennenlernen. Statt an meinem Pensum zu arbeiten, las ich mit Begeisterung alles, was mir von Brahms in die Hände kam. Ich kaufte seine Sachen auf Kredit; ich hätte sie auch gestohlen! Wollte mir jemand etwas schenken, so wünschte ich mir nur Klavierauszüge seiner Symphonien, einen Band seiner Lieder, oder auch Kammermusik des geliebten Meisters. Der gute Altmann, der, wie ich glaube, einzig von den Einnahmen aus meinen Unterrichtsstunden lebte, ruinierte sich, indem er mir einige dieser teuren Bearbeitungen schenkte. Ich zwang die arme alte Hempel, stundenweise Brahms-Symphonien vierhändig zu spielen. Ich vergesse nie Professor Barths Verblüffung, als ich ihm eröffnete, ich wolle nunmehr das Klavierkonzert d-Moll, opus 15 studieren. »Wie? Was?« explodierte er. »Du bist toll, mein Junge! Das ist ein gewaltiges Werk und viel zu schwer für dich!« Nun, damals entdeckte ich, daß wahre Liebe keine Hindernisse kennt. Eine Woche darauf spielte ich zu Barths erstaunter Befriedigung das Konzert.

Mein gesellschaftliches Leben nahm rasch und in mancherlei Richtung zu. Ich bin von Natur aus extrovertiert, und so fiel es mir leicht, mit allen möglichen Leuten Verbindungen zu knüpfen, Leuten der verschiedensten Lebensbereiche. Joseph Joachim führte mich in eine hochinteressante Familie ein: Professor Engelmann war Direktor des Instituts für Physiologie an der Berliner Universität, ein Nachfolger des berühmten Helmholtz. Seine Frau war eine bekannte Pianistin, Emma Brandes, eine Meisterschülerin von Clara Schumann. Nach ihrer Heirat gab sie die Konzertlaufbahn auf, doch hatte ich öfter Gelegenheit, sie zu hören und an zwei Klavieren mit ihr zu spielen. Es waren auch Kinder da. Hans, der jüngste, ein großer blonder Junge meines Alters, schloß mich in sein Herz, und so gehörte ich bald zur Familie.

Engelmanns Wohnung im Institut nahm die gesamte Vorderseite des Universitätsgebäudes ein. Zwei Bechstein-Konzertflügel wirkten geradezu verloren in dem weitläufigen Musikzimmer, und dies wiederum lag zwischen zwei etwas kleineren Bibliotheksräumen. Hans hatte ein eigenes Spielzimmer; hier füllte eine elektrische Eisenbahn, unser Lieblingsspielzeug, den ganzen Platz. Ferner lernte ich durch ihn die Abenteuerbücher von Karl May kennen, die ich gierig verschlang; ich revanchierte mich dafür, indem ich Hans mit Jules Verne bekannt machte. Ich sollte vielleicht noch anfügen, daß Engelmanns früher in Utrecht lebten, wo der Vater die gleiche Stellung bekleidet hatte wie jetzt in Berlin und wo Brahms in ihrem Haus mehrmals zu Gast gewesen war. Dessen Streichquartett in B-Dur ist Professor Engelmann gewidmet – ein wahrer ›titre de gloire‹, will mir scheinen.

Bei Engelmanns also fühlte ich mich besonders wohl, als Mensch wie als Musiker. Mit Vergnügen entsinne ich mich der traulichen Mahlzeiten an ihrem Tisch, über dem die große Lampe hing, des vortrefflichen Holländer Käses, des starken Kaffees, aber auch der geistvollen Gespräche, so wohltuend unterschieden von dem Klatsch, der anderswo an der Tagesordnung war . . . beispielsweise bei Frau Joseph, der älteren Schwester von Frau Rosentower. Sie unterhielt eine richtige Familienpension für beide Geschlechter und jedes Alter. An ihrer table d'hôte ging es immer lustig her. Dort saßen ein sehr lautes, belgisches Ehepaar, ein Schweizer Uhrmacher mit nichts als seinen Geschäften im Kopf, ein affektierter junger Schwede namens Arved, dessen Mutter sich nach Kräften mühte, ihrer beider jüdische Abkunft zu vertuschen, und reizende, aber recht alberne Zwillingsschwestern. Richtig, da war ja auch noch Herr Phillips, ein charmanter, begabter Schweizer Maler, der später mein Porträt gemacht hat. Sein einfühlsamer Kupferstich von Robert Schumann ist übrigens sehr populär geworden.

Unter diesen Typen aus aller Herren Länder fühlte ich mich durchaus heimisch. Alle redeten gleichzeitig, gaben ihre Ansichten zum besten, erzählten Geschichten, prahlten, flunkerten – es wirbelte wie im Zirkus. Trotzdem strahlten diese Menschen Wärme und Herzlichkeit aus. Sie erinnerten mich irgendwie an zuhause . . .

Und noch eine Familie gehört in meine Berliner Jugendjahre: Professor Doktor Georg Salomon, seine Frau und seine Söhne Richard und Fritz. Professor Salomon war Rosentowers Hausarzt, und den Professorentitel trug er ehrenhalber. Salomon war der denkbar gütigste Mensch; die Stimme sanft, die Wangen rosig, der graue Bart säuberlich gestutzt, dabei ein leidenschaftlicher Verehrer von Musik und selbst ein guter Pianist. An mein Lager gerufen, um meine Leibschmerzen zu kurieren, schloß er mich sogleich in sein Herz, und sehr bald schon fühlte ich mich in der herzerquickenden Atmosphäre seiner Familie ganz daheim. Diese Menschen verkörperten das Urbild der deutschen jüdischen Oberschicht: Sie waren weniger jüdisch als die polnischen Juden und noch patriotischer als die Mehrheit der Deutschen. Sie suchten und fanden ihren Platz im Gemeinwesen, man achtete sie hoch wegen ihrer Integrität und Ehrenhaftigkeit, und sie trugen nach Kräften zur Wohlfahrt ihrer Mitbürger bei. Nur ein wahnwitziger Sadist wie Hitler konnte das deutsche Volk eines so wertvollen Bestandteils berauben.

Professor Salomon spielte besonders gern vierhändig mit mir. Als er mich eines Tages – von Frau Rosentower alarmiert, weil ich hohes Fieber hatte – untersuchte, beschränkte er sich auf ein eher flüchtiges Pulsnehmen, sagte lächelnd: »Ach, nichts Ernstes, bloß die Masern«, um dann aber eindringlich und mit echtem Interesse forzufahren: »In welchem Tempo spielst du die F-Dur Toccata für Orgel von Bach?«, und dabei legte er mir Noten vor, die er zu diesem Zwecke mit sich führte. Kaum hatte Frau Rosentower das Zimmer verlassen, zerrte er mich auch schon vom Bett ans Klavier und Juchhei! stürzten wir uns aus voller Kraft zur Verblüffung aller Mitbewohner vierhändig in die Toccata.

War ich bei Salomons eingeladen, flehte mich nach dem Essen die ganze Familie an, doch ein paar Mozart-Konzerte vorzutragen. Ich mußte sie vom Blatt spielen, aber es griff mir ans Herz, wenn diese vier Menschen mit Tränen in den Augen zuhörten.

Bei Rosentowers wurde es mit der Zeit langweilig. Die Töchter blieben unsichtbar; hin und wieder hörte ich die Geige aus Elsas Zimmer, gelegentlich erschreckte mich wohl auch ein grausiges Schnarchen von Alices Cello. Die stets auf Würde bedachte Frau Rosentower stelzte gemächlich durch ihre Räumlichkeiten und nickte bei jedem Schritt mit dem Kopf wie ein Pfau. Marie blieb unsichtbar.

Eines Vormittags jedoch klärte sich der Himmel – die Ankunft mehrerer ›paying guests‹ stand bevor, und tags darauf wurde die Rosentowerei um drei junge Damen bereichert. Zwei kamen aus Amerika, eine aus Boston, die andere aus Philadelphia, woher die dritte stammte, weiß ich nicht mehr. Die beiden Amerikanerinnen erhielten das beste Zimmer, gleich rechts von der Diele; die dritte bezog leider mein eigenes Zimmer, und ich wurde in eine kleine Kammer verbannt, die kaum Platz für mein Klavier bot. Da ich, von Natur träge, nicht die geringste Lust habe zu üben, wurde dieser Ortswechsel verhängnisvoll. Hinfort saß ich kaum noch an meinem Klavier, immerhin spielte ich häufig auf dem Flügel im Salon gleich gegenüber dem Zimmer der Amerikanerinnen, deren Aufmerksamkeit ich zu erregen hoffte.

Insgeheim hatte ich mir schon immer Zuhörer gewünscht. Jetzt nahm der Wunsch Gestalt an: Die junge Dame aus Boston sollte mein Publikum sein, denn ihr galt meine besondere Anteilnahme. Miss Bertha Drew war ungemein reizend anzusehen, eine nicht zu dunkle Brünette mit weichem, glänzendem Haar, braunen Augen und sehr weißer Haut, dazu das hinreißendste Lächeln, das mir je vorgekommen war. Dann ließen volle rote Lippen vollkommene Zähne sehen, in den Wangen bildeten sich Grübchen, und die Lider senkten sich halb über die Augen! Unwiderstehlich – und ganz natürlich, man mag mir glauben oder nicht. Sie kleidete sich sehr einfach, aber mit bestem Geschmack, und benutzte keinerlei Make-up.

Bald entdeckte ich mit Entzücken, daß sie für Musik empfänglich war. Als Absolventin von Radcliffe College und stolze Neu-Engländerin berichtete sie mir Unglaubliches vom Musikleben in Boston, von der Symphony Hall und dem berühmten Orchester. Wenige Jahre später erlebte ich die Bestätigung aller ihrer Worte.

Kein Wunder also, daß ich mich um ihre Aufmerksamkeit bemühte, und wirklich, eines Vormittags hatte ich Erfolg. Sie betrat während meines Spiels lautlos den Salon, setzte sich und lauschte aufmerksam. Von nun an leistete sie mir jeden Tag Gesellschaft. Man kann sich vorstellen, wie eifrig ich sie mit Brahms bekannt machte, mit dem großen Schumann der »Fantasie«, Opus 17, der »Kreisleriana«, der »Symphonischen Etüden« und mit den wenigen Chopin-Stücken, die ich damals studierte. Meist jedoch stürzte ich mich mit Elan auf die Transkriptionen von Liedern oder die Arrangements aus Symphonien und Opern – zum großen Entzücken meiner Zuhörerin und zum Schaden meiner Technik. Professor Barth hielt seinen Vollbart fast pausenlos horizontal, und der Unterricht wurde zur Qual. Miss Drew übte allerdings auch einen guten Einfluß auf mich aus. Auf langen Spaziergängen im Tiergarten redete sie mir ins Gewissen, denn sie stellte mir vor, was alles ich meinem Talent und meiner glänzenden Zukunft schulde. Den Tee nahmen wir – welche Wonne! – häufig in ihrem Zimmer ein. Die beiden Mädchen hatten es in einen reizenden amerikanischen Wohnraum verwandelt. »Wie zu Hause«, sagten sie. An der Wand hing eine winzige amerikanische Fahne neben dem Schulwimpel, auf den Tischen standen Blumen und Photographien der Eltern und auch von ihnen selbst als Graduates. Alles blitzte vor Sauberkeit. Das klingt wie im Märchen, und darum zeige ich jetzt gleich die Kehrseite der Medaille. Meine wachsende Neigung zu Miss Drew ließ mich übersehen, daß sie auch noch anderes zu tun hatte. Schließlich war sie in Berlin, um ihre Sprachkenntnisse und ihr Klavierspiel zu vervollkommnen, Museen, Bälle, Theatervorstellungen zu besuchen und Leute kennenzulernen. Ich hingegen sollte mich in meine Arbeit vergraben; jeden Vormittag lernte ich bei Altmann, darauf folgten zwei Stunden am Klavier, der Unterricht an der Musikhochschule samt allen möglichen Aufgaben, ferner die Stunde bei Fräulein Hempel, und zweimal die Woche ging ich zu dem furchterregenden Professor Barth. Dazu kamen meine gesellschaftlichen Verpflichtungen, das Lesekränzchen und hin und wieder ein Konzertbesuch: Wie konnte da Miss Drew noch Platz finden? Das war wirklich nicht einfach.

Schon vernachlässigte ich meine Studien; es fiel mir schwer, mich auf die Arbeit zu konzentrieren. Wurde Miss Drew zum Essen oder ins Theater ausgeführt und ich mußte zu Hause bleiben, schien mir das Leben schal und ohne Reiz. Frau Rosentower merkte wohl, was mit mir los war, wollte es aber nicht wahrhaben.

Um diese Zeit trat in Berlin ein glänzender junger Geiger aus Wien auf und eroberte sich mit drei großartigen Konzertabenden alle Herzen. Der ganze Haushalt geriet ins Schwärmen, und unsere Elsa verliebte sich bis über beide Ohren in ihn. Tatsächlich – wie ihr das gelang, weiß ich nicht – machte sie seine Bekanntschaft: Er hieß Fritz Kreisler. Damals war sein Ruf nicht gerade der Beste. Man sagte ihm eine Leidenschaft fürs Spiel, für den Alkohol und für Frauen nach, doch er geigte wie ein Gott, mit einem Ton wie Samt, einer tollkühnen Technik und mit unübertrefflichem Schwung und Charme – ganz unwiderstehlich. Es klingt vielleicht sonderbar, aber für mich war Kreisler das – unerreichbare – Traumbild des Caféhausgeigers; er mochte Bach oder Beethoven noch so einwandfrei spielen, immer hörte ich gegen meinen Willen Strauß'sche Walzer. Er spielte einfach zu elegant. Am besten gelangen ihm die kleinen, anmutigen Stücke, die er selber komponierte und in denen keiner ihn übertroffen hat.

Elsas Verliebtheit färbte auf alle Damen Rosentower ab, die in einen an Hysterie grenzenden Zustand gerieten. Sie flüsterten miteinander, fragten, ob denn schon Post da sei, kurzum, sie benahmen sich wie Mondsüchtige. Der Höhepunkt war erreicht, als Frau Rosentower alle ihre Pensionsgäste zum Abendessen aus dem Haus warf; sie erwarte Besuch und müsse unbedingt »en famille« bleiben. Mir sollte das Abendbrot auf dem Zimmer serviert werden. Diese Anordnung reizte unsere Neugier außerordentlich, und wir beschlossen, der Sache auf den Grund zu gehen. Da ich als einziger in der Wohnung zurückbleiben würde, erhielt ich den Auftrag zu spionieren. Leicht war das nicht. Fortwährend begab sich die eine oder andere der Damen nach der Küche, und jedesmal mußte ich meine Lauscherposition am Schlüsselloch wieselflink verlassen. Doch dann begriff ich: Herr Kreisler war der Gast, niemand sonst! Und die Einladung zum Diner war die Falle, in der er für Elsa gefangen werden sollte! Wie man weiß, ist daraus nichts geworden; Kreisler hat später eine Frau von gefestigtem Charakter geheiratet, die es verstand, ihn von Spiel und Trunk zu heilen und seine Laufbahn zu fördern – aber ich kann mir nicht helfen, Elsa hätte eine reizvollere Ehefrau für ihn abgegeben! Zum Andenken an diese unglückliche Geschichte blieb Elsa nur eine kleine goldene Anstecknadel in Form einer Geige, die auf der Rückseite die Initialen FK aufwies – ein Geschenk Kreislers. Die arme Elsa hat die Nadel stets auf dem Herzen getragen.

Ich ging damals oft ins Konzert. Der schon erwähnte Hermann Wolff besaß eine Liste mit den Namen von Studenten und Musikern, die er in mäßig besuchte Konzerte seiner Künstler schicken konnte, und auf dieser Liste stand auch ich. Eines Abends hatte ich sogar das Glück, d'Albert im ausverkauften Beethovensaal zu hören. Er spielte wundervoll, insbesondere eine eigene Bearbeitung der F-dur Toccata von Bach und die »Appassionata«. Als Wolff mich am Schluß des Konzertes entdeckte, wie ich stehend applaudierte und ›Bravo‹ schrie, packte er mich am Arm und sagte: »Los, komm, ich stelle dich dem Meister vor.« Im Künstlerzimmer herrschte dichtes Gedränge, und nur mit Mühe konnten wir uns zu dem schwitzenden, aber strahlenden Pianisten durcharbeiten. Nach einigen Lobesworten stellte Hermann Wolff mich dem großen Manne vor: »Der junge Rubinstein.«

D'Albert fragte etwas ironisch: »Meinen Sie damit den Namen oder das Talent?« und Wolff erwiderte ernsthaft: »Beides.«

Verblüfft schaute der Pianist mich an, lächelte plötzlich und rief: »So! Beweisen Sie es, junger Mann. Aufs Podium! Ich will Sie spielen hören.« Ehe ich mich versah, saß ich am Flügel und spielte die beiden Brahms-Rhapsodien aus Opus 79. Außer d'Albert hörten zuerst nur einige seiner Freunde zu, darunter Engelbert Humperdinck, der Komponist von »Hänsel und Gretel«, und ein paar weitere, Beachtung verdienende Personen. Doch Teile des Konzertpublikums, noch in den Kampf um die Garderobe verstrickt, hörten Musik im Saal und kehrten in der Hoffnung auf Zugaben um. Erstaunt, einen Knaben vor d'Albert spielen zu hören, blieben sie stehen. Als ich einhielt, vermittelte mir der Applaus dieser Zuhörer die Illusion, ein eigenes Konzert beendet zu haben.

D'Albert umarmte mich. »Wirklich, ein echter Rubinstein!« Auf dem Heimweg, den wir in gehobener Stimmung zurücklegten, erzählte Herr Wolff mir folgende traurige Begebenheit:

»Ossip Gabrilowitsch, ein brillanter junger Pianist (später Dirigent des Detroiter Symphonieorchesters und Schwiegersohn von Mark Twain), bemüht sich aus allen Kräften um Erfolg beim Berliner Publikum. Er ist sehr ehrgeizig: er arbeitet schwer und stellt ein ungemein anspruchsvolles Programm für sein Konzert zusammen, das von Hermann Wolff großzügig und erfolgreich propagiert wird. Unser Gabrilowitsch betritt das Podium, er sieht aus wie ein junger Eroberer, er ist in bester Verfassung, doch was sticht ihm ins Auge, als er sich verbeugt? In der hintersten Reihe sitzt der Furchterregende selber, Ferruccio Busoni! Ossip fällt das Herz in die Hose. Er beginnt, er spielt wie ein Anfänger, und nicht nur das, die Leute merken's auch! Die einzige Hoffnung, die ihm bleibt, sind die Zugaben. Ist Busoni einmal aus dem Saal, könnte er die Fassung zurückgewinnen. Als er jedoch die erste Zugabe anpackt, sieht er zu seinem Entsetzen Busoni ans Podium herantreten. Er wirft ihm einen ersterbenden Blick zu und erkennt: Das ist gar nicht Busoni, sondern ein Doppelgänger!«

Wolff erzählte mir diese Geschichte nachdrücklich als Gegenbeispiel zu meinem Benehmen an diesem Abend vor d'Albert. »Du wirst es weit bringen, wenn du arbeitest«, sagte er. Bei Rosentowers, die sich meines langen Ausbleibens wegen schon gesorgt hatten, löste mein Bericht Siegesstimmung aus.

Kapitel 6

Kurz nach dem d'Albert-Erlebnis fand Joachim es an der Zeit, mich dem Publikum vorzustellen. Er plante ein Konzert im großen Saal an der Hochschule, unter seiner Stabführung sollte ich das A-dur Konzert von Mozart spielen.

Als ob das nicht aufregend genug gewesen wäre, rückte auch Professor Barth mit einem Projekt heraus. Ich sollte dieses Konzert, aber unter Leitung von Professor Kulenkampff, meinem Harmonielehrer, zuvor in Potsdam spielen, und zwar als eine Art Probe für das Konzert in der Hochschule. Das gefiel mir. Potsdam mit seinen schönen Parkanlagen und Sanssouci, dem Schloß Friedrichs II., in dem er selber wie ein professioneller Musiker die Flöte geblasen hat, sagte mir sehr zu.

Also saß ich eines Winterabends mit Professor Barth im Zug nach Potsdam. Während der Fahrt – sie dauerte eine Stunde – gab Barth wie ein Boxtrainer mir unentwegt letzte Verhaltensregeln: »Wenn du aufs Podium kommst, verbeuge dich tief vor dem Publikum, dann etwas weniger tief vor dem Orchester. Stell den Klavierhocker so ein, daß er deine Bewegungen nicht beeinträchtigt. Schau nicht ins Publikum. Konzentriere dich auf das, was du spielen wirst, ehe du dem Dirigenten das Zeichen zum Anfangen gibst.« Und das war noch nicht alles. »Vorsicht mit dem Pedal, schneid keine Grimassen, sing nicht beim Spielen, ändere auf keinen Fall den Fingersatz, sonst kommst du durcheinander . . .«, und so fort.

Ich starb fast vor Angst. Der Konzertsaal erschien mir als Löwenkäfig, eine falsche Bewegung, und ich würde zerrissen.

Dann war alles ganz anders. Man empfing mich mit kräftigem Applaus, teils meiner Jugend wegen, teils weil so viele meiner Freunde, darunter die Rosentowers, im Saal saßen. Das machte mir Mut. Im Bestreben, wenigstens einige von Barths Anweisungen zu befolgen, spielte ich das Konzert ein bißchen trocken und gelehrt, aber nicht allzu übel.

Prasselnder Beifall, das Publikum verlangte Zugaben! Barth, der sich nervös hinter der Bühne gehalten hatte, kam jetzt befriedigt und gefaßt hervor und wählte als Zugabe das »Duetto«, eines der »Lieder ohne Worte« von Mendelssohn. Voll Selbstvertrauen und siegestrunken schlug ich jetzt alle seine Ermahnungen in den Wind: Ich begann dieses Stück, indem ich meinen Freunden zulächelte und an alles mögliche dachte, nur nicht an das Stück. Schon war die Katastrophe da. Mein Kopf war wie leer, ich erinnerte mich an keine einzige Note. Ich wußte bloß noch, daß das Stück in As-Dur steht, und fing an, ohne zu zögern, aber mit eisigem Schrecken im Herzen, zu improvisieren. Ich brachte ein Thema in As-Dur zustande, aber mit Mendelssohn hatte es nichts zu tun. Nach ein paar Modulationen führte ich, zum Gegensatz in Moll, ein zweites Thema ein, entwickelte es ein Weilchen und kehrte dann zum romantischen As-Dur zurück. Als Koda gab ich delikate Arpeggien, pianissimo mit leisem Pedal.

Aus gutem Grund erkannten die Zuhörer dieses Stück nicht, und ich erntete den gleichen Applaus wie vorher. Ich hatte Glück gehabt, traute mich aber kaum noch, eine Verbeugung zu machen und ging angstzitternd ab in Erwartung meiner Hinrichtung. Meine Verblüffung darüber, daß Professor Barth, statt mir den Kopf abzureißen, strahlend auf mich losstürzte, mir die Hände drückte und leuchtenden Auges ausrief: »Du Teufelsjunge! Du bist zwar ein Nichtsnutz, aber doch ein Genie! Nie im Leben hätte ich das fertiggebracht!« hält noch heute an.

Vierzehn Tage darauf spielte ich unter Professor Joachim dasselbe Konzert in der Hochschule. Nun fühlte ich mich bereits als Veteran und konnte mühelos Barths Anweisungen für richtiges Verhalten auf dem Podium befolgen. Und siehe, sie waren höchst brauchbar. Ich empfehle sie jedem Pianisten guten Gewissens. Das Konzert geriet mir wesentlich besser als in Potsdam, ich spielte viel lockerer und mit mehr Wärme, und Joachim dirigierte sehr schön. Als wir vor das

Publikum traten, küßte er mich auf beide Wangen. Ein denkwürdiger Tag für mich.

Mein öffentliches Auftreten gab mir neuen Schwung; ich fand das Leben wieder reizvoller und arbeitete konzentrierter. Im kommenden Jahr, so wurde beschlossen, sollte ich ganz allein ein Konzert bestreiten. Das Programm, zwei Klavierkonzerte mit dem Berliner Philharmonischen Orchester, dazwischen noch Stücke für Klavier, war gewaltig. Doch dieser Plan belebte mich enorm, und ich entdeckte damals einen bestimmenden Charakterzug an mir: Gut arbeiten konnte ich nur, wenn es ein fest umrissenes Ziel zu erreichen galt, ein Konzert z. B. oder, später, Schallplattenaufnahmen. Und nach meinen ersten Konzerten sah ich auch, daß das Sprichwort: »Nichts ist so erfolgreich wie der Erfolg«, stimmt. In der Atmosphäre um mich her machte sich eine feine Veränderung spürbar. Meine Lieblingsspeisen erschienen öfter auf dem Rosentowerschen Tisch, Professor Barths Vollbart ruhte friedlicher auf seiner Brust, selbst Alice behandelte ihr Cello sanfter. Und ein weiterer Gewinn: Miss Drew schenkte mir mehr von ihrer Zeit, und ihr Lächeln wurde zärtlicher.

Damals hörte ich zum ersten Mal Jacques Thibaud, dessen Wiedergabe von Bruchs g-Moll Konzert mir unvergeßlich geblieben ist. Dieses hübsche und anspruchslose Stückchen verwandelte er in ein Meisterwerk. Das zweite Thema des ersten Satzes spielte er mit solcher Zartheit, daß mir die Tränen in die Augen traten. Ich eilte ins Künstlerzimmer, um ihn kennenzulernen und ihm zu danken, und dieser schon berühmte, elegante und anziehende junge Mann besaß die Güte, mich, einen zwölfjährigen Knaben, zum Essen einzuladen. Später wurden wir Freunde; diese enge Freundschaft währte bis zu seinem tragischen Tode bei einem Flugzeugabsturz.

Auch andere Künstler beeindruckten mich sehr – so die walkürengleiche Teresa Carreño, die das Klavierkonzert von Tschaikowsky mit dem Elan und der Kraft zweier Männer hinlegte; der französische Pianist Edouard Risler, ein herrlicher Interpret der Beethoven-Sonaten; Gabrilowitsch, einfühlsam und romantisch im Schumann-Konzert; Arthur Schnabel, soeben aus Wien angelangt, ein Leschetitzky-Schüler, bei seinem Debut unter Nikisch. Musikern gefiel sein Spiel, Kritik und Publikum jedoch fanden ihn steif und hochmütig. Er brauchte zehn Jahre, die Berliner für sich zu gewinnen.

Meine musikalische Welt gewann durch das wachsende Interesse, das Emma Engelmann an mir nahm. Diese kleine rundliche Dame in den Fünfzigern wirkte immer so, als werde sie augenblicks von ihren altmodischen Korsetts erdrückt. In ihrem vollen Gesicht standen lebhafte, scharf blickende Augen, und in unstillbarer Emsigkeit ging sie nie, wenn sie statt dessen laufen konnte. Doch was war sie für eine großartige Pianistin! Sie spielte ganz schlicht, aber außerordentlich ausdrucksvoll; keine Spur der gewaltigen Kraft einer Carreño, keine Spur der ›Gefühligkeit‹ vieler Pianistinnen. Wir spielten einander häufig Brahms und Schumann vor, und da sie persönliche Verbindungen zu beiden hatte, konnte sie mir manches mitteilen, das sonst kaum jemand wußte. Sie gab auch zahllose Anekdoten zum besten, beispielsweise die von dem Weinkenner, bei dem Brahms zu Tische geladen war. »Dies ist der Brahms unter meinen Weinen«, sagte der Gastgeber und goß dem Meister aus einer verstaubten Flasche ein. Brahms prüfte das Boquet, nahm einen Schluck und setzte das Glas wortlos ab. »Gefällt er Ihnen nicht?« fragte der Gastgeber. »Hmm«, knurrte Brahms, »servieren Sie mir lieber Ihren Beethoven.«

Frau Engelmanns Freundschaft mit Brahms verdanke ich unschätzbare Hinweise auf sein Klavierspiel und die Tempi, die er in seinen Werken nahm. Höchst wertvoll waren mir auch die Bemerkungen, die er jeweils nach ihrem Vortrag seiner Stücke gemacht hatte. So lernte ich eine Menge über die »Händel-Variationen«, die f-Moll-Sonate Opus 5, seine letzten Klavierstücke und auch über seine Kammermusik, leider aber gar nichts über die beiden Klavierkonzerte. Frau Engelmann hatte ihn diese monumentalen Stücke nie spielen gehört. Ihre Beschreibung seines Spiels war sehr lehrreich; er habe sich, so sagte sie, stets an die große Linie gehalten und dem Detail wenig Aufmerksamkeit geschenkt. An Ausdruck habe es ihm nie gefehlt, Sentimentalität hingegen sei ihm zuwider gewesen. Wenn er schlecht aufgelegt gewesen sei, habe er fürchterlich danebengehauen und ganze Passagen durcheinandergebracht. Joachim erzählte mir noch mehr; er wußte über Brahms selbstverständlich alles Wissenswerte.

Frau Engelmann konnte mir auch manches hochinteressante Detail über die musikalische Beziehung zwischen Schumann und seiner Frau Clara berichten. Frau Engelmann war eine von Claras Lieblingsschülerinnen gewesen, und nach Anhören ihrer Berichte wollte mir scheinen, daß die große Clara dem Werk ihres Mannes doch eine sehr eigene ›Interpretation‹ aufgezwungen hat. Sie überlebte ihn ja um viele Jahre und setzte ihre Laufbahn als Pianistin bis ins Alter fort. Darin lag offenbar eine gewisse Versuchung. Die immer neue Bewährung vor einem anspruchsvollen Publikum und die ständige Wiederholung desselben Programms führten dazu, daß sich unter der Hand eine von der ursprünglichen Konzeption abweichende Auffassung herausbildete. Und Clara war eine kraftvolle Persönlichkeit. In vielen von Schumanns Klavierstücken meinte ich ihren Einfluß zu erkennen: Die plötzlichen Stimmungswechsel, das häufige Zusammenfassen kurzer Einzelstücke zu einer geschlossenen Komposition, und insbesondere die übertriebene Rhythmisierung von Staccatopassagen verraten Claras Hand, denn diese Elemente waren für ihre eigene musikalische Veranlagung bezeichnend. Frau Engelmann habe ich das alles natürlich mit keinem Wort angedeutet. Sie spielte Schumann herrlich; nie werde ich ihre edle, zarte, poetische Wiedergabe des Konzerts in a-Moll vergessen.

Die Stunden bei Altmann fand ich immer aufregender. Manchmal erschienen gegen Ende unserer »Sitzungen« ein oder zwei Freunde bei ihm, und ich durfte bleiben und ihren geistvollen Gesprächen zuhören. Zu seinen Bekannten zählte auch Alfred Kerr, der gefürchtete Theaterkritiker vom »Tag«. Er schrieb einen unverwechselbar eigenen Stil: jedes Wort in seinen kurzen, knappen Sätzen war ein Revolverschuß. Seine Erscheinung war bemerkenswert. Mit dem Monokel im linken Auge und der zweimal um den Vatermörder geschlungenen schwarzen Krawatte sah er aus wie ein Dandy von 1830. Ein anderer Besucher wurde allgemein noch mehr gefürchtet als Kerr – wenn auch aus anderen Gründen –: Maximilian Harden. So nannte sich der in Posen von jüdischen Eltern geborene Max Witkowski, der jetzt in Berlin eine politische Wochenzeitschrift, »Die Zukunft«, herausgab. Harden konnte sie aus unbeachteten Anfängen zu einer beispiellosen Stellung innerhalb der deutschen Presse bringen, weil er seinen Lesern die Wahrheit vorsetzte und nichts als die Wahrheit. Man weiß, dazu gehört Mut. Kurz nachdem ich ihn kennengelernt hatte, unternahm er ein unerhörtes politisches Wagnis, er griff den Kaiser persönlich an, der sich gezwungen sah, Harden wegen übler Nachrede vor Gericht zu ziehen. Es handelte sich um den bekannten Fall Eulenburg. Harden konnte vor Gericht alle gegen ihn erhobenen Vorwürfe widerlegen. Fürst Eulenburg wurde der, damals strafbaren, Homosexualität überführt und vom Hof verbannt. Schon früher hatte der Stahlmagnat Krupp, ebenfalls ein Freund des Kaisers, aus gleichem Anlaß auf Capri Selbstmord begangen. Der Kaiser sagte sich in einer offiziellen Verlautbarung von Eulenburg und seiner Clique los; er behauptete, man habe sein Vertrauen mißbraucht. Die Sache geriet in Vergessenheit, doch Harden und seiner »Zukunft« blieb der Glorienschein des Siegers. Altmann, Kerr und alle meine jüdischen Freunde frohlockten. Auch ich jubilierte, begriff aber keineswegs die Ausmaße dieses Falles.

Der Kaiser büßte zunehmend an Beliebtheit ein. Seine provokanten politischen Manöver, die tatsächlich den Frieden gefährdeten, brachten ihm mehr und mehr Tadel ein; man hatte genug vom militärischen Gepränge, von der Hochnäsigkeit der preußischen Junker, der Anmaßung des Militärs. August Bebel, Sozialdemokrat und Freund von Jean Jaurès, ein glänzender Redner, fand im Lande immer mehr Zulauf. Die Sozialdemokraten wurden zu einem Faktor, mit dem man rechnen mußte. Um den Thron vor Schaden zu bewahren und den wachsenden Unwillen des Volkes von sich abzulenken, machte der Kaiser die Provinz Posen zum Gegenstand starker ›Maßnahmen‹. Posen, das polnische Kernland, stand seit der letzten Teilung unter deutscher Herrschaft. Man hatte viel Mühe auf die Germanisierung von Poznań verwandt, das laut amtlicher Weisung ›Ostmarken‹ genannt werden mußte. Unablässige Schikanen steigerten die natürliche Abneigung der Bewohner in Haß. Der Kaiser meinte, nun sei der Moment gekommen, den Widerstand der Polen mit drastischen Mitteln zu brechen. Der preußische Landtag verabschiedete ein Gesetz, das auf die Enteignung der polnischen Grundbesitzer hinauslief und deutschen Siedlern zum Erwerb von Ländereien verhelfen sollte; der Preis wurde von Siedlungsausschüssen geradezu lächerlich niedrig angesetzt. Mitten in der Stadt Posen ließ der Kaiser eine scheußliche neugotische Burg errichten, eine Kreuzung von Zwingburg und Gefängnis, eine wahre Schande für die altehrwürdige Hauptstadt.

Die Polen stellten sich dieser Herausforderung. Dabei kam ihnen die Natur zu Hilfe; sie hatten einen hohen Geburtenüberschuß. Als gute Katholiken setzten sie weit mehr Kinder in die Welt als ihre Zwingherren oder irgendein anderes europäisches Volk – die Deutschen nannten sie darum spöttisch ›polnische Karnickel‹. Aber nicht genug damit. Diese sorglosen, großzügigen, heiteren Menschen verwandelten sich über Nacht in kluge Wirtschafter. Zur Abwehr des deutschen Angriffs legten Bauern, Grundbesitzer und Kirche alle ihre Finanzen zusammen, gründeten Kreditinstitute und kauften, oft unter angenommenen deutschen Namen, doppelt so viel Land zurück, als sie an die Siedler hatten abgeben müssen. In der Provinz bildeten sich zwei tief verfeindete Parteien; man gehörte entweder zur einen oder zur anderen, mit beiden zu verkehren war unmöglich.

Wie ich selber über diese ekelhaften Projekte des Kaisers dachte, brauche ich wohl nicht zu sagen. Ich war polnischer Patriot, stolz auf den unbesiegbaren Geist meines Landes, und das ihm zugefügte Unrecht traf mich tief. Ich fing an, den Kaiser zu verabscheuen.

Kapitel 7

Zwei Jahre verlief so mein Leben in immer gleichem Rhythmus. Zwei kurze Sommerferien verbrachte ich bei der Familie in Lodz. Meine Eltern freuten sich an meiner Gesundheit und an meinen Fortschritten, sie mästeten mich mit meinen Leibspeisen und schickten mich mit Segenswünschen und Tränen zurück nach Berlin. Beide Male bekam ich Mania Szer nicht zu Gesicht.

Im zweiten Jahr beanspruchte Professor Barth nach meiner Rückkehr aus Lodz zwei Wochen meiner verbleibenden Ferienzeit für sich; ich mußte täglich die gesamte Literatur für zwei Klaviere mit ihm durchgehen. Ich sollte geläufiger vom Blatt spielen lernen. Damals war ich empört, weil er mir die Ferien verdarb, doch jetzt, viele Jahre später, sehe ich, daß er mir ein wahres Opfer gebracht hat, indem er mir seine eigene Ferienzeit widmete, und dafür bin ich ihm zutiefst dankbar. Er zeigte sich damals auch menschlicher und umgänglicher. Da er mich nach unseren Stunden häufig zum Essen dabehielt, lernte ich ihn näher kennen und erfuhr dies und das aus seinem Leben. Er war in Memel geboren und mit neun Jahren bereits

Vollwaise, ein Ehepaar Steinmann hatte ihn adoptiert. Steinmann war Klavierlehrer, ein außerordentlich strenger Klavierlehrer! Barth hatte als Pianist durchaus Erfolg gehabt, besonders in England und in Deutschland; anderswo dürfte er wohl nicht aufgetreten sein, denn seine Laufbahn war nicht von langer Dauer. In jungen Jahren übernahm er die Professur an der Akademie und wurde von der Kaiserin Friedrich zum ›Kaiserlich-Königlichen Hofpianisten‹ ernannt. Ein Bewunderer Bismarcks, schätzte er Wilhelm II. nicht sehr.

Sein Privatleben war recht unglücklich. Nach Steinmanns Tod nahm er dessen Witwe zu sich nach Berlin. Eine Schwester, die von ihm getrennt aufgewachsen war, führte ihm den Haushalt. So, eingezwängt zwischen einer unzufriedenen, übellaunigen, an ihren Rollstuhl gefesselten alten Frau und einer hageren, stets versorgt dreinblickenden alten Jungfer wurde Barth begreiflicherweise ein Misanthrop. Diese beiden Frauen machten ihn zum Hagestolz.

Über alledem vergaß ich jedoch nie meine Tante Salomea und die Ihrigen. Bis zu ihrem Haus fuhr ich mit dem Bus eine halbe Stunde, und sonntags besuchte ich sie gern. Onkel Meyer war ein guter Jude, als typischer Konformist befolgte er die religiösen Vorschriften strikt, ohne einen Gedanken an sie zu verschwenden. Daneben war er ein glühender Patriot. Die ewigen Paraden und Feiern, die Zurschaustellung der wachsenden Macht des Reiches ließen ihn vor Stolz schier bersten. Meist traf ich ihn auf dem Sofa liegend an, wo er, eine übelriechende Zigarre qualmend, die Lebenserinnerungen von Bismarck, die Schriften von Moltke und anderen Architekten preußischer Triumphe las. Von seinen persönlichen Angelegenheiten sprach er nie ein Wort zu mir, und womit er sein Geld verdiente, ahne ich heute noch nicht.

Meyers hatten vier Kinder, von denen Fanny, die Jüngste, mir am besten gefiel. Sie war in meinem Alter, hübsch und gescheit. Sie wurde eine vielversprechende Schauspielerin, ging aber nach ihrer Heirat in der Schweiz von der Bühne weg. Der Meyer'sche Haushalt erinnerte mich sehr an mein Zuhause in Lodz, nur war der Rahmen eben deutsch. Man kochte die gleichen Gerichte wie in Lodz, und das Essen verursachte mir Heimweh. Ungeachtet seines deutschen Überschwanges schien mir Onkel Siegfried im Kreis der Seinen wunschlos glücklich.

Zwei Ereignisse störten den wohlgeordneten Ablauf meines Lebens: Erstens tauchte ein junger Pianist aus Australien in Berlin auf und fand sogleich in Joachim seinen Gönner. Und zweitens erschien meine Mutter auf der Bildfläche, um für die erforderliche religiöse Unterweisung vor meiner Barmitzvah zu sorgen, die nach meinem dreizehnten Geburtstag stattfinden sollte.

Beide Ereignisse verstörten mich. Fritz Müller, ein Deutsch-Australier, zeigte sich äußerst vielversprechend, sowohl als Pianist wie als Komponist. Ebenso alt wie ich, von gewinnendem Wesen und hochtalentiert, fiel er mir gleich als ein gefährlicher Rivale auf. Nellie Melba, die berühmte australische Primadonna, sollte damals zum ersten Mal in Berlin ein Konzert geben, und Joachim, der sie in London gehört und kennengelernt hatte, hielt es für seine Pflicht, sie in der deutschen Hauptstadt mit allen Ehren zu empfangen. Die noch jugendliche strahlende Melba hatte etwas von einer Sirene, und es ist kein Wunder, daß der alte Meister eine verliebte Schwäche für sie spürte. Er ließ sich keinen ihrer Auftritte entgehen und wirkte sogar persönlich in ihrem letzten Konzert mit. Ganz Berlin klatschte darüber, und ich bekam eine Menge abfälliger Äußerungen zu hören. Und eben diese Melba brachte den jungen Müller nach Berlin. Sie war in Melbourne von seinem Spiel beeindruckt gewesen und hatte beschlossen, er solle in Berlin seine weitere Ausbildung erhalten. Ihn dem verliebten Meister ans Herz zu legen, war nicht schwer, und so geschah es, daß das Glück, Professor Joachim zum Gönner zu haben, noch einem anderen jungen Pianisten zuteil wurde.

Zwischen Fritz Müller und mir entstand eine recht sonderbare Freundschaft. In die aufrichtige Anerkennung, die der eine für die Begabung des anderen empfand, mischte sich eine erhebliche Portion Eifersucht. Jeder versuchte den anderen mit seinen pianistischen Spezialitäten auszustechen. Fritz wollte mich mit seinen staccatierten Octavenläufen übertrumpfen, ich revanchierte mich mit glänzenden Trillern. Ich muß gestehen, daß diese Konkurrenz mir sehr gut bekam; notgedrungen widmete ich mich mehr meiner Fingertechnik.

Das zweite schon erwähnte Ereignis erwies sich als viel verwirrender. Ich mußte in einer Schule der jüdischen reformierten Gemeinde hebräisch lernen, um mich auf meine Barmitzvah vorzubereiten. Ich erblickte darin eine Art moralischer Erpressung, auf die meine bisherige religiöse Erziehung mich überhaupt nicht vorbereitet hatte.

Meine Eltern waren keineswegs orthodoxe Juden, mein Vater schon gar nicht; meine Mutter ging gerne in den ›Tempel‹, hauptsächlich um gesehen zu werden. Einzig am Sabbat wurde festgehalten; der diente ja als Vorwand, die ganze Familie einmal in der Woche zu versammeln. Aufgewachsen waren wir mit der polnischen Sprache, die jüdischen Gesetze und Gebräuche kümmerten uns wenig, doch waren wir stolz darauf, Juden zu sein. Ich erinnere mich allerdings, daß ich mich mehrmals abfällig über orthodoxe Juden mit dem langen schwarzen Kaftan, der besonderen Haar- und Barttracht und ihrem eigentümlichen Sing-Sang geäußert habe. Ein- oder zweimal hat mein Vater mich in die Synagoge mitgenommen, aber einzig aus musikalischen Gründen: ich sollte einen berühmten Kantor hören. Bei diesen Anlässen fanden sich unter den jüdischen Gläubigen überraschend viele christliche Bewunderer des Sängers. Während der Jahre in Berlin hatte ich mir jede religiöse Betätigung aus dem Kopf geschlagen. Rosentowers waren meiner Ansicht nach schlichte Atheisten; Professor Barth war – uneingestanden – ein Antisemit; unter meinen Freunden und Bekannten wurde Religion nicht erwähnt. Und Altmann? Nun, Altmann hatte mir die Augen geöffnet für die Philosophie und mich mithin für den blinden Glauben verdorben. Doch gehorchen mußte ich, und so hörte ich denn drei oder vier Wochen lang dem schläfrigen Vortrag eines Menschen zu, der uns – wir waren vielleicht fünfzig – die Feinheiten der hebräischen Sprache und aus der Bibel den Sinn unseres Lebens deutlich zu machen suchte.

Endlich ist der große Tag gekommen; meine Mutter frohlockt. Wir fahren zur Synagoge, begleitet von Tante Salomea und ihren Töchtern. Im Tempel sitzen die Damen oben, getrennt von den Männern. Ich bleibe allein und bekomme einen langen weißen Schal mit Fransen umgelegt. Meinen Hut muß ich aufbehalten, ich warte auf ein Zeichen des Rabbiners, der am Altar betet. Ich werde aufgerufen und zum Podium geführt, wo der Rabbiner, umstanden von seinen Gehilfen, einige Sätze auf Hebräisch an mich richtet, die Thora entrollt und mit dem Finger auf die Stelle deutet, die ich vorlesen soll. Ich entledige mich dieser Aufgabe mit Anstand. Nach einigen weiteren Wechselreden auf Hebräisch zwischen dem Rabbiner und anderen ist die Zeremonie vorüber. Meyers führen meine Mutter und mich in ein ausgezeichnetes koscheres Restaurant, und ich erhalte Geschenke, wie es üblich ist. Meine Mutter schenkt mir die »Tephillin«, zwei schwarze Lederriemen, an denen je zwei Würfel befestigt sind. Mit denen soll ich täglich beten, einen Würfel jedes Riemens gegen die Stirn gedrückt, den anderen jeweils am Arm befestigt. Meyers schenken mir eine silberne Uhr, und die kommt mir weit nützlicher vor.

Am 28. Januar war ich also dreizehn geworden. »Jetzt wird es ernst«, sagte ich mir, »du bist jetzt erwachsen.« Nun ja. Ich freute mich meiner Geburtstagsgeschenke. Von Bertha Drew bekam ich »Die Meistersinger« in dem unübertrefflichen Klavierauszug von Carl Tausig; mein lieber Altmann schenkte mir den Klavierauszug aller vier Symphonien von Brahms – eine sehr kostspielige Angelegenheit –, und überdies verwöhnte man mich noch mit vielen anderen, teils nützlichen, teils erfreulichen Dingen.

Zur Feier des Tages gab Frau Rosentower eine Gesellschaft. Zur Rosentowerei selber stießen noch ausgewählte Gäste der Pension Joseph sowie mit Elsa befreundete Künstler. Es war ein gelungenes Fest. Wir machten Gesellschaftsspiele, ich produzierte mich mit meiner Spezialität: der Imitation berühmter Musiker, und zum Schluß gab ich noch Teile aus meinem Lieblingsrepertoire zum besten: Ausschnitte aus Opern und Symphonien, ja sogar aus Operetten – alles was man wollte, nur keine echte Klaviermusik.

Miss Drew war groß in Form, sie hatte, für sie ein kühnes Wagnis, zwei Gläser Kirschlikör getrunken und der war ihr ein wenig zu Kopfe gestiegen. Sie machte im Takt meiner Melodien ein paar Tanzschritte, summte ein amerikanisches Lied, alles mit großem Charme. Nachdem die Gäste hochbefriedigt abgezogen waren und wir uns zur Ruhe legen wollten, geschah etwas Sonderbares: Miss Drew mochte gar nicht aufhören zu reden, und als ich schließlich Gute Nacht sagte, nahm sie mich in die Arme und küßte mich auf den Mund. Das war ein unglaublicher Schock. Mir blieb das Herz stehen, und ich rannte in mein Zimmer, nicht aus Schüchternheit oder gar Bescheidenheit, sondern weil meine Gefühle mich überwältigten. Sie liebt mich, sie liebt mich! war mein einziger Gedanke. Freunde waren wir schon seit einer ganzen Weile. Manchmal hielt ich ihre Hände länger als nötig, aber mehr hätte ich mich niemals getraut.

Die Nacht verbrachte ich schlaflos, und am nächsten Morgen harrte ich bebend vor wonniger Erwartung ihres Erscheinens. Zum Frühstück kam sie verspätet, auch etwas blaß, aber völlig gefaßt und erklärte, sie habe sich vergangenen Abend wie nie zuvor amüsiert und schenkte mir ein heiteres Lächeln samt Grübchen. Ich bewunderte ihre Haltung, war jedoch sehr enttäuscht. Alles schien unverändert – aber der Kuß? Tage vergingen, und nichts weiter geschah. Oh, doch, das habe ich ja ganz vergessen, es geschah sogar etwas sehr Unangenehmes. Aus unerfindlichen Gründen vertrieb mich Frau Rosentower aus meinem ohnehin unzulänglichen Kämmerchen und stellte nachts im Salon ein Feldbett auf: Hier sollte ich künftig schlafen! Das fand ich höchst unerfreulich, und ich wurde wütend. Dies und Miss Drews unverständliches Betragen versetzten mich für einige Tage in dumpfes Brüten. Nun widerstrebt meine ganze Natur der Melancholie, ich sann also auf Gegenmaßnahmen. Eines Vormittags betrat ich nach flüchtigem Anklopfen Miss Drews Zimmer und ohne irgendwelche Einwürfe zu dulden, machte ich meinem Herzen Luft. Ich übertrieb ein wenig, behauptete, man stoße mich herum, beraube mich sogar meines Bettes, kurz, ich spielte mich gewaltig auf. Sie war tief betroffen. »Habe ich dich gekränkt?« fragte sie. »Habe ich dir etwas getan?«

»O nein!« Ich bedeckte ihre Hand mit Küssen. »Ich sehe Sie nur nicht oft genug. Sie gehen jeden Abend aus und kommen so spät heim, daß ich nichts mehr von Ihnen habe! Wenn Sie versprechen wollten, mir auf alle Fälle einen Gutenachtkuß zu geben, einerlei, wie spät es ist, würde ich mich schon sehr viel besser fühlen.«

Ich schämte mich ein wenig, denn ein solches Verlangen wird meist nur von einem Kind an seine Mutter gerichtet, doch Miss Drew schien das nicht zu tadeln, und sie versprach es mir. So kehrte sich denn alles zum Guten, sogar mein Exil im Salon, denn mein Bett befand sich direkt gegenüber dem Zimmer der Amerikanerinnen und weit genug von den anderen Zimmern entfernt.

Nun begann ein neues Leben, richtiger, ein neues Nachtleben.

Miss Drew ging gerne in die Oper, besonders, wenn es »Tristan« oder »Die Meistersinger« gab, beides sehr lange Werke. Häufig begleitete sie ein junger Geistlicher der amerikanischen Kirche in Berlin, auf den ich selbstverständlich nicht eifersüchtig war, im Gegenteil, es freute mich, sie in sicherer Obhut zu wissen. Da wartete ich denn Stunden auf ihre Heimkehr, manchmal mit einem Buch in der Hand, manchmal schlief ich auch ein. Immer aber hörte ich sie eintreten, obwohl sie auf Zehenspitzen ging und die Tür lautlos öffnete. Als sie sich zum ersten Mal auf meinem Bettrand niederließ, wurde ich von meinen aufgestauten Empfindungen derart überwältigt, daß ich sie mit aller Leidenschaft und Zärtlichkeit küßte, und es schien mir, als erwidere sie meinen Kuß. Von nun an kam sie regelmäßig, immer unter Wahrung der größten Vorsicht, in aller Stille und in völliger Dunkelheit. Ich flüsterte ihr zärtliche Worte ins Ohr, und sie küßte mich lächelnd. Bei einer dieser geheimen Zusammenkünfte bat ich sie gar, doch zehn Jahre auf mich zu warten, dann könnten wir heiraten. Dieses großmütige Anerbieten beantwortete sie wieder mit einem Lächeln und einem Kuß.

Eines Tages jedoch ereilte uns die Strafe.

Frau Rosentower bat Miss Drew und mich in ihr Zimmer und eröffnete uns ohne Umschweife, sie könne ein solches Treiben unter ihrem Dach nicht länger dulden.

»Schämen Sie sich denn nicht«, rief sie, »einen Knaben dieses Alters zu verführen! Ein solcher Skandal ist mir noch nicht vorgekommen!«

Leichenblaß vor Schreck stammelte Miss Drew, sie habe doch nur aus Mitleid mit mir so gehandelt, der ich so weit von den Meinen ganz alleine lebe, und in Wahrheit habe sie mir nur die entbehrte mütterliche Wärme ersetzen wollen. Darauf erwiderte Frau Rosentower mit erhobener Stimme: »Müssen Sie ihn darum in aller Heimlichkeit küssen? Noch dazu auf den Mund? Das ist doch wirklich eine Schande!« Miss Drew erwiderte mit Tränen der Empörung: »Wie können Sie es wagen, so mit mir zu reden? Mich der Verführung und der Schamlosigkeit zu bezichtigen! In Amerika küssen sich Freunde und Verwandte bei jeder Gelegenheit auf den Mund und finden überhaupt nichts dabei.«

Ich war völlig verdattert, nicht nur wegen dieses häßlichen Auftritts, sondern mehr noch, weil Miss Drew so entschieden behauptete, sie habe nur aus mütterlicher Zuneigung gehandelt. Und ich kleiner Narr hatte gemeint, es sei Liebe, was sie dazu bewogen hatte!

Miss Drew blieb nur noch wenige Tage – sie erwartete die Ankunft ihrer Eltern. Unser Zusammentreffen bei den Mahlzeiten wurde höchst peinlich; wir küßten uns ungeschickt vor aller Augen und erröteten unter den halb spöttischen, halb boshaften Blicken der Schwestern Rosentower, deren eine offensichtlich die Denunziantin gemacht hatte.

Immer noch tief empört, beklagte meine Freundin sich bei Professor Barth über die ihr zuteil gewordene Behandlung, und zu meiner Überraschung nahm er ihre Partei. Später begriff ich, daß er ein Kennerauge für weibliche Schönheit besaß. Die Eltern trafen endlich ein, und Miss Drew zog zu ihnen ins Hotel. Ich wurde zum Essen gebeten und mit größter Freundlichkeit behandelt, ganz als gehörte ich zur Familie. Die dramatische Schilderung der Vorgänge, von denen ihre Tochter in der Pension betroffen worden war, beeindruckte die Eltern nur wenig. »Diese Deutschen«, bemerkte der Vater milde, »haben einfach keine Lebensart.«

Ich verabschiedete mich mit einem Blumenstrauß und einer kleinen Komposition von meiner Freundin, die nun heimfuhr nach Boston. Auf dem Bahnhof stellte mich Miss Drew ihrem Verlobten vor: es war der junge Geistliche, auf den ich kein bißchen eifersüchtig gewesen war! Bald darauf heirateten die beiden. Während meiner Tourneen in Amerika habe ich sie gelegentlich wiedergesehen, und wir blieben bis zu Berthas Tod befreundet. Ihr Sohn, der sehr an seiner Mutter hing, hat mir kürzlich großmütig das Tagebuch geschenkt, das sie damals in Berlin geführt hat. Ihm entnehme ich, und es schnürt mir die Kehle zu, daß in jenen Jugendjahren wirklich eine zarte Liebe für mich ihr Herz berührt hat . . .

Kapitel 8

Nach Miss Drews Abreise war es bei Rosentowers nicht mehr auszuhalten. Ich fühlte mich plötzlich als Fremder zwischen ihnen, zankte mich bald mit diesem, bald mit jenem Familienmitglied und litt verdrossen darunter, keinen eigenen Bereich mehr zu haben. Es kam soweit, daß ich aus purer Wut im Salon den Klavierschemel zertrümmerte. Ich rechnete mit einer harten Strafe, doch die Damen waren von meiner Gewalttätigkeit so beeindruckt, daß sie sich in ihre Zimmer retirierten und ich als Sieger allein im Eßzimmer meine Mahlzeit einnahm.

Auch Barth merkte mir die Veränderung an, und da er schon sehr mißbilligt hatte, wie Miss Drew von Rosentowers behandelt worden war, beschloß er, mich von diesem Weiberstall zu erlösen. Es erwies sich freilich als ungemein schwierig, die richtigen Leute für mich aufzutreiben; sie waren entweder zu alt, oder ich war zu jung, entweder fehlte es an geeigneten Räumen, oder es bestand eine Abneigung gegen das Klavierspiel. Es dauerte jedenfalls sehr lange, ehe er die seiner Ansicht nach idealen Pensionseltern fand. Er machte uns bei sich daheim vor meiner Klavierstunde miteinander bekannt. Sie waren, wie man heute sagen würde, Leute aus dem oberen Mittelstand, die Frau etwa fünfunddreißig, der Mann erheblich älter. Die interessantere von beiden war sie – dank guter Figur, gefälligen Zügen und freundlich lächelnden Augen durchaus anziehend. Die beiden musterten mich wie eine Ware, redeten mit mir vom Wetter, um meine Stimme zu hören, und entschieden sich dann nach Erörterung weiterer Einzelheiten für mich, hauptsächlich wohl, weil ein Hofpianist und Professor der Königlichen Musikhochschule für mich gutsagte.

Herr und Frau Winter wohnten gar nicht weit von meinen diversen Unterrichtsstätten und zu meiner Freude in der Nähe des Zoos. Kinder gab es nicht im Haus, nur ein Dienstmädchen, eine wahre Wohltat nach dem unaufhörlichen Trubel in der Rosentowerei. Ich hatte ein hübsches, gar nicht kleines Zimmer, das durch einen schmalen Korridor von der übrigen Wohnung getrennt lag. Barth verdankte ich einen von dem Klavierfabrikanten Bechstein gestellten Stutzflügel, und so begann mein neues Leben unter glücklichen Vorzeichen. Meine Freunde waren entzückt über den Wechsel, auch Meyers waren sehr einverstanden, und mir wurde klar, daß sie alle diese ›Weiberatmosphäre‹ um mich herum längst mißbilligt hatten. Fritz Müller, Hans Engelmann, Kurt Hahn und andere Mitglieder des Lesekränzchens besuchten mich jetzt wesentlich lieber als zuvor.

Es war höchste Zeit, ernsthaft für das Konzert zu arbeiten, das ich mit Orchesterbegleitung im Beethovensaal geben sollte. Das Programm enthielt das A-Dur Klavierkonzert von Mozart; sodann als Soli die »Papillons« von Schumann, ein Nocturno und das Scherzo in h-Moll von Chopin; schließlich nach der Pause das Klavierkonzert in g-Moll von Saint-Saëns.

Das Programm mochte ich sehr. Das Mozart-Konzert wurde mir zu einer Herzenssache, und die Solostücke waren gut ausgewählt. Das Konzert von Saint-Saëns kannte ich erfreulicherweise nicht; ich schaffte mit aller Energie daran, und ich gestehe gerne, daß es mir jahrelang als verläßliches Schlachtroß gedient hat. Es besitzt alles – Schwung und Eleganz, Temperament und Brillanz. Musikalisch läßt es sich ebenfalls durchaus vertreten, obwohl es gewisse Banalitäten aufweist. Ich bin aber überzeugt, daß ein talentierter Interpret alles, was er spielt, adelt, wenn er ein Nachschöpfer ist und nicht bloß ein Vortragender.

Das Konzert fand im Dezember statt, kurz vor Weihnachten. Meine Nerven waren ziemlich strapaziert, und mit Professor Barths Sorgenmiene mußte man geradezu Mitleid haben. Die Probe mit dem Orchester war reibungslos verlaufen, und die Musiker schienen beeindruckt. So riß ich mich denn zusammen und gab wirklich mein Bestes. Jede einzelne Nummer war ein Erfolg. Nach dem Saint-Saëns sprangen die Leute auf, schrien und stampften mit den Füßen. Das konnte man wirklich einen Triumph nennen! Joachim, Bruch und der große Pianist Leopold Godowsky waren anwesend in dem ausverkauften Haus. Nach vier Zugaben kamen sie alle aufs Podium, um mir zu gratulieren, und Joachim umarmte mich. Hermann Wolff betrachtete mich bereits als interessantes Objekt. Meine Schwester Jadzia und mein Bruder Stas waren zu meinem Konzert aus Lodz gekommen.

Die Zeitungen behandelten mich am nächsten Tage wie einen aufgehenden Stern. Leopold Schmidt vom *Berliner Tageblatt* und ein Kritiker von Otto Lessmanns *Allgemeiner Musikzeitung* schrieben, ich sei der ideale Mozartspieler; es scheine, daß ich Mozart ganz und gar verstehe. »Er ist unter den Begnadeten ein Auserwählter«, hieß es in der Kritik, ein Satz, den ich nie vergessen werde. Professor Barth berichtete Miss Drew über meinen Erfolg und wie zufrieden Joachim mit mir sei. Seinen Brief besitze ich jetzt noch.

Dieses denkwürdige Konzert bewirkte zahlreiche Veränderungen. Barth und Altmann fanden sich nun damit ab, daß ich auf die Prüfungen am Gymnasium verzichtete; meine mangelnde Begabung in Mathematik würde stets ein Universitätsstudium verhindern. Stattdessen sollte ich Privatstunden in Englisch und Französisch nehmen, je zweimal die Woche. Dieser Vorschlag stammte von Joachim; er meinte nämlich, für einen Konzertpianisten seien Sprachen die Hauptsache. Und wie recht hatte er damit! Ferner verschaffte er mir zwei Engagements als Solist in Hamburg und Dresden. An beide

Konzerte erinnere ich mich mit überwiegend freundlichen, aber nicht ungemischten Gefühlen.

Nach Berlin war Hamburg Deutschlands bedeutendste Stadt, und es galt als Auszeichnung, mit dem Hamburger Philharmonischen Orchester zu spielen. Das Engagement nach Dresden war sogar noch schmeichelhafter, da es sich um ein Festkonzert zu einem Jubiläum von Mozarts Geburtstag handelte: An einem Abend geigte Joachim, am nächsten sollte ich Mozarts letztes Klavierkonzert in B-Dur spielen. In beiden Städten luden die Dirigenten mich ein, ihr Gast zu sein.

In Hamburg hatte ich großen Erfolg; ich spielte Saint-Saëns, und er ließ mich nicht im Stich. Ich mußte sogar wiederholen – eine seltene Auszeichnung – und wurde auf der Stelle für die nächste Saison verpflichtet. Meine Schwester und mein Bruder hatten mich von Berlin aus begleitet. Nach dem Konzert wollte meine Schwester, der ich meinen Dirigenten und Gastgeber Richard Barth vorgestellt hatte (nicht verwandt mit Heinrich Barth), mich unbedingt zum Essen ausführen. Obwohl mein Gastgeber ihr zu bedenken gab, daß um diese Zeit kaum noch ein gutes Restaurant geöffnet habe, beharrte sie auf ihrem Vorhaben. Es regnete stark, und vor dem Konzertgebäude warteten noch viele Leute in der Hoffnung, der Schauer werde nachlassen. Sie starrten uns neugierig an. Nirgendwo eine Droschke. Mein Bruder machte sich auf die Suche, und meine Schwester und ich standen drei Viertelstunden im Regen, bis er zurückkehrte. Wir fragten den Kutscher nach einem guten Restaurant, und er antwortete, um diese Nachtzeit könnten wir höchstens noch im Hauptbahnhof etwas Kaltes essen. Das war das jämmerliche Ende eines vollkommenen Tages.

In Dresden war der berühmte Aloys Schmitt mein Dirigent und Gastgeber, der Czerny seiner Zeit, Verfasser unzähliger Bände von Etüden und Übungen für Klavier. Er war damals schon achtzig, aber noch voller Energie, und dirigierte sehr gut. Jedenfalls spielte ich unter seiner Leitung das Mozart-Konzert mit viel Vergnügen. Schmitt war beim Dresdner Publikum sehr beliebt, und man brachte uns beiden eine Ovation dar.

Kurz vor dem Konzert rief mich mein Schwager Maurycy Landau an: Er sei eigens zu meinem Konzert nach Dresden gereist. Er wünschte eine Karte für diesen Abend, und danach wollte er mit mir essen. Nun hatte aber der Konzertvorstand bereits ein Bankett geplant, an dem Joachim, Schmitt und ich selbstverständlich teilnehmen mußten, und ich wußte nicht, was tun. Mein Schwager bestand hartnäckig darauf, daß ich ihm über Schmitt eine Konzertkarte und eine Einladung zum Bankett verschaffte. Mein Gastgeber war über dieses Ansinnen etwas betroffen, besorgte aber noch in letzter Minute einen Platz in der Vorstandsloge und die gewünschte Einladung zum Bankett. Nach dem Konzert versammelten sich Vorstand, Künstler und Gäste in der Halle vor dem Bankettsaal, und die Zeit dehnte sich endlos, bis Schmitt mir sagte, länger könnten wir auf meinen Schwager nicht warten. Ich war sprachlos. »Was hat er denn in der Loge zum Vorstand gesagt?« fragte ich. »Er muß sich doch entschuldigt haben, daß er zu spät zum Bankett kommt.« »Das ist es ja gerade, er war gar nicht im Konzert. Es muß ihm etwas zugestoßen sein. Aber keine Sorge, morgen früh kümmern wir uns sofort darum.«

Mir ahnte nichts Gutes, und ich behielt nur allzu recht. Am Tag darauf fuhren mein Gastgeber und ich gleich nach dem Frühstück mit einer Droschke zu meinem Schwager ins Hotel. Ich bat Herrn Schmitt zu warten, eilte nach oben und fand Maurycy im Bett. Er war wütend, daß ich ihn weckte. Zufällig hatte er Freunde getroffen, mit ihnen Karten gespielt und darüber das Konzert ganz vergessen. Er war erst um drei Uhr früh ins Bett gekommen.

Dem alten Professor Schmitt schwindelte ich vor, daß meinem bedauernswerten Schwager, just als er sich für das Konzert ankleidete, unwohl geworden war und, hilflos und allein, mich nicht benachrichtigen konnte. Ob Schmitt das geglaubt hat, weiß ich nicht, jedenfalls bot er höflich seine Hilfe an, die ich jedoch mit allen Zeichen der Dankbarkeit ablehnte.

Nach Berlin zurückgekehrt, nahm ich höchst zufrieden mein Leben bei Winters wieder auf. Herr Winter war häufig geschäftlich auf Reisen. Seine Frau, wohl eine brave Gattin und Hausfrau, hatte eine stark romantische Ader. Sie geriet beim Anhören meines Spiels in Verzückung, sie bewunderte die Bücher, die ich las, und starb vor Neugier, was mein sonstiges Treiben anging. Dies alles war mir durchaus nicht zuwider, im Gegenteil, es gefiel mir sehr. Daß wir ganze Tage allein miteinander verbrachten, erzeugte selbstverständlich eine gewisse Intimität; sie erzählte mir von sich, und ich vertraute ihr meine Sorgen, meine Hoffnungen und Träume an.

Frau Engelmann verkündete mir aufregende Neuigkeiten: Ihre Königliche Hoheit, die Großherzogin von Mecklenburg-Schwerin, eine alte Gönnerin, wollte mich in ihrem Palast in Schwerin vorspielen lassen. Barth war entzückt, und ich war hingerissen, war es doch meine erste Einladung an einen Hof.

In der Kunst, besonders der Musik, lagen die Dinge zu Beginn unseres Jahrhunderts noch ähnlich wie zu Zeiten Mozarts und Haydns. Außer in Frankreich und der Schweiz herrschten in ganz Europa souveräne Fürsten, und in Deutschland gab es Dutzende davon. Die Opernhäuser und die Mehrheit der Schauspielhäuser waren Hoftheater, damit unterstanden auch die meisten großen Orchester den Fürsten, die ihre Geldgeber waren und daher selbstherrlich die Programme bestimmten. Gefiel ihnen ein Pianist, so ernannten sie ihn zum Hofpianisten. Auch mit Orden und Ehrenzeichen gingen sie großzügig um ... Dabei fällt mir eine Anekdote ein. Als der Lisztschüler Alfred Reisenauer im Schloß eines kleinen deutschen Fürsten konzertiert hatte, wurde er tags darauf von dem zu ihm entsandten Hofmarschall vor die Wahl gestellt, entweder 1000 Mark oder einen Orden in Empfang zu nehmen. »Was kostet solch ein Orden im Laden?« fragte der Künstler, und als der Hofmarschall erwiderte: »Nun, wohl an die 20 Mark«, versetzte Reisenauer: »Gut, geben Sie mir den Orden und 980 Mark.«

Die herrschenden Familien waren, wie man sich denken kann, fast alle miteinander verwandt. Sie heirateten notgedrungen stets untereinander, denn die Ehe mit einem Partner nicht gleichrangigen Geblütes wäre eine Mesalliance gewesen. Für einen Musiker war es darum besonders wichtig, einen königlichen Schutzpatron zu gewinnen. Ein Empfehlungsschreiben von solcher Hand konnte die Tür zur Karriere öffnen. Um ein Beispiel zu geben: Die hier in Rede stehende Großherzogin von Mecklenburg-Schwerin war die Mutter des holländischen Prinzgemahls, des Gatten der Königin Wilhelmina, einer sehr wertvollen Verwandten. Damals galt der Dänenkönig als der größte »Fang« von allen, denn er war zugleich der Bruder der Zarinmutter, der Königin Alexandra von England und des Griechenkönigs.

Eines regnerischen Morgens bestieg ich den Zug nach Schwerin, einer kleinen Provinzstadt von damals gegen 20 000 Einwohnern. Das war also die Residenz der Großherzogin! Eine Hofkutsche brachte mich zum Hotel, einem uralten Etablissement ohne den geringsten Komfort, und ein Brief des Hofmarschalls ließ mich wissen, um 2 Uhr 45 fahre die Kutsche vor, die mich zu dem um 3 Uhr beginnenden Konzert bringen würde. Anzug: Frack und weiße Binde. Das war eine Katastrophe. Ich besaß keinen Frack, sondern nur kurze Hosen. Es gelang mir auch nicht, zur Zeit fertig zu sein. Im Hotel fehlte es an einem Bad, an heißem Wasser, es war unmöglich, einen Schneider aufzutreiben, der mir die Sachen aufbügelte. Kurzum, ich kam mit zehn Minuten Verspätung ins Schloß. Ein halbes Dutzend Lakaien zeigte mir den Weg in den Ballsaal, wo etwa fünfzig sonderbare Personen versammelt waren, meist alte Damen in tief ausgeschnittenen Hofkleidern, die Männer ohne Ausnahme im Frack mit Orden. Bei meinem Erscheinen stand eine der Damen auf und verließ rasch den Saal. Der Hofmarschall begrüßte mich vorwurfsvoll: »Sie haben sich verspätet, junger Mann. Gehen Sie jetzt bitte in das Nebenzimmer, wo Ihre Königliche Hoheit Sie zu einer Privataudienz erwartet.«

Ich ging nach nebenan und sah vor mir die Dame, die eben aus dem Saal geeilt war. Da ich sie für eine Hofdame hielt, grüßte ich wohlerzogen, aber gleichmütig. Es war aber Ihre Königliche Hoheit selber! Sie trat auf mich zu und sagte: »Ich bin die Großherzogin Marie, und Sie sind gewiß der Pianist?«

Ich hatte Lust zu antworten: »Nein, ich bin der Klempner«, doch machte ich eine tiefe Verbeugung, küßte ihre Hand und murmelte eine Entschuldigung. Sie führte mich lächelnd zurück in den Saal und an den Flügel und forderte mich auf zu beginnen. Als alle sich gesetzt hatten, spielte ich etwa eine Stunde lang Bach, Mozart und Brahms.

Die Zuhörer warteten, bis die Großherzogin das Zeichen zum Applaus gab, klatschten dann höflich in die Hände, und das Konzert war vorüber. Der Hofmarschall führte mich wieder Ihrer Königlichen Hoheit zu, die etwas erhöht saß. Sie dankte mir gnädig und fand ein paar gütige Worte für meine Darbietung. Sodann erhob sie sich von ihrem thronartigen Sessel, die Anwesenden schossen empor und blieben kerzengerade stehen wie Soldaten. Lakaien reichten Tabletts mit Kaffee herum; man bot auch mir welchen an, in einer sehr feinen Meißener Porzellantasse, die ich mit von der Anstrengung noch unsicheren Händen kaum halten konnte. Schon trat der Hofmarschall heran, um mir zu sagen, Ihre Königliche Hoheit, die Herzogin von Oldenburg, wolle mich beglückwünschen. Wir begaben uns also zu einer großen, schlanken, sehr attraktiven jungen Prinzessin in einem wunderhübschen Kleid aus rosa Seide. Ich verbeugte mich tief, zog die Hacken zusammen und hatte auch schon meinen Kaffee über das schöne Kleid gegossen! Die Herzogin murmelte nur: »Ach!«, warf mir einen mörderischen Blick zu und stürzte hinaus. Ich wäre am liebsten im Boden versunken, doch die Großherzogin Marie tröstete mich lächelnd und lud mich ein, das Abendessen im kleinsten Kreis bei ihr einzunehmen. Das gab mir meine Fassung zurück. Gleich wurde mir klar, daß die Herzogin von Oldenburg in dieser Runde nicht sehr beliebt war.

Das Abendessen verlief dann ganz reizend. Ein einziger Lakai führte mich in die Privatgemächer im ersten Stockwerk des Schlosses, wo ich Ihre Königliche Hoheit, nun mit einem schlichten Kleid angetan, und zwei reizende Damen ihres Gefolges vorfand; zusammen mit dem unvermeidlichen Hofmarschall saßen sie vor einem gemütlichen Kamin. Das Abendbrot war ganz unformell, und ich fühlte mich so zuhause, daß ich riskierte, ein paar jüdische Geschichten zu erzählen. Mit denen hatte ich mehr Erfolg als mit meinem nachmittäglichen Konzert.

In Berlin hörte ich wenig später von Frau Engelmann, die Großherzogin habe sich brieflich sehr zufrieden über mein Auftreten geäußert und wünsche, daß ich zur Feier ihres Geburtstages am 29. Januar wiederum konzertiere, diesmal mit Orchester. Ich nahm diese Aufforderung mit gemischten Gefühlen an; ich hatte selber am 28. Januar Geburtstag, und die Einladung nach Schwerin verdarb mir die gewohnte Feier mit den Freunden, den Geschenken und dem guten Essen. Stattdessen sollte ich an eben diesem Tage in Schwerin mit dem Orchester proben. Andererseits würde ich Gelegenheit haben, ein neu einstudiertes Werk zu spielen, Chopins »Fantasie über polnische Melodien« Opus 13. Und so fuhr ich denn doch recht gerne zu diesem Galakonzert. Die kleine Residenz war mit Flaggen geschmückt und in Feststimmung, die loyalen Untertanen erhoben sogar den Geburtstag der Großherzoginwitwe zum Festtag. Aus Holland kamen zur Feier des Tages Königin Wilhelmina und der Prinzgemahl, der regierende Großherzog eilte eigens von der Riviera herbei, wo er die Winter ver- und das Geld seiner Untertanen durchbrachte, und dann waren noch einige andere königliche Herrschaften anwesend.

Zu meinem Verdruß erschienen sie samt und sonders in der Probe (wo sollten sie auch sonst hin, die Ärmsten!), und das machte uns Musiker nervös. Der Dirigent wagte kaum abzuklopfen, wenn etwas schief ging, und die Wiedergabe des schönen Werkes von Chopin fiel denn im Konzert auch dementsprechend kläglich aus. Zum Glück waren die Zuhörer nicht musikalisch genug, um das zu merken. Sie klatschten höflich, nachdem die königlichen Herrschaften mit dem Beifall vorangegangen waren, und nach dem Konzert fand im Ballsaal des Großherzoglichen Schlosses ein Staatsbankett statt. Der Großherzog war übrigens der Bruder der späteren Königin von Dänemark und der Kronprinzessin Cäcilie von Preußen. Das Orchester mußte während des Banketts und auch später beim Ball aufspielen. Ich saß am Tisch des Hofmarschalls und war von dem Luxus ganz geblendet. Als die Trinksprüche ausgebracht wurden, regte sich bei dem Gedanken an meinen eigenen Geburtstag, um den ich nun gebracht war, etwas Neid in mir, und einer Eingebung folgend flüsterte ich dem Hofmarschall zu: »Ist das nicht ein merkwürdiger Zufall – ich habe ebenfalls heute Geburtstag! Aber sagen Sie es nicht weiter.« Ich wußte selbstverständlich, daß er es als eine Kuriosität der Großherzogin erzählen würde, und man machte auch sogleich viel Aufhebens davon. Man trank mir zu, und ich bekam dann doch noch ein paar hübsche Geschenke. Ein wenig schäme ich mich dieses Schwindels noch heute; bis zum Ersten Weltkrieg hat Großherzogin Marie mir jedes Jahr zu ›unserem‹ Geburtstag telegrafisch Glück gewünscht.

Kapitel 9

Nach und nach verschlechterte sich meine musikalische Beziehung zu Professor Barth. Es fiel mir immer schwerer, Hingabe an Stücke zu wenden, die mir unbedeutend schienen oder die ich einfach nicht mochte. Bei einer Beethoven-Sonate gefiel mir etwa der erste Satz gut, der zweite aber überhaupt nicht – beispielsweise die Sonate

Opus 90 mit dem so schönen und vielversprechenden Anfang. Aber dann enttäuscht, meiner Meinung nach, der zweite Satz; das Rondo mit seiner dreimaligen, unveränderten Wiederholung des Themas beeinträchtigt die große Wirkung des ersten Satzes wieder. Von Chopin durfte ich überhaupt nichts spielen bis auf wenige Etüden, und die auch nur um des Fingersatzes willen. Dazu vernachlässigte Barth Bach viel zu sehr. In sechs Jahren studierte ich bei ihm nur drei Präludien und Fugen aus dem »Wohltemperierten Klavier« und das großartige Präludium und die Fuge in g-Moll in der Bearbeitung von Liszt, stattdessen haufenweise mindere Stücke von Mendelssohn, Schumann und Schubert, nicht aber die wirklich bedeutenden Werke dieser Meister. Einmal verlangte er, ich solle ein Konzert von Adolph Henselt lernen, ein weitschweifiges, schwieriges Stück, das an Chopin erinnerte, ohne dessen Genie zu besitzen. Ich weigerte mich, doch der Professor bestand eisern auf seinem Verlangen. Da riß ich die Noten in Fetzen und erschreckte meinen Peiniger damit so sehr, daß er nachgab. Am meisten ärgerte mich, daß ich bei ihm nichts durchnahm, was sich für ein Konzertprogramm eignete: entweder war das Stück zu lang und endete dann noch traurig, wie Schumanns »Davidsbündler«, oder es war hoffnungslos überholt und ohne Effekt.

Gegen meinen Willen war ich unter diesen Umständen genötigt, ein musikalisches Doppelleben zu führen, einerseits in meinen niederdrückenden Stunden bei Barth, andererseits bei dem beschwingten Anhören, Lernen und Spielen all der schönen Musik, die ich liebte, seien es nun Symphonien, Opern oder sonst etwas. Nikischs Konzerte erregten mich mehr und mehr. Er brachte wenig bekannte Russen – Rimsky-Korsakow, Borodin, Mussorgsky. Er spielte als erster die Symphonie von César Franck. Von ihm hörte ich »Till Eulenspiegel« und »Tod und Verklärung« von Richard Strauss und viele andere neue Kompositionen. Barth war gegen solche Musik voreingenommen, er erklärte sie für minderwertig. Musik hörte für ihn bei Brahms auf, und in Wagner sah er den Antichrist – Wagner-Opern mußte ich heimlich hören!

Der Unterricht in Harmonielehre und Musiktheorie war ebenfalls enttäuschend. Die Lehrer quälten mich immer wieder mit Kanons und ähnlich öden Übungen, nie regten sie mich zu bedeutenderen Leistungen an. Damals habe ich viel komponiert, ich stand sogar mit Fritz Müller in Wettstreit; wir versuchten uns an den gleichen Aufgaben, kleinen Stücken für Klavier oder Liedern, und gaben sie dann einer dem anderen zur Beurteilung. Recht bekümmert mußte ich schon früh einsehen, daß ich zum Komponisten nicht geboren war. Ich imitierte Brahms, ich versuchte Beethoven nachzuahmen, später auch Chopin – ich konnte durchaus eine niedliche Klavierkomposition zustandebringen, auch ein singbares Lied, aber ich drückte mich darin nicht aus. Den echten Schöpferdrang, den Zwang zu produzieren verspürte ich nicht. Zum Glück begriff ich das schon früh. Rings umher sah ich Massen überflüssiger Noten, sie füllten die Regale der Musikalienhandlungen und wurden nie gespielt aus dem einfachen Grunde, weil es sich um künstliche Produkte handelte und nicht um geniale Kunst. Ich bemerkte gelegentlich im Scherz: »In einer Hinsicht bin ich meinem berühmten Namensvetter Anton Rubinstein überlegen: ich lasse meine Kompositionen nicht drucken.«

Fritz Müller ermutigte mich immer wieder zu komponieren, wie ich glaube, aus reiner Gutmütigkeit. Mir wollte manchmal scheinen, daß er das Zeug zum Komponisten in sich hatte, doch zeigte sich später, daß ich irrte.

Meine musikalischen Enttäuschungen wurden dank Dr. Altmann durch intellektuelle Anregungen aufgewogen. Er nahm mich mit zu Vorträgen bedeutender Schriftsteller, Historiker, Philosophen und Naturwissenschaftler; und für einen Vierzehnjährigen war es faszinierend, ihren Gedanken zu folgen. Ich hörte Wilamowitz-Moellendorff über die Griechen, den alten Mommsen über die Römer, einen bedeutenden Nietzscheforscher, dessen Name mir entfallen ist, und viele andere, deren Thesen, ob nun überzeugend oder nicht, mich jedenfalls das Denken lehrten, dieses Göttergeschenk.

Eines Vormittags gab Altmann mir eine Karte für die Uraufführung des neuesten Stückes von Gerhart Hauptmann. Eine Hauptmann-Premiere war damals in Deutschland das bedeutendste Theaterereignis, kein Wunder also, daß ich strahlte. Es war ein denkwürdiger Abend. Das Stück, »Rose Bernd«, bewegte mich, die Darsteller ließen keinen Wunsch offen, und das prominente Publikum bot ein Schauspiel eigener Art. Meine Eitelkeit fand sich besonders geschmeichelt, als der Kritiker Kerr mich in der Pause mit einer Tasse Kaffee regalierte und mich wie einen Erwachsenen um meine Meinung über das Stück befragte.

Altmann erwartete mich nach Schluß der Vorstellung auf der

Straße und wollte alles ganz genau wissen. Später erfuhr ich, daß er sich nur die eine Karte hatte leisten können und daß er mir zuliebe auf den Besuch der Premiere verzichtet hatte!

Das Berliner Theaterleben erfuhr eine kräftige Belebung durch die Eröffnung von Max Reinhardts Kabarett »Schall und Rauch«. Das Programm, das Tagesereignisse in Kunst, Politik und Alltag glossierte, zeichnete sich durch intellektuelle Brillanz aus und bot als besonderen Reiz, daß zwischen die Zuschauer in eine Loge »Serenissimus« plaziert wurde, ein degenerierter, monokeltragender Duodezfürst aus dem »Simplizissimus«, dessen idiotische Kommentare zu den Tagesereignissen beim Publikum besonders beliebt waren. Reinhardt fand den passenden Schauspieler für diese Rolle, und der sprach nun seine Anmerkungen entweder zu einem Begleiter in der Loge oder unmittelbar zum Publikum und löste damit wahre Lachsalven aus. Reinhardts Kabarett war in dieser Saison *die* Sensation, und ich fand großes Vergnügen daran. Das Kabarett bildete jedoch nur ein Sprungbrett für den von Phantasie und Arbeitslust berstenden Reinhardt. Er verwandelte schon bald sein Kabarett in ein richtiges Theater, und seine Inszenierungen wurden Teil der Theatergeschichte. Mein Glück wollte es, daß ich ihn selber und einige seiner Schauspieler – er hatte so manchen Kollegen vom Deutschen Theater weggelockt – persönlich kannte. So verfolgte ich den märchenhaften Aufstieg dieses Theatergenies aus allernächster Nähe. Seine Inszenierungen werde ich nie vergessen.

Er begann mit Strindbergs »Fräulein Julie« und »Rausch«. Man kennt Strindberg unterdessen, doch damals war er in Deutschland völlig unbekannt. Nach Strindberg präsentierte Reinhardt den Berlinern einen höchst bemerkenswerten jungen Dramatiker, nämlich Frank Wedekind, mit zwei faszinierenden Stücken, »Frühlingserwachen« und »Erdgeist«, den Vorlagen von Alban Bergs Oper »Lulu«. Beide Inszenierungen erregten heftige Auseinandersetzungen. »Erdgeist« war zweifellos das Gewagteste, was man damals auf der Bühne sehen konnte, aber es wirkte stark und überzeugend. Das erfolgreichste Stück war Gorkijs »Nachtasyl«, die rührende Schilderung des Lebens der Ärmsten der Armen, die, zusammengepfercht in einem stinkenden Keller, dennoch das Glück in der heiteren Großmut eines Pilgers finden. Hier erhielt ich den ersten Hinweis auf die wahre Natur des Glücks.

Das »Nachtasyl« blieb ein ganzes Jahr auf dem Spielplan. Reinhardt selber gab den Pilger Luka. Alle seine Erfolge spornten ihn aber nur noch mehr an. Sehr bald schon übernahm er von Brahm das Deutsche Theater und baute die Kammerspiele, ein ganz entzückendes, intimes Theater, getäfelt mit Mahagoni, gesegnet mit einer vollkommenen Akustik und ausgestattet mit dem denkbar bequemsten Gestühl. Als Herr über ein Theaterimperium war er nun imstande, seine stolzesten Träume zu verwirklichen. In dem großen Haus inszenierte er die eindrucksvollsten Shakespeareaufführungen, die ich je gesehen habe. »Der Kaufmann von Venedig«, »Ein Sommernachtstraum«, »Was ihr wollt«, »Romeo und Julia« und »Hamlet« sind Perlen unter meinen Erinnerungen. Reinhardt war auch ein großer Erfinder; vor seiner Drehbühne fiel niemals der Vorhang, die Handlung ging ununterbrochen fort ohne Pause und Ablenkung.

Nebenbei entdeckte er noch einen märchenhaften jungen Schauspieler, einen Dalmatiner, Alexander Moissi, der die schönste Stimme besaß, die mir je vorgekommen ist – sie klang wie Musik – und überdies noch echtes Bühnentalent. Sein Hamlet und sein Romeo waren einzigartige Erlebnisse. Auch Gertrud Eysoldt werde ich nie vergessen, als Lulu und später in Oscar Wildes »Salome«. »Salome« wurde vor geladenen Gästen in geschlossener Vorstellung gegeben, denn der Zensor verbot aus religiösen Gründen eine öffentliche Aufführung. Ich war damals zugegen, ebenfalls Richard Strauss, der auf der Stelle beschloß, das Stück ohne Änderung zum Libretto einer Oper zu machen.

Ich erwähne das alles so ausführlich, weil es so ungemein anregend auf meinen bildsamen jungen Geist wirkte. Ich verschlang gierig, was mir an Lesenswertem in die Hände geriet. Ich las Deutsch, Französisch, Englisch, Russisch und Polnisch. Die Zeit dafür war nicht immer leicht zu erübrigen; Winters duldeten nicht, daß ich bis in die Nacht hinein las, das Licht mußte um elf Uhr gelöscht sein. Ich half mir, indem ich um eine kleine brennende Kerze auf meinem Nachttisch einen Wall aus Notenheften so aufbaute, daß nur ein ganz schmaler Lichtschein genau auf mein Buch fiel und das übrige Zimmer im Dunklen lag. Dann las ich bis drei oder vier Uhr morgens.

Die Lesewut beeinträchtigte bereits meine Hausaufgaben, insbesondere die Vorbereitung auf die Stunden bei Barth. Eigentlich sollte ich jeden Vormittag zwei Stunden üben. Stattdessen verschloß ich meine Tür, stellte statt der Noten die russische Anna Karenina oder den polnischen Sienkiewicz auf den Flügel und plazierte rechts Schokolade und links Kirschen. Sodann spielte ich mit der Linken ganz mechanisch Fingerübungen, während ich mit der Rechten Schokolade zum Mund führte und die Seiten meines Buches umblätterte. Nach einer Stunde wechselte ich, nun spielte die rechte Hand, während ich mit der linken fütterte und umblätterte. Winters fanden, ich hätte noch nie so emsig geübt, doch die Folgen waren verheerend, denn die eigentliche Vorbereitung auf die Stunde mußte in wenigen Minuten erledigt werden.

Trotz all dieser Manöver gelang es mir wunderbarerweise, Professor Barth nicht völlig zu entmutigen. Nach einer nicht übel verlaufenen Stunde zog er plötzlich sein Zigarettenetui und bot mir zu rauchen an. »Rauche«, sagte er, »es wird dir schmecken.« Stolz bediente ich mich, doch beim ersten Zug stiegen mir Tränen in die Augen, ich mußte husten, Rauch geriet mir in die Nase – kurzum, ich war ein jammervoller Anblick. Barth lachte herzlich, schenkte mir eine Schachtel Zigaretten und meinte: »Du wirst es bald genug lernen«, und erteilte mir gute Ratschläge. Vor meinen Freunden prahlte ich dann, daß ich ganz offiziell rauchen durfte, doch die Zigaretten schmeckten mir immer weniger, und nach einer Woche gab ich sie für den Rest meines Lebens auf. Mit dreißig lernte ich Zigarren rauchen, und das ist ein bis heute anhaltender Genuß.

In Warschau wurde damals die neue Filharmonja eingeweiht, ein schönes, ganz der Musik gewidmetes Gebäude mit einem großen, noblen Saal für Symphoniekonzerte und einem kleineren für Kammermusik. Emil Mlynarski, ein junger polnischer Dirigent, war der Initiator dieses weitgreifenden Planes; er erlangte die Unterstützung der reichen Bürger Warschaus, die es ihm auch ermöglichten, ein Symphonieorchester von europäischem Rang zu gründen, die Warschauer Filharmonja. Das Festkonzert zur Eröffnung sah Emil Mlynarski als Dirigent und Paderewski als Solisten. Der Direktor der neuen Filharmonja, Alexander Reichman, hatte von meinem vielversprechenden Debut in Berlin gehört und wollte mich als Solisten für ein Symphoniekonzert engagieren. Ich freute mich außerordentlich über diese Aufforderung, und Barth willigte gerne ein; nur sollte ich ihm mein Honorar mitbringen. Die Familie kam aus diesem Anlaß aus Lodz und wohnte bei Onkel und Tante Wiesel, ich wurde also am ersten Tag von der Verwandtschaft völlig vereinnahmt. Am nächsten Tag hatte ich in dem schönen neuen Saal Probe mit Mlynarski, einem der reizendsten Menschen, denen ich begegnet bin. Er betrug sich bemerkenswert ungezwungen, sprach mit sanfter, wohlklingender Stimme, und seine Manieren waren von ausgesuchter Höflichkeit – es schien, als sei er für einen Dirigenten viel zu verbindlich. Kaum aber betrat er das Podium und nahm den Taktstock zur Hand, verwandelte er sich auch schon. Hoch aufgerichtet und fast unbeweglich hielt er das Orchester mit einem Minimum von Bewegungen zusammen und vermittelte dem Solisten ein herrlich sicheres Gefühl. Selbstverständlich spielte ich meinen Saint-Saëns, dieses nie versagende Zugstück. Der Erfolg war groß, und es machte mich glücklich, meine Eltern so stolz auf mich zu sehen.

Zwei Abende später nahm ich an einem Empfang zu Ehren von Grieg und Mascagni teil, die damals beide in Warschau dirigierten. Louis Grossmann, der Vertreter von Steinway und Bechstein, hatte mich einladen lassen, denn ich sollte unbedingt diesen beiden Meistern vorspielen. Mein Spiel schien ihnen sehr zu gefallen, doch als im Laufe des Abends eine polnische Sopranistin die große Arie aus »Halka« von Moniuszko sang, dem bedeutendsten polnischen Opernkomponisten, sah ich, daß Mascagni in Tränen ausbrach und auch Grieg sich die Augen wischte. Ich habe diese beiden Komponisten nicht wiedergesehen; Grieg starb bald darauf, Mascagni wurde später Faschist.

In der Filharmonja trat ich dann noch in einem weiteren Konzert auf, zusammen mit einer Sopranistin und einem Geiger, zugunsten eines jüdischen Krankenhauses. Ein Honorar gab es nicht, doch bekam ich nach meiner Wiedergabe von Schuberts »Wandererfantasie« einen silbernen Lorbeerkranz überreicht. Im Künstlerzimmer erwartete mich ein höchst ansehnlicher junger Mann mit bleichem Gesicht, ausdrucksvollen Zügen und feiner Nase. Sein langes Haar war künstlich gelockt, und er hatte auffallend lange, schöne Finger. Seine Kleidung erinnerte an die Chopins: schwarzer, enger Gehrock, graue Hosen, zweireihige, schwarze Samtweste und Lackschuhe. Er ergriff meine Hände und überschüttete mich mit Komplimenten. »Sie sind das größte Genie, das ich je auf dem Klavier gehört habe!« rief er. Derartiges Lob hat mir schon immer mißfallen. Ich kann Übertreibungen nicht leiden, schon gar nicht, wenn es sich um mein Spiel handelt. Er merkte das sogleich, stellte sich vor und sagte, er habe soeben das Warschauer Konservatorium absolviert und zwar mit einer goldenen Medaille für Komposition. Das machte mir Eindruck, und ich wurde gleich liebenswürdiger. Er lud mich dringend ein, da ich aber nur noch einen Tag in Warschau bleiben sollte, konnte ich ihm nicht mehr als einen ganz flüchtigen Besuch am folgenden Vormittag versprechen. Die Eltern hatten in Lodz ein Konzert für mich arrangiert, ich mußte ein Programm zusammenstellen und noch ein bißchen üben und dazu meine Rückreise nach Berlin vorbereiten.

Tags darauf besuchte ich also meinen neuen Bekannten, Frederic Harman; statt, wie erwartet, in das bescheidene Quartier eines Musikstudenten zu kommen, sah ich mich in einer Luxuswohnung. Ein Butler geleitete mich in einen riesigen Salon, wo zwei Konzertflügel nebeneinander standen. Eine junge Dame von etwa siebzehn Jahren begrüßte mich lächelnd, äußerte ein paar Komplimente über mein Konzert und entschuldigte ihren Bruder, der sich verspätet habe. Ihre etwas arrogante Selbstsicherheit schüchterte mich ein, und als der Butler mit einem überladenen Frühstückstablett durchs Zimmer schritt, sagte ich voller Angst: »Ach nein, auf keinen Fall! Ich bin in einer halben Stunde zum Essen verabredet!« Darauf lachte sie hell – der Butler war mit dem Tablett aus dem Zimmer ihres Bruders auf dem Weg in die Küche. Ich lachte ebenfalls, es klang aber nicht sehr echt. Schließlich erschien der Bruder frisch aus dem Bett, bat charmant um Verzeihung, daß er mich hatte warten lassen, und zeigte mir gleich, von welch guter Qualität die Flügel waren. Seine lässige Eleganz beeindruckte mich ebenso stark wie der herrliche Ton der beiden Flügel, nur mußte ich leider gehen, denn ich war mit den Eltern und Wiesels zum Essen verabredet. Bruder und Schwester geleiteten mich mit freundlichen Abschiedsworten hinaus.

Am folgenden Abend konzertierte ich im Sala Vogla, dem vertrauten Saal, in dem ich zum ersten Mal im Leben Orchestermusik gehört hatte. Das Haus war ausverkauft, doch kam mir vor, ich spielte einzig für meine Verwandten. Wo ich auch hinsah, überall saßen ein Onkel, eine Kusine, eine Tante; in der ersten Reihe meine Eltern, meine Geschwister und zwei Schwäger. Vor solchem Publikum ist es leicht, Erfolg einzuheimsen; ich erlebte einen wahren Triumph. Anschließend versammelte sich die Familie bei uns daheim, und bis in die späte Nacht tranken wir Tee und aßen Obst.

Tags darauf fuhr ich wieder nach Berlin. Während sich die Verwandten zum Abschied auf dem Bahnsteig drängten, nahm mein Vater mich beiseite und sagte, meine Einnahmen aus dem Konzert betrügen 700 Rubel, doch könne er sie mir nicht mitgeben, denn er habe durch die Reise nach Warschau, den Empfang usw. große Auslagen gehabt.

»Richte Professor Barth aus, daß ich ihm das Geld in den nächsten Tagen überweise«, sagte er. Tatsächlich hätte er die Einnahmen behalten können, ohne ein Wort darüber zu verlieren; schließlich war ich minderjährig, und er schuldete niemandem Rechenschaft. Der Zug fuhr an, alle küßten mich noch einmal, dann saß ich erschöpft, aber glücklich allein im Abteil.

Professor Barth hatte zu mir nie von Geld gesprochen. Als mein Erzieher regelte er, wie schon erwähnt, alle diese Dinge; an ihn gingen die Honorare, die ich für mein Auftreten in Hamburg und in Dresden erhalten hatte. Auch die 300 Rubel für das Warschauer Konzert sollte ich ihm mitbringen. Mein Honorar für die anderen Konzerte kannte ich nicht einmal. Als Taschengeld erhielt ich in der Woche zwei Mark, doch war Herr Winter angewiesen, mir Fahrgeld und andere notwendige Ausgaben vorzulegen. Zusammenfassend darf man sagen, daß ich von meiner finanziellen Lage keine Ahnung hatte. Auf Geheiß von Professor Barth mußte ich allerdings immer zum Jahresende Dankbriefe an meine Wohltäter schreiben, und das war mir tief zuwider.

Herr und Frau Winter freuten sich über meine Rückkehr, und Professor Barth war mit meiner polnischen Reise in künstlerischer wie in finanzieller Hinsicht sehr zufrieden. Ich nahm das gewohnte Leben wieder auf. Zwei Wochen später fragte Barth mich plötzlich während der Stunde: »Hat dein Vater schon wegen des Geldes geschrieben?« »Nein, ich habe noch keinen Brief von ihm.« Ein paar Tage darauf wiederholte er seine Frage, diesmal schon schärfer: »Sonderbar, daß man gar nichts von dem Geld hört, wie?« Ich sagte etwas unsicher: »Mein Vater nimmt es nicht immer so genau, aber das Geld kann jeden Tag eintreffen.« Und ich verließ das Haus sehr niedergedrückt.

Zur nächsten Stunde empfing Barth mich höchst erregt: »Immer noch habe ich das Geld nicht bekommen! Das ist unerhört! Ich denke allmählich das Schlimmste von deinem Vater!«

Das war zuviel. Ich packte meine Noten, lief zur Tür und schrie: »Ich lasse meinen Vater nicht beleidigen! Mich sehen Sie nicht wieder! Ich fahre nach Hause.« Und weinend rannte ich hinaus. In meinem Zimmer bei Winters schrieb ich sofort an meinen Vater, schilderte ihm, was passiert war, und bat, heimkehren zu dürfen. Da klingelte es, der Professor wurde eingelassen, und atemlos vom Treppensteigen fauchte er mich an: »Schreib deinem Vater jedes Wort, was ich gesagt habe. Verschweig ihm nichts.« Ich erwiderte ruhig: »Genau das habe ich bereits getan, und jetzt warte ich seine Anweisungen ab.« Er ging wortlos. Ich schrieb den Brief zu Ende und steckte ihn auch sogleich in den Kasten.

Sechs qualvolle Tage wartete ich auf Antwort. Schließlich kam sie. Ich erkannte nicht einmal die Handschrift – mein Vater verabscheute es derart, Briefe zu schreiben, daß er immer nur wenige Worte an die Schreiben meiner Mutter anfügte, und diesen Zug habe ich leider von ihm geerbt. Diesmal schrieb er allerdings selber. Ich erinnere mich noch an den Anfang: »Zum Glück habe ich Deinen Brief aufgemacht, ehe Deine Mutter ihn gesehen hat, sie ahnt also nichts davon.« Dann erklärte er, warum er das Geld erst so spät überweisen konnte. »Ich mußte erst die Ausgaben für das Konzert zusammenstellen und auf die Rechnungen warten. Ich hätte Dir das mitteilen sollen, aber Du weißt, wie ungern ich schreibe, und ich dachte, daß man Dich damit nicht behelligen würde.« Er habe das Geld soeben abgeschickt, und ich solle mich für die Verspätung bei Barth entschuldigen.

Ich war wie vor den Kopf geschlagen und tief gekränkt. Zum ersten Mal hatte ich meinen Vater um Hilfe gebeten, und er ließ mich im Stich. Verstand er denn nicht, was mein Entschluß nach Haus zu kommen bedeutete? Ich dachte erbittert: So behandeln seit jeher die Juden ihre Kinder, sie mißachten deren Gefühle, sie billigen ihnen keinen vernünftigen Gedanken zu, aber sie, die Eltern, sind unfehlbar, sie wissen immer, was für die Kinder das Beste ist.

Dieser Brief meines Vaters bezeichnete einen Wendepunkt in meinem Leben; ich fühlte mich alleingelassen. Nach längerem Brüten kam ich zu dem Ergebnis, daß ich zwar meine Eltern und die Geschwister liebte, daß aber das physische und moralische Band, das mich an sie kettete, für immer zerrissen sei. In diesen schweren Tagen wählte ich mir zum Motto: »Nie dam sie«. Man kann es nicht gut übersetzen, aber es bedeutet ungefähr: »Nie aufgeben«. Daran habe ich mich mein Leben lang gehalten.

Barth erhielt das Geld, und er entschuldigte sich auch bei mir wie bei meinem Vater. Alles schien wieder beim alten, doch die Veränderung blieb spürbar. Ich arbeitete noch für meine Stunden bei ihm, doch nur mit halbem Herzen; stattdessen versenkte ich mich in Theodor Altmanns Welt. Dies erwies sich als fatal. Barth erklärte mir eines Tages kalt, er stelle einen anderen Lehrer für mich ein, Altmann sei nicht mehr brauchbar, er vernachlässige Wichtiges zugunsten von Unwichtigem, er raube mir die Zeit, die ich aufs Klavier verwenden müsse, und übe ganz allgemein einen schädlichen Einfluß auf mich aus. Meine leidenschaftlichen Proteste blieben fruchtlos, er war entschlossen, er hatte Altmann bereits entlassen. Dies war der zweite Schlag in kurzer Zeit. Der Abschied von Altmann war schmerzlich für uns beide. Auf der Straße mußte ich weinen. Altmann verließ Berlin für einige Zeit, und ich habe ihn nie wieder gesehen. Er schrieb mir nicht, und ich wußte nicht, wohin ich ihm hätte schreiben können.

Kapitel 10

Meine guten Freunde fingen an, sich um mich zu sorgen. Ich war blaß und niedergeschlagen, ich magerte ab, und sie fanden, es müßte etwas geschehen. Professor Salomon lud mich also ein, die Sommerferien mit ihm und den Seinen in einem gemieteten Landhaus an einem See in Pommern zu verbringen. Für mich wurde das kein gewöhnlicher Ferienaufenthalt, es wurde ein großes Erlebnis. Zum ersten Mal im Leben kam ich der unberührten Natur nahe, unter Aufsicht meiner Mutter oder einer Schwester hatte ich bisher nur die überfüllten und gepflegten Kurorte bei Lodz kennengelernt.

Doch in Pommern war alles anders. Wir hausten so gut wie allein, es standen höchstens vier oder fünf vereinzelte Häuser an diesem Seeufer, und wir waren ziemlich weit von Lychen entfernt, einem reizenden Städtchen, wo es ein mittelalterliches Tor und Stadttürme gab und niedliche alte Häuser, deren Bewohner einen nördlichen, dem Dänischen ähnelnden Dialekt sprechen. Wir hatten den See und die ausgedehnten Wälder für uns. Hinter dem Haus blühten in einem verwilderten Garten Blumen, die besonders nachts ungemein stark dufteten. Auf dem See lag ein geräumiges Boot für uns bereit. Ich lernte sogleich rudern und kam mir vor wie im Paradies!

Ich ging gerne allein spazieren. Der Wald besitzt seit jeher einen eigenen Zauber für mich; eine geheimnisvolle Welt, das Herz aller Märchen schließt mich ein. Wenn ich unter einem Baum saß, meinte ich, alle Bäume, jeder Zweig hätten mir etwas zu sagen. Ich fühlte mich von reichem, kraftvollem Leben umgeben. Es klingt vielleicht sonderbar, doch, verglichen damit, komme ich mir in einem voll besetzten Café auf den Champs-Elysées geradezu verlassen vor . . .

Nach den Ferien zeigte sich, daß ich neu eingekleidet werden mußte. Ich war jetzt erwachsen und erhielt einen blauen Anzug samt Weste. Ich fing auch an, mich zu rasieren. Das gab mir einigen moralischen Auftrieb. Und das war noch nicht alles. Als ich eines Abends nach dem Konzert an der Haltestelle stand, sprach mich eine fette Dirne an: »Kommst du mit, Kleiner?« Ich verspürte einen Schock, etwas wie eine innere Blutung, die mich fast ohnmächtig machte, und ich rannte angstgejagt den ganzen Weg nach Hause. Bei ruhiger Betrachtung sagte ich mir in meinem Zimmer: Du bist jetzt ein Mann geworden.

Ich merkte, daß eine erhebliche Änderung in mir vorging. Ich wurde rastlos, zerfahren und nervös, konnte mich auf nichts länger konzentrieren – kurzum, ich war unglücklich. Bald entdeckte ich die Ursache dieses Zustandes, ich war eifersüchtig auf Herrn Winter! Die zwischen seiner Frau und mir ständig zunehmende Intimität ließ mich plötzlich spüren, daß ich es mit einer Frau zu tun hatte. Jetzt ging es mir gegen den Strich, wenn ich sah, wie er sie küßte oder tätschelte; dies reizte mich mit der Zeit unsäglich, doch sie bemerkte nichts. Hier mußte ein Ende gemacht werden. Ich faßte also einen Plan, ganz ein kleiner Machiavelli. Als sie mir wie üblich während des Übens ein Glas Milch ins Zimmer brachte, sagte ich: »Liebe Frau Winter, leider muß ich Sie so bald wie möglich verlassen.« Sie hätte beinahe die Milch fallen lassen. »Wie denn das?« rief sie. »Haben wir etwas verkehrt gemacht?« »Aber gar nicht. Ich kann Ihnen den Grund nicht nennen, aber glauben Sie mir, ich darf nicht bleiben.« Das wollte sie nicht gelten lassen. »Du mußt mir schon den Grund sagen, du darfst ihn mir nicht verschweigen. Oder steckt etwa Professor Barth dahinter?« Nun war sie schon den Tränen nahe. »Nein, es ist einzig und allein mein Entschluß, und ich wünschte, ich könnte Ihnen den Grund verraten, doch das ist ausgeschlossen. Nur sagen Sie, bitte, Ihrem Mann nichts von dieser Sache, es muß unter uns bleiben.«

Sie ging hinaus. In den folgenden Tagen versuchte sie, mir mein Vorhaben auszureden oder wenigstens den Grund dafür zu erfahren, doch ich ließ mich nicht erweichen. Eines Vormittags geriet sie ganz außer sich. »Ich lasse dich nicht weg, wenn du mir nicht sagst, warum.«

Das war der richtige Augenblick. Läßt sie dich ziehen, dann hat dieser ungute Zustand ein Ende, sagte ich mir, läßt sie dich aber bleiben, dann ist sie verloren ... Ich führte nun meinen Plan zu Ende. Leise, beinahe flüsternd sagte ich: »Wenn Sie mich denn zwingen, will ich es Ihnen sagen. Aber Sie müssen versprechen, nicht ärgerlich zu werden.« Sie nickte eifrig. »Warum sollte ich, mein lieber Arthur? Du weißt, wie gern ich dich habe.« »Also ... ich habe ... unerlaubte Gefühle für Sie, und ich halte es nicht mehr aus, Ihnen so nahe zu sein.« Langes, verblüfftes Schweigen. Dann aber sagte sie mit gekünstelter Leichtigkeit: »Das ist reiner Unsinn, mein Junge, das geht bald genug vorbei, deshalb brauchst du doch nicht auszuziehen!« Ich wußte aber, daß ich gesiegt hatte.

Am selben Abend traf ich sie, angetan mit einem dünnen Morgenrock, auf dem dunklen Korridor vor meinem Zimmer. Sie wollte mir Gute Nacht sagen. Ich legte ihr schüchtern meine Hand auf ihre festen, runden Brüste, und sie erlaubte es. Dann küßten wir uns. So begann meine erste richtige Liebesbeziehung.

Sie war keineswegs unkompliziert. Man darf nicht vergessen, daß ich alle Hände voll zu tun hatte mit meinen Unterrichtsstunden, meinen Hausarbeiten und dem unablässigen Klavierüben, das ich angesichts der Konzertengagements in Hamburg und Berlin nicht vernachlässigen konnte. Schon längst ging ich nicht mehr ins Lesekränzchen; Konzerte und die damit verbundenen Reisen verhinderten die regelmäßige Teilnahme. Ich erfuhr später, daß dieser Kreis sich nach meinem Ausscheiden aufgelöst hatte. Allerdings hielt ich noch zu einigen der ehemaligen Mitglieder Kontakt, besonders zu Kurt Hahn und Franz Pariser. Man sieht also, meine unzähligen

Verpflichtungen ließen mir für eine Liebesaffäre eigentlich kaum Zeit.

Frau Winter – ich nannte sie jetzt Henny – war sehr gefühlvoll. Sie schwelgte in Geschichten aus ihrer Vergangenheit. Ich selber bin ebenfalls ein unverbesserlicher Erzähler, und sie hörte mir immer gerne zu. Anfangs hatte dieses unablässige Geschwätz mich in meiner Arbeit nicht allzusehr behindert, doch bald wurde das anders. Henny hatte in der Wohnung wenig zu tun und Überfluß an freier Zeit. War ihr Mann nicht verreist, erschien er nur zu den Mahlzeiten. Nach dem Mittagessen hielt er ein Schläfchen, anschließend ging er wieder in sein Geschäft und abends zeitig zu Bett. Kein Wunder also, daß Henny sich dauernd in meinem Zimmer aufhielt. Wir waren auch recht leichtsinnig.

Barth, der wohl gemerkt hatte, daß ich unter Wachstumsschmerzen litt, beunruhigte nachgerade mein ungesundes Aussehen. Er fragte nach meinen Essens- und Schlafgewohnheiten, bekam aber keine befriedigende Antwort. Ich hätte jetzt wirklich mehr Schlaf gebrauchen können, und das Essen war bei Winters auch nicht besonders. Meistens gab es Kartoffelpuffer, und die mochte ich nicht. Ich kaufte mir daher häufig Brot und aß es auf der Straße. Davon wußte Barth selbstverständlich nichts.

Eines Tages erschreckte er mich mit dem Auftrag, ich solle Frau Winter ausrichten, er müsse sie dringend sprechen. Ich stand tausend Ängste aus. Weiß er etwas? fragte ich mich, oder hat er bloß einen Verdacht? Tags darauf erschien er, machte ein strenges Gesicht und sagte, er müsse sie unter vier Augen sprechen. Ich verbrachte eine qualvolle halbe Stunde in meinem Zimmer. Schließlich ging er, und ich rannte zu Henny. Sie lachte Tränen. Barth hatte zu Anfang über meine allzu geringe Arbeitslust geklagt. »Der Junge ist faul, nie hat er sich auf seine Stunden vorbereitet, er ermüdet rasch, und sogar sein Gedächtnis läßt nach. Außerdem sieht er aus, als sei er krank und deprimiert. Ist Ihnen das nicht aufgefallen?« »Nein«, sagte sie, »mir kommt er ganz normal vor. Vielleicht strengen Sie ihn zu sehr an?« »Unsinn. Es muß etwas anderes sein.« Und plötzlich wurde er rot und fügte hinzu: »Sie wissen wahrscheinlich nicht, daß junge Leute ... also, kurzum, sehen Sie im Lexikon unter Onanie nach.« Und damit ging er eilig weg.

Der arme Professor! Er tat mir richtig leid. So ein weltfremder, ja geradezu lebensunerfahrener Mensch! Genau das zeigte sich ja auch in den Programmen, die er für meine Konzerte zusammenstellte. Für meinen ersten Klavierabend in Berlin und das zweite Auftreten mit dem Hamburger Philharmonischen Orchester verordnete er mir genau das Falsche, das spürte ich deutlich – und leider hatte ich recht. Das Hamburger Publikum hatte wohl dem vielversprechenden Knaben zugejubelt, der in kurzen Hosen bravourös das Konzert von Saint-Saëns vortrug, doch die trockene und nicht überzeugende Wiedergabe des Mozart-Konzertes durch einen mageren, bleichen Heranwachsenden enttäuschte allgemein. Höflicher Beifall, ein Hervorruf, das war alles. Der Hamburger Barth, bei dem ich wiederum Hausgast war, wütete gegen seinen Namensvetter. »Du darfst nicht bei ihm bleiben! Du bist nicht der erste begabte Junge, den er zugrunde richtet ... ich kenne noch andere.« Es war etwas Wahres an dem, was er sagte, das ahnte ich schon seit einiger Zeit. Nun überkam mich eine musikalische Depression, ganz zu schweigen von meiner Trägheit. Die Arbeit bei Barth wurde einfach steril, es fehlte Lebendigkeit und Begeisterung. Von dieser Apathie konnte mich auch mein eigenes musikalisches Treiben nicht befreien. Einen weiteren Beweis für diesen elenden Zustand lieferte der Berliner Klavierabend. Die e-Moll Sonate Opus 90 war einfach die falsche Eröffnung für mich; ich verstand den zweiten Satz nicht gut genug. Darauf folgten die »Davidsbündler-Tänze«. Trotz seiner Länge liebte ich dieses Stück, doch Barth hatte mich mit läppischen Details gequält, bis auch der letzte Funke meiner Begeisterung erloschen war. Alles übrige geriet mir noch schlechter. Den zweiten Teil der Paganini-Variationen von Brahms nahm ich viel zu schnell und griff, nervös und mutlos geworden, immer wieder daneben. Liszts Rhapsodie zum guten Schluß ging ebenfalls mehr schlecht als recht. Das Konzert war ein Reinfall! Applaus ertönte hauptsächlich von meinen zahlreichen Bekannten im Saal, doch das Lob, das sie mir anschließend im Künstlerzimmer spendeten, klang wie Beileid.

Die Kritiker waren nicht bösartig, aber herzerwärmende Worte fanden sie auch nicht; die Besprechungen spiegelten nur zu genau meine Leistung. Barth gab selbstverständlich meiner Faulheit die Schuld. Er sagte: »Mein Junge, wenn du nur arbeiten wolltest, könntest du ja alle in den Dreck spielen!« Dieser Satz traf mich tief, er hat mir mein Leben lang in den Ohren geklungen.

Professor Joachim hatte zu diesem Konzert nicht kommen können, doch erzählte Emma Engelmann ihm davon, ziemlich schonend, wie ich vermute. Sie tröstete mich und stellte mir vor, daß das Leben eines Künstlers Höhe- und Tiefpunkte habe und daß ich einen momentanen Rückschlag mir nicht zu sehr zu Herzen nehmen dürfe. Winters, besonders Henny, fanden mein Konzert allerdings einen Riesenerfolg. Welche Ironie!

Die Zeit heilt bekanntlich alles, also gewann auch ich allmählich meine ›joie de vivre‹ zurück, um so mehr, als ich fest entschlossen war, nicht aufzugeben. Doch schon vier Wochen später erwartete mich der nächste Schicksalsschlag.

Meine Mutter schrieb: ». . . ich habe eine gute Neuigkeit für Dich: Dein Vater und ich sind uns einig geworden, daß ich nach Berlin ziehen und mich um Dich kümmern werde. Nachdem Deine Schwester Frania (die Jüngste) geheiratet hat, geht das. Du bist jetzt in dem Alter, in dem ein Junge seine Mutter am dringendsten braucht. Du kannst Dir denken, daß es mir nicht leicht wird, unsere Wohnung, Deinen Vater und die Familie zu verlassen, doch finden wir es unabdingbar, daß ich für Dich sorge. Geld ist in diesem Fall kein Hindernis, denn der Betrag, den Professor Barth von Deinen Gönnern erhält, reicht für uns beide.«

Das warf mich um. Der Gedanke, mit meiner Mutter von fremdem Geld zu leben, war unerträglich. Ich hatte in den letzten Jahren unter diesem demütigenden Zustand übergenug gelitten und wünschte nichts sehnlicher, als so rasch wie möglich frei zu werden und auf eigenen Füßen zu stehen. Dieser Plan meiner Eltern jedoch würde meine Abhängigkeit nur verstärken und alle Hoffnung auf Befreiung für lange Zeit zunichte machen.

Von meiner Antwort hing jetzt viel ab. Ich formulierte meine Ablehnung höchst rücksichtsvoll, denn ich wollte meine Mutter nicht kränken. Andererseits war ich fest entschlossen, auf ein solches Arrangement nicht einzugehen. Ich deutete sogar an, daß meine Mäzene die Lust verlören, mich noch jahrelang zu unterhalten, und fügte etwas bitter hinzu, daß weder Warschauers noch Mendelssohns mich je zu sich eingeladen hätten, was doch wohl deutlich genug zeige, wie sie an meiner Person nicht das geringste Interesse nähmen.

Meine dringenden Vorstellungen trafen auf taube Ohren. Die Eltern lebten ganz in der alten patriarchalischen Gewißheit, daß Kinder über ihre Zukunft nicht mitzureden haben, daß sie blind gehorchen müssen.

Mutter setzte sich also über alle meine Einwände hinweg. Sie wollte in vierzehn Tagen kommen, anfangs bei Tante Salka wohnen, dann für uns beide eine Wohnung mieten und mit Professor Barth die nötigen Einzelheiten regeln. Ich kochte. Wie kann man sich nur so rücksichtslos über meine Wünsche, über meine Gefühle hinwegsetzen! rief ich. Meine Empörung war so groß, daß ich beschloß, die Pläne meiner Mutter mit allen Mitteln zu verhindern. Als erstes vertraute ich mich Professor Joachim an. Er hörte sich meine leidenschaftlichen Klagen, Proteste und Beschuldigungen an und erwiderte dann traurig lächelnd: »Sicher tut es dir weh, dich den Wünschen deiner Mutter zu widersetzen, mein Junge. Ich verstehe deine Beweggründe aber sehr gut, denn ich habe in meiner Jugend ähnliches durchgemacht. Ich will versuchen, sie von ihren Plänen abzubringen. Vielleicht gelingt es.«

Barth reagierte echt preußisch. »Ich kann mich jederzeit weigern, ihr das Geld auszuhändigen«, sagte er schmunzelnd, und ich bereute sogleich, daß ich ihm überhaupt etwas gesagt hatte. Max Bruch, Martin Levy, Engelmanns, Salomons, Lotte Hahn – alle gaben mir recht, ich konnte unter solchen Umständen nicht mit meiner Mutter zusammenleben.

Meine Mutter kam an einem grauen, kalten Märzmorgen in Berlin an. Ich hatte Unterricht, konnte also nicht an der Bahn sein. Meyers holten sie ab und nahmen sie mit sich nach Hause. Ich begrüßte sie am späten Nachmittag, als ich mit allen meinen Arbeiten fertig war. Sie empfing mich mit Freudenrufen und dem üblichen mütterlichen Wortschwall, sorgte sich aber sofort wegen meines Aussehens. »Du bist blaß und müde, und du hast auch abgenommen!« rief sie. »Du bekommst nicht genug zu essen, man läßt dich hungern! Aber das wird jetzt anders, mein armes Kind. Du bekommst deine geliebte Hühnerbrühe mit Nudeln und Bohnen, dazu gutes gekochtes Rindfleisch. Dann bist du im Handumdrehen wieder bei Kräften.« Diese lange entbehrte mütterliche Fürsorge rührte mich, und ich kam mir ganz schlecht vor, wie ein Verräter! Gleichzeitig staunte ich, daß sie über mich so selbstverständlich verfügte wie über ein unverständiges Kind und auf meine Einwände mit keinem Wort einging. Als ich sah, wieviel Gepäck sie mitgebracht hatte, wurde mir schwach im Magen.

Mit Schrecken erblickte ich Kissen und Bettwäsche, Messer und Gabeln, Teller und Töpfe und ich weiß nicht, was noch alles – es genügte für einen Aufenthalt von Jahren.

Seit dem Tage ihrer Ankunft durchlitten meine Mutter und ich Folterqualen – zwei Monate lang. Sie werden mir als einer der unglücklichsten Abschnitte meines Lebens im Gedächtnis bleiben.

Von den ersten Gesprächen mit Joachim und Barth kehrte sie etwas erstaunt zurück – ihre Vorschläge waren auf Zurückhaltung gestoßen und ausweichend beantwortet worden. »Diese Deutschen«, war ihre Reaktion, »begreifen einfach nicht, wie sehr ein Kind seine Mutter braucht.« Später dann, bei Unterredungen mit meinen übrigen Lehrern und meinen Mäzenen, spürte sie von allen Seiten so viel Widerstand, daß sie sich einer Verschwörung gegenüber glaubte. Nun erst kam ihr der Verdacht, daß hinter dieser Mauer der Ablehnung ich verborgen sein könnte, daß ich alle diese Menschen angestiftet hatte, sie abzuweisen. Als sie mich rundheraus fragte, ob das stimme, verneinte ich es nicht. Meine Mutter schaute mich gekränkt an: Jetzt war ich nicht mehr das unverständige Kind, jetzt war ich der Feind.

Und doch wollte sie nicht aufgeben! Sie war entschlossen zu bleiben aus der Überzeugung heraus, daß ich sie zu meinem Wohlergehen unbedingt brauche. Und dann scheute sie auch davor zurück, als Geschlagene heimzukehren. Folglich kämpfte sie mit mir, mit mir ganz allein. Es war herzzerreißend. Sie mochte mich nicht bei Winters besuchen, die ihr vom ersten Moment an mißfallen hatten, besonders Henny. Mit ihrem untrüglichen Mutterinstinkt witterte sie Ungehöriges. Sie sagte nichts, aber ich wußte es. Henny behandelte sie sehr höflich, aber unnatürlich und gekünstelt.

Da ich meiner Stunden wegen Mutter bei Meyers nicht besuchen konnte, denn sie wohnten ziemlich weit draußen, mußten wir uns irgendwo in der Stadt treffen, im Tiergarten etwa oder im Zoo oder in einem Café. Manchmal gingen wir einfach auf der Straße spazieren. Es war jammervoll. Sie bettelte, sie weinte, sie schrie mich an, doch ich blieb unerbittlich. Ich konnte und wollte mich nicht damit abfinden, zusammen mit ihr von fremder Leute Geld zu leben. Ich liebte meine Eltern sehr, doch liebte ich sie auf besondere Art. Ich war meiner Mutter dankbar, doch wir hatten keine Berührungspunkte. Sie war total unmusikalisch, was schon eine bedeutende

Schranke zwischen uns aufrichtete, und sie begriff auch kaum etwas von den Werten, die mein Leben jetzt bestimmten. Dabei wußte ich, daß sie in ihren Grenzen eine vollkommene Frau und Mutter war, daß alle übrigen sie als eine Heilige verehrten. Bei meinem Vater lagen die Dinge anders. Zwar war auch er unmusikalisch, doch gab er sich Mühe, Interesse zu zeigen, er erkundigte sich nach dem und jenem, und er war eben ein Denker – vielleicht ein bißchen talmudistisch, aber neuen Gedanken immer aufgeschlossen. Als Geschäftsmann hatte er versagt, er war zu aufrichtig, ihm lag nicht genug am Geld. Am besten gefiel mir sein weiter Horizont. Seine persönlichen Angelegenheiten und die der Familie nahm er nicht besonders wichtig; viel mehr fesselte ihn ein Stück Literatur oder ein ausgefallener Artikel im Konversationslexikon.

Rückblickend scheint es, entfremdete ich mich den Meinen hauptsächlich, weil die Eltern mich unter Fremden aufwachsen ließen, die in den Jahren der größten Bildsamkeit starken Einfluß auf mich ausübten. Gefangen zwischen den endlosen Zänkereien mit meiner Mutter und Barths bedrohlich horizontalem Vollbart, fand ich das Leben allmählich unerträglich.

Kapitel 11

Eines Tages bestellte Joachim mich in sein Zimmer in der Akademie. »Mein lieber Junge«, sagte er, »ich höre zu meinem Bedauern, daß du immer noch Ärger mit deiner Mutter hast. Jetzt paß einmal gut auf. Beim letzten Beethovenfest in Bonn haben wir mit deinem berühmten Landsmann Paderewski Trio gespielt. Er ist nicht nur ein blendender Musiker, sondern auch ein sehr feiner Mensch, und wir schlossen Freundschaft miteinander. So habe ich ihm nun geschrieben, er möchte dich in seiner Schweizer Villa anhören und ein Urteil über dich abgeben. Er hat eben telegrafiert, er sei einverstanden, aber du müßtest gleich kommen, da er demnächst eine Kur beginnt. Ich schlage dir folgendes vor. Übermorgen fährst du ab, ohne deiner Mutter etwas davon zu sagen, und bleibst eine Woche in der Schweiz. Ich werde ihr dann mitteilen, daß du bei Paderewski bist, um den unerträglichen Spannungen der letzten Wochen zu entfliehen. Ich werde ihr keinen Termin für deine Rückkehr angeben. In die Schweiz wird sie dir kaum nachfahren, denn sie weiß ja deinen Aufenthalt nicht.«

Mein Herz setzte aus – fast hätte ich ihn vor Wonne geküßt. Befreite mich doch sein Vorschlag von allen meinen Qualen, dazu sollte ich ein schönes, mir unbekanntes Land sehen und Paderewski kennenlernen, der sich damals auf der Höhe seines Ruhmes befand!

Herr Levy stellte mein Reisegeld großmütig zur Verfügung, genug, um eine Woche in Saus und Braus zu leben. Professor Barth hörte ungern von meinem Vorhaben. »Ich kann dich nicht aufhalten, wenn Professor Joachim wünscht, daß du reist«, sagte er, »aber wann wirst du endlich anfangen zu arbeiten?« Und er hatte nicht unrecht; auch ich fürchtete mich, dem großen Paderewski unter die Augen zu treten, weil ich in letzter Zeit das Klavier sehr vernachlässigt hatte. Immerhin war Barth so freundlich, mich zum Bahnhof zu begleiten. Er empfahl mir allerlei Sehenswürdigkeiten, übergab mir einen Einführungsbrief an einen ihm bekannten Professor in Lausanne und fragte mich zum Schluß gedämpft: »Soll ich dich heute in einer Woche zur Stunde erwarten?« Als ich nickte, sagte er: »Na, das wollen wir mal abwarten.«

Der Zug fuhr los. Ich holte tief Luft – ein köstliches Gefühl von Freiheit stieg in mir auf. Frei! Wenn auch nur für einige Tage.

Ich fuhr in einem Nachtzug, doch ich konnte nicht schlafen. Hell wach saß ich am Fenster meines Abteils 2. Klasse, starrte hinaus, malte mir die Begegnung mit Paderewski aus oder dachte über die Qualen nach, die ich erduldet hatte.

Am frühen Morgen stieß der Zug nach einem endlosen Tunnel plötzlich in eine sonnendurchflutete Gebirgslandschaft hinaus – es war Mitte Mai –, und ich sah zum ersten Mal hohe, schneebedeckte Berge, darunter den blauen, majestätischen Genfer See, eingerahmt von saftig grünen Wiesen mit Blütenteppichen von einem starken Gelb, wie es mir nie zuvor begegnet war; und auf sanft aufsteigenden Hügeln wuchsen in endlosen Reihen die Reben. Die Schönheit dieses Anblickes überwältigte mich. Zwei Stunden später erreichte ich Lausanne. Ich stieg in einem bescheidenen Hotel gegenüber dem Bahnhof ab, nahm ein kräftiges Frühstück samt drei Tassen ausgezeichneten Kaffees zu mir, badete, kleidete mich an und faßte mir nun trotz der schlaflos verbrachten Nacht ein Herz und telefonierte.

Der vierjährige Arthur mit seiner
hübschen Base Fanny Meyer in Berlin

Da zwei Weltkriege meinen ganzen Besitz vernichtet haben, war ich bei diesem Photoalbum auf hilfreiche Freunde angewiesen, die mir aus allen Himmelsrichtungen Erinnerungsstücke zuschickten. Ihnen möchte ich für ihre großmütige Unterstützung danken.

Arthur im Tiergarten

5

Liebe Kinder! Berlin, 27. Mai.

Der kleine Arthur Rubinstein, der am 28. Januar 1887 in Lodz in Russisch-Polen geboren ist, hat Euch ein Nocturne (d. h. Nachtmusik) komponiert. Hoffentlich können die älteren von Euch es schon spielen, zum Beispiel unser kleiner Freund im Bismarckhaus in Leipzig, und Heini in Luckenwalde, und Stepha in Berlin. Vor allen aber Paula in Wien, auf deren Wiegenlied wir uns auch schon sehr freuen. — Arthur Rubinstein sendet allen kleinen Abonnenten herzlichsten Gruß, den ich in Eurem Namen, mit bestem Dank für die schöne Komposition, wärmstens erwidere.

Rafael der Kleine.

Das Lesekränzchen
von links nach rechts
stehend Richard Fuchs, Arthur Paul Heinitz, Hugo Perls
sitzend Franz Pariser, Kurt Hahn, nicht ermittelt

Das Haus mit der geräumigen 'Rosentower'schen Wohnung

Der Salon

Joseph Joachim

Professor Barth

und wohldurchdachten Wiedergabe vereinigt, die mitunter vielleicht etwas weniger zurückhaltend mit Gefühlsäußerungen sein

Allgemeine Musik-Zeitung.
Wochenschrift für die Reform des Musiklebens der Gegenwart.
Redacteur: Otto Lessmann.
(Allgemeine Deutsche Musik-Zeitung.)
№ 49. Charlottenburg(-Berlin) 7. Dezember 1900. XXVII. Jahrg.

aufgebautes Werk, voll frischquellender melodischer Erfindung, das die Beachtung aller Kammermusikvereinigungen durchaus verdient. Ueberrascht hat mich geradezu die Art und Weise, wie trefflich der Klavierspieler Berger für Streichinstrumente zu schreiben versteht; ausgezeichnet sind ihm auch durch die Verwendung des zweiten Violoncellos, das übrigens sehr vortrefflich und tonschön von Herrn Heinrich Beyer gespielt wurde, eine Anzahl Klangwirkungen gelungen; manche Stellen klingen geradezu orchestral. Mit einer gewissen Vorliebe ist überdies auch die Bratsche behandelt. Am bedeutendsten ist sicherlich der erste Satz, ein Muster feinsinniger Inspiration und Arbeit; auch der Schlußsatz zeichnet sich durch Fülle der Einfälle aus; das farbenreiche Scherzo steht nicht viel zurück; aus dem Adagio spricht zwar warme, blühende Empfindung, doch ist es zu langgedehnt. Eine gewisse Abhängigkeit von Schumann schadet meines Erachtens dem Werke nicht. Ph. Scharwenka's Duo op. 105 für Violine und Bratsche mit Klavierbegleitung, ein langer Allegrosatz mit Einleitung, ist angenehme Salonmusik, mit zahlreichen Reminiscenzen durchsetzt. Die tröstlichen, frischen, echt slavischen Bagatellen op. 47 von Dvorak für 2 Violinen, Violoncello und Harmonium (Herr Karl Kaempf) haben mich wieder in meiner Ansicht bestärkt, daß das Harmonium trotz mancher schönen Klangwirkung im Konzertsaal nicht am Platze ist. Den Schluß des Konzerts bildete Brahms I. Klavierquartett, in welchem die Klavierpartie bei Herrn Hofpianisten Heinrich Lutter aus Hannover sehr gut aufgehoben war. *Dr. Wilh. Altmann.*

und Liszt's zusammengesetztes Programm zumuthet, sollte dc wenigstens technisch über seiner Aufgabe stehen. Aber sel hierin konnte der Konzertgeber nicht einmal mässigen Ansprüch genügen. Da das geistige Erfassen der von ihm gewähl Werke auf noch kläglicherem Niveau stand, so ergiebt sich einziges Resultat seines Klavierabends eine erhebliche Selb überschätzung, von welcher der junge, nicht unbegabte Pia hoffentlich recht bald zurückkommt.

Im Beethovensaal gab ein jugendlicher Pianist aus Leipz Herr Bruno Hinze-Reinhold ein Konzert mit dem Ph harmonischen Orchester. Sein Klavierspiel hinterliess einen re guten Eindruck, denn echt musikalischer Vortrag und technis Beherrschung seines Instrumentes paaren sich in seinen Leistung in bester Weise. Sein Temperament neigt vornehmlich z Lyrischen hin, und in Folge dessen gelangen ihm Stücke w die Etüden in Edur und Cismoll von Chopin ausgezeichn während die großzügigen Konzerte von Tschaikowsky (Bm und Saint-Saëns (Gmoll) an manchen Stellen den hier erford lichen sinfonischen Stil vermissen ließen.

Zwei Tage später hörte ich Saint-Saëns' Gmoll-Konzert eb daselbst, aber mit ungleich mehr Kraft und Feuer von ein circa 12—14jährigen Knaben vortragen. Sein Name Arth Rubinstein erweckte unwillkürlich Erinnerungen an seinen rühmten Namensvetter, und auch sein Spiel zeigt dasselbe frisc auf sein Ziel losgehende Temperament. Unzweifelhaft hat m es hier mit einem jungen Talent zu thun, das sich in d schützenden Händen eines tüchtigen Pädagogen befindet. Na lich kann man nicht vollkommene Leistungen in diesen Jah verlangen, was man aber zu hören bekam, klang absolut ni nüchtern und eindressirt, sondern zeugte von einem überrasch den Verständniß für die von ihm zum Vortrag gebrachten We Es waren das außer dem bereits erwähnten Konzert noch Adur-Konzert von Mozart, sowie Papillons von Schumann u Hmoll-Scherzo von Chopin. Die Technik ist, wenn auch ni einwandfrei, so doch bereits gut entwickelt. Hoffentlich ble der kleine Konzertgeber vor dem traurigen Geschicke vie Wunderkinder, deren Talent durch pekuniäre Ausnützung seit berechnender Eltern oder Verwandten getödtet worden, bewa Bei ruhiger und klarer Entwicklung dürfte aus ihm ein tüchti Musiker werden! — Das Philharmonische Orchester begleit unter Leitung seines trefflichen Dirigenten Rebicek an beid Abenden exakt und schwungvoll.

Karl Kämpf.

Mit dreizehn zur Zeit seines ersten Berliner Konzerts

Sonntagnachmittag in Berlin

Arthurs Eltern Isaak und Felicja Rubinstein, Lodz 1912, im Jahr ihrer goldenen Hochzeit

Der Portier fragte ungläubig: »Was denn, sie möchten mit Monsieur Paderewski verbunden werden? Was wollen Sie von ihm?« Nach einigen Erklärungen rief er an. Ein Butler erteilte auf Französisch alle nötigen Auskünfte. Jawohl, Monsieur Paderewski erwarte mich; ich solle einen bestimmten Zug von Lausanne nach Morges nehmen, dort werde eine Kutsche mich vom Bahnhof abholen.

Und so stieg ich denn um elf Uhr vormittags am Tor von ›Riond Bosson‹ nach einstündiger Fahrt aus der Kutsche. Auf mein Klingeln öffnete die Tür sich automatisch, ein Wachhund fing fürchterlich an zu bellen, bleckte die Zähne und schien willens, mich zu zerreißen; zum Glück war er angekettet.

Das Haus stand in einem Vorgarten, war teils aus Holz, teils aus Stein erbaut und kein architektonisches Meisterwerk. Weder Villa noch Château, wirkte es auf mich wie eine bequeme ›pension de famille‹ in einem Badeort. Der freundlich lächelnde Butler führte mich in eine Halle, die durch beide Stockwerke ging; auf der Höhe des ersten Stockes befand sich eine Galerie, von der man in die Zimmer gelangte. Mitten in der Halle prangte ein mächtiger Billardtisch. Der Butler nahm mir Hut und Mantel ab und sagte, ich möge den ›maître‹ im ›salon‹ erwarten, der gegenüber der Haustür lag, und geleitete mich dorthin. Der Mann war mir ein wenig zu vertraulich, und so blieb ich, wegen meiner mangelhaften Französischkenntnisse ohnehin etwas schüchtern, gerne allein in dem sehr eindrucksvollen Salon zurück. Vor allem fielen mir zwei Konzertflügel auf, die unter zwei Erkerfenstern mit der Tastatur einander zugekehrt standen. Durch den engen Gang zwischen den Flügeln gelangte man zu einer verglasten Doppeltür, die auf eine breite Veranda führte. An den Wänden hingen drei Porträts des Meisters: das berühmte Bild von Burne-Jones, ein Porträt von Alma Tadema und eines von einem französischen Maler, dessen Namen ich vergessen habe. Auf beiden Instrumenten standen Blumen und gerahmte Photographien von königlichen Herrschaften, hohen Aristokraten, zwei oder drei prominenten Amerikanern, aber zu meiner Verblüffung entdeckte ich kein Bild eines Polen.

Zitternd vor Erwartung nahm ich Aufstellung zwischen den beiden Flügeln. Nach einer endlosen Viertelstunde öffnete sich die Seitentür, eine sehr alte Dame kam herein und fragte, als sie meiner ansichtig wurde: »Sind Sie der junge Mensch, der dem Meister vorspielen will?« Und als ich nickte, fuhr sie fort: »Ach, wie bedauere ich Sie! Wer wird noch einen anderen Pianisten hören wollen, wenn er den Meister gehört hat!« Nachdem sie diesen niederschmetternden Satz von sich gegeben hatte, verschwand die alte Dame wieder.

Allmählich wurde mir unwohl, ich war ja auch völlig übermüdet. Wieder kam eine Dame herein, diesmal eine wesentlich jüngere, und ich erkannte sie sogleich nach ihren Bildern – es war Madame Paderewska. Ich fand sie trotz einer gewissen Fülle anziehend. Sie hatte samtdunkle Augen und eine schöne weiße Haut. Ich wollte gerade einige höfliche Worte an sie richten, da hatte sie auch schon mit einem Schlüsselbund in der Hand den Salon durchquert, ohne mir einen Blick zu gönnen. Das war ein rechter Schock, ich war gekränkt und verängstigt. Die Tasten der beiden Flügel bleckten mich an wie das Gebiß des Kettenhundes im Vorgarten. Ich wollte schon weglaufen, da geschah ein Wunder: Die mittlere Tür wurde schwungvoll aufgestoßen, und es erschien die Sonne, jawohl die Sonne: Ein noch jugendlicher Paderewski, Mitte vierzig, in einem weißen Anzug mit weißem Hemd und weißer Krawatte; eine goldblonde Mähne, ein Schnurrbart von gleicher Farbe und ein Haarbüschel zwischen Unterlippe und Kinn gaben ihm das Aussehen eines Löwen. Doch sein Lächeln und sein Charme machten ihn so unglaublich strahlend wie die Sonne.

Er kam mit kurzen schnellen Schritten auf mich zu, nahm mir mit einigen herzlichen Worten alle Befangenheit und ließ mich meinen Jammer vergessen. »Ich habe allerlei Gutes von Ihnen gehört durch Professor Joachim, den ich achte und bewundere. Und ich bin entzückt, daß Sie ein Pole sind.« Mit einem kleinen Klaps auf meinen Arm setzte er hinzu: »Nun, spielen Sie mir vor, was Sie mögen.«

Und nun machte ich einen schweren Fehler, einen Fehler, den viele junge Pianisten bei derartigen Gelegenheiten machen, wie mir später aufgefallen ist. Statt ein Stück zu wählen, das ich mit größter Leichtigkeit spielen konnte, statt meine Fertigkeiten im besten Licht zu zeigen, wählte ich den zweiten Teil der »Paganini-Variationen« von Brahms, obwohl ich die schwierigsten Passagen noch gar nicht beherrschte – nur um Paderewski zu beeindrucken. Und dafür wurde ich denn auch gleich gestraft. Da ich übermüdet war, unterliefen mir zahlreiche Patzer.

Am Schluß ließ ich beschämt den Kopf sinken. Dies ist das Ende, dachte ich, jetzt wirft er dich hinaus. Doch ganz im Gegenteil, er zeigte sich noch liebenswürdiger, noch gütiger. »Lieber junger Freund«, sagte er, »lassen Sie sich durch ein paar falsch gespielte Töne nicht entmutigen. Ich weiß, daß Sie nicht auf der Höhe sind, ich höre aber, daß Sie Talent haben.«

Ach, dachte ich, das sagt er nur Joachim zuliebe. Und ich stand auf, um zu gehen. »Sie wollen uns hoffentlich nicht schon verlassen? Bleiben Sie auf alle Fälle zum Essen.« Ohne meine Antwort abzuwarten, legte er mir den Arm um die Schulter und führte mich ins Eßzimmer. Ich war jetzt seinem Zauber völlig verfallen. Madame Paderewska erwartete uns schon. Ich küßte ihr die Hand, und sie erwähnte mit keinem Wort, daß sie mich schon gesehen hatte.

Bei Tische waren wir zu dritt; die alte Dame erschien nicht. Ich erfuhr, daß sie die Tante meiner Gastgeberin war, daß sie auf ihrem Zimmer speiste, aber schon um fünf Uhr aufstand, um Madame Paderewskis preisgekrönte Hühner zu füttern. Sie war in einem biblischen Alter, fünfundneunzig Jahre, glaube ich. Bei Tische verlief die Unterhaltung sehr angeregt. Paderewski war ein guter ›causeur‹. Seine Stimme lag etwas hoch, etwa wie die Sprechstimme eines Tenors, und er lispelte ein wenig. Das trug zu seiner persönlichen Note bei. Ich begriff sehr bald, warum er als einer der bedeutendsten Redner seiner Zeit galt. Überdies beherrschte er fünf Sprachen. Ich hätte die Mahlzeit ohne Madame Paderewskas Bemerkungen über meine ›guten Tischmanieren‹ noch mehr genossen. Ich fand es geschmacklos, daß sie in meinem Beisein darüber redete, und gewahrte mit Genugtuung, daß Paderewski unwillig die Stirn runzelte.

Nach dem Essen führte er mich in die Halle, suchte aus dem Schirmständer ein Malakkarohr mit Elfenbeinknauf hervor, drückte es mir in die Hand, schnitt meine weitschweifigen Dankesbeteuerungen ab und sagte: »Lieber junger Freund, da meine Kutsche im Moment nicht zur Verfügung steht, müssen Sie sich zu Fuß zum Bahnhof bemühen, doch ist es nicht weit, und dieser Stock wird Ihnen den Marsch erleichtern; Sie dürfen ihn dann als Andenken an Ihren Aufenthalt bei uns behalten. Sie nehmen den ersten Zug nach Lausanne, packen Ihre Sachen und kommen zurück. Beeilen Sie sich, denn zum Abendessen erwarten wir Gäste und Sie müssen sich umkleiden. Ich hoffe, Sie können hier wohnen, bis wir abreisen – in fünf Tagen geht es nach Aix-les-Bains.« Er sprach, als sei ich ein naher Verwandter. Das rührte mich derart, daß ich kein Wort herausbrachte, doch spürte er, wie mir ums Herz war, und lächelte.

Singend und pfeifend, halb laufend vor Vergnügen legte ich den Weg zum Bahnhof zurück. Keine zwei Stunden später war ich wieder in Morges. Eine Kutsche brachte mich vom Bahnhof nach ›Riond Bosson‹. Der Butler Marcellin wies mir im zweiten Stock ein geräumiges, sehr bequemes Zimmer an, von dessen Balkon ich eine herrliche Aussicht auf den Mont Blanc genoß. Ich zog meinen dunklen Anzug an, dazu schwarze Schuhe (mein einziges Paar) und ging nach unten zu meinen Gastgebern. Die Gäste waren schon eingetroffen: drei ältliche, amerikanische Ehepaare und ein Schweizer. Man stellte mich vor, doch ich verstand die Namen nicht. Das Gespräch wurde in Englisch geführt; ich begriff zwar, was gesagt wurde, wagte aber nicht mitzureden.

Das Diner war vorzüglich und wurde sehr elegant serviert; zum ersten Mal aß ich Languste, zum ersten Mal trank ich den – von meinem Gastgeber so geschätzten – roséfarbenen Champagner.

Nachdem Kaffee im ›salon‹ serviert worden war, wandte sich Paderewski mit ein paar schmeichelhaften Bemerkungen über mich zu seinen Gästen und forderte mich auf, etwas zu spielen. Und diesmal war ich in der richtigen Stimmung. Ich legte mein ganzes Herz in meine Lieblingsstücke von Brahms, zwei Rhapsodien und ein Intermezzo, und spielte noch ein Impromptu von Chopin. Paderewski sprang auf, umarmte mich und rief: »Ich wußte ja, daß Sie großes Talent haben! Ich werde Professor Joachim darüber schreiben.« Die Gäste äußerten sich höflich zustimmend, doch hatte ich den Eindruck, als zögerten sie, vor Paderewski einen anderen Pianisten ungehemmt zu preisen. Als sie gegangen waren, geleitete der große Mann mich auf mein Zimmer, ließ sich auf einem Sessel nieder und erkundigte sich ganz väterlich nach meinen Lebensumständen und wie ich an Joachim geraten sei. War es nun sein aufrichtiges Interesse oder das Schuldgefühl, das mich wegen der Vorgänge der letzten Wochen in Berlin drückte, einerlei, ich schüttete ihm mein Herz aus.

Er blickte mich zwar vorwurfsvoll an, als ich ihm die Misere mit meiner Mutter eröffnete, doch zeigte er, wie Joachim, Verständnis für mein Verhalten. »Künstler haben es schwer, ehe sie sich finden«, sagte er sinnend. »Ärzte, Advokaten, Ingenieure wissen genau, was vor ihnen liegt, doch wir armen Künstler werden ständig von Zweifeln gepeinigt.«

Er stand auf, ging ein Weilchen rauchend im Zimmer auf und ab und erzählte dann von seinem eigenen schweren Leben. Man kennt jetzt seine Biographie, ich will darum nur erwähnen, was er mir von seinem einzigen Sohn mitteilte. Dieses bedauernswerte Kind kam mit schwer deformiertem Kopf und völlig gelähmten Gliedern zur Welt, die Mutter starb im Kindbett, und der Kleine wurde zunächst von den Großeltern, später von der künftigen Stiefmutter versorgt. Der Vater betete den Jungen an, denn er war intelligent und von einem geradezu engelsgleichen Temperament. »Ich habe ihn viel zu selten gesehen«, sagte Paderewski, »denn ich war dauernd auf Konzertreisen. Nur die letzten Jahre haben wir gemeinsam in diesem Haus verbracht und dann . . .« Er verstummte. »Vor ein paar Monaten ist er gestorben.« Er brach ab, und ich weinte fast. »Marcellin, der Butler, war sein Pfleger. Er hat sich wie eine Mutter seiner angenommen. Er gehört deshalb so gut wie zur Familie. Er ist mein Diener, mein Sekretär und mein Vertrauter.« Tief aufgewühlt wünschte der Meister mir eine gute Nacht, fügte aber noch hinzu: »Nehmen Sie sich Ihren jugendlichen Kummer nicht allzu sehr zu Herzen – Sie sehen, es gibt Schlimmeres im Leben eines Künstlers.«

Seine Geschichte machte tiefen Eindruck auf mich. Das also ist der berühmte, der glückliche, der reiche und große Paderewski? fragte ich mich verblüfft, dabei hatte ich einen der unglücklichsten Menschen vor mir gehabt, dem ich je begegnet war.

Am folgenden Tag bekam ich ihn kaum zu Gesicht. Durch Marcellin ließ er mir sagen, ich möge doch Professor Budde besuchen, Barths Bekannten in Lausanne. Dieser alte Herr nahm mein Empfehlungsschreiben freundlich an, war ganz reizend zu mir und stellte mich den Seinen vor. Sie behielten mich zum Essen da, und der jüngste Sohn, nur wenig älter als ich, zeigte mir den See und die wunderschöne Umgebung. Am Abend kehrte ich zu Schiff zurück nach Morges, hingerissen von den Erlebnissen des Tages.

Die übrigen drei Tage in ›Riond Bosson‹ verliefen höchst angenehm. Nach dem Frühstück zog ich mich mit einem Buch in die Halle zurück, hörte aber aufmerksam zu, wie der Meister oben in seinem Zimmer übte. Er arbeitete an den »Händel-Variationen« von Brahms und wiederholte schwierige Passagen langsam wohl hundertmal. Mir fiel auf, daß sein Spiel sehr beeinträchtigt wurde durch gewisse technische Mängel, insbesondere in der Geläufigkeit der Finger, was zu rhythmischen Unausgewogenheiten führte. Nachmittags übte er dann noch einmal bis gegen sieben Uhr, darauf gingen wir miteinander in den Garten, um mit Marcellin zu kegeln. Wir taten unser Bestes, wurden aber vom Butler unweigerlich geschlagen. Das Abendbrot war immer eine große Mahlzeit, zu der Champagner gereicht wurde, und nach dem Kaffee spielten wir Billard. Paderewski liebte solche Spiele sehr, er meinte, sie hielten ihn in Form. Später am Abend spielte er dann noch eine Partie Bridge gegen sich selber. Er teilte die Karten aus und verfuhr genau nach den Regeln. Ich fand das damals spaßig, gestehe jetzt aber gerne, daß es ergiebiger ist als Patiencen zu legen.

An meinem letzten Abend setzte er sich an einen der Flügel im ›salon‹ und spielte mir zwei Stunden vor; er machte mich auf gewisse pianistische Schwierigkeiten aufmerksam, zeigte mir raffinierte Fingersätze und Pedaltechniken und anderes Wissenswerte. Gelegentlich ergriffen mich eine wunderschön gespielte Phrase oder ein ganz herrlich hervorgebrachter Ton, doch sein übertriebenes Rubato und die immer wieder gebrochenen Akkorde sagten mir nicht zu. Ich merkte, wie weit mein musikalisches Empfinden von dem seinen entfernt war.

Mein Aufenthalt in ›Riond Bosson‹ ging zu Ende. Paderewski forderte mich auf, ihn im Zuge nach Genf zu begleiten. »Das müssen Sie sehen, Genf ist eine der schönsten Städte der Welt!« Die Reise von Morges nach Genf währte kurz. Der Zug hielt, ich verabschiedete mich von meinem berühmten Landsmann, küßte Madame Paderewski die Hand und dankte für alles. Als er mich so mit der Reisetasche auf dem Bahnsteig stehen sah, ließ er das Abteilfenster herunter und rief: »Wenn du nicht weißt, was du in den Sommerferien anfangen sollst, komm zu uns!« Und ehe ich etwas erwidern konnte, fuhr der Zug an.

Da stand ich nun allein auf dem Bahnhof. Rechtzeitig fiel mir noch ein, daß ich ja schon am nächsten Tag in Berlin zurückerwartet wurde und daß Barth an meiner pünktlichen Heimkehr zweifelte. Der Fahrplan zeigte, daß mir bis zum nächsten Zug noch eine halbe Stunde blieb. »Diesmal fällt Genf aus«, sagte ich laut und ging zum Bahnsteig. Als ich tags darauf in Berlin ankam, war ich todmüde von der sitzend verbrachten Nacht und konnte an nichts anderes denken als an meine Mutter. Henny begrüßte mich überschwenglich mit den Worten: »Sie ist weg! Sie ist weg!« Ich war sprachlos. Es zerbrach etwas in mir – plötzlich tat die Mutter mir verzweifelt leid. Fast hätte ich sie angefleht zurückzukommen, und es brauchte lange Zeit, bis ich die neue Lage gefaßt betrachten konnte. Professor Barth war von meiner pünktlichen Rückkehr merklich befriedigt, zeigte sich aber wenig interessiert an meinen Eindrücken von Paderewski und an dessen Urteil über mich. So ging der alte Trott wieder los, diesmal mit noch weniger Überzeugung von meiner Seite als zuvor.

Kapitel 12

Joachim war entzückt von Paderewskis Brief. »Der Junge ist zweifellos eine echte Begabung, und ich sage ihm eine glänzende Zukunft voraus«, stand darin, auch ein paar freundliche Worte über mein Betragen und die Wiederholung seiner Einladung für die Sommerferien. »Du siehst«, bemerkte Joachim, »alles ist so gegangen, wie wir es erhofften. Deine Mutter hat sich zu unserem Standpunkt bekehrt und läßt dich in Ruhe, und du erhältst die Gelegenheit, einen ganzen Sommer in der Nähe eines wirklich edlen und bedeutenden Menschen zu verbringen.« Ich war noch ganz betroffen von Mutters Abreise und von einem vorwurfsvollen Brief von Tante Salka, wußte aber, daß ich richtig gehandelt hatte.

Ich besprach die Lage mit dem alten, gütigen Martin Levy, der mich zum Essen eingeladen hatte. Sehr beeindruckt von Paderewskis Anteilnahme und darum in seinem Vertrauen in mich bestärkt, meinte er, es sei an der Zeit, daß ich Barth verlasse, der (so drückte er sich aus) meine Liebe zur Musik systematisch abtötete. Er fügte hinzu: »Auch Frau Engelmann ist dieser Ansicht und Joachim ebenfalls, obwohl er sich nicht offen äußern mag.« Darauf erwiderte ich: »Das ist doch ganz unmöglich! Ich kann nicht einfach von jemandem weggehen, der mich jahrelang mit so viel Geduld und noch dazu gratis unterrichtet hat und der mir seine kostbare Zeit opfert – damit würde ich ihn doch ins Herz treffen.«

Levy fand das sentimental, machte aber einen neuen Vorschlag.

»Meine Tochter ist mit einem Bakteriologen verheiratet und lebt in Marburg, einer hübschen Stadt, ähnlich wie Heidelberg. Ich habe dort für den Sommer eine Villa gemietet, weil ich meine Tochter und die Enkel in der Nähe haben möchte. Warum kommst du nicht mit mir? Durch Joachim lasse ich deine Ferien um zwei bis drei Wochen verlängern, und du könntest von Marburg aus direkt in die Schweiz fahren.«

Dieser Plan leuchtete mir sehr ein, doch fürchtete ich – und zu Recht – Barths Reaktion. Er wurde wütend, als er davon hörte, und was ihn schier außer sich brachte, war der Umstand, daß Paderewski mich über Joachim zu sich eingeladen und mithin seine Zuständigkeit und Verfügungsgewalt über mich mißachtet hatte. »Wenn er nicht mich fragt, darfst du nicht fahren«, sagte er, und das klang wie ein Ultimatum. Als Levy davon erfuhr, brachte er Paderewski durch Diplomatie dazu, Barth telegrafisch zu bitten, »Ihren talentierten Schüler den Sommer mit uns verbringen zu lassen.« Daraufhin gab Barth seinen Widerstand auf, und ich bereitete mich erwartungsvoll auf einen langen, schönen Sommer vor.

Die von Levy gemietete Villa lag über der Stadt, gegenüber der alten Burg. Sie war geräumig, bequem und geschmackvoll eingerichtet, die Wände mit hellem Holz getäfelt, die Möbel freundlich anzusehen, die Badezimmer mit den neuesten Geräten ausgestattet, und es fehlte auch nicht ein schöner Bechsteinflügel. Mein Gastgeber hatte einiges Hauspersonal aus Berlin mitgebracht, das sollte nun für uns beide sorgen. Kein Wunder also, daß meine gute Laune sich bald wieder herstellte. Levys Tochter war eine dunkeläugige, reizende junge Frau mit einer gut ausgebildeten Singstimme; ich begleitete sie, wenn sie Schubert und Brahms sang, und so wurden wir bald gute Freunde. Ihr Gatte, ein bekannter Wissenschaftler, war ungemein konventionell, ohne jeden Humor, ganz unmusikalisch und sah auch so aus. Das Essen war stets sehr schmackhaft und opulent; Levy war ein Genießer. Mein Aufenthalt in seiner Villa hat mich, wie ich fürchte, für den Rest meines Lebens zum Gourmet gemacht. Hier kostete ich zum ersten Mal truite au bleu, foie gras, Krebse in Dillsoße, canard à la Rouennais und andere kulinarische Meisterwerke. So vergingen drei angenehme Wochen, dann wurde es Zeit für meine Reise in die Schweiz. Ich muß zugeben, daß dieser zweite Besuch bei Paderewskis mich etwas ängstlich stimmte, denn ich hatte beim Abschied von Barth sehr stark das Gefühl einer moralischen Schuld empfunden. Er hatte mich mit zitternder Stimme gefragt: »Von jetzt an wirst du also bei Paderewski studieren, nicht wahr?« Worauf ich überzeugt entgegnete: »Nein, keineswegs, ich besuche ihn nur als sein Landsmann.« Das skeptische, traurige Lächeln, mit dem er dies aufnahm, schnitt mir ins Herz.

Levy und die Seinen brachten mich zum Zug. Diesmal reiste ich bequem: Mein großmütiger Gönner hatte mir ein Schlafwagenabteil spendiert.

Die Atmosphäre von ›Riond Bosson‹ hatte sich seit meinem letzten Hiersein merklich verändert. Marcellin, der mein Gepäck in einem kleinen Zimmer abstellte, eröffnete mir, das Haus sei voller Gäste. Er sagte: »Der ›maître‹ arbeitet schwer, er bereitet sein nächstes Konzertprogramm vor und komponiert an einer Klaviersonate; man sieht ihn nur beim Essen.« Auch Madame blieb unsichtbar, was ich weniger bedauerte. Um die Zeit irgendwie hinzubringen, setzte ich mich auf meinen Lieblingsplatz in der Halle und las die Zeitung. Bald hörte ich Paderewski an der Arbeit. Er spielte längere Passagen aus der Sonate, viele davon waren mir bereits vom vorigen Aufenthalt her bekannt.

Ein Gong kündigte die Mahlzeit an, und die Hausgäste versammelten sich, lauter Personen, die nicht recht zueinander zu passen schienen. Jetzt kam auch Madame Paderewska, begrüßte mich herzlich, machte sich aber nicht die Mühe, mich vorzustellen. Endlich trat Paderewski ein, mindestens zwanzig Minuten verspätet. Auch ihn fand ich verändert; diesmal war nichts Sonniges an ihm, er wirkte eher zerstreut und nervös. Immerhin war sein Zauber noch wirksam. Er nahm meinen Arm und stellte mich jedem einzelnen seiner Gäste vor, wobei er etwas Nettes über mich sagte. Mein Eindruck stimmte, die Leute harmonierten nicht miteinander. Zunächst war da ein Ehepaar Nossig aus Lwów in Polen; er hatte das Libretto zu Paderewskis Oper »Manru« verfaßt und war aktiver Zionist, womit sich denn die Frage erledigt, ob, wie unter Juden behauptet wurde, der Meister Antisemit sei. Frau Nossig war eine recht gut aussehende Dreißigerin, ein bißchen füllig vielleicht, mit lustigen Augen, der Mann hingegen älter als sie, bärtig, bebrillt und eher klein, sehr gescheit, aber schüchtern und linkisch.

Ferner waren da drei Herren, sämtlich Impresarii, die jedoch drei unterschiedlichen Welten anzugehören schienen. Der alte Monsieur Chevrier aus Frankreich, stets im eleganten dunklen Anzug mit Stehkragen, hatte unserem Gastgeber zu dessen ersten Konzerten in Paris verholfen. Immer noch Junggeselle, aber nicht mehr berufstätig, war er ein gern gesehener Gast in ›Riond Bosson‹. Der zweite Impresario, ein Engländer namens Addlington, war Paderewskis bevorzugter Agent und hatte ihn auf allen seinen Reisen begleitet, nach England, Australien und Neuseeland. Dieser typische Engländer stutzte seinen Bart nach der Mode Edwards VII., verachtete alles Kontinentaleuropäische und sämtliche Fremdsprachen und besaß eine beneidenswerte Überzeugung von der eigenen Unfehlbarkeit. Der dritte Impresario, Jaczewski, war ein absonderlicher Mensch, ein in Kiew geborener und aufgewachsener Pole, der aber die russische Denkungsart angenommen hatte. Er wirkte wie ein Clown. Eines seiner Augen verdeckte eine schwarze Klappe, aus dem anderen sprühte wachsame Bosheit. Seine schwerfälligen Scherze, seine Sucht, über alles und jedes Witze zu reißen, machten ihn allgemein unbeliebt, und daß er alles Russische für schlichtweg höherwertig erklärte, war geradezu aufreizend. Jaczewski sollte Paderewski auf der bevorstehenden Konzertreise durch Rußland als Manager dienen – jener Konzertreise, mit der sich Paderewski derzeit so sehr beschäftigte. Er hatte dort seit seinen frühesten Tagen nicht mehr gespielt, und die Russen nötigten ihn jetzt förmlich, ihrer Einladung zu folgen. Ganz augenscheinlich war es diesem patriotischen Polen zuwider, vor den Besatzern seines Landes spielen zu müssen.

Bei Paderewskis fanden sich stets Gäste zum Abendessen ein, manchmal Nachbarn, meist Polen, die im Exil lebten. Der Pianist Sigismund Stojowski und seine Mutter besuchten uns täglich. Madame Stojowska war eine recht affektierte alte Dame und tat, als erscheine sie am Hofe Ludwigs XV., was uns sehr amüsierte. Paderewski neckte sie, indem er dem übermäßig höflichen Monsieur Chevrier beibrachte, ihr auf polnisch mit einem gedrechselten Kompliment zu schmeicheln, und so wiederholte denn der arglose Franzose nach einer Verbeugung samt Handkuß die einstudierten polnischen Worte: »Jak sie miewa stara kroa?« (Wie geht es der alten Kuh heute?) Die arme Frau fiel fast in Ohnmacht, samt Locken, Rüschen und Spitzen.

Madame Paderewskas Geburtstag wurde mit einem Bankett gefeiert, und nach dem Essen improvisierten einige Gäste, darunter auch ich, ihr zu Ehren lebende Bilder. Das Ende dieses Festes ist mir zeitlebens als eines der unangenehmsten Ereignisse im Gedächtnis geblieben. Als die Gäste sich verabschieden wollten, ersuchte mich Madame Paderewska, etwas vorzuspielen, um den Aufbruch zu verhindern. Ihre Aufforderung kam mir ganz unerwartet. Man scherzte und lachte und trank, und mein Spiel würde gewiß die Stimmung verderben. Daher lehnte ich ab, indem ich vorgab, unter starken Kopfschmerzen zu leiden.

»Oho«, sagte Madame Paderewska, »dann wollen wir doch gleich einmal meine neue Arznei gegen Migräne ausprobieren.« Sie ließ das Medikament bringen, reichte mir aus einer bedrohlich aussehenden Flasche mehrere Pillen und sagte dazu: »Nehmen Sie jetzt eine und morgen vor dem Frühstück zwei.« Ich versprach's und zog mich auf mein Zimmer zurück. Tags darauf traf ich im Eßzimmer Frau Nossig an, die dort Kaffee trank. Ich trug das Pillenfläschchen bei mir und fragte sie – nachdem ich ihr meine Ausrede vom Vorabend gebeichtet hatte –, ob ich jetzt, da ich doch keinerlei Schmerzen verspürte, die Tabletten dennoch nehmen solle. »Selbstverständlich nicht«, sagte sie. »Von den Pillen können Sie Bauchweh bekommen.« Das hörte ich gerne.

Als ich später mit der Zeitung in der Halle saß, rief Madame Paderewska im Morgenrock von der Galerie: »Haben Sie die Pillen genommen?«

Und da ich mich vor ihr fürchtete, erwiderte ich feige: »Nein, Madame, ich fühle mich bereits viel besser, und da meinte Frau Nossig, ich solle lieber keine mehr nehmen.« Madame Paderewska verschwand, ohne etwas zu sagen, in ihrem Zimmer.

Der Gong ertönte, wir versammelten uns wie üblich und warteten auf den Hausherrn. Als er schließlich kam, ging er mit finsterer Stirne und wütendem Gesicht direkt auf Frau Nossig los und schrie sie an: »Sie glauben also, meine Frau vergiftet die Gäste?« Die arme Person schaute betroffen zu mir herüber, brach in Tränen aus und floh. Ihr Gatte, der ja nicht verstehen konnte, was da vorging, folgte ihr auf dem Fuße. Ich versuchte, Paderewski den Vorfall zu erklären, doch vergeblich. Er blieb die Mahlzeit über verärgert. Außer Jaczewski, dessen unangebrachte Geschichtchen niemand beachtete, sprach keiner der Anwesenden. Mir wurde klar, welch starken Einfluß Madame Paderewska auf ihren Mann ausübte, und das verstörte mich. Er entschuldigte sich dann später bei Frau Nossig, doch das herzliche Einvernehmen war gestört, und nach etwa einer Woche fuhren Nossigs ab.

Mein Eindruck wurde durch einen weiteren Vorfall gefestigt. Charles Steinway, damals Direktor der berühmten Klavierfabrik, die Paderewski in den Vereinigten Staaten bekannt gemacht hatte, hielt sich in Genf auf und sollte bei uns speisen. Sein schlichtes Auftreten nahm uns alle für ihn ein. Zwischen Gastgeber und Gastgeberin sitzend führte er ein lebhaftes Gespräch über musikalische Probleme, in dessen Verlauf er Paderewski fragte, welchen Flügel er nach dem Steinway am meisten schätze. »Ohne Zweifel einen Erard«, antwortete Paderewski. »Wie können Sie so etwas sagen!« versetzte der Amerikaner und warf die Arme hoch. »Der ist ja museumsreif. Er hat ja gewisse mechanische Vorzüge, doch im Ton ist er wie ein Cembalo.« Darauf entgegnete Paderewski etwas scharf: »Wenn ich ihn spiele, klingt er gut.« »Sie können ihn doch nicht entfernt mit einem Bechstein vergleichen, weder im Klang noch in der Mechanik!« versetzte Steinway ungeduldig. »Ich kann mir nicht vorstellen, daß irgendein Pianist den Erard einem Bechstein vorzieht.« »Nun«, erwiderte Paderewski ironisch lächelnd, »ich bin Pianist und ich ziehe den Erard vor.« Der Klavierfabrikant lachte, ganz offenbar nicht überzeugt. Nunmehr ließ Madame Paderewska, die dem Wortwechsel mit wachsender Gereiztheit gefolgt war, sich wütend vernehmen: »Ich kann nicht zulassen, daß jemand so unverschämt mit dem Meister zu reden wagt.« Steinway erhob sich augenblicklich von seinem Stuhl und verließ das Haus. Allgemein herrschte große Verwirrung; Paderewski lief seinem Gast nach, doch dieser war schon auf dem Wege nach Genf.

Der Meister spielte mir meist lange Partien aus seiner Sonate vor, die ich nun schon kannte und die mir gefiel. Ich gebe zu, daß er seine eigenen Sachen sehr geschmackvoll vortrug, ohne jene entstellende Phrasierung, die er anderen Werken angedeihen ließ. Als er mich eines Nachmittags aufforderte, ihm die Sachen vorzuspielen, an denen ich zuletzt gearbeitet hatte, brachte ich mit unglaublicher Frechheit die Bitte vor, mir keinen Unterricht zu erteilen, denn das, so sagte ich, müsse Professor Barth schwer kränken. Ein weniger hervorragender Künstler hätte das als Beleidigung aufgefaßt, Paderewski hingegen lobte mich nach einem Augenblick der Verblüffung wegen meiner Loyalität.

Die langen Sommerferien näherten sich dem Ende, und sogar ein so träger Mensch wie ich sehnte sich allmählich nach ernster Arbeit. In ›Riond Bosson‹ hatte ich in einem Gartenhaus recht lustlos auf einem Klavier geübt. Viel interessanter fand ich es, dem Meister bei der Arbeit an seiner Sonate zuzuhören. In den letzten Tagen meines Aufenthaltes sah ich ihn kaum noch; er war durch Jaczewski und die Vorbereitungen auf die russische Konzertreise in Anspruch genommen und übte den ganzen Tag. Immerhin verabschiedete er mich nach polnischer Art mit einem Kuß auf jede Wange und wünschte mir Gottes Segen. Madame Paderewska winkte zum Abschied von der Galerie. Ich verließ ›Riond Bosson‹ mit einem von Dank erfüllten Herzen.

Nach der glitzernd bunten Schweiz wirkte Berlin trübe. Der Herbstregen drückte auf mein sonst immer heiteres Gemüt, und notgedrungen nahm ich den Unterricht mit den langen Wartezeiten an den Bushaltestellen wieder auf. Barth war durch meine pünktliche Rückkehr sichtlich besänftigt, um so mehr, als er hörte, daß ich nichts mit Paderewski studiert hatte. Während meiner Abwesenheit war er in eine sonnige, viel freundlichere Wohnung in der eleganten Tauentzienstraße umgezogen. Im vergangenen Frühjahr war die Stiefmutter gestorben, und so lebte er nun allein mit der Schwester zusammen, die ihn besser versorgte als zuvor. Auf den Tischen standen Vasen voll frischer Tulpen, und zu meiner Verblüffung prangte eine Büste von Anton Rubinstein als Hauptzierat im Musikzimmer. Barth selber war menschlicher, lockerer geworden, und unsere Beziehung gestaltete sich daher enger und wärmer. Er verstieg sich sogar dazu, mich zu Hummer einzuladen, nachdem er erfahren hatte, daß ich diese Delikatesse für mein Leben gerne aß. Nach einem teuren Schmaus in einem vorzüglichen Fischrestaurant gab Barth allerdings eine neue Probe der für ihn so bezeichnenden Pedanterie. Als wir auf der Straße standen, sagte er: »Und jetzt, mein Junge, müssen wir diese schwere Mahlzeit richtig verdauen. Besteigen wir jetzt die Siegessäule.« Anfangs hielt ich das für einen Scherz, doch nein, es war sein Ernst. Also erklomm ich wohl oder übel die endlose Wendeltreppe der Siegessäule.

Die Unterhaltung während des Essens war belanglos gewesen bis auf ein paar beunruhigende Andeutungen. So hatte Barth lässig vorgeschlagen, es sei für mich gewiß das günstigste, wenn er mich adoptieren würde; ferner erging er sich in vagen Anspielungen, daß ich bei Gelegenheit Professor an der Musikhochschule werden könnte. Barths Pläne waren für mich ganz und gar unannehmbar. Ich hatte meine Eltern letzthin zwar schlecht behandelt, verschwendete aber keinen Gedanken daran, an unserem Verhältnis etwas zu ändern. Und was die Hochschule anlangte, so fühlte ich mich in meinen jungen Jahren einfach außerstande, meine Zeit mit der Unterrichtung mehr oder weniger begabter Schüler zuzubringen. Ich träumte davon, die Welt zu sehen, meinen Horizont zu erweitern, Konzerte zu geben, aber nicht von dem langweiligen Leben eines taktklopfenden Klavierlehrers. Doch schwieg ich, zum einen wollte ich mich nicht festlegen, zum anderen meinen Hummer in Frieden verzehren.

Im Augenblick interessierten mich Sprachen, und vor allem Latein fesselte mich. Meine Abneigung gegen die Mathematik blieb unverändert. Zudem las ich nach wie vor mit Leidenschaft alles, was mir in die Finger kam, doch die tiefsten Erlebnisse bescherten mir das Theater und selbstverständlich die Konzerte. Mich verdroß, daß keine Aussicht bestand, wieder ein Konzert zu geben, fürchtete ich doch, meine eben erst begonnene Laufbahn habe bereits ihr Ende gefunden.

Als ich eines Tages die Auslage in einem Schaufenster betrachtete, packte mich jemand am Arm: Es war Frederic Harman, jener junge Komponist aus Warschau. Welche Freude, ihn zu treffen!

»Wie geht es Ihnen? Wann sind Sie angekommen? Sind Sie auf der Durchreise oder bleiben Sie länger?« fragte ich ihn auf Polnisch, und er sagte gleichzeitig: »Ich hatte ja keine Ahnung, daß Sie noch hier sind! Wie schön, Sie zu sehen! Nein, wirklich, wir müssen uns unbedingt verabreden.«

Frederic sollte als Komponist, Dirigent und Pianist in einem Konzert auftreten: Er hatte eine Symphonie in drei Sätzen komponiert, dann wollte er seine vom Warschauer Konservatorium preisgekrönte »Fantasie für Klavier und Orchester« bringen und schließlich eine deutsche Sopranistin beim Vortrag seiner Lieder begleiten. Dieses ehrgeizige Programm machte mir großen Eindruck, und ich war neugierig auf seine Kompositionen. Das Konzert sollte Anfang Dezember stattfinden, in vier Wochen also.

Wir verabredeten uns für den kommenden Tag bei ihm; zu meiner Freude entdeckte ich, daß er in einer Familienpension unweit der Winterschen Wohnung untergekommen war. Er belegte ein Wohn-Schlaf-Arbeitszimmer im Parterre jener Pension, welche den größten Teil eines eleganten neuen Hauses einnahm. Besitzerin war eine ältere polnische Dame, Witwe eines Warschauer Advokaten, der mit Harmans bekannt gewesen war. Hier wohnten hauptsächlich Schriftsteller, Maler und Musiker, auch einige vermögende Damen. Harmans Zimmer war sehr anheimelnd mit dem lustig lodernden Feuer im Kamin. Der große Bechsteinflügel, Noten und Bücher rundum verstreut, ein Sofa, die Sessel um den Kaffeetisch gerückt – alles wirklich gemütlich und bequem.

Wir tranken Tee, danach spielte er auf dem Flügel seine Kompositionen vor. Die Symphonie mit dem etwas anspruchsvollen Titel »Per aspera ad astra« war sehr romantisch und stark von seinem Abgott Tschaikowsky beeinflußt. Es war aber auch manches Echte und Ursprüngliche darin, die Themen klangen ungekünstelt und fließend. Frederic spielte sein Werk mühelos und durchsichtig und mit ansteckender Begeisterung.

Seine »Fantasie für Klavier und Orchester« war weniger anspruchsvoll und sehr polnisch. Nichts von der Düsternis der Symphonie, sie erinnerte an Paderewski, leicht, aber bezaubernd.

Es ist nicht einfach, diesen ersten Besuch zu schildern, ich kann nur sagen: Ich war überwältigt. Frederics Klugheit und Lebhaftigkeit; die so gut vorgetragenen, durchaus beachtlichen Kompositionen; das Vergnügen, wieder die Muttersprache zu sprechen; dazu die warme Behaglichkeit seines Zimmers – das alles mußte mich unreifen Knaben überwältigen. Er bestand darauf, daß ich mit ihm zu Abend aß – die table d'hôte fand im ersten Stock der Pension in einem großen Speisezimmer statt. Das Essen war vorzüglich. Frederic und ich speisten an einem kleinen Tisch für uns. Von dort aus konnte ich die anderen Gäste beobachten, und als die Mahlzeit vorbei war, hatte Frederic mich mit seinen lustigen, oft auch boshaften Bemerkungen über alle ausreichend ins Bild gesetzt. Den interessanteren Gästen stellte er mich vor, darunter zwei talentierten (wie er sagte) Malern. Der eine war ein schwatzhafter Deutscher, der andere, ein Schwede, machte den Mund überhaupt nicht auf. Auch eine ganz reizende junge Dame lernte ich kennen, die soeben von einem berühmten Dramatiker geschieden worden war. Ihr Make-up, die schlanke Gestalt und die tiefe wohlklingende Stimme verwirrten mich; sie und Frederic schienen auf bestem Fuß zu stehen.

Berlin war fortan für mich eine neue Stadt; was mich bedrückt hatte, verflog buchstäblich: Ich dachte nicht mehr daran. Frederic bildete nun den Mittelpunkt meines Lebens, und ich besuchte ihn täglich. Ich half ihm bei den Vorbereitungen für sein Konzert, ich nahm tätig an seinem Leben teil. Da er von daheim genug Geld bekam, lud er mich häufig zum Essen ein, sogar in teuere Restaurants, oder auch zu Konzerten und ins Theater. Ich lernte ein Leben kennen, das mir bis dahin unbekannt geblieben war. Sein kluges Gespräch entzückte mich, einerlei, ob von Musik oder Literatur oder von Menschen die Rede war – und er beherrschte fünf Sprachen.

Selbstverständlich gründete unsere Freundschaft sich auf unsere gemeinsamen musikalischen Interessen; wir ereiferten uns endlos über Komponisten, Solisten, Dirigenten, und der eine oder andere belegte dann seine Behauptungen am Klavier. Ich weckte in ihm die Liebe zu Brahms, den er kaum kannte, und er seinerseits machte mir ein wahres Göttergeschenk – er lehrte mich den wirklichen Chopin kennen. Ich kann gar nicht genug betonen, wie sehr ich dafür in seiner Schuld stehe, und ich bitte den Leser ausdrücklich, meine Erklärung nicht für Übertreibung zu halten.

Gewiß kannte ich Chopin, sowohl im Konzert als auch im privaten Kreis hatte ich seine Sachen spielen gehört, doch wurden sie in Deutschland häufig als Salonmusik betrachtet, und wenn Paderewski Chopin spielte, was selten geschah, überzeugten seine oft willkürlichen Verzerrungen in Ausdruck und Tempo mich nicht. Ich schloß mich also der gängigen Meinung an, die Chopin als eine jugendliche, kranke, romantische Gestalt sah, den Komponisten eleganter, schwer wiederzugebender sentimentaler Klaviermusik voller ungehemmter Melancholie.

Frederic Harman nun liebte Chopin über alles. Obwohl er kein großer Pianist war – er hatte mit einem schlechten Gedächtnis und Mängeln der Technik zu kämpfen –, klang sein Chopin richtig. Eine Mazurka besaß den erdhaften, polnischen Rhythmus, eine Polonaise Würde und Kraft; einem Scherzo und einer Ballade hörte man an, welche Leidenschaft in ihnen steckte; die Walzer klangen elegant und bezaubernd. Mir wurde klar: Hier hörst du den wahren Chopin! Und meine eigene Auffassung ist zu einem großen Teil von Frederics tiefem und intuitivem Verständnis dieses Genies beeinflußt.

Mich fesselten nicht nur unsere endlosen musikalischen und intellektuellen Unterhaltungen, sondern auch die lebendigen Schilderungen meines Freundes von Warschau, dem Leben in Polen, von seiner Familie und seinen eigenen Erlebnissen. Er verfügte über eine seltene Mitteilungsgabe, er konnte mir jedes Vorkommnis, jeden Menschen anschaulich machen. Seine Geschichten faszinierten mich so sehr, daß meine eigene Umgebung mir blaß schien verglichen mit jener Welt, die er mir eröffnete. Natürlich spielte auch meine angeborene Liebe zu Polen hinein. Frederic erzählte von seinen Schwierigkeiten mit dem Vater, der nicht an sein Talent glaubte, und ich begriff, was für eine wichtige Rolle das bevorstehende Konzert für ihn spielte. Von der Mutter sprach er voller Liebe. Sie billigte seinen Ehrgeiz, sie war selber sehr musikalisch. Eines Tages kündigte er an, Mutter und jüngere Schwester wollten zu dem großen Ereignis nach Berlin kommen.

Ich nahm so sehr an allem teil, daß ich meine Bekannten bat, Karten zu Frederics Konzert zu kaufen und überall mit Frederic und Frederics Freundschaft herumprahlte. Meine gleichgesinnten Altersgenossen, Fritz Müller etwa, zeigten sich interessiert und versprachen zu kommen, die ältere Generation hingegen zögerte. Rundherum stieß ich auf das deutsche Vorurteil gegen nichtdeutsche Musik. Barth wollte mich irre machen, indem er von abfälligen Urteilen über Harmans Musik berichtete, ohne jedoch die Kritiker zu nennen. Winters mißbilligten mein häufiges und spätes Ausbleiben und meine wachsende Entfremdung von ihnen. Die eifersüchtige Henny und ihr verantwortungsbewußter Gatte waren sich hierin einig. Immerhin vermerkte ich befriedigt, daß ich im Klavierspiel Fortschritte machte, einfach weil ich neue Lust am Leben und an der Musik fand.

Harmans Mutter und seine Schwester trafen zwei Tage vor dem Konzert in Berlin ein und bezogen eine Zimmerflucht in der Pension. Bereits am selben Tage wurde ich zum Tee eingeladen. Die Schwester war jenes Mädchen, dessen silbriges Lachen mir schon in Warschau aufgefallen war, doch wirkte sie jetzt reifer und ernster, auch anziehender. Sie war klein, was mir zusagte; die schwarzen Augen blickten klug, und wenn sie die vollen roten Lippen öffnete, glitzerten dahinter weiße Zähne. Am meisten beeindruckte mich jedoch, wie zierlich sie war. Die Mutter hingegen war hochgewachsen, brünett, sehr lebhaft und eine Spur kokett. Da Frederic wohl schon in seinen Briefen Schmeichelhaftes über mich gesagt und unsere Freundschaft erwähnt hatte, begrüßten sie mich, als wäre ich einer der Ihren. Ich mußte zum Essen bleiben, danach wollten sie mich unbedingt spielen hören. Und ich spielte ihnen alles, was mir in den Sinn kam, einen richtigen gemischten Musiksalat: Auf eine Bachfuge folgte das Vorspiel der »Meistersinger«, auf Stücke von Brahms Teile aus Frederics Symphonie, und so fort. Ich setzte alles daran, ihnen zu gefallen, denn schon merkte ich, wie ich mich in die kleine Harman verliebte. Mutter wie Tochter waren außerordentlich musikalisch, ich durfte nicht aufhören zu spielen, so schien es ihnen zu gefallen. Beim Abschied mußte ich versprechen, während ihres Berliner Aufenthaltes ihnen alle freie Zeit zu widmen, und das versprach ich nur allzu gerne.

Daß ich die Proben für Frederics Konzert nicht besuchen konnte, auch die Generalprobe nicht, bereitete mir großen Verdruß, doch meine Unterrichtsstunde verhinderte es. Ich war ungeheuer gespannt auf die Instrumentierung, auf die Reaktion der Orchestermusiker und auf Frederics eigene Eindrücke. Am Nachmittag des großen Tages sauste ich nach Absolvierung meiner Aufgaben in die Pension und traf hier die Harmans im Gespräch mit dem berühmten Pianisten Josef Hofmann, einem alten Bekannten von ihnen. Er tat, als erinnere er sich meiner, doch stimmte das nicht, und wenn man bedenkt, daß mein kurzer Besuch bei ihm fünf Jahre zurücklag, so war es nicht verwunderlich. Diesmal wirkte er angenehmer auf mich, denn er legte ein gewisses Interesse für Frederic und dessen Konzert an den Tag. Übrigens gefiel mir sein trockener, sarkastischer Humor, obschon er ihn hauptsächlich zum Nachteil seiner Kollegen benutzte.

Wir gingen allesamt recht nervös in das Konzert. Die Symphonie war in vieler Hinsicht eine Enttäuschung mit ihrer schwerfälligen, ungraziösen Instrumentierung, sie erinnerte zu sehr an Tschaikowsky, hatte allerdings eine gewisse eigenständige, ganz naive polnische Frische, welche Eigenart alle Kompositionen von Frederic auszeichnet. Frederic dirigierte seine Symphonie auch recht unsicher, was den natürlichen Fluß der Musik hemmte. Anfangs führte ich das auf Lampenfieber zurück, doch als der gleiche Mißstand seine Wiedergabe des Klavierpartes der Fantasie beeinträchtigte, schien mir das bedenklich. Ich entdeckte einen gefährlichen Riß in seinem musikalischen Fundament. Als Begleiter seiner Lieder war er allerdings glänzend. Das Konzert ging ohne Zwischenfall vorüber, man konnte es sogar einen Erfolg nennen, einen achtbaren Erfolg; das Publikum fand an Frederic Gefallen und spendete ihm herzlichen Beifall. Das freute ihn sehr, Mutter und Schwester waren hingerissen. Josef Hofmann beeindruckte am meisten, daß Frederic in drei Funktionen aufgetreten war. Wir besuchten nach dem Konzert alle miteinander ein gutes Lokal und stießen mit Champagner auf Frederics Erfolg an.

Im Publikum waren die Meinungen geteilt, und so wartete ich einigermaßen gespannt auf die Kritiken in der Morgenpresse. Und siehe da, die Berliner Zeitungen berichteten ausführlich und im ganzen wohlwollend. Harmans Lieder gefielen am besten, auch sein Klavierspiel wurde gelobt, die Orchesterwerke hingegen blieben wenig beachtet.

In den folgenden Tagen verbrachte ich jede freie Minute mit den Harmans, und Basia, Frederics Schwester, beherrschte mich mehr und mehr. Sie war eine recht gefährliche kleine Sirene und konnte ganz unvermutet und grundlos in Gelächter ausbrechen, was uns übrige in eine recht unbehagliche Stimmung versetzte. Wir wurden gut Freund miteinander, wenn auch auf eine etwas sonderbare Weise. War ihr danach zumute, so ließ sie sich von mir küssen, und ich spielte mit, allerdings ohne ihr meine Liebe zu gestehen. Josef Hofmann, ebenfalls ein häufiger Besucher der Damen, war, wie ich bemerken mußte, ein ernstzunehmender Rivale. Meine Eifersucht wurde gestillt, als sie seine Avancen unmißverständlich abwies; ja, sie bat sogar lieber mich an das Klavier als den großen Hofmann. Später erfuhr ich dann, daß er ihr einen Heiratsantrag gemacht hatte.

Nach der Abreise von Basia und ihrer Mutter war ich tief niedergeschlagen, und ohne Frederic hätte mich gewiß die Verzweiflung übermannt. Ich suchte also noch öfter seine Gesellschaft als bisher. Er erhoffte sich greifbare positive Auswirkungen von seinem Konzert, doch Hermann Wolff, der es veranstaltet hatte, zeigte sich nicht interessiert, wies ihn mit Ausflüchten ab, ließ für die Zukunft nichts hoffen.

Die Sorge, wie er vor dem Vater bestehen könne, bedrückte Frederic nach wie vor. Er sprach nun ausführlicher über seine Familienverhältnisse, über sein Leben in Warschau, und das klang partienweise wie ein Roman. Der Vater war Direktor einer Import-Export-Firma, und der Großvater war einer der bedeutendsten Warschauer Bankiers gewesen, ein Mann von großem Ansehen. Zwischen Vater und Großvater hatte es niemals ein Einvernehmen gegeben, und Frederic fühlte sich als das Opfer dieses unguten Verhältnisses. »Meinem Vater bin ich vom ersten Tage an gleichgültig gewesen«, erzählte er mir. »An meine Begabung glaubt er natürlich nicht. Daß ich Musiker werden will, paßt ihm nicht, und er macht mir das Leben zur Qual. Ich verdanke es nur meiner Mutter, daß ich in Warschau Musik studieren durfte, und zum Abschluß wurde ich ja mit der Goldmedaille für Komposition ausgezeichnet. Sie hat mich auch ermutigt weiterzumachen. Wie du weißt, sollte das Konzert hier meinem Vater beweisen, daß ich das Recht auf eine eigene Laufbahn habe.«

Bei diesen Ausbrüchen ließ Frederic mehr als einmal durchblicken, er sei nicht der Sohn seines Vaters, sondern die Frucht eines Liebesverhältnisses, das seine Mutter mit einem berühmten, als Don Juan bekannten Pianisten unterhalten habe; er sah sich nur zu gerne als uneheliches Kind. Seine Tiraden hörte ich mit einer gewissen Skepsis an, mir kam das alles so unglaubhaft vor.

Die enge Freundschaft mit Harman billigte Henny ganz und gar nicht. Ich erzählte ihr, ich sei in Basia verliebt, und das hörte sie verständnisvoll an. Allerdings mußte ich erst lernen, wie Frauen reagieren. Henny beklagte sich bei ihrem Mann, daß ich ständig außer Hause sei, meine Arbeit vernachlässige und nichts mehr im Kopfe habe als die Familie Harman. Herr Winter hatte darauf nichts Eiligeres zu tun, als sich Barth anzuvertrauen. Barth seinerseits hatte ebenfalls etwas läuten hören: Angeblich hatte ich mich für Frederics Konzert ungeheuer ins Zeug gelegt. Aufgestachelt von Winters Bericht, verlangte Barth bei der nächsten Stunde, ich solle mit Frederic brechen. »Der übt musikalisch wie moralisch einen gefährlichen Einfluß auf dich aus, und das dulde ich nicht«, sagte er. Dann stellte er mir ausführlich dar, wie sinnlos es sei, so viel Zeit an eine unwerte Person zu verschwenden, und entließ mich – ohne Unterricht.

Ich war so verblüfft, daß ich nicht einmal wütend wurde. Das ist denn doch zu dumm, sagte ich mir, wer kann mir schon diese Freundschaft verbieten? Ich schimpfte gehörig mit Henny, weil sie mich verraten hatte, und um mich zu versöhnen, versprach sie, künftig meine Verbindung zu Frederic zu fördern. Darum konnten wir einander weiterhin gegenseitig besuchen.

Kapitel 13

Irgendwie hatte ich Berlin jetzt satt. Das Leben, so wie ich es führte, gefiel mir einfach nicht. Und auch eine neue, recht interessante Erfahrung besserte daran nicht viel. Der bekannte Musikwissenschaftler Professor Dr. Max Friedländer von der Universität Berlin und seine Frau, ehemals Schülerin von Leschetitzky, hatten mich schon häufig zu kleinen musikalischen Veranstaltungen gebeten, was mir Gelegenheit verschaffte, mit so guten Geigern wie etwa Carl Flesch und Bronislaw Hubermann Kammermusik zu spielen. Nun bat Frau Friedländer mich eines Tages, ihr Klavierunterricht zu geben. Das schmeichelte mir ungeheuer, und überdies sollte ich erstmals im Leben als Lehrer mein Geld verdienen.

Leider erwies meine Schülerin sich als hysterisch; die geringste Kritik ließ sie in Tränen ausbrechen, danach flehte sie um Vergebung und küßte dazu meine Hände. Ein Albtraum. So war mir nun alles verleidet, und ich mochte nur noch an Warschau denken. Meine Liebe zu Basia nahm täglich zu, und der arme Frederic mußte sich mein Geschwätz anhören.

Eines Tages hielt ich es nicht mehr aus und sandte einen leidenschaftlichen Liebesbrief an Basia, einen richtigen romantischen Erguß. Ich versprach, ihr die Welt zu Füßen zu legen, ich wolle Liszt und Anton Rubinstein übertreffen (von Busoni und d'Albert nicht zu reden), ich wolle sie zu Tode küssen, ich wolle sie bis zu meinem letzten Atemzug lieben! Sie, einzig sie, könne mir die Kraft verleihen, dies alles zu bewerkstelligen, und ohne sie sei das Leben sinnlos.

Nun wartete ich in ängstlicher Stimmung eine geschlagene Woche auf Antwort. Frederic versuchte, mich auf andere Gedanken zu bringen, allein vergeblich – Theater und elegante Lokale verloren für mich ihren Reiz. Dafür weckte er mein Interesse am Spiritismus. Er nahm mich mehrmals zu wohlhabenden Bekannten mit, wo man sich nach einem guten Abendessen zu einer spiritistischen Sitzung niederließ, bei welcher ich dann prompt verlangte, über einen Geist mit Basia in Verbindung zu treten.

Eine weitere Ablenkung bot sich in Gestalt der jungen Geschiedenen in Frederics Pension. Sie war in Frederic verliebt, sie schickte ihm Briefchen mit Blumen und Süßigkeiten, sie warf ihm während der Mahlzeiten glühende Blicke zu und benutzte alle Kniffe eines Vamps. Frederic blieb unempfänglich für ihre Reize, er bemühte sich, ihr Liebesverlangen auf mich abzulenken. Die sehr anpassungsfähige Dame fand daran nichts auszusetzen und wandte ihre Aufmerksamkeit mir zu. Dieses schmeichelhafte Intermezzo machte mein ohnehin kompliziertes Leben noch unerträglicher: Henny z. B. fand es skandalös, daß ich parfümierte Briefe von einer ihr Unbekannten erhielt, und selbst Professor Barth roch die aus meiner Tasche aufsteigenden Düfte. »Du stinkst nach Patschuli!« pflegte er zu sagen – wohl weil er für Parfüm keinen anderen Ausdruck wußte.

Immerhin gab es auch recht erträgliche Augenblicke, wenn Josef Hofmann, Frederic und ich im Salon der jungen Geschiedenen abwechselnd am Klavier dies und das spielten. Bei dieser Gelegenheit erkannte ich übrigens, wo Hofmanns eigentliche Stärke lag, nämlich in seinem Gedächtnis und der absoluten Beherrschung der linken Hand. Er brachte es fertig, eine ganze Beethoven-Sonate links zu spielen, während ich den Part der rechten übernahm – was erheblich einfacher ist. Ferner machte er mich mit modernen russischen Komponisten bekannt, insbesondere mit Nicolas Medtner, dessen erste Sonate mir sehr gefiel. Übrigens verblüffte uns Hofmann dadurch, daß er ein angefangenes Concerto mitbrachte und ungestört durch unser Geschwätz am Teetisch, daran weiterkomponierte – wahrlich ein Triumph heiterer Konzentration.

Mehr als zwei Wochen waren vergangen – keine Antwort von Basia! Außer mir angesichts solchen Schweigens, warf ich noch zwei weitere flammende Briefe aufs Papier, mit denen verglichen der erste sich geradezu zahm ausnahm. Von neuem beteuerte ich, wie sinnlos ein Leben ohne sie sei, ich stellte in dunklen Andeutungen Selbstmord in Aussicht ... Wieder eine Woche – wieder nichts.

Dann aber verlas Frederic eines Nachmittags einen Brief, den die Schwester im Auftrag des Vaters geschrieben hatte. Harmans beabsichtigten, ein Festbankett für zweihundert Personen mit anschließendem Ball zu geben, und ein Konzert sollte den Auftakt bilden. »Könnte Artur nach Warschau kommen und etwa eine Stunde vorspielen? Vater würde dann noch ein öffentliches Konzert für ihn arrangieren. Artur könnte ohne weiteres vierzehn Tage bei uns wohnen und weitere Möglichkeiten erkunden.« Der Vater gedenke 300 Rubel Honorar zu zahlen, dazu die Reisekosten. Und mein öffentliches Auftreten bringe gewiß die gleiche Summe ein.

Das alles klang wie der typische, einer Sekretärin diktierte Geschäftsbrief, doch enthielt er noch eine Nachschrift: »Namów Artura« (überrede Artur), und diese beiden Worte sollten meinem Leben eine andere Richtung geben.

Ich beschloß zu reisen. Basias Nachsatz war mir ein Befehl, war die lange ersehnte Antwort auf meine Briefe. Barth um Erlaubnis für dieses Unternehmen zu bitten, brauchte allen meinen Mut. Er würde gewiß ablehnen. Doch unterschätzte ich seine Achtung vor dem Geld. Als er von den zwei Honoraren hörte, war es mit seiner Unerbittlichkeit vorbei. »Du darfst fahren, wenn du versprichst, die gesamte Summe abzuliefern, abzüglich eines kleinen Taschengeldes. Und du mußt in vierzehn Tagen zurück sein.«

Ich packte aufgeregt die Koffer. Frederic überreichte mir die Fahrkarte und das Schlafwagenbillet, brachte mich zum Bahnhof, gab mir die letzten Informationen über die Familie und bereitete mich hauptsächlich auf die erste Begegnung mit seinem Vater vor. »Er ist schlau. Bestimmt versucht er dir einzureden, daß ich weniger Talent habe, als du annimmst, und zugleich möchte er herausfinden, wie überzeugt du selber von meiner Begabung bist.« Ich beruhigte ihn in dieser Hinsicht nach Kräften, und nach einer freundschaftlichen Umarmung stieg ich in den Zug. Der lange ersehnte Augenblick war gekommen.

Morgens um sieben traf ich in Warschau ein, und ich hatte einige Hemmungen, Harmans zu so früher Stunde aus dem Bett zu holen. Die Tür wurde von dem Diener geöffnet, den ich schon kannte. Er trug jetzt eine schwarz-gelb gestreifte Weste und nahm mir, unterstützt von einem Hausburschen, das Gepäck ab.

»Herr Harman möchte gerne mit Ihnen frühstücken. Erwarten Sie ihn bitte im Speisezimmer. Die Damen ruhen noch.« Ich gestehe, daß ich dem Zusammentreffen mit dem gefürchteten Papa recht ängstlich entgegensah.

Frederics Vater betrat gleich darauf das Zimmer. Sein Aussehen erstaunte mich. Er war völlig kahl, den Mund allerdings verdeckte ein üppiger grauer Schnurrbart. Ein kürzlich erfolgter Schlaganfall hatte die linke Gesichtshälfte gelähmt, die sichtlich erschlafft war. Er trug eine Brille mit einem matten Glas vor dem erblindeten Auge. Er begrüßte mich herzlich, erwähnte, daß ich auf seine Frau und seine Tochter den besten Eindruck gemacht habe, und versicherte mir, meine Mitwirkung an seinem Fest sei ihm ein besonderes Vergnügen. Sodann begannen wir ein gutes polnisches Frühstück, bestehend aus Brötchen, verschiedenen Brotsorten, Wurst, Käse und Eiern. Das Gespräch kam sofort auf Frederic und verweilte bei ihm während des ganzen Frühstücks. Der Vater redete genauso, wie Frederic es vorhergesagt hatte. »Ich mache mir seinetwegen Sorgen. Sein Gedächtnis ist schlecht, ebenso sein Sinn für Rhythmus. Es wird ihm bestimmt sehr schwer fallen, als Pianist Erfolg zu haben.« Weiter: »Halten Sie ihn wirklich für einen begabten Komponisten?« Ich unterdrückte meine eigenen Zweifel in dieser Hinsicht und versuchte, Frederics Talente ins rechte Licht zu rücken, etwa sein tiefes Verständnis für Chopin, seine bemerkenswerte Gewandtheit beim Prima-vista-Spiel, die Verwendung des polnischen Elementes in seinen Kompositionen, seine Fähigkeiten als Dirigent.

Harman schien davon beeindruckt. »Es freut mich, das alles von einem so begabten jungen Menschen zu hören, hoffentlich haben Sie recht.« Damit ging er.

Der Diener wies mir Frederics Zimmer an, die ich während meines Aufenthaltes bewohnen sollte, ein bequemes Schlafzimmer und ein Wohnzimmer mit einer herrlichen Sammlung von Büchern und Noten. Dort stand auch ein sehr guter Bechsteinflügel. Als ich eintrat, vernahm ich das bekannte silbrige Lachen, und da war sie denn auch, Basia, reizend anzusehen und wie gewöhnlich teils lieb, teils arrogant. Sie streckte mir beide Hände zur Begrüßung hin und war sehr herzlich, aber über meine Briefe – kein Wort. Ich erwähnte sie also ebenfalls nicht.

Wir besprachen das bevorstehende Bankett, mein Programm, die

Wahl des Flügels, und schließlich klärte sie mich über die erwarteten Gäste auf. Ich hörte nur halb zu, meine ganze Aufmerksamkeit richtete sich auf ihr Gesicht, dem ich zu entnehmen hoffte, ob sie meine Liebe erwidere, doch ich entdeckte nur den gewohnten Ausdruck der Freundschaft, untermischt mit einer Spur Ironie. Plötzlich sagte sie: »Es wird auch ein sehr interessanter Mann erscheinen, ein Maler, dem werde ich Sie vorstellen – geben Sie sich Mühe, ihm zu gefallen.« Das war wie eine Ohrfeige. O ja, ich wußte gleich: Das ist der Mann, den sie liebt!

Mein Herz war gebrochen, und doch liebte ich sie noch! Meine letzte Hoffnung war die Musik. Meine Musik schätzte sie sehr, mochte meine Musik bei ihr für mich sprechen.

Ich sagte kalt: »Gewiß, ich werde mir große Mühe geben«, und ging nach nebenan, um auszupacken.

Frau Harman erschien erst zum Mittagessen, sie begrüßte mich mit einer Umarmung. Auch ihr Mann kam aus seinem Kontor herüber. Man sprach von nichts anderem als dem Bankett und den Zurüstungen dafür. Ich sagte kaum etwas. Nach dem Essen arbeitete ich an meinem Programm, bis es Zeit wurde, mich umzukleiden. Ich war entschlossen, an diesem Abend mein Bestes zu leisten.

Gegen neun Uhr trafen die ersten Gäste ein, und als ich mit meinem Konzert anfing, war zehn Uhr längst vorbei. Nie zuvor hatte ich mit solcher Leidenschaft und Hingabe gespielt, ich legte meine ganze Verzweiflung, vielleicht auch ein wenig Hoffnung in meinen Vortrag, und ich wußte: Es ist ein Erfolg. Nach dem letzten Stück, dem Scherzo in h-Moll von Chopin, das ich eigens hierfür wenige Tage vor der Abreise einstudiert hatte, drängten sich die Zuhörer um mich, und manche Dame hatte Tränen im Auge. Meine Gastgeber waren entzückt, Frau Harman küßte mich überschwenglich.

Ich schaute mich nach Basia um und erblickte sie in angeregtem Gespräch mit einem Manne, der Mitte der Dreißig sein mochte. Er wirkte in seinem Frack sehr elegant, im Knopfloch steckte eine rote Nelke, und mit dem eingeklemmten Monokel sah er aus wie das Urbild des Verführers. Das schwarzblaue Haar war adrett geschnitten, der Schnurrbart über vollen, roten Lippen nach englischer Art gestutzt, darüber die nervösen Nüstern eines Rassepferdes – kurzum, er wies alle einschlägigen Merkmale auf.

Basia, die meine Blicke wohl spürte, rettete mich vor meinen Bewunderern und führte mich ihm zu. »Dies ist der Herr, von dem ich Ihnen gesprochen habe«, sagte sie, als ob ich das nicht gewußt hätte! »Er ist ein bedeutender Künstler, und ich möchte, daß Sie beide sich miteinander anfreunden.« Er beglückwünschte mich mit einem leichten spöttischen Lächeln, und erst jetzt bemerkte ich, daß er gelähmt war. Doch irgendwie brachte er es fertig, mit diesem Nachteil seine Anziehungskraft zu vergrößern, und eine innere Stimme sagte mir, daß es sich hier nicht um einen Flirt handelte, sondern daß Basia seine Geliebte war.

Ich wandte mich weg und ging ins Speisezimmer zum kalten Büfett. Ich trank fünf oder sechs Gläser Wodka und danach wahllos weißen und roten Wein sowie Champagner. In meiner Narretei hielt ich das für die angenehmste Methode, Selbstmord zu begehen. Wunderbarerweise blieb ich völlig nüchtern, ja, mein jämmerlicher Zustand trat mir nur noch deutlicher vor Augen.

Das Fest dauerte bis in den frühen Morgen; wenn es ans Tanzen und Trinken geht, sind die Polen so leicht nicht auszustechen, und sie verstehen es, die ihnen angeborene Höflichkeit und Haltung dabei zu wahren.

Ich meinte, an diesem Abend erstmals der Warschauer »Gesellschaft« begegnet zu sein, erkannte aber später, daß Harmans Gäste nicht dazu gehörten. Sie stammten, mehr oder weniger zusammengewürfelt, aus allen möglichen Kreisen. Es kamen Männer von hohem Adel, aber ohne ihre Frauen (es sei denn, diese Frauen waren ehemalige Schauspielerinnen oder reiche jüdische Erbinnen); es kamen Ärzte und Anwälte (selbstverständlich mit Damen), und der eine oder andere Geschäftsmann. Die Mehrzahl bildeten Dichter, Schriftsteller und Musiker, lebhafte, interessante, reizende Leute. Ich bin auch später eigentlich nie einer attraktiveren Mischung begegnet als dieser Harmanschen »Gesellschaft«.

Kapitel 14

Der Tag nach dem Bankett war selbstverständlich ein historischer Tag: mein erster Katzenjammer! Der Kopf wollte mir bersten, mein Magen war ein Schlackenhaufen, ich kam den ganzen Tag nicht aus dem Bett. Zum Glück zeigten meine Gastgeber Verständnis für meinen Zustand und machten nichts davon her.

Nach dem Abendessen, bei dem ich nichts zu mir nehmen konnte, ließen Frau Harman und Basia sich von mir zu einigen Liedern begleiten. Die Mutter hatte eine angenehme Stimme, sie sang auch mit dem richtigen Gefühl, aber ohne gute Technik; die Tochter war eine nicht unbegabte Anfängerin. Herr Harman erschien zum Essen nicht, und seine Frau erklärte mir das so: »Mein Mann hat eine Mätresse, eine sehr hübsche Balletteuse, mit der er den Abend verbringt; nur bei ganz besonderen Gelegenheiten speist er zu Hause.« Ich gestehe, daß mir diese Auffassung von der Ehe neu war, und ich verstand jetzt besser, warum Frederic oft so zynisch von den Seinen sprach.

Ehe ich mich zu Bett legte, folgte ich Basia auf ihr Zimmer. »Der Maler, dem Sie mich da vorgestellt haben, ist Ihr Liebhaber, nicht wahr?« fragte ich sie rund heraus. Sie wurde rot, blitzte mich wütend an, biß sich auf die Unterlippe, entgegnete dann aber völlig gefaßt: »Ja, ganz recht, er ist mein Liebhaber. Und wenn Sie wirklich so viel für mich empfinden, müssen Sie mir helfen. Ich werde Ihnen scheinbar die Sehenswürdigkeiten zeigen, aber in Wahrheit werde ich meinen Liebhaber besuchen, und Sie können unterdessen anstellen, was Sie wollen. Später treffen wir uns dann in einem Café. Bitte tun Sie das für mich, bitte!« Eigentlich hätte ich sie gerne geohrfeigt, doch gleichzeitig errötete ich vor Wut und Scham, und nach längerem Schweigen sagte ich: »Ich habe diesen Schlag erwartet. Ich bin nicht eifersüchtig, dazu habe ich kein Recht, versprochen haben Sie mir nie etwas – aber es ist schlimmer als das. Ich weiß, ich werde nie wieder eine so starke und reine Liebe empfinden wie für Sie. Ja, ich werde Ihnen als Ihr Vertrauter gefällig sein, und Sie können sich auf mich verlassen.« Damit ging ich hinaus.

Ich empfand keinen Haß und keinen Groll. Alles war viel gewichtiger, ging viel tiefer. Ich wurde über Nacht erwachsen, verlor meine Illusionen; ich wurde mir über meine Einsamkeit klar, und das machte mich so stark, daß ich Gleichmut heucheln konnte. Basias kalter Egoismus steckte mich an. Eines weiß ich im Rückblick mit Gewißheit: nie wieder hat mich später ein Erlebnis derart verändert. Aus dem liebeskranken Werther, als der ich angekommen war, wurde ein Zyniker und Tunichtgut.

Blieb die immer noch recht charmante und lebhafte Mama, die fließend französisch, englisch und deutsch sprach. Sie verstand etwas von bildender Kunst und Literatur und war sehr aufgeschlossen. Da sie gerne Leute um sich hatte, lud sie häufig junge Autoren, Schauspieler und Musiker zum Tee nach englischer Art.

Die Abendeinladungen hingegen waren förmlich und fanden unter Vorsitz des mißgestimmten Hausherrn statt. Dann gab es noch die nächtlichen Mahlzeiten zu später Stunde, nach dem Theater oder dem Konzert. Dies waren eigentlich die nettesten Zusammenkünfte, zu denen man spontan einlud, wen man gerade interessant fand, und für Stunden entspann sich die angeregteste Unterhaltung. Dazu wurde vorzügliches Essen gereicht; damals blieben Küchenpersonal und Dienerschaft auf, bis sämtliche Herrschaften schlafen gegangen waren, was man sich heute kaum noch vorstellen kann.

Frederics Mutter war besessen von der Sangeslust. Sie war jederzeit und überall zum Singen aufgelegt, und ich wurde ihr bevorzugter Begleiter. Manchmal ärgerte ich mich, weil ihre Stimme nicht reichte und ihr Vortrag dilettantisch blieb, doch verdanke ich ihr die Kenntnis herrlicher polnischer, russischer, französischer Lieder. Sie sang Chopin, Moniuszko, Pankiewicz, Zarzycki, Wieniawski – zum Teil bezaubernde Stücke –, ferner viel Tschaikowsky, Mussorgsky, Borodin und Rimsky-Korsakow; dazu die besten französischen Sachen wie Lieder von Fauré, Duparc, Chausson und anderen. Als wahre Offenbarung empfand ich Mahlers »Lieder eines fahrenden Gesellen«, die mich sehr ergriffen. Ich wiederum machte sie mit Schubert, Schumann und Brahms bekannt, den von mir so geliebten, unübertrefflichen Meistern des Lieds.

So vergingen denn die zwei Wochen meines Warschauer Aufenthaltes wie ein Tag. Das vorgesehene öffentliche Konzert kam nicht zustande, warum weiß ich nicht mehr, Basias Vater zahlte mir aber das vereinbarte Honorar unter dem Vorwand, mein Auftreten sei nur aufgeschoben. Er sagte, er werde bald nach Berlin reisen, er habe da einige Pläne mit Frederic und mir. Man küßte mich zum Abschied überschwenglich wie ein Familienmitglied, und Basia brachte mich selber in der Kalesche zum Bahnhof. Sie umarmte und küßte mich zärtlich, lachte aber gleich darauf spöttisch und silbern, und das ging mir diesmal wie ein Stich ins Herz.

Kapitel 15

Den Eltern hatte ich meine Warschauer Reise verschwiegen, da ich irgendwelche Manöver ihrerseits befürchtete. Sie erfuhren dann später, daß ich in Warschau gewesen war, nahmen aber an, dies sei auf Veranlassung von Professor Barth geschehen; dennoch fühlten sie sich gekränkt.

Ich kam pünktlich nach Berlin zurück. Henny begrüßte mich freudig, und Frederic konnte kaum erwarten zu hören, was ich in den vierzehn Tagen bei ihm daheim erlebt hatte. Ich erzählte alles und ahmte dabei das Auftreten und die Stimmen einiger ihm bekannter Gäste nach, worüber er Tränen lachte. Dann aber wurde er ernst und wollte genau wissen, wie sein Vater auf meinen Bericht über das Berliner Konzert reagiert hatte. Als er erfuhr, daß Pläne für uns beide geschmiedet würden (er schien daran irgendwie beteiligt), erleichterte ihn das sehr. Ich berichtete auch kurz von Basia und meinem Herzeleid, verriet ihr Geheimnis jedoch nicht.

Professor Barth empfing mich kühl. Er forderte sogleich das Geld, und ich händigte ihm den gesamten Betrag aus. Das stimmte ihn milder, und er eröffnete mir nun seine verwegenen Projekte für meinen Werdegang. »Es könnte sein, daß du einen Lehrposten an der Musikhochschule bekommst. Du müßtest dann die Schüler eines älteren Professors auf den Unterricht bei ihm vorbereiten. Vielleicht sogar meine Schüler.« Ich schwieg und zeigte weder Ablehnung noch Zustimmung. Mich ärgerte, daß er so frei über meine Zukunft verfügte. »In der nächsten Saison wirst du kein Konzert geben, mein Junge. Dein letzter Auftritt hat bewiesen, daß du nicht fleißig genug gearbeitet hast.«

In den folgenden Wochen ereignete sich nichts Neues, es lief alles im gleichen alten Trott, Unterrichtsstunde nach Unterrichtsstunde, dann die heimlichen Zusammenkünfte mit Frederic. Hin und wieder besuchte ich ein Konzert oder eine Theateraufführung, doch die Saison ging zu Ende, der Frühling lag bereits in der Luft. Die Freunde behandelten mich so nett wie eh und je, eher noch netter, als spürten sie, daß ich mich innerlich von Berlin löste, und als fürchteten sie, mich zu verlieren.

Dann traf Herr Harman ein. Frederic verständigte mich davon und lud mich im Auftrag des Vaters zum Essen ein in Berlins bestes Restaurant, Dressel, Unter den Linden. Der alte Herr gab sich ganz besonders reizend, er spendierte uns ein opulentes Mahl, und erst als wir beim Nachtisch angekommen waren, legte er seine Pläne dar. Er wollte das Warschauer Philharmonische Orchester für ein Konzert in Warschau mieten, ein Galakonzert zum Abschluß der Saison in etwa vierzehn Tagen. Frederic sollte dirigieren, ich sollte als Solist mitwirken. Im Programm waren zwei größere Orchesterwerke vorgesehen, ferner zwei Klavierkonzerte, von denen eines Frederics »Fantasie« sein könnte (die ich, nebenbei gesagt, bereits gut beherrschte). Damit nicht genug, bat er mich besonders herzlich, in Warschau sein Gast zu sein und den kommenden Sommer mit seiner Familie in Zakopane zu verbringen, wo er eine Villa gemietet hatte. Diese Einladung verwunderte mich nicht, ich hatte bereits etwas dieser Art erwartet. Harmans kannten meine Klagen über Barth und die antisemitische Berliner Atmosphäre, zudem sah Frederics Vater in mir einen geeigneten Förderer seines Sohnes in musikalischen und praktischen Dingen, und dann mochte er mich einfach gerne, wie ich jetzt bemerkte.

Ich gab mir Mühe, seine Vorschläge gleichmütig anzuhören, obwohl mir schon alle möglichen Gedanken durch den Kopf schossen. Am liebsten hätte ich auf der Stelle eingewilligt, doch gab es mehrere gewichtige Einwände zu bedenken. Primo: Professor Barth. Mir war klar, daß er mich nicht gehen lassen würde und einen Bruch durchaus in Kauf nahm. Secundo: Die leidige Geldfrage. Der Professor verwaltete meine Gelder, also sämtliche Konzerteinnahmen wie auch die Zuschüsse meiner Gönner, hatte aber nie Rechnung darüber gelegt. Es brauchte großen Mut, diesen Mann dazu aufzufordern, der mir über Jahre hinweg kostenlos so viel seiner Zeit geschenkt hatte und mir auch aufrichtig zugetan war. Nahm ich Harmans Vorschlag an, brach ich damit alle Brücken hinter mir ab, ich war dann einzig auf mich gestellt und ohne finanzielle Rückendeckung, ohne Pläne für die Zukunft einem ungewissen und gefährdeten Dasein ausgeliefert. Aber gerade dieses Risiko lockte mich. Ich fühlte Abenteuerlust im Blut ... Ich versprach, nach einer Aussprache mit meinem Lehrer Bescheid zu geben, obwohl mein Entschluß bereits feststand: Ich wollte Berlin verlassen.

Tags darauf war Barth mit meinem Vortrag eines Präludiums und einer Fuge von Bach besonders zufrieden, was es mir noch schwerer machte, meinen Warschauer Plan vorzutragen. Es mußte aber sein, und so nahm ich mein Herz in beide Hände und schilderte meine Aussichten in den rosigsten Farben. »Ich erhoffe mir eine glänzende Laufbahn in Polen«, sagte ich, »und wer weiß, vielleicht auch in Rußland. Ich brauche diese Anerkennung um meines Selbstgefühls willen. Sie wissen, wie sehr das vergangene Jahr mich entmutigt hat, und ich glaube fest, daß ich mein Selbstvertrauen zurückgewinne, wenn ich auf eigenen Füßen stehe.« Und dann fügte ich noch schnell hinzu: »Den Sommer über werde ich fleißig mein Repertoire vergrößern.«

Barth reagierte viel heftiger, als ich befürchtet hatte. Er hörte mich wortlos an, sah aber finster drein, und Schweißtropfen bildeten sich auf seiner Stirne. Der Bart kletterte höher denn je – ein Anblick, der mich mit Schrecken erfüllte. Und dann kam seine Antwort. Anfangs recht gedämpft, um den Anschein völliger Gefaßtheit zu erwecken, brachte er seine Einwände vor: »Für ein solches Leben bist du noch nicht reif genug. Du bist faul, und wenn du dich längere Zeit ohne Aufsicht im Luxus suhlst, verdirbst du dir deine Zukunft völlig. Ich hatte für dich eine anständige Stellung an der Musikhochschule im Auge, die es dir ermöglicht hätte, mit dem erforderlichen Fleiß im Laufe der Jahre bis zum ordentlichen Professor aufzurücken.« Plötzlich brüllte er wütend: »In der Gosse wirst du enden, undankbarer Bursche, das prophezeie ich dir und« – hier sprang er auf und brüllte noch lauter – »und wenn du jetzt gehst, brauchst du nicht wiederzukommen. Rechne nur nicht mehr mit deinen Gönnern, die werde ich schon ins Bild setzen, daß du gegen meinen Willen wegfährst.« Das war zuviel für mich, ich war bitter gekränkt. Tränen stiegen mir in die Augen, doch hielt ich sie zurück. Stattdessen drängte sich mir alles auf die Lippen, was mich seit Jahren bedrückte. Und da vergaß ich meine Angst und beschloß, ihm einmal die Wahrheit zu sagen – eine der schlimmsten und überflüssigsten Taten, die ich je begangen habe.

Ich begann so ruhig wie möglich: »Herr Professor, ich stelle mit Bedauern fest, daß Sie nichts von mir wissen, meinen wahren Charakter nicht kennen. Die Zukunftspläne, die Sie mir aufdrängen wollen, gleichen aufs Haar Ihrer eigenen Laufbahn, und nichts liegt mir ferner. Lieber möchte ich eine einzige glückerfüllte Woche leben und dann sterben oder, wie Sie sagen, in der Gosse enden, als ein Leben wie das Ihre führen. Ich sehe doch, wie Sie tagaus tagein ohne Freude arbeiten, meist unbegabte Schüler unterrichten, niemals verreisen, keinerlei Freude haben. Ich weiß, daß Sie aus Edelmut Ihre Stiefmutter unterstützten und jetzt Ihre Schwester bei sich haben, ich weiß, daß keiner von Ihnen sich zu verheiraten gewagt hat, weil Sie voneinander abhängig sind. Sogar in Ihrer musikalischen Auffassung sind Sie beschränkt durch Vorurteile, einen Mangel an Neugier und Anteilnahme. Dr. Altmann haben Sie mir weggenommen, weil er all das verkörperte, was das Leben sinnvoll macht. O nein, Herr Professor, in Berlin bleibe ich nicht! Ich will auch nicht mehr unterstützt werden. Ich möchte unabhängig sein. Trotzdem müssen Sie mir glauben, daß ich Ihnen aus tiefstem Herzen danke für alles, was Sie für mich getan haben, und noch mehr danke ich Ihnen für Ihre Liebe.« Ich weinte nun doch und wollte seine Hand küssen, er aber zog sie heftig weg und sprach im Zorn: »Geh also, wenn du mußt, doch das Geld, das ich für dich verwalte, bekommst du jetzt nicht, denn du würdest es nur töricht verschwenden.« Worauf ich, von meinem Stolz fast erstickt, erwiderte: »Dieses Geld begehre ich nicht, und ich werde nie Anspruch darauf erheben. Geben Sie es in meinem Auftrag an einen bedürftigen Musiker!« Das war alles. Ich ging, erschöpft und reuig. An diesen Tag denke ich heute noch voller Scham.

Henny regte sich furchtbar auf, als sie sah, wie deprimiert ich war. Ich brachte kein Wort heraus, bat sie nur, mich allein zu lassen, später wolle ich ihr ausführlich berichten. Doch schon eine halbe Stunde später klingelte es, und Professor Barth verlangte mit Frau Winter zu sprechen. Mich, so sagte er dem Hausmädchen, wünsche er nicht zu sehen. Die arme Henny mußte sich nun seinen erbitterten Ausbruch anhören: »Ich hätte ihn umbringen sollen für seine Frechheiten, aber ich war wie vor den Kopf geschlagen!« Dann malte er auch ihr liebevoll mein Ende in der Gosse aus und erklärte zum Schluß, er zöge seine Hand von mir ab. Winters sollten sich meiner Abreise nicht widersetzen, und er wolle mich nie mehr sehen.

Die letzten Tage in Berlin gehören zu den trübsten, die ich dort verbracht habe. Mir stand ein Besuch bei Joachim bevor, der sich wie üblich sehr verständnisvoll zeigte. »Ich habe das kommen sehen, mein Junge«, sagte er, »und ich wünsche dir alles Gute. Du wirst es schwer haben, wie wir alle es in der Jugend schwer hatten, aber ich vertraue auf dich und deine Begabung.« Ich dankte diesem edlen Künstler und großen Menschen mit brechender Stimme.

Meine Freunde erwiesen mir große Sympathie, sie boten ihre Hilfe an und beurteilten den armen Barth wohl ziemlich ungerecht, weil sie nur meine Darstellung der Ereignisse kannten. Und Frau Friedländer ließ sich nicht davon abbringen, ihn aufzusuchen und wegen seines »bösartigen und grausamen Verhaltens« dramatisch zur Rede zu stellen.

Meine Gönner unterrichtete ich in blumigen Worten und mit gebührendem Dank brieflich von meiner Absicht, die Zukunft in die eigene Hand zu nehmen. Damit endete meine Berliner Zeit. Ein bedeutendes Kapitel meines Lebens war abgeschlossen.

DRITTER TEIL

Auf eigenen Füßen

Kapitel 16

Nach tränenreichem Abschied von Henny und anderen Freunden mit leeren Versprechungen einer möglichen Rückkehr im nächsten Winter war es endlich soweit, daß ich mit Frederic und seinem Vater den Zug nach Warschau bestieg. Dort wurde meine Ankunft wie die Rückkehr des verlorenen Sohnes gefeiert. Frederics Wohnzimmer war zu einem behaglichen Schlafzimmer für mich hergerichtet worden, und im Handumdrehen war ich wieder in der aufregenden Atmosphäre des Harmanschen Hauses daheim. Was mich an dieser Familie so stark anzog, kann ich nicht genau sagen, es waren wohl die sonderbaren Ingredienzien, aus denen sie sich mischte: Der ungeliebte, abscheuliche Vater, der gelegentlich liebenswert sein konnte; die Mutter mit ihrer Passion für Gesang, ihrer unerschöpflichen Geselligkeit und Gastfreundlichkeit; die liebreizenden Töchter – die Verheiratete kam jetzt täglich ins Haus –, dazu Frederic, der seinen unwiderstehlichen Charme ausspielte. Ich gebe zu, daß ohne Zweifel auch die luxuriöse Lebensführung etwas mit meiner Verzauberung zu tun hatte, die hervorragende Küche, die Theaterbesuche mit den anschließenden nächtlichen Soupers. Einige Tage dieses berauschenden Lebens reichten hin, mich Berlin, Barth und allen Kummer vergessen zu lassen. Ich genoß meine neugewonnene Freiheit in vollen Zügen. Frederic und ich stürzten uns eifrig in die Vorbereitungen für unser Konzert. Ich spielte ihm das Klavierkonzert in d-Moll von Brahms vor, zeigte ihm den symphonischen Charakter des Zusammenspiels von Klavier und Orchester, deutete die richtigen Tempi an und gab ihm Hinweise, wie er dieses schöne Werk dirigieren sollte. Seine Fantasie machte mir keine Schwierigkeiten, die kannte ich unterdessen gut genug. Außerdem wollte Frederic Tschaikowskys

Ouvertüre zu »Romeo und Julia« dirigieren, eine von ihm heiß geliebte Komposition. Ich freute mich auf das Konzert. Dreimal konnten wir proben, und das war bitter nötig, denn mein Freund hatte noch viel zu lernen mit seinen Gedächtnislücken und dem unvollkommen entwickelten Sinn für Rhythmus. Ich sah, wie Emil Mlynarski auf der Probe die Hände rang, und hörte ihn murmeln: »Das wird eine Katastrophe! Nicht mal den Stab hält er richtig!«

Und doch ging das Konzert irgendwie recht gut vonstatten. Es wurde für uns beide ein Erfolg und war gut besucht. Ich bekam ein ansehnliches Honorar und wurde aufgefordert, im Konservatoriumssaal einen Klavierabend zu geben. Bei beiden Gelegenheiten waren meine Schwestern Jadzia und Hela anwesend, aber sie schimpften nur, daß ich der Familie wieder nichts von meinen Plänen gesagt hatte. Als sie allerdings merkten, daß ich bei reichen Leuten mit einigem Einfluß wohnte, änderten sie ihre Meinung. Und das kränkte nun wiederum mich. Da war mir ihre Empörung schon lieber gewesen, und ich ging ihnen nach Kräften aus dem Weg.

Warschau war im Jahre 1904 eine herrliche Stadt. Die Polen nannten es stolz das »Paris des Ostens«, und damit hatten sie, wie ich bald sah, sehr recht. Man konnte Warschau nicht eine schöne Stadt nennen, dazu bot die Architektur zu wenig. Es lag aber ein undefinierbarer Zauber in der Luft, der von den Straßen und Anlagen aufstieg, von den Häusern und Stadtpalais, von den Theatern, Restaurants und Cafés. Die Warschauer sind ein besonderer Schlag: mutig und ungebärdig, unendlich vital und vergnügungssüchtig, verbreiten sie eine heiter anregende Atmosphäre um sich, die einen sogleich umfängt. Selbstverständlich haben die Warschauer auch ihre Fehler, den ausgeprägten, aber oft ins Boshafte spielenden Witz und die mit Taktlosigkeit einhergehende unbezwingliche Neugier. Ähnlich den Parisern sind sie Individualisten, stets bereit, an allem und jedem Kritik zu üben.

Die Frauen allerdings, die Frauen von Warschau verdienen ein Loblied für sich. Meiner Ansicht nach sind sie die attraktivsten Vertreterinnen des schwachen Geschlechts überhaupt! Die weibliche Anmut und der Chic der Pariserin gepaart mit dem berühmten slawischen Charme, nordische Schönheit vermischt mit italienischem Feuer und Überschwang – das ergibt eine echte Warschauerin.

Frederic liebte seine Stadt und ihre Bewohner. Er wußte, daß meine Erinnerungen an Warschau nicht die besten waren, selbstverständlich meines Alters und der damaligen Umstände wegen. Darum hatte er fest im Sinn, mich den Zauber Warschaus spüren zu lassen. Damals gab es einen besonders schönen Frühling, nach einem strengen, langen Winter brach plötzlich überall das Grün auf. Unglaublich zart gefärbte Blätter zierten die Bäume, aus dem lieblichen Lazienkipark dufteten Flieder und Jasmin herüber, im Sächsischen Garten tollten ausgelassene Kinder und saßen junge Paare in zärtlicher Umschlingung. Restaurants und Cafés stellten Tische und Stühle auf den Bürgersteig, und die Leute saßen hier vor einem Glas in angeregtem Gespräch. Auf der Aleja Ujazdowska, der Prachtstraße Warschaus, rollten zahllose Kutschen mit livrierten Kutschern und Heiducken dahin, gezogen von rassigen Pferden. Die große Welt zeigte sich von ihrer glänzendsten Seite.

Frederic war es zu danken, daß auch ich bald an diesem berauschenden Leben teilnehmen konnte. Jeder Tag brachte etwas Neues. Festliche Mahlzeiten im Haus, in Restaurants, bei Bekannten, und immer mit einem Ehrengast, einem Künstler, einem Gelehrten oder einem Politiker. Die Nachmittage blieben ganz der Musik vorbehalten, stundenlang spielten wir Symphonien an zwei Klavieren, oder ich begleitete den Gesang der Hausfrau. Basia sang manchmal Duette mit der Mutter, und Frederic trug mit wohllautender Stimme eigene Lieder vor. Den Abend verbrachte man im Theater. Die Warschauer Theater fand ich himmlisch. In der Großen Oper traten die bedeutendsten Sänger der damaligen Zeit auf – Battistini, la Bellincioni, Anselmi, Caruso, die Brüder de Reszke, die Sembrich und die polnischen Sopranistinnen Korolewicz und Kruszelnicka. Am Rozmaitoscitheater wurden klassische Dramen und Komödien gegeben. Leider waren die ausgezeichneten Stücke von Mickiewicz und Slowacki von der russischen Zensur verboten, ebenso die Werke der lebenden Dramatiker Wyspiański und Zeromski, weil sie zu viel Patriotisches und Revolutionäres enthielten. Immerhin sahen wir mit Vergnügen die wundervoll gespielten Komödien unseres polnischen Molière, Fredro.

Die französische Posse ist vielleicht nicht gerade tiefsinnig, doch wurde sie von dem hervorragenden temperamentvollen polnischen Ensemble, dessen Damen eine Spur risqué agierten, ohne je vulgär zu sein, als ein wahrer Augen- und Ohrenschmaus dargeboten. Und die erfolgreichsten Wiener Operetten wurden in Warschau mit mehr Schwung und besseren Darstellern aufgeführt als in Wien.

Lucyna Messal war die ideale Operettendiva, eine schöne Frau mit einer herrlichen Stimme. Wenn sie den berühmten Liebeswalzer aus »Der tapfere Soldat« von Oscar Straus sang, kamen mir die Tränen, doch gleichzeitig verschlang ich sie mit meinen Blicken. Ihr Sex-Appeal war einfach da, sie brauchte ihn nicht aufzupumpen wie etwa Brigitte Bardot oder Marilyn Monroe. Und sie war beileibe nicht die einzige; ich erinnere mich an die Soubretten Bogorska und Kawecka, zwei nicht weniger hinreißende Geschöpfe, die bezaubernd sangen und tanzten. Und ich muß auch die Männer erwähnen: Redo, den blendend aussehenden Tenor von der Operette, und Morozowicz, den genialen Komiker. In der Posse glänzten Trapszo, Winkler und Gasinksi. Meine nicht-polnischen Leser werden sich vielleicht fragen, warum ich so viele Namen aus ferner Vergangenheit beschwöre, doch ist mir einfach darum zu tun, diesen Künstlern für einzigartige Vorstellungen zu danken, die meine Jugend so sehr bereichert haben und die mir in Kopf und Herz eingegraben bleiben.

Kapitel 17

Wie gewohnt setzten wir uns nach der Vorstellung zu unseren entzückenden kleinen Soupers zusammen, häufig mit Darstellern von der Oper oder dem Theater. Geräucherte Siga, eine russische Delikatesse, mit Sauce Tartare angerichtet, zu der ausgezeichneter polnischer Wodka gereicht wurde, sorgte für die richtige Stimmung. Manchmal endete ein solcher Abend mit Musik, und Frederic oder ich begleiteten am Flügel eine Arie aus Mozarts »Don Juan« oder Moniuszkos »Halka«. Unter dem Vorwand, daß zwischen uns ein »perfektes musikalisches Einverständnis« herrschte, beharrte unsere Gastgeberin, Pani Magdalena, darauf, von mir begleitet zu werden. Der Hausherr war bei diesen kleinen Empfängen stets abwesend; er speiste, wie man weiß, im cabinet particulier eines Restaurants mit seiner Mätresse. Es kam allerdings auch vor, daß er nicht ausging, vielmehr sich frühzeitig zurückzog, und dann geschah etwas Gräßliches; sehr spät, auf dem Höhepunkt unserer Gespräche oder der musikalischen Darbietungen, öffnete sich die Tür zum Salon, der

Greis erschien mit wutverzerrtem Gesicht im Nachthemd und schrie mit heiserer, sich überschlagender Stimme: »Hinaus! Alle hinaus! Hinaus!« Sodann warf er die Tür so heftig zu, daß die Kristalle des Kronleuchters noch minutenlang klirrten. Als ich diese Szene zum ersten Mal erlebte, verschlug es mir vor Schreck die Sprache; doch sah ich zu meiner Verwunderung, daß die anderen das in guter Haltung, ja beinahe gleichmütig, hinnahmen. Ich erfuhr, daß diese Ausbrüche förmlich zum Programm gehörten, Pani Magdalena lachte sogar darüber. »Mein Mann ist so nervös«, sagte sie, »der Arme arbeitet zu schwer.« Und dann fuhr man fort, sich zu amüsieren.

Eines Tages kam Frederic hereingestürmt. »Stell dir vor, Arthur, was für ein Glück wir haben! Paul Kochanski ist in Warschau. Er wohnt bei Styczynskis, und wir sind beide für heute abend eingeladen.«

Das war wirklich aufregend. Frederic hatte mir viel von dem berühmten Geiger erzählt, einem Juden in meinem Alter, der von Emil Mlynarski, damals Geigenlehrer in Odessa, entdeckt worden war. Mlynarski brachte das Wunderkind nach Warschau, behandelte es wie einen Sohn und sorgte für eine gründliche Ausbildung. Der Junge war so gut, daß Mlynarski ihn mit dreizehn Jahren zum Konzertmeister des neu zusammengestellten Philharmonischen Orchesters erkor, allerdings nur für ein Jahr, danach schickte er ihn auf das berühmte Konservatorium von Brüssel, wo Kochanski mehrere Jahre studierte. Die Kosten dieses Studiums brachte Mlynarski, mein späterer Schwiegervater, mit ein paar polnischen Gönnern auf. Nachdem Kochanski mit Auszeichnung in Brüssel abgeschlossen hatte, war er nun in Warschau eingetroffen.

Diese Andeutung einer Biographie Kochanskis erinnert mich sehr an meine eigene Lebensgeschichte. Alle beide wurden wir, früher als für uns gut war, mit den Wurzeln ausgerissen und in einer vom Zufall regierten Welt der Kunst ausgesetzt.

Selbstverständlich brannte ich darauf, ihn endlich kennenzulernen. Frederic und ich wurden abends um elf sehr herzlich von Styczynskis – die Paul in seiner Laufbahn sehr förderten – empfangen, und zwar von den drei Söhnen, die allesamt studierten. Auf Kochanski mußten wir noch warten. Schließlich kam er und sagte vor jeder Begrüßung, Madame Styczynska lasse sich mit Kopfschmerzen entschuldigen, sie habe ihn jedoch gebeten, unser Gastgeber zu sein.

Kochanski war schlank und zierlich und hatte dünne O-Beine. Ich spürte aber sogleich die in ihm verborgene Vitalität. Er besaß einen selten anziehenden und faszinierenden Kopf; sein Gesicht war unter ungebärdigen schwarzen Locken eckig und kraftvoll, das Kinn sehr betont, die Nase hingegen fein und leicht gebogen. Das beste an ihm waren seine Augen, kohlschwarz, mandelförmig, mit einem samtdunklen Ausdruck, der besonders während seines Spiels ergreifend sein konnte.

»Lassen Sie sich ansehen«, begrüßte er mich auf polnisch mit einem deutlichen, aber reizenden russischen Akzent, »ich habe so viel von Ihnen gehört!« Wir betrachteten einander sekundenlang, und schon sagte er: »Kommen Sie, wir spielen die c-Moll Sonate von Beethoven.« Ich setzte mich an den Flügel, schlug die Noten auf, er stimmte seine Geige, und schon ging es los. Wir spielten, als hätten wir seit Jahren zusammen musiziert. Deutete er einen Ausdruck an, so folgte ich ihm sofort, und wenn ich eine bestimmte Phrasierung wählte, so übernahm er sie ohne Zögern. Kurzum, vom Musikalischen her waren wir für einander gemacht.

Als wir fertig waren, schwiegen alle. Paul ging hinaus und rief: »Jetzt essen wir!«, und wir blieben heiter und gesprächig zwei Stunden bei einem sehr wohlschmeckenden Mahl zusammen. Plötzlich erklärte Paul wie ein Kind: »Ich bin müde, ich gehe schlafen, ihr aber kommt mit in mein Zimmer, wir können uns dann noch etwas erzählen, während ich im Bett liege.«

Wir wurden die besten, liebsten Freunde. Unsere Freundschaft hat unser Leben bereichert und veredelt.

Basia blieb ganze Nachmittage von zu Hause fort, und ihr »Freund« war häufiger Hausgast; meine unglückselige Liebe kühlte allmählich ab. Frederic kam mir zu Hilfe, indem er mich hübschen Schauspielerinnen vorstellte und mich zu Empfängen mitnahm, wo ich reizende Damen der besten Gesellschaft kennenlernte; nach außen wirkten sie reserviert und abweisend wie Königinnen, doch in ihren Blicken verriet sich brennende Leidenschaft. Man konnte ihnen nur schwer widerstehen.

Ich muß zugeben, daß ich in jener Phase meines Lebens nur allzu bereit war, mich zu verlustieren. Ich hatte nichts weiter im Kopf, als mit dieser oder jener Frau bekannt zu werden – ich wollte jede haben. Das Klavierspiel wurde restlos vernachlässigt. Überdies regte sich in mir ein Mißtrauen gegen Frederic; er schien sich für keine einzige Frau zu interessieren. In Berlin hatte er ausgiebig von einer Romanze erzählt, die er mit einem Dienstmädchen gehabt hatte, einem Bauernmädchen, das er heiraten wollte – hätte er nicht den Widerstand des Vaters gefürchtet. Ihr Bild stand auf seinem Schreibtisch, und ich weiß heute noch, daß sie Helenka Bartosinska hieß; aber seit wir in Warschau waren, erwähnte er sie überhaupt nicht mehr, und ich bekam sie auch nicht zu Gesicht.

Eines Nachts rückte er, nachdem wir mit Gästen getrunken und musiziert hatten, mit der Wahrheit heraus. Sie war schmerzlich, löste aber das Rätsel. Der arme Junge hatte ein chronisches Leiden, das ihn hinderte, mit Frauen zu verkehren. Ich verstand jetzt, warum er es so oft darauf anlegte, mein Interesse an Damen zu wecken, die sich augenscheinlich zu ihm hingezogen fühlten. Er machte das ganz geschickt.

»Ist dir nicht aufgefallen, Artur, daß die reizende Soundso dich gestern abend unentwegt angeschaut hat, als du spieltest?«

»Nein, ich mußte doch spielen.«

»Hm. Ich glaube fast, sie ist in dich verliebt.«

»Ach wo«, wehrte ich ab. »In dich ist sie verliebt, das merkt doch jeder.«

»Sei doch nicht dumm, sie meint es nicht so. Sie möchte nur zu gerne deine Aufmerksamkeit erregen. Ermutige sie doch ein bißchen, dann wirst du schon sehen.«

Dieses Gerede tat immer seine Wirkung. Ich bestürmte die fragliche Dame sogleich mit Liebeserklärungen, und in einigen Fällen, wo ich auf ein feuriges Temperament stieß, war die Schlacht gewonnen. Solche kurzlebigen Siege befriedigten mich jedoch wenig; ein siebzehnjähriger Junge muß sich nur allzuoft mit der undankbaren Rolle des Cherubin zufrieden geben, so schien es mir damals. Allerdings erfuhr ich bald, daß ich mich da irrte. Wieder war es Frederic, der die erste Andeutung machte.

»Als du heute abend meine Mutter begleitet hast, Arthur, da hat sie gesungen wie in Trance. Ich glaube, sie ist in dich verliebt.« Ich lachte. »Das ist absurd, Frederic, nächstens wirst du noch behaupten, auch dein Vater sei in mich verliebt.«

Er blieb aber ganz ernst. »Ich kenne meine Mutter gut, und ich versichere dir: Ich habe sie so entrückt nicht mehr gesehen seit jener Liebschaft, von der ich dir in Berlin erzählte.«

Wieder versuchte ich lachend abzuwehren, doch schon mit geringerer Überzeugung. Seit einiger Zeit hatte auch ich an Pani Magdalena eine Veränderung bemerkt. Ihre natürliche Heiterkeit hatte sich in nervöse Rastlosigkeit verwandelt, was zu häufigen Szenen mit dem despotischen Gatten führte; ein besonders abschreckender Auftritt hatte sich erst kürzlich ereignet, als Pan Harman den freundlichen alten Koch ins Speisezimmer befahl und ihn wegen angeblicher Verfehlungen bei der Zubereitung der Speisen gröblich beschimpfte. Es hatten sich ähnliche Auftritte schon früher abgespielt, doch diesmal konnte Pani Magdalena es nicht mehr ertragen, sie brach in Tränen aus und beschuldigte den Gatten der Grausamkeit und der Ungerechtigkeit. Er seinerseits brüllte sie wütend an, mußte aber husten und dabei geschah etwas Abstoßendes: sein Gebiß fiel ihm aus dem Mund auf den Fußboden. Wir saßen allesamt sprachlos, niemand drängte sich, das unappetitliche Objekt aufzuheben, und so mußte der bedauernswerte Greis es selber tun. Madame war schier hysterisch, und es brauchte eine Weile, bis wir sie beschwichtigen konnten.

Beim Tee fing sie immer häufiger mit den Töchtern grundlos Streit an. Zugleich wandte sie ihre Aufmerksamkeit ausschließlich auf mich, sorgte sich übertrieben um meine Bequemlichkeit, um den Zustand meiner Wäsche und Kleidung. Sie sang unersättlich, von mir am Flügel begleitet. Es war Schicksal, es mußte geschehen. Überwältigt von ihren Empfindungen, schloß sie mich nach dem ergreifenden Schumann-Lied »Ich grolle nicht« in die Arme. Wir küßten uns leidenschaftlich. Kein Wort wurde gesagt, ich ging stumm hinaus.

Ich war so aufgewühlt, daß ich keinen Schlaf fand. Widerstreitende Gedanken gingen mir durch den Kopf, als ich versuchte, die Lage zu analysieren. Zum einen war Frederics Mutter unbestreitbar eine attraktive Frau, und weiblichem Charme konnte ich nicht widerstehen. Zum anderen spielten noch weitere Umstände eine Rolle. Ich erkannte, daß ich einen gewissen mütterlichen Schutz brauchte – siehe meine Affäre mit Henny. So kam mir ein sehr häßlicher Einfall. Als Geliebter von Pani Magdalena würde ich im Haushalt eine dominierende Stellung einnehmen und könnte mich so an Basia rächen; wie herablassend hatte sie mich doch wegen des Altersunterschiedes von drei Jahren behandelt! Dabei zeigte sich nun, daß ein wahrlich beträchtlicher Altersunterschied ihre Mutter nicht hinderte, sich in mich zu verlieben.

Es war aber für eine Entscheidung ohnehin zu spät. Ich war gefangen und konnte nicht mehr zurück. Ich wußte nicht, wohin ich mich sonst wenden sollte, dazu fehlte mir die Kraft, der Versuchung zu widerstehen.

Damit begann ein langer Abschnitt meines Lebens, der, obwohl angenehm und aufregend, meine künstlerische Laufbahn und zugleich meine moralische Integrität bedrohte. Ganz gewiß wäre dies für meine Eltern der Moment gewesen, entschieden meine Rückkehr nach Hause zu verlangen, um mir dann mit allen Mitteln ein Studium bei Leschetitzky in Wien oder gar bei Busoni zu ermöglichen. Doch es geschah nichts dergleichen. Die Eltern fanden meine derzeitigen Umstände ebenso akzeptabel wie früher die Schwestern, während ich doch, ganz im Gegenteil, ein diszipliniertes Studium nie so nötig gehabt hatte wie eben jetzt.

Kapitel 18

Frederic war offenbar sehr angetan von der jüngsten Entwicklung. Es sah ganz so aus, als habe er sie erwartet, und ich hatte das Gefühl, er gab uns insgeheim seinen Segen. Da ich seine schlauen Methoden nun kannte, stieg mir sogar der Verdacht auf, er habe das alles vorsätzlich herbeigeführt. Seine Mutter nahm ihn freudig als geheimen Mitwisser an, ich jedoch fühlte mich schockiert und beschämt, wenn er nach einer späten kleinen Gesellschaft, sobald der letzte Gast gegangen war und nur wir drei noch im Salon saßen, etwa sagte: »Warum leistest du Mutter nicht noch etwas Gesellschaft, Artur? Sie will gewiß noch musizieren. Ich gehe derweil in mein Zimmer und arbeite noch ein wenig an meinem Lied, ich hole dich in einer Stunde.«

Um zu unseren Zimmern zu gelangen, mußten Frederic und ich den Hof überqueren und drüben die Treppe benutzen. Er hatte den einzigen Schlüssel zu unserer Wohnung, und sein Anerbieten, mich zu holen, diente nur dazu, das Gesicht zu wahren. So verbrachte ich nebst ausgedehnten gesellschaftlichen Verpflichtungen meine letzten Tage in Warschau – es war aufreibend!

Von meinen neuen Bekannten will ich Konstanty Skarzynski erwähnen, der mit einer ehemaligen Sängerin der Warschauer Oper verheiratet war und viel Interesse an mir nahm. Ich bemühte mich nicht sehr um ihn, doch sollte er in naher Zukunft sehr wichtig für mich werden.

Die Vorbereitungen für die Übersiedlung nach Zakopane waren beendet. Frederic und ich fuhren voraus, denn er wollte mir unbedingt auf halbem Wege zu unserem Ferienort im Gebirge Krakau zeigen, die alte polnische Hauptstadt. Wir kamen früh am Morgen an und machten uns nach dem Frühstück sogleich zur Stadtbesichtigung auf, für mich ein bleibender Gewinn. Die Zeit schien spurlos an der Stadt vorübergegangen zu sein, die alten Befestigungen gaben ihr ein mittelalterliches Aussehen. Hoch über der Stadt und mit dem Blick auf die Weichsel erhebt sich der Wawel mit dem Dom, der Grab- und Krönungskirche der polnischen Könige, und dem Schloß, einem mächtigen Bau im reinsten Renaissancestil. In einer Kapelle der Grabkirche haben die Polen in jüngster Zeit ihre bedeutendsten Söhne beigesetzt, nicht nur Kriegshelden, sondern auch Künstler und Wissenschaftler.

Frederic konnte mich nur mit Mühe vom Wawel wegzerren, er wollte mir aber unbedingt auch die übrigen Sehenswürdigkeiten zeigen, wie die von den Jagellonen gegründete Universität, eine der ältesten in Europa; hier hatte Nikolaus Kopernikus studiert, und im Hofe eines der ehrwürdigen Gebäude erinnert ein schönes Standbild an ihn. Auch die Marienkirche mit dem Altar von Veit Stoß und der wohlerhaltene, aus dem 15. Jahrhundert stammende Marktplatz gefielen mir sehr. Am meisten aber beeindruckte mich die freiheitliche Atmosphäre, die überall in der Stadt herrschte. Nach dem Albtraum der russischen Herrschaft zu Hause wirkte das freie, ungehinderte Leben und Treiben polnischer Menschen auf mich geradezu erhebend.

Am Abend des nächsten Tages kamen wir in Zakopane an. Zakopane! Allein schon der Name hat einen zauberhaften Klang. Welche Gefühle ruft er in mir wach, die Erinnerung an schönste künstlerische Erfüllung, an tiefe moralische Depressionen, an Wirklichkeit gewordene Träume und an gewichtige Entschlüsse! O ja, Zakopane war der Schauplatz eines ganz überraschenden Lebensabschnittes: meines Absprungs ins Unbekannte. Es liegt in einem Hochtal, eingeschlossen von den Bergen der Tatra, die im Süden nach Ungarn, im Westen in die Tschechoslowakei hineinreichen, damals noch österreichisches Gebiet. Ursprünglich war es eine Sommerfrische, dann, dank der energischen Bemühungen eines Dr. Chalubinski, der den Wert der reinen Luft für Lungenkranke erkannte, wurde daraus ein bedeutender Kurort, auch im Winter. Ein anderer Arzt, Dr. Dluski, mit der Schwester von Maria Sklodowska Curie, der Entdeckerin des Radiums, verheiratet, baute in der Höhe ein ansehnliches Sanatorium, das ins Tal hinabschaute.

Frederics Familie hatte eine geräumige Villa außerhalb des Dorfes gemietet, ziemlich einsam gelegen an dem Weg zum Giewont, dem höchsten Berg der Gegend. Als wir eintrafen, hatten Pani Magdalena, Basia und die Dienstboten das Haus schon ganz in Besitz genommen; alles war ausgepackt an seinem Platz. Im Erdgeschoß befanden sich das Wohnzimmer mit einem Flügel, daneben das Speisezimmer, eine gedeckte Veranda, die Küche und die Kammern der Dienstboten, auf der anderen Seite des Flurs zwei kleine Zimmer, eines für Basia, das andere für ihre Schwester, die tags darauf eintreffen sollte. Frederic bewohnte im zweiten Stock links zwei reizende Zimmer, er verfügte auch über ein gutes Bechstein-Klavier aus Krakau. Mein Zimmer lag rechts der Treppe, nur durch einen kleinen Flur und ein Badezimmer getrennt von den Räumen Pani Magdalenas. Die Aufteilung der Zimmer ärgerte mich, erst recht, als ich erfuhr, daß ich Pan Harmans Zimmer angewiesen bekommen hatte. Er war nach Bad Gastein zur Kur gefahren, begleitet von seiner schönen Balletteuse, wollte uns jedoch am Ende des Sommers noch besuchen.

Der Aufenthalt wurde ein rechter Albtraum für mich. Basia, die gut wußte, was vorging, trug eine höfliche, gleichgültige Miene zur Schau, und die Dienstboten, vor allem Pauline, Madames Zofe, fanden, dies sei die natürlichste Sache von der Welt.

Am nächsten Morgen traf Basias Schwester ein mit ihrem einjährigen Töchterchen und dem Kindermädchen, aber ohne ihren Mann. Pola, so hieß sie, war eine höchst liebreizende Person. Die Schwestern sahen sich äußerlich recht ähnlich, Pola jedoch war warm und anschmiegsam im Gegensatz zu Basia mit ihrem Anflug von männlicher Härte. Das Leben in dem einsamen Haus verlief vom ersten Tag an recht kompliziert. Stets lag Spannung in der Luft; ohne Bekannte und Freunde waren wir ganz aufeinander angewiesen, und das machte sich bald nachteilig bemerkbar. Alle waren gereizt, und ich entdeckte schon nach ein paar Tagen, daß Pola mich schnitt. Sie sprach nicht mit mir, sie erschien nur zu den Mahlzeiten. Die Schwestern waren unzertrennlich, meist blieben sie auf ihren Zimmern oder machten zusammen lange Spaziergänge. Basias Haltung mir gegenüber änderte sich nicht, doch war ihre Liebenswürdigkeit ganz oberflächlich. Zwischen Mutter und Töchtern spielten sich unerfreuliche Auftritte ab, begleitet von lautem Wortwechsel und Türenschlagen. Madame Magdalena versuchte sich darüber hinwegzusetzen. Polas Benehmen entschuldigte sie mit deren neuer Schwangerschaft. »So hat sie sich beim ersten Mal auch aufgeführt«, sagte sie. »Du darfst nicht glauben, daß sie etwas gegen dich hat.« Das überzeugte mich aber nicht. Frau Harmans Aufmerksamkeiten gegen mich und die völlige Gleichgültigkeit, die sie gegen den übrigen Haushalt an den Tag legte, wurden mir unbehaglich. Frederic bemühte sich sehr um ein natürliches Betragen, doch gelang es ihm nicht ganz. Er war mit der Komposition eines neuen Liederzyklus beschäftigt, arbeitete oft bis spät in die Nacht und fand, wenn er mich um Rat fragen wollte, nichts dabei, an die Zimmertür seiner Mutter zu klopfen.

Das reichte mir allmählich. Ich wurde fürchterlich niedergeschlagen und nahm mir vor, energisch an die Arbeit zu gehen. Allerdings machte ich nach wie vor morgens lange Spaziergänge.

Die Landschaft war bezaubernd. Von hoch oben rauschte der Dunajec herab, und in seinem glasklaren Wasser, das über Schroffen und Felsen strömte, blitzten die silbernen Leiber der Forellen und anderer Fische. Düstere Tannenwälder bedeckten die Hänge um das Dorf. Märchen fielen mir beim Anblick der Berge ein; geheimnisvoll und unzugänglich schauten sie abweisend auf den Fremden herab, vertraut nur ihren Söhnen, den Bergbauern der Tatra. Diese Tatrabewohner sind ein ganz eigener Schlag, anders als die übrigen Polen. Hager und groß, mit adlergleichen Gesichtern, hoch angesetzten Wangenknochen und Hakennasen, dazu meist glatt rasiert, schienen sie ideale Modelle für Maler und Bildhauer abzugeben. Auch ihre Kleidung war ungewöhnlich. Sie trugen enge weiße Hosen mit herzförmigen Stickereien über dem Knie, ein Hemd aus feinem Leinen und darüber den weißen Überwurf, verziert mit dem gleichen Motiv wie die Hosen und gehalten von einem bunten Band. Vor allem gefielen mir die runden schwarzen Filzhüte, die statt des gewöhnlichen Bandes mit einer Muschelschnur geschmückt sind, und die anstelle eines Stockes benutzten Eispickel. Polen war stolz auf diese Menschen, die während seiner ganzen Geschichte treu zu ihrem Land gehalten hatten; sie bildeten eine Aristokratie besonderer Art. Meine Begegnung mit ihnen und die edle Landschaft übten einen sehr heilsamen Einfluß auf mich aus: ich wurde zur Arbeit angeregt. Ich lernte auch, das verzwickte Leben im Hause in der richtigen Proportion zu sehen, und gewann meine angeborene Heiterkeit zurück, was sich wiederum auf alle Mitbewohner wohltätig auswirkte. Bei den Mahlzeiten gab es wieder fröhliche Gesichter und angeregte Gespräche, und das Zusammenleben fiel uns allen leichter.

Üben mußte ich des Nachts, tagsüber war an eine Konzentration auf die Musik nicht zu denken. Das späte Frühstück, die anschließende lange Wanderung und die ausgedehnten Mahlzeiten ließen kaum zu anderem Zeit.

Darum begann ich mit der eigentlichen Arbeit erst gegen Mitternacht, wenn alle sich zur Ruhe gelegt hatten. In dem vom übrigen Haus völlig abgetrennten Salon saß ich dann bis morgens um drei oder vier am Flügel. Kein Zweifel: diese Nachtstunden gehören zu den gewinnreichsten meines Lebens. Je deutlicher mir bewußt wurde, wie beschränkt und veraltet mein Repertoire war, desto eifriger warf ich mich auf das Studium all jener Musik, die mir Barth in den Berliner Jahren vorenthalten hatte. Das Konzert von Brahms in B-Dur; Beethovens Klavierkonzerte in c-Moll und G-Dur, seine »Appassionata«; die beiden großen Sonaten von Chopin, dazu zwei Balladen, drei Scherzi, mehrere Préludes, sechs Etüden, die Fantasie in f-Moll, die Barcarolle und die großen Polonaisen in fis-Moll und As-Dur; Schumanns »Carnaval« und seine Symphonischen Etüden; Liszts »Mephistowalzer«. Alle diese Stücke arbeitete ich in jenen zwei Monaten in Zakopane des Nachts durch – dank meinem bemerkenswerten Gedächtnis und einer ausgeprägten Begabung, Gehalt und Struktur einer Komposition rasch aufzunehmen. Wenige Durchgänge vom Blatt genügten, und schon beherrschte ich ein Stück, allerdings unter Vernachlässigung vieler Details, besonders wenn sie mit technischen

Schwierigkeiten zusammenhingen. Dem arglosen Zuhörer klang es gut in den Ohren, nur die Eingeweihten, meine Kollegen, würden meine Schnitzer entdecken. Mir lag aber soviel daran, mein Repertoire nach Kräften zu erweitern, daß ich mich bei Schönheitsfehlern nicht weiter aufhielt: Großzügiger Pedalgebrauch und meine angeborene Virtuosität überdeckten jeden musikalischen Mord.

Kapitel 19

Eines Nachts ängstigte mich ein verdächtiges Geräusch im Garten. Als ich den Vorhang ein wenig beiseite schob und durchs Fenster sah, erblickte ich vor der Villa einen fremden, hochgewachsenen Mann im dunklen Umhang mit Kapuze. Ich gebe zu, daß er mich zu Tode erschreckte. Ein grausamer Held aus den Sagen der Tatra schien plötzlich Wirklichkeit geworden und drohte, meine friedliche nächtliche Arbeit zu stören. Ich lief rasch hinauf in mein Zimmer und beobachtete von dort aus, wie der Mann im Dunkeln verschwand. Als ich am folgenden Tag von dieser nächtlichen Erscheinung berichtete, rief ich nur ungläubiges Staunen hervor.

»Das haben Sie sich eingebildet«, behauptete Basia. »Seit den Tagen Tetmajers hat es hier keine Räuber mehr gegeben.« (Tetmajer ist ein berühmter polnischer Dichter und Erzähler, der sich besonders mit den Sagen und dem Leben in der Tatra befaßt hat.) Auch alle übrigen lachten mich aus. In der folgenden Nacht sah ich wiederum dieselbe Gestalt vor dem Salon – diesmal verharrte sie sogar länger. Sie stand noch dort, als ich zu Bett ging. Das war nun wirklich zuviel. Als in der nächsten Nacht der Fremde sich neuerlich vorsichtig dem Fenster des Musikzimmers näherte (Frederic und das Personal hielten sich für den Alarmfall bereit), öffnete ich die Tür zum Garten und rief mit klopfendem Herzen: »Was machen Sie dort? Wer sind Sie? Wollen Sie etwas?«

Nun erwiderte eine ebenfalls ängstliche Stimme sehr höflich: »Ich bin ein Liebhaber der Musik und komme, Ihnen zuzuhören. Wenn es Sie aber stört, dann werde ich Sie künftig nicht mehr belästigen.«

Da lachten wir alle befreit, der Fremde übrigens auch, und Frederic forderte ihn auf, sich mit der Familie bekannt zu machen und ein

Glas Tee mit uns zu trinken. Die furchterregende, gespenstische Gestalt erwies sich als ein junger Medizinstudent namens Bronislaw Gromadzki, der nebenher Geige spielte. Er habe in Elisavetgrad in der Ukraine mit Karol Szymanowski die Schule besucht, einem jungen polnischen Komponisten, der ein wahres Genie sei. »Ich habe mir einige seiner Etudes und Préludes abgeschrieben und besitze auch die Noten einer mir gewidmeten Violinsonate«, sagte er. »Darf ich sie Ihnen zeigen?« Nach mehreren Enttäuschungen durch sogenannte Genies einigermaßen abgebrüht, nickte ich gönnerhaft: »Sie haben selber gehört, daß ich im Augenblick mit ernster Arbeit beschäftigt bin, aber wenn Sie morgen vorbeikommen, wollen wir uns die Stücklein Ihres Freundes gerne vornehmen.«

Am folgenden Nachmittag erschien also Gromadzki mit einem Haufen Noten, den Frederic und ich zum Klavier trugen, ohne auch nur einen Blick darauf zu werfen. Wir waren überzeugt, es mit dem naiven Gekritzel eines Schülers zu tun zu haben. Wie soll ich unsere Verblüffung beschreiben, nachdem wir die ersten Takte eines Prélude gespielt hatten? Das war ja die Komposition eines Meisters! Wie im Fieber blätterten wir die Noten durch – entdeckten wir doch hier einen bedeutenden polnischen Komponisten! Sein Stil erinnerte an Chopin, die Struktur an Skrjabin, doch die Stimmführung und die gewagten, eigenartigen Modulationen wiesen das Gepräge einer kraftvollen, originellen Persönlichkeit auf.

Nun konnten wir nicht genug Fragen über Szymanowski stellen. »Wo ist er her? Wo hat er Musik studiert? Wo wohnt er? Wo steckt er jetzt?« Der arme Junge konnte so schnell gar nicht antworten, doch freute er sich sehr, daß er so überwältigend Recht erhalten hatte. »Karol ist auf dem Gut seines Vaters in der Ukraine geboren«, sagte er. »Die meisten Güter jener Gegend gehören polnischen Aristokraten. In Elisavetgrad, einer benachbarten russischen Stadt, besuchte er die Schule, und wir haben uns dort befreundet. Musik hat er ebenfalls dort studiert, bei einem angeheirateten Onkel, Professor Neuhaus, einem hervorragenden Pädagogen. Später ist er auf das Warschauer Konservatorium übergewechselt, als Schüler des bekannten Komponisten Noskowski hat er zum Abschluß die Goldmedaille erhalten.«

»Aber wo steckt er denn jetzt?« wollten wir wissen. Gromadzki erwiderte traurig: »Vor einigen Monaten ist sein Vater gestorben, das hat ihn tief verstört. Seine Angehörigen haben sich seinetwegen Sorgen gemacht und ihn nach Bayreuth zu den Festspielen geschickt. Von dort aus hat er mir geschrieben, wie sehr ihn die »Meistersinger« und »Tristan und Isolde« beeindruckt haben.« Das alles fanden wir höchst bemerkenswert: Eine machtvolle Persönlichkeit war in unser Leben getreten. Frederic zeigte erstaunlicherweise nicht die Spur von Eifersucht, wozu er wahrlich allen Grund gehabt hätte, denn er spürte genau, wie mein musikalisches Interesse sich diesem neuen Mann zuwandte; vielmehr teilte er aufrichtig meine Begeisterung.

Am selben Abend noch schrieb ich Szymanowski an die von seinem Freund genannte Adresse. Ich sagte, seine Musik habe nach lange währender Entmutigung mich wieder aufgerichtet, sie berühre verwandte Saiten in mir, und ich brenne darauf, ihn kennenzulernen, mit ihm ins Gespräch zu kommen. Es war dies einer der wichtigsten und drängendsten Briefe, die ich je geschrieben habe. Unterdessen hatten sich Bekanntschaften hergestellt, meist mit Sommerfrischlern aus Warschau oder Lodz, die mich spielen gehört hatten oder sonst von mir wußten. Natürlich erkundigten sich alle, wie ich mir meine Zukunft dächte. Um diese lästigen Fragen kurz abzufertigen, legte ich mir als Antwort zurecht: »Ich gehe demnächst nach Paris!«, eine reine Erfindung selbstverständlich, ebensogut hätte ich sagen können: »Übermorgen fahre ich nach Timbuktu.« Man kann sich daher vorstellen, wie erstaunt ich war, als Madame Magdalena mir eines Vormittags einen Brief von Konstanty Skarzynski zeigte – jenem Herrn, dem mein Spiel in Warschau so gut gefallen hatte. Er schrieb nun aus Paris: »Ich habe recht interessante Neuigkeiten für den jungen Rubinstein. Ein Impresario namens Gabriel Astruc hat hier eine Société Musicale gegründet, um das Pariser Publikum mit neuer Musik und neuen Musikern in einem glanzvollen Rahmen bekanntzumachen. Soeben hat er die polnische Cembalistin Wanda Landowska unter Vertrag genommen, und ich könnte mir denken, daß er auch den jungen Rubinstein engagiert. Wollen Sie ihm nicht zureden, daß er uns vierzehn Tage in Chaville besucht? Es wird mir bestimmt gelingen, ihn Astruc und auch anderen Musikern in Paris vorzustellen.«

Ich war wie vom Donner gerührt: Meine leichtfertige Ankündigung war Wirklichkeit geworden. Welch ein Wunder! Das ganze Haus war von dieser Nachricht aufgerührt, und ich begann sofort,

Pläne zu machen. Ich konnte überhaupt nichts anderes mehr denken. Eine Frage brannte mir auf den Nägeln: woher das Geld nehmen? Frederic wollte ich um keinen Preis darum bitten, denn er hätte es von seiner Mutter leihen müssen. So plante ich ein Konzert in der Hoffnung, die Einnahmen würden mir zum Reisegeld verhelfen! Es war ein Wagnis, doch eine andere Möglichkeit gab es nicht, und daher mietete ich kurz entschlossen den größten Saal in Zakopane, den des Hotels Morskie Oko. Das Konzert sollte in vierzehn Tagen stattfinden, und ich scheute mich nicht, lauter »Erstaufführungen« ins Programm zu nehmen, d. h. ausnahmslos Stücke, an denen ich derzeit noch arbeitete. Und wieder hatte ich Glück. Der Saal war fast ausverkauft, die Sommerfrischler von Zakopane erwiesen sich als musikalisch und wollten sehen, wie weit ich es gebracht hatte.

Kapitel 20

Karol Szymanowski telegrafierte als Antwort auf meinen Brief seine Ankunftszeit in Zakopane; er hoffte, mich noch anzutreffen. Frederic, Gromadzki und ich erwarteten ihn aufgeregt am Bahnhof. Da kam er denn – ein schlanker, hochgewachsener junger Mann, der älter aussah als seine einundzwanzig Jahre. Er trug noch Trauerkleidung samt Handschuhen und steifem Hut und wirkte eher wie ein Diplomat denn ein Musiker. Die schönen, großen, graublauen Augen hatten einen traurigen, klugen, äußerst empfindsamen Ausdruck. Er kam leicht hinkend auf uns zu, begrüßte den Freund herzlich, aber nicht überschwenglich, und nahm unsere warme Begrüßung höflich, wenn auch etwas distanziert, entgegen. Er sollte bei Gromadski wohnen, der ihn denn auch gleich in sein Logis brachte; später sollten beide in die Villa zum Essen herüberkommen. Während dieser Mahlzeit blieb Szymanowski recht zugeknöpft; Basias und Polas Versuche, ihn zu charmieren, ärgerten ihn offensichtlich ebenso wie die mit Eifersucht (Frederics wegen!) gemischte Neugier, die Madame Magdalena an den Tag legte. Er berichtete von den Festspielen in Bayreuth, aber ganz unbeteiligt. Nach dem Essen führte ich unsere Gäste ins Hotel Morskie Oko, nachdem ich vorgegeben hatte, ein paar Kleinigkeiten im Zusammenhang mit dem Konzert erledigen zu müssen. Hier endlich ging der Komponist bei Kaffee und Cognac aus sich heraus. Er erzählte, er habe mich in Warschau konzertieren gehört, er brenne darauf, mir seine neuesten Sachen zu zeigen, ich solle sie ihm vorspielen. Er sprach leise und eindringlich, und die Augen unter den buschigen Brauen blickten voller Teilnahme. Jetzt erlebte ich zu meiner Freude, wie er sich aufschloß. Es wurde ein sehr guter Nachmittag, und ich folgte auch gern seiner Einladung für den Abend.

»Soll ich auch Frederic bitten?« fragte ich ihn.

»Nein, lieber nicht«, versetzte er zögernd. »Wenn das geht. Mir war, als hätten er und ich nicht viel gemein – weder musikalisch noch menschlich.«

Das hatte ich schon im ersten Augenblick am Bahnhof gespürt, und es erleichterte meine Lage nicht. Immerhin fand ich für diesen Abend einen Vorwand, mit den beiden allein zu sein – ich schob einen Freund von Szymanowski vor, einen jungen Dichter und Maler, der mich zeichnen wolle. Er hieß Stanislaw Witkiewicz, und wir hatten ihn im Morski Oko getroffen. Von Zeichnen war natürlich keine Rede, wir saßen einfach da und redeten. Immerhin war Witkiewicz ein äußerst anziehender junger Mann, er und Karol und Gromadzki waren ganz nach meinem Herzen. Und mir wurde plötzlich sehr klar, welche Treibhausatmosphäre in der Villa herrschte, wie dort mit einer erkünstelten Lustigkeit und Intellektualität viele düstere und ungesunde Leidenschaften überdeckt wurden.

In Gesellschaft dieser drei jungen Männer fühlte ich mich erfrischt, spürte Jugend und echte Vitalität. Bald schon waren wir unzertrennlich. Sie besuchten mich häufig in der Villa, blieben gelegentlich auch zum Essen, doch nach einem höflichen, sehr allgemein gehaltenen kurzen Gespräch versammelten wir uns ums Klavier, debattierten lebhaft über diesen oder jenen Komponisten, und ein jeder versuchte nach Kräften, seiner Meinung Gehör zu verschaffen. Ich glänzte mit meinem guten Gedächtnis und spielte zum großen Entzücken von Szymanowski Wagner, Brahms, Skrjabin, aus Opern und Symphonien. Doch Frederic paßte nicht zu uns. Seine oft witzigen, aber zu scharfen oder boshaften Urteile über Komponisten und Interpreten wurden überhört; er traf einfach nicht unseren Ton. So ließ er sich denn bei diesen Zusammenkünften immer seltener blicken. Seine neue Leidenschaft galt einem jungen Bildhauer, einem echten Bergkind der Tatra, einem sehr begabten und hübschen Knaben. Frederic sah wohl, daß ich mich veränderte, zeigte aber trotz einer gewissen Eifersucht großes Verständnis für meine Sehnsucht nach einem normalen und gesunden Künstlerleben. Auch seine Mutter mühte sich, ihren Verdruß über meine häufige Abwesenheit nicht merken zu lassen und war klug genug, nicht einzugreifen. Nachts am Flügel arbeitete ich besser und besser. Ich war bald auf mein Konzert und auf Paris vorbereitet – das Leben leuchtete in bunteren Farben.

Kapitel 21

Das Konzert im Morskie Oko war ein Erfolg. Ich spielte einen großen Teil des eben erst einstudierten noch keineswegs durchgearbeiteten Repertoires, doch war meine Wiedergabe so feurig und voller Schwung, daß die Mängel nicht allzusehr auffielen. Jedenfalls hatte ich jetzt das Reisegeld für Paris zusammen und wollte so schnell als möglich abreisen.

Die Reise würde lange dauern: ich mußte eine Nacht durch nach Krakau fahren, dann nach Berlin umsteigen, und wieder eine Nacht im Zug nach Paris verbringen. Szymanowski, auf der Heimreise in die Ukraine, wollte mich bis Krakau begleiten, und so brachten uns denn Frederic und Madame Magdalena wenige Tage nach meinem Konzert zum Bahnhof. Der Abschied war sehr vergnügt. Da meine Gastgeber wenig Vertrauen in die Fähigkeit meines Pariser Gönners setzten, meine Karriere zu fördern, erwarteten Sie mich binnen kurzem in Warschau zurück.

Karol und ich fanden ein leeres Abteil, wo wir uns für die Nacht ausstrecken konnten. Als der Zug anfuhr, geschah etwas Sonderbares – ich brach unvermittelt in Tränen aus. Es war ein richtiger Weinkrampf, und er hielt mehrere Stunden an. Es war, als breche ein Damm und alles, was mich solange bedrückt hatte, würde weggespült: der Bruch mit Barth, der mich doch tief getroffen hatte; die Sorge um das unbeendete Studium, und hauptsächlich die gefährliche Verlockung von Frederics Familie, der ich verfallen war wie Tannhäuser den Verlockungen des Venusberges!

Ich werde nie vergessen, wie verständnisvoll Karol mich in jener Nacht tröstete. Wortlos schob er seine Jacke unter meinen Kopf und deckte mich ungeschickt, aber sanft mit Zeitungen zu. »Die werden dich warmhalten«, sagte er. In jener Nacht entstand unsere lebenslange Freundschaft, und wir trennten uns am folgenden Morgen mit einer brüderlichen Umarmung.

In Berlin traf ich am späten Nachmittag ein. Es regnete, der Himmel war trübe, und die Stadt wirkte düster. Da ich zwei Stunden auf meinen Anschluß warten mußte, ließ ich mich von einer Droschke an den Häusern vorbeifahren, in denen Henny und Barth wohnten, sowie an Frederics Familienpension. Ich kam mir vor wie ein Verbrecher, der an den Tatort zurückkehrt. Am Abend fuhr ich dann mit einem Seufzer der Erleichterung aus Berlin ab, hochgespannt auf alles, was Paris mir bringen sollte. Mitten in der Nacht stiegen mehrere junge Franzosen zu mir ins Abteil, und hingerissen hörte ich zum ersten Mal richtig Französisch sprechen.

Um neun Uhr früh hielt der Zug in der Gare du Nord, einem düsteren, übelriechenden und schmutzigen Bauwerk. Ich mußte mich nun zum Bahnhof St. Lazare durchfinden, der noch abstoßender wirkte, und hier bestieg ich einen kleinen, scheußlich verräucherten Vorortzug nach Chaville. Die Fahrt ging häufig durch Tunnel, ich sah also von der Stadt nur wenig und langte einigermaßen entmutigt an meinem Bestimmungsort an. Graf Skarzynski erwartete mich. »Willkommen in Paris!« begrüßte er mich munter. »Sie werden jetzt die schönste Stadt der Welt kennenlernen.« Und damit verstaute er mich samt Gepäck in einer eleganten Kutsche, und wir fuhren zu seiner Villa. Was er Villa nannte, erwies sich als ein bescheidenes Haus mit einem winzigen Vorgarten in der Hauptstraße von Chaville, umgeben von lauter ähnlichen Häusern. Man führte mich in ein kleines dunkles Zimmer mit einer altmodischen Waschschüssel auf einem häßlichen Gestell, und nach einer nicht ganz einfachen Katzenwäsche und einem schnellen Kleiderwechsel ging ich ins Speisezimmer, wo Madame Skarzynska uns schon zum Frühstück erwartete. Ihr Anblick war eindrucksvoll, ja erschreckend. Das Gesicht zeigte Reste einstiger Schönheit, doch die formlose Masse von Busen und Leib war derart unbarmherzig in ein starkes Korsett geschnürt, daß man jeden Augenblick mit einem furchtbaren Krachen rechnen mußte. Indessen gab sich diese ehemalige Opernsängerin ungemein lebhaft und reizend, und ich kam bald dahinter, daß sie es war, die in Warschau mein Talent bemerkt hatte. »Nach dem Essen wird mein Mann Ihnen Paris zeigen«, sagte sie, »und morgen stellt er Sie Monsieur Astruc vor.«

Und so fuhren denn Graf Skarzynski und ich am Nachmittag nach Paris. Auf der Place de la Concorde hielt er den Landauer an und führte mich zum Obelisken, der inmitten dieses einzigartigen Platzes steht, mit herrlichsten Ausblicken in alle vier Himmelsrichtungen: zur Rechten erhob sich die Madeleine – in jener Kirche hatte der Trauergottesdienst für Chopin stattgefunden –, zur Linken la Chambre des Députés, beides im griechischen Stil erbaut. Vor mir erstreckten sich majestätisch die Champs-Elysées bis zum Arc de Triomphe, der in das rosige Sonnenlicht des Abendhimmels ragte; und hinter mir dehnten sich die Terrassen der Tuileriengärten bis zu dem altehrwürdigen Louvre.

Diese vollkommene Schönheit machte mich sprachlos, ich brachte kein Wort heraus. Doch schwor ich mir dort und damals, daß ich niemals anderswo leben wollte als in dieser himmlischen Stadt!

In Graf Skarzynskis Einspänner rollten wir dann die Champs-Elysées hinauf, die damals auf beiden Seiten von eleganten hôtels particuliers und stilvollen Häuserreihen gesäumt waren, ein reines Wohnviertel ohne Restaurants, Ladengeschäfte oder Theater. Die zwölf vom Etoile ausstrahlenden breiten Avenuen beeindruckten mich sehr, insbesondere die Avenue du Bois de Boulogne, deren riesige Kastanienbäume an diesem prächtigen Spätsommernachmittag mit Blättern in allen Grüntönen prangten.

Kapitel 22

Monsieur Gabriel Astrucs jüdische Vorfahren waren spanische Sephardim gewesen, und zum Vater hatte er den belgischen Großrabbiner. Voller Zuneigung zu den Künsten und zum Theater, aber ohne besondere Begabung, beschloß er, Impresario zu werden. Nach einem kurzen Zwischenspiel in dem Musikverlag Enoch & Söhne heiratete er die Tochter des Inhabers und gründete mit der Unterstützung seines Freundes Graf Isaac Camondo, eines türkischen Bankiers, die Société Musicale, eine Art Agentur für Konzerte und Theatervorstellungen. Zum Sitz der Société wurde der Pavillon de Hanovre gewählt, der übriggebliebene Flügel jenes Palais, welches der Herzog von Richelieu Ecke Boulevard des Italiens und Rue Louis-le-Grand hat aufführen lassen. Der große Empfangsraum in Form einer Rotunda bot durch drei breite Fenster den Ausblick auf die ganze Länge des Boulevard – eine Perspektive, die Pissarro besonders gern gemalt hat.

Wir hatten kaum Zeit, diese Aussicht zu genießen, denn schon eilte Gabriel Astruc aus seinem Privatbüro zu unserer Begrüßung herbei. Er war in den Vierzigern, doch sein schwerer Leib und eine vorzeitige Glatze machten ihn älter. Aus seinem bleichen Gesicht quollen die schwarzen Augen förmlich heraus, die Nase war fein, lang und gebogen und der gepflegte Bart kohlschwarz.

Er verlor keine Zeit mit langen Vorreden, er erkundigte sich weder nach meinen Qualifikationen noch nach meinem Studium, er packte einfach meine Hand und fragte den erstaunten Skarzynski: »Können Sie mir den jungen Mann morgen nachmittag ins Pianohaus Pleyel bringen? Ich lade ein paar gute Musiker ein, denen er vorspielen soll, und je nach dem Ergebnis richten sich unsere Pläne.« Selbstverständlich stimmten wir zu und gingen recht hoffnungsvoll weg.

Einen Häuserblock vom Pavillon de Hanovre entfernt liegt die Place de l'Opéra mit dem berühmten Café de la Paix an der Ecke des Boulevard des Capucines. Auf der großen Terrasse fanden wir gerade noch ein freies Tischchen und bestellten Tee. Ich konnte meine Blicke von dem einzigartigen, faszinierenden Schauspiel um mich herum nicht losreißen. Wir schrieben 1904, und die Boulevards bildeten noch das Herzstück von Paris. Die großen Theater, die renommiertesten Restaurants und Cafés drängten sich hier auf historischem Boden zusammen.

Die Gehsteige wimmelten von Spaziergängern; die flinken lebhaften Pariserinnen, die ihre fußlangen Röcke mit drei Fingerspitzen rafften, fesselten mich. Sie verbargen ihr Gesicht hinter Schleierchen, und auf ihren kunstvollen Frisuren thronten riesige Hüte. Gewiß waren sie allesamt auf dem Wege zu einem romantischen Stelldichein! Junge Paare gingen eng umschlungen vorüber, flaneurs waren auf der Suche nach Abenteuern, und niemand schien es eilig zu haben. Droschken, Busse, Kutschen, von Pferden gezogen, rollten die Straße entlang, und die Bäume verloren bereits ein paar goldgefärbte Blätter. Die milde Herbstbrise trug den Duft von Parfum untermischt mit dem scharfen Geruch der Pferde heran.

So zeigte sich mir zum ersten Mal das Leben in den Straßen von Paris – und ich bin davon bis auf den heutigen Tag verzaubert.

Tags darauf fuhren wir schon früh aus Chaville weg und speisten in Paris in der alten Brasserie Universelle auf der Avenue de l'Opéra, wo zwanzig verschiedene hors-d'oeuvres wohlfeil angeboten wurden. Skarzynski bemühte sich nach Kräften, mich in die richtige Stimmung zu versetzen, er wußte wohl, wie nervös ich war und was der Ausgang meines Vorspielens für mich bedeuten mußte. Ich hatte ja weiter keine Eisen im Feuer.

Das Pleyelsche Pianohaus befand sich immer noch am Boulevard Rochechouart. Astruc und seine »guten« Musiker waren noch nicht da, also zeigte man uns den Saal, in dem Chopin seine seltenen Konzerte gegeben hat; auf dem Podium stand noch sein Flügel. »Spielen Sie ein wenig darauf«, schlug Monsieur Lyon vor, damals der Inhaber. »Sie werden sehen, er hat noch einen sehr guten Klang.« Das stimmte, und Ehrfurcht erfüllte mich, als ich die geheiligten Tasten berührte. In diesem Augenblick meldete der Diener: »Die Herren werden im Salon erwartet.«

Astruc empfing uns mit einem ermutigenden Lächeln und machte uns mit den drei anderen Herren bekannt: Paul Dukas (Komponist von »L'apprenti sorcier«), Jacques Thibaud, dem berühmten Geiger, und Maurice Ravel, damals erst wenig bekannt. Ich sah mit Erleichterung, daß kein professioneller Pianist anwesend war. Thibaud erinnerte sich unseres gemeinsamen Essens in Berlin, er freute sich, mich wiederzusehen; die beiden anderen betrugen sich wie Geschworene bei Gericht – sie warteten stumm auf meine Darbietung. Thibauds Anwesenheit festigte mein Selbstvertrauen erheblich; ich erinnerte ihn an sein Berliner Konzert, an die glänzende Wiedergabe des Violinkonzertes von Bruch, ging ans Klavier und spielte es für ihn. Sodann spielte ich ihm jene Stellen aus dem Violinkonzert von Mendelssohn, die er so ergreifend vorgetragen hatte.

Diese überraschende Eröffnung verwandelte die kühle Gleichgültigkeit der beiden anderen zu lebhafter Anteilnahme. Sie sahen mich nun als Musiker und nicht mehr als einen ehrgeizigen siebzehnjährigen Möchtegern-Pianisten. Ich spielte noch eine Toccata von Bach, einen Satz aus einer Beethovensonate, auch etwas von Chopin – zwar nicht besonders gut – und hatte alle für mich eingenommen. Einstimmig priesen sie meine Begabung, prophezeiten mir eine große

Zukunft und rieten Astruc sehr entschieden, sich meiner anzunehmen. Genau das hatte er erhofft: Er bot mir auf der Stelle einen Vertrag an.

In der Droschke, die Astruc, Skarzynski und mich zum Pavillon de Hanovre brachte, war dann von dieser und jener Einzelheit meines Spiels ausführlich die Rede, doch die eigentliche Erörterung der Vertragsklauseln begann erst in Astrucs Büro. Ich wollte nur eines erreichen: monatliche Vorauszahlungen auf künftige Honorare. Das würde für mich eine gewisse Sicherheit bedeuten, eben jene Sicherheit, um die ich Frederic in Berlin so beneidet hatte. Astruc war dazu bereit, mir auf fünf Jahre monatlich 500 Francs auszusetzen. Die übrigen Klauseln des Vertrages lauteten für mich recht nachteilig. Astruc verlangte 60 Prozent der Einnahmen aus den von ihm veranstalteten Konzerten und 40 Prozent meiner sonstigen Einnahmen. Ich beachtete diese exorbitanten Forderungen nicht weiter, denn ich sah nur jene 500 Francs monatlich, die mir wie ebensoviele glitzernde Sterne vorkamen.

Ich willigte also in alle seine Vorschläge ein, und er küßte mich auf beide Wangen. »Und jetzt, mon petit, holen Sie sich in Polen die Unterschrift Ihrer Eltern; dann muß der Vertrag noch von einem Notar und dem französischen Konsul in Warschau beglaubigt werden.« Und er setzte hinzu: »Kommen Sie bald mit Ihrem Vertrag zurück, denn wir müssen so schnell wie möglich Pläne machen.« Es überlief mich kalt: Die Eltern hatten seit meinem Bruch mit Barth nichts mehr von mir gehört; sie wußten nicht, wo ich mich aufhielt. Aber jetzt war ich wieder in ihrer Gewalt; in ihren Händen lag die Entscheidung über meine Zukunft.

Meine Freude war wie hingestorben. Und dabei mußte ich vor Astruc und Skarzynski noch die Fassung bewahren. Sie kannten meine häuslichen Verhältnisse nicht, und Gott allein mochte wissen, ob sie ihre Absichten änderten, wenn sie davon erfuhren.

Diesen Tag wollte ich unbedingt allein in Paris verbringen. »Ich würde gern ein wenig bummeln, vielleicht auch eine Aufführung in der Comédie Française ansehen – ich fahre mit dem letzten Zug nach Chaville hinaus. Sie brauchen sich meinetwegen nicht zu beunruhigen«, sagte ich zum Grafen Skarzynski. Er fand es sehr natürlich, daß ich diesen großen Tag wie ein Fest gestaltete, während ich einzig und allein ungestört darüber nachdenken wollte, was zu tun sei!

Ich schlenderte eine ganze Weile durch die Straßen und fragte mich immer wieder: Sollst du eine nur zu wahrscheinliche Ablehnung durch die Eltern riskieren, oder gibst du die ganze Sache von vornherein auf?

Nach langem Abwägen des Für und Wider faßte ich einen Entschluß: Ich wollte kämpfen und in Lodz meinen Willen durchsetzen. Von Mut und Hoffnung erfüllt, aß ich in einem Café eine Kleinigkeit und ging in die Comédie Française, wo ich mir von der Galerie aus Octave Mirbeaus »Les affaires sont les affaires« ansah, mit dem großartigen Féraudy in der Hauptrolle. Dieses Stück, das von einem skrupellosen Geschäftemacher handelt, beruhigte meine Nerven vollends, denn ich begriff: Es gibt schlimmere Zwangslagen als deine. So fuhr ich denn in guter Stimmung nach Chaville.

Kapitel 23

Madame Magdalena und die Ihren waren nach Warschau zurückgekehrt, allerdings wohnten sie jetzt in der eleganten Aleja Ujazolowska. Ich hatte von Paris aus in einem Brief meine Ankunft angekündigt und auch den Vertrag erwähnt. Sie erwiderte telegrafisch mit einer Einladung, auch im Namen ihres Mannes, wieder bei ihnen zu wohnen.

Nach einer weiteren Woche bei Skarzynskis, die sich geradezu rührend um mich bemühten – der Graf barst vor Stolz über den Erfolg seines Schützlings – entschloß ich mich, Harmans Einladung anzunehmen. Ich brauchte ihren Rat, wie ich die ominöse Unterschrift meinen Eltern abringen könnte.

Sechsunddreißig Stunden dauerte die Bahnfahrt von Paris nach Warschau, zwei schlaflose Nächte und einen ganzen Tag in einem überfüllten Abteil zweiter Klasse. Ich kam völlig erschöpft an, faßte aber wieder Mut beim Anblick Frederics, der mich von der Bahn abholte. Er begrüßte mich freundschaftlich, Zakopane war vergessen, seine Zuneigung schien so frisch wie am ersten Tag. Auf dem Weg in die Stadt überschüttete er mich mit Fragen über meine Eindrücke von Paris, und beschämt dachte ich daran, wie ich ihn in Zakopane behandelt hatte. Die Familie empfing mich in der neuen Wohnung wie einen Helden. Papa Harman sagte pathetisch: »Sie haben den ersten Sieg im Lebenskampf errungen, eine große Zukunft liegt vor Ihnen.«

Madame Magdalena umarmte mich, sogar Basia wirkte ergriffen. Als ich ihnen dann ausmalte, welche Schwierigkeiten mich in Lodz erwarteten, schrien sie empört: »Ihre Eltern haben das Recht verwirkt, sich Ihren Plänen zu widersetzen. Hier bietet sich Ihnen eine einzigartige Gelegenheit, die Sie keinesfalls versäumen dürfen.« Und Frederics Vater fügte hinzu: »Sie können auf meine Hilfe zählen.«

Die Wohnung nahm das gesamte Erdgeschoß des von einem russischen Kaviarhändler neuerbauten Hauses ein, das übrigens keineswegs zu den eleganten Fassaden der Aleja paßte. Harmans verfügten jetzt über größere Gesellschaftsräume, auch die übrigen Zimmer waren günstiger angeordnet als in der alten Wohnung, doch machte das ganze den Eindruck einer kalten Pracht. Ich erhielt diesmal ein richtiges Gastzimmer zugewiesen, das von den übrigen Schlafzimmern getrennt lag, was mir unter den gegebenen Umständen nur recht war. Gewisse Vorkehrungen in der alten Wohnung hatten einen üblen Nachgeschmack bei mir hinterlassen.

Ich kündigte den Eltern meinen Besuch an. Die Fahrt von Warschau nach Lodz dauert etwa zwei Stunden, doch mir schien sie endlos. Die Familie hatte sich mit großem Aufgebot zu meinem Empfang auf dem Bahnsteig eingefunden. Gleich ging es wieder ungemein laut und aufgeregt her, und ich fühlte mich sofort ganz zuhause.

Als ich dann mit den Eltern allein sprechen konnte, geschah etwas Unerträgliches: Mein Vater brach in Tränen aus und weinte wie ein Kind. So hatte ich ihn noch nie gesehen, und ich kam mir vor wie ein Verbrecher. Ich kann das nicht vergessen.

Später leuchteten ihm Astrucs Vorschläge durchaus ein, und er war bereit, die notwendigen Formalitäten zu erfüllen. Als meine Mutter unterzeichnen sollte, zögerte sie, denn erst jetzt wurde ihr klar, daß ich mit diesem Dokument die Rechte eines Volljährigen bekommen würde. Mein Vater stellte ihr aber vor, daß sie meiner Laufbahn nicht im Wege stehen dürfe, und ich kehrte mit dem unterschriebenen Vertrag in der Tasche nach Warschau zurück. Meines leicht errungenen Sieges wegen fühlte ich mich leicht schuldbewußt.

In Warschau erwarteten mich einige Überraschungen. Harmans wollten Basia nach Paris schicken, wo sie bei dem berühmten polnischen Tenor Jean de Reszke Gesangsstunden nehmen sollte. Der Vater würde sie hinbringen. Und Madame Magdalena kündigte strahlend an, daß sie im Abstand von wenigen Wochen ihrer Tochter nach Paris zu folgen gedenke, um ihr dort Gesellschaft zu leisten. Gräßliche Neuigkeiten, fürwahr!

Es kam aber noch schlimmer. Onkel Paul Heyman reiste nach Warschau und bat Harman, meinem Vater geschäftlich unter die Arme zu greifen, indem er ihn zu seinem Vertreter in Lodz oder etwas der Art machte. Als Harman mir das sagte mit dem Hinweis, er wolle für meinen Vater tun, was in seinen Kräften stehe, hätte ich Onkel Heyman am liebsten wegen seiner Zudringlichkeit erwürgt. Ich habe später erfahren, daß die ganze Sache noch viel unglückseliger endete. Auf seiner nächsten Geschäftsreise zog Harman über meinen Vater Erkundigungen ein, ausgerechnet bei einem Geschäftsfreund in Lodz, der mit meiner Mutter verwandt war und der meine Familie seit dem Bankrott konsequent geschnitten hatte. Mein Vater, der nichts von alledem ahnte, bekam Wind von der Sache und glaubte, ich habe die Finger im Spiel; er lehnte es ab, sich auch nur auf das Geringste einzulassen, und ich überzeugte ihn nur mit größter Mühe, daß ich mit der ganzen Sache überhaupt nichts zu tun gehabt hatte. Das alles kränkte den guten Mann tief.

Kapitel 24

Nach Paris fuhr ich diesmal in Gesellschaft von Basia und ihrem Vater. Der Nordbahnhof sah nun nicht mehr düster und schmutzig aus, sondern wie ein Palast; meine frisch erstrittene Unabhängigkeit und die Aussicht auf monatlich 500 Francs während der nächsten fünf Jahre stiegen mir wie Wein zu Kopf.

Nach einer schlaflos in einem kläglichen Hotel verbrachten Nacht frühstückte ich ausgiebig im Café de la Paix und präsentierte mich, mit den verlangten Papieren ausgerüstet, im Pavillon de Hanovre, wo man mich sogleich zu Astruc vorließ.

»Ah, vous voici de retour, jeune homme«, sagte er strahlend. »Ich habe Großes mit Ihnen vor, Sie werden entzückt sein.«

Ich hörte seine Pläne mit gemischten Gefühlen an. Er wollte mich dem Pariser Publikum in einer Galapremiere vorführen, mit Orchester und allem Drum und Dran. Um ein solches Vorhaben finanzieren zu können, hatte er sich an den französischen Klavierfabrikanten Etienne Gaveau gewandt, einen ehrgeizigen und einfallsreichen Mann, der sich der modernsten Reklametechnik bediente, um mit seiner Marke die etablierten Firmen wie Erard und Pleyel auszustechen. Daß ich auf einem mir unvertrauten Instrument spielen sollte, beunruhigte mich. Ich war an die Bechstein-Flügel mit ihrem wohlklingenden Ton und der leichtgängigen Mechanik gewöhnt. Aber Astruc hatte schon alles vorbereitet; ich brauchte nur noch für meine Konzerte einen Gaveau auszusuchen; ändern ließ sich daran nichts mehr. Überdies, behauptete er, sei es so gut wie unmöglich, in Frankreich einen Konzertflügel ausländischen Fabrikats aufzutreiben.

Nachdem ich zwei oder drei Flügel ausprobiert hatte, sagte Gaveau: »Sie sind von der gleichen Qualität wie ein Bechstein. Die Erardklaviere haben eine gute Mechanik, aber sie klingen blechern. Seit hundert Jahren hat man den Ton nicht verbessert. Die Pleyels hingegen haben einen hervorragenden Ton, doch sind sie für die heutigen Konzertsäle nicht kräftig genug.«

Was den Erard und den Pleyel anging, hatte Gaveau recht, doch seine eigenen Erzeugnisse sah er in einem zu rosigen Licht. Ich trug schüchtern einige Bedenken gegen sein Fabrikat vor: der kalte Klang, der schwächliche Diskant und sonst noch ein paar Kleinigkeiten. Doch ich wußte, daß die beiden Herren sich über das Konzert bereits unwiderruflich geeinigt hatten.

Es sollte im Dezember stattfinden, und Astruc engagierte das Orchester Lamoureux unter Camille Chevillard, dem Schwiegersohn von Charles Lamoureux, dem verstorbenen Gründer. Das sollte mich bei zwei Klavierkonzerten nach meiner Wahl begleiten, dazwischen waren noch einige Solonummern angesetzt. Um etwas Abwechslung ins Programm zu bringen, bat Astruc eine junge Sopranistin, drei Lieder von Debussy vorzutragen, dessen Oper »Pelléas und Mélisande« damals heftig umstritten war. Die junge und schöne Sopranistin hieß Mary Garden, sie war die Mélisande der Uraufführung. Ihre Stimme und ihre Schönheit wurden viel bewundert, aber man tadelte ihren englischen Akzent.

Astruc hatte noch einen anderen Plan in petto. Die Gräfin Greffulhe (das Vorbild von Prousts Herzogin von Guermantes) hatte eine Gesellschaft »Les Grandes Auditions de France« ins Leben gerufen. Dort erteilten Mitglieder der französischen Hocharistokratie besonders ausgesuchten künstlerischen Darbietungen ihren Segen, indem sie sich auf den besten Plätzen en grande toilette sehen ließen, die Damen im Abendkleid, die Herren im Frack mit weißen Handschuhen und dem unvermeidlichen seidenen Zylinder.

Astruc brachte es dank seiner glänzenden Beziehungen zustande, daß die Gräfin mich in ihrer Herbstresidenz zu empfangen geruhte; sie wollte mich in Augenschein nehmen und feststellen, ob ich ihre Protektion verdiente. Nach einstündiger Bahnfahrt wurde ich von einer gräflichen Kutsche zum Château du Bois Boudran gefahren, und ein Lakai führte mich in ein reizendes Zimmer, wo in einem riesigen Kamin ein Feuer lebhaft brannte. Ich wartete dort sehr lange, bis man mich ins Musikzimmer bat, wo ich die Gräfin im Gespräch mit einem sehr großen, gutaussehenden jungen Mann traf. Es dauerte eine Weile, ehe sie meiner Anwesenheit gewahr wurden. Sie wandte sich mir zu, begrüßte mich herablassend ohne ein Lächeln, stellte mich Don Roffredo Caetani vor und forderte mich sofort auf, etwas vorzuspielen. Ihr Pleyel war verstimmt und in übler Verfassung, aber es gelang mir, die As-Dur Polonaise von Chopin herunterzurasseln. Dies quittierte sie mit einem gleichmütigen »Bravo«, doch Don Roffredo war offenbar sehr davon angetan. Er erzählte, er studiere in Florenz Musik, arbeite derzeit an einer Oper, und gab sich als passionierter Wagnerianer zu erkennen, was mich veranlaßte, ihm nunmehr das gesamte »Meistersinger«-Vorspiel zu bieten. Wiederum verschaffte mir meine so gar nicht streng pianistische Art des Musizierens den Sieg. Don Roffredo lobte mich aufrichtig und überzeugte die Gräfin, die auf der Stelle die Anwesenheit der »Grandes Auditions de France« für mein Debut zusagte.

Die Gräfin Greffulhe war eine auffallende Erscheinung; sie glich sehr den Bildern und Büsten der Königin Marie-Antoinette. Man erzählte sich, daß sie durch königliches Betragen sich dieser Ähnlichkeit würdig erweisen wollte, und daß die Pariser Gesellschaft sie als Königin anerkannte.

Die Gräfin entließ mich mit einem gnädigen Lächeln. »Man wird Ihnen jetzt das Essen auf Ihrem Zimmer servieren, und dann wird meine Kutsche Sie zum Bahnhof fahren«, sagte sie in ihrer königlichen Manier. Kaum zu glauben, daß eine Revolution stattgefunden und Frankreich in eine Republik umgewandelt hatte!

Kapitel 25

Mit Astrucs Hilfe fand ich ein Zimmer in einer pension de famille, Rue Cardinet 42, unweit seiner eigenen Wohnung. Es handelte sich um ein kleines, nur zwei Stockwerke hohes ehemaliges hôtel particulier, das von seinem Eigentümer, M. Cordovinus, zur Pension umgestaltet worden war. Er selber versah die Posten des Managers und des Concierge, seine alte Frau (eine der häßlichsten, die ich je gesehen habe) kochte. Beide bewohnten die loge du concierge, von wo aus er die Ein- und Ausgehenden im Auge hielt.

Das Zimmer mit Vollpension kostete täglich sieben Francs, ein billiger Preis, doch das Essen war auch danach, hauptsächlich gab es Salat und Gehacktes. Die anderen Gäste waren ausnahmslos Skandinavier: zwei junge Schwestern aus Finnland, die, ohne jedes Talent, in Paris Gesang studierten; eine schwedische Dame mit hübscher Sopranstimme, und zwei ebenfalls aus dem Norden stammende Studenten. Ich hatte im zweiten Stock ein helles, geräumiges Zimmer – doch kein Bad. Badezimmer kannte man damals kaum in Frankreich; der elegante Pariser benutzte eine transportable Gummiwanne. Doch Monsieur Gaveau stellte mir einen Flügel zur Verfügung.

Am Tage meines Einzuges lud Astruc mich zum Essen ein, und so lernte ich denn seine Frau und die von im vergötterte sechsjährige Tochter Lucienne kennen. Sie hatte schöne große Augen und ernannte mich sofort zu ihrem fiancé, eine Stellung, die ich durch mehrere Jahre innehatte.

»Ich muß jetzt Ihr Programm wissen«, sagte Astruc. »Ich brauche es unbedingt, um für das Konzert Reklame zu machen.« Wie ich diese Forderung haßte! Mein Leben lang habe ich Qualen gelitten, wenn die Impresarii im voraus mein Programm zu wissen verlangten. Hatte ich mich ihnen gegenüber festgelegt, konnte ich nicht mehr zurück. Dem Konzertbesucher ist es meist einerlei, was der Solist spielt, wenn er nur berühmt ist und beliebt. Will er aber sein Programm in letzter Minute ändern, dann sei Gott ihm gnädig; das Publikum wird mißtrauisch und fühlt sich hintergangen.

Nun war es nicht allzu schwierig, Astruc zufriedenzustellen. Da mein Repertoire immer noch sehr beschränkt war, gedachte ich, den Abend mit Chopins Klavierkonzert in f-Moll zu beginnen, ein Stück von Brahms und zwei Etuden von Chopin sollten folgen. Darauf die Pause, sodann die drei »ariettes oubliées« von Debussy, gesungen von Mary Garden, und zum guten Ende das g-Moll-Konzert von Saint-Saëns.

»Saint-Saëns!« rief mein Gastgeber, »das ist ja prachtvoll! Gleich werde ich für Sie ein Treffen mit dem Meister arrangieren. Er muß unbedingt in Ihr Konzert kommen.« Und so fand ich denn nach ein paar Tagen eine Einladung vor, den großen Komponisten zu besuchen. Er lebte allein im Erdgeschoß eines alten Hauses und empfing mich zu meiner Verwunderung durchaus herzlich. Dabei war er für seine Grobheit geradezu berühmt! Sein Zimmer war ein richtiges »Musikzimmer«, überall lagen Noten herum, sie türmten sich auf dem Erard zu Bergen, und seine Tische brachen unter der Last von Büchern und Noten schier zusammen; neben Beethovens Totenmaske hingen an Wänden unzählige Photos von bekannten und unbekannten Personen.

Monsieur Saint-Saëns war klein, dicklich, mit spärlichem Haarwuchs, er trug aber eine kurze, graue Bartkrause. Zu beiden Seiten der Nase entdeckte ich, unsymmetrisch angeordnet, je eine Warze. Er erinnerte an einen französischen Bankangestellten.

»Ich freue mich, daß Sie mein Konzert auf dem Programm haben«, sagte er. »Die erste Aufführung habe ich selber dirigiert, und gespielt hat Ihr Namensvetter Anton Rubinstein. Er lernte seinen Part innerhalb einer Woche auswendig.« Und dann: »Zu Ihrem Konzert komme ich nicht, denn abends gehe ich nicht mehr aus dem Haus, aber vielleicht kann ich bei einer Probe zuhören.«

Als er vernahm, daß ich Pole sei, rannte er ans Klavier mit dem Ausruf: »Hören Sie meine Lieblingskomposition von Chopin!« woraufhin er das Scherzo in E-Dur spielte, etwas schnell für meinen Geschmack, aber technisch perfekt. Er begleitete mich selber an die Tür und half mir in den Mantel. Sein Benehmen strafte seinen schlechten Ruf jedenfalls Lügen.

In der Rotunda der Société Musicale trafen sich täglich zwanglos Musiker, Sänger, Tänzer, Schriftsteller und Journalisten; Gruppen bildeten sich und lösten sich wieder auf, man begann endlose Erörterungen über alles und jedes, begleitet von wilden Gesten und schallendem Gelächter. Es machte Spaß, dabei zuzuschauen, doch in Wahrheit legten sie es nur darauf an, die Aufmerksamkeit von

Astruc auf sich zu ziehen. Ein häufiger Besucher war Ravel; er spielte gerne mit mir vierhändig, darunter auch das herrliche Quartett von Debussy, das wie eine Offenbarung auf mich wirkte. Das war meine erste Bekanntschaft mit Debussys Musik. Paul Dukas brachte mir seine Sonate und seine Variationen über ein Thema von Rameau, beides recht interessant, aber doch etwas bemüht und unpianistisch.

Zu den Komponisten gesellte sich gelegentlich ein dicker kleiner Mensch mit rundem Gesicht, schwarzem Hut und aufgezwirbeltem Schnurrbart. Er war Spanier, ein jovialer Bursche, der immer vergnügt blinzelte. Seine Geschichten waren höchst beliebt, wir bogen uns vor Lachen. Wie er hieß, wußte ich nicht. Wenige Jahre später schenkte Dukas mir die Noten zu »Iberia«, einer spanischen Komposition, deren Schöpfer, wie Dukas sagte, kürzlich gestorben war. »Erinnern Sie sich nicht, wie lustig wir mit ihm zusammen waren?« fragte er. Es war also Isaac Albéniz gewesen, jener Mann, dem ich meine große Beliebtheit in Spanien und allen spanisch sprechenden Ländern danke. Mir wurde nämlich die Ehre zuteil, sein bedeutendstes Klavierwerk, »Iberia«, in seiner Heimat und in der übrigen Welt bekannt zu machen.

Basia, die ihr Vater in einer Pension für junge Mädchen untergebracht hatte, wurde von Jean de Reszke als Schülerin angenommen. Vor seiner Abfahrt ordnete Harman an, daß seine Tochter abends einzig in meiner Begleitung ausgehen dürfe. Ich hatte noch keine Gelegenheit gehabt, mich dieses Vorrechtes zu bedienen, als Basias Mutter bereits ihre unmittelbar bevorstehende Ankunft telegrafisch ankündigte. Und da stand sie denn auf der Gare du Nord, mit ihrer treuen Zofe Pauline und Massen von Gepäck. Basia und ich leisteten Hilfsdienste, und Madame verfügte sich in eine Suite des Hotels d'Iéna, eines der stillen, alten Hotels, »um meiner Tochter nahe zu sein«, wie sie sagte.

Nach dem Essen kehrte sie Erschöpfung und Kopfschmerzen vor und schickte Basia weg; ich aber mußte bleiben, und sie hielt mich den ganzen Tag fest. Unversehens hatte mich der gefürchtete alte Trott wieder eingeholt: es war Warschau in Paris.

Mein Konzert sollte schon in zwei Wochen stattfinden, doch Madame Magdalena verlangte ständig meine Begleitung bei Einkäufen oder beim Besuch von Ärzten und Zahnärzten, eine Pflicht, die mir verhaßt war. Andererseits kann ich nicht bestreiten, daß ich mit Vergnügen in guten Restaurants speiste und meiner alten Theaterleidenschaft frönte. Natürlich war es mir peinlich, dauernd von ihr eingeladen zu werden, doch konnte ich mir solchen Aufwand mit meinen glänzenden 500 Francs im Monat nicht leisten.

Das alles bekam meiner Arbeit überhaupt nicht. Schließlich nahte der schicksalhafte Tag. Um zehn Uhr vormittags sollte im Nouveau Théâtre (heute Théâtre de Paris) die Probe stattfinden. Camille Chevillard empfing mich im Künstlerzimmer mit der Frage, welches Tempo ich wünsche. Er sah aus, wie ich mir einen Privatdetektiv vorstellte: untersetzt, breitschultrig, mit kantigem Kopf und kurzgeschnittenem Haar, der Schnauzbart wie eine Bürste, die Augen klein und scharf. Ich fürchtete mich etwas vor ihm. Das Orchester erwartete uns bereits auf dem Podium. Sein Anblick versetzte mir einen gelinden Schrecken – die meisten Musiker saßen im Mantel da, viele mit dem Hut auf dem Kopf. Besonders lächerlich wirkten die Kontrabassisten mit ihren steifen Melonen. Mir kam der Gedanke, daß sich in ihrem Aufzug Mangel an Respekt vor einem Jüngelchen ausdrückte, der sie für einen Galaabend zu engagieren wagte. Ich irrte mich aber – es stellte sich heraus, daß sie sich in dem ungeheizten Saal nicht erkälten wollten.

Chevillard dirigierte wie auf einem Exerzierplatz, er hatte das Orchester gut in der Hand, es gehorchte präzis seinem Schlag, aber Ausdruck und Nuancen ließ er unter den Tisch fallen. Sein erstes Opfer wurde das Chopin-Konzert; was »rubato« bedeutete, begriff er überhaupt nicht, und die überirdische Schönheit des Larghetto entging ihm ganz. Ich fühlte mich recht unbehaglich, als ich plötzlich flüstern hörte: »Saint-Saëns ist hier!« Und wirklich, da saß er in einer Loge und übersah mit distanziertem Ausdruck unsere Verbeugungen. Wir probten jetzt sein Konzert, und ich spielte die Anfangskadenz mit wild klopfendem Herzen. Hier zeigte sich Chevillard in seinem Element! Er peitschte mich in wildem Tempo durch das ganze Stück, und das Finale klang wie ein Feuerwerk. Wir begrüßten nun den Meister, der kurz lispelte: »Ccc'était très bien«, aufstand und ging, ohne uns die Hand zu geben. In diesem Augenblick betraten Astruc und sein Sekretär Robert Brussel das Theater, und da er mich bleich und niedergeschlagen fand, rief er munter: »Sie sehen aber gar nicht wohl aus, mon petit! Wir essen jetzt zusammen in einem guten

Restaurant, da werden wir wieder Farbe in die Wangen bringen!« Und er führte mich zu Paillard, einem damals berühmten Speiselokal, gegenüber dem Pavillon de Hanovre. Astruc bestellte Hummer für mich, ließ auch Champagner auf Eis legen und erklärte: »Dieser Wein wird Ihnen gut tun.« Damit hatte er recht. Nach dem ersten Glas des perlenden Nektars fühlte ich mich besser, nach dem zweiten lächelte ich bereits, und nach dem dritten fing ich gar an zu kichern! Wohlgestimmt kehrte ich in die Rue Cardinet zurück, eilte ans Klavier, um einige Passagen aus dem Konzert von Chopin zu üben – und nun ereignete sich einer der schlimmsten Vorfälle meines Lebens: Meine Finger fühlten sich an wie Makkaroni und gehorchten mir nicht im geringsten. Das war selbstverständlich die Wirkung des Champagners. Aber ich verzweifelte. Nur noch fünf Stunden bis zum Konzert! Nie zuvor war ich in solcher Lage gewesen, und ich wußte mir keinen Rat. Voller Angst rief ich das ganze Haus zu Hilfe. Sämtliche Skandinavier kamen herbeigerannt, die finnischen Schwestern betteten mich auf den Diwan, die schwedische Nachtigall brachte kalte Kompressen, die Herren klapsten mein Gesicht, massierten mir die Hände, und Cordovinus brachte starken Kaffee. Endlich, nach zwei Stunden heftiger Bemühungen, rührten meine Finger sich wieder. Ich darf hier feierlich versichern, daß ich seither nie wieder am Tage eines Konzertes auch nur einen Tropfen Alkohol getrunken habe.

Das Nouveau Théâtre war bis auf den letzten Platz besetzt, dafür hatte Astruc gesorgt, indem er viele Freikarten verschickte, an Kritiker wie an Musikstudenten. Mary Garden lockte Debussysüchtige an, und, last but not least, gaben die »Grandes Auditions de France« in höchster Prachtentfaltung dieser Veranstaltung die Weihe.

Man kann sich vorstellen, wie mir zumute war, der ich, noch jung an Jahren, kaum in der Öffentlichkeit aufgetreten war und jetzt, wenig vorbereitet, dazu so gut wie unerfahren, mich nun einem erwartungsvollen Publikum gegenübersah, das zu den verwöhntesten und kennerhaftesten der Welt gehörte. Ich war außer mir vor Angst.

Freundlicher Applaus begrüßte mein Erscheinen auf dem Podium, und das Orchester stand auf. Da fühlte ich mich schon eher in der Lage, mein Bestes herzugeben. Doch das Chopin-Konzert mißlang, woran ich und das Orchester gleichermaßen schuld waren. Mein für gewöhnlich so guter, voller Ton ging auf dem unvertrauten und schwächlichen Gaveau-Flügel verloren, das zarte Filigran des Larghetto war kaum hörbar, und im dritten Satz patzte ich tatsächlich ein- oder zweimal. Wir bekamen höflichen Beifall, mehr hatten wir nicht verdient. Es folgten meine Solonummern. Das von mir sehr ordentlich gespielte Intermezzo von Brahms stieß auf eisige Gleichgültigkeit. Da packte mich der Mut der Verzweiflung. Ich hatte zwei Etuden von Chopin vorgesehen, opus 25 Nr. 1 in As-Dur und Nr. 2, beide sehr schön, aber nicht effektvoll, darum spielte ich statt der Nr. 2 die Große Etude in a-Moll, opus 25 Nr. 11, obschon ich sie keineswegs beherrschte. Mit der Linken donnerte ich aus Leibeskräften das heroische Thema hin, verschmierte mit Hilfe des Pedals die schwierigen Triolenpassagen und endete mit strahlendem Gepränge. Dies trug mir eine Ovation ein, auf der Galerie wurde sogar »bravo!« gerufen. Damals lernte ich in Sekundenschnelle, daß eine laute, blendende Wiedergabe, und sei sie vom Stück her noch so verwerflich, vom unmusikalischen, unverständigen Teil des Publikums stets mit Begeisterung aufgenommen wird, und ich muß zu meiner Schande gestehen, daß ich diese Erkenntnis bei meinen kommenden Konzerten nicht ungenutzt gelassen habe.

Mary Garden, die sehr schön sang, hatte bei den Anhängern Debussys verdienten Erfolg, nicht aber beim übrigen Publikum. Der Saint-Saëns am Schluß des Programms geriet gut, das Orchester spielte brillant, ich aber war durch die Mängel meines Instruments wieder schwer behindert; das elegante Scherzo sprühte keinen einzigen Funken, und im letzten Satz fehlte mir einfach die Kraft. Doch das Publikum klatschte, und ich mußte einen Chopin-Walzer zugeben. Damit war das Konzert vorbei; es war – ich muß dieses schreckliche Wort hier leider benutzen – »un demi-succès«.

Im Künstlerzimmer waren alle sehr nett zu mir, man erstickte mich in Komplimenten, die schon eher nach Beileid klangen. Gerade wollte ich zu Prunier gehen, wo Basia und Madame Magdalena mit mir soupieren wollten, da hielt Astruc mich auf. »Sie müssen die Damen leider warten lassen, mon cher, wir sind jetzt mit dem ›Figaro‹ verabredet.«

Ich war verärgert, denn mit Journalisten wollte ich jetzt nichts zu tun haben, schon gar nicht zu so später Stunde. Doch Astruc bestand auf seinem Vorhaben, und so fuhren wir denn in die Rue Drouot, wo man uns in ein Wartezimmer wies. Hier ging ein blonder junger Mann rastlos hin und her, und Astruc begrüßte ihn: »Bon soir, mon cher, wie ist es Ihnen ergangen?«

»Recht gut«, war die Antwort. »Neun Vorhänge.«

Astruc machte mich bekannt: »Monsieur Henry Bernstein. Sein Stück ›Le Bercail‹ ist heute im Gymnase uraufgeführt worden.« Und den Dramatiker fragte er: »Wir sind wohl zum gleichen Zwecke hier?«

»Kann sein«, entgegnete dieser abweisend.

Nun kam ein Herr herein. »Wer ist der erste?« Er schaute uns erwartungsvoll an.

»Ich warte schon seit einer halben Stunde«, versetzte Bernstein ungeduldig und folgte dem Herrn in ein anderes Zimmer. Gleich darauf forderte uns Charles Joly auf, in sein Büro einzutreten.

»Sagen Sie Monsieur Joly, was er über Ihr Konzert schreiben soll«, verlangte Astruc von mir. »Es ist spät, um ein Uhr ist Umbruch.«

Ich errötete, denn ich hielt das für einen schlechten Scherz. Aber den beiden war es ernst. »So machen wir das in Paris«, erklärte Astruc. »Auch Bernstein diktiert nebenan eine Kritik seines Stückes.«

Nun, was blieb mir übrig, als mich diesem unmoralischen Vorgehen der Pariser Presse anzupassen! Ich stotterte verlegen ein paar Sätze über den gelungenen Teil unseres Konzertes. »So geht das nicht!« rief Astruc. »Da wird Monsieur Joly die Kritik lieber selber schreiben. Er braucht dazu nur Ihr Programm.«

Die Damen erwarteten mich ziemlich düster gestimmt bei Prunier, denn sie glaubten nicht mehr an mein Kommen. Man bediente uns rasch, denn das Lokal wollte schließen, und das Essen war auch nicht besonders. Madame Magdalena schenkte mir meine erste goldene Uhr – »Zum Andenken an den großen Tag Ihres ersten Auftretens in Paris«, wie sie sagte. Das rührte mich, doch mußte ich sogleich mit Wehmut an Frederics erstes Konzert in Berlin denken. Tags darauf las ich zu meiner Verblüffung auf der ersten Seite des »Figaro« eine höchst schmeichelhafte Besprechung meines Konzertes. Das Publikum wurde anschaulich beschrieben, und ein snobistischer Hinweis auf die »Auditions de France« fehlte ebensowenig wie die Vorhersage einer glänzenden Laufbahn für mich.

Die übrigen Zeitungen beurteilten mein Konzert verschieden. Die

Tageszeitungen, die für musikalische Ereignisse wenig Raum zur Verfügung hatten, berichteten in wenigen Zeilen, daß ich talentiert sei und es gewiß zu etwas bringen werde. In den Zeitschriften mit einem Musikfeuilleton ging es schon gründlicher zu. Ein Kritiker, dessen Name ich vergessen habe, schrieb streng: »Es ist noch viel zu früh, daß man ihn auf eine so anspruchsvolle Weise dem Pariser Publikum vorstellt.« Seiner Ansicht nach war ich ein unreifer, kaltblütiger Virtuose, der es wagte, eine schlecht einstudierte Etude von Chopin vorzuspielen. Er bemängelte meine künstlerische Entwicklung, gab aber zu, daß ich meine Zuhörer mit meinem Temperament und meiner Technik zu fesseln vermochte (!). Ich stimmte ihm in vielem zu, fand es aber ungerecht, daß er mir die musikalische Begabung absprach. Astruc schien das überhaupt nicht zu rühren, er wirkte geradezu vergnügt und hatte schon beschlossen, mich im kommenden Monat dreimal im Salle des Agriculteurs auftreten zu lassen, einem Saal, der oft für Konzerte benutzt wurde.

»Da können Sie zeigen, was in Ihnen steckt«, sagte er. Für mich bedeutete das Schwerarbeit. Und arbeiten wollte ich, wollte ich von ganzem Herzen, und sei es nur, um meinen neu gewonnenen Freunden zu beweisen, daß ich ihres Vertrauens würdig war.

Widrigkeiten haben mich immer beflügelt. Doch war der Weg zu den guten Vorsätzen von einem bedeutenden Hindernis verstellt, und das hieß Madame Harman. Es war niederschmetternd, wie diese im allgemeinen so intelligente Person nicht das geringste Verständnis für meine Probleme aufbrachte! Nach wie vor verlangte sie für ganze Tage meine Gesellschaft, und wenn ich versuchte, mich mit Arbeit zu entschuldigen, drang sie in mein bescheidenes Logis vor!

Einzig für Astruc war ich immer zu sprechen. Ich brauche nicht erst zu sagen, daß ich gerne mit ihm ausging. Es machte mir Spaß, neue Gesichter zu sehen und mein Französisch zu verbessern. Er sagte gern: »Vous êtes un parisien maintenant.« Nachdem wir eines Abends bei ihm daheim gut gespeist hatten, forderten die anderen Gäste – darunter Dukas, Pierre Lalo, der Kritiker von »Le Temps«, Gabriel Pierné und mein alter Freund Chevillard – mich auf, ihnen aus der Oper »Feuersnot« von Richard Strauss vorzuspielen. Das war nun ganz nach meinem Herzen, ich spielte, sang, erklärte das Libretto und die Instrumentation; schließlich hatte ich sie alle so in Aufregung versetzt, daß dieser Vorfall Albert Carré zu Ohren kam, dem Direktor der Opéra-Comique, der daraufhin mit dieser Oper die nächste Saison eröffnete.

Am gleichen Abend sagte Lalo zu mir: »Quels sont vos autres préférés?«, und ich nannte daraufhin unter anderem mit besonderem Nachdruck Brahms. Darauf brachen alle Anwesenden in schallendes Gelächter aus. »Oh, comme il est drôle, il aime la musique de ce sinistre emmerdeur!«

Ich war empört. Am liebsten hätte ich sie geprügelt, doch kam ich bald dahinter, daß Brahms in allen lateinischen Ländern gegen ein Vorurteil nicht aufkommt; kein Wunder, daß er in meinem Konzert auf der Strecke geblieben war.

Eines Morgens erwartete mich eine angenehme Überraschung: Maître Saint-Saëns schickte mir sein Photo mit der Widmung: »Pour A. R., avec l'admiration pour son grand talent. C. S.–S.« Der alte Herr war wirklich unberechenbar.

Astruc nahm mich zu einem Essen mit bei seinem Freund Graf Camondo, der Rue Gluck Nr. 3, gerade gegenüber der Großen Oper wohnte. Seine Wohnung verfügte über eine Suite von acht salonähnlichen Vorderzimmern, wo er seine herrliche Sammlung aufgehängt hatte: Die schönsten Renoirs, Degas, Manets, Monets, die man sich denken kann.

Dieses Essen war sehr vergnüglich. Es waren nur sechs Personen anwesend, außer dem Gastgeber, Astruc und mir noch der berühmte Boulevardier Henri Gauthier-Villars, der seine Bücher unter dem Pseudonym »Willy« herausbrachte und als »L'Ouvreuse« Musikkritiken für das »Echo de Paris« verfaßte. Ihn begleiteten zwei junge Mädchen, die wie Zwillinge aussahen, da sie gleich gekleidet waren. Nur hatte die eine ein rosa, die andere ein blaues Band im kurzgeschnittenen Haar. Die eine, ›Willys‹ Frau, wurde uns als ›Colette‹ vorgestellt; es sollten noch Jahre vergehen, ehe sie sich zu der großen Colette der französischen Literatur entwickelte. Die andere war die Schauspielerin Polaire, damals sehr gefragt. Beide hatten sehr ähnliche Gesichter: längliche braune Augen und einen ungewöhnlich schmallippigen, aber breiten Mund. Sie sprachen den Pariser Straßenjargon und würzten ihre Unterhaltung mit deftigen Redensarten. Bei seinem Eintreten hatte Gauthier-Villars einen Zylinder mit flacher Krempe auf und einen sonderbaren Stock in der Hand. Beides deponierte er auf einem Stuhl. Ohne diese Requisiten ward er niemals gesehen, denn er hatte es gern, wenn man ihn sogleich erkannte. Sein Bart glich dem von Napoleon III., und seine Schweinsäuglein glitzerten boshaft. Er und seine Damen waren in Paris stadtbekannt; man lief auf der Straße oft hinter ihnen her.

Während des Essens wurde viel gelacht, denn Willy machte sich mit Fistelstimme über alle erdenklichen Persönlichkeiten lustig, und auch die Damen zogen in der ihnen eigenen Art über alle möglichen Leute her.

Auf dem Heimweg sagte Astruc, »L'Ouvreuse« werde ausführlich über mich schreiben, wie »Le Figaro«. O, tempora, o, mores!

Kapitel 26

Ich mußte nun Pani Magdalena klarmachen, daß ich künftig nur noch abends mit ihr zusammensein konnte. Ungerne sah sie es schließlich ein, und ich hatte fortan die Tage für die Vorbereitung der Konzerte zur Verfügung.

Es ist immer schwer, ein Programm für drei aufeinanderfolgende Konzerte zusammenzustellen. Diesmal mochte ich nicht einmal daran denken. Brussel schlug vor, ich sollte die Variationen von Dukas spielen, »denn das würde die Kritiker freuen«. Obschon mir diese Komposition recht gut gefiel, hatte ich Bedenken: Mir blieb nur wenig Zeit, das Stück zu lernen, und außerdem würde mich die Anwesenheit des Komponisten stören.

So suchte ich die brauchbaren Sachen von Zakopane zusammen, die ich wohl studiert, aber nicht recht bewältigt hatte, tat noch einige Überbleibsel aus der Berliner Zeit hinzu und kritzelte nach endlosem Hin und Her auf einen Zettel ein paar Titel, die nach einem ordentlichen Programm aussahen. Ich besaß sogar die Verwegenheit, jene Komposition von Dukas aufzuführen, ohne die leiseste Ahnung, ob ich ihr gewachsen war.

Wieder rettete mich meine Begabung für die musikalische Täuschung. Ich lernte erst sämtliche Kompositionen für alle drei Programme auswendig, mein Gedächtnis hatte mich ja nie im Stich gelassen, und bei den lyrischen Passagen hatte ich denn auch einige gute Momente. An schwierigen Stellen schlüpfte ich bravourös mit

Hilfe des Pedals über die fehlenden Noten hinweg; und dank meinem Brio und meinem Temperament brachte ich den gewünschten Effekt zustande.

Die Konzerte verliefen durchaus zufriedenstellend. Das französische Publikum von 1904 reagierte ganz anders als das heutige. Damals belohnte Beifall mitten im Stück eine gelungene Passage, man rief »bravo!«, »charmant«, »quel artiste!«. Es kam vor, daß der Künstler eine Sonate zwischen den Sätzen abbrach und sich durch Verbeugungen für den Beifall bedankte, was mich, ich will es nur gestehen, nicht störte, im Gegenteil, es ermunterte mich, und auch heute noch geben gute Freunde ihrer Anerkennung auf diese Weise Ausdruck, wenn ich im kleinen Kreis spiele.

Die drei Programme enthielten also zwei Beethoven-Sonaten, die »Waldstein«- und die D-Dur (»Pastoral«-)Sonate; Schumanns »Papillons« und »Carnaval«; sämtliche Kompositionen von Chopin, die ich mir zutraute; sowie zwei Etuden, eine Rhapsodie und den »Mephistowalzer« von Liszt. Dazu kamen ein paar veraltete Mendelssohn-Stücke; ein paar Kostproben Skrjabin und Szymanowski, ferner der ominöse Dukas, der mir nicht gut geriet; ich hatte zu große Angst vor dem Komponisten. Er nahm es aber nicht übel, und wir blieben weiter befreundet.

Mein Erfolg war diesmal echt; da ich, bescheidener angekündigt, in einem kleineren Saal spielte, merkten die Kritiker, daß sie es mit einem soliden Musiker und mit einem wirklichen, allerdings noch in seiner Entwicklung stehenden Pianisten zu tun hatten.

Willy, d. h. »L'Ouvreuse«, verfaßte eine ausführliche Besprechung der Konzerte. Sie enthielt übertriebenes Lob – wofür er bezahlt wurde –, gespickt mit kleinen Anzüglichkeiten und Witzen. Sie besaß keinerlei informierenden Wert, wurde aber von den musikalisch unbeschlagenen Parisern gern gelesen, oder sagen wir lieber: von den in musikalischer Beziehung indifferenten Parisern. Ich muß es leider hier feststellen: Die Musik wurde in Frankreich vernachlässigt, ja, die Vernachlässigung grenzte bereits an totale Stagnation. Selbstverständlich gab es dafür Gründe, etwa den Mangel an zulänglichen Konzertsälen. Die hundertjährige Salle Erard und die Salle Pleyel glichen eher einem Salon als einem Saal; die Salle des Agriculteurs war neueren Datums und faßte 300 bis 400 Personen, also auch nicht wesentlich mehr. Konzerte hatten daher den Anstrich von privaten

Veranstaltungen; das große Publikum zeigte sich kaum interessiert, sondern übersah sie einfach.

Allerdings gab es in Paris ein ganz spezielles Konzertleben. Jeden Sonntagnachmittag beglückten drei große Symphonieorchester, nämlich das der Société des Concerts, das Colonne und das Lamoureux ihre Zuhörer. Sie spielten nur sonntags, weil ihre Mitglieder unter der Woche anderweitig beschäftigt waren und die Theater, die das Colonne und das Lamoureux beherbergten, werktags eigene Aufführungen zeigten.

Am beliebtesten war die ehrwürdige Société des Concerts du Conservatoire, die ihre Konzerte im kleinen Saal des Konservatoriums veranstaltete. Da die Abonnements seit hundert Jahren vom Vater auf den Sohn vererbt wurden, konnten Außenseiter keinen Zutritt erlangen, es sei denn, ein Abonnent verschied kinderlos.

Das Pariser Bürgertum war mit diesem Arrangement sehr zufrieden; man besuchte die Konzerte in der selbstzufriedenen Überzeugung, das einzig Gute und Richtige zu tun. Nur auf den Stehplätzen zeigte man musikalisches Verständnis, und dort neigte man eher zu Mißfallens- als zu Beifallskundgebungen. Als Beispiel erinnere ich an die berühmten Skandale bei den Uraufführungen von »Tannhäuser«, »Pelléas« und »Sacre du Printemps«.

Nach dem intensiven Musikleben von Berlin fühlte ich mich in dieser trockenen Atmosphäre höchst unbehaglich. Nicht einmal die Große Oper, der Stolz der Stadt, wurde ihrem Ruf gerecht; die Sänger waren mäßig, Chor und Orchester jammervoll; bis auf eine Ausnahme: »Manon« von Massenet, die ich mir auf Einladung von Astruc anhörte und deren leichte, sinnliche, typisch französische Musik mich geradezu überwältigte. Am liebsten hätte ich geweint! In den Hauptrollen waren Clément, der Tenor, und Marguerite Carré einfach vollkommen. Keine andere Aufführung reichte an diese heran – nicht einmal mit Caruso.

Pani Magdalena fuhr nach Warschau zurück; sie war unzufrieden und rastlos, weil sie mich in den zwei Wochen meiner Konzertverpflichtungen kaum zu Gesicht bekommen hatte. Auch Basia, die ihr eigenes Leben leben wollte, wie sie sagte, kümmerte sich neben ihren Gesangsstunden wenig um sie. Madame Harmans Abreise bedeutete für mich eine Erlösung, doch wurde mir nun ein recht unangenehmer Zustand deutlich: Meine 500 Francs reichten in Paris nicht hin und nicht her. Waren die Pension, die Wäsche und andere notwendige Aufwendungen bezahlt, blieb mir so gut wie nichts übrig. Und auf meinen täglichen Besuch im Café de la Paix – Mittelpunkt der Welt, wie mir schien –, auf meine köstliche »mousse au chocolat« und die Zeitungen aus Paris, Berlin und Warschau mochte ich nicht verzichten.

Pani Magdalena hatte mich vor solchen Versuchungen bewahrt, denn ich hatte ihr stets zur Verfügung stehen müssen und gar keine Zeit gehabt, selber Geld auszugeben. Aber jetzt wurde meine finanzielle Lage bedrohlich. Ich brauchte dringend neue Kleidung, insbesondere einen warmen Mantel. Es war kalt geworden, und außer meinen dünnen Sommersachen besaß ich nichts. Meine übrige Garderobe – viel war es ohnedies nicht gewesen – war in Berlin zurückgeblieben; ich hatte Barth gesagt, er möge sie meinethalben verschenken. Zu meinem Bedauern hatte ich allerdings auch meine Bücher nicht mitnehmen können, die ich mit so viel Liebe gesammelt hatte.

Meine Konzerte brachten nicht, wie erhofft, weitere Engagements. Man schien meinen Erfolg einfach zu vergessen. »Pourquoi ne jouez-vous pas à Paris?« fragte man mich öfters. Aber wie sollte ich das erklären? Die Sonntagsorchester wählten nur Solisten, die dafür bezahlten, oder berühmte, zugkräftige Virtuosen. Ich war also verurteilt, auf Jahre hinaus das bedrückende Leben eines Menschen zu führen, dem es immer an Geld fehlt, und der ständig Schulden hat. Doch der Charme von Paris rettete mich vor allzu großer Schwermut.

Auf einem Souper, das ein sehr wohlhabendes, musikliebendes elsässisches Ehepaar namens Dettelbach gab, lernte ich einen bereits kahlköpfigen jungen Mann von Ende zwanzig mit durchdringenden blauen Augen und vollen, aber etwas verkniffenen Lippen kennen.

»C'est un violoncelliste génial«, sagte man mir. Es war Pablo Casals. Nach dem Essen gerieten wir in eine angeregte Unterhaltung über Musik, in deren Verlauf er sich zu meiner Freude als ein Verehrer von Brahms bekannte. »Mögen Sie das Klavierkonzert in d-Moll?« fragte ich ihn auf französisch. »Ich habe es nie gehört, bitte, spielen Sie mir daraus vor«, entgegnete er. Nichts hätte mir ein größeres Vergnügen bereiten können. Ich spielte das ganze Werk mit großer Leidenschaft, die Orchesterpartien eingeschlossen. Casals war hingerissen. Wir verabschiedeten uns gleichzeitig von unseren Gastgebern, doch statt nach Hause zu gehen, setzten wir uns in ein Café. »Wir müssen unbedingt noch miteinander reden«, sagte der Cellist, und gegen drei Uhr früh hatte unsere Bekanntschaft sich dank ausgiebigem Meinungsaustausch über alle möglichen Gegenstände zur Freundschaft entwickelt.

Etwa eine Woche später brachte Cordovinus mir eine Visitenkarte. »Der Herr erwartet Sie unten.« Die Karte wies den Namen jenes Kritikers auf, der mich anläßlich meines Galaabends so verrissen hatte. Was kann der von dir wollen? dachte ich, Geld für eine positive Kritik wie der »Figaro« und »l'Ouvreuse«? Es erwartete mich ein ältlicher Herr im dunklen Anzug mit steifem Kragen, schwarzem Schlips und Kneifer. »Ich suche Sie auf Anregung von Pablo Casals auf, junger Mann. Dieser von mir sehr geschätzte Künstler hat meine Besprechung Ihres Konzertes mit Entrüstung gelesen. Er sagte zu mir: ›Ich versichere Ihnen, Rubinstein ist mir als Künstler mindestens ebenbürtig.‹ Das hat mich so beeindruckt, daß ich den Wunsch habe, Sie besser kennenzulernen.«

Es befriedigte mich sehr, auf so noble Weise Genugtuung zu erhalten. Man kann sich das Resultat ohne weiteres denken: Fortan war dieser Kritiker (dessen Name ich vergessen habe) mein unerschütterlicher Anhänger.

Der Mangel an Engagements und der damit einhergehende Geldmangel machten mir das Leben schwer. Als ich wieder einmal, ratlos und verzweifelt, auf meine Monatsraten einen Vorschuß verlangte, wurde ich von Astruc erwischt. Schon wollte er den Kassierer an der Auszahlung hindern, aber als er sah, wie traurig und niedergeschlagen ich war, ließ er mir das Geld geben und bemerkte in seiner väterlichen, aufmunternden Art: »Mon petit, ce soir je vous emmène dîner chez une jolie femme.« Ich hatte nichts dagegen. Eine Stunde später holte er mich ab, und wir spazierten den kurzen Weg bis zur Rue Alfred de Vigny, einer jener Straßen, die den Parc Monceau einfassen. Im Fahrstuhl erkundigte ich mich, wer denn die hübsche Frau sei. »Eine Opernsängerin; früher war sie beim Varieté. Sie heißt Cavalieri.« Nun schlug mein Herz rascher. »Doch nicht etwa Lina Cavalieri?« fragte ich. »Richtig. Eben dieselbe.«

Ich traute meinen Ohren nicht. In Berlin hatte ich vor Jahren bunte Bildpostkarten von Lina Cavalieri gesammelt, der schönsten Frau der

Welt, wie man sie nannte; sie war mein »Pin Up Girl«. In meinen Tagträumen hätte ich mein Leben für einen einzigen Kuß von ihr hingegeben – und heute sollte ich sie kennenlernen, sollte mit ihr dinieren . . . es war zu schön, um wahr zu sein.

Im Salon nippten bereits sechs oder acht Personen an ihren Aperitifs, und richtig, da war sie, noch schöner als auf den Postkarten! Sie eilte auf Astruc zu, küßte ihn auf beide Wangen und sagte dann mit stark italienischem Akzent: »Et qui est ce petit là?« Nachdem ich ihr als der kommende Star vorgestellt worden war, küßte sie auch mich und sagte: »Je suis trai, trai conntannté de vous connaîtré.«

Ich war im Himmel. Man ging zu Tisch. Sie saß zwischen Astruc und dem Fürsten Bariatinsky, ihrem amant en titre, wie ich später erfuhr. Weiter waren anwesend Constant Say, ein sehr gut aussehender junger Mann, Erbe eines Zuckervermögens und ihr amant de coeur; ihr Klavierbegleiter und noch zwei Damen. Die ältere war – wahrscheinlich – die Sekretärin, und die jüngere Blondine eine Schauspielerin. Ich saß zwischen beiden meiner Gastgeberin gegenüber. Zu dem üppigen Essen gab es unentwegt Champagner. Beim Nachtisch war die Unterhaltung bereits sehr locker und laut, wir lachten über alles und jedes, und hörten überhaupt nicht auf zu trinken.

Ich konnte während des ganzen Essens meinen Blick nicht von Lina wenden. Die sanftblickenden schwarzen Augen, hinter langen Wimpern verborgen, die kleine, gerade Nase mit den rosigen Nüstern, der bogenförmige Mund, der lange Hals, das klassische Kinn und die herrliche Haut – alles an ihr war vollkommen und erfüllte mich mit Wonne. Die junge Schauspielerin zu meiner Rechten war ein eher gewöhnlicher Typ mit Stupsnase, voller Büste und einer Figur, die man heute »sexy« nennen würde. Sie hatte einen Schwips und lehnte sich immer schwerer auf mich. Das reizte mich. Und nun geschah etwas Sonderbares. Die göttliche Cavalieri verwandelte sich vor meinen Augen in die denkbar schönste Statue, während die Person zu meiner Rechten mehr und mehr begehrenswert schien – sie war schließlich aus Fleisch und Blut.

Im Salon bat mich Lina, einige Opernarien und Lieder zu spielen, die sie gerne mochte, sie küßte mich auch zum Abschied, doch endete der Abend auf unerwartete Weise. Ich begleitete die Blondine nach Hause. Lina blieb noch auf Jahre hinaus mit mir befreundet.

Meinem »Chef« verdankte ich die Einladung zum weihnachtlichen reveillon bei einem reichen Advokaten, Maître Nunès, der in einem herrlichen Haus an der Place de l'Etoile wohnte. Die Franzosen nehmen ja Weihnachten zum Anlaß einer gastronomischen Orgie, und so speisten wir frische foie gras mit exquisitem Salat, truffles en serviette, den berühmten canard au sang und zum Nachtisch crêpes suzettes, dazu beste Weine. Mein Gaumen, den bereits manche Delikatessen verfeinert hatten, war damit ein für alle Mal verwöhnt. Dieser Vorfall war typisch für eine bestimmte Phase meines Lebens, in der ich zwischen dem täglichen Kampf ums Dasein und häufigen Abstechern in den raffiniertesten Luxus hin- und herpendelte.

Kapitel 27

»Sie geben ein Konzert in Nizza«, eröffnete mir Astruc. »Ich fahre mit Ihnen hin, und anschließend begleiten Sie mich nach Monte Carlo.«

Welche Freude! Endlich ein Engagement, noch dazu an der Côte d'Azur. Ich stellte ein wirkungsvolles Programm zusammen, und wenige Tage später reisten wir an die berühmte Riviera. Das blaue Mittelmeer, die Promenade des Anglais und die Palmen erschienen mir wie ein Märchenland.

Das Konzert allerdings war eine bittere Enttäuschung, denn ich mußte im Salon Rumpelmayer spielen, einer bekannten Teestube. Hier wäre für ungefähr hundert Personen Platz gewesen, doch hatten sich zu dieser trübsinnigen Veranstaltung am frühen Nachmittag höchstens sechzig eingefunden, zumeist ermüdet dreinschauende alte Damen. Mein Honorar war so gering, daß ich es gar nicht sagen darf. Noch am gleichen Abend reisten wir weiter nach Monte Carlo, im Jahre 1905 ein magischer Name, denn einzig dort konnte man Roulette spielen. Berühmte Schriftsteller hatten es in ihren Geschichten von Selbstmorden und immensen Spielverlusten mit einem besonderen Glanz umgeben, Zeitungen berichteten von kühnen Einbrüchen und Skandalgeschichten, in die Personen von Stande verwickelt waren – kurzum, dieser Ort genoß universelle Neugier und war das Mekka sämtlicher Spieler der Welt.

Dank dem Roulette war Albert von Monaco einer der reichsten Fürsten Europas. Er engagierte für das kleine, mit Stuck überladene Theater im Kasino eine erstklassige Operntruppe, unterhielt ein ausgezeichnetes Orchester, ein Ballett und einen ständigen Chor; vorzügliche Sänger und Dirigenten waren hier zu hören. Treibende Kraft des Ganzen war ein rumänischer Jude namens Raoul Gunsbourg, eine sehr farbige Persönlichkeit, gut bekannt mit Gabriel Astruc. Beide hatten eine Leidenschaft für groß aufgezogene Veranstaltungen. Dank Gunsbourg wohnten wir sehr komfortabel im Hotel de Paris und erhielten auch Karten für die Welturaufführung der neuen Oper von Massenet, »Chérubim«, mit der Cavalieri und Rousseliere in den Hauptrollen. Das alles fand ich sehr aufregend, doch als Höhepunkt der Spannung erlebte ich meinen Besuch des Spielsaals. Da Minderjährige in den salles de jeu nicht zugelassen waren, mußte Gunsbourg mit seiner Unterschrift meine Volljährigkeit bezeugen. Astruc überreichte mir zwei Goldstücke, die 40 Francs wert waren, louis d'or oder napoléons nannte man sie, und sagte lachend: »Versuchen Sie Ihr Glück beim Roulette, vielleicht gewinnen Sie ein Vermögen.« Schüchtern näherte ich mich einem jener gefährlichen Tische und setzte einen louis d'or auf Schwarz. Und Schwarz kam heraus. Der Croupier legte einen zweiten louis d'or auf meinen und gerade wollte ich beide wegnehmen, als es hieß: »Rien ne va plus!« Das Herz blieb mir stehen. Die Kugel rollte, dann fiel sie wieder auf Schwarz. Nun besaß ich vier Münzen. Verwegen setzte ich alle vier auf Rot, und erneut war das Glück mir hold. In weniger als einer halben Stunde barsten meine Taschen von louis d'or – damals benutzte man noch keine Spielmarken. Strahlend vor Freude wollte ich mit meinem Gewinn vor Astruc protzen, da lief mir Madame Colette über den Weg. »Ich wette, Sie haben gewonnen, junger Mann«, sagte sie, »ich sehe es Ihnen an.« Zur Antwort ließ ich das Gold in meinen Taschen klirren. »Ah, Sie spielen zum ersten Mal! Heute ist Ihr großer Tag, Sie können nicht verlieren. Setzen Sie einen louis auf Schwarz oder Rot. Verlieren Sie, setzen Sie doppelt, verlieren Sie wieder, setzen Sie vierfach, dann achtfach und immer so weiter. Irgendwann muß Ihre Farbe herauskommen, und dann haben Sie immer noch gewonnen.« Ihr System schien mir so leicht wie die C-Dur-Tonleiter, und ich kehrte an den Tisch zurück. Anfangs ging es ganz gut, aber dann fiel die Kugel acht oder neun Mal gegen mich, und ich war ruiniert. Dieses Malheur habe ich bis heute nicht verwunden, und obwohl ich Colettes Werke bewundere, mache ich es ihr immer noch zum Vorwurf.

Die Welturaufführung von »Chérubim« war ein blendendes Schauspiel in Anwesenheit des Fürsten von Monaco, der Maître Massenet in seine Loge eingeladen hatte. Zu dem großen Ereignis erschienen Operndirektoren, Kritiker und Dirigenten aus aller Welt. Die Herren trugen selbstverständlich Frack mit Orden, die Damen Toiletten der letzten Mode und funkelnde Juwelen. Ein prachtvolles Bild. Die Oper erwies sich allerdings als Niete. Meine schöne Cavalieri war überhaupt keine prima donna, ihrer Stimme fehlte die richtige Ausbildung, und sie hatte die unselige Angewohnheit, falsch zu intonieren. Und an der Musik vermißte ich die Inspiration von »Manon« und »Werther«. Man applaudierte trotzdem lebhaft, und Massenet mußte sich viele Male verbeugen. Die Bühne verwandelte sich für Lina in einen Blumengarten, und alle taten, als sei es ein großer Erfolg. Wir atmeten auf, als alles überstanden war, und gesellten uns zu den Gästen eines Bankettes, das Gunsbourg zu Ehren von Massenet und anderen Berühmtheiten gab. Man reichte Champagner, und unser Gastgeber erhob sich, um einen Toast auf Massenet auszubringen; doch sehr bald sprach er nicht mehr von Massenet, sondern ausschließlich von Gunsbourg. Nie wieder bin ich einem Menschen begegnet, der sein eigenes Lob so laut zu singen verstand wie er. Anderntags begleitete er uns an den Zug nach Paris. »Je vais m'occuper de ce petit-là, il a l'air d'avoir du talent«, sagte er. Mein Impresario lachte ungläubig. Später unterhielt er mich mit höchst amüsanten Anekdoten von Gunsbourg. »Raoul«, so begann er, »ist der größte Lügner, den ich kenne, er hält sich für Napoleon redivivus. Sie haben sicher bemerkt, wie er schreitet, die rechte Hand zwischen den zwei geöffneten Westenknöpfen à la Bonaparte. Er prahlt auch, daß er ganz allein die Schlacht bei Sewastopol gewonnen habe. Dazu sieht er sich noch als bedeutenden Komponisten, der arme Kerl. Dabei ist er auf seinem eigenen Gebiet genial; er hat aus dem Nichts eine der besten Opern Europas geschaffen und vergangene Woche Fjodor Schaljapin, den größten russischen Bassisten, nach Monte Carlo gebracht. Den hole ich mir nächsten Monat nach Paris.«

In der Rue Cardinet empfing mich Cordovinus mit der geflüsterten Neuigkeit: »Eine Dame erwartet Sie.« Und tatsächlich, im Salon wartete meine älteste Schwester auf mich, Jadwiga Landau. Ich fragte sie erschreckt, ob sie etwa ihrem Mann und den drei Kindern weggelaufen sei? Doch sie lächelte beruhigend: »Nein, ich wollte dich nur besuchen und mir Paris ansehen.« Nun dämmerte es mir: Die Familie vermutete offenbar, daß ich ein gemachter Mann war und wollte daran teilhaben.

»Ich habe ein Zimmer gleich neben deinem gemietet«, sagte sie fröhlich, »wir werden uns großartig amüsieren. Du mußt mir alle Sehenswürdigkeiten zeigen.«

Und so besichtigten wir denn tagelang den Louvre, den Bois de Boulogne, den Invalidendom, die Boulevards. Und im Café de la Paix bestellte ich ihr sogar meine mousse au chocolat. Sie hatte zum Glück reichlich Geld dabei, so konnte ich auf meine Spielverluste in Monte Carlo verweisen und die Vervollständigung meiner Garderobe. Meinen neuen Freunden und Bekannten führte ich sie aber nicht vor, denn in dieser Beziehung war ich aus Erfahrung klug geworden.

Eines Sonntags war ich bei Dettelbachs eingeladen, dans l'intimité, wie sie gern sagten. Mein Gastgeber begab sich gleich nach dem Essen zum Pferderennen, und die beiden Kinder gingen mit der Bonne im Bois spazieren. Ich blieb mit der noch jungen, attraktiven Hausherrin allein, die ich erst kürzlich in der Oper, wo ich in der dunklen Loge hinter ihr saß, impulsiv auf den Hals geküßt hatte. Seither flirtete sie ein wenig mit mir, und mir schwante, an diesem Nachmittag erwartete sie ernstere Avancen von mir. Ich war aber nicht in der Stimmung. Mein Kragen würgte mich. Madame Dettelbach, eine erfahrene Frau, spürte, daß dies nicht der Augenblick für den Austausch von Zärtlichkeiten war, sie forderte mich also auf, sie zu Bekannten zu begleiten, die ein Quartett zu Gast hatten. Es spielte gerade ein Adagio von Beethoven, und wir hörten von der Tür her zu. Mein Hals tat entsetzlich weh, der Schmerz war nicht mehr zu ertragen, also entschuldigte ich mich flüsternd bei Madame und verschwand: Unbedingt mußte ich den verfluchten Kragen loswerden! Überdies war ich für den Abend mit Basia verabredet; wir wollten uns ein Konzert von August Radwan anhören, dem polnischen Pianisten. Er lebte in Paris und gab nur einmal im Jahr ein Konzert, zu dem tout Paris erschien, sein enfant gâté zu bewundern. Ich wollte mich umkleiden, legte mich aber stattdessen, von einem

Instinkt geleitet, zu Bett. Und schon war ich auch sehr krank. Ich mußte mich übergeben, danach versank ich in Benommenheit. Meine Schwester hat mir später erzählt, wie sie mich delirierend, mit hohem Fieber vorfand. In ihrer Angst telefonierte sie mit Astruc, der erschreckt selber kam und sofort nach seinem Arzt schickte. Ich hatte Scharlach, in meinem Alter kein Spaß. Zwei Tage und Nächte dauerte das hohe Fieber an, am dritten Tage war die Krise überstanden. Eine Krankenschwester pflegte mich während dieser Zeit, doch wich auch Jadwiga nicht von meinem Bett.

Am ersten Tag meiner Krankheit war aus Warschau ein sonderbares Telegramm eingetroffen: »Gestern hast du auf unserer spiritistischen Sitzung um Hilfe gerufen stop telegrafiere sofort deinen Gesundheitszustand. Grüße Frederic.«

Ich erholte mich nur sehr langsam und schulde dem Ehepaar Cordovinus Dank dafür, daß ich während meiner Krankheit in der Pension bleiben durfte, obwohl der Arzt mich unbedingt im Krankenhaus unterbringen wollte. Selbstverständlich war ich von den übrigen Gästen isoliert, und außer meiner Schwester und meiner Pflegerin sah ich drei Wochen lang niemanden. Arme Jadwiga, sie hatte wirklich Pech! Da war sie nun nach Paris gereist, um sich nach Kräften zu amüsieren und sich in meinem Ruhm zu sonnen, berühmte Persönlichkeiten kennenzulernen und alle Attraktionen dieser Weltstadt zu genießen, statt dessen war sie an ein Krankenbett gefesselt, mußte alle unangenehmen Verrichtungen besorgen, bekam zu wenig Schlaf und verließ das Haus so gut wie überhaupt nicht.

Meine Schwester war eine komplizierte Person: auf orientalisch üppige Weise ansehnlich, hatte sie nur eine oberflächliche Bildung – die schon erwähnten Klavierstunden zählen dazu, ferner Französisch – und ein paar Tanzstunden, wie es eben einer Tochter der Lodzer jüdischen Bourgeoisie zukam. Nach der Heirat mit einem erfolgreichen Geschäftsmann und der Geburt dreier Kinder sehnte sie sich plötzlich nach Kultur und den höheren Dingen des Lebens. Diese Sehnsucht steigerte sich zu einem geradezu krankhaften Ehrgeiz, und da wandte sie sich an mich. Sie war so besessen von der Vorstellung, an der Seite des berühmten Bruders ein glänzendes Leben zu führen, daß sie dafür Mann und Kinder im Stich lassen und sich in mein Leben einnisten wollte. Immerhin muß ich ihrer Bruderliebe Gerechtigkeit widerfahren lassen: Sie hat mich hingebend gepflegt. Als ich eines Tages bei leicht gebessertem Befinden die Pflegerin und meine Schwester bat, das Bett neben die Tastatur meines Klaviers zu rücken, und mit bleichen, zitternden Fingern ein paar Takte anschlug, brach Jadwiga in Tränen aus und weinte lange Zeit untröstlich. Das erschütterte mich sehr. Als ich genesen war, kehrte sie zu den Ihren zurück, Gott sei Dank ohne sich angesteckt zu haben. Allerdings hat ihr Mann später behauptet, sie habe alle drei Kinder mit meinem Scharlach infiziert.

Kapitel 28

Meine Finanzen erreichten einen Tiefpunkt. Ich hatte beim Arzt, bei der Apotheke und selbstverständlich seit einem ganzen Monat bei der Pension Schulden. Um das Elend voll zu machen, bekam ich Abszesse in beiden Ohren – eine der unangenehmen Nachwirkungen bei Scharlach. Sie mußten ohne Betäubung höchst schmerzhaft aufgeschnitten werden, was mich in ein nervöses Wrack verwandelte.

Gerechterweise muß ich auch einiger freundlicher Ereignisse gedenken. Madame Dettelbach, die sich aus irgendwelchen Gründen für mein Leiden verantwortlich fühlte, schickte mir häufig Obst und Blumen, und Astruc zeigte als echter Freund eine sorgende Hilfsbereitschaft. Oft lud er mich zu sich zum Essen ein, suchte mit Bedacht aus, was mir bekömmlich war, und sagte immer wieder: »Essen Sie ordentlich, mon petit, Sie brauchen Kraft.« Und wenn er mir von seinem guten Bordeaux eingoß, sagte er: »Trinken Sie, das macht Ihnen frisches Blut.«

Zusammen mit zwei Mädchen, die ebenfalls bei de Reszke studierten, mietete Basia eine hübsche Wohnung in der Avenue Victor Hugo. »Mein Liebhaber ist in Paris«, erklärte sie mir, »ich brauche Bewegungsfreiheit.«

Eines Abends forderte sie mich auf, bei ihr zuhause Kaffee zu trinken. Ihre Mitbewohnerinnen waren zwei reizende Engländerinnen; die jüngere, knapp sechzehn, hatte um ihr langes Haar ein Band geschlungen. Sie hieß Maggie Teyte, und eben jene Maggie Teyte sollte die berühmte Mélisande von der Opéra Comique sowie die beste Interpretin der Lieder Debussys werden. Das andere Mädchen war Olga Lynn, später die gesuchteste Gesangslehrerin von London und der Liebling des Adels.

Ferner hatten sich noch zwei polnische Herren eingefunden. Der eine war natürlich Basias Liebhaber aus Warschau, der andere ein großer wohlgestalteter Mann Anfang dreißig namens Joseph Jaroszynski. Der faszinierte mich sogleich. Kaum betrat ich das Zimmer, rief er auch schon mit Stentorstimme und gefährlich wildem Armeschwenken: »Bitte, spielen Sie! Wie ich höre, sind Sie ein großartiger Pianist!«

Und fast mit Gewalt zog er mich an das kleine Klavier, das die Damen gemietet hatten. Ich spielte Chopin, Skrjabin, Szymanowski und anderes. Dann sangen, von mir begleitet, die Mädchen Opernarien, wozu Jaroszynski wie ein Verrückter schrie und umhertollte. Solche Begeisterungsausbrüche waren mir ungewohnt. Basias Don Juan rührte sich nicht von seinem Stuhl. Er rauchte eine Zigarette nach der anderen und beobachtete uns ironisch lächelnd.

Nach zwei Stunden dieses infernalischen Lärms machten sich die verärgerten Nachbarn durch Klopfen bemerkbar. Jaroszynski und ich gingen schließlich weg; Basias Maler blieb. »Immer ist er hinter mir her«, klagte mein neuer Bekannter, »er will mich unbedingt malen, aber ich mag seine Bilder nicht.« Wir setzten uns in ein Café, doch er war noch in derselben dröhnenden Stimmung, er redete und sang so laut, daß die übrigen Gäste sich möglichst weit von uns wegsetzten. Tags darauf lud er mich zum Essen in ein gutes Restaurant ein und erzählte mir, etwas gedämpfter jetzt, seine Lebensgeschichte. Er stammte aus Podolien, der reichsten Provinz der Ukraine und hatte mit seinen vier Brüdern große Ländereien und Zuckerraffinerien geerbt. In seiner Jugend wollte er Pianist werden, er war besessen von Musik, aber seine Eltern erlaubten es ihm nicht. »Also mußte ich in Kiew Jura studieren.« Für einen Augenblick schaute er versonnen vor sich hin. »In Wahrheit verbrachte ich meine ganze Zeit in der Oper, in Konzerten und an meinem Klavier.« Nach dem Tod seines Vaters gab er das Studium auf und kehrte nach Hause zurück. Er legte eine große Begabung für die Landwirtschaft an den Tag, kaufte Land hinzu und wandte die neuesten Bearbeitungsmethoden an. Dabei blieb er ein eingeschworener Junggeselle. »Die Mädchen, die ich kenne, sind sämtlich unmusikalisch, und ich reise gerne, um überall viel gute Musik zu hören.«

Wir wurden gute Freunde, und dank seiner Großzügigkeit konnte ich wieder das Leben in Paris genießen – gutes Essen, Theater, Konzerte –, obwohl ich in Wahrheit immer tiefer in Schulden geriet und meist nicht einmal genug für ein Trinkgeld hatte.

Eines Morgens erklärte mir Jaroszynski, er müsse in die Ukraine zurückfahren. »Ich habe da dringende Geschäfte, aber in einer Woche bin ich wieder da.« Und dann fragte er ganz impulsiv: »Warum kommen Sie nicht mit? Eine Abwechslung würde Ihnen gut tun.«

Bei diesem Vorschlag durchfuhr mich eine glänzende Idee: Warum sollte ich dieses Anerbieten nicht annehmen und in Lodz ein oder zwei Konzerte geben? Mein Pariser Ruhm hatte sich dort bereits verbreitet, und ich konnte auf einen vollen Saal rechnen. Sogleich telegrafierte ich meinem Bruder Stanislas, dem einzigen, von dem ich annehmen konnte, daß er zuverlässig die nötigen Vorbereitungen treffen würde, und bat ihn, ein Konzert anzukündigen und, falls der Kartenverkauf sich gut anließ, auch noch ein zweites. Wenige Tage später kam seine Antwort: »Nachfrage enorm. Habe zwei Konzerte angekündigt.«

Zu Astruc sagte ich: »Ich brauche eine kleine Verschnaufpause im Familienkreise«, und erwähnte die Konzerte mit keinem Wort. Das mag unmoralisch scheinen, sogar ein wenig betrügerisch, ich fand aber, daß ein Konzert in meiner Heimatstadt nicht in die Kategorie jener Darbietungen falle, von deren Einnahmen er sich 40 Prozent vorbehalten hatte. Und ich brauchte das Geld doch so dringend! Joseph stimmte meinen machiavellistischen Erwägungen zu, und wir reisten mit dem Nordexpress ab. Zum ersten Mal benutzte ich einen komfortablen Zug. Ich sollte um sieben Uhr früh in Lodz aussteigen, während Joseph weiter fahren wollte.

Meine Ankunft in Lodz spielte sich als eine echte Posse ab. Ich hatte den Schlafwagenkontrolleur gebeten, mich rechtzeitig um sechs Uhr früh zu wecken; er antwortete aber so grob, daß ich ihn schließlich aus dem Abteil weisen mußte. Es dauerte lange, bis ich mich beruhigte, dann schlief ich fest ein. Es war noch dunkel, als der Zug hielt und ich erwachte. Wie immer döste ich gleich darauf wieder ein. Doch auf dem Bahnsteig hörte ich plötzlich lebhaftes Rufen: »Pan Rubinstein! Wo ist Pan Rubinstein! Hat jemand Pan Rubinstein gesehen?«

Ich sprang splitternackt aus dem Bett, schob die Jalousie hoch und sah zu meiner Verblüffung meinen Bruder Stas, meine Schwester Hela und zwei meiner Tanten aufgeregt den Bahnsteig entlang rennen und nach mir Ausschau halten. Wir waren also bereits in Lodz! Als sie mich nackt an meinem Fenster entdeckten, bedeuteten sie mir durch Gesten, ich müsse mich anziehen und aussteigen, doch noch ehe ich in die Kleider schlüpfen konnte, ruckte der Zug an. Sie kreischten, ich kreischte, doch was sollte ich tun? In zwei Stunden würde der Zug Warschau erreichen, dann mußte ich mit dem nächsten Zug nach Lodz zurückfahren. Ich beruhigte mich und zog mich an in der Absicht, erst einmal ausgiebig mit Joseph im Speisewagen zu frühstücken. Ich nahm das Rasiermesser zur Hand und seifte mein Gesicht ein, da hielt der Zug wieder. Neugierig schaute ich zum Fenster hinaus, und was sah ich? Wieder meinen Unglücksbruder, die Schwester und die Tanten, die neuerlich den Bahnsteig entlangliefen und nach mir riefen, während ich sie völlig verwirrt mit eingeseiftem Gesicht aus dem Fenster anstarrte. Und wieder ruckte der Zug an. Er hatte nur kurz auf einem neu eingerichteten Bahnhof am anderen Ende der Stadt gehalten, und meine Angehörigen waren in höchster Eile hinter mir hergefahren und hatten versucht, mich wenigstens dort aus dem Zug zu holen. Als ich Jaroszynski beim Frühstück diese Vorfälle berichtete, lachte er Tränen. Dann wollte er unbedingt den Schlafwagenschaffner verprügeln, und ich konnte ihn nur mit Mühe davon abhalten.

Ende gut, alles gut; ich kam noch rechtzeitig zum Konzert und spielte vor einem vollen Haus. Danach gab es das übliche »intime Essen« für zwanzig Personen mit Karpfen à la juive und den anderen Lieblingsdelikatessen. Das zweite Konzert war ebenfalls ausverkauft, die finanzielle Lage hatte sich also wesentlich gebessert.

Doch die politische Lage erzeugte Unruhe, nicht nur in Polen, sondern mehr noch in Rußland. Aus dem russisch-japanischen Streit um Port Arthur, den das russische Oberkommando anfangs als »Strafexpedition« auf die leichte Schulter genommen hatte, war ein richtiger Krieg entstanden mit verheerenden Folgen für das russische Reich. Nach den japanischen Siegen zu Lande und der völligen Vernichtung der russischen Flotte durch Admiral Togo hatte der russische Bär viel von seinem Prestige eingebüßt, und Japan war zur ersten asiatischen Weltmacht aufgerückt.

Zunächst nahm niemand diese Vorgänge ernst: man lachte über

russische Offiziere, die auf der transsibirischen Eisenbahn Orgien veranstalteten und große Mengen Wodka und Weiber auf den Kriegsschauplatz mitführten. Dann aber trafen die Kampfberichte ein und sprachen von Niederlagen und schweren Verlusten, und da war es mit dem Spaß vorbei. Anfangs flackerten nur hier und dort Anzeichen von Unruhe auf, dann kam es zu wütenden Demonstrationen. Das Volk warf dem Zar und der Regierung die unmögliche Kriegführung vor und machte sie für diese beschämenden Ergebnisse verantwortlich.

Der junge russische Priester, Vater Gapon, führte eine Delegation von zweitausend Petersburger Bürgern vor das Winterpalais, sie wollten vom Zaren eine Verfassung erbitten. Der Zug näherte sich friedlich dem großen Platz vor dem Palast, doch als er das Tor erreichte, feuerten die Palastwachen von zwei Seiten auf die Demonstranten. Fünfhundert wurden getötet und viele verwundet. Den Feuerbefehl gab ein Onkel des Zaren; der Zar selber befand sich samt der engsten Familie in Zarskoje Selo.

Dieses tragische Ereignis war der Funke, der die Revolution von 1905 zündete. Zur Sühne für das Massaker von St. Petersburg wurde Großfürst Sergius, ein Onkel des Zaren, in Moskau ermordet. Die aufgebrachte Menge stürmte Polizeiwachen und öffentliche Gebäude, Intellektuelle verfaßten Proklamationen, auf den Straßen demonstrierten Studenten, selbst die Aristokratie sympathisierte mit dem Volk, doch die Revolution griff weder auf die Armee noch auf die Polizei über, auch die allmächtige Synode der russischen Kirche blieb dem Thron treu ergeben. Also konnte der Zar den Aufstand niederwerfen. Tausende bezahlten mit dem Leben, Tausende wurden nach Sibirien verschickt, und die gefürchtete Geheimpolizei, die Ochrana, besaß die eigentliche Macht im Lande. Nikolas II. lernte seine Untertanen fürchten. Und, wie üblich, hatten wir Polen die schwerste Bürde zu tragen.

Kapitel 29

Vor der Rückkehr nach Paris wartete ich in Warschau zwei Tage auf Jaroszynski. Pani Magdalena und Frederic waren entzückt, mich bei guter Gesundheit wiederzusehen und luden mich ein, ihnen ab Ende Juli in der Schweiz Gesellschaft zu leisten – sie hatten ein Hotel oberhalb von Montreux mit dem Blick auf den Genfer See gewählt. Selbstverständlich akzeptierte ich mit Vergnügen, endlich wußte ich, wie ich den Sommer überstehen konnte!

Joseph und ich kamen an einem herrlichen Frühlingstag in Paris an, am ersten Mai, der in Frankreich als das Fest der Maiglöckchen gefeiert wird. Sie wurden an jeder Straßenecke feilgehalten, und ihr feiner Duft durchzog die ganze Stadt. Und die Stadt reagierte auf diese Herausforderung: Alles sah frisch und heiter aus, die Kastanien standen in voller Blüte, die kecken Pariserinnen belebten Straßen und Alleen mit ihrem Chic und ihrem Charme, und ein blaßblauer Himmel lächelte auf dieses Treiben herab. Davon selig verzaubert, beschlossen wir, den Tag besonders festlich zu begehen.

Wir begannen mit einem guten Gabelfrühstück im wiedereröffneten Pavillon Royal im Bois de Boulogne, und nach einer angemessenen Siesta amüsierten wir uns im Palais Royal an einer typisch französischen Posse mit dem Titel »Chopin«, einem der ulkigsten Theaterstücke, die ich kenne. Von einer Szene war ich hoch angetan: Ein pensionierter General besucht einmal wöchentlich eine junge Dame in einer maison de rendez-vous; damit er zum gewünschten Erfolg gelangt, muß im Nebenzimmer ein Klavierspieler einen Walzer von Chopin anstimmen. Eines Tages erkrankt der greise Pianist des Etablissements, und man beauftragt statt seiner einen jungen Mann, der nicht einen wehmütigen Chopin, sondern einen feurigen Straußwalzer bietet. Katastrophe! Der General stürzt, blau vor Wut und nur in Unterhosen ins Nebenzimmer und brüllt: »Nom de Dieu, nom de Dieu, was ist denn das für Musik?« So war keiner von beiden erfolgreich! Joseph lachte so fürchterlich, daß das ganze Theater wackelte, und ich war stolz auf Chopins suggestive Kräfte.

Den Abend beendeten wir im Maxim. Dieses berühmte Restaurant war damals ganz anders aufgezogen als heute. Es öffnete erst abends, und die Gäste waren meist Damen der Halbwelt mit ihren ältlichen Beschützern, den amants sérieux, oder ihren Liebhabern.

Nie im Leben hätte eine femme du monde sich bei Maxim blicken lassen. Man tanzte bis in den frühen Morgen zur Musik einer Zigeunerkapelle; Küche und Keller waren erstklassig.

Nacht für Nacht fanden sich hier regierende Herrscher inkognito, russische Großfürsten, Berühmtheiten von der Bühne, mit der crème der Halbwelt zusammen. Wer ungestört zu sein wünschte, nahm im ersten Stock ein chambre séparée, zu dem eine verschwiegene Hintertreppe gehörte. Diese Welt war ausschließlich den Reichen vorbehalten. Mittellose hatten keinen Zutritt. Ich war nicht zum ersten Mal bei Maxim, bisher hatte ich allerdings nur auf der Terrasse gesessen, wo ich ein Schinkenbrot für einen Franc und eine Tasse Kaffee für 50 Centimes bestellte, um ein paar Blicke in das Innere des Lokals zu werfen. Diesmal genoß ich in vollen Zügen die Gunst des Augenblickes; wir baten eine reizende rothaarige Engländerin an unseren Tisch und tanzten abwechselnd mit ihr.

Ich erinnere mich an diesen Tag so gut, weil ich mich selten sorglos und glücklich fühlte. Und der Tag darauf war, wenn möglich, noch angenehmer! Am Vormittag hatte Astruc mir ausrichten lassen, er müsse mich unbedingt sprechen; und etwas bedrückt wegen der verschwiegenen Einnahmen aus meinen Lodzer Konzerten betrat ich den Pavillon de Hanovre, bereit, 40 Prozent abzutreten. Da empfing mich ein geradezu strahlender Chef mit der Ankündigung: »Mon petit, man möchte Sie für eine Konzertreise in Amerika haben!«

Ich hörte das ungläubig staunend an. »Das ist gewiß ein Irrtum«, sagte ich schließlich. »Ich habe in Amerika keine Kontakte, und ich kann mir auch nicht vorstellen, daß meine hiesigen Konzerte ein solches Engagement rechtfertigen.«

Er lachte. »Sie werden den betreffenden amerikanischen Herrn heute nachmittag bei mir im Büro kennenlernen, und dann wird Ihnen alles klar.«

Der Amerikaner erschien pünktlich und eröffnete mir in schwer verständlichem Französisch, daß er mich schon lange suche und froh sei, mich endlich gefunden zu haben.

»Wieso möchten Sie mich für eine Konzertreise durch Amerika verpflichten?« fragte ich immer noch mißtrauisch.

»Ich handle nur als Agent der Klavierfabrik Knabe aus Baltimore. Mr. William Knabe wurde Ihr Spiel über den grünen Klee gerühmt von dem einflußreichsten Musikkritiker Bostons, der Sie bei Paderewski in der Schweiz gehört hat, und seither haben wir versucht, Sie aufzuspüren.«

Jetzt fiel mir der amerikanische Gast Paderewskis an jenem denkwürdigen Abend wieder ein. Gewisse Ereignisse haben eine sehr erhebende Wirkung, und dieses Gespräch kam im richtigen Moment. Ich überließ den beiden Herren die Ausarbeitung des Vertrages und eilte ins Café de la Paix, um gleich zwei mousses au chocolat zu verzehren.

Die Neuigkeit überraschte alle, insbesondere Astruc und sein Personal; ihr Vertrauen in meine Karriere wuchs, und sie beauftragten einen jungen Künstler, für die Presse eine Karikatur von mir anzufertigen.

Dieser Künstler hieß Sacha Guitry. Sein Vater, der berühmte Schauspieler Lucien Guitry hatte ihn verstoßen, und der arme Kerl mußte sich als Karikaturist durchs Leben schlagen.

»Als ich zum Theater wollte, ist mein Vater vor Wut fast geborsten«, erzählte er mir. »Er tobte: ›Für zwei Guitrys hat das Theater keinen Platz.‹ Aber ich beiße mich schon durch.« Und das hat er, zum Wohle der französischen Kunst und des Theaters, auch getan. Seine glänzend gezeichnete Karikatur ist leider während des Krieges verloren gegangen.

Der Vertrag mit den Amerikanern war abgeschlossen und stipulierte im wesentlichen folgendes: Innerhalb von drei Monaten sollte ich vierzig Konzerte geben, die Reisekosten wurden den Veranstaltern überbunden, für meinen Lebensunterhalt mußte ich selber aufkommen. Das Honorar war viel geringer, als ich erwartet hatte, nämlich viertausend Dollar, von denen noch die berühmten 40 Prozent abgingen.

»Ne vous en faites pas, mon petit«, tröstete mich mein Chef. »Mit dieser Konzertreise beginnt Ihre große Karriere.« Und um mir über die Enttäuschung wegzuhelfen, holte er eine Eintrittskarte aus der Tasche. »Hier, für die heutige Galavorstellung im Automobilklub, Schaljapins erstes Auftreten. Sie können ihm in einer Loge der ›Grandes Auditions de France‹ zuhören.« Wie gut er mich kannte, der liebe Astruc! Schon heiterte ich mich auf. Der russische Bassist erfüllte bereits ganz Paris mit seinem märchenhaften Ruhm. Die Zeitungen schrieben über seine Erfolge als Opernsänger, seine einzigartige Stimme, seine stürmischen Liebesaffairen, und es gab zahllose Geschichten, die von seiner Bescheidenheit, seiner bäuerlichen Abkunft, seiner engen Freundschaft mit dem großen Schriftsteller Maxim Gorkij und – dies war ausschlaggebend für die Leserinnen – seinem blendenden Aussehen zu berichten wußten. Astruc und Gunsbourg hatten ihn denn auch mit voller Absicht veranlaßt, vor seinem ersten Auftreten an der Großen Oper bei dieser festlichen Wohltätigkeitsveranstaltung mitzuwirken, deren Patronat die ungemein wichtige Gräfin Greffulhe übernommen hatte.

Jenen Abend werde ich nie vergessen. Schaljapin sollte die beiden großen Arien des Mephisto aus Gounods »Faust« singen, aber er wählte zu dieser Gelegenheit das Kostüm, das er in der Oper »Mefistofele« von Boito trug. Und was für ein Kostüm! Als der Vorhang sich hob, erschien auf der Bühne eine prächtige nackte Gestalt, muskulös wie Herkules, das Inbild eines Mannes! Die verblüfften Zuschauer stießen Rufe des Schreckens und der Bewunderung aus. Er stimmte die berühmte Serenade an und sang sie mit einzigartiger Stimme, kraftvoll und zärtlich, weich wie ein Bariton, schmiegsam wie ein Tenor, und alles klang so natürlich, als würde es gesprochen. Er war auch ein großartiger Schauspieler. Gelegentlich ist Gounods Mephisto ein reiner Komödiant, doch Schaljapin spielte ihn als das Böse schlechthin, wie Goethe ihn gemeint hat.

Als er geendet hatte, standen alle Anwesenden geschlossen auf und schrien Bravo! Nachdem er sich zwanzigmal verbeugt hatte und der Beifall immer noch nicht aufhören wollte, wiederholte der russische Riese die Arie. Nie hatte ich größere Begeisterungsstürme erlebt, und ich selber gehörte selbstverständlich zu den lautesten Beifallrufern. Schaljapin wurde nach diesem Abend der Abgott von Paris.

Nach der Vorstellung begleitete ich Gunsbourg und Astruc ins Künstlerzimmer. Schaljapin war noch im Kostüm, und ich sah jetzt zu meiner Belustigung, wie der Eindruck von Nacktheit erweckt wurde: durch ein hautenges, fleischfarbenes Trikot, das ihn von oben bis unten bedeckte und auf das er mit eigener Hand die herkulischen Muskeln aufgemalt hatte. Er war nebenher Bildhauer und sehr stolz auf seine anatomischen Kenntnisse. Als ich ihm in meinem besten Russisch gratulierte, sprudelte er hervor: »Endlich jemand, mit dem ich reden kann! Ich bin verdammt, ständig mit diesen beiden Ignoranten zusammenzusein, wer spricht schon meine Sprache.«

Die Ignoranten lachten. »Wir nehmen den jungen Mann zum Essen mit«, sagten sie.

In einem Séparée im ersten Stock des Café de Paris wurde uns Kaviar mit Wodka serviert, anschließend Champagner. Gunsbourg brachte zwei reizende Tänzerinnen aus dem Ballett von Monte Carlo mit, die abwechselnd Schaljapin auf dem Schoß saßen. In der Ecke stand ein recht müdes Klavier, und als ich ein wenig benebelt war, setzte ich mich davor und spielte vieles aus »Faust«, »Carmen«, »Eugen Onegin«, und Schaljapin sang dazu aus voller Kehle. In jener Nacht begann eine Freundschaft fürs Leben. »Artuscha, du mußt unbedingt nächsten Monat zu mir nach Orange kommen. Wir wollen uns amüsieren, und du sollst für mich dolmetschen.«

Hurra! Erst Orange, dann die Schweiz – ein herrlicher Sommer!

Jaroszynski und ich erkundeten weiterhin sowohl die Koch- wie die Bühnenkünste der Franzosen. So sahen wir Lucien Guitry in Bernsteins »Le Voleur«, Madame Réjane in »Madame Sans-Gêne« und die große Sarah Bernhardt in »L'Aiglon« von Rostand. Ich muß allerdings bekennen, daß diese berühmte Darstellerin in der Rolle eines jungen Mannes peinlich berührte; und wie belegt und matt die so berühmte, einstmals goldene Stimme klang! Lucien Guitry hingegen bewunderte ich von ganzem Herzen. Meiner unmaßgeblichen Meinung nach war er der bedeutendste Darsteller des französischen Theaters, denn er beherrschte, wie niemand sonst, mit der Macht seiner Persönlichkeit die Bühne. Viele versuchten ihn nachzuahmen, doch ohne Erfolg. Einzig Raimu kam ihm in seinen späteren Jahren nahe, und natürlich die Réjane, dieses Bündel aus Nerven und Empfindsamkeit, recht eigentlich die verkörperte Magie, die einen trotz ihres eher häßlichen Gesichtes an ihre Schönheit glauben machte.

Teils meines vergnügten Lebenswandels wegen, teils wegen der Anwesenheit ihres Liebhabers hatte ich Basia immer seltener gesehen. Um so größer meine Überraschung, als sie eines Nachmittags, von ihrem Maler begleitet, bei mir auftauchte. »Wir brauchen Ihre Hilfe«, sagte sie ohne alle Umschweife. »Wir müssen sofort 200 Francs haben, und ich besitze keinen Sous mehr.«

Da ich nur einen Louis in der Tasche hatte, blieb uns nichts übrig, als Astrucs Buchhalter zu bemühen. Zu Dritt nahmen wir den Bus nach dem Boulevard des Italiens. Basia wartete mit ihrem Herzensfreund draußen, während ich drinnen dem widerstrebenden Angestellten das Geld abschwatzte. Basia umarmte und küßte mich zum Dank, während ihr Liebhaber eine Zigarette in Brand setzte und beiseite schaute. Wie hat sich die Lage seit vergangenem Jahr doch verändert, dachte ich, nicht ohne Selbstzufriedenheit.

»Hast du letzthin Schaljapin wieder gesehen?« fragte Joseph mich eines Tages; er wußte, daß ich mit dem Bassisten bekannt geworden war.

»Ja. Und für morgen sind wir miteinander verabredet.«

»Da mußt du mich unbedingt mit ihm bekannt machen!« rief mein Freund. »Als Student in Kiew habe ich ihn vergöttert. Ganze Nächte habe ich vor dem Kassenschalter verbracht, nur um ein Billett für seine Vorstellungen zu ergattern.« Von so viel Begeisterung gerührt versprach ich, ein Treffen zu vermitteln, und erzählte Fjodor auch gleich am nächsten Tag mit einiger Übertreibung: »Ein polnischer Student hat sich die Karten für Ihre Vorstellungen abgehungert und wünscht nun nichts sehnlicher, als Ihnen seine Verehrung zu Füßen zu legen!« Schaljapin hielt sich in der Regel alle Besucher vom Leibe, doch meine Schilderung ergriff ihn sichtlich. »Bring ihn zum Tee«, sagte er. »Ich habe etwas übrig für Studenten.«

Schließlich kam der große Tag, und mit Joseph an meiner Seite drückte ich auf die Klingel von Fjodors Appartement im Grand Hotel. Er öffnete selber und schüttelte Joseph besonders herzlich die Hand. »Sie sehen gar nicht aus wie ein Student«, sagte er dabei.

Jaroszynski war etwas verwirrt und unterdrückte eine Antwort. Der Tisch war auf russische Weise zum Tee gedeckt – mit Wodka, Räucherhering, Sardinen, Aufschnitt. Nach einigen Gläschen Wodka verkündete der große Sänger feierlich: »Mein Freund Gorkij hat mir seine jüngste Erzählung geschickt; sie ist sehr schön, ich will sie euch vorlesen.« Und damit holte er das Manuskript. Joseph hatte bisher geschwiegen. Seine Empfindungen, angeheizt vom Wodka und der hohen Zimmertemperatur, hatten ihn übermannt. Schaljapin setzte sich zurecht mit einem dicken Manuskriptbündel in der Hand. Schon ließ die kraftvolle Stimme in Gorkijs Worten die Steppen, Wälder und Flüsse Mütterchen Rußlands vor uns erstehen, erzählte in verschlungenen Sätzen von Hunger, Krankheit und Armut. Wir hörten ehrfürchtig zu, doch sah ich bald mit Entsetzen, wie Joseph gegen den Schlaf ankämpfte. Endlich unterlag er in diesem

Kampf, der Kopf sank ihm auf die Brust, und es ertönte lautes Schnarchen. Fjodor sprang vom Stuhl, Mordlust in den Augen.

»Hinaus! Hinaus! Hinaus, du Hundebrut!« schrie er. »Und daß du mir nie wieder unter die Augen kommst!«

Ich zerrte meinen bedauernswerten Freund, der noch ganz verschlafen war, ins Hotel, und er blieb einen ganzen Tag untröstlich auf seinem Zimmer. Wenig später verreiste er auf seine Güter nach Podolien. Auf der Gare du Nord überreichte er mir großmütig noch zwei nagelneue Tausendfrancscheine und sagte dabei: »Du wirst sie brauchen, aber gib nicht alles auf einmal aus.«

Als eingefleischter Verschwender befolgte ich seinen guten Rat selbstverständlich nicht. Ein reicher Mann, bestellte ich mir vier Anzüge von etwas übertriebener Eleganz (einer, in dunkelgrau, hatte gar seidene Aufschläge!), dazu einen verrückten Panamahut und ein Paar schwarzweiße Schuhe. Dem Schneider machte ich eine kleine Anzahlung, der Rest wurde kreditiert.

Kaum im Besitz meiner neuen Garderobe, erinnerte ich Astruc daran, daß Schaljapin mich für den Sommer nach Orange eingeladen hatte. »Er mußte schon gestern zu seinen Proben wegfahren«, sagte Astruc, »ich habe ihm aber versprochen, Sie mitzunehmen und wohlbehalten in seiner Villa abzusetzen.« Wir verließen ein halbleeres Paris, der Grand Prix, Höhepunkt der Rennsaison, bildete das Startzeichen zu einem allgemeinen Exodus. Die Wohlhabenden begaben sich auf ihre Châteaux oder in die Badeorte mit Kasinos; und wer das ganze Jahr übermäßig gegessen und getrunken hatte, unterzog sich für drei Wochen einer strengen Kur in Vichy oder an anderen Orten. Wer sich nicht leisten konnte, wegzufahren, ließ die Jalousien herunter, um wenigstens Vorübergehenden anzuzeigen: wir sind verreist.

Kapitel 30

Im Herzen der Provence, unweit dem Avignon der Päpste und dem durch Gauguin und van Gogh berühmt gewordenen Arles, liegt Orange. Es tut sich viel zugute auf sein vollständig erhaltenes römisches Theater, das einen schönen Gegensatz bildet zu den Arenen der Nachbarstädte. Das vorspringende Fundament einer aus mächtigen Quadern ausgeführten Mauer bildet die Bühne des riesigen Amphitheaters, des eindrucksvollen Schauplatzes für das jährlich stattfindende Festival von Oper und Schauspiel. Als musikalische Ereignisse waren Boitos »Mefistofele« und Berliozs »Les Troyens« vorgesehen, während die Comédie Française mit dem »Ödipus« von Sophokles und dem »Cid« von Racine glänzte. Das Festival lockte so viele Besucher an, daß sie in den nahen Städten ein Unterkommen suchen mußten – welches Glück für mich, daß ich bequem in Fjodors reizender Villa fast neben dem Amphitheater wohnte und für alle Vorstellungen Freikarten hatte.

»Monsieur Schaljapin est au théâtre et il vous y attend«, begrüßte mich das hübsche junge Dienstmädchen, das mir öffnete. Da ich möglichst wenig von der Probe verpassen wollte, überließ ich ihr meinen Koffer, rannte ins Theater, fand hier aber nicht meinen »nackten« Mephisto, sondern die Bühne voller Griechen, die herzzerbrechend das traurige Schicksal ihres Ödipus beklagten. Fjodor hockte im Straßenanzug auf einer Steinbank und rief begeistert: »Artuscha! Dieser Mounet-Sully ist ein Genie, von dem muß ich unbedingt lernen! Er ist der größte Schauspieler der Welt!« Und bei jedem pathetischen Aufschrei des bedauernswerten inzestuösen Königs drückte er kräftig meine Hand. Tatsächlich galt Mounet-Sully damals als der größte Tragöde seiner Zeit. Er war ein Meister jener alten Schule des übertriebenen Deklamierens, des Ausspielens jeder Nuance und jeden Gefühls. Mir hat diese Art der Wiedergabe nie gefallen: offen gestanden hat sie mich mehr als einmal zum Lachen gebracht.

An diesem Vormittag gerieten Fjodor und ich uns in die Haare – er warf mir vor, daß ich vom Theater nichts verstünde, ich flehte ihn an, sich nicht diesen alten Mimen zum Vorbild zu nehmen. Doch schnell fielen unsere Blicke auf eine reizende junge Schauspielerin von der Comédie, und es verging keine Minute, da flüsterte der verwegene Fjodor ihr bereits etwas ins Ohr. Nach ausgedehnter Zwiesprache mit der jungen Schönen rief er mir zu: »Erwarte mich im Café du Théâtre, Artuscha. Ich hole dich dort zum Essen ab!« Er ließ mich eine geschlagene Stunde warten, ehe er selbstzufrieden grinsend daherkam. »Ich habe sie auf mein Zimmer gebeten«, entschuldigte er sich, »aber, hol's der Teufel, sie war unwohl, und darum mußte ich mit ihrer Mutter vorlieb nehmen!« Er lachte schallend. »Und die war nicht übel, durchaus nicht übel!«

Dieser Vorfall leitete zehn äußerst stürmische Tage ein. Schaljapin schlug unvorstellbar über die Stränge; jede auch nur einigermaßen reizvolle Frauensperson wurde ein Opfer seiner brutalen Direktheit, meistens nur allzu bereitwillig. Trotz allem war er in »Mefistofele« denkwürdig. Trat er aus seiner Nische in das blaßblaue Licht, scheinbar nackt, mit den auf das Trikot aufgemalten Muskeln, und sang auf seine unnachahmliche Weise den Prolog, dann gerieten die Zuhörer außer sich, ganz wie zuvor in Paris. Wir feierten seine Triumphe in gewohnter Art. Es wohnte damals noch ein anderer Freund Schaljapins bei uns, der es verstand, im richtigen Moment die richtigen Frauenzimmer zu beschaffen, womit er sich sehr nützlich machte. An dem Abend, der hier in Rede steht, brachte er vier reizende Schauspielerinnen mit. Der Held des Abends, gestärkt von etlichen Wodkas, verlangte alle vier für sich, begnügte sich aber zum Schluß mit zweien; die Überbleibsel waren für uns. Auf diese Miniorgie wurde das Programm der restlichen Tage abgestimmt, und ich kann nur sagen, es war köstlich.

Die »Troyens« von Berlioz machten mir tiefen Eindruck, denn ich hörte zum ersten Mal eine Oper dieses sonderbaren Genies. Sonderbar nenne ich ihn, weil sich in seiner Musik das Sublime mit dem Banalen verbindet. Von Beethoven und dem eigenen hochromantischen Temperament inspiriert, konzipiert er unerhörte Gebilde, die er mit ausschweifenden orchestralen und gesanglichen Mitteln zu verwirklichen sucht. Chopin sagte über ihn: »Er macht zu viel Lärm.« Ich aber mochte ihn mit der Zeit immer lieber. Auch »Œdipe Roi« wurde für mich zu einem großen Erlebnis. Mein Vorbehalt gegen das Deklamatorische löste sich angesichts der vollkommenen Reinheit eines Stils auf, wie ihn so nur die Aufführungen der ehrwürdigen Comédie Française kennen. Mounet-Sullys echtes Gefühl, seine kraftvolle, fast musikalische Auffassung dieser Tragödie des Sophokles reizten mich nicht zum Lachen, sondern ließen mir die Tränen aufsteigen. Fjodor hatte recht, ich tat ihm Abbitte.

Nun wurde es Zeit, in die Schweiz zu reisen, wo die Freunde mich erwarteten. »Wir fahren bis Lyon zusammen«, meinte mein Chef, »und bleiben dort über Nacht. Ihr Zug geht am frühen Morgen, ich fahre etwas später nach Aix-les-Bains zur Kur.«

Selbstverständlich stimmte ich zu. Nach einem heiteren Frühstück in Gesellschaft von Musikern und Kritikern packte ich meinen Koffer. Fjodor umarmte und küßte mich, und dazu sagte er: »Komm nach Rußland, Artuscha, da wollen wir uns mal richtig amüsieren!« »Richtig amüsieren?« Mir wurde himmelangst. »Haben wir uns denn hier nicht amüsiert?«

Das niedliche Dienstmädchen – ein weiteres Opfer des Sängers – brachte den Koffer. Im Zug unterhielten Astruc und ich uns mit unseren interessanten Mitreisenden, doch in Lyon erwartete uns eine unangenehme Überraschung. Nirgendwo erhielten wir eine Unterkunft, und es war bereits Mitternacht. »Ne vous en faites pas, mon petit«, sagte der stets erfinderische Impresario. »Ich weiß, wo wir gut aufgehoben sind und ein anständiges Bett« – hier schmunzelte er – »vielleicht auch Schlaf finden werden.« Und wir steuerten dem luxuriösesten Bordell von Lyon zu, wo mein Chef sich daheim zu fühlen schien. »Wecken Sie uns um acht mit einem guten Frühstück«, befahl er der Bordellwirtin und überließ mich einer vollbusigen Brünetten, während er selber sich eine hagere Blondine wählte. In dieser Nacht wurde ich in die Unterwelt der Liebe eingeführt.

Folgenden Tages trennten wir uns am Bahnhof, wo ich den Zug nach Montreux bestieg. Der Genfer See lag still im Sonnenschein, die Berge schauten aus majestätischer Höhe auf ihn hinunter, und ringsum hatte das Land sein prachtvolles Sommerkleid angelegt. Als ich an meinem Ziel ausstieg, war es schon sehr heiß. Nach einem kleinen Imbiß am Bahnhofsbuffet nahm ich von Territet die Seilbahn zum Grand Palace de Caux, wo ich nach halbstündiger steiler Fahrt ankam. Frederic begrüßte mich wie immer liebenswürdig und herzlich und geleitete mich in die Halle zu seiner Mutter und Basia.

Es mag befremdlich klingen angesichts unserer gewiß ungewöhnlichen Beziehungen, doch mir war, als sei ich wieder mit den Meinen vereint.

Das Hotel, ein fünfstöckiger Prachtbau, lag auf einem Felsvorsprung über dem See, den man von hier oben in seiner ganzen Ausdehnung erblickte mit den wie Wächter aufgereihten Alpen. Ein wahrhaft majestätischer Anblick. Im Hause selbst sorgten die unaufdringliche Eleganz und die gewissenhafte, für die Schweizer so bezeichnende Ordnung dafür, daß man sich ungemein wohl fühlte. Die geräumige und mit großen Bogenfenstern ausgestattete Halle erreichte man über eine breite, mit Teppichen ausgelegte Marmortreppe, und hier trafen sich die Hotelgäste zum Kartenspiel, hier nahmen sie den Kaffee, hier wurde geklatscht. Der benachbarte Speisesaal, in Weiß und Gold gehalten, verfügte über eine offene Veranda, wo man bei schönem Wetter im Freien sitzen konnte. Das Essen war ausgezeichnet.

Meine Freunde hatten im ersten Stock ein Appartement gemietet mit drei ineinandergehenden Zimmern. Das meine lag am Ende eines langen Korridors. Frederic, dieser Glückspilz, hatte aus Lausanne einen Flügel herbeischaffen lassen. Er war intensiv mit der Komposition eines Konzertes beschäftigt, verbrachte viele Stunden am Instrument und ließ mir kaum Gelegenheit, mich auf meine Amerikatournee vorzubereiten, was ja eigentlich meine Absicht gewesen war. Das bedauerliche Resultat war, daß ich nach Wochen noch keine Taste angerührt hatte – ich war darüber, offen gesagt, nicht sehr unglücklich.

Das Leben im Hotel Caux Palace ähnelte ganz jenem Leben, das ich später auf Luxusdampfern kennenlernen sollte. Hier wie dort war man von der Welt abgeschlossen. Wir konnten höchstens den Berg entweder hinauf- oder hinunterklettern, beides nicht ganz einfach; und die Fahrten mit der Luftseilbahn kosteten uns jeweils einen Tag. So wanderten wir täglich dem Geländer der Veranda entlang, wie Passagiere auf dem Promenadendeck eines Dampfers. Kein Wunder, daß wir in unserer Isolation die üble Gewohnheit annahmen, boshafte Bemerkungen über die Anwesenden zu machen – und zwar laut, denn daß wir polnisch sprachen, gab uns die Gewißheit, von niemandem verstanden zu werden. Ich habe auf Reisen – sei es im Zug, auf dem Dampfer oder im Flugzeug – oft beobachtet, daß wir alle dazu neigen, unsere Mitreisenden scharf zu begutachten, gegen diese eine Abneigung fassen, für jene Sympathie empfinden, aus dem einzigen Grunde, weil wir mit ihnen zusammengepfercht sind.

Unser Betragen in Caux bestätigte diese Theorie durchaus; beim Anblick einer deutschen Familie durchfuhr uns jedesmal ein Schauder, da der Mann aussah wie ein Schlachter, die Frau zu dürr und zu groß war, die Kinder hingegen zu blond und zu sommersprossig. Dafür galt unsere ganze Teilnahme einer bleichen, zarten Dame aus Argentinien samt ihren zwei jungen Töchtern im Backfischalter und einem hübschen Jüngling, offenbar dem Liebhaber der Mutter. Eine

Gruppe lärmender Italiener zog unseren besonderen Zorn auf sich, während ein Engländer das Ziel unserer Neugier wurde. Dieser war ein auf seine Art perfektes Exemplar. Er kleidete sich dreimal am Tag passend um und bot besonders abends im Smoking mit dem aufs feinste gefältelten Hemd, den seidenen Socken und den Lackschuhen ein Schauspiel von höchster Eleganz. Er speiste allein, und sein glattrasiertes, gebräuntes Gesicht mit dem ins Auge geklemmten Monokel, das ihm den für die Engländer so bezeichnenden hochmütigen Ausdruck verlieh, war Gegenstand allgemeiner Bewunderung. Auch drei stolze russische Damen, eine davon eine baltische Baronin, erregten unser Wohlgefallen. Besonders letztere fand ich ausgesprochen schön. Pani Magdalena allerdings verabscheute sie – was ganz natürlich ist.

Nach einigen Tagen dieser eisigen Atmosphäre stellten sich erste tastende Bekanntschaften unter den Hotelgästen her, und zu unserer Beschämung erwiesen sich unsere oberflächlichen Urteile als ganz unhaltbar. So entpuppten sich die Deutschen als leidenschaftliche Musikliebhaber; ich sah sie eines Tages vor Frederics Tür auf dem Flur stehen und hingerissen seinem Spiel zuhören. Das brachte uns einander selbstverständlich näher, und der Streit, ob Bruckner oder Brahms der Vorzug gebühre, schaffte uns höchst angenehme und denkwürdige Stunden.

Señora Amelia Luro, die Argentinierin, litt an Tuberkulose, jener Krankheit, die ihren Opfern vor dem Tode manchmal noch eine überirdische Schönheit verleiht, so auch ihr. Hin und wieder sang sie zur Gitarre die schönen Volkslieder ihrer Heimat mit einer warmen, ergreifenden Stimme, die mich zu Tränen rührte. Ich erinnere mich noch heute an manche dieser Lieder. Der junge Begleiter war ein Maler aus Cambo im französischen Baskenland, langjähriger Freund ihrer dort ansässigen Familie und keinesfalls ihr Liebhaber, wie wir geglaubt hatten. Überflüssig zu sagen, daß wir uns mit Amelia und den Ihren rasch befreundeten und eine unzertrennliche Gruppe bildeten.

Als die drei stolzen Damen aus Petersburg erfuhren, daß wir auch Russisch sprachen, baten sie ganz bescheiden, sich uns anschließen zu dürfen, und so wurde denn nach den Mahlzeiten unser Tisch in der Halle zum Mittelpunkt des geselligen Lebens. Angeregte Gespräche über Kunst, Philosophie, Religion und Politik, auch schlichter

Klatsch, gut erzählte Anekdoten, muntere Scherzreden oder auch zum Lachen reizende Imitationen füllten Nachmittage und Abende.

Den Vormittag verbrachte ich bei Frederic, der gern mit mir den Fortschritt seiner Arbeit besprach. Er kam nur mühsam vorwärts, denn er hatte sich, von mir beeinflußt, auf einen brahmsähnlichen Stil eingelassen, der eigentlich nicht zu ihm paßte. Gelegentlich durfte ich sogar auf dem Klavier spielen.

Unser eleganter Engländer zog nach wie vor unsere Wißbegierde auf sich; seine gemessene Lässigkeit, seine perfekten Tischmanieren, die ganzen Generationen zum Vorbild dienen konnten, waren wirklich bewundernswert. Auch sein Diener machte uns Eindruck – Wodehouse hätte seinen Jeeves nach diesem Vorbild entwerfen können! Regelmäßig nach dem Mittag- und Abendessen betrat er mit seiner großen silbernen Dose in der Hand die Halle, wählte kundig die passende Zigarre für seinen Herrn und setzte sie mit der Könnerschaft des Experten in Brand.

Man kann sich denken, wie überrascht ich war, eines Vormittags meinem Engländer in angeregtem Gespräch mit Frederic auf dem Korridor zu begegnen. »Arthur«, sagte Frederic, »ich möchte dich Mr. Watson vorstellen, der, was dich vielleicht interessieren dürfte, sehr gut mit Oscar Wilde bekannt war.«

Das ist alles? dachte ich, und hätte es beinahe laut gesagt; das Standbild dieses erhabenen Sohnes des stolzen Albion stürzte mit dumpfem Poltern von seinem Sockel. Mr. Watson ließ das Monokel fallen und begann wortreich von seinem Freund Wilde zu erzählen.

»Ich kann Ihnen die Stelle in einem seiner Bücher zeigen, wo er von mir spricht«, sagte er. »Übrigens hatte ich Lust, Ihre Bekanntschaft zu machen.« Und zu Frederic gewendet: »Ich hörte Sie neulich so begeistert von Oscar sprechen.«

Mir wurde bald klar, was zwischen diesen beiden für eine Beziehung bestanden hatte, allerdings merkte ich auch, daß Mr. Watson ausgeprägten Humor besaß. Nun schloß er sich uns an. Für das Publikum spielte er weiter den unnahbaren Engländer, vor Harmans und mir aber gab er sich fortan ganz frei und offen. Als wir einmal spät in der Nacht bei Frederic auf dem Zimmer saßen, fühlte er sich gedrängt, uns die Wahrheit über sich zu enthüllen. Er sprach französisch mit einem charmanten Akzent.

»Ich bin von Beruf Falschspieler«, begann er, und wir lachten ungläubig. »Da gibt es nichts zu lachen«, tadelte er uns milde. »Ich weiß, Sie werden mich nicht verraten, darum sage ich es Ihnen.« Und so erzählte er uns denn die wahre Lebensgeschichte eines berufsmäßigen Falschspielers. »Ich habe zwei Partner – einen deutschen Baron und einen Engländer aus sehr guter Familie. Wir tun, als kennten wir uns nicht. Wir treffen uns während der Saison in bestimmten Hotels, informieren uns diskret über den finanziellen Stand der Hotelgäste und machen daraufhin unsere Pläne. Natürlich müssen wir unbedingt einen guten Eindruck machen – so wie ich hier; ihr Snobismus tröstet die Leute, die im Spiel Geld an uns verlieren, oft über ihre Verluste hinweg.« Er schmunzelte: »*Wie* wir falschspielen, kann ich Ihnen jedoch nicht verraten, das ist ein Geheimnis.«

Wir saßen reglos, halb amüsiert und halb entsetzt angesichts eines so offenen Geständnisses. Allerdings hatte er alles so lässig und ironisch erzählt, daß in uns Zweifel an der Wahrheit seines unglaubhaften Berichtes aufstiegen; gleichzeitig schmeichelte uns, daß er uns sein Vertrauen geschenkt hatte. So blieben wir ihm doch gewogen, unserem Lord, mochte er nun ein Betrüger sein oder nicht.

Über Oscar Wilde, dessen Bücher und dessen buntes Leben damals in aller Munde waren, unterhielten auch wir uns häufig. Ich gab bei Gelegenheit eine eingehende Schilderung seiner für Sarah Bernhardt geschriebenen »Salome«, die ich ja in der Einrichtung von Max Reinhardt als Privatvorstellung in Berlin gesehen hatte, und führte praktisch das ganze Stück allein auf. Meine Imitation der Gesten und Stimmen der Schauspieler und meine dramatische Beschreibung des teilweise turbulenten Handlungsablaufes machten auf meine Zuhörer einen so starken Eindruck, daß Mr. Watson seine übliche kühle Zurückhaltung fahren ließ und stürmisch verlangte: »Wir führen das Stück hier auf!« Man betrachtete ihn, als habe er angekündigt, von der Veranda zu springen. »Nun schaut mich nicht so belämmert an«, beharrte er. »Das läßt sich doch leicht bewerkstelligen! Wir haben eine Bühne, und mitspielen kann jeder. Ihr seid doch alle im Leben recht gute Schauspieler«, schmunzelte er boshaft. Und da hatte er ganz recht. Im Erdgeschoß gab es im Ballsaal eine Bühne; der Saal wurde nur samstags benutzt, die übrige Woche stand er leer. Das ganze schien einfach verrückt, aber gerade deshalb sagte es uns zu.

Beim Pläneschmieden dachten wir an das Wichtigste erst überhaupt nicht: In welcher Sprache sollten wir das Stück aufführen? Geschrieben war es französisch für Sarah Bernhardt, die es nie spielte; und im Druck wurde die englische Fassung veröffentlicht. Ich, der das ganze Unternehmen ins Rollen gebracht hatte, beharrte auf der deutschen Fassung. »Ich erinnere mich an jede Einzelheit der Berliner Aufführung«, versicherte ich stolz, »und kann sie hier haargenau wiedergeben.« Und ich setzte mich durch.

Damit schieden allerdings die schöne Amelia Luro und ihr Anhang aus, denn sie sprachen kein Wort deutsch; die Baronin und ihre Freundinnen lehnten gleich anfangs ab, sich an der Aufführung zu beteiligen. Mr. Watson radebrechte etwas deutsch, doch mit einem so dicken englischen Akzent, daß er ausscheiden mußte. Nach vielem Hin und Her kamen wir darum zu dem Schluß, daß die Hauptrollen an unser polnisches Quartett fallen mußten.

In Lausanne hatten wir drei Exemplare des Stückes in deutscher Sprache aufgetrieben. Ich las es vor, und wir verteilten die Rollen. Pani Magdalena übernahm Herodias, ich den Herodes, Basia selbstverständlich die Salome, und Frederic wählte den Narraboth, eine kleine Nebenrolle. Wer aber sollte den Jochanaan (Johannes den Täufer) spielen? Mr. Watson fand einen Kandidaten in Territet, einen jungen Mann, der sich Germain d'Esparbès nannte. Er hieß wohl nicht wirklich so, vermutlich hatte er sich diesen Namen von dem damals recht bekannten französischen Dichter ausgeborgt. Der junge Mensch war gegen zwanzig, groß und schlank und auffallend schön – es war nicht zu übersehen, daß Mr. Watson eine Schwäche für ihn hatte. Dazu war der Jüngling intelligent und legte für den Jochanaan rechte Begeisterung an den Tag. So mußten wir ihn wohl oder übel akzeptieren. Wir schrieben uns die Rollen heraus und begannen unverzüglich mit den Proben.

Nach einigen Tagen eifriger Arbeit nahm die Sache Gestalt an, und zu unserer großen Freude schien eine sehr brauchbare und keineswegs laienhafte Aufführung zu entstehen. Das ganze Hotel, vom Manager bis zum letzten Gast interessierte sich – nach anfänglicher Skepsis – sehr für unser Unterfangen. Der Direktor, ein theaterbesessener Schweizer, schlug vor, Eintritt zu erheben und die Einnahme an das Personal zu verteilen. Dafür wollte er uns ein Bühnenbild zur Verfügung stellen, sowie deutschsprechende Kellner als Statisten für die Juden und Nazarener, ebenso Bühnenarbeiter und die Musiker für Salomes Tanz der sieben Schleier. Das leuchtete uns ein, wir stimmten zu. Die Vorstellung sollte in vierzehn Tagen stattfinden; der Direktor machte das in den Zeitungen von Montreux und Lausanne bekannt und begann mit den Vorbereitungen. Ich erinnerte mich eines alten jüdischen Liedes, und Frederic bearbeitete es für die sechs Instrumente der Hotelmusiker, zu deren Begleitung Salome tanzen würde. Basia improvisierte ihren Schleiertanz recht vielversprechend – ihr Temperament kam der Rolle sehr entgegen.

Die deutschsprechenden Kellner lernten unter meiner Anleitung beflissen ihre Rollen. Ich richtete alles genauso ein, wie ich es von Berlin her in Erinnerung hatte. Mr. Watson fungierte als Souffleur. Unsere Freunde im Hotel waren bei der Kostümierung behilflich; sie hatten Übung darin, denn alle hatten schon Maskenbälle mitgemacht. Basia entwarf ihr Kostüm selber, was der sieben Schleier wegen gar nicht einfach war, und sie sah darin hinreißend aus. Wir waren so in unsere Vorbereitungen vertieft, daß wir kaum Zeit zum Essen fanden.

Frederic und ich beschlossen, das Publikum vor der Vorstellung durch unser Paradestück, die vierhändige Wiedergabe von »L'apprenti sorcier« von Dukas, in die rechte Stimmung zu versetzen.

Endlich war es so weit. Zu unserer Verblüffung erschien ein zahlreiches Publikum aus Lausanne und Montreux, auch aus Territet und Clarens und wer weiß woher noch, und der Saal war bis auf den letzten Stuhl besetzt. Dukas' Zauberlehrling wurde bejubelt, und auch das Stück begeisterte alle. Ich hatte das seltsame Gefühl, daß ich in der Rolle des Herodes mein eigenes Leben darstellte; Herodes' leidenschaftliches Werben um Salome entfachte noch einmal meine Leidenschaft für Basia und erfüllte mich mit Haß gegen Herodias, ihre Mutter – Pani Magdalena. Ein merkwürdiges Zusammentreffen, eigentlich beunruhigend.

Nach der Vorstellung lud der hoch befriedigte Direktor alle Darsteller zu einem fröhlichen Bankett ein. Ein sehr liebenswertes Ehepaar, das zu dieser Aufführung eigens aus Lausanne heraufgekommen war, lobte die Aufführung, zeigte sich aber besonders beeindruckt von unserem Klavierduo. Der Mann stellte sich als Colonel Clayton vor, Engländer und persönlicher Adjutant des Herzogs von Connaught, Bruder Edwards VII. Seine Frau war Französin, eine

Baronesse Fouquières, eine ganz reizende Dame. Die beiden forderten mich auf, sie für einige Tage in London zu besuchen und bei einem Empfang zu spielen, den sie zu Ehren des Herzogs und seiner Tochter Prinzessin Patricia geben wollten. Sie versprachen mir ein Honorar und die Vergütung meiner Reisekosten. Das war ein äußerst verlockendes Angebot, denn ich erhielt hier Gelegenheit, London kennenzulernen und in die englischen Adelskreise eingeführt zu werden; also willigte ich gerne ein, im November für eine Woche bei ihnen zu wohnen.

Der bewegte und ereignisreiche Sommer in Caux näherte sich seinem Ende. Wir reisten nach Paris und machten zwei Tage Halt in Genf. Diese Stadt gefiel mir recht gut, ich war aber keineswegs so überwältigt von ihr, wie Paderewski mir vorhergesagt hatte.

In Paris erging es uns recht wunderlich: Pani Magdalena und Frederic wollten schon tags darauf nach Warschau weiterfahren und baten mich, mit ihnen im selben Hotel zu übernachten. Da um diese Jahreszeit in ganz Paris keine Hotelzimmer mehr zu bekommen waren, gerieten wir schließlich in eine uns unbekannte Herberge in der Rue Taithout. Sie machte einen etwas anrüchigen Eindruck, doch wir waren müde und legten uns sofort zu Bett. An Schlaf war hier allerdings nicht zu denken – Türen schlugen unablässig auf und zu, auf den Korridoren wurde gekreischt und gelacht, und als ich schließlich kochend vor Zorn über diesen andauernden Lärm die Tür meines Zimmers aufriß, erblickte ich zwei splitternackte kichernde Mädchen. Da waren wir also offensichtlich in einem maison de passe gelandet, einer Art Bordell, und nun fand ich das Ganze mehr oder weniger zum Lachen. Nicht so meine verwirrten Reisebegleiter. Doch alles hat einmal ein Ende, und so fanden auch wir noch einigen Schlaf. Am folgenden Morgen fuhren Frederic und seine Mutter heim, Basia blieb in der Stadt, und ich arbeitete in der Rue Cardinet an meinem Programm für Amerika.

Vor meiner Englandreise war das Wetter regnerisch und recht niederdrückend, immerhin brachte ich es fertig, einige gute Theateraufführungen und Konzerte zu besuchen. Außerdem ereignete sich auch noch ein weniger erfreulicher Vorfall: Skrjabin, jener russische Komponist, dessen Klavierwerke ich so gut kannte, wollte in Paris ein Konzert mit seinen eigenen Kompositionen geben, und Astruc war beauftragt, einen großen Empfang zu arrangieren. Nikisch sollte »Poème d'extase« dirigieren, ein symphonisches Werk, und ein Klavierkonzert mit dem Komponisten am Flügel. »Dieser junge Mann bewundert Sie sehr«, stellte Astruc mich dem russischen Meister vor, der kaum französisch sprach und daher entzückt war, in Frankreich, wo ihn niemand kannte, so schnell einen Bewunderer und zugleich Dolmetscher zu finden. »Trinken wir doch Tee miteinander«, forderte er mich freundlich auf, und wir gingen ins nahegelegene Café de la Paix und bestellten Tee und Kuchen. Skrjabin war klein und zierlich mit dunkelblondem, gelocktem Haar, und er trug einen sorgfältig gestutzten Spitzbart wie Nikisch. Seine kaltblickenden braunen Augen schienen über alles hinwegzusehen.

»Und wer ist Ihr Lieblingskomponist?« fragte er mit der herablassenden Milde des großen Meisters, der die Antwort schon kennt. »Brahms«, erwiderte ich ohne Zögern. »Was! Was! Wie können Sie diesen gräßlichen Menschen schätzen und zugleich auch mich? In Ihrem Alter war ich Chopinianer, später Wagnerianer, jetzt aber bin ich einzig Skrjabinianer!« Wuterfüllt packte er seinen Hut, rauschte von dannen und ließ mich völlig perplex mit der unbezahlten Rechnung sitzen.

Bei seinem Konzert wurde mir allerdings eine kleine Genugtuung zuteil: Das Publikum reagierte auf »Poème d'extase« mit Buhrufen. Ich sah, wie Dukas, Bruneau und Fauré auf ihre Stühle stiegen und herzhaft auf den Hausschlüsseln pfiffen. Ich hingegen war von diesem Werk beeindruckt, manche Teile gefielen mir über die Maßen gut. Als Koussevitsky mich einige Jahre später in Moskau zu Skrjabin brachte, dessen Sachen ich unterdessen regelmäßig in meinen Konzerten spielte, empfing dieser mich höflich, bot mir Tee an und beglückte mich mit einer stundenlangen Schilderung seines neuesten Werkes, das er »Mystère« nannte und in einem eigens hierfür erbauten Tempel aufzuführen gedachte. Er war etwas sonderbar, doch seine Musik bewundere ich nach wie vor sehr.

Kapitel 31

Auf die Reise nach London begab ich mich mit einem Gefühl ausgesprochener Unsicherheit. Die Bewohner der mir bislang bekannt gewordenen Länder Europas verharrten in scheuer Bewunderung vor den Engländern, vor ihren Lebensgewohnheiten, ihrer Sprache, ihren Sitten, ihrer Kleidung, ihren Tischmanieren.

Vierundsechzig Jahre hatte Königin Victoria über ein Fünftel unseres Erdballes geherrscht und streng auf das Wohlverhalten ihrer Untertanen geachtet. Ihr Erbe, Eduard VII., hatte als Prinz von Wales im Rufe eines Lebemannes gestanden, der entgegen den mütterlichen Ermahnungen seiner Schwäche für schöne Frauen, Wein und Glückspiel nachzugeben pflegte. Ich kam gerade zu Beginn seiner Ära nach London und konnte also interessiert beobachten, wie Eduard die englische Gesellschaft beeinflußte.

Die Reise war denkbar unbequem, ja, sie hätte unbequemer gar nicht sein können. Bis Calais saßen wir drei Stunden in einem verräucherten Coupé; die Überfahrt über den Kanal machten wir zusammengepfercht auf dem Deck eines kleinen Dampfers, wo es fürchterlich nach Überresten der Seekrankheit stank und die hohen Wellen für immer neue Opfer sorgten. Und als wir diese Qual endlich hinter uns hatten, mußten wir ganz erschöpft eine Stunde am Zoll in Dover Schlange stehen, um Paß und Gepäck kontrollieren zu lassen. Weitere anderthalb Stunden schüttelte uns der Expresszug, dann war ich zum ersten Mal in London, und vor lauter Freude vergaß ich sogleich alle Strapazen.

Ich befolgte Mrs. Claytons briefliche Weisungen, mietete eine zweirädrige Kutsche – einen Hansom –, und der erhöht hinter mir sitzende Kutscher brachte mich durch bedrückend düstere, neblige Straßen zu Portland Place 78.

Mein Gastgeber empfing mich in einem Boudoir; Colonel Clayton trug einen Frack, seine Frau eine kostbare Abendtoilette. »Wir sind zum Essen bei Lord Morley eingeladen. Sie übrigens auch, ziehen Sie sich gleich um. Wir fahren schon voraus und schicken die Kutsche für Sie zurück.«

Ein streng dreinblickender Butler in Frack und schwarzer Binde wies mir den Weg zu meinem Zimmer, ließ wortlos ein Bad einlaufen, packte meinen Koffer aus und verschwand mit meinem Abendanzug, um ihn aufzubügeln. Gerade wollte ich das heiße Bad genießen, als er bestürzt zurückkam und mich besorgt fragte: »Ich finde Ihren Zylinder nicht, Sir ... ich habe überall gesucht ... wollen Sie mir bitte sagen, wo Sie ihn gelassen haben?«

Mir wurde himmelangst: Ich besaß überhaupt keinen Zylinder, und nun sah es fast so aus, als habe ein Mensch ohne Zylinder keine Daseinsberechtigung! Zum Glück fiel mir eine passende Erklärung ein: »Na, so ein Malheur! Da hat mein Diener doch glatt vergessen, ihn einzupacken! Was soll ich jetzt machen? Schließlich kann ich nicht ohne Zylinder gehen.«

Darauf erwiderte der Butler: »Dann gebe ich Ihnen für heute Abend einen Zylinder von Mr. Clayton – hoffentlich paßt er Ihnen.«

Nun, er paßte ganz und gar nicht; ich habe einen sehr großen Kopf, für den jede Bedeckung extra angefertigt werden muß. Immerhin nahm ich Mr. Claytons Zylinder in die Hand und tat, als setzte ich ihn des warmen Wetters wegen nicht auf.

Bei Lord Morley wurde in kleinem Kreis gespeist, nicht mehr als zehn Personen waren anwesend, dennoch ging es sehr förmlich zu. Wir betraten das Speisezimmer paarweise, wobei die Herren ihren Damen den Arm boten. Die Unterhaltung bei Tisch war gedämpft, die Aufmerksamkeit galt hauptsächlich den nicht sehr schmackhaften, aber perfekt angerichteten Speisen.

Beim Dessert erhob sich der Gastgeber und brachte mit Champagner einen feierlichen Toast auf den König aus. Wir erhoben uns und leerten schweigend unser Glas. Nach dem Essen führte Lady Morley die Damen in den Salon, während die Herren bei Tische sitzen blieben und Likören und Kaffee zusprachen. Endlich belebte sich auch die Unterhaltung, angeregt durch etliche Gläser Portwein, recht gute Witze lösten Gelächter aus, und es fiel unserem Gastgeber nicht leicht, uns nach einer guten halben Stunde wieder den Damen zuzuführen. Ich kam mir schrecklich fehl am Platze vor, niemand schien zu wissen, daß ich Musiker war – man hatte mich nur als den Hausgast von Claytons eingeladen. Immerhin freute es mich, daß ich solcherart mit, wie mir schien, für die damalige Zeit typischen Vertretern der Londoner Gesellschaft bekannt wurde.

Meine Gastgeber waren sehr liebenswürdig; sie schickten mich sowohl in die Nationalgalerie als auch in das Britische Museum, für mich ein wirkliches Vergnügen, umsomehr, als beide Sammlungen so leicht zugänglich sind. Ich stand sogleich vor dem Parthenonfries oder der Venus von Velásquez – dem einzigen weiblichen Akt, den er je gemalt hat –, anders als im Louvre, wo ich bei schlechter Beleuchtung endlose Treppen erklimmen mußte, bis ich schließlich ermüdet vor einem ungünstig aufgestellten Meisterwerk anlangte; wer bei ein und demselben Besuch sowohl die Mona Lisa als auch die Venus von Milo sehen wollte, mußte kilometerweit laufen.

Claytons Fest fand zwei Tage später statt. Das ganze Haus wurde auf den Kopf gestellt, man schaffte Teile des Mobiliars fort, anderes wurde gebracht, der große Salon verwandelte sich in eine Konzerthalle mit herrlichen Blumenarrangements. Wir speisten in der Stadt, um die Vorbereitungen für das Diner nicht zu stören.

»Essen wir doch Hummer bei Scott«, schlug Mr. Clayton vor. Scott war das berühmte Restaurant am Picadilly Circus, das einzige Lokal, dessen frische Hummer größere Scheren besaßen als Schwänze.

Abends erwarteten wir drei fein angezogen die Gäste im unteren Salon, wo auch die Drinks serviert wurden. Punkt acht fand sich eine erlesene Gesellschaft ein. Der Herzog von Connaught in Begleitung seines Sohnes, Prinz Arthur, und seiner Tochter, Prinzessin Patricia, erschien als letzter – wohl aus Gründen des Protokolls. Zum Glück ging es hier weniger förmlich zu als bei Lord Morley. Claytons machten mich mit allen Anwesenden bekannt und erwähnten dabei mit ein paar lobenden Worten mein Talent, ich hörte auch einige Antworten, die auf musikalisches Verständnis schließen ließen. Als der Butler meldete, es sei angerichtet, bot zwar der Herzog seinen Arm Mrs. Clayton, und Colonel Clayton führte die Prinzessin zu Tische, wir übrigen aber gingen ohne weitere Förmlichkeiten zum Essen hinüber. Ich saß der Prinzessin gegenüber, eine Ehre sowohl als ein Vergnügen, denn sie war reizend und schön – eine schlanke Brünette mit vollendet geformtem Kopf und schwarzen, gescheit blickenden Augen. Sie behandelte mich wie einen Erwachsenen, fragte nach meinen Londoner Eindrücken und dem Leben in Paris, so daß wir bald miteinander auf freundschaftlichem Fuße standen. Wie ich merkte, war hier die Intelligenz des Adels versammelt; alle nahmen aufrichtiges Interesse an den Künsten und der Literatur, und man begegnete ihnen häufig im Theater und bei Konzerten.

Nach dem ausgezeichneten Diner (unsere Gastgeberin war Französin!) verzichtete man auf Trinksprüche, und die Herren blieben nur kurze Zeit bei Kaffee und Likören von den Damen getrennt; dann betrat man den für das Konzert hergerichteten großen Salon. Da noch neue Gäste eintrafen, waren die beiden Salons im ersten Stock bald voll.

Ich weiß nicht mehr, was ich spielte, nur an die beiden letzten Stücke erinnere ich mich: Isoldes Liebestod aus dem »Tristan« in der Bearbeitung von Liszt und den Walkürenritt in einer eigenen Bearbeitung. Die Stücke fanden eine begeisterte Aufnahme, denn Wagner war damals sehr en vogue. Der Herzog und seine Tochter zeigten sich als Kenner besonders entzückt. Die übrigen Zuhörer applaudierten so herzlich wie mein polnisches Publikum.

Nach dieser Darbietung versammelte man sich um ein reiches kaltes Büfett, und es war spät, als die letzten Gäste gingen.

»Vous avez été splendide«, lobte mich meine reizende Gastgeberin und gab mir einen Kuß; ihr Mann schüttelte mir sichtlich zufrieden die Hand. Ich sollte vielleicht erwähnen, daß ich bei diesem Besuch nur französisch sprach, denn mein Englisch war zu schlecht; dies gereichte mir durchaus zum Vorteil, denn in der französisch geführten Unterhaltung mit Engländern behielt ich die Oberhand.

Die letzten vier Tage vergingen aufs angenehmste. Claytons und ich fuhren mit dem Zug aufs Land und verbrachten das Wochenende bei Lord Burnham, dem Eigentümer des einflußreichen Daily Telegraph. Lord Burnham war ein kräftiger, untersetzter Mann von einigen sechzig Jahren mit Glatze und Knollennase; seine rote Gesichtsfarbe rührte wohl vom Leben an der frischen Luft her. Er und zahlreiche Angehörige begrüßten uns lärmend. Da hatte ich nun geglaubt, die Engländer seien kühl und reserviert! Als ich mein Erstaunen ausdrückte, klärte Mrs. Clayton mich auf. »Lord Burnham, mein Lieber, ist Jude. Es gibt hier in England mehrere Juden, die ihrer großen Erfolge wegen geadelt oder sonstwie geehrt worden sind. Königin Victoria hat auch ihren Lieblingspremier, Benjamin Disraeli, zum Earl of Beaconsfield gemacht.« Das tat meinem Rassenstolz wohl.

Das Wochenende verlief heiter und belebt. Nach dem Essen trug ich anfangs ernste Musik vor, dann aber spielte ich den jungen Leuten zum Tanz auf. Wir dachten uns alle möglichen Spiele aus und gingen erst lange nach Mitternacht zu Bett.

An meinem letzten Tag in London verabschiedeten meine Gastgeber sich liebenswürdig von mir und brachten mich zum Victoriabahnhof. Mrs. Clayton schenkte mir Manschettenknöpfe aus weißem Email auf Gold, in der Mitte ein kleiner Brillant, auf der einen Seite von winzigen Rubinen, auf der anderen von winzigen Smaragden umgeben. Der Ausflug hatte mir sehr gefallen, wenn ich auch etwas enttäuscht war, nicht einem einzigen englischen Musiker begegnet zu sein; Claytons lebten eben ausschließlich in einer aristokratischen Welt. Auf der Heimreise wurde mir dann der Gegensatz zwischen den Engländern und den kleinen, dicken, bärtigen Franzosen besonders augenfällig.

Von dem herzlichen Willkommen meiner Freunde in der Pension und einem hervorragenden Schokoladeneis zum Nachtisch befeuert, beschloß ich, mich zu amüsieren. »Da gehen Sie am besten in die Folies-Bergère«, riet mir einer der skandinavischen Studenten. »Etwas Besseres bekommen Sie in der ganzen Stadt nicht zu sehen.« Ich glaubte ihm und folgte leider seinem Rat. Alle Sitzplätze waren ausverkauft, also nahm ich erwartungsfroh einen Stehplatz.

Die Folies-Bergère mit ihrer Revue »à grand spectacle« waren 1905 auf dem Gipfel ihrer Berühmtheit. Wer als Tourist auch nur den mindesten Ehrgeiz aufbrachte, fühlte sich ohne den Besuch des »grand spectacle« beschämt. Ich muß aber gestehen, daß ich enttäuscht war. Als Hauptattraktion schwebten etwa ein Dutzend halbnackter Mädchen langsam eine Treppe herab; einige zeigten ihren Busen, doch mußten sie unbeweglich wie Statuen stehen, und darum schaute man nach einer Weile überhaupt nicht mehr hin. Die anderen Mädchen schmückte fremdartiger Kopfputz, der Themen des Tages illustrieren sollte. Sie trugen Schilder mit der Aufschrift: »Ich bin der Panamakanal«, oder »Ich bin der Senat«, oder »Ich bin das Schlachthaus«. Sie alle bewegten sich ohne Anmut und Rhythmus mit einem stereotypen Lächeln auf dem Gesicht. Um das Maß voll zu machen, erläuterten ein compère und eine commère – die französische Abart der Conferenciers – jedes alberne Chanson, jeden törichten Satz, jede läppische Geste. Erträglich wurde die Revue nur durch einige hervorragende Vaudeville-Nummern.

Mich jedenfalls fesselte viel mehr, was im Saal vorging, als was sich auf der Bühne ereignete. Die Stehplätze waren ganz anders, als ich erwartet hatte; man nannte sie le promenoir, und tatsächlich promenierte man hier, allerdings ausschließlich Herren im Abendanzug mit Zylinder und Dirnen auf Kundenfang. Das Promenoir mündete in ein großes Foyer, eine Art Vorhalle, wo in der Pause orientalische Bauchtänzerinnen auftraten, obszöne Postkarten sowie sonderbares Gerät feilgehalten wurden und man an kleinen Tischen Erfrischungsgetränke konsumierte. Die Verhandlungen zwischen den Dirnen und ihren Kunden fanden an einer langen Bar statt. Wenn mich nicht alles täuscht, hat Renoir eine solche Szene gemalt: Le Bar des Folies-Bergère, ein herrliches Bild!

Ich schaute mit der frischen Neugier meiner achtzehn Jahre zu, als mich eine wunderschöne Blondine ansprach. »Tu viens, chéri?« flüsterte sie. »Ich wohne ganz in der Nähe, wir können ein wenig zusammen sein, du wirst es nicht bereuen . . . ich werde es dir recht schön machen.« Worte und Stimme erregten mich so, daß ich nicht widerstehen konnte. Sie nahm mich also beim Arm und führte mich über die Straße zu einem kleinen Hotel. Man wies uns in ein Zimmer mit einem Alkoven, den ein breites Bett ganz ausfüllte. Ein Kellner brachte zwei Flaschen Champagner im Eiskübel und entkorkte beide gleichzeitig. Ihm folgte eine große Frau mit schwarzem Haar, die meine Blondine als ihre »beste Freundin« vorstellte; die Damen gossen die Gläser voll, nach einer knappen halben Stunde waren beide Flaschen geleert und ich den Damen auf Gnade oder Ungnade ausgeliefert.

Ich mußte mich ausziehen und aufs Bett legen, und sie behandelten mich in denkbar sachkundiger Manier. Ich fühlte mich wie ein Patient im Krankenhaus, an dem zwei Pflegerinnen eine kitzlige Operation vornehmen. Nach getaner Arbeit verlangten sie Geld, zugleich präsentierte der Kellner die Rechnung für das Zimmer und den Champagner. Alles zusammen über 200 Francs. Und da war ich mir mit meinen 80 Francs in der Tasche reich vorgekommen, ich Narr! Ich fürchtete sehr, verhaftet oder verprügelt zu werden, bis mir plötzlich meine kostbaren Manschettenknöpfe einfielen.

»Ich möchte mit dem Geschäftsführer sprechen«, sagte ich zu dem Kellner, und nach einer Weile erschien ein dicker Mensch mit finsterem Gesicht. »Bitte, mein Herr?« fragte er, und ich erwiderte so lässig es gehen wollte: »Diese beiden Damen haben mich ein wenig überraschend entführt, doch zum Glück habe ich diese Manschettenknöpfe bei mir, die ich heute früh erst in London gekauft habe. Geben Sie mir 150 Francs dafür und bewahren Sie sie mir bis morgen auf. Dann löse ich sie aus.«

Der Mann war von meiner Haltung und auch von den Manschettenknöpfen beeindruckt. »Also gut. Hier haben Sie das Geld, aber kommen Sie morgen vorbei!« Ich seufzte erleichtert, zahlte das Hotel und entlohnte die Damen – was nicht ohne Handgemenge ablief, denn sie wollten mir alles Geld abknöpfen. Ich schwor mir, nie wieder in eine derartige Lage zu schliddern. Erst nach drei Wochen, nämlich am Tage vor meiner Abreise nach Amerika, hatte ich das Geld für die Manschettenknöpfe zusammengekratzt. Als ich sie auslösen wollte, sagte der Dicke zynisch grinsend: »Monsieur, da Sie nicht, wie versprochen, vorbeigekommen sind, habe ich die Dinger mit Verlust verkauft.«

Kapitel 32

Wenige Tage vor Jahresende schiffte ich mich auf der Touraine ein, einem französischen Ozeandampfer. Astruc hatte mich mit einem Reisenecessaire versehen und mir einiges Geld gegeben, damit ich an Bord die notwendigen Trinkgelder verteilen konnte. Auf der Gare St. Lazare verabschiedete er sich von mir mit guten Ratschlägen für die Bekämpfung der Seekrankheit und mit Hinweisen auf besonnenes Benehmen bei Schiffbruch. Dieses Gerede stimmte mich nicht fröhlich; ich fürchtete mich vor dem großen Meer, und als wir an einem trüben, nebligen Abend in Le Havre anlangten, sank meine Stimmung auf den Nullpunkt.

Verglichen mit heutigen Luxusdampfern war die Touraine ein bescheidener Kahn. Die Halle diente allen erdenklichen Zwecken: als Salon – darauf deutete in einer Ecke ein Pleyelflügel hin –; als Lounge für die Passagiere zur Teezeit und nach dem Abendbrot; auch als Lese- und Schreibzimmer. Von hier erreichte man auch über eine breite Treppe die Kajütendecks und den Speisesaal.

Meine Kajüte war winzig; zwei Kojen übereinander nahmen den halben Raum ein. Selbstverständlich kein Badezimmer, stattdessen ein kleines Waschbecken, in das ein müder Strahl rieselte, solange man auf einen Knopf drückte. Es tröstete mich nur wenig, daß, ausgenommen zwei Kajüten an Oberdeck, alle anderen Kajüten ebenso ausgestattet waren wie meine. Allerdings wurde mir eine Befriedigung zuteil – ich hatte die Kajüte für mich allein. Zum Glück schlief ich schon, als wir ablegten, der erste Anblick des Meeres blieb mir also erspart. Morgens beschloß ich, bis mittags in der Koje zu ruhen. Es war keineswegs einfach, sich in der winzigen Kajüte zu rasieren und anzukleiden; ich mußte heißes Wasser bestellen, und das brauchte seine Zeit. Immerhin gelang es mir, den Speisesaal aufzusuchen, kein sehr verführerischer Ort, es roch hier übel und war nicht reinlich. Ich gehörte zu den wenigen Passagieren, die sich zum Essen einfanden, und pries meine Seefestigkeit. Die hielt aber nicht vor. Das Schiff tanzte angsterregend auf und ab, Wellen krachten mit Getöse von allen Seiten hernieder, und alle Anwesenden suchten eilig ihre Kojen auf. So begann eine der übelsten Überfahrten seit Jahren; zehn Tage vergingen, ehe wir in New York eintrafen.

Nach zwei schlaflosen, immer wieder von Übelkeit heimgesuchten Nächten hielt ich es in der schlechten Kajütenluft nicht mehr aus. Ich kleidete mich an, kämpfte mich mühsam bis zur Halle vor und wollte auf das Promenadendeck hinaustreten. Alle Türen waren verschlossen, es hieß: draußen ist es gefährlich. Also setzte ich mich ans Klavier. Es war schwierig, sich auf dem Hocker zu halten, doch das Spielen ging recht gut. Nach einer Weile machte ich eine herrliche Entdeckung: spielte ich ein Stück von starkem Rhythmus, so paßte ich meine Atmung diesem Rhythmus an und nicht mehr dem unregelmäßigen Stampfen des Schiffes, wodurch jeder prompt seekrank wird. Da weiteres Experimentieren die Richtigkeit meiner Entdekkung bestätigte, beschloß ich, in der Halle zu bleiben, um im Notfall den Flügel in Reichweite zu haben. Ein freundlicher Steward brachte mir mein Essen – er war Musikliebhaber. Zu meiner Überraschung fanden sich auch einige Passagiere ein, die aussahen wie Krankenhauspatienten; sie ließen sich auf niedrigen Sesseln rings um den Flügel nieder und hörten mir zu. Angeblich fühlten sie sich vom bloßen Zuhören bereits besser.

Zur Sylvesterfeier kam, wer nur irgend dazu imstande war. Der Kapitän lud mich mit einigen »Notablen«, darunter vier oder fünf einflußreiche französische Geschäftsleute, an seinen Tisch. Es war nur eine einzige Dame dabei, eine Amerikanerin, und später stieß zu uns noch ein blasser junger Franzose, Graf Armand de Gontaut-Biron.

Das opulente Mahl war an uns verschwendet – unsere Mägen

drehten sich angesichts von Gänseleber und Entenbraten um. Ich brachte mit Mühe die klare Suppe und das Obst hinunter, allerdings nahm ich später in der Halle, mit Hilfe des Flügels einigermaßen munter, einigen Champagner zu mir und trank auf das Neue Jahr und mein Debut in Amerika. Auf Bitten der Passagiere gab ich ein richtiges Konzert, bei dem es zu einem kleinen Zwischenfall kam. Eine unvermutete Bewegung des Schiffes warf mich von meinem Hocker. Ich war nicht verletzt, doch der Kapitän befahl zwei Matrosen, meine Beine mit Lederriemen an den Hocker zu binden, der seinerseits mit den Decksplanken verschraubt war, wie auch der Flügel. Ich beendete das Konzert ohne weitere Zwischenfälle und genoß es, »an meine Kunst gefesselt zu sein.«

»Bravo! Bravo!« rief mir Graf Gontaut-Biron zu, als ich geendet hatte, und er klatschte lauter als alle anderen. »Möchten Sie mir nicht noch bei einem Glas Champagner Gesellschaft leisten?« bat er mich außerordentlich liebenswürdig. »Ich schätze die Musik über alles, und Sie sind ein Musiker nach meinem Herzen.« Er war ein mittelgroßer junger Mann von etwa 25 Jahren mit hellblondem, in der Mitte gescheiteltem Haar. Sein buschiger Schnurrbart à la gauloise bedeckte schmale, geschwungene Lippen, die Nase war zart und lang, und die sehr blauen Augen wie auch die kleinen Ohren verrieten die edle Abstammung. Er war das Inbild eines französischen Aristokraten aus dem 18. Jahrhundert.

In dieser Neujahrsnacht begann auf dem stampfenden Schiff unsere Freundschaft. Wir baten die einsame Amerikanerin zu uns an den Tisch, blieben bis in die frühen Morgenstunden sitzen und leerten eine ganze Flasche Champagner. Die attraktive, nicht mehr ganz junge Dame war eine wohlhabende Witwe aus Los Angeles; sie schwärmte unentwegt von diesem Städtchen, dessen Name uns völlig unbekannt war. Es sei ein kleines Paradies, dort lebten die freundlichsten Menschen, wüchsen die schönsten Blumen, gediehen die köstlichsten Früchte. Und doch, so fuhr sie ärgerlich fort, werde dieses Plätzchen von den Amerikanern völlig ignoriert; alles ströme nach wie vor in das gotteslästerliche Sodom San Francisco, das der Himmel dem Erdboden gleichmachen möge. Uns beiden klang das so fremd und unwirklich in den Ohren wie ein Märchen. Immerhin forderte sie mich eindringlich auf, sie zu besuchen – sie sei nämlich Harfenistin, und wir könnten miteinander musizieren!

Von nun an waren wir drei unzertrennlich. Als nach fünf Tagen das Meer sich ein wenig beruhigte, hatten wir endlich mehr Bewegungsfreiheit und gewannen unseren guten Appetit zurück. Eines Abends forderten die Geschäftsleute vom Kapitänstisch uns auf, mit ihnen zu pokern. Mir war dieses Spiel neu, obschon ich mich mit Karten recht gut auskannte. »Es ist ganz einfach!« versicherte mir Armand, der gerne mitmachen wollte, »Sie begreifen es gleich«. Es stimmt, man begreift es rasch, doch bis man gut spielen kann, dauert es seine Zeit. Immerhin, ich pokerte begeistert. Es ging zum Glück nur um geringe Einsätze, und ich verlor jeden Abend. Ich verstand es nicht, bei guten Karten meine Freude zu verbergen, und dann hielt niemand gegen mich, während ich meinerseits ein leichtes Opfer der anderen wurde, die perfekt bluffen konnten.

»Machen Sie ein Pokergesicht, Arthur«, ermahnte mich Armand – zu spät, ich hatte schon all mein Geld verloren, auch die mir von Astruc zugesteckte Summe für die Trinkgelder, und konnte nicht mehr mitspielen. Zum Glück sollten wir am nächsten Morgen in New York ankommen.

Mein Steward hatte versprochen, mich so rechtzeitig zu wecken, daß ich die Freiheitsstatue sehen würde, doch war ich, gespannt auf die Neue Welt, schon Stunden früher aufgestanden und hatte mich angezogen. Die Statue beeindruckte mich durch ihre schiere Größe. Ich armer polnischer Jude unter hartem russischen Joch war von diesem Symbol der Freiheit aufs Tiefste gerührt.

Bevor wir an Land gehen durften, brachte ein kleines Boot den Arzt und die Einwanderungsbeamten an Bord, und gleichzeitig ergoß sich ein Schwarm von Reportern auf das Schiff. Man hatte bereits von unserer gefährlichen und strapaziösen Überfahrt gehört und wollte nun die Reisenden interviewen sowie das Schiff fotografieren.

Kaum hatte ich den Fuß auf festen Grund gesetzt, näherte sich mir ein großer, schlanker Mann und stellte sich als Mr. Ulrich, mein Manager, vor. Er hatte im Auftrage von Knabes hier meine Konzertreise arrangiert.

»Bitte, lieber Mr. Ulrich«, sagte ich sehr verlegen, »helfen Sie mir. Ich habe mein ganzes Geld beim Poker verloren und kann nicht einmal die Trinkgelder bezahlen. Zehn Dollar sollten reichen.«

»Ha, ha, junger Mann«, lachte er und händigte mir das Geld aus, »hoffentlich spielen Sie besser Klavier als Poker!«

Ich lief zurück aufs Schiff, erledigte alles und stieß wieder zu Ulrich, der bereits einige Reporter und Fotografen um sich versammelt hatte. Sie bombardierten mich mit Fragen, die ich nur mühsam verstand.

»Wer waren Ihre Partner beim Poker? Wie fühlt man sich, wenn man ans Klavier gefesselt wird? Sie waren doch der Held des Tages an Bord? Sind Sie der Sohn von Anton Rubinstein? Zerreißen Ihnen bei jedem Konzert ein paar Klaviersaiten? Sind Sie ein Schüler von Paderewski?«

Sie warteten meine Antwort gar nicht ab; schließlich kam mir Armand zu Hilfe. Ich stellte ihn Ulrich vor. Nun wurden die Reporter noch neugieriger. »Sind Sie ein echter Graf? Wollen Sie eine amerikanische Erbin heiraten? Tragen Sie manchmal eine Krone?« und ähnliches dummes Zeug fragten sie. Gontaut hatte Erfahrung und wimmelte sie rasch ab.

»Wo werden Sie denn wohnen, Arthur?« fragte er mich, und Ulrich erwiderte: »Ich habe ihm im Hotel Netherland ein hübsches Zimmer mit einem Klavier besorgt.« Armand schnob verächtlich: »Unmöglich, da können Sie nicht hausen. Hier kommt einzig das Waldorf-Astoria für Sie in Frage.« »Das ist aber sehr teuer«, wandte Ulrich ein. »Was gut ist, ist auch teuer«, versetzte Armand philosophisch, und schon entschied ich mich fürs Waldorf-Astoria. Eine vierrädrige Pferdedroschke brachte Ulrich und mich zu dem riesigen rötlichen Gebäude auf der 5. Avenue Ecke 34. Straße. Nachdem wir vom Hafen her durch lauter schäbige, verkommene Straßen gefahren waren, gefiel mir die stattliche Größe des Hotels besonders gut. »Was wird da erst das Flatiron-Gebäude für einen Eindruck auf Sie machen; es ist das höchste Wohnhaus der Welt, zwölf Stockwerke hoch«, meinte Ulrich.

Wir verlangten ein Zimmer mit Bad, groß genug, um ein Klavier darin unterzubringen. »Ein Klavier auf dem Zimmer ist gegen die Bestimmungen unseres Hauses«, unterrichtete uns der Empfangschef, »aber wir können Ihnen eine kleine Suite geben, wo Sie spielen dürfen. Der Tagespreis beträgt einundzwanzig Dollar.« Ulrich wollte gehen. »Das ist irrwitzig teuer«, flüsterte er mir zu. »Im Netherland bezahlen Sie für ein sehr anständiges Zimmer vier Dollar am Tag.« »Nein«, widersprach ich, »hier gefällt es mir, ich nehme die Suite, einerlei, was sie kostet.« Meine Entschiedenheit stimmte ihn um.

Ich schrieb mich ein, und man führte uns hinauf. Und was waren das für bequeme Zimmer! Ein reizender kleiner Salon mit Diwan, Sesseln und kleinem Schreibtisch, in der Ecke befand sich eine Bar, auf dem Regal standen Bücher. Das Schlafzimmer war so anheimelnd, daß ich mich am liebsten wochenlang nicht aus dem Bett gerührt hätte, und in beiden Zimmern war Telefon. Am meisten aber entzückte mich das traumhaft schöne Badezimmer, das erste Badezimmer, das ich ganz für mich allein hatte. An ihren Haltern hingen zehn schneeweiße Handtücher, neben der Badewanne lag eine duftende Seife nebst Badesalz, und es gab sogar einen Hahn für eisgekühltes Wasser. Ulrich lachte über meine Begeisterung. »In Amerika hat jedes Hotelzimmer ein eigenes Bad«, sagte er, und beschämt mußte ich ihm eingestehen, daß Europa in hygienischer Hinsicht äußerst rückständig war. Ich machte mich zurecht, dann gingen wir hinunter und besprachen beim Tee meine Konzertreise.

Übermorgen sollte mein Debut mit dem Philadelphia-Orchester in der Carnegie Hall stattfinden. Auf dem Programm stand das g-Moll Konzert von Saint-Saëns, mein altes Schlachtroß, mit dem ich auch in Baltimore, Philadelphia und Washington auftreten sollte. In Chicago, Minneapolis und Cincinnati waren ebenfalls Klavierkonzerte geplant, in den restlichen Orten nur Klavierabende.

Das sah ja nach einer richtigen großen Konzertreise aus, meiner ersten, und mein Herz schlug denn auch hoffnungsvoll und aufgeregt. Armand de Gontaut fragte telefonisch an, ob ich mit ihm im Grillroom des Hotels speisen wolle, und er erzählte mir bei Tisch seine märchenhafte Lebensgeschichte. Sein Dasein war bestimmt durch die Muße und jenen Luxus, die ich seit der französischen Revolution verschwunden wähnte; er gehörte zu einer Gesellschaft, in der die jungen Leute die Offizierslaufbahn einschlugen und nichts weiter konnten als reiten, tanzen, fechten und faire la noce, wie die Franzosen das heitere Nachtleben nennen. Armand hatte schon früh die Mutter verloren, und nach seinem Militärdienst war er mit seinem älteren Bruder Louis, der allerdings kürzlich geheiratet hatte, nach Paris übersiedelt. »Da war es mir so langweilig, daß ich mir heimlich eine Beschäftigung gesucht habe. Ich vertrete jetzt die Automobilfirma Panhard-Levasseur und bin zum zweiten Mal in New York. Halten Sie mich aber nicht für einen gewöhnlichen Autoverkäufer, dafür haben wir andere Leute. In den Kreisen der ersten

Gesellschaft, zu denen ich dank meines Namens ja Zutritt habe, weise ich diskret auf die Vorzüge meiner Marke hin, mehr nicht.« Er lachte. »Und dabei denken alle, ich sei auf der Jagd nach einer Millionenerbin!« Seine Offenheit bezauberte mich, auch ich hatte ihm alles von mir erzählt: Unsere Freundschaft war besiegelt. Wir beschlossen, einander so oft wie möglich zu sehen.

Als ich am nächsten Morgen spät erwachte, suchte ich vergeblich nach einer Klingel, um das Frühstück zu bestellen. Auch auf dem Korridor fand ich weder Kellner noch Zimmermädchen, zum Glück klärte mich ein freundlicher Hotelgast auf. »Sie müssen das Telefon benutzen, ›room service‹ bringt Ihnen die Mahlzeiten, ›valet‹ sorgt für Ihre Anzüge und ›operator‹ für alles übrige.«

Das funktionierte gewiß vortrefflich, nur nicht in meinem Fall; persönlicher Kontakt mit dem Personal wäre mir lieber gewesen. Ich hätte mich, wenn schon nicht mit Worten, so doch mit Gesten verständlich gemacht, während ich durch das Telefon meine Wünsche nur mit Mühe ausdrücken konnte und auch das amerikanische Englisch schlecht verstand. Es gab noch eine zweite unangenehme Überraschung: Meine Schuhe, die ich, wie in Europa üblich, zum Putzen vor die Tür gestellt hatte, fand ich genauso ungeputzt vor. Ich mußte sie in den Friseurladen herunterschicken, und erhielt sie erst nach Stunden zurück. Allerdings waren das nur kleine Schönheitsfehler im amerikanischen Hotelsystem.

Mein Frühstück – es war übrigens sehr lecker zubereitet – kam nach kurzem Kampf mit dem Telefon, und auch der Zeitungsstand lieferte mir auf meine Bitte die Morgenzeitungen. Zu gerne wollte ich wissen, ob etwas über mich darinstand. Und richtig, da war schon auf Seite eins ein großes Foto von mir am Kai mit der Balkenüberschrift: »Rubinstein, der junge polnische Pianist, von den Passagieren der Touraine als Held gefeiert.« Es folgte die Story, wie ich mit Ketten an den Flügel gefesselt ganze Nächte gespielt habe, um die von Entsetzen erfüllten Passagiere des schwer beschädigten französischen Dampfers zu beschwichtigen. Ein anderes Blatt brachte ebenfalls auf der ersten Seite einen völlig entstellten Bericht über unsere harmlose Pokerpartie: »Junger Pianist Opfer von Falschspielern. Französische Spieler plünderten ihn in einem Marathonpoker aus.« So etwa hieß es damals, und ich weiß noch, daß mich diese krasse Sensationslust der amerikanischen Presse erschreckte. Armand rief an, auch er war entsetzt, schließlich war er mitbetroffen. Ich versprach ihm, durch Ulrich auf eine Berichtigung zu dringen.

Am selben Vormittag erwartete mich ein weiterer Schock, die Bekanntschaft mit den Knabe-Pianos. Man ließ mir die Wahl zwischen drei Konzertflügeln, die auf dem Podium der Carnegie Hall aufgebaut waren. Ich fand alle drei unzulänglich, im Klang dumpf, die Bässe schwach und die Mechanik ging schwer. Obwohl ich darüber sehr unglücklich war, mußte ich Entzücken heucheln. Schließlich wählte ich den Flügel mit dem etwas besseren Klang und flehte den Klavierstimmer an, die Mechanik leichter ansprechend zu machen, um einen klingenderen Ton zu erhalten. Das mußte er bis zum nächsten Tag erledigt haben, dem Tag der Probe und des Konzertes.

Ich kehrte niedergedrückt ins Hotel zurück, fand hier aber ein Knabe-Klavier vor, das im Ton wesentlich besser war als der Konzertflügel, und setzte daher einige Hoffnung auf die Künste des Stimmers.

Armand holte mich eben zum Essen ab, als das Telefon klingelte. »Drei Herren für Sie«, sagte der Portier. Auf meine Frage, wer das sei, erklärte er: »Die Herren kennen Sie von der Reise her und wollen Sie unbedingt sprechen.« Ich fürchtete mich und hätte sie am liebsten nicht empfangen, doch Armand sagte: »Sie sollen nur kommen, ich ordne das schon.« Und gleich darauf marschierten meine drei französischen Pokerpartner mit mordlüsternen Gesichtern herein.

»Vous êtes un joli coco!« schrie der jüngste. »Ich habe Ihnen zehn jämmerliche Francs abgenommen, meine Freunde noch weniger, und Sie stellen uns vor der Öffentlichkeit als tückische Betrüger hin! Wir werden Sie wegen übler Nachrede verklagen!«

Mir verschlug es vor Schreck die Sprache, doch Armand rettete mich.

»Messieurs, vergessen Sie nicht, auch ich bin ein Opfer dieser üblen Nachrede, doch war ich dabei, als mein junger Freund hier von seinem Manager Geld lieh, weil er beim Poker alles verloren hatte. Dieser Manager fand, es sei eine hübsche Geschichte für die Presse, nur hat er vergessen, sich nach der Höhe unserer Einsätze zu erkundigen, und da liegt die Wurzel des ganzen Mißverständnisses. Morgen werden die Zeitungen eine Berichtigung bringen. Also regen Sie sich nicht auf, sondern trinken Sie etwas mit uns.« Die Herren beruhigten sich sogleich, und wir tranken gemeinsam einen Aperitif.

Am Nachmittag übte ich fleißig; die Knabe-Produkte erzeugten in mir ein Gefühl der Unsicherheit, das ich zu überwinden suchte. Gegen Abend unterbrach ein Besucher meine Arbeit: Es war mein Vetter Adolf Neumark, an den ich mich aus der Kinderzeit in Lodz noch gut erinnerte. Man hatte ihn aus der russischen Schule weggejagt, und so beschloß sein Vater, der Junge solle sich nun in der Neuen Welt eine Existenz gründen. Wir hatten nie wieder etwas von ihm gehört, und dies unerwartete Treffen in New York freute mich sehr. Er hatte die Zeitungsberichte gelesen und bedauerte mich zutiefst, daß ich so große Summen an die »tückischen Betrüger« verloren hatte; ich klärte ihn auf, und wir lachten herzlich darüber.

Als ich ihn in den Grillroom zum Abendessen einlud, sagte er reichlich nervös: »Können wir nicht woanders essen?«

»Nein«, lehnte ich ab. »Heute abend möchte ich nicht mehr ausgehen, denn morgen habe ich Probe und Konzert, außerdem führt das Hotel eine exzellente Küche.«

»In den Grillroom kann ich nicht mitkommen.«

»Warum nicht? Hast du Schulden?«

»Nein, aber bis vor kurzem war ich dort Kellner«, sagte er errötend.

Das war für mich eine neue Erfahrung: ich lernte zum ersten Mal, was wahre Demokratie bedeutete. Wie glücklich machte mich das! Ich habe niemals gemeint, andere Beschäftigungen seien niedriger einzustufen als die meine, nie habe ich jemanden herablassend behandelt, nicht einmal einen unbegabten Pianisten. Ich nahm also meinen Vetter Neumark beim Arm, und wir gingen erhobenen Hauptes in den Grillroom, wo seine ehemaligen Kollegen ihn ohne das geringste Zeichen von Erstaunen bedienten. Ein freundlicher Ausklang meines ersten Tages in New York.

Kapitel 33

Neugierig, mit welchen Resultaten mein Klavierstimmer aufwarten konnte, fand ich mich eine halbe Stunde vor der angesetzten Probe in der Carnegie Hall ein, doch auf dem Podium saßen schon viele Orchestermitglieder und stimmten ihre Instrumente oder übten einzelne Passagen. Pünktlich um zehn Uhr erschien Fritz Scheel, der Dirigent, und nahm unverzüglich die Weber-Ouvertüre durch, die meinem Konzert vorangehen sollte.

Scheel war der typische deutsche Musiker, gut ausgebildet, verläßlich, aber kalt. Das Orchester spielte glänzend, und ich hätte es mit Wonne unter einem Nikisch gehört. Als die Reihe an mich kam, fragte Scheel unverblümt: »Sind Sie mit dem ›großen‹ Rubinstein verwandt?« Diese Frage war mir nicht neu, doch hatte sie mich nie zuvor derart verdrossen. Zu meiner Erleichterung klang der Flügel besser – der Stimmer hatte sein Versprechen gehalten. Der lange Solopart zu Beginn gelang mir also gut, und nach einigen Minuten hatte ich auch das Orchester auf meiner Seite. Die Probe verlief glatt. Scheel war tüchtig, wenn auch gleichgültig, allerdings hatte mein dynamisches Tempo im letzten Satz ihn etwas aufgerüttelt. Ich kehrte in zuversichtlicher Stimmung ins Hotel zurück. Abends holte Ulrich mich sehr zeitig ab.

»Der Saal ist gut besetzt«, sagte er zufrieden. »Die Brüder Knabe sind mit ihren Damen von Baltimore herübergekommen und laden Sie nach dem Konzert zum Souper ein.« Nach kaum zwanzig Minuten wurde ich bereits aus dem Künstlerzimmer auf das Podium gerufen, die Ouvertüre ist ja kurz. Der hell erleuchtete, volle Saal wirkte doppelt so groß wie am Vormittag. Mein Erscheinen wurde mit freundlichem Applaus bedacht. Während ich mich mehrmals verbeugte, wurde mir bewußt, daß ich eine für meine Laufbahn höchst hilfreiche Gabe besaß: je größer der Saal, je zahlreicher die Zuhörer, desto größer auch mein Selbstvertrauen und meine Selbstbeherrschung; jenes Lampenfieber, unter dem so manche unserer besten Solisten leiden, kenne ich nicht.

Ich stürzte mich also mit enormem Schwung in mein Konzert. Das Publikum applaudierte nach jedem Satz, und das brillante Finale weckte wahre Begeisterungsstürme. Ich trat zweimal mit dem Dirigenten vor, um für den Applaus zu danken, schüttelte dem Konzertmeister die Hand, und immer noch schrien die Zuhörer: »Bravo!« und »Mehr! Mehr!« Man rief mich drei-viermal heraus und zwang mir endlich eine Zugabe ab. Ich spielte voller Stolz die As-Dur-Polonaise von Chopin, der Applaus prasselte doppelt so laut auf mich herunter, und ich mußte noch eine Zugabe spielen, damit er sich endlich legte. Dafür erwartete mich im Künstlerzimmer eine kalte Dusche. »Was erlauben Sie sich mit Ihren Zugaben!« schrie Scheel mich an, außer sich vor Wut. »Sie haben mein Konzert ruiniert, nie wieder werde ich Sie mit meinem Orchester begleiten!« und er rauschte mit Türenknallen hinaus.

Ich war sprachlos. Ich wußte nicht, daß hier, im Gegensatz zu Europa, bei Symphoniekonzerten keine Zugaben gestattet sind. Scheels Drohung war ein schwerer Schlag und verdarb mir die Freude an meinem Erfolg. Plötzlich tat sich die Tür auf, und die Besucher strömten herein. Der strahlende Ulrich schwenkte meinen Arm wie einen Pumpenschwengel, schlug mir auf die Schulter und rief: »Großartig! Sie waren ganz großartig! Sie haben es geschafft!« Sodann stellte er mich den Brüdern Knabe und deren Frauen vor; alle waren reizend, die Männer umarmten, die Frauen küßten mich. William, der Ältere, sagte munter: »Lassen Sie sich Zeit. Wenn Sie sich ausgeruht haben, gehen wir anständig essen.« In diesem Moment erschien Armand, begleitet von einigen Bekannten, die er mir vorstellte, und ich wiederum machte ihn mit Knabes bekannt. Sein Titel erwies die nun schon gewohnte Magie, und es hieß: »Machen Sie uns die Ehre, mit uns zu speisen, Graf?« »Es ist uns ein Vergnügen, Graf!« »Graf« hier und »Graf« da – man konnte glauben, sie wollten die richtige Aussprache üben. Höflich wie stets, küßte Armand den Damen die Hand und nahm die Einladung dankend an. Er war ohnehin entschlossen gewesen, den Abend mit mir zu verbringen.

Als ich Mr. Knabe und Mr. Ulrich von Scheels Wutausbruch berichtete, waren sie empört. »Er muß auf alle Fälle mit Ihnen weitermachen«, sagte Mr. Knabe. »Dafür haben wir schließlich bezahlt.« Erleichtert gab ich einige Autogramme. Die kleine Gesellschaft wartete geduldig. Endlich konnten wir gehen. Drei englische zweirädrige Kutschen brachten uns zu Delmonico, damals neben Sherry das berühmteste Speiselokal von New York. Dort war es voll, doch hatten Knabes einen Tisch reservieren lassen. Die Brüder Knabe waren Anfang Dreißig, schlank und sahen blendend aus, die Frauen waren jung und hübsch. Und lustig waren die Vier! Man trank immer wieder auf meinen Erfolg, doch den Mittelpunkt der Aufmerksamkeit bildete »der Graf«. Man lud ihn nach Baltimore ein, wo ich mein nächstes Konzert geben sollte, und Armand sagte zu. Ich war sehr zufrieden mit meinem Debut in Amerika. Die Kritik war geteilter Meinung; in den Morgenzeitungen erschienen zwei sehr positive Besprechungen, die eine sagte mir sogar eine große Zukunft voraus; eine andere lobte meine Technik und Brillanz, zweifelte aber an meiner Musikalität, und ein weiterer Kritiker, Krehbiel, schrieb einen glatten Verriß. Alles in allem kam ich aber gut weg.

Nach einem herzhaften Frühstück beschloß ich, die Stadt zu besichtigen. Offen gesagt: New York war damals häßlich. Die lange, schmale, zwischen zwei Flüsse hineinragende Halbinsel wurde der Länge nach von zehn Avenuen und der Breite nach von Straßen durchzogen, die zu meiner Überraschung numeriert waren. Angeblich war diese geometrische Aufteilung praktisch – ich fand sie eintönig. Noch gab es nicht die majestätischen Wolkenkratzer, und das Flatironbuilding fiel wirklich nur durch seine Bügeleisenform auf. Der Broadway, die Lebensader von New York, erinnerte an die Boulevards in Paris, während Fifth Avenue ein gewisses »grand air« hatte, dank der gegenüber dem Central Park errichteten Stadtpalais der reichen Bürger. Die Häuser der Vanderbilts, Morgans, Fricks, Astors und anderer wiesen immerhin einige architektonische Schönheiten auf. Die Seitenstraßen im eleganteren Teil der Stadt waren nach Londoner Vorbild mit hübschen kleinen Reihenhausvillen bebaut. Im übrigen wirkte die Stadt vernachlässigt und ärmlich, die Straßen waren schmal und rochen schlecht, überall sah man Massen schäbig gekleideter, trauriger Menschen, die es unerhört eilig zu haben schienen.

Vom ästhetischen Standpunkt mißfielen mir am meisten die Feuerleitern, die an der vorderen Hausfassade von Balkon zu Balkon führten. Bei späteren Aufenthalten in New York lernte ich die freundlicheren Seiten der Stadt kennen, z. B. Wallstreet und die umliegenden hübschen alten Straßen, die auch Namen hatten, sowie das exotische Chinesenviertel und Riverside Drive.

Als ich abends erschöpft von meiner Stadtbesichtigung heimkam, fand ich eine Einladung für mich und den Grafen vor – Knabes erwarteten uns in ihrer Loge in der Metropolitan Oper. Caruso sollte in »Aida« auftreten. Ich sagte Armand sogleich telefonisch Bescheid, er wußte aber schon, daß wir eingeladen waren, und riet mir dringend, mich rasch in den Frack zu werfen; er wolle in der Halle auf mich warten. Das berühmte Opernhaus glich von außen nicht im mindesten einem Theater; im Vorübergehen wäre es mir nicht weiter aufgefallen. Innen allerdings war es recht eindrucksvoll, ganz in Rot und Gold gehalten. Wir saßen in einer Loge im ersten Rang, dem berühmten »Brillanten-Hufeisen«, womit einerseits auf die Form der Empore, andererseits auf die in den Logen zur Schau gestellten Juwelen angespielt wird.

»Aida« war mir schon immer lieb gewesen, doch nachdem ich Caruso gehört hatte, liebte ich diese Oper noch inniger. Caruso besaß eine einzigartige Tenorstimme, sie war außerordentlich kraftvoll und zugleich zart. Perfekte Atemtechnik und hervorragende Phrasierung bewiesen, daß er ein Musiker war, nicht bloß ein Tenor; doch in zärtlichen Arien trieb mir das Timbre seiner Stimme Tränen in die Augen. Diese Wirkung hatten sonst nur noch Battistinis Bariton, Schaljapins Baß und später Emmy Destinns Sopran.

In der Pause wurde ich Caruso und dem Operndirektor Conried vorgestellt. Caruso war als Neapolitaner überschwenglich und herzlich. »Ah, bravo, bravo«, rief er, »ich habe von Ihrem großen Erfolg gehört«, und dabei umarmte er mich. Vermutlich stimmte das überhaupt nicht, aber mir schmeichelte es. Ich habe ihn dann, Gott sei Dank, später noch oft gehört, und einige Male traten wir im selben Konzert auf. Conried, ein Deutscher, empfing mich gemessen in seinem Büro; er nahm sich augenscheinlich sehr wichtig und war auch recht aufgeblasen.

Meine Bewunderung für Caruso mußte ihm gefallen haben. So fragte er: »Haben Sie kürzlich in Europa bedeutende Sänger gehört?«

»Ich kenne nur einen, und der ist ein Genie«, sagte ich. »Den russischen Bassist Fjodor Schaljapin.« Der Operndirektor lachte gönnerhaft: »Mein junger Freund«, redete er mich auf deutsch an, »ich weiß, daß er gut ist, aber nach Edward de Reszke hat hier in New York kein Bassist irgendwelche Chancen.« Ich beharrte nicht auf meiner Meinung, und es dauerte Jahre, ehe Fjodor Amerika eroberte.

Knabes, Armand und ich fuhren am folgenden Morgen mit dem Zug nach Baltimore. Vorher beging ich noch eine rechte Dummheit:

Ich behielt für die Tage meiner Abwesenheit die teuere Suite, weil ich zum Packen zu faul war und mein Klavier dort belassen wollte. Diese Art Leichtsinn kam mich noch teuer zu stehen.

1906 war es gar nicht einfach, von New York in südlicher Richtung zu reisen. Man mußte mit der Kutsche zur 23. Straße fahren und von dort mit einer langsamen Fähre nach Jersey City übersetzen, wo der Zug nach Philadelphia, Baltimore und Washington wartete. Wir ließen uns in einem Pullmanwagen nieder, die es in Europa noch nicht gab – ein neues Erlebnis für mich. Die bequemen Drehsessel sagten mir sehr zu, auch schätzte ich es, daß ein Neger die Schuhe putzte und Hut und Mantel ausbürstete.

Die drei Konzerte, in den schon erwähnten Städten an aufeinanderfolgenden Tagen angesetzt, verliefen ähnlich wie in New York, nur spielte ich selbstverständlich keine Zugaben mehr. Auch mit Scheel vertrug ich mich besser. Knabes gaben »dem Grafen« zu Ehren in ihrer Heimatstadt einen großen Empfang und schienen mit meinem Erfolg zufrieden. Ich setzte meine Reise zusammen mit dem ausgezeichneten Klavierstimmer George Hochman fort, einem hilfreichen und heiteren Reisegenossen.

Als ich zu meinem ersten Klavierabend wieder in New York eintraf, fand ich einen Brief von einem Bekannten Armands vor, dem Marquis Melchior de Polignac. Als Besitzer der Champagnerkellereien Pommery & Grinot hatte er geschäftlich in New York zu tun. Sein Brief war recht amüsant, eine einfache Einladung zum Essen hatte er in eine poetische Form gekleidet: In Versen versprach er uns Venus, Lucullus und die Musen bei seinem Mahle. Ich übersetzte mir diese Schnörkel dahingehend, daß wir exzellent speisen würden, in Gesellschaft leichtlebiger Damen, und daß ich etwas vorspielen sollte. Armand, dem ich diesen Brief zeigte, stimmte mir zu. »Polignac ist ein leidenschaftlicher Musikliebhaber, ein gourmet und ein unverbesserlicher Schürzenjäger.«

Das Essen fand in einer Suite des Hotel St. Regis statt, und außer Gontaut und mir wurden noch drei Damen geladen, alle hübsch, aber nicht zu jung, ganz wie ich es erwartet hatte. Eine war groß und blond, hatte üppige Brüste und ein ebensolches Hinterteil, und auf sie fiel meine Wahl. Der Marquis war ein wunderbarer Gastgeber, und das Menü übertraf meine schönsten Hoffnungen. Man servierte Kaviar in der Originaldose und canard au sang. Salate, Käse und

Nachspeisen waren erlesen, dazu wurden die besten Jahrgänge Pommery gereicht. Ein kulinarisches Fest dieser Art mußte einfach die gewünschte Wirkung tun, der Wein löste uns die Zunge, alle sprachen laut durcheinander, lachten beim geringsten Anlaß und flirteten auf Teufel komm raus.

Ich legte wann immer möglich die Hand auf den Schenkel meiner rechten Nachbarin, um ausfindig zu machen, was für Beine sie haben mochte (damals verdeckten die langen Röcke alles). Die Dame erwiderte meine Avancen ohne falsche Bescheidenheit. Wir tranken den Kaffee im Nebenzimmer, dort war auch alles für ein Pokerspiel vorbereitet. Ich blieb einen Moment im Speisezimmer bei Dorothy zurück – so hieß sie mit Vornamen – und flüsterte ihr zu: »Wann darf ich Sie treffen! Sie gefallen mir außerordentlich, und ich begehre Sie!« Darauf entgegnete sie lächelnd: »Hier, meine Adresse. Kommen Sie Donnerstag um fünf«, und küßte mich leicht. Vom Pokerspiel nahm ich unter einem Vorwand Abstand – im Hinblick auf meine Finanzen, denn die Hotelkosten belasteten mich nachgerade. An der Schwindsucht meines Geldbeutels war auch Armand schuld, der gerne wohlhabende Bekannte in meine Suite brachte, wo ich sie dann bewirtete und ihnen vorspielte. Daß ich als bettelarmer Pianist ohne Vergütung Millionäre wie Belmonts, Goulds oder Astors bewirtete, erheiterte mich oft.

Am Donnerstag fuhr ich mit der Kutsche zeitig in die 39. Straße zu Dorothy. (Die Adresse weiß ich noch heute.) Das Herz klopfte mir vor Aufregung. Ich klingelte, ein Butler öffnete, nahm mir Hut und Mantel ab und bat mich in den ersten Stock. Ich lief die Treppe hinauf, voller Hoffnung, von Dorothy in ihrem Negligé auf dem Diwan, besser noch im Bett empfangen zu werden. Man kann sich also denken, wie maßlos verblüfft ich einen übervollen Raum betrat, wo ich unter den Gästen einige Damen der besten Gesellschaft von New York erkannte! Es dauerte eine Weile, bis ich mich soweit gefaßt hatte, daß ich einigermaßen graziös die Hand der Gastgeberin küssen konnte. Sie stellte mich ihren Gästen vor, und ich mühte mich, belehrt durch die mir erteilte Lektion, höfliche Konversation zu machen. Nachdem ich eine Tasse Tee getrunken hatte, bereitete ich meinen Abgang vor, da hielt sie mich an der Tür zurück. »Sie wollen doch nicht gehen? Sie müssen unbedingt zum Essen bleiben.« Enttäuscht machte ich mich noch auf ein langweiliges Abendessen gefaßt, aber wieder erlebte ich eine Überraschung. Die Gäste entfernten sich einer nach dem anderen, und ich blieb allein zurück. Von neuem traten Venus und Lucullus die Herrschaft an, und Dorothy und ich genossen ein schwelgerisches Diner.

Nachdem im Salon Kaffee und Liköre gereicht worden waren, beurlaubte sie das Personal für die Nacht, und als alles still war, stiegen wir hinauf in ihr Schlafzimmer. Unsere »liaison« währte nur kurz – ich war zu selten in New York. Und doch bildete sie einen der Höhepunkte meines Aufenthaltes. Am besten gefiel mir Dorothy, wenn sie in Augenblicken der Ekstase mit den weit aufgerissenen blauen Augen schielte. Die Mythologie schreibt auch Venus diese Eigentümlichkeit zu.

Kapitel 34

Soweit war alles glatt und erfreulich verlaufen; die erste Woche in und um New York hatte sich sowohl persönlich wie künstlerisch recht verheißungsvoll angelassen. Nun allerdings sollte meine amerikanische Tour beginnen, in gewisser Weise eine tour de force, denn laut Vertrag mußte ich in weniger als drei Monaten vierzig Klavierabende geben, also etwa jeden zweiten Tag ein Konzert. Ulrich, mein Manager, hatte überdies noch zwei unerfreuliche Neuigkeiten: meine beiden New Yorker Konzerte sollten am Nachmittag stattfinden, noch dazu in einem Theater der Shubert Brothers, wo soeben eine Operette lief mit dem berühmten Eddie Foy in der Hauptrolle. Ulrich gab zu, daß man derartiges bislang noch keinem Künstler zugemutet hatte.

»Warum soll ausgerechnet ich der Sündenbock sein!« fragte ich. Zur Antwort hielt Ulrich mir einen Vortrag über das Musikleben in Amerika. »Musikalisches Interesse hat hierzulande eigentlich nur die Bevölkerung von New York, und die wiederum interessiert sich fast ausschließlich für die Metropolitan Opera mit ihren hochbezahlten Sängern und Dirigenten. Mit Ausnahme von Boston schließen sich in Dingen der Kunst alle übrigen Städte New York an. Das Konzertleben bestimmt bei uns die Werbung – mit dem traurigen Ergebnis, daß weniger das Musikverständnis als die reine Sensationslust gefördert wird. Pianisten werden, das sehen Sie an Ihrem eigenen Fall, von Klavierfabrikanten hergeholt, um für ihre Produkte zu werben. Daraus erklärt sich auch unsere Abmachung mit den Shubert-Theatern. Eine Konzerttournee kostet natürlich sehr viel Geld. Da haben sich die Shubert Brothers, die überall im Lande Theater besitzen, gegen Prozente bereit erklärt, Sie auf die Runde zu schikken, wie sie das nennen, und die entsprechende Werbung zu übernehmen.«

Ich brauche nicht zu sagen, wie sehr mich das von Ulrich entworfene Bild des amerikanischen Musiklebens und meiner »Runde« bedrückte. Ulrich merkte es und versuchte, mich zu trösten. »Seien Sie nicht traurig, es hört sich schlimmer an, als es ist. Für Chicago, Cincinnati und Minneapolis sind gute Orchester engagiert, und in Boston spielen Sie in einem richtigen Konzertsaal.«

Mein erster Klavierabend im New Yorker Shubert-Theater verlief exemplarisch für alle folgenden. Als ich gegen Mittag den Flügel ausprobierte, standen ein Dutzend halb ausgezogener Chorusgirls um mich herum und bildeten einen befremdlichen Gegensatz zu meiner Bach-Toccata. Da klassische Musik ihnen ganz unbekannt war, verlangten sie von mir immer wieder Schlager. Manche waren bildhübsch, und das lenkte mich erst recht ab.

Wie ich schon befürchtet hatte, eignete sich das Theater für einen Klavierabend überhaupt nicht, und auch das Publikum verstand nichts von Musik. Es klatschte an den falschen Stellen, langweilte sich bei längeren Stücken und schätzte nur die kurzen, wirkungsvollen Zugaben. Diesmal verfuhren die Kritiker wesentlich strenger mit mir. Selbst meine loyalen Anhänger fanden bei allem Lob schon dies und das an mir auszusetzen, was sie dann meiner »sichtlichen Nervosität« zuschrieben. Krehbiel verfaßte einen gnadenlosen Verriß, allerdings merkte man ihm seine Voreingenommenheit an; auf Jahre hinaus blieb er mein unerbittlicher Feind.

Hochman und ich bestiegen den Zug nach Chicago, und zwar erstmals einen amerikanischen Schlafwagen. Die Sitze wurden in Betten verwandelt, ein oberes und ein unteres, an beiden Enden des Wagens befanden sich Waschräume für Damen und Herren. Meine obere Koje war denkbar unbequem. Man kletterte völlig angezogen auf einer Leiter hinauf, zog einen grünen Vorhang vor und quälte sich in gekrümmter Haltung aus dem Anzug, ein echtes Akrobatenstücklein. Wer vom Schlaf benommen sich unwillkürlich aufrichtete, knallte mit dem Kopf gegen die Decke.

Der Wagen wurde von weiblichen und männlichen Reisenden benutzt, und der Anblick der Damen, die ihre Leitern erkletterten, besaß einen geringen pikanten Reiz.

In Chicago kamen wir gerade noch rechtzeitig zur Probe. Hochman brachte mich zur Orchestra Hall und fuhr mit unserem Gepäck weiter ins Hotel. »Beeilen Sie sich!« rief mir ein Angestellter zu, »alle sind schon auf dem Podium und warten auf Sie!« Ich ließ Hut und Mantel fallen und stürzte mich, ohne eine Minute zu verschnaufen, in das Saint-Saëns-Konzert, das wir in einer halben Stunde ohne Pause und ohne Wiederholung herunterspielten. Frederick Stock, der junge Dirigent, sprang von seinem Podest herunter und küßte mich, und das Orchester schrie: »Bravo!« – seltene Anerkennung auf einer Probe. Am meisten beeindruckte meine trotz der anstrengenden Reise ungebrochene Energie. Nichts ermutigt mich mehr als der Beifall der Kollegen, darum besserte sich meine Stimmung erheblich.

Chicago gilt als windige Stadt, und an jenem Tage war es dort bitter kalt. Auf den schneebedeckten glatten Straßen zu spazieren war gefährlich, und der eisige, scharfe Wind drohte mir den Kopf wegzublasen. Ich konnte also nicht die Stadt zu Fuß besichtigen, und ich muß überhaupt gleich vorweg sagen, daß ich auf dieser Reise so gut wie nichts zu sehen bekommen habe; wir fuhren so rasch von einer Stadt zur nächsten, daß ich mich – abgesehen von einigen Zwischenfällen – nur an Bahnhöfe, Hotels und Konzertsäle erinnere. An jenem Abend in Chicago war ich allerdings entschlossen, mir meine gute Stimmung und den freien Abend nicht verderben zu lassen. »Wir können ja im Taxi zu einer Burleske fahren«, schlug Hochman vor. »Vielleicht gefällt sie Ihnen, sie ist typisch für Amerika.« Wirklich, sie gefiel mir sehr. Damals waren diese Shows ganz anders als heute. Sie boten eine Mischung aus Vaudeville, Komödie und Operette mit vielen komischen Sketchs, die zwar häufig vulgär waren, aber immer unwiderstehlich komisch. Seit jener Zeit habe ich mir wenn möglich jede »Burleske« angesehen; meine Lieblingskomiker waren Weber und Fields, bei ihren Albernheiten und ihrem amerikanischen Slang fiel ich vor Lachen vom Stuhl.

1906 besaß Chicago noch eine weitere Attraktion: ein echtes Bordellviertel an der South Michigan Avenue, wo jedes Haus von Damen einer jeweils anderen Rasse besetzt war – Japanerinnen, Negerinnen, Chinesinnen oder teure Importe aus Europa. Für einen Ethnologen gewiß ein Paradies, doch Hochman und ich waren des immer Gleichen bald müde. Dicke Negerinnen animierten uns zum Eintreten, wir kamen in ein Stübchen, wo ein Greis in der Ecke Klavier spielte, sodann erschienen etliche halb angekleidete schläfrige Mädchen, glotzten uns an und erwarteten, daß wir ihnen zu trinken bestellten. Wir schauten uns die verschiedenen Bordelle an wie Museumsbesucher, ohne die Ausstellungsstücke zu berühren.

Ich hatte damals allen Grund, mit Chicago zufrieden zu sein. Rudolf Ganz, ein Schweizer, der in Amerika zu Erfolg gekommen war, fand herzliche Worte des Lobes für mich und ist seither mit mir befreundet. Mein Auftreten mit dem Theodore-Thomas-Orchester unter Frederick Stock war sowohl beim Publikum als auch bei der Presse ein handfester Erfolg. Die »windige Stadt« ist mir treu geblieben bis zu dem Augenblick, an dem ich dieses Kapitel niederschreibe.

Trotz der Strapazen und der Hast machte meine Konzertreise mir zunehmend Vergnügen. Einige Shubert-Theater hatten zur Zeit meines Auftretens keine Show laufen, ich beanspruchte sie also für mich allein, und im Gegensatz zu New York eigneten sich manche Theater recht gut für ein Konzert; auch die Zuhörer waren oft musikverständiger.

Die Eintönigkeit der Konzertreise unterbrachen hin und wieder erheiternde oder auch weniger erheiternde Zwischenfälle. In Columbus, Ohio, klemmte ich gleich zu Beginn einer Beethoven-Sonate einen Fingernagel so unglücklich zwischen zwei Tasten, daß der Nagel abgerissen wurde und das Blut in Strömen über die Tastatur floß, doch spielte ich weiter, trotz des Schmerzes ganz in meinen Vortrag vertieft. Erst nach dem ersten Satz tat der Finger unerträglich weh, und ich mußte ihn verbinden lassen. Als ich in den Saal zurückkehrte, um auf der gereinigten Klaviatur weiterzuspielen, überschütteten mich die Zuhörer mit Beifall. Beim Anblick des vielen Blutes hatten sie nämlich daran gezweifelt, daß ich mein Programm beendigen würde. In den Morgenzeitungen widmeten die Kritiker mehr Zeilen meiner spartanischen Haltung als meinem Spiel.

Ein weiterer Zwischenfall, aber von der heiteren Art, passierte in St. Louis, dem westlichsten Punkt meiner Tournee. Als ich am Morgen nach dem Konzert im Bett frühstückte, klopfte jemand an die

Tür. Ich nahm an, es handelte sich um einen Kellner, und rief herein. Ein Fremder erschien in hellgrauem kariertem Anzug, unrasiert, mit langen Koteletten, auf dem Kopf eine schmutzige braune Melone, die er nicht abnahm. Er glich genau dem Bösewicht von der Schmiere. Ohne den Zweck seines Besuches näher zu erläutern, setzte er sich auf den Bettrand und sprach hastig in fast unverständlichem, mittelwestlich nasalem Jargon. Meine Aufmerksamkeit richtete sich verständlicherweise nicht auf seine Rede, sondern auf meine goldene Uhr und das Geld, das ich außerhalb meiner Reichweite auf dem Tisch hatte liegen lassen.

Der Mann merkte, daß ich ihm nicht zuhörte, er wurde ärgerlich, er machte sonderbare Gebärden, steckte erst die eine, dann die andere, schließlich beide Hände in den Mund. Nun bekam ich es mit der Angst zu tun – bestimmt war er verrückt! Starr vor Schrecken vermochte ich weder um Hilfe zu rufen noch zu telefonieren. Jetzt sprang der Mann auf, ich hoffte schon, er wollte gehen, doch er zog ein Blatt Papier aus der Tasche und schleuderte es mir hin. Ich warf einen Blick darauf: Es war das Programm eines Varietétheaters. Er deutete auf eine der angeführten Nummern, und nun wurde mir alles klar. Er imitierte Musikinstrumente, insbesondere die Geige, das Cello und die Trompete, und benutzte dazu nur den Mund und die Hände. Ihm fehlte noch ein Pianist, und er glaubte, in mir den richtigen Partner für eine Tournee gefunden zu haben. Als ich ihm schüchtern zu erklären versuchte, das sei unmöglich, brüllte er mich wütend an und warf mir mit hervorquellenden Augen drohende Blicke zu. Hilflos im Bett, zu Tode geängstigt und noch immer voller Sorge um meine Besitztümer dort drüben auf dem Tisch, versprach ich, am folgenden Tag einen Vertrag zu unterschreiben. Was für eine Erleichterung, als sich endlich die Tür hinter ihm schloß! Ich bat sofort George Hochman zu mir. Kaum hatte er die Geschichte erfahren, bekam auch er es mit der Angst zu tun, und gemeinsam verließen wir mit dem frühesten Zug die Stadt.

Es wäre eine mühsame und auch undankbare Aufgabe, meine Reise Station für Station zu schildern. Das Konzertieren wurde mir bald zur Routine, nur gelegentlich geriet mir ein Abend besonders gut oder auch besonders schlecht. Als wir nach New York wegen meines zweiten Klavierabends zurückkehrten, sprach George wie stets ausschließlich von San Francisco, er hatte eine wahre Leidenschaft für diese Stadt. »Wirklich schade, daß wir dort nicht auftreten«, sagte er, »es ist nicht nur die schönste Stadt der Welt, sondern auch die heiterste. Nur in San Francisco gibt es noch den echten Wilden Westen mit seinen Kneipen und Spielhöllen, seinen Frauen, seinen Shows und allem Drum und Dran. Wie gemacht für Sie.« Solche Geschichten ließen mir das Wasser im Munde zusammenlaufen, man kann sich also meine Freude ausmalen, als mir Ulrich in New York eröffnete, man habe mich in jener Märchenstadt für zwei Konzerte engagiert, und zwar zu Ende meiner Reise. Ich fand ein sehr verändertes New York vor. Mein Freund Armand de Gontaut war wieder in Paris, und ohne ihn fühlte ich mich sehr verlassen, obschon die »oberen Vierhundert«, wie man die reichsten Familien nannte, mich weiterhin einluden.

Mein zweiter Klavierabend im Shubert-Theater ging besser vonstatten als der erste, doch fehlten diesmal die Kritiker. (Sie beschränkten sich auf Debüts.) Dafür waren alle Zeitungen voll von der Affäre Josef Hofmann. Eine verheiratete Dame aus distinguierten Kreisen South Carolinas war mit dem berühmten Pianisten durchgegangen, man wußte nicht wohin. Und ihre beiden Kinder hatte sie auch mitgenommen. Der genasführte Ehemann schwor feierliche Eide, sie wieder einzufangen – kann man sich einen ergiebigeren Gesprächsgegenstand denken?

An mein Konzert in Boston erinnere ich mich besonders gerne. Es herrschte bittere Kälte, doch der Jordansaal war fast voll, und hier fühlte ich mich Europa so nahe wie nirgends sonst in Amerika. Miss Drew, meine Berliner Freundin, fand ich leider nicht; ich hatte sehr gehofft, ihr in ihrer Heimatstadt einen Besuch machen zu können.

Meine Konzertreise näherte sich ihrem Ende. Nach Baltimore, Washington, Providence und Cincinnati war ich neuerlich engagiert worden, ein schmeichelhafter Beweis, daß mein Auftreten dort ein Erfolg gewesen war. Doch leider beeinflußte die New Yorker Kritik die Meinung im ganzen Lande, und Krehbiels negative Besprechungen schadeten mir sehr. In diesem Zusammenhang möchte ich noch auf ein wirklich perverses Verfahren der amerikanischen Werbung hinweisen: In seiner ersten Kritik schrieb Krehbiel etwa: »Seine Fingerfertigkeit ist phänomenal, aber den Gehalt der Komposition hat er überhaupt nicht begriffen.« Ulrich zitierte hinfort in allen Ankündigungen meiner Konzerte allein den lobenden Teil dieser Kritik.

Nun traf ein Brief ein, der für George einen schweren Schlag bedeutete und für mich immerhin eine Enttäuschung: Knabes teilten mit, die Konzerte in San Francisco fielen aus, stattdessen sollte ich nochmals in Chicago spielen. Der Grund für diese Änderung lag auf der Hand: es war viel billiger, uns in die Stadt der Winde zu schikken, als die Reise in die ferngelegene Hauptstadt Kaliforniens zu bezahlen.

In Chicago gab ich mein letztes Konzert. Ich war in bester Form, und das Publikum sagte mir herzlich Lebewohl. Und zu meinem Entzücken erschien in der Pause meine alte Freundin Miss Drew! Ihr Mann amtete in einem Vorort von Chicago als Pastor, und sie wohnte hier seit ihrer Heirat. Tags darauf war ich in ihrem bescheidenen, aber reizenden Haus zum Essen eingeladen und erzählte ausführlich von meinem Leben in Berlin nach ihrer Abreise. Als George und ich abends in eine Burleske gehen wollten, berichtete der Hotelportier ganz aufgeregt, San Francisco habe ein furchtbares Erdbeben heimgesucht und die Stadt stehe in Flammen; dabei drückte er uns das Extrablatt einer Zeitung in die Hand. Das Beben war überraschend während der Nacht aufgetreten, die Bevölkerung flüchtete ins Freie, Häuser waren reihenweise eingestürzt, es gab unzählige Tote und Verletzte. Wir waren entsetzt. »Jetzt wären wir auch dort gewesen!« rief George. »Gestern hätte Ihr erstes Konzert stattfinden sollen!« Er rang die Hände. »Und ich Narr habe Knabes verflucht, weil sie uns einen Strich durch die Reise gemacht haben! Das Leben haben sie uns gerettet!« Auch ich war von dieser wunderbaren Bewahrung tief ergriffen.

Um meine Finanzen stand es miserabel. Was mir vertraglich zukam, war längst aufgebraucht. Das Waldorf-Astoria, die kleinen Herrenabende im Hotel, die kostspieligen Ausflüge in Gesellschaft Armands hatten mich völlig ruiniert. Mein verschwenderischer Leichtsinn war allerdings nicht ganz unerklärlich. Zum ersten Mal im Leben verfügte ich über eine beträchtliche Summe, und ich hatte nie gelernt, mit Geld umzugehen. Geld war für mich etwas, das man ausgibt – aufs Wirtschaften verstand ich mich nun einmal nicht, und in dieser Beziehung habe ich mich kaum geändert.

Ich schrieb und telegrafierte an Astruc um Geld, denn laut Vertrag hielt er einen kleinen Teil des mir zukommenden Honorars in Händen. William Knabe bezahlte durch Ulrich sehr großzügig meine letzte Rechnung im Waldorf. So packte ich denn Anfang April meine Sachen, um nach Paris zurückzufahren. Wieder sollte ich die alte Touraine nehmen, an die ich die scheußlichsten Erinnerungen hatte. Ich graulte mich davor, doch George versicherte mir, im April sei die Überfahrt ganz ruhig. Knabe, Ulrich und George Hochman brachten mich ans Schiff, und in meiner Kajüte fand ich Blumen, Obst und eine Flasche Champagner – Abschiedsgeschenke der neuen Freunde. Auch einen reizenden kleinen Brief und sehr schöne Taschentücher von Dorothy.

Dem Reporter, der mich nach meinen Eindrücken in Amerika befragte, gab ich die üblichen banalen Antworten: Großartiges Land ... Fortschritt überall ... gute Hotels, vorzügliche Orchester usw. Es dauerte lange, bis ich meine wirklichen Eindrücke verarbeiten konnte.

1906 fand ich Amerika meistenteils abstoßend. Mit Ausnahme von wenigen Großstädten bot das Land einen trostlosen Anblick. Fast alle Städte waren in großer Eile nach dem gleichen Schema errichtet worden. Erholsame Grünflächen mit Bäumen und Bänken, Brunnen und Parkanlagen blieben eine Seltenheit. Aus dem Abteilfenster meines Pullmanwagens schaute ich in eine wenig ansprechende, eher trostlose Landschaft. Die weiten Flächen unbestellten Bodens, ungastliche Wälder und die Abfallhaufen nahe den Geleisen am Rande der kleineren Städte widerten mich an. Meine amerikanischen Freunde wußten die Niagarafälle, die Rocky Mountains, den Grand Canyon und Florida nicht genug zu loben, und ich bedauerte, nichts davon gesehen zu haben. Doch handelte es sich hier nicht um Menschenwerk, sondern um Natur. Die Bewohner dieses Landes hingegen faszinierten mich. Trotz ihrer Verschiedenartigkeit hatten die unlängst aus allen Ländern Europas eingewanderten Menschen ein harmonisches Ganzes geschaffen. Ihre Anstrengung, in der neuen Umgebung zu Erfolg zu kommen, beobachtete ich gespannt. Besonders gefiel mir die witzige, treffende Sprache; sie wirkte geradezu erfrischend, wenn man noch das traditionsgebundene und die ständig gleichen Wendungen wiederholende Englisch der Briten im Ohr hatte.

Ich nahm sehr gemischte Eindrücke von der Begegnung mit Amerikanern nach Hause; das Konzertpublikum stand meistenteils noch ganz unter dem Einfluß der groben, marktschreierischen Werbung, wie sie der alte Barnum entwickelt hatte. Jenny Lind, zum Beispiel, verdankte ihre Popularität mehr dem Beinamen ›Schwedische Nachtigall‹ als ihrer Stimme. Paderewskis ›Löwengesicht mit der goldenen Mähne‹ und sein Extrazug waren sein Markenzeichen. Man wartete die ganze Nacht geduldig, um seinen Zug durchfahren zu sehen, rührte sich aber nicht vom Fleck, um ihn spielen zu hören. In meinem Fall hatte der Name des ›großen‹ Anton Rubinstein seine magische Wirkung noch nicht verloren, und wenn ich die Frage, ob ich sein Sohn sei, verneinte, glaubten viele Leute mir nicht.

Über mich hieß es allgemein: »Ein großes Talent . . . ein herrliches Temperament . . . hat eine große Laufbahn vor sich, ist aber noch unreif . . . muß noch viel lernen.« Offen gestanden war dies auch meine eigene Meinung.

Kapitel 35

Im Speisesaal der Touraine entdeckte ich schon am ersten Tag zwei berühmte Pianisten, den Franzosen Raoul Pugno und den jungen Russen Joseph Lhévinne, dessen Debut in New York eine Sensation gewesen war. Nach dem Essen baten sie mich aufs liebenswürdigste, doch meine Mahlzeiten an ihrem Tisch einzunehmen. Dies bildete den Beginn einer hocherfreulichen Schiffsreise. Pugno, Ende fünfzig und stämmig, war der Inbegriff des liebenswürdigen Franzosen, Joseph Lhévinne zählte erst dreißig Jahre. Er hatte ein glattrasiertes, sensitives jüdisches Gesicht und in den leicht vorstehenden Augen einen traurigen Ausdruck. Die vorzeitige Kahlheit verbarg er unter einer kunstvollen Lockenperücke. Sprach oder lachte er, dann klang seine hohe Stimme wie die eines Kindes, und es lag auch etwas Kindliches in seinem Wesen. Ich liebte und bewunderte Joseph Lhévinne als Menschen wie als Künstler.

Am zweiten Tag der Reise promenierte ich an Deck, um einem möglichen Anfall von Seekrankheit vorzubeugen. Ein Fremder in Umhang mit Barett schien mit derselben Absicht in entgegengesetzter Richtung zu wandeln. Plötzlich hielt er mich an und fragte: »Sind Sie nicht der Pianist Rubinstein?«

»Richtig«, sagte ich und ging weiter, denn ich dachte im Moment nur an den Seegang.

Er ließ mich aber nicht in Ruhe. »Wie finden Sie Pugno?« fragte er.

»Sehr gut«, erwiderte ich.

»Und Lhévinne?«

»Großartig.«

»Und Paderewski?«

»Hervorragend! Kolossal! Einzig!« sagte ich bekümmert, denn mir wurde übel.

»Und wie finden Sie Josef Hofmann?« beharrte der Mann. Mir riß die Geduld, schließlich war ich im Begriff seekrank zu werden, und ich verlor die Beherrschung. »Hofmann! Hofmann muß verrückt sein, sonst würde er nicht mit einem häßlichen alten Weib und einem Haufen Kinder durchbrennen.«

Darauf sagte der Mann ganz ruhig: »Da haben Sie recht. Wie Sie mich hier sehen, bin ich nämlich der Gatte dieser Dame.« Man kann sich vorstellen, was ich für ein Gesicht machte.

George Eustis, der glücklose Gatte, war ein vornehmer Mensch. Er und sein Freund Robert Chanler gesellten sich für die Reise zu unserer Gruppe. Zum Glück hatte es das Meer an jenem Morgen nicht ernst gemeint, wir genossen eine glatte Überfahrt.

Eines Abends beklagte ich mich bei meinen so viel erfahreneren Kollegen, daß mich die amerikanischen Musiker durch die Bank boykottiert hätten, und beide lachten. »Das geht allen so«, sagte Pugno. »Wir werden von den amerikanischen Klavierfabrikanten als Aushängeschild engagiert, und da jeder von uns auf einem anderen Fabrikat spielt, halten sie uns sauber voneinander getrennt. Ist es nicht der beste Beweis, daß wir alle zur selben Zeit Amerika auf Tournee durchreist haben und uns jetzt erst kennenlernen? Ich habe einen Baldwin gespielt, Lhévinne einen Steinway und Sie einen Knabe.«

Und Lhévinne setzte hinzu: »Die Konkurrenz ist so scharf, daß wir wie Preisboxer eingesetzt werden, die sich für die Fabrikanten schlagen müssen.« Und ihn schüttelte ein Lachanfall.

Abends pokerten wir um winzige Einsätze, aber unter viel Lärm. Am lautesten war Bob Chanler, ein bekannter Maler und Exzentriker, der zu den reichen Astors gehörte. Später hat er durch die Vermittlung eines Zeitungsinserates Lina Cavalieri geheiratet. Er erinnerte mich in manchem an Jaroszynski – die gleiche mächtige Gestalt, die bellende Stimme, der unbändige Mutwille. Chanler liebte

Dummejungenstreiche. So sammelte er sorgsam Speisereste von seinem Teller, Wurstzipfel, Fischköpfe, stark riechende Käsekrümel, und ließ sie in die zum Putzen vor die Kajütentür gestellten Schuhe fallen. Als Lhévinne beim Poker einmal eine besonders gute Karte auf den Tisch legte, zog er ihm zum Spaß die Perücke vom Kopf.

Der Tradition entsprechend organisierte der Zahlmeister für den Vorabend unserer Landung zugunsten der Waisen ertrunkener Seeleute ein Konzert. Diesmal brachte ihn die Menge der mitfahrenden Pianisten in Verlegenheit. Wen sollte er bitten? Um ihm aus der Patsche zu helfen, stellten wir selber ein originelles und amüsantes Programm zusammen. Jeder von uns sollte einen Walzer spielen und anschließend zwei Sänger von der Met begleiten, die ebenfalls an Bord waren, den Tenor Gilibert und seine Frau, eine Sopranistin.

Nach dem traditionellen Kapitänsessen spielte Pugno sehr elegant einen Walzer von Saint-Saëns und begleitete dann Gilibert zu der Arie des Faust. Dem Alter nach folgte Lhévinne mit der schwierigen Paraphrase auf die »Blaue Donau« von Schulz-Evler – er spielte brillant und als Zugabe ein Nocturno für die linke Hand allein von Skrjabin. Lhévinnes linke Hand war fabelhaft, um sie beneideten ihn alle Pianisten.

Nachdem Madame Gilibert Micaelas Arie aus »Carmen« gesungen hatte, legte ich den »Mephistowalzer« von Liszt hin, und zum Schluß sangen beide Giliberts, von mir begleitet, ein Duett aus einer Operette von Messager.

Jedermann war entzückt, die Waisen bekamen eine schöne Summe Geldes, und der Kapitän regalierte uns mit einem üppigen Souper. Die Touraine tat wirklich ihr Bestes, mich den Albtraum der ersten Überfahrt vergessen zu machen.

Die Landung in Le Havre brachte das übliche Durcheinander von Passagieren, die ihr Gepäck, ihre Verwandten und ihre Freunde suchten. Dieser Trubel stimmte mich traurig. Die sorglos in Gesellschaft begabter, gescheiter und lebensfroher Menschen verbrachten Tage auf See waren gar zu schön gewesen. In Paris erwarteten mich, genau betrachtet, lauter Fragezeichen. – Kein Konzert in Aussicht, kaum noch Geld, bei Cordovinus und dem Schneider in der Kreide – so stellte sich mir die Zukunft in den schwärzesten Farben dar.

Kapitel 36

»Haben Sie für die nächste Saison einen Vertrag abgeschlossen?« begrüßte mich Astruc, als ich sein Büro betrat.

»Nein. Knabes haben Busoni engagiert.« Und ich erklärte so gut ich konnte, daß Knabes nicht zweimal hintereinander den selben Pianisten für ihr Fabrikat werben lassen konnten. »Meine Konzertreise war mehr ein Versuch; jetzt wollen sie einen international berühmten Namen haben.«

Astruc schaute düster drein, ich ebenso. Auch die Rückkehr in die Pension Cordovinus war kein Freudenfest. Der arme Mensch hatte sich eingebildet, in Amerika verdiene ein Künstler über Nacht ein Vermögen, und als er mich so bettelarm zurückkommen sah, wie ich weggefahren war, schlug er sich seine Illusionen aus dem Kopf mitsamt den Hoffnungen, daß er die rückständige Miete bald kassieren würde. Er hatte aber ein gutes Herz, dieser Cordovinus.

»Zahlen Sie Ihre Schulden in kleinen Raten«, schlug er vor. Ich begriff: Vorderhand durfte ich bei ihm wohnen bleiben.

Die erste Woche in Paris traf ich keinen einzigen Bekannten. Ich war zu deprimiert und entmutigt. Eines Morgens raffte ich mich auf und erkundete, ob Armand de Gontaut in der Stadt sei. Er war selber am Telefon.

»Quelle bonne surprise, mon cher«, sagte er. »Ich suche Sie seit Tagen, aber niemand wußte, wo Sie stecken.« Der liebe Armand war der einzige, der sich keinerlei Illusionen über das Resultat einer amerikanischen Konzertreise machte und meine derzeitige Lage richtig beurteilte. »Falls Sie nichts Besseres zu tun haben, essen Sie mit mir bei Fouquet, einer kleinen Bar auf den Champs-Elysées.« Ich entdeckte, daß die Stimme eines Freundes der beste Balsam für ein betrübtes Herz ist.

Fouquet an der Ecke der Avenue George V, heute sehr bekannt, war damals ein schmales Lokal mit einer beherrschenden Bar und vier oder sechs Tischchen, an denen man auch essen konnte. Zum Aperitif traf sich an der Bar jene jeunesse dorée junger Aristokraten und Plutokraten, deren Leben sich um Pferderennen, Sport und das schöne Geschlecht drehte. Armand gehörte auch dazu, verfügte nebenbei aber über eine vorzügliche Bildung und große Musikliebe.

»Wo wohnen Sie jetzt?« war seine erste Frage, als wir uns zu Tisch setzten. Als ich meine Pension beschrieb, meinte er: »Das klingt scheußlich. Ich mache Ihnen einen Vorschlag. Ziehen Sie zu mir. Das Zimmer meines Bruders ist frei, und Sie finden einen anständigen Pleyel, an dem Sie ungestört arbeiten können.«

Ein so großmütiges Angebot hätte ich eigentlich nicht annehmen dürfen, doch fehlte mir die Kraft, es abzulehnen. Ich war auf einem Tiefpunkt angelangt, hier zeigte sich endlich ein Lichtblick. »Merci, merci, mon cher«, sagte ich ergriffen. »Ich nehme an, und ich hoffe nur, daß ich Sie nicht störe. Aber für mein Essen und meine Wäsche müssen Sie mich selber bezahlen lassen.«

»Unsinn. Morgens macht mein Butler ein leichtes Frühstück zurecht, alle übrigen Mahlzeiten nehme ich außer Haus. Und für die Wäsche kommt zweimal die Woche eine Frau. Zerbrechen Sie sich also nicht den Kopf.«

Glücklich wie ein Schneekönig kratzte ich irgendwie das Geld zusammen, um Cordovinus wenigstens einen Monat abzuzahlen, den Rest versprach ich ihm für später. Da meine Koffer weder die Noten noch die Bücher faßten, die sich unterdessen angesammelt hatten, mußte ich vieles zurücklassen. Noch am gleichen Nachmittag übersiedelte ich in Armands herrliche Wohnung in der Avenue Kléber. Das Zimmer seines Bruders kam mir vor wie das Paradies. Es war hell tapeziert, ausgestattet mit Möbeln im Stil Louis XV, besaß ein breites, bequemes Bett und – welche Freude – es gab fließendes Wasser. Ein eleganter Salon und ein kleines Speisezimmer trennten mich von Armands Zimmer. Über den Korridor gelangte man in ein geräumiges Bad, die Küche und die Dienstbotenräume. Ferdinand, zugleich Diener und Butler, kümmerte sich sogleich um meine Sachen, packte im Handumdrehen aus und nahm mit, was gewaschen und gebügelt werden mußte.

Von Stund an begann ein neuer Lebensabschnitt, nicht der richtige für meine künstlerische und moralische Entwicklung, aber der munterste und faszinierendste für einen jungen Mann von neunzehn Jahren: Ich lernte, was man unter luxuriösem Müßiggang versteht.

Armand de Gontaut-Biron war ein Liebling seines noblen Kreises und führte mich auf die schmeichelhafteste Weise bei seinen Freunden ein: Ich war der große Musiker, der gescheiteste Bursche, ein Sprachgenie »et il raconte des histoires à mourir de rire«. Eine solche Einführung mußte wirken; ich war auf der Stelle als ein ständiger, wenn auch etwas exotischer Kumpan akzeptiert. Eine etwas abwegige Gedankenverbindung ließ mich hierin eine gewisse Ähnlichkeit mit meinem Berliner Lesekränzchen erblicken.

Ich frühstückte spätmorgens Kaffee, Croissants und Honig im Bett und las dazu das außerordentlich reaktionäre royalistische Morgenblatt *Le Gaulois*, gegründet und herausgegeben von einem konvertierten Juden, Arthur Meyer, der mit einer französischen Herzogin verheiratet war. Was für ein Paradox! Es waren schließlich erst wenige Jahre seit der Affäre Dreyfus vergangen, über der Familien zerfallen waren und das Land sich in zwei feindliche Lager geteilt hatte. Armand hielt aber nur den *Gaulois* und eine Sportzeitung.

Mittags übte ich kurz und schnell in meinem Schlafrock am Klavier, dann war es schon Zeit, sich zum Essen anzukleiden und auszugehen. Man traf sich bei Fouquet auf einen Apéritif und machte Pläne für den Tag. Meist aßen wir dort, es sei denn, wir wählten zur Abwechslung ein richtiges Restaurant. Nachher verbrachte man den Nachmittag auf dem Rennplatz oder spielte im Club oder pokerte in einer Privatwohnung. Solange saß ich allein zu Hause und übte oder las. Gegen Abend versammelte man sich neuerlich bei Fouquet und organisierte den Abend und besonders die Nacht. Wir hatten eine Schwäche für die Cafés Concerts am unteren Ende der Champs-Elysées, wo man meist im Freien saß wie im Ambassades oder im Alcazar d'été. Wir bejubelten die bekannten Sänger, Mayol, den unverwüstlichen Homosexuellen; Dranem, den rührenden Clown; Fragson mit seinen sentimentalen Liedern und selbstverständlich Yvette Guilbert, die berühmte rothaarige, schwarzbehandschuhte Diseuse. Nach der Vorstellung ging's zum Essen ins Maxim, der beste Ecktisch war für uns reserviert. Häufig endete die Nacht auf dem Montmartre in einem gerade beliebten Cabaret. Getrunken wurde die ganze Zeit nur Champagner, und erst gegen vier Uhr früh kam ich zu Bett.

Wie konnte ich mit meinen kärglichen Mitteln ein solches Leben führen? Es mag erstaunlich klingen, doch in Gesellschaft von Armand und seinen Freunden durfte ich nie selber bezahlen. Meine Stellung als »der um zehn Jahre Jüngere«, als der Ausländer und Künstler, erlaubte mir einfach nicht, irgendeine Rechnung zu begleichen. Mir blieb also von Astrucs 500 Francs im Monat mehr zur Verfügung als früher in der Pension Cordovinus.

Während der zwei Monate meiner Dolce Vita war ich von der übrigen Welt wie abgeschnitten. Frederic und seine Mutter hatten meine zwei Briefe aus Amerika beantwortet, und sie allein kannten meine jetzige Adresse. Basia war wieder in Warschau, und da ich nicht konzertierte, fehlte der Kontakt zu der Musikwelt. Auch mein Verlangen nach Theaterstücken und Konzerten ging im Trubel meines nächtlichen Lebens unter. Alles in allem war es ein beklagenswerter Zustand, doch er hatte sein Gutes. Armand und einige seiner engsten Freunde – der Graf de Ganay, der Marquis de Polignac (New Yorker Angedenkens), Graf Recopé, Georges Brocheton (ein Halbspanier) und der große, schwere, aber reizende Baron Grandmaison hörten mich gerne spielen. Sie empfahlen mich ihren Familien, und schon bald wurde ich zu kleinen Gesellschaften eingeladen. Armand unternahm geradezu einen Feldzug, um mich zu fördern. Er begann bei seinen eigenen Verwandten. Eines Tages sagte er, sein Vater und seine Schwester erwarteten mich zum déjeuner. Graf Antoine de Gontaut-Biron, ein distinguierter Herr von einigen sechzig Jahren, empfing mich sehr herzlich. »Ich freue mich über den guten Einfluß, den Sie mit Ihrer Musik und mit Ihren Idealen auf meinen Sohn ausüben. Ich hoffe sehr, daß ihm das hilft, mit seinem leeren Leben aufzuhören.«

»Ha«, sagte ich bei mir, »in Wahrheit ist es gerade umgekehrt!« Auch bei den angeheirateten Verwandten von Armands Bruder Louis, den Leishmans, waren wir häufig zu Gast. Leishman war ein reicher Amerikaner und wurde später Botschafter in Rom. Dank seiner Verbindungen war ich, ohne es recht zu merken, von dem exklusiven Zweig der vornehmen Kreise akzeptiert worden. Damals nannte man die alte Feudalaristokratie zum Unterschied von dem napoleonischen Adel Le Faubourg St. Germain. Die Familien, die sich zum Faubourg zählten, verschlossen grundsätzlich nicht-blaublütigen Ausländern ihre Türen. Heiraten mit Außenstehenden waren ebenfalls verpönt. Sie lebten in einer Welt für sich.

Zu jener Zeit förderten in den europäischen Hauptstädten vor allem die Aristokraten mäzenatisch die Künste, und in den alten Palästen pflegte man den Brauch, die Gäste mit einem Konzert zu erfreuen. Armand und seine Freunde verhalfen mir mehrmals zu solchen soirées musicales. Astruc traf die geschäftlichen Abreden und erhielt zu seiner Freude jedesmal 1000 Francs. Besonders gut erinnere ich mich an mein erstes Auftreten im Hause des Marquis de Ganay. Etwa hundert Gäste en grande toilette füllten den in Crème und Gold gehaltenen Salon und saßen auf zierlichen vergoldeten Stühlen. Ich trat aus einer Seitentür hervor, ganz wie bei einem öffentlichen Konzert, verbeugte mich zu höflichem Applaus und spielte mein gedrucktes Programm. Sogleich begannen meine eleganten Zuhörer lebhaft miteinander zu plaudern, nur gelegentlich unterbrachen sie sich und riefen »Bravo«, meist nach einer besonders lauten Passage. Kaum war der letzte Akkord verklungen, öffneten sich die Türen zu dem geräumigen Speisesaal, wo bereits ein üppiges Buffet wartete. Gleich war es umlagert von Menschen, die den Eindruck machten, als wären sie infolge meines Konzertes halb verhungert und verdurstet.

Die anderen soirées verliefen ähnlich, ausgenommen der Abend bei Graf Jean de Castellane, wo unter den Zuhörern Gabriel Fauré saß und, wie ich später erfuhr, auch der noch unbekannte Marcel Proust und Anne de Noailles, die berühmte Dichterin.

Eines Nachmittags trat im Café de la Paix ein älterer Herr mit Bart zu mir. »Ich bin Graf Jan Zamojski«, sagte er auf Polnisch, »ich habe Sie in Warschau spielen gehört. Kommen Sie doch bitte an meinen Tisch.« Sein Name war mir bekannt: Er war jener berühmte Musikmäzen, der Bronislaw Hubermann eine unbezahlbare Stradivari geschenkt hatte. Wir sprachen über Chopin.

»Chopins Lieblingsschülerin, Fürstin Marcelina Czartoryska, war meine Tante«, sagte der Graf. »Sie hat mich gelehrt, wie man seine Mazurken spielen soll.« Und um das zu verdeutlichen, sang er mit asthmatischer Piepsstimme einige Themen. Da meine achtungsvolle Aufmerksamkeit ihm gefiel, lud er mich für den folgenden Abend zum Essen zu seiner Nichte ein, »ganz unter uns«. Ich erklärte, daß dies nicht möglich sei, weil ich bereits mit Armand bei der Marquise de Laborde eingeladen sei, überdies war es der Sonntag vom Grand Prix in Longchamps.

»Nun, dann kommen Sie eben nach dem Essen. Ich möchte gerne, daß meine Nichte Sie spielen hört.«

»Ich will versuchen, gegen zehn Uhr da zu sein«, sagte ich, ließ mir die Adresse in der Nähe des Etoile geben, und wir trennten uns.

Der Grand Prix fand ohne mich statt; ich hatte kein Gefallen an Pferderennen mit ihren aufgeregt drängelnden Zuschauermengen und der langen Warterei, und da ich mir ohnehin nicht erlauben konnte zu wetten, war mir einerlei, welches Pferd gewann. Stattdessen arbeitete ich zum ersten Mal seit Wochen wieder ernsthaft am Klavier. Armand kam zurück, wir zogen Frack und Zylinder an und rollten in einer Mietsdroschke zur Ile St. Louis. Punkt acht klingelten wir bei Madame de Laborde. Die Marquise und ihre beiden Töchter empfingen uns – die einzigen Gäste – in einem sehr eleganten Louis XV-Salon.

Die Hausherrin war eine statueske Matrone von unfehlbaren Manieren, eine Spur hochmütig vielleicht, doch ganz reizend. Die Töchter, beide noch nicht zwanzig, waren schön; Lili, die Ältere, liebte, wie Armand zu berichten wußte, hoffnungslos seinen Bruder Louis de Gontaut. Die Jüngere, Françoise, war schlank und blond. Im Frankreich von 1905 fiel es einem nicht leicht, sich den jungen Töchtern alter Familien zu nähern. Sie wurden in Klöstern erzogen, und in der Öffentlichkeit sah man sie nur während des Karnevals auf einem Bal Blanc. Ich genoß also die seltene Gelegenheit. Die Marquise ließ sich von mir ins Speisezimmer geleiten, doch nachdem wir am runden Tisch Platz genommen hatten, war mit den Förmlichkeiten Schluß, und wir tafelten vortrefflich. Die jungen Damen konversierten geistvoll und bezaubernd. Ich erzählte einige Anekdoten, über die die Marquise fürchterlich lachen mußte, und Armand wirkte von uns allen am glücklichsten.

Nachdem wir im Salon den Kaffee genommen hatten, setzte die Marquise sich in das Nebenzimmer, ließ die Türen weit offen und wir vier blieben miteinander allein im Salon. Nun wurde es erst richtig lustig. Lili, belebt durch die Gegenwart des Bruders ihres Angebeteten, unterhielt uns aufs brillanteste. Françoise führte mich ans Piano, und ich spielte sämtliche mir bekannten Wiener Walzer, während sie ganz nahe neben mir auf der Klavierbank saß. Nun begannen Armand und Lili zu tanzen. Als ich einmal auf die Uhr schaute, war es bereits halb elf, dabei hatte ich doch versprochen, um zehn bei Graf Zamojskis Nichte zu sein!

»Was mache ich nur?« fragte ich Armand.

»Beeil dich, nimm meine Kutsche, gewiß ist die Gesellschaft dort noch im Gange.«

Ich bedankte mich bei den Damen für den reizenden Abend und eilte davon. In einer halben Stunde war ich dort und sah zu meiner Erleichterung noch Licht in den Fenstern. Doch als ich auf die Klingel drückte, verlöschten die Lichter, allerdings wurde die Haustür noch geöffnet. Im dunklen Treppenhaus fragte jemand: »Ja? Wer ist da?« Ich antwortete schüchtern: »Rubinstein. Graf Zamojski hat mich hergebeten, leider habe ich mich verspätet.« Nun ging das Licht im Treppenhaus wieder an, und ich sah oben auf der Treppe einen Herrn und eine Dame stehen, augenscheinlich die Gastgeber, beide noch im Gesellschaftsanzug. »Ach, Sie müssen entschuldigen«, sagte die Dame auf Polnisch. »Mein Onkel fühlte sich nicht wohl, er hat abgesagt, und die übrigen Gäste haben uns schon verlassen. Aber nehmen Sie doch ein Glas Champagner mit uns.«

Wir betraten ein ovales Boudoir, den schönsten Raum, der mir bis dahin vor Augen gekommen war; die Wände mit blauer Seide ausgeschlagen, ein zweisitziges Sofa, zwei Sessel, ein kleiner runder Tisch, alles im zierlichen Louis XVI-Stil, und in der Ecke stand ein braunes Klavier von Erard. Zwei rosa Bilder in rundem Rahmen, vermutlich Bouchers, verliehen dieser idyllischen Beschwörung des achtzehnten Jahrhunderts das letzte Tüpfelchen.

Der Graf mußte in den Fünfzigern sein, er war ganz kahl, hatte einen Embonpoint, einen schwarzen Spitzbart und sehr rote Wangen. Graf Zamojskis Nichte war höchstens dreißig und von auffallender Schönheit. Ihr schwarzes Samtkleid betonte noch das bleiche, alabasterfarbene Dekolleté. Der kleine Kopf wurde von einem stolzen Hals getragen, und das lange schwarze Haar war auf sehr weibliche Art frisiert. Nirgendwo hatte ich bisher ähnlich grüne Augen gesehen. Und was für eine nervöse kleine Nase und welch sinnlichen roten Mund sie hatte! Mir verschlug es vor Bewunderung die Sprache.

»Waren Sie beim Rennen?« fragte der Graf, und ohne meine Antwort abzuwarten, fuhr er fort: »Spearmint war eine Überraschung, nicht wahr? Niemand hätte es für möglich gehalten, doch ich wußte, er wird gewinnen. Der Jockey, Bartholemew, ist erstklassig, ja? Auf den setze ich immer!« Und so redete er immer weiter, während die Gräfin und ich stumm unseren Champagner tranken.

»Würden Sie etwas für mich spielen?« sagte sie leise mit tiefer, dunkler Stimme.

»Sehr gern.« Ich trat ans Klavier. Ihr Mann hörte auf zu reden, machte es sich auf dem Sofa bequem, und sie schob ihren Sessel näher ans Klavier.

»Was werden Sie spielen?« fragte sie und stellte eine Vase voll dunkelroter Rosen neben das Klavier.

»Chopin«, sagte ich und begann mit dem langen Nocturne in Des-Dur, als wäre ich, von ihrer Schönheit überwältigt, in Trance versunken. Der Graf schloß die Augen, das Kinn sank ihm herunter, und sanftes Schnarchen ließ erkennen, daß er entschlummert war. Als ich die Koda mit den im pianissimo hingehauchten Seufzern spielte, beugte die Gräfin sich plötzlich vor und küßte mich, gedeckt vom Notenständer und den Rosen, leidenschaftlich auf den Mund. Ich schlug zu laut eine falsche Taste an, der Graf erwachte, und der Zauber war gebrochen. Wir tranken den Champagner aus, ich küßte ihr mehrmals feurig die Hand, der Graf geleitete mich zur Tür, und ich ging. Ich habe keinen von beiden je wiedergesehen.

Meine Leser mögen sich fragen, warum ich ein so unwichtiges Ereignis so umständlich schildere, doch bleibt mir dieser Abend, der mich so ganz in die romantischen Tage eines Chopin, eines Liszt zurückversetzte, unvergeßlich.

Kapitel 37

»Arthur«, sagte Armand nach einem Lunch bei Romaine Brooks, der neuesten Mätresse von Gabriele d'Annunzio, »Arthur, übermorgen muß ich nach New York fahren.« Ich hatte mich auf dieser Einladung gut unterhalten. Mrs. Brooks war Amerikanerin, eine begabte Malerin und dazu eine Innenarchitektin mit Ideen. Besonders ein mit weißer Seide bezogenes und mit schwarzen Samtpolstern belegtes Sofa hatte es mir angetan. Außer Armand und mir waren noch zwei chilenische Damen geladen, eine Madame Errazuriz samt Tochter. Die immer noch schöne Mutter war in Paris als »la belle Madame Errazuriz« bekannt. Nach dem Essen spielte ich ihr zu Liebe Teile aus dem »Tristan« sowie das ganze »Prélude à L' Après-midi d'un Faune« von Debussy, und sie schien davon hingerissen.

Wie ein Blitz traf mich diese plötzliche Ankündigung von Armands Abreise! Was wird nun aus dir, war mein erster Gedanke. Als der liebe Mensch mein verstörtes Gesicht sah, beruhigte er mich nach Kräften.

»Du kannst in der Wohnung bleiben, solange du willst. Ferdinand kommt mit mir, doch werde ich die Concierge anweisen, dir dein Frühstück zu machen und aufzuräumen.« Ich dankte ihm mit einem Blick; sprechen konnte ich nicht.

An einem heißen sonnigen Sommertag sagte ich ihm auf der Gare St. Lazare Lebewohl. Als der Zug abfuhr, weinte ich. Da ging ein Abschnitt meiner Jugend zu Ende, dem eine besondere Schönheit, ein besonderes Glück eigen gewesen waren.

Sofort änderte sich vieles. Von jetzt an war ich auf mich selber angewiesen. Mein Geld hatte ich sinnlos an Luxusartikel verschwendet. Immer bereit, Armand nachzuahmen, hatte ich mir teure Batisthemden mit engen Umschlagmanschetten machen lassen, fein gefältelte, und selbstverständlich mit Monogramm. Meine knöchellangen Nachthemden waren aus dem gleichen Material und ebenso kostspielig gearbeitet. (Pyjamas waren in Paris noch unbekannt.) Lange schwarze Seidenstrümpfe und Lackschuhe gehörten ebenfalls zu meiner Ausrüstung. O ja, in jenem Frühjahr war ich ein Dandy geworden.

Jetzt kam die Strafe. Die Concierge, das Essen, die Zeitung, die Droschke, alles mußte bar bezahlt werden, und daran mußte ich mich erst gewöhnen. Ich ging wie bisher, ganz ohne nachzudenken, zu Fouquet zum Apéritif. Meine Kumpane waren so gastfreundlich wie eh und je, doch ohne Armand scheute ich mich, ihre Einladungen anzunehmen. Das Leben wurde wieder mühsamer. Die Saison war vorüber, und le beau monde vertauschte die glühendheiße Stadt mit der kühlen Sommerfrische. Paris ruhte aus. Meine Concierge klagte, es falle ihr schwer, in der Nachbarschaft Croissants für mein Frühstück aufzutreiben, während es mir doch noch schwerer fiel, das Geld für die Croissants aufzutreiben. Astruc hinterließ Anweisung, mir einzig die monatliche Rate auszuzahlen; er wußte, daß ich verschuldet war, und mißbilligte das. Also ging ich oft hungrig schlafen; außer dem Frühstück konnte ich mir nur ein belegtes Brot und eine Tasse Kaffee in einer billigen Kneipe leisten oder auch Obst, das ich auf der Straße kaufte. Gleichwohl erschien ich zur Stunde des Apéritif bei Fouquet; bestellen konnte ich mir nichts, aber wenigstens fand ich hier Leute, mit denen ich reden konnte.

Eines Abends luden Georges Brocheton und Henri de Grandmaison – beide von der jeunesse dorée – mich zum Essen ins Café de Paris ein, und diesmal nahm ich an, denn ich war halb verhungert. Was war das Café de Paris für ein reizendes Lokal! Es bildete die Ecke der Avenue de l'Opéra mit der Rue Daunou und bestand aus zwei langen Flügeln, die miteinander ein V bildeten. Die Tische im rechten Flügel waren stets für die ›richtigen‹ Leute reserviert. Touristen und anderlei Gäste wurden im linken Flügel untergebracht. Ich bewunderte sehr, wie kunstvoll dieser ungeheuerliche Snobismus gehandhabt wurde. Das Essen war göttlich. Zum Ruf des Café trug weiterhin die Kapelle bei, die mittags und abends unter einem bleichen, schwindsüchtig aussehenden Dänen aufspielte. Er verstand es, seiner Fiedel die schmalzigsten Schlager in der schmalzigsten Manier zu entlocken. Als meine Freunde und ich an einem der ›richtigen‹ Tische eben unsere Steaks verzehrten – für mich seit einer Woche das erste Fleisch –, sang eine uns gegenüber sitzende hübsche Brünette aus voller Kehle Griegs »Ich liebe dich«, diskret begleitet von Moeller, dem Dänen, und seiner Kapelle. Als sie geendet hatte, applaudierten wir. Sie dankte dafür mit einem Lächeln, faßte mich näher ins Auge und rief plötzlich: »Rubinstein, Rubinstein! Den habe ich doch in New York gehört! Ich will ihn unbedingt kennenlernen.«

Meine Freunde kannten ihren deutschen Begleiter, einen Baron von Hochwächter, es gab also keine Komplikationen. Man setzte sich zum Kaffee an den selben Tisch. Unsere Sängerin hieß Olive White, sie war ein ehemaliges Chorusgirl, verheiratet mit einem reichen New Yorker. Ihr Mann, von seinen Geschäften zurückgehalten, hatte sie in Begleitung einer Freundin auf ihre erste Europareise geschickt. »Was trödeln wir hier noch rum, Boys«, redete sie uns auf saloppe, typisch amerikanische Art an, »gehen wir doch auf einen Schlummertrunk zu mir.«

Meine Freunde lehnten höflich ab, ich hingegen nahm an – einer schönen Frau konnte ich nichts abschlagen. Sie, der Baron und ich fuhren in die Avenue du Bois de Boulogne Nr. 80, wo man vom Balkon der Wohnung den Ausblick auf diese schöne Avenue genoß. Ihre Freundin, eine angenehm mollige, blonde Dreißigerin, machte Drinks zurecht.

»Bitte, spielen Sie was, Ruby«, sagte Olive. Und obwohl ich die Nachbarn zu stören fürchtete, spielte ich gedämpft einige der Melodien, die mir von Amerika her noch im Ohr waren. Erst sang sie mit, dann fing sie an zu tanzen und warf die Beine ganz wie ein Chorusgirl. Wir feierten bis tief in die Nacht. Beim Aufbruch warf sie mir die Arme um den Hals. »Ruby, Sie müssen unbedingt zum Mittagessen kommen und den ganzen Tag bleiben. Wenn Sie wollen, können Sie hier üben. Alec holt Sie mit meinem Auto ab.« Ich versprach es. Auf dem Heimweg schwärmte der Baron von Olives Schönheit, ihrem Charme, ihrem Reichtum. Ich kam nicht dahinter, ob er ihr Liebhaber war oder nur ein anhänglicher Freund, aber eins erriet ich mit Bestimmtheit: ihm fehlte es am Geld.

Für drei Wochen begann von neuem ein irrer Trubel von Diners und Soupers im Café de Paris, im Bois, in den Cabarets von Montmartre (Olive sang überall »Ich liebe dich«). Und immer zu Viert und immer auf eine Rechnung, die Alec mit Olives Geld beglich. Soweit ich sehen konnte, liebte er sie ernstlich und hoffte, sie werde sich seinetwegen scheiden lassen, und sie bestärkte ihn in dieser Hoffnung. Sie war ein frivoles, liebes kleines Ding, diese Olive; zierlich, mit schwarzen Augen und schwarzem Haar. Sie schminkte sich zu auffällig und trug das falsche Lippenrot, war aber gutherzig und immer lustig. Und sie liebte Musik. Sie bedachte Alec wie mich häufig mit brennenden Küssen, ohne sich dabei was zu denken. Die Freundin lachte unentwegt und ließ sich gerne ihren Busen oder das runde Hinterteil betätscheln.

Wie haben wir uns amüsiert! Doch durch Olives Verschulden störte ein unangenehmer Zwischenfall meine Munterkeit.

Fürst Bariatinsky, der amant sérieux von Lina Cavalieri, bat mich im Namen seiner Schwiegermutter zu einem Bankett in ihre Villa in Neuilly. Ich wußte, daß er mit der Tochter der morganatischen Gattin des ermordeten Zaren Alexander II., der Fürstin Juriewskaja, verheiratet war. Natürlich wollte man mich zum Vorspielen nötigen, doch eine so wichtige Einladung konnte ich nicht ausschlagen.

Am Nachmittag dieses Tages mußte sich Olive einer kleinen Operation unterziehen, ich glaube, sie hatte ein Geschwür am Finger oder am Zeh. »Ruby, Ruby, ich lasse mich nicht schneiden, wenn Sie nicht solange auf dem Piano spielen!« bettelte sie immer wieder. Ich will es kurz machen. Der Arzt verspätete sich, ich spielte recht ungeduldig, Olive schrie vor Schmerzen, ich zog mich in rasender Eile um und kam doch vierzig Minuten zu spät in der Villa an.

Als ich den großen Salon betrat, erhob die alte Fürstin sich, ohne mir einen Blick zu gönnen, ließ sich von einem beleibten Herrn den Arm reichen und führte die versammelten zwanzig Gäste in einer feierlichen Prozession ins Speisezimmer. Auf mich achtete niemand, nur Bariatinskij zischelte mir im Vorbeigehen zu: »Jetzt sind Sie zu weit gegangen, mein Freund!«

Wie ein armer Sünder zwängte ich mich am Tisch zwischen zwei Damen, denen ich nicht vorgestellt worden war, gab mir Mühe, meine Verspätung bei ihnen zu entschuldigen, doch sie schienen nicht überzeugt! Die Fürstin bedachte mich von Zeit zu Zeit mit einem vernichtenden Blick, der mir den Appetit verdarb. Ich fühlte mich miserabel.

Nach dem Essen bat ich Bariatinskij, seine Schwiegermutter zu fragen, ob sie mir gnädig erlauben wolle, ihren Gästen vorzuspielen. Das durfte ich. Nie habe ich mir inniger gewünscht, meine Zuhörer zu versöhnen. Das brauchte seine Zeit, doch nach einer brillanten Wiedergabe der »Großen Polonaise« applaudierte man heftig, und die Fürstin, immer noch streng dreinblickend, sagte mit ihrer tiefen, männlichen Stimme: »Du bist ein Engel.«

Olive wurde bald darauf telegrafisch von ihrem Mann heimbefohlen. Er hatte schon Plätze für sie und ihre Freundin auf einem Schiff reserviert, das von Cherbourg auslaufen sollte.

»Bestimmt hat er Klatsch über uns gehört«, klagte sie. »Ich wollte Sie doch noch auf eine Woche nach Trouville einladen!« Aber was blieb ihr übrig? Sie mußte fahren. Also wollten wir wenigstens ihren letzten Abend in Paris als glänzendes Finale feiern. Wir warfen uns in unsere besten Kleider und begannen mit einem festlichen Abendessen im Café de Paris, wo Olive mit etwas zittriger Stimme ihr Lieblingslied sang, zogen sodann in ein kleines Lokal in der Rue Pigalle auf eine Flasche Champagner und landeten schließlich wieder in Olives Wohnung zum Abschiedstrunk. Nun ereigneten sich höchst sonderbare Dinge. Shirley, Olives Begleiterin, erklärte unvermittelt, sie wolle keinesfalls nach Amerika zurückkehren. Daraufhin rief der bereits angetrunkene Baron: »Fahren wir doch jetzt alle miteinander nach Cherbourg, dann haben wir noch einen ganzen Tag mit Olive.« Ich muß hier erklären, daß wir uns eines Mietautos zu bedienen pflegten, das auch in diesem Moment auf der Straße wartete, um Alec und mich heimzufahren. Als wir einwandten, wir seien für eine derartige Reise nicht richtig gekleidet, schrie der Baron außer sich: »Ein vornehmer Abschied ist das mindeste, was wir tun können, um Olive unsere Liebe und Achtung zu bezeigen.‹ Keiner von uns war nüchtern, und daher gingen wir ohne weiteres auf seinen Vorschlag ein.

Nie werde ich diese fürchterliche Fahrt bei Nacht in einem offenen Wagen vergessen. Der Fahrtwind, der Staub von den alten Straßen, das Anhalten einer Reifenpanne oder anderer Ursachen wegen, der schlechte Kaffee in irgendeiner Herberge – es war ein Albtraum, und er dauerte vierzehn Stunden. Wir kamen schließlich völlig erschöpft und verdreckt in Cherbourg nur wenige Stunden vor Abfahrt des Schiffes an. Im Hotel, wo wir uns waschen und etwas essen wollten, nahm Baron von Hochwächter mich beiseite und händigte mir einen Umschlag aus.

»Nehmen Sie diese 2000 Francs«, sagte er. »Ich weiß, Sie sind knapp bei Kasse. Zahlen Sie zurück, wenn Sie können.« Ich errötete; es war klar, daß Olive mir auf diese delikate Art Geld zusteckte. Ich bedankte mich jedoch bei ihm. Wir brachten Olive aufs Schiff in ihre Kabine. Shirley kümmerte sich um ihre eigenen Koffer, da das große Gepäck mit der Bahn geschickt worden war. Als die Besucher von Bord getutet wurden, erklärte Alec plötzlich mit schriller Stimme: »Ich bleibe auf dem Schiff! Ich kann Olive unmöglich verlassen!«

»Wie wollen Sie das machen? Im Abendanzug, ohne Billet, ohne Gepäck?« rief ich erstaunt.

»Ich finde an Bord schon, was ich brauche. Und ich übernehme Shirleys Kajüte.« Olive war verblüfft, aber geschmeichelt.

»Du bist verrückt, Alec«, war alles, was sie sagte.

»Und was wird aus Shirley und mir? Wie kommen wir nach Paris zurück?« fragte ich ihn.

»Mit dem Mietauto. Ihr braucht nur noch das Benzin zu bezahlen, alles andere habe ich mit dem Chauffeur erledigt. Setzen Sie Shirley Avenue du Bois 80 ab.«

Es war spät, wir hatten gerade noch Zeit, Olive zum Abschied zu küssen, dann rannten wir über den Laufsteg von Bord.

Die Rückfahrt war wiederum ein Albtraum, diesmal allerdings nur für mich. Unsere Shirley war eine Romantikerin – jetzt zeigte sich's. Im Baedeker fand sie besichtigungswürdige Kathedralen und empfehlenswerte Restaurants. Ab und an ließ sie halten, um Blumen zu pflücken oder die hübschen Hauben der Bretoninnen zu bewundern. Dabei trugen wir immer Abendkleidung. Zum Glück stellte Shirley keine Ansprüche an meine Zeit, sie wollte schon tags darauf in die Schweiz reisen. Doch mir stand das Schlimmste noch bevor. In der Avenue Kléber zog der Chauffeur, den ich eben mit einem guten Trinkgeld zu verabschieden gedachte, eine lange Rechnung aus der Tasche.

»Monsieur«, sagte er, »der Baron schuldet mir Geld für Benzin, und die Fahrt nach Cherbourg hat er ebenfalls nicht bezahlt. Und nachts kostet es doppelt.« Die Rechnung betrug mehr als 700 Francs. Und da hatte ich gehofft, von den 2000 Francs meine dringendsten Schulden begleichen zu können! Nun ja, ich bezahlte den Chauffeur, doch sein Trinkgeld fiel geringer aus als vorgesehen.

Was den Baron von Hochwächter angeht, so hat er mich 1920 in London aufgesucht und das Geld zurückverlangt, das ich ihm, wie er sagte, schuldete – ich habe es ihm gegeben, dem Vorkriegswert entsprechend.

Kapitel 38

Frederic schrieb mir aus Polen: »Die Meinen sind zur Kur nach Marienbad. Ich bin in der Nähe von Warschau auf dem Lande bei den Barylskis, einer befreundeten Familie mit vier Söhnen, ganz reizenden, blitzgescheiten Jungen. Die Eltern haben Dich spielen gehört und laden Dich ein. Komm doch! Du kannst reiten, arbeiten, wenn Du Lust hast, lesen und Dich ausruhen. Es gibt einfaches, aber gutes Essen, frische Milch und Obst, dazu Gemüse aus dem Garten. Bestimmt würde Dir dieser Aufenthalt gut tun.«

Das klang recht verheißungsvoll, wenn ich auch etwas nervös wurde bei dem Gedanken an Frederic und die vier Knaben. Immer noch lebte ich nach dem Stundenplan des Müßiggängers: spät aufstehen, einige Etüden spielen, zum Aperitif zu Fouquet, später der Besuch eines Café Concert auf den Champs-Elysées, abends ins Maxim. Ich war schmal und blaß geworden mit tiefen Schatten unter den Augen und eingefallenen Wangen.

Paul Dukas entdeckte mich eines Nachmittags auf der Terrasse vom Café Weber bei Kaffee und Brioches – meinem Frühstück. »Was machen denn Sie in Paris? Ich denke, Sie sind längst verreist?«

»Ach wo«, prahlte ich, »ich amüsiere mich hier blendend! Jeden Abend bin ich eingeladen, danach gehe ich ins Maxim, und dann die wunderhübschen Mädchen! Kann man so eine Stadt verlassen?«

Er lächelte nachsichtig. »Falls Sie gerade nichts vorhaben, möchte ich Ihnen etwas zeigen. Kommen Sie mit.«

Ich begleitete ihn in die Rue Washington. Er wohnte im vierten Stock, einen Fahrstuhl gab es nicht. »Entschuldigen Sie mich einen Augenblick, ich muß eben in die Küche. Unterdessen können Sie sich mit diesen Fotos hier verlustieren.« Er holte aus einer Schublade einen Karton hervor, reichte ihn mir und ging hinaus. In der Erwartung, Bilder von seinen Reisen zu sehen, öffnete ich den Karton und fand eine üppige Sammlung bunter pornografischer Bilder vor. Da kamen mir die Tränen, ich fühlte mich verletzt und schämte mich.

»Dieser Mann, den du achtest und bewunderst«, sagte ich mir, »war einmal dein Freund, und nun ist er von dir enttäuscht. Daß er dir diese widerlichen Bilder zeigt, ist seine Antwort auf deine alberne Protzerei!«

Dukas trat mit einem Tablett ein.

»Essen Sie einen Bissen mit mir«, sagte er gütig, und da er merkte, wie bekümmert ich war, fuhr er fort: »Ich wollte Sie nicht kränken. Erzählen Sie von sich.«

Bei kaltem Fleisch, Käse, Brot und Tee schüttete ich ihm mein Herz aus. »Mit meiner musikalischen Karriere ist es vorbei!« rief ich, von meinen Gefühlen überwältigt, »ich bin nichts als ein hirnloser ›noceur‹.«

»Unsinn, mein junger Freund. In Ihrem Alter ist noch nichts verloren, doch sollten Sie mehr Rücksicht auf Ihre Gesundheit nehmen. Ich rate Ihnen ganz dringend: Erholen Sie sich eine Weile auf dem Lande. Danach stellt die Arbeitslust sich von selber wieder ein.«

Plötzlich fiel mir Frederics Brief ein. Wie wunderbar, dachte ich, sein Vorschlag paßt genau zu des Meisters Rat. Und ich beschloß, so rasch wie möglich zu reisen. Dukas hörte es mit Vergnügen.

»Ehe Sie fahren, zeige ich Ihnen meine neue Oper ›Ariane et Barbe-Bleu‹, ich arbeite noch daran. Kommen Sie morgen vormittag, wir können vierhändig daraus spielen.«

Ich dankte ihm von ganzem Herzen, er hatte mich wieder zu Verstand gebracht. Ich telegrafierte Frederic sogleich vom nächsten Postamt meine Absicht. In der Avenue Kléber fand ich einen Brief von Armand, der seine Rückkehr für die kommende Woche ankündigte; er beschrieb sehr amüsant, wieviel Staub Olive und der Baron aufgewirbelt hatten, als sie mit dem selben Schiff in Amerika eintrafen: »Der Gatte, Mr. White, war bereits verdrossen über die Klatschgeschichten und Fotos, die einige Skandalblättchen veröffentlicht hatten. Als er dann erfuhr, daß Olive und Alec auf dem selben Schiff reisten, nahm er einen Bekannten mit zum Hafen, und die beiden verprügelten den Baron, als er an Land ging. Olive schrie um Hilfe, und so landeten alle auf der Polizeiwache. Die Zeitungen brachten die farbenprächtigsten Schilderungen. Hochwächter geht es miserabel, er fährt mit dem nächsten Schiff nach Europa zurück.«

Die letzten Tage in Paris verbrachte ich mit Dukas; wir spielten Teile aus dem schönen neuen Werk. Ich verabschiedete mich bei Fouquet von den Kumpanen, packte meine wenigen Sachen und hinterließ einen ausführlichen Brief für Armand.

Die lange Bahnfahrt nach Warschau ermüdete mich mehr als je. Frederic erwartete mich am Bahnhof, und sein herzlicher Empfang heiterte mich etwas auf. Eine Droschke brachte uns über die Weichsel zum St. Petersburger Bahnhof. Hier bestiegen wir den Zug, der uns nach einer Stunde auf einer Haltestelle absetzte, wo wir von zwei hübschen Knaben abgeholt wurden.

»Kazio und Zygmunt«, stellte Frederic vor, »beide sehr musikalisch.«

Eine bequeme Kutsche führte uns zum etwa zwei Meilen entfernten Gut. Wir hielten vor einem architektonisch unauffälligen Haus, das nur ein Geschoß hoch war und an das man augenscheinlich je nach Bedarf für eine immer wachsende Familie später längere und längere Flügel angebaut hatte. Der Eigentümer, Pan Barylski, gehörte dem gehobenen Mittelstand an. Seine leitende Stellung in einer russischen Versicherungsgesellschaft hatte ihm Wohlstand und Einfluß gebracht.

Dieser erst fünfzig Jahre alte, schon ergraute Mann war ein echter Intellektueller, der sich für alles interessierte, besonders aber für Musik. Madame Barylska, nur wenig jünger als er, sah hingegen noch jugendlich aus. Würdig, ohne steif zu sein, energisch und sehr lebhaft, nahm sie an allem teil, was um sie her vorging. Für mich verkörperte sie das Ideal einer polnischen Matrone.

Die Söhne, einer hübscher als der andere, hatten noch Ferien und genossen sie in vollen Zügen. Als begeisterte Reiter, Angler und Tennisspieler verbrachten sie den ganzen Tag im Freien, abends aber lasen sie gute Bücher, spielten Schach oder diskutierten über Politik, wobei es meist um Polen ging.

Das Gut war im Grunde ein großer Bauernhof mit Pferden und Vieh; das Haus mit seinem Blumen- und Nutzgarten wurde »dwor« genannt, was Herrenhaus bedeutet.

Der Tagesablauf war ideal. Nach dem Frühstück ritt ich mit den Söhnen aus, und während diese später Tennis spielten, saß ich eine bis zwei Stunden am Klavier. Das Mittagsmahl, Dickmilch, heiße Kartoffeln, kaltes Fleisch und Himbeeren oder Walderdbeeren mit Sahne, wurde auf der Terrasse eingenommen. Frederic beschäftigte sich nachmittags mit seiner Komposition, wir übrigen suchten mit Vorliebe im nahen Wald Pilze. Nach einem langen Spaziergang setzten wir uns müde, aber wohlgelaunt, zu einem richtigen polnischen Tee nieder, wozu es dutzenderlei Gebäck, Eislimonade, Marmelade, Honig, Käse, Wurst und Obst gab. Das war die beliebteste Mahlzeit des Tages. Abends wurde nur wenig aufgetischt, für mich allerdings immer zwei Gläser Milch. Bei dieser Kost nahm ich bald zu und gewann meine Kräfte wieder. Wenn wir Lust hatten, spielten Frederic oder ich Chopin, doch niemals wurden wir dazu genötigt. Madame Barylska verleitete mich gerne zu einer Partie Piquet oder zum Knabbern frischer Nüsse. Frederic und die Knaben hatte ich übrigens grundlos verdächtigt; alle vier waren in jeder Hinsicht gesund und normal.

Dann war der Sommer vorüber, es wurde Zeit, in die Stadt heimzufahren. Unser Abschied gestaltete sich sehr herzlich. Madame Barylska schlug das Kreuz über uns und küßte uns auf die Stirn, und wir mußten versprechen, sie in Warschau zu besuchen. Ich war sehr gerührt, voller Dankbarkeit für alles Gute, was sie meiner Gesundheit und meiner charakterlichen Festigung erwiesen hatten.

Kapitel 39

Der Herbst war mir die liebste Jahreszeit. Ich liebte die heftigen Winde, die goldene Blätter von den Bäumen rissen, ich liebte die schneller segelnden Wolken, die kürzeren Tage, das freiere Pulsieren des Blutes. Warschau bevölkerte sich wieder. Es war gut, die sonnengebräunten Männer mit neu gesammelter Kraft wieder zur Arbeit gehen zu sehen, erfrischt von der langen Ruhe. Die Frauen, schöner als je, erregten mich durch ihre schiere Gegenwart.

Frederics Familie kehrte aus dem Ausland heim. Pani Magdalena hieß mich in der ihr eigenen überschwenglichen Art willkommen, doch spürte ich, daß sie zu mir Distanz gewonnen hatte, vielleicht dank unserer langen Trennung. Ihr Mann hingegen war mir besonders zugetan. Daß ich in Amerika Konzerte gegeben hatte, machte ihm tiefen Eindruck, und nicht nur ihm, sondern, wie sich herausstellte, dem ganzen Lande. Mehrere polnische Zeitungen hatten freundlich meine »Erfolge« in Frankreich und Amerika erwähnt, worauf ich zum »berühmten polnischen Pianisten« aufgestiegen war. Und das hatte seine Vorteile! Emil Mlynarski, Direktor der Filharmonja, mein künftiger Schwiegervater, verpflichtete mich vom Fleck weg gegen gutes Honorar für drei Konzerte. Eine neue Konzertagentur in Lodz wollte zwei Abende für mich in meiner Heimatstadt arrangieren. Ich bereitete mich mit neuer Begeisterung darauf vor.

Joseph Jaroszynski kam nach Warschau, um meine Konzerte zu hören. Er kannte Harmans nicht, und mir lag nicht daran, daß er sie kennenlernte, sie paßten nicht zueinander. Stattdessen machte mich Joseph mit seinen Freunden bekannt, einem kinderlosen Ehepaar namens Rzewuski. Sie hatten eine reizende Wohnung mit einem guten Steinwayflügel und liebten leidenschaftlich die Musik. Stanislas Rzewuski, der im Duell ein Bein verloren hatte, war häufig leidend und lebte von Drogen. Er tat den ganzen Tag nichts außer im exklusivsten Club der Stadt mit hohen Einsätzen Bridge spielen. Er vertraute mir an: »Ich spiele etwa um zehn Prozent besser als alle anderen, und damit sichere ich mir ein jährliches Einkommen von zirka 30 000 Rubel.«

Seine Frau, ehemals eine Schönheit, sah immer noch gut aus und war sehr lebhaft. Sie stammte aus der Ukraine, wie Balzacs Mme. Hanska und Liszts Fürstin Wittgenstein. Beide Eheleute schwärmten für Wagner und traten alljährlich die Pilgerfahrt nach Bayreuth an. Madame Rzewuska verglich sich gerne mit Brünnhilde. Ich wurde bald l'habitué de la maison und spielte ihnen stundenlang aus »Walküre« oder »Götterdämmerung« vor. Sie wiederum führten mich bei den wichtigsten Warschauer Familien ein. So kam es, daß die ungekrönte Königin von Warschau, die Marquise Wielopolska, und die reichen Epsteins, nahe Verwandte der Pariser Rothschilds, mich herumreichten. Meine Konzerte waren rechte Erfolge. Mlynarski erwies sich nicht nur als guter Dirigent, sondern auch als vortrefflicher Lehrer mit unbezahlbaren Hinweisen auf die Interpretation der von mir vorgetragenen Stücke. Harmans waren sehr stolz auf mich, und Pani Magdalena gab nach meinem ersten Konzert ein großes Essen, bei dem sogar ihr Mann mich mit seiner Anwesenheit ehrte. Meine Schwester Jadzia reiste eigens aus Lodz an und brachte erschreckende Neuigkeiten von meinem Bruder Ignăcy mit. Kaum aus der Verbannung nach Sibirien heimgekehrt, war er bereits von neuem in revolutionäre Umtriebe verwickelt. Erwischte man ihn abermals, konnte es seinen Kopf kosten.

»Er muß unbedingt ins Ausland«, sagte Jadzia, »am besten nach Paris, dort möchte er Geigenunterricht nehmen. Wir werden irgendwie eine monatliche Unterstützung für ihn zusammenkratzen, und außerdem hat er ja dich.« Sie nahm mir zweihundert Rubel für seine Fahrkarte und erste Unkosten ab und drängte mich, Mittel und Wege zu finden, wie wir ihn über die Grenze schaffen könnten. »Dir mit deinen Verbindungen sollte das doch nicht schwer fallen«, meinte sie, und wirklich, ich trieb ein Dokument auf, mit dem er die gefürchtete russische Grenze überschreiten konnte.

In jenen glücklichen Tagen brauchte man nur in Rußland und in der Türkei einen Paß, und Ignăcy erreichte denn auch wohlbehalten Paris. Jadzia allerdings hielt noch eine weitere unangenehme Überraschung für mich bereit: Sie hatte sich Kleider gekauft, und ich sollte nun ihre Rechnung über 300 Rubel bezahlen. »Meinem Mann kann ich damit unmöglich kommen, er wird immer wütend, wenn ich so viel Geld ausgebe.« Also wurde ich glatte 500 Rubel los, mehr als die Einnahmen aus einem Konzert betrugen. Schwere Vorwürfe machte ich ihr deshalb nicht, denn es hieß allgemein, ich hätte in Amerika Unsummen verdient, und mein elegantes Äußere strafte solche Vermutungen nicht unmittelbar Lügen. Vergeblich suchte ich meiner Schwester einzureden, die letzten, recht bewegten Pariser Wochen hätten alles verschlungen.

Kein Wunder, daß ich in Lodz diesmal nicht wie der verlorene Sohn, sondern wie der Eroberer Amerikas empfangen wurde. So fühlte ich mich verpflichtet, die Hälfte meiner Einnahmen den Eltern zum Geschenk zu machen. Die Hoffnung, mit den Taschen voller Geld nach Frankreich zurückzufahren, schwand dahin; bestenfalls würde der klägliche Rest acht Wochen reichen.

Unterdessen war Karol Szymanowski in Warschau eingetroffen, für mich eine große Freude. Wir erneuerten unsere Freundschaft. Er hatte mir unbekannte Kompositionen mitgebracht, darunter die Variationen Opus 3, die er mir gewidmet hat. Ich nahm sie mir gleich vor, seine Etudes und Préludes ebenfalls. Gelegentlich kamen wir auch mit Karols Freund Gregor Fitelberg zusammen, einem Komponisten und Dirigenten. Er war nur wenig älter als Szymanowski, gab sich aber hochfahrend und überlegen. Er war breitschultrig und kräftig, wenn auch nur mittelgroß, hatte dichte, schwarze Locken, ein rundes, glatt rasiertes Gesicht und blickte streng hinter seiner Brille hervor. Auf seine Art sah er nicht übel aus, er glich den Fotos vom jungen Anton Rubinstein. Ich faßte eine gefühlsmäßige Abneigung gegen ihn, doch mancher junge polnische Komponist dankte ihm Druck und Aufführung seiner Werke. Unter dem im allgemeinen nicht besonders musikalischen Adel zeichnete sich Fürst Ladislas Lubomirski aus ältestem polnischen Geschlecht durch eine echte Passion für die Musik aus. Fitelberg, seit Jahren ein Protégé dieses reichen Grundbesitzers, schlug ihm vor, den berühmten russischen »Fünf« nachzueifern und eine ähnliche Institution wie sie auch in Polen zu schaffen. Der Fürst fand den Vorschlag gut und gründete mit erheblichen Mitteln eine Gesellschaft junger polnischer Komponisten, in der er den Vorsitz führte. Zu den ersten Mitgliedern zählten Fitelberg, Szymanowski, Ludomir Rozycki (mein alter Widersacher) und Apolinary Szeluta. Als ich nach meinem letzten Konzert eine Etüde von Szymanowski als Zugabe gespielt hatte, kam der Fürst zu mir ins Künstlerzimmer, um mir seine Wertschätzung auszudrücken, und ich dankte ihm bei dieser Gelegenheit für seine Förderung der Musik.

Bei Harmans ging alles im alten Trott. Der Hausherr hielt sich wie eh und je an seine Ballettratte, Madame gab wie gewohnt ihre Nach-

CONCERT-DIRECTION HERMANN WOLFF, BERLIN W.

Donnerstag, den 12. Februar 1903
Abends $7^1/_2$ Uhr

IM BEETHOVEN-SAAL

Klavier-Abend
von

Arthur Rubinstein

PROGRAMM.

. Sonate E-moll op. 90 . . . . *L. v. Beethoven*
Mit Lebhaftigkeit und durchaus mit Empfindung und Ausdruck. — Nicht zu geschwind und sehr singbar vorzutragen.

. Capriccio H-moll, op. 76 No. 2 . . . .
Intermezzo B-moll, op. 117 No. 2 . . . .
Variationen über ein Thema von Paganini, op. 35
Heft II . . . . *Joh. Brahms*

. Davidsbündlertänze op. 6 . . . . *R. Schumann*
Lebhaft — Innig — Etwas hahnbüchen — Ungeduldig — Sehr rasch und in sich hinein — Mit äusserst starker Empfindung — Frisch — Hierauf schloss Florestan und es zuckte ihm schmerzlich um die Lippen — Balladenmässig — Einfach — Mit Humor — Wild und lustig — Zart und singend — Frisch — Mit gutem Humor — Wie aus der Ferne — Ganz zum Ueberfluss meinte Eusebius noch Folgendes: dabei sprach aber viel Seligkeit aus seinen Augen.

. Mazurka G-dur op. 50 No. 1 . . . .
Mazurka F-moll op 63 No. 2 . . . . *Fr. Chopin*
Nocturne G-dur op. 37 No. 2 . . . .
Rhapsodie hongroise No. 12 . . . . *Fr. Liszt*

Der grosse Paderewski

Camille Saint-Saëns

Gabriel Astruc

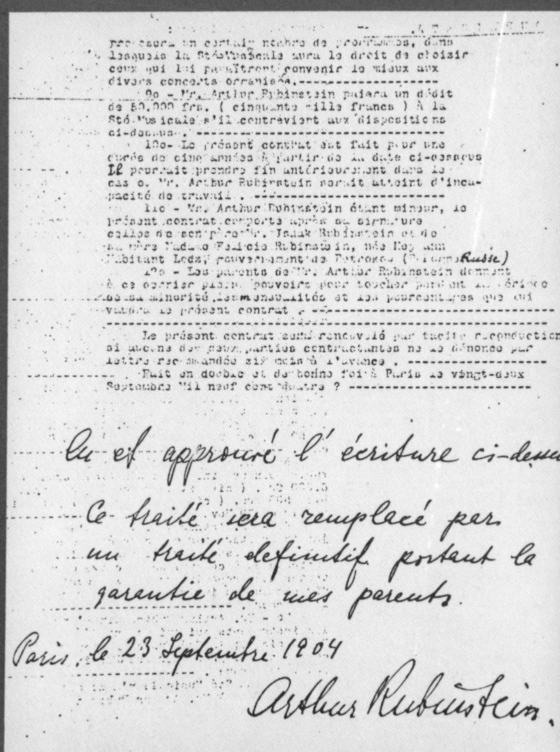

procurera un certain nombre de programmes, dans lesquels la Sté Musicale aura le droit de choisir ceux qui lui paraîtront convenir le mieux aux divers concerts organisés.-------------------

9o - Mr. Arthur Rubinstein paiera un dédit de 50.000 frs. (cinquante mille francs) à la Sté Musicale s'il contrevient aux dispositions ci-dessus.---------------------------------

10o- Le présent contrat est fait pour une durée de cinq années à partir de la date ci-dessus Il pourrait prendre fin antérieurement dans le cas où Mr. Arthur Rubinstein serait atteint d'incapacité de travail . -------------------------

11o - Mr. Arthur Rubinstein étant mineur, le présent contrat comporte après sa signature celles de son père Mr. Isaak Rubinstein et de sa mère Madame Felicie Rubinstein, née Heymann habitant Lodz, gouvernement de Petrokow (Pologne Russe)

12o - Les parents de Mr. Arthur Rubinstein donnent à ce dernier pleins pouvoirs pour toucher pendant la période de sa minorité les mensualités et les pourcentages que lui vaudra le présent contrat . ---------------------------------
----

Le présent contrat sera renouvelé par tacite reconduction si aucune des deux parties contractantes ne le dénonce par lettre recommandée six mois à l'avance . ------------------

Fait en double et de bonne foi à Paris le vingt-deux Septembre Mil neuf cent quatre ? ------------------------

Lu et approuvé l'écriture ci-dessus

Ce traité sera remplacé par un traité définitif portant la garantie de mes parents.

Paris, le 23 Septembre 1904

Arthur Rubinstein.

…nszug aus dem
…trag mit der
…ciété Musicale
…briel Astruc et Cie

LE FIGARO
Mercredi 14 décembre 1904

LA VIE DE PARIS

Arthur Rubinstein

— Un pianiste qui se nomme Rubinstein! C'est impossible! Qu'il change de nom tout de suite!

C'est par cette vive riposte que me répondit une personne très affinée d'ailleurs et aussi très avisée, à qui j'annonçai récemment l'arrivée à Paris du jeune virtuose porteur de ce nom redoutable.

— Voulez-vous l'entendre? rétorquai-je à mon tour.

— Très volontiers!

Rendez-vous fut pris aussitôt, et quelques jours plus tard, durant deux grandes heures sous l'inspiration de sa propre fantaisie, ou obéissant au désir inattendu des personnes présentes qui voulaient éprouver sa technique, sa mémoire, et surtout ses facultés d'interprétation, le jeune Rubinstein remplit ses auditeurs d'admiration et d'étonnement : d'admiration pour la sûreté et la majestueuse simplicité de son art d'où semble exclue toute difficulté d'exécution et où l'esprit des maîtres se réfléchit comme en un miroir; d'étonnement pour sa culture vraiment prodigieuse, puisqu'elle lui permet de jouer indistinctement, de mémoire et toujours avec l'expression qui convient, non seulement tous les maîtres de la littérature du piano classique et moderne, mais les symphonies d'Haydn, de Mozart, de Beethoven, de Schumann et de Brahms, les poèmes symphoniques de Richard Strauss et les drames lyriques de Wagner.

Les rares privilégiés qui eurent l'occasion d'entendre le jeune Rubinstein reçurent la même impression de surprise. Edouard Colonne, Camille Chevillard, Paul Dukas, Ernest Van Dyck, Gaston Salvayre, quelques autres encore, tous furent émerveillés par l'étendue de son savoir musical autant que par la maîtrise de son exécution.

— Ce qui me frappe chez cet artiste, disait après l'avoir écouté M. Pierre Lalo, le très distingué critique du *Temps*, c'est que, malgré sa grande jeunesse, il sait, rompu à toutes les difficultés de la technique, se placer au-dessus des détails de l'œuvre interprétée pour en donner une exécution synthétique. Il voit et il joue large. Il ne se perd pas dans les détails où d'autres se complaisent, car les difficultés d'exécution sont chez lui résolues d'elles-mêmes. Cette sérénité lui permet de se donner tout entier à l'interprétation des maîtres, et voilà pourquoi il se classe d'emblée parmi les plus grands. »

Tel est le jeune artiste — il n'a pas dix-huit ans — que Paris entendra pour la première fois le lundi soir 19 décembre, au Nouveau-Théâtre, avec le concours de Mlle Mary Garden, de l'Opéra-Comique, et de l'orchestre Lamoureux, sous la direction de M. Chevillard.

De taille moyenne, svelte et naturellement élégant, le cheveu abondant et typique, d'une allure fière que vient adoucir une timidité charmante, Rubinstein porte sur son jeune visage le masque expressif des passions dont il est l'interprète. Ses yeux, qu'une lueur fugitive d'inquiétude sillonne parfois, accusent l'émotion que traduisent ses doigts.

Né en 1887 à Lodz, grande ville manufacturière de la Pologne russe, il est l'enfant de cette patrie de Chopin, terre de prédilection, riche de poésie, féconde en musiciens de génie, où toute vie semble devoir se traduire par un geste d'art. Comme tant d'autres, il eût pu faire profession d'enfant prodige, car la nature l'avait doté des dons les plus rares qui se manifestèrent dès sa plus tendre enfance. Mais sans doute la Providence lui réservait une destinée plus haute, puisqu'elle mit sur sa route un homme qui lui traça, en l'aplanissant, la route qu'il devait suivre ; cet homme occupe depuis un demi-siècle la plus haute situation qu'un artiste puisse envier : il a nom Joachim.

Joachim avait entendu Rubinstein tout enfant; il le fit venir à Berlin, lui choisit un maître renommé — le professeur Heinrich Barth, — assura son existence, surveilla ses études, fit tant et si bien qu'à l'âge de douze ans son jeune protégé donnait un grand concert avec orchestre, à la salle Beethoven, devant une assistance extraordinaire, aux premiers rangs de laquelle, à côté du vénérable Joachim et du professeur Barth, se pressaient Max Bruch, Humperdinck, Gernsheim et toutes les notabilités du monde musical. Nous ne suivrons pas Rubinstein dans ses nombreux concerts à Hambourg, à Dresde où, âgé seulement de quatorze ans, il produit une sensation inoubliable dans un concerto de Mozart, à Varsovie où il provoque l'enthousiasme du public de la Philharmonie.

Mais je veux conter une anecdote :

S. A. I. la grande-duchesse de Mecklembourg, désirant entendre Rubinstein, l'invite un jour au palais ducal de Schwerin. Elle l'écoute une heure, deux heures, tout l'après-midi ; Son Altesse en oublie même d'aller à l'Opéra. La soirée passée, Rubinstein est encore invité quelques jours plus tard, à la fête de la grande-duchesse, où, seul artiste engagé, il joua trois concertos avec orchestre devant un parterre royal.

N'est-ce pas le plus bel exemple à citer de cette sorte de fascination qu'Arthur Rubinstein exerce sur tous ceux qui l'entendent? Je puis ajouter que lors d'une entrevue récente, Rubinstein impressionna très vivement le plus spirituel des critiques musicaux, j'ai nommé Henry Gauthier-Villars :

— Son art d'interprète est tel, disait ce dernier après avoir entendu le jeune artiste jouer plusieurs pièces de Brahms, qu'il arrive à colorer et à rendre sympathique une musique que, pour ma part, je trouve d'une riche aridité et à laquelle les concerts français n'ont pas encore fait la même place qu'à celle de Beethoven et des autres grands maîtres. »

... Et voilà pourquoi Arthur Rubinstein ne changera pas de nom !

Charles Joly.

Cl. Paul Berger

ARTHUR RUBINSTEIN

C'est un jeune, très jeune virtuose. La presse n'avait pas encore propagé son nom. Tout au plus sait-on de lui qu'il débuta sous l'égide de Joachim. Cependant, des artistes éclairés le tenaient pour un des interprètes les plus extraordinaires de Chopin, de Brahms et de Schumann. Il vient de se révéler au monde musical parisien dans un concert donné au Nouveau-Théâtre. Et l'opinion qu'avaient de lui des initiés s'est élargie au public, qui lui fera bientôt une renommée universelle.

Aus „Musica", Weihnachten 1905

EAMES SINGS WITH BOSTON SYMPHONY

SOLOIST SCORES TRIUMPH BY RENDERING OF SCHUBERT'S "ALMIGHTY."

New Symphony by Amherst Webber Attracts Favorable Comment—Tschaikowsky's "Francesca da Rimini" Highly Praised.

BOSTON, Dec. 30.—Mme. Emma Eames was the soloist at the Symphony concerts yesterday and this evening, and Tschaikowsky's "Francesca da Rimini" was the chief orchestral number. Another interesting composition was a new symphony by Amherst Webber, a young Englishman whose work showed perhaps greater mastery of melody than of orchestration.

Mme. Eames sang with all her individuality of tone and ability of phrasing an air from Mozart, and Schubert's "Almighty." Both she and Mr. Gericke were repeatedly encored, both receiving a number of handsome floral offerings before they were permitted to retire.

In speaking of the Tschaikowsky composition, the Boston *Evening Transcript* says:

"Give but the title for a clew and some faint notion of the tale, some little spark of answering imagination, and the suggestive power and the searching beauty of music can hardly go further. And with superb sense of imaginative contrast it is a darker and louder-moaning hell that Tschaikowsky sends to close over them. Our orchestra, and especially Mr. Grisez in the clarinet melody, seemed often to seize and impart his very imaginings."

Of Mr. Webber's composition, the same critic says that he "is content with the traditional structure and sequence of a symphony. He is academic by free choice, but very seldom dryly so. Still more is he content with themes that are only tonal fancies without any hint of that besetting universe and its woes in them or in their development. He has written a short, light, sentiment and graceful symphony that is agreeable musical entertainment."

MISS NIELSEN'S TRIUMPH.

Warmly Received in Native City, Where She Sang in Opera.

SAN FRANCISCO, Dec. 27.—Alice Nielsen scored a triumph in her first appearance in grand opera in this, her native city, last night. Miss Nielsen caused much favorable comment by the admirable manner in which she essayed the rôle of *Norina* in "Don Pasquale." The San Francisco *Call* commented on her work in this wise:

"The Nielsen of last night is a very different person from the little singer that used to do 'bits' at the old Tivoli. Perhaps she has not yet the full sweep of grand opera. A year will make a tremendous difference in the singer."

Weil's Band, George N. Loomis, manager, have been engaged for the electrical exposition at the Coliseum, Chicago, commencing January 15.

ARTHUR RUBINSTEIN, POLISH PIANIST, IS HERE

PROPPED UP IN BED, PADEREWSKI'S YOUNG FRIEND GIVES HIS IMPRESSION OF AMERICAN GIRLS.

ARTHUR RUBINSTEIN.

This young Polish pianist, who has just arrived in this country for a concert tour, says that while America is still crude in musical expression it excels all countries in its appreciation of the best.

Arthur Rubinstein was still in bed when the inquisitor was shown into his apartment in the Waldorf-Astoria, late the morning after his arrival in America.

The great Polish pianist, heralded as the successor to Paderewski, was thoroughly fatigued by a most tempestuous voyage on the French liner *La Touraine*, which docked three days late. But he is possessed of a wonderfully happy nature which makes one feel at ease the moment one has shaken his hand.

"Ah, I am so very tired after that terrible voyage," he declared, passing his long, flexible fingers through a luxuriant growth of hair—curly and black. He has blue eyes and a countenance that is ever alive with the passing emotions. Although he is only eighteen years old, his mannerisms, if not his general appearance, are those of maturity.

"I am truly glad to be in America," he told the interviewer, as he propped himself up on a big pillow. "It is a great country of which I have heard so much. I have many friends here, and they have already inquired for me. But I do not know the people. They are very critical I understand; still, I am always natural. I do my best, and if they are not pleased with my work I cannot help it," he continued philosophically.

"Your beautiful American women!" he commented, his face wreathed in roguish smiles. "I met a most charming lady from Los Angeles coming over in the boat, and we are now the best of friends. These American women are known the world over for their charms, but never before had I realized how attractive they really are."

"What impression have you of the American attitude towards things musical?" he was asked.

"My impression is that of the average foreign musician. America is still crude in its musical expression, but it excels all countries in its universal appreciation of the best that music affords. In this country you are always ready to enjoy the bes that is in other nations. France can ap preciate only French ideals; Germany love only the German; but here in America, a I understand it, you are not partial. On day it is Wagner, then it is Saint-Saer and then someone else. You are trul universal in your appreciation of musi here.

"I shall use very few of my own com positions in my programmes," he went o to say. "First I wish to make my nam as pianist; that done, there will be time t show what I can do as a composer."

"Paderewski and you are great friend are you not?"

"Yes. I have spent many summers wit him and he seems to like my work im mensely. He once gave a great dinner t me at his country home, and during th banquet, after I had played a Brahm Rhapsody, he came to me and kissed m before the distinguished gathering. W are great friends."

Rubinstein confided how he had pai dearly for his lessons in learning how t play poker during the transatlantic voy age. Some polite strangers, it is said, in vited him to join a game which finally co him $400. He won general approv during the trip by his continuous perform ances on the piano, helping to subdue th fears of the passengers in the great stor they met at sea by twisting his feet aroun the piano stool and playing hour aft hour.

In reply to a question as to his exper ences in Warsaw, where he lost a broth and two cousins through the Russian ma sacre, the pianist said:

"I cannot forget the terrible scenes those outrages. It depresses me constant and my only relief seems to be my pian I have improvised a sonata under the i fluence of this depression and perhaps shall play it at one of my concerts."

Rubinstein will make his American déb in New York, January 8, at Carneg Hall, with the Philadelphia Symphony C chestra. He plays the Knabe piano on h tour, which will be under the manageme of Bernard Ulrich.

ZELLMAN PUPILS IN RECITA

Acquit Themselves with Credit in a Comprehensive Programme.

The students of the Zellman Conserv tory of Music at 69 West 126th street, Ne York city, gave an exceedingly interesti musicale on the afternoon of December 2 The entire programme of nine numbe showed every evidence of the skill and ca with which the pupils of the conservato had been trained by Joseph B. Zellma president and musical director, and h teachers, and reflected the greatest cre upon them and the participating musicia

Especially praiseworthy was a duet, Pi suti's "Die Perle," excellently sung Claudia Korniker, soprano, and Edna Gol berry, contralto. Among the other nu bers were a rondo for two pianos by Gu litt, played by Pauline Ullman, assisted Arthur H. Gutman; a violin solo by Levy; a piano solo by Marion Camero a selection for two pianos by Mabel Wei and Jessie Moss; a piano solo by Lib Norwalk and a piano solo by Gladys Hay

Franz Kneisel's Pupil Pleases Meride

MERIDEN, Conn., Dec. 29.—The Ho Club of this city gave a delightful ladi afternoon yesterday, the soloists bei Miss Glenn Priest, violiniste, and M Etta Burgess Nobbes, contralto, with Fre erick B. Hill at the piano.

Miss Priest, who is a pupil of Fra Kneisel, played "Zigeunerwesen" by Sar sate, Brahms' Hungarian dance, and t prelude to Saint-Saens' oratorio, "T Deluge." She displayed decided abilit having a good technique and considerab virtuosity. Mrs. Nobbes sang songs Schubert, Millinotti and Vannuccini.

ARTHUR RUBINSTEIN MAKES HIS AMERICAN DEBUT

POLISH PIANIST'S WONDERFUL TECHNIQUE DAZZLES CARNEGIE HALL AUDIENCE

Plays a Saint-Saens Concerto with Marvellous Digital Skill and Great Intelligence, Sweeping Audience Off Its Feet and Creating a Furore.

Those hands!—dozens of them—those fingers!—scores, hundreds, seemingly—galloping up and down the keyboard of the concert grand—dashing from clef to treble, from sharp to flat, from end to end—rushing, bounding, swirling—tirelessly, wondrously, with stupendous digital dexterity—then a crash—discordant, with the intonation of a miniature peal of thunder—a slim figure rises from the chair at the piano, bows once, thrice, five times to the audience—bows to the orchestra, to its leader!

Arthur Rubinstein, the Polish pianist, has made his American debut.

It happened at Carnegie Hall on January 8, the Philadelphia Orchestra, with Fritz Scheel conducting, furnishing the instrumental music. The concert stamped Rubinstein as one of the world's greatest pianists—not in the overworked, abused sense of the word "great," but in its real meaning—great because of his stupendous technique, because of his indisputable talent, because of what he has accomplished in spite of the limitations of youth. This is the opinion of one, endorsed by the great audience which acclaimed Rubinstein and forced him to play three encores—it is to some extent the opinion of the erudite New York critics—one of whom slept throughout the greater portion of the boy's recital and another of whom confessed to a lady beside him, and in hearing of the writer, that he it was who really wrote the critiques of the man who slept.

Rubinstein is very young, very boyish—very immature, so far as the great sorrows which make the great artists are concerned. Let the next five years or less bring him some genuine heartache, such as befalls the majority of us—let some American girl twist his heartstrings around her dainty little finger and then break the alleged seat of affection, and—Arthur Rubinstein will be the greatest of all pianists. He has the genius, the physical ability, the tremendous nerve force necessary—let him gain a quota of blighted affections and all will be well with him.

Personally, he is a charming youth—slender, graceful—the gentleman. He has a well-poised head, crowned with dark brown hair, not too much, yet enough to set off his face to advantage. His hands are long, shapely and evidently tremendously powerful. He plays without undue exertion—performs the most marvelous digital contortions with the utmost ease— has none of the mannerisms usually associated with the great in all lines of endeavor—he is, as yet, an unspoiled boy.

This was proved by the delighted manner in which he received the applause of the audience and in the avidity with which he responded with three encores. There was nothing stagey about it—just happiness that the American public liked his playing well enough to demand more of it. It was also proven by the incidental happening that when he first sat down to play he found the chair too low, and was forced to place the scores of Brahms' Second Symphony and Schumann's "Liebesfruehling" on the chair that his seat might be high enough.

He played Saint-Saens' concerto in G minor and rendered it with dash and verve, with wonderful intonation and most intelligent shading. The tone which this slim youth manages to produce is really astonishing and shows that he possesses considerable muscular force to produce the technique which amazed his audience. For an encore he played Liszt's "The Mephisto Waltz" in "The Episodes from Lenau's Faust."

The Philadelphia Orchestra was at its best when playing the beautifully blended "Liebesfruehling," the lights and shades of the overture being exquisitely intoned. The Brahms symphony and especially the fourth movement, allegretto grazioso quasi andantino, was played very well indeed. Max Schillings' symphonic prologue to Sophocles' "Oedipus Rex" closed the evening's entertainment.

Press comments:

New York "Herald": "Brilliancy from the outset marked his treatment of it and won him a real ovation from the house. His touch proved remarkably crisp and firm, his fingers wonderfully fleet, his pedaling judicious and his notions of phrasing generally excellent."

New York "Times": "He has a crisp and brilliant touch, remarkable facility and fleetness of technique—though this is not altogether flawless—and much strength of finger and arm. He knows how to make all these things count for the utmost; and his performance of the concerto was imposing. His delivery of the preluding of the opening movement, with its suggestion of Bach, was emphatic. There was grace in the scherzo, and the tarantelle of the last movement, which he took at a great speed, was brilliant."

New York "Tribune": "In Mr. Rubinstein's performance there was an exhibition of amazing digital skill. His fingers flew with lightning speed over the keyboard and bounded with marvellous elasticity from the keys to the scherzo."

New York "Press": "A few bars only were needed to show that here was a boy of unusual gifts. His confident attack; his round, full tone; the massive, yet delicate beauty of his touch stamped him at once as a born virtuoso. The impression grew stronger as he played on. In spite of many an objectionable feature in his performance, the impression remained that Rubinstein had all the essentials that go to the making of a great pianist. He has magnetism in plenty; he has temperament to an excess; he has musical grasp and remarkable technical capacity."

Arthur während
seiner ersten
Amerika-Tournee, 1906

mittags- und Abendgesellschaften, und Frederic saß an der Orchestrierung seines Konzertes. Er wollte mit diesem Werk sein Glück in Paris versuchen. Basia war nachmittags meist weg, vermutlich bei ihrem Geliebten, der auch wieder in Warschau wohnte. Ihre Schwester Pola besuchte täglich zur Teezeit die Mutter. Sie hatte sich seit Zakopane geändert und behandelte mich nun freundlicher. Wie ich schon andeutete, kühlte sich die Beziehung zwischen Madame Magdalena und mir ab, teils lag das am ungünstigen Schnitt der neuen Wohnung, noch mehr aber an ihrem Mißfallen, daß ich mich jetzt in anderen als ihren Kreisen bewegte. Da sich meine Stellung im Hause dadurch sehr delikat gestaltete, bot ich mehrfach an, ins Hotel zu ziehen, doch wollte niemand davon hören.

Was nun geschah, kam wie ein Blitz aus heiterem Himmel. Eines Tages, die anderen waren schon hinausgegangen, blieben Pola und ich abends am Teetisch sitzen. Plötzlich verstummten wir. Mein Herz pochte schneller. Ich blickte ihr forschend in die Augen, sie wandte den Blick nicht ab. Nun wußten wir es: Wir liebten einander, tief und leidenschaftlich. Ich langte nach ihrer Hand, sie faltete ihre Finger um die meinen, und so saßen wir eine Weile wortlos beglückt. Als jemand eintrat, schreckten wir auf wie aus einem Traum. Pola blieb zum Abendbrot, und während der Mahlzeit wagten wir nicht, miteinander zu sprechen. Die Mutter fragte, ob wir uns verzankt hätten? Als ich verneinte, forderte sie mich auf, Pola heimzubegleiten. »Sie soll nicht im Dunklen alleingehen, und weit ist es ja nicht.«

Welch wunderbare Fügung. Wir gingen Hand in Hand, zu scheu, ein Wort zu reden. Erst an ihrer Haustür schloß ich sie in die Arme, und wir tauschten lange, durstige Küsse. Sie flüsterte mit Tränen in den Augen: »Morgen früh um elf in der ›Cukiernia‹.« Dann öffnete sie die Tür und verschwand im Haus. Ich ging ganz benommen heim. Frederic war noch auf. Ich erzählte ihm, was geschehen war, unfähig, es für mich zu behalten.

»Ich habe es kommen sehen«, sagte er gefaßt. »Du mußt den Kreis vollenden, das war unvermeidlich.«

Er hatte recht, es war ein unausweichliches Verhängnis. Seit ich ihn und die Seinen kannte, lebte ich wie unter einem Zauberbann und konnte mich davon nicht lösen, ob ich in ihrer Nähe oder fern von ihnen war. Nun sah ich mich neuerlich hilflos in ihren Netzen zappeln.

Am nächsten Vormittag traf ich Pola in der ›Cukiernia‹, sie saß an einem Ecktischchen, trank Tee und wirkte recht verstört. »Man darf uns hier nicht sehen«, sagte sie leise und ließ die Tür nicht aus den Augen, »hier kommen Bekannte von mir her. Wir müssen gleich gehen, aber nicht zusammen. Mir wird schon ein besserer Treffpunkt einfallen.« Damit preßte sie meine Hand und eilte hinaus.

Sie hatte selbstverständlich recht. Es gab für uns nicht den geringsten erlaubten Grund, uns außerhalb ihres Elternhauses zu sehen. Nach einigen fruchtlosen Überlegungen verfiel Pola auf den Gedanken, sich mit mir in der Wohnung einer jungen Dame zu treffen, die aus Liebe zu Frederic nur allzu bereit war, dessen Schwester zu helfen. Ich war gleich Feuer und Flamme, ich wäre überall hingegangen, hätte ich dort mit Pola allein sein können. Sophie Kohn, unsere Retterin, war die Tochter eines bekannten Advokaten, lebhaft, charmant, ein elegantes junges Mädchen von prächtiger Figur. Leider entstellte eine lange, unförmige, rote Nase, deren Spitze fast bis an den Mund reichte, ihre sonst so angenehmen Züge. Sophie empfing uns – wir kamen selbstverständlich getrennt – in ihrem Schlafzimmer mit dem jungfräulichen Bett (es hatte weiße Vorhänge mit Rüschen). Gegenüber stand ein Konzertflügel von Bechstein; ein kleines Sofa, zwei Sessel und ein niedriger Tisch füllten die Ecke aus. Dieses Zimmer bot wochenlang unserer Liebe Schutz. Die diskrete Sophie ließ uns allein und gab vor, beschäftigt zu sein. Gleichwohl wagten wir bloß, Händchen zu halten und immer wieder jene uralten Worte zu wiederholen, die so neu und himmlisch klingen, wenn man verliebt ist. Wir waren in dieser fremden Umgebung naturgemäß scheu und immer noch ganz verwirrt von der dramatischen Wendung, die unser Leben so plötzlich genommen hatte.

Frederic war bereits in Paris; er hatte, wie er schrieb, eine angenehme Unterkunft bei einer älteren Engländerin gefunden, die auch Platz für mich hätte, falls ich käme. Seine Eltern und Basia wollten über Weihnachten Verwandte in Deutschland besuchen und so hätte auch ich abreisen sollen, doch mochte ich mich nicht von Pola trennen. Szymanowski und Fitelberg halfen mir aus der Klemme; sie gaben vor, mich für ein größeres Konzertprojekt zu benötigen. Dank dieser Vorwände konnte ich noch vierzehn Tage bleiben.

»Bleib ruhig in der Wohnung«, sagte Pani Magdalena. »Das Personal ist da, und Pola kann von Zeit zu Zeit nach dem Rechten sehen.«

Diese zwei wunderbaren Wochen vergingen wie ein einziger Tag. Pola kam häufig, um nach dem Rechten zu sehen, und ich konnte sie hier wenigstens gelegentlich umarmen, allerdings immer von der Furcht gepeinigt, wir könnten entdeckt werden. Wir schworen uns bei jedem Zusammensein ewige Liebe, und sie versprach, mir zu schreiben. Nur solle ich keinesfalls antworten. »Das ist zu gefährlich«, sagte sie.

Kurz vor Weihnachten hatte sie zwei Brüder ihres Mannes und deren Frauen zu Gast. Auch ich sollte kommen. »Es wirkt schon auffällig, daß ich dich nie zu uns eingeladen habe, seit du allein in der Wohnung meiner Eltern wohnst.«

Das war ein Fehler. Ich fühlte mich nicht am rechten Platz. Alle drei Männer behandelten mich unfreundlich und wahrten knapp die Höflichkeit, während die Damen mich mit antisemitischen Bemerkungen traktierten. Pola war gehemmt und nervös. Gleich nach dem Essen entschuldigte ich mich und ging. Meine Anwesenheit hatte den Abend verdorben, ich konnte mir nicht erklären, warum. Es sei denn, man redete schon über uns.

Pola beteuerte am nächsten Tag, man habe mich eben als Eindringling in die Familie empfunden. Ich glaubte ihr aber nicht ganz.

Zwei Tage darauf nahmen wir Abschied, wieder in Sophies Zimmer. Pola weinte, ich war untröstlich. Nachdem Pola gegangen war, hielt Sophie mich zurück, setzte mir Kaffee vor und suchte mich aufzumuntern. Schließlich nötigte sie mich, meinem Herzen am Klavier Luft zu machen. Das half. Wieder erwies sich die Musik stark genug, mich zu beschwichtigen und zu trösten.

Kapitel 40

Rue Lauriston 25 lautete meine neue Adresse in Paris. Mrs. Cowl, meine Zimmerwirtin, war eine lebhafte, zierliche Engländerin, ungefähr sechzig Jahre alt und stets sehr proper in ihren englischen Kleidern aus bedrucktem Stoff. Ihr dunkles Haar färbte sie verwaschen blond, und um den Hals trug sie die sonderbarsten Ketten aus Bernstein, Kristall und verschiedenen Metallstückchen. Ähnliche Gebilde schmückten auch ihre Handgelenke, so daß man sie bereits von weitem kommen hörte – sie klirrte. Mrs. Cowl war eine Seele von Mensch, nicht sehr gebildet, aber lernbegierig. Sie hatte ihr Herz an Frederic verloren, und ihm zuliebe empfing sie auch mich mit offenen Armen. Wir waren ihre einzigen Untermieter, und da wir beide ein Klavier auf dem Zimmer brauchten, wohnten wir durch das Wohnzimmer und das Speisezimmer voneinander getrennt.

Der erste Weg in Paris führte zu Astruc. Unsere Beziehung war in letzter Zeit recht abgekühlt, aus gutem Grund. Er war augenscheinlich enttäuscht von meiner schwachen Karriere und mehr noch von meinem Lebenswandel im vergangenen Sommer. Doch als ich in sein Büro kam, sagte mir sein herzliches Lächeln, daß er mich noch nicht aufgegeben hatte.

»Alors, jeune homme«, begrüßte er mich und gab mir einen freundschaftlichen Klaps, »was machen wir jetzt? Bislang habe ich für Sie nur ein Konzert in der Société Philharmonique. Danach müssen wir sehen.« Es handelte sich um einen Klavierabend in der kleinen Salle des Agriculteurs, und hinter der großartigen Bezeichnung Société Philharmonique verbargen sich eine bescheidene Zahl Abonnenten auf Klavier- und Kammermusikabende.

»Mir ist aber noch etwas eingefallen«, fuhr Astruc fort, »wir organisieren eine riesige Wohltätigkeitsveranstaltung für die Opfer des Erdbebens von Messina, an der sich sämtliche Berühmtheiten von Paris beteiligen. Francis Planté, der bedeutende französische Pianist, kommt trotz seiner sechsundachtzig Jahre eigens aus Tarbes, um, begleitet von der Garde Républicaine, die »Tarantella« von Gottschalk und dann noch eine Solonummer zu spielen. Da er als letzter auf dem Programm vorgesehen ist, das ja sicher drei Stunden dauert, könnten eigentlich Sie am Anfang spielen. Es wird Ihnen jedenfalls sehr nützen, wenn Ihr Name auf dem Programm steht.«

Dieser Vorschlag gefiel mir wenig, doch war dies nicht der geeignete Moment, ihm zu widersprechen, also schwieg ich, und nannte ihm schließlich »Zwei Stücke von Chopin« für das Programm. »Kommen Sie nicht zu spät«, mahnte er. »Um drei fängt es an, und Sie sind als Dritter oder Vierter an der Reihe.«

Das Programm war in der Tat eindrucksvoll: Sarah Bernhardt wollte einen ganzen Akt aus »Adrienne Lecouvreur« geben; Lucien

Guitry eine Szene aus seinem letzten Erfolgsstück; Mounet-Sully, Coquélin aîné, Le Bargy und de Feraudy hatten Monologe und Rezitationen versprochen; Félia Litvinne, die bedeutende Sopranistin, Lucienne Breval, Vallandri und der Tenor Alvarez von der Opéra sollten singen; und last, but not least der berühmte Francis Planté, der nach zehn Jahren erstmals wieder in Paris spielte. Kein Wunder, daß ich mit Stolz meinen Namen in so erlauchter Gesellschaft auf den Plakaten las.

Ich kam pünktlich in das zu hohen Preisen ausverkaufte Théâtre Sarah Bernhardt. Die Pariser haben für solche Veranstaltungen etwas übrig in der Annahme, sie erhalten für ihr Geld einen soliden Gegenwert. Hinter der Bühne war wildes Getümmel. Männer und Frauen, mit und ohne Kostüm, rannten schreiend und wild gestikulierend durcheinander, und als ich mir ein gedrucktes Programm schnappen wollte, stieß mich ein Mann einfach hinaus auf die Bühne.

»Gott sei Dank, daß Sie da sind«, sagte er, »Vallandri fehlt, jetzt sind Sie dran.« Ich stand also unvermutet vor dem Publikum, verbeugte mich, kam aber erst am Klavier richtig zu mir. Das Nocturne und die Etude von Chopin gingen im allgemeinen Geschwätz des Publikums so gut wie unter. Ich nahm einigermaßen wütend den spärlichen Beifall entgegen und warf mich mit Macht auf ein garantiertes Zugstück, die As-Dur Polonaise. Diesmal mußte das Publikum zuhören, und ich verbeugte mich dreimal. Schon wollte ich mich zufrieden ins Parkett setzen, um das restliche Programm zu genießen, als mich der Regisseur anhielt, eben jener Mann, der mich zuvor auf die Bühne geschoben hatte. »Bravo, bravo«, sagte er und klopfte mir auf die Schulter. »Sie freuen sich gewiß, daß Maître Planté Sie kennenlernen möchte. Kommen Sie.«

Wir klopften bei dem großen Pianisten an, und es bot sich uns ein bemerkenswerter Anblick. Planté, ein kleiner Mann mit Glatze, faltenlosem Gesicht und einem kurzen grauen Bart, hatte die Schuhe ausgezogen und saß, konzertmäßig gekleidet, doch die Füße in weißen Socken, auf einem kleinen elektrischen Heizofen. Kaum sah er mich, rief er auch schon:

»Ah, ah, comme il est gentil, ce petit! Ich merke schon, er hat viel Talent. Ist er nicht nett?« fragte er den Regisseur, als sei ich gar nicht anwesend.

»Es tut mir so leid, daß ich Sie nicht gehört habe«, fuhr er fort, »ich bin überzeugt, Sie hatten viel Erfolg. Und was haben Sie gespielt, mon jeune ami?«

Ich sagte es ihm. Als ich die Polonaise erwähnte, musterte er mich plötzlich in verblüffter Wut, dann stieß er den Heizofen um und kreischte: »Er hat mein Programm gestohlen, dieser Bandit, er hat mein Stück gestohlen! Ich gehe! Die Polonaise ist das einzige Stück, das ich geübt habe! Ich gehe!«

Ich rannte ganz verängstigt weg und verfolgte von einem Stehplatz aus die weiteren Ereignisse. Nach zwei langen Stunden betrat der Meister unter donnerndem Applaus die Bühne und spielte zu meiner unsäglichen Erleichterung mit perfekter Fingerbeherrschung und dem Schwung eines jungen Mannes die »Tarantella«. Als der wohlverdiente Beifall verebbte, hob er die Hand und sagte dann in den Saal:

»Mein junger, begabter Kollege hat Ihnen schon ohne böse Absicht jene Komposition vorgespielt, die auf meinem Programm stand, und etwas anderes habe ich leider nicht vorbereitet.« Dazu lächelte er freundlich und trat ab.

Trotz dieser dramatischen Zwischenfälle hatte das Konzert für mich segensreiche Folgen. Coquélin aîné, der große Schauspieler, war von meinem Erfolg sehr beeindruckt gewesen. Er forderte mich deshalb auf, bei einer Galavorstellung mitzuwirken, deren Erlös einem Altersheim für Schauspieler zugute kommen sollte. Da Caruso und Geraldine Farrar ebenfalls zugesagt hatten, kündigten die Plakate zu Astrucs und meinem Entzücken uns drei als ausländische Stars an. Das Konzert fand in dem scheußlichen alten Trocadéro statt, da es über dreitausend Plätze gebot. Als die von Caruso und der Farrar gesungenen Opernarien Beifallsstürme entfesselten, kam mir der gute Einfall, als letzte Nummer den »Liebestod« aus »Tristan und Isolde« in der Transkription von Liszt zu spielen: ich hatte eine umwerfende Wirkung. Saint-Saëns, der anwesend war, lobte mich aufrichtig. »Auf dem Klavier klingt es noch besser als gesungen«, meinte er, und ich habe dieses Stück seither häufig in meinen Konzerten gespielt.

Nach diesen zwei Erfolgen wurde auch le grand monde wieder auf mich aufmerksam, und man bat mich zu drei recht unmusikalischen soirées musicales; eine davon war allerdings von eigener Art.

Die Gräfin von Béarn, eine echte Musikliebhaberin, hatte Félia Litvinne eingeladen, ihren Gästen Schumanns »Dichterliebe« zu singen, und die berühmte Sopranistin wünschte mich als Begleiter. Dieser Abend bleibt mir als ein besonders ergreifender musikalischer Eindruck in Erinnerung. Félia und ich wurden gute Freunde, und ich habe sie noch oft besucht.

Mein Bruder Ignăcy studierte an der Schola Cantorum; meiner Ansicht nach war das Zeitverschwendung, denn ich hielt ihn nicht für einen talentierten Geiger. Er wollte wohl bloß mich nachahmen. Von sozialen Umwälzungen war nicht mehr die Rede. Ich sah ihn selten, denn wir hatten nicht viel miteinander gemein.

Die alten Kumpane bei Fouquet berichteten mir, daß Armand de Gontaut wieder in New York sei, diesmal wahrhaftig mit der Absicht, eine Millionenerbin zu fangen.

Man behandelte mich ganz besonders nett, wie um mich für Armands Abwesenheit zu entschädigen. Der junge Recopé, einer von Armands Freunden, brachte mir eine Einladung zum Essen bei Graf Nicholas Potocki.

»Ein echter polnischer Potocki und ein schwerreicher Mann«, sagte er. »Polnisch spricht er nicht, doch hängt er sehr an seiner ehemaligen Heimat und an seinen Landsleuten. Als ich erwähnte, daß Sie Pole sind, bat er mich, Sie mitzubringen.« Wo heute in der Avenue Friedland das Gebäude der Handelskammer steht, befand sich früher das Palais des Grafen Potocki. Er wohnte ganz allein in seinem großen Haus, zu dem ein Garten, eine Garage und ein Stall gehörten. In dem riesigen salon de fête wurden wir von einem Herrn Ende Vierzig begrüßt, groß, mit Glatze, einem hellblonden Schnurrbart und den denkbar gütigsten blauen Augen in einem runden, wohlgeformten Gesicht. Er war lahm und humpelte uns an einem Stock entgegen.

»Ich würde Sie gerne auf Polnisch willkommen heißen«, sagte er, »leider habe ich diese Sprache nie gelernt. Ich wurde in Sibirien geboren, wo meine Eltern nach 1863 im Exil lebten. Nach ihrem Tod bin ich nach Paris gezogen.«

Langsam füllte sich der Salon mit allen möglichen Herren jeden Alters. Manche wirkten sehr formell, andere wieder schienen hier zu Hause, die meisten aber gaben sich wie beim Betreten eines Restaurants. Recopé erklärte mir, daß Graf Potocki nach alter polnischer Tradition offene Tafel hielt. So konnten Personen, die er zu sehen wünschte, jederzeit als Gast zu Tische kommen. Es wurde täglich für vierundzwanzig Personen gedeckt. Ich erinnere mich, an jenem Tage zwei Botschafter gesehen zu haben, einen russischen General, einige Polen, den damals berühmten Maler Bonnat, den nicht weniger berühmten Karikaturisten Sem, den Schauspieler Le Bargy und einige hohe Beamte. Insgesamt waren wir etwa sechzehn, die anderen Stühle blieben leer. Die Speisen waren vorzüglich und die Gespräche gescheit. Ich wurde ein häufiger Gast in der Avenue Friedland. Der Graf und ich fühlten uns vom ersten Tag an zueinander hingezogen. Er gewann mein Herz, weil ich spürte, wie einsam er war, einsam durch seine Liebe zu Polen; und er mochte mich meiner Lebhaftigkeit und vielseitigen Interessen wegen. Und er schwärmte für Musik! Ich spielte oft für ihn nach dem Essen, wenn die anderen Gäste schon weg waren.

Die denkbar reichsten künstlerischen Eindrücke beschwingten und ein neuer, höchst wertvoller Arbeitseifer erfüllte mich. Polas Liebe, zärtliche Briefe und Frederics kluger Rat hielten mich ständig bei Stimmung.

Astruc hatte bereits große Pläne für die Saison. Er hatte sich entschlossen, nicht zuletzt von meinen hartnäckigen Empfehlungen beeinflußt, Straussens »Salome« in der Originalbesetzung nach Paris zu holen. Damit ging er ein erhebliches politisches Risiko ein, denn zum ersten Mal seit dem deutsch-französischen Krieg von 1870 würde die deutsche Sprache in der Öffentlichkeit zu hören sein. Auch der anstößige Text des Wildeschen Stückes machte ihm Sorgen; die sündige Liebe Salomes zu Johannes dem Täufer und die endlose Küsserei des abgeschlagenen Hauptes auf dem Teller mochte bei den katholischen Franzosen heftige Entrüstung hervorrufen. Durch solche Bedenken keineswegs gedämpft, gewann Astruc zunächst einmal die Unterstützung der Grandes Auditions de France der Gräfin Greffulhe, und, wichtiger noch, des Präsidenten der Republik, Armand Fallières, der sein Erscheinen zur Premiere zusagte. Es wurden sechs Vorstellungen im Châtelet angekündigt, Strauss dirigierte selber. Die Salome, Emmy Destinn, war meiner Ansicht nach der größte dramatische Sopran ihrer Zeit. In Berlin war ich in sie verliebt gewesen; man wußte, daß sie mehrere Affären mit Musikstudenten gehabt hatte. In meiner Begeisterung half ich bei den Vorbereitungen, so gut ich konnte, ich probte mit Gruppen und auch mit Solisten.

Sogar die Destinn bat mich, die letzte Szene mit ihr durchzunehmen, als den schwierigsten und kompliziertesten Teil der Oper. Ohne es zu merken, kannte ich die ganze Partitur bald auswendig.

Alle sechs Abende waren ausverkauft – obwohl jeder Platz hundert Francs kostete –, was für Astruc einen echten Glücksfall bedeutete. Strauss und seine Gattin, die sich anfangs ziemlich ungehobelt aufgeführt hatte, schienen plötzlich sehr zufrieden. Pauline Strauss hatte bei der ersten Probe aus einer Loge ihrem Mann im Orchester auf Bayrisch zugerufen: »Ach, wie schrecklich! So ein schmutziges Theater! Und so ein jämmerliches Orchester! Ich habe dir doch gesagt, die Franzosen taugen nichts!« Und so fort.

Am ersten Abend bat mich die Gräfin Greffulhe vor Beginn der Vorstellung in ihre Loge. »Kennen Sie Madame Destinn persönlich?« Und als ich bejahte: »Bitten Sie sie in meinem Auftrag, den Kopf Johannes des Täufers so flüchtig wie möglich zu küssen; am besten wäre es, wenn sie davon Abstand nähme.«

Ich verließ die Loge und lächelte über ihre Befürchtungen; der Kuß ist doch der Höhepunkt der ganzen Oper!

Es kam noch zu einem weiteren erheiternden Vorfall. Sacha Guitry führte mich gelegentlich in ein superelegantes maison de passe, wo man gegen viel Geld die Dienste erstklassiger Damen beanspruchen konnte. Madame war die Witwe eines höheren Verwaltungsbeamten und sehr stolz auf ihre bedeutende und vermögende Kundschaft. Für Sacha und seinen sprühenden Witz hatte sie eine Schwäche. Unsere Besuche blieben ganz platonisch, denn weder er noch ich hätten uns die Dienste der ›Zöglinge‹ leisten können. Madame wies sie aber gerne vor.

»Viens ici, petite«, befahl sie etwa einer statuesken Brünetten, »zeig dein hübsches Hinterteil diesen Herren.« Und da es sie freute, wenn wir den Anblick kennerisch genossen, führte sie uns auch die festen spitzen Brüste einer hübschen Blondine vor.

Als »Salome« noch gespielt wurde, traf ich Guitry auf der Straße.

»Allons faire une petite visite à la vieille«, sagte Sacha, und ich kam mit. Madame offerierte Sherry und Gebäck, ich erzählte Ulkiges über Strauss und die Oper, sie revanchierte sich, indem sie größere Flächen der Anatomie der Brünetten zur Besichtigung freigab.

Zwei Tage später wurde mir im Pavillon de Hanovre ein Brief von Madame ausgehändigt, in dem etwa folgendes stand: »Einer meiner besten Klienten sammelt Autographen. Er wünscht sich sehr eines von Maître Strauss. Können Sie mir in dieser Sache behilflich sein? Geld mag ich Ihnen hierfür nicht anbieten, aber ich habe einen anderen Vorschlag: Vous pouvez coucher gratuitement avec la belle brune.«

Als ich Strauss, Astruc und Mitgliedern des Ensembles diesen Brief zeigte, barsten sie schier vor Lachen, und die arme Person hat von mir selbstverständlich nie eine Antwort bekommen.

Als Sacha und ich, Wochen später, wieder einmal zu einem Besuch in die maison schlenderten, war ich bereit, alle Vorwürfe von mir abzuwenden, indem ich einfach leugnete, den Brief jemals erhalten zu haben. Als wir den Salon betraten, umarmte mich jedoch Madame und rief mit schriller Stimme: »Mein Engel! Wie soll ich Ihnen für das herrliche Autograph danken! Mein Klient war entzückt!« Ich habe wohl etwas töricht dreingeblickt, denn erklären konnte ich mir das nicht. Geschehen war folgendes. Als ich den Brief herumreichte, hatte sich der graubärtige Berliner Bühnenmeister die Anschrift gemerkt und dort das Schreiben, in welchem Strauss sich bei ihm für seinen »Beitrag zum Erfolg der Oper« bedankte, gegen zwei Stunden mit der prächtigen Brünetten getauscht.

Nach der letzten Aufführung im Châtelet lud mich Emmy Destinn ins Hotel Regina ein, wo sie mit ihrer Schwester wohnte. Die Damen machten es sich im Schlafrock bequem, und wir setzten uns zu einem kleinen Imbiß aus kaltem Fleisch und Champagner. Ich drückte der Sängerin meine Bewunderung für ihre herrliche Kunst aus und führte dabei besondere Momente ihrer Interpretationen der Aida, der Carmen und der Salome an.

»An Ihrem Gesang habe ich gelernt, wie man das rubato richtig anwendet, die häufig so mißverstandene freie Phrasierung«, sagte ich. »Ich versuche, Ihre perfekte Atemkontrolle auf meine eigene Phrasierung zu übertragen, und ich zweifle nicht daran, daß dies Chopins Vorstellungen entspricht, wenn er in seinen Kompositionen rubato vorschreibt.«

Emmy Destinn hörte sich diese langatmige Darlegung mit gerunzelter Stirne an, ergriff plötzlich ihr Champagnerglas und warf es in den Kamin.

»Na ja, na ja!« schrie sie wütend, »ich weiß, daß ich gut singe, aber ich bin auch eine Frau!«

Ich war entsetzt. Die Schwester stand wortlos auf und ging hinaus, und da saß ich nun, Herz und Gedanken von Pola beherrscht – und ich sollte beweisen, daß ich ein Mann war! Eine sonderbare Frau, diese Emmy Destinn. Als ich dann noch einen drohenden Schlangenkopf auf ihrem Bein entdeckte, war ich restlos verstört. Die starkfarbige Tätowierung einer Boa constrictor wand sich von der Ferse aufwärts um ihr Bein, und es dauerte einige Zeit, bis ich den Anblick aushalten konnte. Ich war an jenem Abend wohl nicht in bester Form, doch machte es ihr nichts aus; sie wurde später recht sanft und mütterlich. Tags darauf fuhr sie nach London, um an der Oper von Covent Garden ihr Engagement anzutreten. Ich möchte noch eine Eigenart dieser großen Künstlerin erwähnen: wochenlang schickte sie mir poetische Verse in schönster Rundschrift auf kostbarem Papier. Wirklich, wie ein romantischer Backfisch.

Meine Fähigkeit, die gesamte Salome aus dem Gedächtnis zu spielen, erwies sich als äußerst ertragreich. Nach ihrem phänomenalen Erfolg war die Oper eine ganze Weile Hauptgesprächsgegenstand der musikalischen Elite von Paris, und viele Laien, die mit den Verzwicktheiten dieses modernen Werkes besser vertraut werden wollten, ließen sie sich von mir daheim vorspielen. Das war eine ganz neue und sehr angenehme Art, Geld zu verdienen. Ich verlangte für mein Vorspielen 500 Francs und fühlte mich nebenher noch sehr geschmeichelt von der Bewunderung, die alle Zuhörer meinem Gedächtnis zollten. An solchen Abenden herrschte eine ganz andere Atmosphäre als bei den soirées de musique, im allgemeinen lauschten meinem Vortrag vielleicht ein halbes Dutzend aufmerksam in ihre Partitur vertiefte Straussverehrer, mehr nicht.

Für das Frühjahr hatte Astruc eine weitere Überraschung bereit: vier festliche Abende russischer Musik im Théâtre de l'Opéra. Das Programm war eine echte Sensation. Arthur Nikisch hatte die musikalische Oberleitung, doch sollten einige Komponisten ihre eigenen Werke dirigieren, darunter Rimskij-Korsakow, Glasunow, Rachmaninow und Skrjabin. Schaljapin sang aus »Boris Godunow« von Mussorgski und »Fürst Igor« von Borodin. Nikisch dirigierte Symphonien und Teile aus Opern.

Erdacht hatte dieses gewagte Projekt ein russischer Adliger namens Sergej Diaghilew, und verwirklicht wurde es von Gabriel Astruc. Der junge Russe wurde vom Großfürsten Wladimir protegiert, besser von der Großfürstin Maria Pawlowna, doch der größere Teil der für die Vorbereitungen erforderlichen Mittel mußte von dem erfinderischen Astruc aufgetrieben werden. Zum Glück war er der Aufgabe gewachsen, und man konnte die Verträge unterzeichnen.

Unnötig zu sagen, daß Frederic und ich zu den eifrigsten und aufmerksamsten Zuhörern der Aufführungen zählten und mit Freuden sahen, was für einen starken Eindruck diese Kompositionen auf das stets so kritische und skeptische Publikum von Paris machten. Mit dem Lied des Galitzky aus »Fürst Igor« und dem langen Monolog aus »Boris Godunow« hatte Schaljapin einen überwältigenden Erfolg, mußte sich aber mit Mussorgski und Borodin darein teilen. Rachmaninow entfesselte wahre Beifallsstürme mit einer herrlichen Wiedergabe seines 2. Klavierkonzertes, das zum ersten Mal außerhalb Rußlands aufgeführt wurde. Nach dem ersten Konzert umarmte und küßte Schaljapin mich im Künstlerzimmer.

»Welch wunderbare Überraschung, Artuscha! Komm ins Café de Paris.«

Ich betrat das Restaurant in der Erwartung, ihn dort mit irgendwelchen frischen Eroberungen anzutreffen, fand zu meinem Staunen aber zwei distinguierte, sehr elegante Damen an seinem Tisch.

»Meine Frau Mascha und ihre Schwester«, stellte er förmlich vor. Es war recht lustig, den vorjährigen Don Juan von Orange in dieser ganz anderen Rolle zu sehen.

Die Tage der russischen Musik hatten unerwartete Folgen: Sie öffneten Diaghilews berühmten Ballets Russes den Weg, und ich will hier kurz jene Entwicklung skizzieren, die zu diesen einzigartigen künstlerischen Höhepunkten führte.

Durch Schaljapin auf das Neue und Schöne von »Boris Godunow« und »Fürst Igor« aufmerksam gemacht, forderten die Zeitungen die vollständige Aufführung dieser Opern. Diaghilew und Astruc nahmen sich der Sache sogleich an. Astruc beschaffte die Mittel, und Diaghilew suchte in Rußland die geeigneten Künstler. Und bei dieser Gelegenheit zeigte sich seine geniale Begabung im Aufspüren der genau richtigen Elemente, aus denen er seine Produktionen schuf. Statt sich der hergebrachten altmodischen Dekorationen zu bedienen, beauftragte er moderne, von ihm seit langer Zeit geförderte Maler, neue Lösungen zu finden. Er entdeckte einen glänzenden jungen Tänzer, Fokin, der mit Begeisterung für die Tänze in »Fürst Igor«

eine neue Choreographie entwarf. Außerdem wählte Diaghilew selbstverständlich nur beste Sänger und Schaljapin als seinen Star. Die Tänzer suchte er persönlich an der Petersburger und an der Warschauer Oper aus. Ein solches Ensemble mußte Erfolg haben, und in der folgenden Spielzeit bildete diese Oper *die* Sensation. Am meisten erregten das Publikum die Tänze aus »Fürst Igor«. Nie hatte man Ähnliches gesehen: die Musik, die gewagten Farben der Ausstattung, die explosive Sinnlichkeit der Tänze, man war überwältigt, und ganz Paris sprach davon.

»Könnten wir nicht im kommenden Frühjahr die Saison mit Ihren Ballets Russes beschließen?« fragte Astruc, doch bevor er diese Frage gestellt hatte, war der Russe schon mit den phantastischsten Plänen beschäftigt, und er kreierte das glänzendste Theaterereignis des Jahrhunderts. Nichts vorher und nichts nachher reichte an den Erfolg des Balletts »Schéhérazade« heran, für das Diaghilew eine symphonische Dichtung von Rimskij-Korsakow verwendete, sowie die märchenhaften orientalischen Kostüme und die wundervolle blaue und grüne Dekoration von Bakst. Dort machte Nijinskij sein Debut als verliebter Sklave, und die schöne Karsawina trat als ehebrecherische Haremsfrau auf. Beide tanzten dann auch in »Spectre de la Rose« zu Musik von Weber, und Nijinskij tat den berühmten Sprung aus dem Fenster, dessen Leichtigkeit ihn in den Himmel zu führen schien.

Den Höhepunkt der Spielzeit bildete das Engagement Anna Pawlowas, die sogleich als die größte klassische Tänzerin ihrer Zeit gefeiert wurde. Wo sie auftrat, inspirierte sie die Dichter, über sie Oden zu schreiben. Auf der Bühne schien sie eine Sylphide, die Karsawina hingegen tanzte wie ein vollblütiges, sinnliches Weib. Seit jenen unvergeßlichen Wochen wartete die ganze Welt ungeduldig auf das nächste Gastspiel der Ballets Russes. Astruc war der Organisator, Diaghilew der begnadete künstlerische Leiter, der auch nach Anhören eines kleinen Orchesterstückes eines Rimskij-Korsakow-Schülers bei jenem die erste, für ein bestimmtes Ballett komponierte Musik bestellte. Der junge Komponist hieß Igor Strawinsky und sein Ballett »Der Feuervogel«. Es wurde ein Triumph. In den Jahren bis zum Ersten Weltkrieg brachte Diaghilew »Petruschka«, den skandalumwitterten »Sacre du Printemps«, das erfolgreiche »Daphne et Chloë« von Ravel, »Jeux« von Debussy und viele andere. Kostüme und Dekorationen stammten von den bedeutendsten Malern der Zeit, darunter Picasso, Matisse, Braque, Rouault, Chagall, Derain, Dufy und Marie Laurencin. Diaghilew brachte neuen Schwung in die gesamte Kunstwelt. Mode und Innenarchitektur, die Farbgebung für alle möglichen Materialien wurden von seinen Ausstattungen wesentlich beeinflußt. Jawohl, man kann die letzten Vorkriegsjahre zu Recht die Epoche der Ballets Russes nennen. Nach Diaghilews Tod wurden viele Ballettruppen gegründet, und dank dem großartigen amerikanischen Impresario Sol Hurok erlebte das Ballett sein goldenes Zeitalter.

Kapitel 41

Eines Morgens reichte mir Frederic einen Brief von Basia. Ich sah meinem Freund schon an, daß keine guten Nachrichten darin standen. Basia verlangte in der ihr eigenen kurz angebundenen Art, Frederic solle sofort die Briefe an sich nehmen, die Pola an mich geschrieben hatte. Nichts weiter. Schwer gekränkt überreichte ich wortlos die mir so kostbaren Briefe. In diesem Moment verlor das Leben für mich seinen Reiz. Nach mehreren schlaflosen Nächten gelangte ich zu der Überzeugung, daß man Pola gezwungen hatte, mit mir zu brechen, und ich lebte nur noch auf den Tag hin, da ich sie sehen und die Wahrheit erfahren würde.

Unterdessen lenkte eine angenehme Überraschung meine Gedanken von jenem Albtraum weg. Mrs. Potter Palmer, eine reiche Amerikanerin, hatte für die Saison in London das Stadtpalais der Herzöge von Sutherland gemietet, um hier die Londoner Gesellschaft zu empfangen. Als sie hörte, daß aus religiösen Gründen die Oper »Salome« in England nicht aufgeführt werden durfte, daß König Edward VII. aber geäußert hatte, er würde sie gerne kennenlernen, beschloß sie, ihm diesen Gefallen zu tun. Nun war aber keiner ihrer Räume groß genug, um ein Orchester aufzunehmen, und so verfiel sie auf den Gedanken, mich die Oper auf dem Klavier vortragen zu lassen – sie hatte mich auf einer der erwähnten soirées in Paris gehört. Das fürstliche Honorar von hundert Guineen, die Aussicht,

Emmy Destinn wiederzusehen (sie war jetzt Star der Covent Garden Opera), und die Ehre, vor dem König von England zu spielen, machten die Einladung höchst verlockend. Ich kam mit hochgespannten Erwartungen in London an. Bei unserer ersten Zusammenkunft äußerte Mrs. Potter die Sorge, die Oper werde zu lange dauern.

»Könnten Sie nicht einfach ein paar Auszüge spielen?«

»Schon, aber sie würden gewiß zu fragmentarisch wirken. Ich könnte mich aber auf den Schleiertanz beschränken, und wenn Emmy Destinn, von mir begleitet, noch die letzte große Szene singt, ergibt das ein perfektes Programm.«

»Hurra, was für ein glänzender Einfall!« rief sie. »Das werde ich sofort in die Wege leiten.« Damit eilte sie hinaus, um ihrer Sekretärin Aufträge zu erteilen. Zu meiner Enttäuschung engagierte sie dann aber, wohl aus patriotischen Überlegungen, die amerikanische Sopranistin Olive Fremstad für die letzte Szene.

Emmy Destinn empfing mich sehr freundlich, sie behielt mich auch zum Essen da, doch nahm sie mir ein wenig übel, daß ich mit der Fremstad zusammen konzertierte. Immerhin lud sie mich in die Covent Garden Opera ein, wo sie mit Caruso in »Aida« auftrat.

Konzert und Empfang fanden nachmittags um drei statt. Es waren nur dreißig Gäste gebeten, der König erschien als letzter. Vier der anwesenden Damen galten als ehemalige Mätressen Seiner Majestät. Er hatte offenbar einen guten Geschmack, alle vier waren bildhübsch. Mrs. Potter hatte im Salon ein Podest errichten lassen, auf dem ein eigens für mich gemieteter Bechsteinflügel stand. Der König wählte einen Platz direkt vor dem Podest, und die anderen gruppierten sich um ihn herum.

Mein Vortrag des Schleiertanzes wurde gut aufgenommen, zumindest hörte man sich diese moderne Musik an, ohne zu schwatzen. Die Engländer haben im Konzert überhaupt bessere Manieren als die Franzosen. Olive Fremstad war eine ausgezeichnete Sopranistin, sie sang die schwierige, lange Klage Salomes in großem Stil und mit perfekter Intonierung (doch rührte mir ihre Stimme nicht ans Herz wie Emmy Destinns betörender Gesang). Sie hatte einen wohlverdienten Erfolg, den sie sehr liebenswürdig mit mir teilte, wir verbeugten uns mehrmals vor dem klatschenden Publikum.

Ihren »wohlverdienten Erfolg« hatte sie sich wirklich schwer verdient, wie ich hinzusetzen möchte, denn während sie sang, paffte der König unablässig an einer Zigarre und blies ihr den Rauch ins Gesicht; daß sie dennoch singen konnte, war ein wahres Wunder.

Nach dem Konzert wurde Tee gereicht, und Madame Fremstad und ich wurden dem König vorgestellt. Am meisten bewunderte ich seine Eleganz und die Kunst, seinen Embonpoint zu verbergen. Er galt zu Recht als der bestangezogene Mann der Welt. Er trug an jenem Tag einen langen, einreihigen Gehrock aus dunklem Stoff mit breiten, seidenen Aufschlägen. (Heute wird bei solchen Gelegenheiten der Cut getragen.) Statt mit den üblichen Knöpfen schloß er den Gehrock mit Saphiren, die in den entsprechenden Knopflöchern steckten und durch ein goldenes Kettchen miteinander verbunden waren, was einen höchst vorteilhaften Sitz dieses Kleidungsstückes bewirkte. Er sprach mit tönender Stimme und leicht deutschem Akzent. Er lobte Madame Fremstad und befragte mich dann näher über die Vorzüge dieser Oper.

»Was ich da gehört habe, fand ich keinesfalls anstößig«, sagte er, »und ich begreife nicht, was unsere Zensoren zu ihrem Verbot veranlaßt haben mag.« Offenbar hatte er insgeheim Schlüpfrigkeiten erwartet und war nun enttäuscht.

Am Abend sah ich die Destinn und Caruso in »Aida« – ein unvergeßlicher Eindruck. Bei dieser Vorstellung erhielt Emmy mehr Beifall als ihr Partner, vermutlich weil Verdi der Aida schönere Musik zugeteilt hat als dem Radames.

Ich blieb noch einige Tage in London und verbrachte die Zeit in dem reizenden Haus am Tavistock Square, das Emmy und ihre Schwester für die Spielzeit gemietet hatten. Wir musizierten viel, aßen gut und besuchten die Oper. Ich erinnere mich mit Vergnügen unserer kurzen Affäre, die romantisch war, doch nicht sehr engagiert.

In Paris sah ich mich wieder der harten Wirklichkeit gegenüber. Die grande saison mit ihren Gesellschaften, Bällen, Rennen, Konzerten und Theateraufführungen ging zu Ende, und für den Sommer hatte ich keinerlei Pläne. Frederic war als Begleiter für die amerikanische Konzerttournee eines Sängers verpflichtet worden, und mit ihm verlor ich die Verbindung zu den lieben Barylskis. Nach Warschau oder Lodz mochte ich nicht fahren. Whites (Olive) waren schon in Deauville, Armand de Gontaut hielt sich noch in New York auf. Doch wiederum lächelte mir das Glück. Baronin Gustave Rothschild engagierte mich für ihre Soirée, die das Ende der Saison bezeichnete und als das bedeutendste gesellschaftliche Ereignis des Jahres galt. Als ich mich im Rothschildschen Stadtpalais einfand, um das Programm festzulegen, zeigte die Baronin eine Vitalität, um die eine halb so alte Dame sie hätte beneiden können.

»Sie sollen das Konzert mit einigen Stücken für Klavier eröffnen, nach der Pause Mademoiselle Destinn (nicht Fremstad!) zu zwei Arien aus »Carmen« und zu der letzten Szene aus »Salome« begleiten. Dafür bekommen Sie 1000 Francs.«

Ihr Ton duldete keinen Widerspruch, und mit der gleichen Bestimmtheit dirigierte sie ihren Sekretär, den Butler, den Gärtner, den Zimmermann und weitere Hilfsvölker, als es darum ging, das Podium herzurichten, den Flügel, die Stühle und den Blumenschmuck aufzustellen und die übrigen unzähligen Vorbereitungen für den Konzertabend zu treffen. Sie ordnete an wie ein General.

Und so wurde es die glänzendste soirée musicale, an der teilzunehmen ich die Ehre gehabt habe. Tout Paris war versammelt, die alte Aristokratie (obschon die Affäre Dreyfus erst wenige Jahre zurücklag!), die Académie Française, die Universität – doch auch Schriftsteller und Musiker waren gut vertreten. Der in Weiß und Gold gehaltene grand salon mit den unbezahlbaren Gemälden, der harmonisch angeordnete Blumenschmuck und die eleganten Toiletten der Gäste boten einen atemberaubenden Anblick.

Das Konzert war für Emmy Destinn ein Triumph und für mich ein schöner Erfolg. Nachdem der Applaus geendet hatte, wurden wir aufgefordert, uns den Gästen an einem unendlich langen Buffet zuzugesellen. Es war überreich beladen mit Langusten, Fisch in Mayonnaise und in grüner Sauce, kaltem Geflügel, heißen Currygerichten, besonders raffiniert zubereitetem Eis, ganzen Pyramiden von Kirschen und Erdbeeren und köstlichem Gebäck; und wir tranken nur Champagner.

Ich brachte Emmy spät in der Nacht zu ihrem Hotel, doch bat sie mich nicht hinein; sie mußte schon früh am Morgen nach London zurückkehren.

Es gibt noch eine Fortsetzung jenes Abends. Gegen Ende des Ersten Weltkrieges befreundeten erst ich und später auch meine Frau uns mit Robert und Nelly de Rothschild, den Erben der herrischen Baronin Gustave, und als wir nach dem Zweiten Weltkrieg wieder in

Paris lebten, gestaltete sich die Freundschaft mit der nächsten Generation dieser großen Familie noch enger, und sie besteht auch heute noch.

Kapitel 42

»Warum haben Sie sich so lange nicht blicken lassen?« fragte Graf Potocki, als ich das nächste Mal an seiner Tafel erschien. Ich berichtete ausführlich von meinem Besuch in England, und er lachte über meine Imitation des Königs und anderer Berühmtheiten. Nachdem ich noch die Gesellschaft bei Rothschilds erwähnt hatte, rief der Graf: »Warum veranstalten nicht auch wir einen musikalischen Abend!« Noch am selben Tage setzte er das Datum fest und verschickte die Einladungen.

Das Konzert in seinem Palais ließ sich in nichts mit meinen sonstigen Konzerten vergleichen. Zu Gast war die crème der Demimonde, untermischt mit der einen oder anderen berühmten Schauspielerin; ich erinnere mich zumindest an die Bartet, Cécile Sorel und Eve Lavallière. Die Herren – darunter Ministerialbeamte und Mitglieder des Jockeyclubs – waren ausnahmslos reich und die Liebhaber der anwesenden Damen, den Rest bildeten die täglichen Tischgenossen des Grafen. Eine derartige Gesellschaft kann natürlich an klassischer Musik keinen Gefallen finden, man sieht sie auch nie im Konzert. Die allgemeine Unterhaltung riß also keineswegs ab, während ich Chopin spielte, sie wurde im Gegenteil immer lebhafter. Doch sobald ich geendet hatte, standen alle auf und klatschten heftig. Der Höhepunkt des Abends war erreicht, als die Speisen an kleinen Tischen serviert wurden. Der Graf bot ein großartiges Beispiel polnischer Gastlichkeit. An meinem Tisch saß eine schöne Italienerin namens Mariella, eine gescheite und völlig ungehemmte Person, die ohne Begleitung erschienen war.

»Ich fand Sie ausgezeichnet«, sagte sie, »aber mein Abgott ist Puccini.« Angeregt vom Champagner, erzählte sie mir später von sich.

»J'ai un ami sérieux«, sagte sie, »und zwar den Bankier Oppenheimer in Köln. Ich nenne ihn l'O de Cologne, ha, ha. Er hat mir eine reizende Wohnung eingerichtet und besucht mich jeden Monat für ein paar Tage, aber die übrige Zeit habe ich frei. Morgen abend sind Gäste bei mir zum Essen, hätten Sie Lust zu kommen?«

Ich sagte mit Vergnügen zu. Sie hatte zwei junge Damen ihres Milieus eingeladen und den Bankier Edouard Weisweiller, einen guten Musiker und Amateurpianisten. Mariella sah gerne Gäste in ihrer hübschen Wohnung; die Spaghetti hatte sie selber gekocht, der Wein war von gutem Jahrgang, und sie verstand sich darauf, mit ihrem italienischen Akzent ulkige Geschichten zu erzählen. Um mich zu revanchieren, spielte ich alles von Puccini, was mir einfiel, und wurde zum Lohn umarmt und geküßt.

Auf dem Heimweg fragte mich Weisweiller, ob ich ihm Privatstunden geben wolle. Ich sagte gerne zu, denn ich hielt ihn für begabt und versprach mir ein beträchtliches Honorar. Das Geld zerschmolz mir nämlich bereits wieder in der Hand, und meine Schulden wuchsen täglich. Ich schuldete Cordovinus, schuldete dem Schneider, schuldete der armen Mrs. Cowl für einen ganzen Monat die Miete, und bei Astruc stand ich auch in der Kreide – es war ein cauchemar.

Eines Vormittags überreichte Graf Potockis Sekretär Biernacki mir als Geschenk des Grafen Manschettenknöpfe – sie bestanden aus vier in Platin gefaßten Cabochon-Saphiren –, dazu einen Brief, in dem ich für das Wochenende in das Landhaus bei Rambouillet eingeladen wurde; der Graf wollte mich in seinem Automobil abholen. Das waren gute Neuigkeiten, das Geschenk allerdings enttäuschte mich. Lieber wäre mir eine größere Geldsumme gewesen, überdies erfuhr ich, daß Saphire beim Weiterverkauf keinen guten Preis bringen, weil sie zu leicht nachzuahmen sind.

Der Graf nannte seinen Landsitz ein Jagdhäuschen, in Wahrheit aber war es eine große Villa, die gut ein Dutzend Gäste beherbergen konnte. Diesmal war ich der einzige. Der Hausherr verbrachte hier mit seiner Mätresse, einer Madame Mathilde d'Avignon, den Sommer und die Jagdzeit im September; sein Land grenzte an die Sommerresidenz der französischen Präsidenten. Man wies mir ein wunderschönes, in Weiß und Rosa gehaltenes Zimmer an, dazu ein Boudoir mit guten Büchern im Regal und Blumen und Früchten auf allen Tischen. Das Badezimmer war ein Traum, und vom Fenster bot sich ein Blick auf anmutige Rasenflächen und Blumenbeete.

Biernacki erzählte mir, der Graf habe eine Leidenschaft für Pferde. »Er ist lahm und kann darum nicht mehr reiten, doch ist er als Vorsitzender des Eperon sehr tätig. Dieser Club organisiert den jährlichen Concours hippique in Paris.

Sonntag früh kutschierte der Graf mich in seinem Cabriolet zu den Ställen; er hielt sehr sicher und elegant die Zügel seines Viererzuges. Stolz zeigte er mir einige Vollblüter und führte mich sodann in eine manège, die als Reitschule ausgestattet war. Er erteilte seine Weisungen aus einer ans Theater erinnernden Loge und merkte mit Genugtuung, daß ich mich für Pferde interessierte.

»Sie müssen im Sommer herkommen, Sie werden dann bei mir lernen, wie ein Gentleman zu reiten.«

»Sehr gerne«, entgegnete ich höflich, innerlich aber tat ich einen Luftsprung vor Freude. Endlich wußte ich, wo ich diesen gräßlichen Sommer überstehen konnte.

Mathilde d'Avignon (ein angenommener Name) war um die Vierzig, sie hatte ein nicht weiter auffallendes Gesicht, aber eine gute Figur. Sie mühte sich vergeblich, distinguiert zu wirken, indem sie die befreundeten Schauspielerinnen imitierte. Und die Ärmste war taub.

In Paris begann ich mit Weisweillers Unterricht. Für einen Bankier spielte er recht gut; er wollte sich verbessern, hatte aber Schwierigkeiten mit der Technik und nicht genug Zeit zum Üben. Mein Honorar betrug pro Stunde einen Louisdor, nicht genug, wie mir schien, doch hatte die erfahrene Mariella mich gewarnt: »Er ist geizig.« Ich glich das aus, indem ich ihm täglich eine Stunde gab.

Eines Morgens verkündete Frederic: »Morgen fahre ich in die Bretagne; ich muß dort mit meinem Sänger üben.« Als er mein betrübtes Gesicht sah, setzte er hinzu: »Dir werde ich gewiß nicht fehlen, Arthur, in letzter Zeit sind wir uns doch kaum begegnet. Offengesagt, glaube ich nicht, daß es dir etwas ausmacht, ob ich da bin oder nicht.«

Das waren harte Worte, doch hatte er recht. Als ich ihn anfangs in meinen Bekanntenkreis einführen wollte, hatte er es abgelehnt: »Ce n'est pas mon monde.« Andererseits störte ihn, wie ich die ernste Arbeit vernachlässigte, um statt dessen »in den Salons« zu spielen. Und über Pola schwieg er sich sowieso aus.

Gleichwohl trennten wir uns als eben jene guten Freunde, die wir in Wahrheit waren. Mrs. Cowl, die sich ohne ihn einsam fühlte, entschied sich, die Wohnung zu schließen und für den Sommer nach England zu fahren. Das brachte mich in eine üble Lage: Ich schuldete ihr eine Menge Geld und konnte nicht zahlen. Doch sie handelte gutherzig und großmütig. Als ich ihr einen kleinen, mühsam zusammengekratzten Betrag als Abschlagszahlung anbot, lehnte sie ab.

»Sie werden mir das Geld geben, wenn Sie es haben, mein Lieber. Behalten Sie das bißchen für sich, schließlich liegt noch ein langer Sommer vor Ihnen.«

Ich umarmte dankbar dieses edle Wesen.

Das Hotel in der Avenue Carnot bot keinerlei Attraktion außer dem geringen Zimmerpreis, und die Kammer im obersten Stock war so eng, daß auch nicht das kleinste Klavier hineingepaßt hätte. Als eingefleischter Fatalist sagte ich mir: Das ist deine Strafe, weil du in der Rue Lauriston das Klavier zu selten benutzt hast.

Diese letzten Juliwochen sind mir als ein schmutziger Kampf ums Überleben im Gedächtnis geblieben; mein Geld reichte nicht für Unterkunft und Verpflegung, also wurde ich schändlich abhängig von Einladungen zum Essen. Die sehr schmackhaften Mahlzeiten an der offenen Tafel in der Avenue Friedland stillten den Hunger bis zum Abend, ansonsten retteten mich die Essen bei Mariella, besonders zwei vorzügliche Diners bei Voisin, zu denen der sehr brauchbare O de Cologne uns einlud. Bei Astruc bis in die fernste Zukunft verschuldet, konnte ich von keiner Seite auf Geld rechnen, ausgenommen von meinem Schüler Weisweiller, der aber die Zahl der Wochenstunden auf drei herabsetzte – es sei zu heiß, meinte er.

Zum Glück erinnerte Graf Potocki mich an meine Zusage (als ob man mich hätte erinnern müssen!), den Sommer in seiner »Jagdhütte« bei Rambouillet zu verbringen. »Kommen Sie am ersten August und bleiben Sie, solange es Ihnen gefällt, ich habe eigens für Sie einen guten Flügel herbringen lassen.«

Schon gewann meine angeborene Lebenslust wieder die Oberhand, zugleich regte sich auch mein Leichtsinn im Geldverschwenden – leider! Das verschaffte mir ein unvergeßliches Erlebnis. Nachdem ich im Maxim Kaviarbrötchen gegessen und Kaffee getrunken hatte, kam ich spät ins Hotel und verlangte vom Nachtportier meinen Schlüssel.

»Den bekommen Sie erst, wenn Sie ihre Rechnung bezahlen.«

»Was für ein Unsinn. Ich schulde nur ein paar Tage. Morgen früh bezahle ich.«

»Ich habe strenge Anweisung, den Schlüssel nur gegen Bezahlung der Rechnung herauszugeben«, sagte der Mann.

Jetzt wurde ich ärgerlich. »Ich habe kein Geld bei mir, und wo soll ich mitten in der Nacht welches hernehmen! Verstehen Sie doch! Morgen zahle ich, aber lassen Sie mich jetzt auf mein Zimmer.«

Er erwiderte mir nichts, sondern griff nach einer Zeitung. Vor Wut außer mir, schlug ich auf den Tisch. »Das dürfen Sie nicht machen, ich hole die Polizei!« schrie ich, doch er zuckte nur die Achseln. Das war zuviel. Ich lief hinaus auf die Straße, doch wartete ich vergebens auf einen Einfall. Schließlich setzte ich mich am Etoile auf eine Bank und schlief vor Erschöpfung ein. Ich erwachte vor Sonnenaufgang. In der nahegelegenen Avenue Wagram spazierte ich auf und ab, bis ein Café öffnete, und wärmte mich mit mehreren Tassen Kaffee und Croissants auf. Dabei stellte ich ernstliche Überlegungen an. Gegen neun entschloß ich mich, Weisweiller telefonisch um Hilfe zu bitten – ich konnte den Betrag mit Klavierstunden verrechnen. Der selbe Mann, den Mariella geizig genannt hatte, holte mich innerhalb von dreißig Minuten im Café ab, begleitete mich in mein Hotel und verlangte den Geschäftsführer. Dieser erschien in der Person einer großen, schmallippigen Frau, die mich kühl fragte: »Haben Sie Geld bei sich?«

Nun nahm Weisweiller meine Rechnung zur Hand, prüfte sie schweigend und legte dann die genaue Summe auf den Tisch. »Sie behandeln Ihre Gäste recht barbarisch, Madame«, sagte er scharf. »Dieser junge Mann ist ein großer Künstler, und wenn er sich in der Kälte da draußen den Tod geholt hat, so ist das Ihre Schuld! (Draußen war es sehr heiß.) Ich sollte Sie verklagen.«

Sie erwiderte nichts.

»Packen Sie Ihre Sachen«, sagte er zu mir. »Ich bringe Sie weg von diesem gräßlichen Ort.« Als meine Koffer herunter getragen wurden, rief er eine Droschke, sagte aber noch im Hinausgehen zu der Frau: »Trinkgelder können Sie Ihrem Personal selber geben, das ist ja ebenso unfreundlich wie Sie!«

Er gab dem cocher eine Adresse und setzte mir dann seinen Plan auseinander. Er machte mir einen amüsanten, typisch pariserischen Vorschlag.

»J'ai loué un petit pied-à-terre pour une charmante petite amie et je l'ai mise dans ses meubles«, sagte er, »mais elle a fichu le camp avec un autre type.« Und traurig lächelnd fügte er hinzu: »Sie ist mir weggelaufen, und ich habe für ein ganzes Jahr Miete bezahlt. Wenn Sie wollen, können Sie dort gleich einziehen. Es sind keine Verpflichtungen damit verbunden. Ich gebe Ihnen aber einen Vorschuß auf künftige Stunden. Von irgend etwas müssen Sie schließlich leben.« Und damit drückte er mir einen Fünfhundert-Francschein in die Hand. Ein wunderbarer Mensch, dieser Weisweiller; wieder war der mir nun schon vertraute Deus ex Machina im rechten Augenblick erschienen.

Der Zufall wollte, daß das Liebesnest sich in der rue Cardinet befand, allerdings nicht in der Nähe der Pension Cordovinus. Es gab da ein Wohnzimmer, ein Schlafzimmer, ein cabinet de toilette und eine kleine Küche. Überall herrschte Dunkelheit wie in einem Keller, da in der engen Straße kein Sonnenstrahl in die Parterrewohnungen fiel. Und was für Möbel! Im petit salon stand ein rechteckiger Tisch mit vier billigen Holzstühlen, ein weiterer Tisch vertrat die Anrichte. Am schlimmsten war das Schlafzimmer. Das Bett stammte wohl aus der Versteigerung von Bordellmobiliar. Das Kopfteil bestand aus vergoldetem Rohrgeflecht, die Seitenwände, Leintücher und Decken waren in Rosa gehalten. Den Ehrenplatz im cabinet nahm ein Bidet ein, außerdem gab es eine Waschschüssel und ein winziges Taburett. Ich begriff sehr gut, daß ein Mädchen, ein wirklich nettes Mädchen, es hier nicht ausgehalten hatte. Ich allerdings war entschlossen zu bleiben; Hotels schreckten mich ab, und ein Dach überm Kopf braucht schließlich jeder. Weisweiller beauftragte die Concierge, mir morgens das Frühstück zu machen, er bot mir auch an, ein Klavier in der Wohnung aufzustellen, doch das ließ ich nicht zu. Ich zog ja ohnehin aufs Land und blieb nur drei Tage in jenem Nest. Am Vorabend meiner Abreise speisten wir in einer Brasserie, und ich konnte mir nicht verkneifen, zu ihm zu sagen:

»Wie kann man Sie nur geizig nennen! Nach allem, was Sie für mich getan haben, werde ich jeder solchen Behauptung entschieden widersprechen.«

Er lachte nur. »Ich weiß gut, woher diese Vorwürfe stammen«, sagte er und fuhr dann ernst fort: »Die süßen Geschöpfe unserer Demimonde haben einen unersättlichen Appetit auf Geld, Schmuck,

Pelze und anderen Luxus, und ich kenne manchen Ehemann, den sie völlig ruiniert haben. Ich bin zwar noch Junggeselle, habe aber nicht die Absicht, mein Geld derart idiotisch loszuwerden oder etwa so zu leben wie mein Freund Oppenheimer aus Köln. Wenn ich aber einem Künstler behilflich sein kann, und schon gar einem Musiker, dann vergesse ich, was Geld mir bedeutet.« Dieser Mann hatte das Herz auf dem rechten Fleck!

Kapitel 43

Nach dieser letzten Woche in Paris war Potockis Villa ein Paradies. Der Sommer, nun auf dem Höhepunkt angelangt, entfaltete seinen ganzen Zauber. Blumen in allen erdenklichen Farben und Größen schmückten jedes freie Fleckchen im Garten und im Park. Unter meinem Fenster verströmte der Jasmin seinen fremdartigen süßen Duft. Die dicht belaubten Äste zweier mächtiger Eichen schwankten majestätisch im Wind.

Wieder wies man mir die kleine Suite an, die mir so gut gefallen hatte, doch war das Haus diesmal keineswegs leer. Zwei sehr distinguierte Freunde des Grafen wollten ebenfalls mit ihm den Sommer verbringen: Graf Strogonoff, ein Russe von etwa sechzig Jahren, dessen abgezirkelter Gang ihn älter erscheinen ließ, als er wirklich war, und ein Vetter unseres Gastgebers, ein lieber, kluger und interessanter Mensch. Stanislas Rembielinski, Anfang fünfzig, entstammte einer polnischen Adelsfamilie, war groß und schlank, hatte ein bleiches, schmales, sensitives Gesicht mit runden, durchdringenden schwarzen Augen unter buschigen Brauen, eine schmale Adlernase, dichtes Haar, einen Henry-Quatre-Bart und einen gepflegten Schnurrbart.

In der nach englischem Vorbild eingerichteten Halle stand ein Konzertflügel von Pleyel. Hier gab es auch einen großen offenen Kamin und zwei lange Tische, auf denen Zeitschriften auslagen, sowie mehrere bequeme Sofas und Sessel. An den Wänden hingen kolorierte Jagdstiche. Die Halle war der behaglichste Aufenthaltsort im ganzen Hause. Ich würde also niemals üben können, ohne daß mir jemand zuhörte. Nach dem Abendbrot forderte der Graf mich auf, das Instrument zu erproben; da ich dies bereits getan hatte, spielte ich lieber richtig. Zu meiner Freude zeigten sich alle drei Herren von der Musik ergriffen. Ich hatte nun keine Bedenken mehr, in der Halle zu üben, und sie gehörte fortan mir.

Der Graf nahm mich beiseite. »Junger Mann«, sagte er, »morgen früh beginnt der Ernst des Lebens. Seien Sie um acht Uhr bereit. Mein Butler wird Ihnen Reithosen bringen, die Ihnen hoffentlich passen werden. Stulpen finden Sie in der manège.«

Und er spaßte keineswegs mit dem Ernst des Lebens. Am nächsten Morgen kutschierte er uns pünktlich um Acht in seinem Viererzug zur manège und lehrte mich bereits an diesem ersten Tag, bequem in seiner Loge sitzend, die Grundlagen der Reitkunst.

»Führt die Stute herein (ich weiß nicht mehr, wie sie hieß), die ist für einen Anfänger am besten geeignet. Ohne Sattel.« Mit Unterstützung des Reitknechtes bestieg ich stolz in tadellosem Reitdress das Pferd.

»Lassen Sie das Pferd langsam gehen, Sie bleiben ganz locker und nehmen die Zügel in eine Hand«, kommandierte die Stimme aus der Loge. Mit dieser Übung verging die ganze erste Stunde. Tags darauf durfte ich traben, aber nur zehn Minuten. Der Graf rief: »Füße zusammen! Aufrecht sitzen! Und folgen Sie dem Rhythmus des Trabes!« Ich versuchte es, doch war das ohne Sattel gar nicht so leicht. Als ich endlich einen Galopp wagen durfte, wurde mein Lehrer ganz aufgeregt.

»Stillsitzen! Knieschluß! Nicht an den Zügeln reißen!« rief er und beobachtete mich durch sein Fernglas. Gelegentlich mußte ich vor seiner Loge anhalten, und er holte eine Mohrrübe oder ein Stück Zucker aus seiner Tasche und belohnte die schweißbedeckte Stute.

Hindernisspringen ohne Sattel war eine Tortur. Seine Mahnungen: »Vorlage, machen Sie sich leicht und passen sich den Bewegungen des Pferdes an«, waren wenig hilfreich. Ich wurde mehrmals recht unsanft abgeworfen. Zum Glück war der Boden der manège mit einer korkähnlichen Masse bedeckt, die den Sturz milderte. Diese anstrengenden Vorbereitungen dauerten vier Wochen, erst dann erlaubte mir der Graf, ein gesatteltes Pferd zu besteigen.

Im übrigen verlief das Leben in der Villa anregend und heiter. Bei den Mahlzeiten hingen wir alle an Rembielinskis Lippen – er verstand unübertrefflich zu erzählen. Wenn er mit seinem Vetter sprach, lag eine winzige Spur Herablassung in seiner Stimme, und die arme Madame d'Avignon behandelte er mit vernichtender Ironie.

»Arthur«, pflegte er oft gegen Sonnenuntergang zu rufen, »venez faire une petite promenade.« Die ausgedehnten Spaziergänge mit ihm im Park gehören zu den schönsten Eindrücken meiner Jugend. Wir sprachen über Religion und Philosophie, über Musik und Architektur, über Politik und Wirtschaft – seine Kenntnisse schienen unbegrenzt, und, was mir am meisten zusagte, immer blieb er lebendig und voller Humor. Ich gewann diesen Mann immer lieber, und ich glaube, auch er hatte mich auf seine zarte, zurückhaltende Weise gern.

Biernacki wußte sonderbare und romantische Begebenheiten aus Stanislas Rembielinskis Vergangenheit: »Er war der größte Don Juan seiner Zeit und hat in seiner Jugend die ganze Welt bereist. Der Khedive von Ägypten war so von ihm beeindruckt, daß er ihn zum Finanzberater und zum Generaldirektor aller Museen und Ausgrabungen bestellen wollte. Er soll ihm auch seine Tochter zur Ehe angetragen haben, falls Rembielinski sich zum Islam bekehren würde. Rembielinski hat alles abgelehnt.«

»Wie konnte er nur?« fragte ich verwirrt. »Hat er mir nicht selber erzählt, daß er arm ist, in Paris nur über eine bescheidene Wohnung verfügt und Rambouillet hauptsächlich aus Sparsamkeit aufsucht?«

»Falls Sie den Mund halten, will ich Ihnen ein Geheimnis anvertrauen«, fuhr der schwatzhafte Pole fort und berichtete sodann, nachdem ich Verschwiegenheit gelobt hatte: »Geld bedeutet ihm nicht viel. Sein reiches Erbe hat er mit beiden Händen für Reisen und Frauen ausgegeben. Sie wissen wahrscheinlich, daß unser Graf Potocki mit einer bildschönen italienischen Prinzessin verheiratet war, Sie haben ihr Porträt, von Bonnat gemalt, in der Bibliothek des Grafen gesehen. Nun, sie hat ihn nach wenigen Ehejahren verlassen, und raten Sie mal, mit wem? Mit Rembielinski! Sie war bis über beide Ohren in ihn verliebt.«

»Ist denn das möglich?« rief ich. »Sind die beiden nicht die besten Freunde?«

»Das ist es ja«, schmunzelte er. »Das Paar hat sich nach etwa einem Jahr getrennt – er liebte seine Unabhängigkeit, sie aber wollte ihn ganz für sich haben. Als nach einiger Zeit sich die Wogen geglättet hatten, erschien Rembielinski bei seinem gebrochenen Vetter und schilderte ihm ausführlich, daß die Prinzessin ihn einfach genötigt habe, mit ihr durchzugehen, daß sie ein intrigantes und herrschsüchtiges Frauenzimmer sei und daß er, Rembielinski, Qualen leide, weil er seinem Vetter so vielen Kummer zugefügt habe. Und jetzt«, grinste er boshaft, »Sie sehen ja selber, wie sie miteinander stehen. Diese Sache hat sie einander nur näher gebracht: Beide empfinden sich als Opfer dieser Frau.« Er lachte.

Auch wenn nur die Hälfte stimmte – es war eine hübsche Geschichte.

Astruc fragte eines Tages an, ob ich eine Zusammenkunft zwischen ihm und dem Grafen vereinbaren könne, es sei wichtig. Da ich seine Überredungskünste kannte, schien mir klar, daß er die freundliche Haltung des Grafen gegen mich ausnutzen wollte, um ihm Mittel zu meiner Unterstützung abzuschwatzen. Obschon ich solche Machenschaften nicht liebe, fand ich es doch vernünftig, Astruc zu willfahren, denn meine Zukunft war, realistisch betrachtet, keinesfalls rosig. Der Graf stimmte gleich zu: »Wenn er wirklich ein so bemerkenswerter Mensch ist, wie Sie sagen, will ich ihn gerne anhören; mich würde nicht wundern, wenn es mit Ihnen zu tun hätte.«

Graf Potocki empfing Astruc in dem Zimmer, das ihm als Büro diente, und ich erwartete hoffnungsvoll den Ausgang dieser langen Unterredung in der Halle. Astruc kam schließlich strahlend zum Vorschein, er umarmte mich, aber als ich ihn zum Wagen brachte, äußerte er nur: »Quel grand seigneur!«

Später sagte Graf Nicholas zu mir: »Sie hatten ganz recht mit Ihrem Urteil über Astruc. Er hat großen Eindruck auf mich gemacht, und ich hoffe, Sie werden mit dem Ergebnis unserer Besprechung zufrieden sein.«

Doch ich wußte immer noch nicht, was eigentlich dieses Ergebnis war! Da ich nicht zu fragen wagte, fuhr ich nach Paris, um es herauszubekommen. Und als ich endlich die Wahrheit erfuhr, war meine Überraschung ebenso groß wie meine Enttäuschung.

Seit ich Gabriel Astruc kannte, war er von der Idee eines prunkvollen Theaterbaus besessen. Das Châtelet fand er abstoßend, zur Opéra hatte er keinen Zugang; er wollte Paris mit dem denkbar schönsten Theater beglücken. Der Hauptbau sollte die Große Oper aufnehmen sowie das Ballett, und er sollte durch technische Vorkehrungen in einen Konzertsaal verwandelt werden können. Für das Drama und die Komödie sah er ein Haus von mittlerer Größe vor, und ein kleines Experimentiertheater sollte den Komplex vervollständigen. Er versicherte sich der Mitarbeit namhafter Architekten und des Bildhauers Bourdelle für die Gestaltung der Fassade, Malern wie Vuillard wollte er die Dekoration der Innenräume und Decken übertragen.

Ein so großes Projekt verschlang selbstverständlich Riesensummen. Um diese aufzubringen, versuchte Astruc, wie schon vor ihm Diaghilew, die Unterstützung auch ausländischer Persönlichkeiten zu gewinnen. Er gründete eine Association des Amis de la France, damit die Sache einen halbamtlichen Anstrich erhielt. Als Mitglieder nahm er vermögende Ausländer auf, die in Paris wohnten und denen er mit der Versicherung zu schmeicheln wußte: »Vous êtes si Parisiens!« Und damit bin ich wieder bei meiner Geschichte.

Graf Potocki war von Astrucs Projekt so hingerissen, daß er hunderttausend Francs spenden wollte, aus reiner Freundschaft zu mir, wie er noch andeutete. Dabei hatte ich mit alledem nicht das geringste zu tun! Sooft ich das schöne Théâtre des Champs-Elysées sehe, denke ich daran, daß es sein Entstehen zu einem winzigen Teil auch mir verdankt.

Der August verging wie ein Traum in der idyllischen Atmosphäre jenes Landhauses, und ich erinnere mich noch gut an einige kleine Ereignisse, eines davon war ergreifend. Als ich niedergedrückt über die letzte Vereinbarung, die mich so völlig beiseiteschob, aus Paris zurückkehrte, war es schon spät. Da alle Welt zu Bett gegangen war, setzte ich mich in der Halle an den Flügel und spielte die Chopin-Sonate mit dem Trauermarsch. (In den Schlafzimmern konnte man mich nicht hören.) Als ich zum Trio kam, erschreckte mich lautes Schluchzen in der Nähe des Kamins. Dort saß Graf Strogonoff in einem Sessel, den Rücken dem Flügel zugekehrt und weinte ganz untröstlich: »Es ist vorbei, es ist vorbei«, schluchzte er, »der Marsch sagt es mir unmißverständlich!« Ich führte ihn auf sein Zimmer und half ihm ins Bett. Als ich ihn verließ, weinte er noch immer. Er starb wenige Wochen darauf in Paris. Seitdem habe ich nie wieder in einem Privathaus den Trauermarsch spielen wollen.

Ein anderer Vorfall belustigte mich eher. M. Fallières, damals

Präsident der Republik, veranstaltete zu Ehren des Königs von Kambodscha in seiner Sommerresidenz ein Staatsbankett mit Feuerwerk. Graf Nicholas und seine Gäste wurden eingeladen, doch nicht zum Staatsbankett, sondern allein zum Feuerwerk. Unser Gastgeber war sichtlich gekränkt. Die anderen mochten die Einladung nicht annehmen, ich aber wollte unbedingt das Feuerwerk sehen. Um mich nicht zu enttäuschen, erklärte der gütige Edelmann sich bereit, mit mir hinzugehen. Wir trugen Frack, weiße Binde, weiße Handschuhe und Zylinder (man hatte auch für mich einen aufgetrieben), und ein prächtiger Landauer, gezogen von zwei wundervollen schwarzen Pferden, brachte uns zum Château. In der Halle wollten uns Diener die Garderobe abnehmen, doch der Graf sagte scharf: »Behalten Sie den Hut auf.« Und so schritten wir denn mit Hut durch den grand salon und betraten die breite Terrasse, wo der Präsident und sein exotischer Ehrengast, umgeben von hohen Würdenträgern, auf das Feuerwerk warteten.

»Machen Sie es genau wie ich«, flüsterte mir der Graf zu, während wir uns dem Präsidenten näherten. M. Fallières, groß und stämmig, erinnerte mit dem gewellten Haupthaar und ergrauten Bart an einen gutartigen Bauern. In seiner nachlässig getragenen Kleidung wirkte er etwas unordentlich. Er erhob sich und begrüßte uns ausgesucht höflich. Graf Nicholas nahm gemessen den Zylinder ab – ich tat es ihm nach –, setzte ihn aber fast sogleich wieder auf, so als habe er jemanden auf der Straße begrüßt. Und ich tat desgleichen. Dasselbe Manöver führten wir vor dem König von Kambodscha aus, während wir weitere Personen nur nach englischer Sitte durch Anlegen eines Fingers an die Hutkrempe grüßten. »Diesen Bürgerlichen muß man erst Manieren beibringen«, sagte der Graf, als wir allein waren. »Einen Edelmann lädt man nicht nach dem Bankett ein!« Nun begriff ich, was es mit diesem Zylinderspiel auf sich gehabt hatte.

Immerhin konnten wir das prachtvolle Feuerwerk bestaunen und hatten hinterher zu unserer Überraschung das Glück, die königlichen Haremsdamen tanzen zu sehen. Kopf, Rumpf und Gliedmaßen der Tänzerinnen bewegten sich so graziös und harmonisch, daß der Anblick einen schier verzauberte. Der berühmte Bildhauer Rodin war davon derart hingerissen, daß er den König auf der Rückreise nach Kambodscha begleitete und seine berühmten Skizzen anfertigte.

Als im September die Jagd aufgelassen wurde, diente das Landhaus wieder seinem eigentlichen Zweck. Der Graf und Biernacki stellten die Gästelisten zusammen, gar kein einfaches Geschäft angesichts der zwischen dem Château und dem Landhaus herrschenden Rivalität um die besten Schützen. Mein Reitunterricht war zu Ende, Rembielinski fuhr auf eine Woche nach Paris, in der Halle ging es plötzlich zu wie im Foyer eines gut besuchten Hotels, und vor den späteren Abendstunden gelangte ich nicht an meinen guten Flügel. Außerdem ärgerte ich mich sehr über ein kleines Mißgeschick. Ein junges Mädchen von kaum zwanzig Jahren, Patenkind des Grafen und Schützling von Mme. d'Avignon, war auf einige Wochen zu Besuch gekommen. Die blonde, blauäugige Emmanuela sah ganz reizend aus und gefiel mir sehr; am meisten allerdings gefiel mir ihre Leidenschaft für Musik. Sie bat um die Erlaubnis, mir jederzeit zuhören zu dürfen, und selten habe ich jemanden so verzückt erlebt wie sie. Als sie eines Abends nach Anhören meiner geliebten »Barcarolle« von Chopin in Tränen ausbrach, gab ich ihr einen innigen Kuß, den sie ebenso innig erwiderte. Da fiel mit großem Krach ein Stuhl um, und der Zauber war gebrochen. Biernacki tauchte kochend vor Wut hinter der Lehne auf. »Schämen müßten Sie sich! So eine Schande! Ein junges Mädchen zu attackieren!« brüllte er auf Polnisch, während Emmanuela hinauslief.

»Wie können Sie es wagen, mich anzubrüllen«, erwiderte ich. »Und im übrigen geht Sie das nichts an.«

»O nein, da irren Sie sich«, versetzte er böse grinsend. »Mich geht das etwas an, ich werde ihren Paten und Madame d'Avignon ins Bild setzen.«

»Machen Sie, was Sie wollen«, sagte ich und ging. Er schilderte beiden in düstersten Farben meine »Attacke«. Der Graf lachte nur, als ich ihm den wirklichen Vorfall beschrieb, und Mme. d'Avignon blinzelte mir sogar aufmunternd zu. Die eigentliche Erklärung gab mir dann Emmanuela. »Seit zwei Jahren verfolgt er mich mit seiner Liebe, er hat mir sogar einen Antrag gemacht«, sagte sie empört. »Und das in seinem Alter! Er ist über fünfzig. Er glaubt, mein Pate werde mir eine schöne Aussteuer schenken. Ich kann ihn nicht leiden und weise alle seine Annäherungsversuche zurück.«

Emmanuela war vor Zorn ganz rot geworden. Biernacki spielte fortan den Jago, er schwor mir Rache und ließ das arme Mädchen keinen Moment mehr aus den Augen.

Die Jagd war in vollem Gange. Die Gäste – alle gute Schützen – lösten einander im Hause ab. Das vor der Haustür ausgelegte tableau bestand aus hunderten hingemetzelter Fasanen, Rebhühner, Wildenten und Hasen; zu essen gab es nur noch Wildbret, auf raffinierteste Weise zugerichtet; es war ein unaufhörliches Schlemmen. Gegen Ende der Jagdsaison verlegte der Graf sich aufs Angeln, ebenfalls eines seiner Hobbies.

»Angeln Sie gerne, Arthur?« fragte er.

»Sehr gerne. Ich verspüre zwar keinerlei Neigung, einen schönen Vogel aus der Luft zu schießen, aber es macht mir gar nichts aus, kaltblütig einen Fisch aus dem Wasser zu ziehen.«

Er lachte, und wir machten Pläne für unsere Angelsaison. Auch dies wurde, wie alles hier, methodisch organisiert. Zwei Männer schleppten Angelzeug und bequeme Klappstühle an den nahen Fluß (es war, glaube ich, die Oise) und hielten Ausschau nach den günstigsten Plätzen. Es war das bequemste Angeln meines Lebens.

Allerdings mußte ich dafür teuer bezahlen. Als ich eines Vormittags einen Fisch vom Haken lösen wollte, verletzte ich mir die Spitze des rechten Zeigefingers; es schmerzte einen Augenblick, ich achtete aber weiter nicht darauf, da ich ganz mit Angeln beschäftigt war. Nachts erwachte ich, weil der Finger schmerzhaft pochte. Vor Angst, meiner Hand könnte etwas Schlimmes zugestoßen sein, schloß ich kein Auge mehr, klingelte früh morgens dem Diener und schickte ihn um Medikamente zum Grafen. Sehr besorgt erschien Graf Potocki selber mit Flaschen und Salben. Nachdem er den Finger mit destilliertem Wasser gesäubert hatte, goß er etwas Jod auf die Verletzung, strich Heilsalbe um die Wunde und legte sachkundig einen Verband an. Keine gelernte Krankenschwester hätte das besser machen können. Um den Schmerz zu mildern, mußte ich den Arm stundenlang hochhalten. Als der Graf am folgenden Tag den Verband wechselte, diagnostizierte er Panaritium, eine gefährliche Entzündung direkt unter dem Nagel. Ich müsse sofort nach Paris und einen Spezialisten aufsuchen. Eine Stunde später saß ich bereits in seinem Automobil. Den Arzt hatte der Graf telefonisch von meinem Eintreffen benachrichtigt. Ein Blick auf den Finger, und der Arzt bestätigte die Diagnose des Grafen.

»Falls Sie nicht ein steifes Fingergelenk behalten wollen«, sagte er, »müssen Sie sich einer schmerzhaften Operation unterziehen. Um die ungehinderte Blutzirkulation wiederherzustellen, muß ich alles infizierte Gewebe entfernen.«

»Bitte, bitte, Herr Doktor, Sie müssen diesen Finger unbedingt retten«, flehte ich angsterfüllt, »daran hängt mein Leben! Wenn es nur hilft, will ich jeden Schmerz ertragen.«

Nun, er heilte zum Glück meinen Finger von dieser scheußlichen Entzündung und machte das Gelenk wieder voll beweglich. Wenn ich aber an die Qualen denke, denen er mich unterwarf, dann zittere ich immer noch. Ohne mich zu betäuben, schnitt er den Infektionsherd auf und wühlte gut eine, wenn nicht zwei Minuten in meiner Fingerkuppe herum, während ich mich auf dem Stuhl wand und aus Leibeskräften brüllte. Der Schmerz war unbeschreiblich. »Anders bekommen wir den Eiter nicht heraus«, sagte er, als ich aus kurzer Bewußtlosigkeit erwachte. Noch dreimal wiederholte er diese Tortur, dann war es überstanden. Da er von mir nie Geld verlangt hat, nehme ich an, daß er seine Rechnung an den Grafen schickte.

Nach den herrlichen Tagen in Rambouillet empfand ich Paris trostlos. Das indezente, halbdunkle Liebesnest in der Rue Cardinet bedrückte mich, und ich übernachtete dort bloß. Doch auch auf der Straße fühlte ich mich nicht wohler, der Gestank nach Pferdeschweiß, die starken Ausdünstungen der Stadt wurden von der Hitze verstärkt und machten sich in den letzten Sommertagen besonders aufdringlich bemerkbar. In Wahrheit raubte mir aber der Umstand, daß ich keinen Pfennig Geld besaß, allen Lebensmut. Weder Astruc noch Weisweiller waren in der Stadt – an wen hätte ich mich wenden können? Im Mont de Piété, dem städtischen Pfandhaus, erhielt ich für einen Anzug und einen Mantel eine winzige Summe, die mich eine Woche kümmerlich ernährte. Und wie gräßlich war dieser erste Besuch im Pfandhaus! Als ich mit der Métro hinkam, war das Pfandhaus geschlossen, und ich mußte den ganzen Weg zurück zu Fuß gehen, mit zwei Kleidungsstücken über dem Arm! Da habe ich mich sehr geniert. An jenem Tag konnte ich mir gerade noch eine Tasse Kaffee und ein Brötchen leisten. Am nächsten Morgen mußte ich mich neuerlich mit den Kleidungsstücken auf den Weg machen, doch war das schmuddelige Pfandhaus wenigstens geöffnet.

Ein kleiner Vorfall beleuchtet vielleicht besonders gut meine damalige Bedrängnis. Seit ich in Paris lebte, kaufte ich am Kiosk vor dem Café de la Paix meine Zeitungen; die Verkäuferin kannte mich, wir wechselten hin und wieder ein paar Scherze. Als ich an jenem schwarzen Tage meine Tasse Kaffee getrunken und mein Brioche gegessen hatte, stellte ich mich an den Kiosk und las die Schlagzeilen, da ich mir keine Zeitung leisten konnte.

»Na, junger Mann, keine Zeitung heute?« fragte mich die Frau.

»Nein, danke, heute nicht«, sagte ich. Sie musterte mich scharf; der Hunger schaute mir wohl aus den Augen.

»Nehmen Sie trotzdem eine«, sagte sie und drückte mir zugleich mit der Zeitung ein Fünffrancstück in die Hand. »Prenez ces cent sous et allez manger quelquechose, jeune homme, vous me les rendrez quand cela vous conviendra.«

Ich nahm errötend an, sie hatte das auf so mütterliche Weise gesagt.

Als die letzten Francs zerronnen waren, beschloß ich, es doch beim Kassierer im Pavillon de Hanovre zu versuchen; er betrachtete mein unverantwortliches Finanzgebaren immerhin mit Nachsicht.

»Gut, daß Sie kommen«, sagte er. »Hier ist ein Brief für Sie, den ich Ihnen nicht nachschicken konnte; ich weiß Ihre Adresse nicht.« Es war die Aufforderung, mit zwei anderen Künstlern in Warschau an einer großen Wohltätigkeitsveranstaltung teilzunehmen. Für vierhundert Rubel sollte ich das Klavierkonzert in f-Moll von Chopin vortragen, Paul Kochanski würde das Violinkonzert von Tschaikowsky spielen, und als dritte Solistin war Basia vorgesehen! Ich las den Brief, und mein Herz klopfte schneller. Endlich würde ich herausfinden, ob Pola mich noch liebte oder mich nicht mehr sehen wollte, denn gewiß würde ich sie im Konzert treffen, bei Basias Debut konnte sie unmöglich fehlen.

Bald aber kehrte ich in die Wirklichkeit zurück. Das Konzert sollte in der folgenden Woche stattfinden; das würde zur Vorbereitung reichen, doch woher das Geld für die Fahrt nehmen? Und für sonstige Ausgaben bis zum Konzert? Der freundliche Kassierer war willens, mir zwanzig Francs aus der eigenen Tasche zu leihen. »Mehr habe ich nicht.« Ich nahm dankbar seinen Louisdor und ging. Schon als ich auf die Straße trat, hatte ich mich zu einem Entschluß durchgerungen: Ich würde den Grafen Potocki um Geld angehen. Durch Biernacki hatte ich gleich zu Anfang unserer Bekanntschaft erfahren, der Graf verleihe sehr ungern Geld, andererseits war mir aufgefallen, mit welcher Leichtigkeit Astruc von ihm eine beträchtliche

Summe für sein Theaterprojekt ergattert hatte. Mir war klar, daß der polnische Edelmann annahm, ich wäre ausreichend versorgt bei einer gesicherten Laufbahn. Er ahnte zum Glück nicht, daß ich die vom ihm geschenkten Manschettenknöpfe längst verkauft hatte. So rief ich denn schweren Herzens in Rambouillet an und bat den Butler, mich mit seinem Herrn zu verbinden.

»Mon cher comte«, sagte ich mit gekünstelter Heiterkeit. »In wenigen Tagen reise ich nach Polen. Ich möchte, falls es Ihnen nicht ungelegen kommt, mich von Ihnen verabschieden und auch den Finger vorzeigen, der dank Ihrer freundlichen Obsorge so gut geheilt ist.«

Ich hörte ihn durchs Telefon leise lachen. »Parfait, parfait«, erwiderte er. »Morgen ist Samstag. Kommen Sie zum Abendessen und bleiben Sie über Sonntag. Vielleicht können wir einen kleinen Wiederholungskurs in der manège veranstalten, wie?«

Als ich gerade rechtzeitig zum Abendessen in der Villa anlangte, war die Hälfte meines Kapitals bereits verbraucht. Graf Potocki empfing mich in der Halle, prüfte aufmerksam mein Fingergelenk und erklärte sich sehr zufrieden. Sodann führte er mich ins Speisezimmer, wo außer Madame d'Avignon, Emmanuela und Rembielinski, der seit einer Woche wieder anwesend war, auch ein mir unbekannter Advokat saß sowie der brütende Biernacki. Das Essen war vorzüglich, doch trotz meinem schon chronischen Hunger hatte ich keinen Appetit, denn mich beschäftigte nur die Frage: Soll ich ihn schon heute abend bitten oder erst morgen früh, wenn er in besonders guter Stimmung auf der Terrasse sitzt? Draußen wehte eine milde Abendluft voller Wohlgerüche; noch sang hier und dort ein Vogel, und die Grillen gaben uns ein Konzert.

»Begleiten Sie mich auf einen Spaziergang, Arthur«, sagte Rembielinski unvermittelt. »Nicholas hat bestimmt nichts dagegen.«

Als wir im Park waren und uns niemand mehr hören konnte, blieb er stehen und fragte rundheraus:

»Wieviel brauchen Sie?«

»Wie . . . was meinen Sie?« fragte ich verwirrt.

»Tun Sie nicht so, Arthur«, sagte er leise. »Ich habe Sie während des Essens beobachtet, man konnte es Ihnen vom Gesicht ablesen. Sie brauchen Geld, und Sie wollen Nicholas darum bitten. Lassen Sie das, mein Lieber, lassen Sie das. Er verliert vielleicht seine Zuneigung zu Ihnen, auf jeden Fall aber sein Vertrauen. Wenn der Betrag, um den es sich handelt, innerhalb meiner Möglichkeiten liegt, helfe ich Ihnen gerne aus.«

»Nein! Nein!« Ich weinte fast. »Das kann ich Ihnen nicht zumuten! Es ist eine große Summe, beinahe dreihundert Francs. Für einen reichen Mann wie den Grafen bedeutet sie nichts, doch Sie haben ja selber kein großes Einkommen.«

Rembielinski lächelte. »Setzen wir uns . . . und hören Sie mir gut zu.« Wir gingen zu einer Bank und ließen uns darauf nieder. Im Ton des Mentors fuhr er nun fort: »Folgen Sie meinem Rat. Die Erfahrung hat mich manches über menschliche Beziehungen gelehrt, und ich will Ihnen mit drei Worten sagen, wie es ist: Haben Sie Sorgen, dann wenden Sie sich an jemand, der ebenfalls Sorgen hat. Stirbt Ihnen ein geliebter Mensch, sind Sie von einer unheilbaren Krankheit befallen oder auch nur von einem ganz gewöhnlichen Zahnweh, dann finden Sie Mitgefühl und Verständnis nur bei Menschen, die Ähnliches erleiden. In solchen Fällen vollführen sogar gute Freunde nur die rituellen Gebärden, sie schicken einen Kondolenzbrief, sie bringen Blumen ins Spital oder empfehlen einen guten Zahnarzt, doch mit dem Herzen sind sie nicht dabei, sie leben in einer anderen Welt, einer Welt, wo niemand gestorben ist, keiner erkrankt oder Zahnschmerzen hat.«

Er verstummte ein Weilchen, ehe er sagte: »Nicholas hat ein gutes Herz, und einem Bekannten vom Jockeyclub, der Spielschulden hat, würde er ohne Zögern mit jeder Summe aushelfen; er weiß, daß man Ehrenschulden begleichen muß. In Ihrem Fall aber würde er einfach nicht verstehen, warum Sie mit Ihrer Begabung, Ihren guten Manieren, Ihren Beziehungen zu le grand monde ihn um eine kleine Summe Geldes bitten, anstatt sie von der Bank abzuheben oder Astruc oder Ihre Eltern danach zu fragen.« Er lachte. »Und nun, mon cher Arthur, vergeben Sie mir die Abschweifung und lassen Sie sich sagen, daß dreihundert Francs mich noch nicht ruinieren. Morgen abend fahren wir gemeinsam nach Paris zurück, und Montag früh haben Sie das Geld.«

Er klopfte mir auf die Schulter und wehrte mit anmutig erhobenen Händen alle meine Versuche ab, ihm zu danken.

Nach einer gut verbrachten Nacht glänzte ich tags darauf in der manège, und der Graf war hochzufrieden. »Jetzt können Sie beinahe jedes Pferd meistern«, sagte er mit der Genugtuung des erfolgreichen Lehrers. Welches Glück, daß ich ihn nicht hatte um Geld bitten müssen! Abends verabschiedeten sich alle – ausgenommen der finstere Biernacki – auf das Herzlichste von mir.

Montag früh klingelte ich bei Rembielinski am Quai Voltaire. Hier bewohnte er zwei helle geräumige Zimmer, deren Wände ganz mit Büchern vollgestellt waren. Pan Stanislas empfing mich munter. »Hier ist mein Reich, und hier fühle ich mich wohl, allein mit meinen Büchern.« Er zeigte mir kostbare alte Ausgaben, auch schmeichelhafte Widmungen zeitgenössischer Autoren, und gab mir schließlich das Geld.

»Sie haben noch viel vor, und ich halte Sie nur auf«, sagte er und führte mich zur Tür. »Bonne chance, cher Arthur.« Wir umarmten einander. Ich habe ihn nicht mehr gesehen, denn bald darauf ist er in der Schweiz an Schwindsucht gestorben.

Kapitel 44

Warschau kam mir diesmal verändert vor. Ich nahm mir ein bescheidenes Hotelzimmer und fühlte mich wie ein aus der gewohnten Heimat Verbannter. Jahrelang hatte ich außer einigen Liebesbriefen und wenigen dringenden, unvermeidlichen Mitteilungen nichts geschrieben. Meine Abneigung gegen das Briefeschreiben war schon fast krankhaft. Kein Wunder also, daß die Verbindung zu Frederic und den Seinen abgerissen war; ich ahnte auch nicht, wie ich seit der Rückgabe von Polas Briefen mit ihnen stand. Ich mußte also bis zum Konzert warten; Basias Verhalten könnte mir dann einen Anhaltspunkt geben.

Unterdessen stieß ich zu meiner Freude auf Szymanowski, und es stellte sich heraus, daß er, Paul Kochanski und der Dirigent Fitelberg ebenfalls in meinem Hotel wohnten, denn das Hotel Victoria gegenüber der Philharmonie lag für uns Musiker recht bequem.

Die Wohltätigkeitsveranstaltung war ausverkauft. Den Saal füllte ein sehr elegantes Publikum, und die jungen Damen vom Komitee verkauften Programme. Ich sollte zuerst auftreten und Basia zuletzt. Sie wurde nicht vor der Pause erwartet, was mir half, mein Chopinkonzert ganz anständig vorzutragen. Großer Applaus, eine Zugabe.

Paul Kochanski spielte das Tschaikowskykonzert hervorragend; darin war ihm keiner über.

Nun kam die Pause. Basia erschien allein im Künstlerzimmer; sichtlich nervös grüßte sie die anderen und versuchte, mich zu ignorieren. Als ich das nicht zuließ, nickte sie mir kalt einen Gruß zu und gab mir, ohne die Miene zu verziehen, ihre Hand. Ich fragte nach ihren Angehörigen.

»Meine Eltern und Frederic sind im Saal. Pola nicht«, schnitt sie alle weiteren Erkundigungen ab. Nach der Pause sollte sie Lieder von Mahler und Strauss mit Orchesterbegleitung singen; Fitelberg dirigierte. Ich setzte mich in den Saal und wünschte ihr aus schierer Wut ein schönes Mißgeschick bei ihrem ersten Auftreten. Das erste Lied sang sie ausgezeichnet, mit frischer Stimme, guter Intonation und dem richtigen Ausdruck. Doch während das Orchester das kurze Vorspiel zu ihrem zweiten Lied spielte, trafen sich unsere Blicke, und sie verpaßte den Einsatz. Fitelberg klopfte ab, das Orchester begann von neuem, und diesmal ging alles glatt; ich war aber recht zufrieden mit meiner kleinen Amateurhypnose.

Nach dem Konzert drängte sich, angeführt von Frederic und seinen Eltern, ein ganzer Schwarm von Freunden ins Künstlerzimmer, um Basia zu ihrem glänzenden Erfolg zu gratulieren. Darauf überschütteten sie mich mit überschwenglichem Lob, und Madame Magdalena lud Szymanowski, Paul und mich zum Essen ein. Meine Freunde entschuldigten sich unter einem Vorwand, ich aber nahm an. Zu meinem Bedauern war auch bei Tische Pola nicht zu sehen, sie wurde nicht einmal erwähnt. Die Party war wie gewöhnlich großartig, bei guten Speisen und gutem Wein plauderte man munter bis tief in die Nacht. Frederic berichtete sehr amüsant von seiner Amerikareise, die bereits nach einem Monat abgebrochen worden war: Man hatte die falsche Jahreszeit ausgesucht und auch die falschen Orte. Immerhin konnte er einen persönlichen Erfolg verbuchen. Er hatte neue, sehr hübsche Songs mitgebracht, die er mit dem ihm eigenen Charme vortrug. Als ich an die Reihe kam, von meinem Leben in Paris zu berichten, beschrieb ich sehr farbig die Gesellschaft bei Rothschild, den Empfang beim Präsidenten der Republik, die Jagdsaison in Rambouillet, die offene Tafel des Grafen Potocki, deren Speisenfolge ich in allen Einzelheiten aufzählte. Ich gab sogar eine passable Imitation von König Edward und tat alles, um niemanden die Kehrseite der Medaille ahnen zu lassen. Ich beeindruckte den Hausherrn so sehr, daß er mich aufforderte, wieder wie früher bei ihnen zu wohnen. Ich lehnte das höflich ab mit der Begründung, ich hätte mit Szymanowski und Kochanski zu arbeiten und wolle in der Nähe der Philharmonie bleiben. Ich würde aber gerne zu Besuch kommen, so oft meine Zeit es zulasse. Pani Magdalena verabschiedete sich von mir mit einem verheißungsvollen Blick, den ich dankbar lächelnd aufnahm. Dann ging ich, angewidert von mir selber.

»Ich habe Neuigkeiten für Sie«, sagte mir eines Morgens Sophie Kohn am Telefon, nachdem sie mich herzlich willkommen geheißen hatte. »Heute nachmittag kommt Pola auf einen Sprung zu mir, und ich dachte, Sie würden sie vielleicht sehen wollen.«

»Danke, danke!« rief ich, legte den Hörer hin und rannte auf mein Zimmer, um mich anzukleiden.

Es wurde ein merkwürdiges Zusammentreffen. Pola, in Dunkelblau und schöner denn je, grüßte mich höflich wie einen Zufallsbekannten. »Wie geht es?« »Recht gut, danke.« »War es heiß in Paris?« »Es war durchaus erträglich.« »Wir hatten hier einen milden Sommer.« »Und wie befinden sich die Kinder?« »Recht gut, danke der Nachfrage.« Als Sophie sich anschickte, das Zimmer zu verlassen, sagte Pola nervös: »Ich will lieber gehen, es ist spät«, und eilte fort. Zosia (so hieß Sophie mit ihrem Kosenamen) lächelte beschwichtigend. »Nur keine Angst. Sie kommt wieder. Sie müssen ihr Zeit lassen, bis sie weiß, was sie will.« Und sie behielt mich zum Essen da.

Kohns waren so einzigartig gastlich, daß das Speisezimmer zu jeder Stunde des Tages in Betrieb war. Zuzia, die ältliche Gouvernante, Beschließerin und Freundin des Hauses, konnte im Handumdrehen zu jeder Tageszeit die entsprechende Mahlzeit für die Familie oder für unerwarteten Besuch auf den Tisch zaubern. Dieser Gastfreundschaft war einfach nicht zu widerstehen, und auch nicht dem Bechstein-Flügel in Zosias Schlafzimmer. Von diesem Tage an wurde ich regelmäßiger Gast im Eßzimmer und am Flügel.

Pola kam tatsächlich wieder, sie schien jedesmal überrascht, mich zu sehen, und sehr in Eile. Nie benahm sie sich ungezwungen. Versuchte ich sie anzufassen, geriet sie vor Angst außer sich. Und bei jedem Zusammentreffen spielte sie dieselbe Komödie. Ich stellte Frederic zur Rede, doch wich er mir aus. Niemand im Hause Harman erwähnte auch nur ihren Namen; es war, als gäbe es sie nicht! Es war für mich ein unergründliches Geheimnis.

In meiner Konzertlaufbahn machte ich unterdessen Fortschritte. Zwei Konzerte in Warschau brachten gute Einnahmen; aus anderen Städten Polens kamen brauchbare Angebote, und ein verwegener Impresario aus Lodz bot mir sogar tausend Rubel. Ein Besuch in der Vaterstadt war selbstverständlich Anlaß zum Feiern; die gesamte Familie fand sich zum Konzert und zum anschließenden Essen ein. Ich schenkte meinem Vater mein halbes Honorar als Beitrag zur Ausrichtung dieses Banketts.

Mein Schwager Maurycy Landau (Dresdener Angedenkens!), der gut in Wolle verdiente und häufig nach Rußland reiste, hatte erst kürzlich in St. Petersburg mit Alexander Glasunow, dem Komponisten und Direktor des berühmten, von Anton Rubinstein gegründeten Konservatoriums, über mich gesprochen und behauptete, Glasunow habe sich bereit erklärt, mich seinen Schülern und den Lehrern des Konservatoriums in einem Konzert vorzustellen.

»Er schlug als Datum heute in einer Woche vor«, sagte Maurycy, ohne meine Reaktion auf diese Einladung abzuwarten. »Ich begleite dich nach St. Petersburg.«

»Wie ist das alles möglich?« fragte ich erstaunt. »Soviel ich weiß, dürfen sich Juden nicht in den Städten Zentralrußlands aufhalten, sondern nur in den Randgebieten.«

»Man darf vierundzwanzig Stunden bleiben, das reicht für dich«, versetzte er resigniert. »Als Kaufmann Erster Klasse darf ich bleiben, solange ich will, ich muß aber eine besondere Steuer zahlen. Einzig Juden, die ihr Abschlußexamen an Universitäten oder Konservatorien bestehen, dürfen sich überall in Rußland niederlassen.«

Solch niederträchtige Diskriminierung erfüllte mich mit Abscheu, doch konnte ich der Verlockung nicht widerstehen, vor meinen Kollegen in Anton Rubinsteins Konservatoriumssaal zu spielen. Ich bedankte mich bei meinem Schwager für seine Mühe und willigte ein.

Wir kamen am frühen Morgen in St. Petersburg an. Ein dicker Iswoschtschik – ein Droschkenkutscher – fuhr uns ins Hôtel d'Europe, das Erste Haus am Platze, wie Maurycy versicherte. Am Empfang wurde mir mein Paß abgenommen mit der Bemerkung: »Morgen früh erhalten Sie ihn vor Ihrer Abreise zurück.« Nachdem wir uns frischgemacht und gefrühstückt hatten, gingen wir ins Konservatorium, wo Glasunow uns sehr liebenswürdig begrüßte. Er führte uns sogleich in den Saal. »Hier haben wir Anton Grigorjewitsch und seine große Kunst bewundert«, sagte er dazu. Ein Gemälde, das Rubinstein am Flügel in eben diesem Saal vor einer versunkenen Zuhörerschaft darstellte, beeindruckte mich besonders. »Gewiß wollen Sie noch üben«, sagte der Komponist. »Das Konzert ist um drei Uhr nachmittags, Sie haben also Zeit, den Flügel zu erproben, etwas zu essen und sich umzukleiden.« Man ließ mich allein, und ich begann sogleich zu spielen. Der Flügel war ein russisches Fabrikat, ein Becker, wenn ich mich recht erinnere. Er gefiel mir nicht, war aber gerade noch zulänglich. Während ich eine schwierige Passage wiederholte, wurde ich von einem Geiger unterbrochen, den ich von Berlin her kannte.

»Ei, ei«, sagte er, »ich sehe, man kommt voran in der Welt.« Er fügte hinzu: »Glasunow erweist nur sehr selten solche Gefälligkeiten.« Und mit einem häßlichen Kichern: »In der Schule heißt es, Sie hätten sich den Namen Rubinstein unberechtigt zugelegt, nur um hier Eindruck zu schinden, ha, ha!«

Nur mit größter Mühe bewahrte ich meine Selbstbeherrschung. Beim Mittagessen blieb mir der Bissen im Halse stecken. Doch als das Konzert beginnen sollte, hatte ich meine Selbstsicherheit völlig zurückgewonnen. Der Saal war voll, es schien, als wären sämtliche Studentinnen und Studenten gekommen. In der ersten Reihe saßen Glasunow, mein Schwager und die Professoren des Konservatoriums. Sogar auf dem Podium drängten sich die jungen Leute. Während ich zum Flügel ging, erwartete ich feindselige Demonstrationen, wurde aber im Gegenteil von kräftigem Beifall empfangen. Die erste Nummer meines auf eine Stunde berechneten Programms, ein langsames Präludium mit Fuge von Bach, wurde unerwartet günstig aufgenommen. Man rief wiederholt »bravo« und klatschte lange. Die darauf folgende Sonate löste stürmischen Beifall aus, und am Ende meines Programms dankten mir entfesselte Ovationen – alle Zuhörer waren aufgesprungen und klatschten und trampelten. Wer auf dem Podium gesessen hatte, drängte sich um mich, einige Mädchen küßten mich, die Männer wollten mich auf die Schultern heben, und ich spielte schließlich umjubelte Zugaben. Im Künstlerzimmer war ich endlich allein, völlig überwältigt. Nie hätte ich mir Derartiges träumen lassen!

Nun kamen Glasunow und Landau herein. Mein Schwager war ganz benommen. »Ich muß sofort nach Hause telegrafieren«, sagte er. Glasunow küßte mich auf beide Wangen und murmelte ein paar Komplimente. Als mein Schwager seine Hände packte und sagte: »Was für ein Erfolg, was für ein Triumph!« entgegnete er ruhig: »In St. Petersburg ist man immer sehr höflich.«

Das kühlte mich ab. Eine gute Lektion erteilte er mir da: Informiere dich als erstes, wie das Publikum die Konzerte anderer Künstler wertet.

Am nächsten Morgen fuhr ich zurück nach Warschau, ohne von der russischen Hauptstadt das mindeste gesehen zu haben. Meine Finanzen hatten sich erheblich gebessert, darum wechselte ich aus dem Hotel Victoria ins Bristol, eines der beiden besten Hotels in Warschau. Karol Szymanowski fuhr aufs Land, um die Orchestrierung seiner neuen symphonischen Arbeit zu beenden, doch Paul blieb da, und wir waren nun täglich zusammen. Unsere Freundschaft festigte sich von Tag zu Tag. Wir fanden in unserem Charakter viele Ähnlichkeiten, und auch in unseren bisherigen Lebensläufen. Ich bewunderte seine Begabung sehr und er die meine. Überdies hatte auch er viel Humor, und wir besaßen das gleiche mimische Talent. Beide spielten wir für unser Leben gern Billard und trafen uns jeden Tag pünktlich um vier Uhr nachmittags bei Lourse, einer sehr beliebten Teestube. Keiner von uns war ein wirklich guter Spieler, doch waren wir so eifrig bei der Sache, daß sich um unseren Tisch immer eine Menge Kiebitze versammelten, die Wetten auf den Sieger abschlossen und uns durch anfeuernde oder hämische Bemerkungen anstachelten. Eines Abends wollte ein wichtiger Musikkritiker mich unbedingt in seinen Klub zum Pokern mitnehmen. Wir setzten uns zu drei nicht sehr vertrauenerweckend aussehenden Herren an den Tisch. Vier oder fünf Stunden lang gewann ich, dann wollte ich gehen, aber das erlaubte man mir nicht, man wurde sogar recht unhöflich. Also pokerten wir bis vier Uhr nachmittags am nächsten Tag – und da hatte ich alles verloren. Als ich auf die Straße hinaustrat, wäre ich vor Müdigkeit fast umgefallen, dennoch nahm ich mir vor, mich erst zu meiner normalen Schlafenszeit hinzulegen. Plötzlich fiel mir ein, daß Paul mich bei Lourse erwartete. Unsere Kiebitze verhöhnten mich wegen meiner Verspätung, fingen aber gleich an, ihre Wetten zu plazieren. Paul spielte hervorragend, ich unbeschreiblich schlecht. Als er einmal eine ganze Serie von Stößen machte, schlief ich auf das Queue gestützt im Stehen ein und wachte auch nicht von den Buh-Rufen und dem kräftigen Schütteln meiner Wetter auf. Man mußte mich in eine Droschke setzen und ins Bett verfrachten.

Paul und ich wollten gemeinsam ein Konzert geben mit drei Sonaten für Violine und Klavier. Man kannte uns beide in Warschau bereits recht gut, gewiß konnten wir mit einem zahlreichen Publikum rechnen. Emil Mlynarski, für Paul sozusagen ein Adoptivvater, ließ sich unser Programm vorspielen, und was er über die Gewichtsverteilung der beiden Instrumente, über Phrasierung und Tempi zu sagen wußte, ist mir heute noch im Gedächtnis: »Spielt frisch drauflos, doch phrasiert immer sinnvoll; legt es nicht auf Effekte an, die Musik soll für sich selber sprechen, und denkt daran: ein langsamer Satz gewinnt, wenn man ihn eine Spur schneller spielt; und ein Presto gewinnt, wenn man es etwas langsamer spielt. Im übrigen: übt, übt, übt!«

Hier allerdings zeigte sich schon ein Haken: wir hatten keinen Raum zum Üben. Da ich im Bristol über kein Klavier verfügte, benutzte ich genügsam täglich für eine Stunde oder zwei Zosias Bechstein. So machte ich denn eines Nachmittags nach dem Billard Paul mit Kohns bekannt. Kaum waren wir eingetreten, rief Frau Kohn bereits: »Zuzia! Essen!« und zehn Minuten später stand eine üppige Mahlzeit auf dem Tisch. Paul wurde sogleich von der gesamten Familie adoptiert, und Zosias Vater, ein bekannter Advokat, der in Geschäften ganz Europa bereiste, war von Paul so fasziniert, daß er ihn gar nicht von seiner Seite lassen wollte. Als wir uns endlich zum Üben in Zosias Schlafzimmer zurückzogen, kam es uns wie ein Paradies vor.

Das Konzert wurde ein schöner Erfolg. Die Kritik betonte unser perfektes Zusammenspiel, insbesondere bei der »Kreutzersonate« von Beethoven. Nach diesem Konzert erhielten wir viele Einladungen, hauptsächlich von den Rzewuskis, den Epsteins und Pauls Freunden, den Styczynskis.

Etwa um diese Zeit ereignete sich folgende heitere Begebenheit. Auf meinem Stockwerk im Hotel Bristol quartierte sich ein persischer Prinz ein, der aus irgendwelchen Gründen ins Exil gegangen war. Die beste Gesellschaft riß sich um ihn, und die Zeitungen druckten lange Stories über seinen Lebenswandel und sein großes Vermögen.

Auf dem selben Flur wohnte eine üppige blonde Prostituierte der höchsten Preisklasse.

Eines Abends fing sie mich vor meiner Zimmertür ab und sagte: »Ich muß unbedingt diesen persischen Prinzen kennenlernen. Sie kennen ihn doch, ich habe Sie schon mit ihm sprechen gesehen, bitte, bitte helfen Sie mir.«

Ich mußte lachen. »Ich bin doch kein Zuhälter, gute Frau! Ich denke nicht daran, Ihnen zu helfen. Warum bandeln Sie nicht mit ihm an, wenn er nachts von seiner Gesellschaft heimkehrt? Ich wünsche Ihnen Glück dazu.«

Ich legte mich schlafen. Zwei oder drei Stunden später weckte mich fürchterliches Geschrei. Die üppige Blondine rannte splitternackt aus den Gemächern des Prinzen und schrie wie am Spieß: »Hilfe, Hilfe, er will mich umbringen!« Schon versammelten sich die Hotelgäste auf dem Korridor, die hysterische Person wurde in ihr Zimmer gebracht, wo sie immer weiter schrie: »Er wollte mich umbringen!«

Da ich dem Prinzen vorgestellt worden war, wagte ich mich durch die immer noch offenstehende Tür in sein Zimmer. Der Prinz stand gelassen in seinem Schlafrock da. Er bat mich Platz zu nehmen und berichtete in seinem besten Französisch, was geschehen war. »Bei meiner späten Heimkehr öffnete ich eben meine Tür, da redete diese Frau mich auf Polnisch an, das ich nicht verstehe. Sie küßte mich und folgte mir in mein Apartment. Ich fand sie sehr attraktiv und sah keinen Grund, sie hinauszuwerfen.« Er verstummte, bis er zögernd fortfuhr: »Sie zog sich aus, ließ sich auf dem Sofa nieder und winkte mir.« Nun wurde seine Stimme vertraulich. »Ich komme jetzt auf ein delikates Thema zu sprechen. Moslems dürfen nicht mit Frauen verkehren, die ihre Schamhaare wachsen lassen. Ich versuchte, ihr das zu erklären, doch scheint sie es nicht begriffen zu haben. Ich holte also mein Rasiermesser, um ihr den störenden Haarbusch abzurasieren. Als sie sah, wie ich mit dem aufgeklappten Rasiermesser den Arm hob, fing sie an zu schreien, und das übrige wissen Sie.«

Zu Harmans ging ich immer seltener; ich wollte sie weder fallen lassen, noch hatte sich unsere Beziehung einschneidend verändert. Doch fühlten sich weder Paul noch Karol zu ihnen hingezogen, dazu wollte Pani Magdalena unsere schon längst verwelkte Liebesbeziehung neu beleben. Immerhin fand ich mich noch gerne nach dem Theater bei ihren kleinen Gesellschaften ein und half auch Frederic mit der Kadenz seines Konzertes. Ein einziges Mal stieß ich vor der Haustür auf Pola, doch ging sie an mir vorbei, ohne stehen zu bleiben.

Eines Morgens brachte mir ein Page sehr zeitig einen Brief aufs Zimmer, einen wichtigen, persönlichen Brief, wie er sagte. Ich öffnete ihn behutsam. An den Inhalt erinnere ich mich noch genau: »Ich rate Ihnen dringend, sofort Warschau zu verlassen. Falls Sie bleiben, werde ich Ihnen bei erster Gelegenheit eine unangenehme Lektion erteilen.« Unterschrieben hatte Polas Mann.

Nun wurde plötzlich alles klar. Offenbar hatte er sie gezwungen, ihre Briefe von mir zurückzuverlangen und zu versprechen, mich nie wiederzusehen. Und jetzt hatte er wohl von unseren Zusammenkünften bei Zosia Wind bekommen.

Seine ordinäre Drohung erforderte eine starke Erwiderung, doch war ich in solchen Dingen völlig unerfahren. Mir schien, ich könne einzig Stanislaw Rzewuski um Rat fragen, einen Mann, der sich in Ehrensachen aufs genaueste auskannte. Er empfing mich sogleich und las den Brief mit gerunzelter Stirn.

»Es ist eine Provokation zum Duell«, war seine Meinung. »Sie müssen unverzüglich handeln. Ihr Beauftragter soll sich sofort bei K. (Polas Gatten) melden und folgendermaßen sprechen: ›Im Auftrage meines Freundes R. verlange ich, daß Sie sich schriftlich bei ihm für Ihren beleidigenden Brief entschuldigen. Wenn Sie sich weigern, fordert er Sie hiermit zum Duell. Die Sekundanten beider Parteien können morgen die Einzelheiten festlegen.‹« Rzewuski lächelte zufrieden. Er war in seinem Element. »Das wird ihm eine Lehre sein. Ich bin gespannt auf seine Reaktion.«

Ich wählte als meinen Beauftragten Fitelberg, der sich anstandslos seiner Mission entledigte. Nach einer knappen Stunde kehrte er zurück, um zu berichten: »Es war faszinierend. Als er hörte, daß ich in Ihrem Auftrag kam, sah man ihm schon an, wie er auf die Zusage wartete, Sie würden Pola hinfort in Ruhe lassen, um ungeschoren in Warschau bleiben zu können, aber als er hörte, Sie wollten ihn zum Duell fordern, da machte er ein unerhört dummes Gesicht. Erst war er sprachlos, dann sagte er, er würde am Nachmittag seine Sekundanten benennen.«

Ich dankte Fitelberg für die korrekte Erledigung und eilte zu Rzewuski. Pan Stansilaw war entzückt. »Das hat ja großartig geklappt.

Ich werde Ihnen mit Vergnügen als Sekundant dienen, wir müssen jetzt noch einen zweiten auftreiben.« Nach einigem Überlegen fiel uns Jaroszynski ein. »Er ist aber in Kiew!« wandte ich ein.

»Wenn schon, ich telegrafiere ihm, und er kommt gewiß.«

Das stimmte. Joseph kam etwas verwirrt am nächsten Morgen an, doch bereiteten wir ihn rasch auf seine Rolle vor. Beide Herren mieteten im Bristol ein Zimmer, wo sie mit den gegnerischen Sekundanten verhandelten. Daß ich so vornehme Sekundanten hatte, machte auf K. den denkbar größten Eindruck. Er konnte keine besseren auftreiben als seinen Stiefbruder und einen Züchter von Rennpferden. Zwei Tage dauerte es, bis die vier sich über Ort, Zeit und Waffen geeinigt hatten. Unsere Gegner wollten Säbel, Pan Rzewuski hingegen bestand auf Pistolen, zweimaliger Kugelwechsel auf angemessene Distanz. Schließlich hatte ich als der Beleidigte die Wahl der Waffe.

Am Vorabend des Duells gab mir Pan Rzewuski noch wertvolle Hinweise. »Zielen Sie nicht auf ihn, eventuell zittert Ihre Hand. Heben Sie vielmehr den Arm, wenn das Signal gegeben wird, und senken Sie ihn sodann, den Finger am Abzug und drücken Sie noch in der Abwärtsbewegung ab. So können sie den Gegner nicht verfehlen.« Ich übte das mehrmals zu seiner Zufriedenheit. Diese Vorbereitungen entsetzten mich zutiefst, und ich war entschlossen vorbeizuschießen, um den armen Menschen keinesfalls zu töten. Als Rzewuski und Joseph sahen, wie niedergeschlagen ich war, trösteten sie mich, sie würden ja vor Beginn des Duells von meinem Gegner eine schriftliche Entschuldigung erhalten; es sei aber üblich, in einem Ehrenhandel die Vorbereitungen auf die Spitze zu treiben. Trotz ihren Beteuerungen hatte ich in der Nacht vor dem Duell die grausigsten Visionen von Blut und Tod und wälzte mich schlaflos im Bett.

An einem kalten, bewölkten Morgen fuhren Pan Stanislaw, Joseph, der Arzt und ich um sieben Uhr in einer geschlossenen Kutsche an den sorgsam ausgewählten Platz jenseits vom Lazienkipark. Die anderen waren schon dort. Wir verbeugten uns förmlich voreinander, die Sekundanten maßen die vereinbarte Entfernung ab. Dann wurden die Pistolen geprüft und ausgehändigt. Der Arzt legte das Verbandzeug bereit. Ich zitterte, meine Hände waren eiskalt und feucht. Als wir, die Pistole in der Hand, unsere Plätze eingenommen hatten und auf das Signal warteten, wurde, wie es üblich war, dem

Ehrverletzer letztmalig Gelegenheit geboten, seine Beleidigung zurückzunehmen und sich zu entschuldigen. Zur allgemeinen Erleichterung erklärte K. sich dazu bereit, und das Duell wurde abgebrochen. Man setzte an Ort und Stelle ein Protokoll auf, das K. unterzeichnete. Es lautete: »Ich nehme hiermit den von mir an Herrn A. R. gerichteten Brief vollinhaltlich zurück und erkläre, daß ich denselben nur zum Schutze einer bestimmten Person verfaßt habe (sic).«

Wir fuhren zurück in die Stadt, und ich kam mir vor wie ein zum Tode Verurteilter, den man begnadigt hat. Warschau war selbstverständlich nicht die Stadt, in der ein solcher Vorfall unbemerkt bleiben konnte. Man erzählte sich die abenteuerlichsten Geschichten und erfand die abwegigsten Motive für dieses Duell. Zum Glück wurde Polas Name nicht damit in Verbindung gebracht, denn niemand hatte uns je zusammen gesehen. Wie dem auch sei, ich gewann den Ruf eines jungen Mannes, der es verstand, seine Ehre zu wahren, und das mehrte mein Ansehen beträchtlich. Am meisten freute sich der alte Harman über den Ausgang der Affäre. Wie alle Harmans wußte er, worum es in Wahrheit ging, doch er hatte mir nicht zugetraut, daß ich mich so brav schlagen würde. Frederics Vater stand mit seinem Schwiegersohn nicht auf gutem Fuße. Er sah in ihm einen ungeschickten Menschen, der für den Unterhalt der Seinen nicht aufzukommen vermochte, und war insgeheim hoch erfreut, daß ich ihm eine Lehre erteilt hatte. So schätzte Pan Harman mich als einen Helden, und Pola wurde auch in meiner Anwesenheit neuerlich zur Familientafel zugelassen, so als wäre überhaupt nichts vorgefallen. Frederic und Basia äußerten wie gewöhnlich keine Meinung, Pani Magdalena jedoch zitierte mich auf ihr Zimmer und stellte mich zur Rede.

»Was hat es zwischen dir und Pola gegeben?«

»Überhaupt nichts. Letztes Jahr haben wir einander besser kennengelernt und Freundschaft geschlossen«, sagte ich ganz ruhig.

»Sag die Wahrheit, Arthur, ich muß die Wahrheit wissen. Stimmt das Gerücht, daß sie dir geschrieben hat und daß ihr euch heimlich getroffen habt?«

»Das ist alles dummes Zeug. Selbstverständlich hat sie mir gelegentlich einen Brief geschrieben, warum auch nicht? Was unsere geheimen Zusammenkünfte angeht, so haben wir uns bei ihrer Freundin Zosia Kohn gesehen, wo Paul Kochanski und ich für unser Konzert übten.« Und wegwerfend fügte ich hinzu: »K. ist auf dummes Geschwätz hereingefallen.«

Sie schien mir zu glauben, wenigstens gewann sie ihre Fassung zurück. Doch plötzlich fragte sie beinahe flüsternd: »Bist du in sie verliebt?«

Vor Überraschung brachte ich erst kein Wort heraus. »Ja und nein«, sagte ich dann vorsichtig. »Ich habe mich vergangenen Herbst in sie verliebt, aber ich habe mich ja auch früher schon verliebt, in Basia, wie Sie wissen. Es ist ein seltsames Phänomen, daß alle Damen dieses Hauses auf mich eine erotische Wirkung ausüben.« Das sollte scherzhaft klingen, amüsierte sie aber nicht.

»Genau betrachtet«, fuhr ich fort, »ist die Sache längst vorbei und begraben. Ich kann nicht lieben, wenn ich nicht wiedergeliebt werde, und selbst Ihnen muß es auffallen, wie gleichgültig mich Pola behandelt.« Und diesmal gelang es mir wirklich, ihr Mißtrauen einzuschläfern.

Die letzten beiden Monate des Jahres 1907 verlebte ich in einem unaufhörlichen musikalischen und gesellschaftlichen Trubel. Vormittags spielte ich allein oder mit Paul in Zosias Zimmer, und wir blieben häufig zum Mittagessen. Eines Tages kam mir der schlechte Einfall, Jaroszynski bei Kohns einzuführen, und von da an stellte er sich zu jeder möglichen und unmöglichen Tageszeit dort ein und forderte von Zuzia eine Mahlzeit. Unser geliebter Billardwettbewerb begann jeden Tag pünktlich um vier Uhr, und die Spätnachmittage verbrachten wir mit hübschen Warschauerinnen in irgendeinem häuslichen Kreis, und gelegentlich luden Rzewuskis Joseph und mich zu einem lukullischen Gastmahl, auf das dann unweigerlich eine ausgedehnte Wagnersitzung folgte mit Josephs stimmstarker Beteiligung. Abends ging ich am liebsten ins Theater, gelegentlich auch in eine bedeutende musikalische Veranstaltung. Nie allerdings fehlte ich auf den kleinen nächtlichen Soupers bei Pani Magdalena. Pola erschien nur selten im Hause ihrer Mutter – und bei Zosia nie mehr. Nach dem Duell war ihre Stellung etwas umstritten. Dennoch war ich überzeugt, daß trotz all dieser Schwierigkeiten unsere Liebe nicht tot war.

Vier erfolgreiche Konzerte in Kalisz, Piotrków, Czestochowa und Lublin unterbrachen wohltuend den Warschauer Trubel und brachten mir eine ansehnliche Summe Geldes ein.

Dann versuchte Frederic wieder seinen alten Trick anzuwenden und mich einer Frau als Ersatz für sich selber zuzuschanzen. Oder wollte er mich von seiner Schwester ablenken? Das werde ich nie herausbekommen. Ein großes, statueskes, prächtiges Geschöpf mit ganz besonders üppigen Kurven lud er zu einem Souper à trois ein, anschließend bat sie uns auf einen Schlummertrunk in ihre Suite im Bristol. Genia Chmialnik war die Mätresse eines alten polnischen Grafen, der ihr im Hotel ein luxuriöses Liebesnest eingerichtet hatte.

»Ich bin eine richtige Hure! Na, wenn schon«, war ihre Lieblingswendung, und dabei hob sie ihr Kleid und klatschte sich mit beiden Händen auf die Schenkel. Ihr Betragen strafte solche Behauptungen nicht Lügen. Als es für uns Zeit zu gehen wurde, sagte sie zu Frederic: »Mein Lieber, immer schon wollte ich mit dir schlafen, aber ich weiß, du willst nicht. Also werde ich jetzt diesen Knaben ausprobieren« –, damit meinte sie mich. Frederic überließ mich ihr mit den Worten: »Ich weiß dich in guten Händen«, ganz wie eine Mutter, die ihren Kleinen am ersten Schultag dem Lehrer anempfiehlt.

»Nimm ein heißes Bad«, wies Genia mich an, »und wenn du dich gründlich abgetrocknet hast, komm in mein Schlafzimmer.« Ich wagte nicht zu widersprechen, tat, was sie verlangte, und sie erwartete mich nackt auf dem Bett liegend. Sie behielt mich die ganze Nacht über da, und als wir uns am nächsten Morgen zum Frühstück setzten, kam ich mir vor wie ein Lehrling, der seine Meisterprüfung in der Kunst der Liebe bestanden hat.

Dieses neue Abenteuer war zwar aufregend, aber eigentlich mehr unangenehm als angenehm. Genia gewöhnte sich an, bei meinen Bekannten anzurufen, auch wenn ich an einer Gesellschaft teilnahm oder bei Zosia probte. Immer meldete sie sich mit ihrem Vor- und Nachnamen und behauptete, ich habe um ihren Anruf gebeten. Daß ich ihr dieses Betragen verübelte, machte alles nur schlimmer. Als ich eines Nachmittags mit Frederics Mutter, Pola und Basia beim Tee saß, rief sie wieder an. Das Mädchen richtete auf unseren Wunsch aus, Pan R. sei bereits wieder gegangen. Darauf lautete Genias unverschämte Erwiderung: »Sie lügen! Schauen Sie in Madames Schlafzimmer nach!« Ich brauche wohl nicht zu sagen, daß Madame Magdalena wütend war, allerdings bemerkte ich mit Vergnügen in Polas Betragen eine Spur von Eifersucht.

Ein Konzert mit Paul in der Philharmonie und ein sehr gut besuchter Klavierabend in Lodz beschlossen meine Konzertsaison in Polen, und nun fand ich einfach keinen Grund mehr, meinen ohnehin schon viel zu langen Aufenthalt in Warschau weiter auszudehnen. In der bunten und oft auch prahlhansigen Schilderung, die ich von meinen gesellschaftlichen Erfolgen in der französischen Hauptstadt gegeben hatte, stand ich ja am Beginn einer ganz brillanten Laufbahn in Paris.

»Wann werden Sie fahren? Wann ist Ihr nächstes Konzert in Paris? Sind Sie wieder bei Rothschilds eingeladen?« Das waren immer wiederholte Fragen, die zu beantworten mir schwerer und schwerer fiel. Meine Freunde waren weniger zudringlich, aber ich spürte, auch sie sorgten sich wegen meiner langen Abwesenheit von Paris. Plötzlich merkte ich, daß ich gar keine Wahl hatte: Ich mußte abreisen.

Nach einer tumultuösen Silvesterfeier kündigte ich also meine Abreise für Anfang Januar an. Man schenkte mir zum Abschied Unmengen Bücher, Süßigkeiten und torciks von Wedel, mein Lieblingsgebäck. »Was für ein Glückspilz ist doch unser Arthur! In Paris darf er leben! Wenn man doch nur mit ihm fahren könnte!« So redeten sie auf dem Bahnsteig. Paris war und ist das Mekka aller Polen. Die Pointe dieser ganzen Geschichte aber war mein fester Entschluß, nicht nach Paris zurückzukehren – ich wollte in Berlin haltmachen.

Kapitel 45

Warum ausgerechnet Berlin? Vergebens habe ich versucht, eine vernünftige Antwort auf diese Frage zu finden. Nach der Abreise von Warschau, zu der ich mich in gewissem Sinne moralisch gezwungen sah, stand ich vor dem Nichts. Eines war gewiß: Eine Rückkehr nach Paris kam nicht in Frage. Astruc hatte keine Pläne, keine Konzertverpflichtungen für mich; er war von mir enttäuscht wegen meines manque de sérieux, wie er es nannte, und der Lässigkeit, mit der ich meine Karriere verfolgte. Meine Erfolge in Polen blieben ihm verborgen, da die Pariser Presse nicht darauf reagierte. Der Gedanke, in Weisweillers scheußlichem Liebesnest zu wohnen und mich mit seinen Klavierstunden über Wasser zu halten, reizte mich nicht –

vom Albtraum meiner drückenden Schulden ganz zu schweigen. Die soirées musicales hatten mir im vorangegangenen Frühjahr wohl willkommene Einkünfte gebracht, aber ich wußte genau, daß ich mit meinem Salome-Vortrag nicht mehr gefragt war und mich neuerlich in einer größeren musikalischen Veranstaltung würde beweisen müssen.

Erst als ich an einem kalten, windigen Morgen auf dem altbekannten Bahnhof Friedrichstraße ausstieg, erkannte ich, daß mein Entschluß hierherzukommen nur ein feiger Kompromiß war. Was ich von meinen polnischen Honoraren noch übrig hatte, konnte zwei bis drei Monate reichen, je nach dem Lebensstil. Ich nahm im Hotel Bellevue ein hübsches Zimmer mit Bad, es war kein vornehmes, aber ein sehr anständiges Hotel am zentral gelegenen Potsdamer Platz. Herr Metzger, der Inhaber, schwärmte für Musik und erlaubte mir in meinem Zimmer ein Klavier. Die Firma Bechstein überließ mir mietfrei einen Stutzflügel.

Ich war entschlossen, keinen der alten Freunde und Bekannten aufzusuchen, die ich 1904 so abrupt verlassen hatte, jene am allerwenigsten, die mir am nächsten gestanden hatten. Dieser Wunsch ist schwer zu erklären. Wenn ich mich recht erinnere, durchlebte ich damals eine Krise. Ich litt an einem Minderwertigkeitskomplex, an einer Mischung aus Ehrgeiz und Scheu. Meine Laufbahn schien auf einem toten Punkt angelangt, und ich hätte meine Anwesenheit in Berlin niemandem einleuchtend begründen können. Einzig Emmy Destinn wollte ich sehen, sie würde meinen Aufenthalt in Berlin einfach hinnehmen. Ich rief sie an und hörte erleichtert ihre warme Stimme sagen:

»Wie schön, daß Sie hier sind! Darf ich Sie gleich zum Essen einladen? Ich möchte Sie einem Freund vorstellen, und morgen müssen Sie mich in »Carmen« bewundern. Es ist ein Galaabend in der Oper, der Kaiser kommt. Ich besorge eine Karte für Sie.«

Die Aussicht, sie zu sehen und zu hören, war die beste Medizin für meine Melancholie. Als ich ihren Salon betrat, umarmte sie mich und küßte meine beiden Wangen, dann stellte sie mich dem anderen Gast vor.

»Arthur, dies ist mein Verlobter«, sagte sie, »er ist Tänzer im Opernballett.« Und ohne jeden Übergang fragte sie mich stolz: »Sieht er nicht aus wie Napoleon?« Er sah wirklich aus wie der Napoleon, den wir von Gemälden kennen: der gleiche untersetzte Körper, die gleiche Kopfform, der gleiche dicke Hals, die Nase, sogar die Frisur. Der total unnapoleonische Ausdruck der Augen ließ allerdings auf einen Mangel an Intelligenz und Vitalität schließen. Emmy führte mich ins Nebenzimmer, wo ich zu meiner Verblüffung ein ganzes Museum von Bonapartiana erblickte: Empiremöbel, ferner wunderhübsch angeordnete Waffen, Kleidungsstücke, vom Kaiser unterzeichnete Dokumente und weitere Denkwürdigkeiten.

»Napoleon ist mein Abgott«, erklärte sie. »Ich bete ihn schon seit Kindertagen an.« Der kleine Tänzer lächelte wohlwollend, er nahm diese Verehrung hin als etwas, das einem großen Manne zukommt. Ich stellte mir die beiden im Bett vor und wie Emmy auf dem Höhepunkt mit ihrer herrlichen Stimme schmetterte: »Vive l'Empereur! Vive la France!«

Am folgenden Abend hatte ich dann Gelegenheit, aus der Nähe einen lebendigen Kaiser anzusehen, nämlich den berühmten Kaiser Wilhelm II. Dieser Galaabend oder, wie man zutreffender sagt, diese auf allerhöchsten Befehl angesetzte Festaufführung war eine prunkvolle Angelegenheit mit geladenen Gästen, einen freien Kartenverkauf gab es nicht. Vorgeschrieben waren großes Abendkleid, Frack und weiße Binde, Uniform mit Orden. Das Publikum bestand zum größten Teil aus Offizieren, der privilegierten Klasse der wilhelminischen Gesellschaft. Der Kaiser saß mit seiner Frau und zwei Söhnen in einer Loge nahe der Bühne. Nie habe ich »Carmen« besser gesungen gehört als an jenem Abend. Die Destinn übertraf sich selber. Niemand im Theater wagte zu applaudieren, bevor der Kaiser das Zeichen gab, der, völlig unmusikalisch, kaum auf das achtete, was auf der Bühne oder im Orchester vorging. Einmal allerdings lachte er laut, als Zuniga, Josés Vorgesetzter, bei Carmens Anblick seinen Schnurrbart zwirbelt, mit den Lippen schmatzt und sagt: »Don-ner-wet-ter.«

Auf dem Heimweg zeigte Emmy sich ganz verstört vom Benehmen des Kaisers. »Stellen Sie sich vor, wie er mich behandelt hat! Als ich ihm in der Loge vorgestellt wurde, führte er mich beiseite, zwinkerte mir zu und fragte: ›Was macht denn die kleine Farrar?‹* So als wäre ich eine Puffmutter und er fragte nach einem meiner Mädchen!«

* Die amerikanische Sopranistin Geraldine Farrar; man munkelte damals viel von den Beziehungen zwischen ihr und dem deutschen Kronprinzen.

Ich erwähne diesen Vorfall nur, weil er doch ein Licht wirft auf diesen Kaiser.

Außer Emmy Destinn besuchte ich Onkel und Tante Meyer, die von meinen alten Bekannten weit entfernt lebten und keinerlei Verbindung zu ihnen hatten. Ferner ging ich häufig in Museen, saß in den Cafés und stöberte in Buchhandlungen herum. Nach dem Frühstück übte ich ein wenig. Die Mahlzeiten nahm ich sämtlich in dem vorzüglichen Restaurant des Hotels ein. Ich schlenderte ziellos durch die Straßen. Gab es im Theater nichts zu sehen, ging ich früh mit einem Buch zu Bett und las bis spät in die Nacht. Eines Tages wurde dieser gemächliche train de vie unterbrochen durch die Ankunft meiner Schwester Jadzia. Tante Salomea Meyer hatte ihr von meinem Berliner Aufenthalt berichtet und angedeutet, daß ich keine Pläne für die Zukunft habe. Nichts hätte Jadzia lieber sein können, und so ergriff sie denn diese zweite Gelegenheit, sich mir anzuschließen, fest davon überzeugt, daß ich das Leben eines homme du monde führe und mich in Ruhm und Luxus suhle; beides wünschte sie mit mir zu teilen, und sei es nur für wenige Wochen. Die Meinen glaubten immer noch, daß die amerikanische Konzertreise meinen Ruhm unangreifbar gefestigt hatte.

Diesmal hatte ich noch weniger vorzuweisen als in Paris, meine Laufbahn war zum Stillstand gekommen. Da ich keinen Grund hatte, ihr aus dem Wege zu gehen, beschloß ich, Jadzia wenigstens ein guter Gesellschafter zu sein. Anfangs war Geld kein Problem; meine Schwester wohnte bei Meyers und bestritt die Ausgaben für Theater, Konzerte und die Nachtclubs, die sie so gerne aufsuchte. Ich dachte mir eine plausible Erklärung für meinen ausgedehnten Aufenthalt in Berlin aus und machte ihr deutlich, daß ich nur über sehr begrenzte Mittel verfügte. Als das geklärt war, besuchten wir in bunter Folge Kaufhäuser, Museen und Theater. Jadzia bezahlte die Eintrittskarten, doch entwickelte sie unseligerweise eine Vorliebe für die Küche meines Hotels, und so wurde ich denn gegen meinen Willen häufig ihr Gastgeber. Überdies kam ich für alle Fahrten und auch die Trinkgelder auf. Meine Schwester war durch nichts zu ermüden.

Diese künstliche Euphorie konnte nicht von Dauer sein. Jadzia gestand eines Tages, ihr Geldbeutel sei leer und sie fahre nach Hause. Meine eigene Finanzlage war wieder betrüblich, die Hotelrechnung hätte längst bezahlt sein müssen, und ich besaß nur noch wenig

Bargeld. Der einzige, der das Wirrsal meiner Lebensführung kannte und verstehen konnte, war Joseph Jaroszynski. Er wußte über Pola, über Paris, einfach über alles Bescheid. Ich schilderte ihm brieflich meine Lage und bat ihn um fünftausend Mark, damals viel Geld. Mit dieser Summe könnte ich selber in Paris ein Konzert für mich veranstalten. Ohne seine Hilfe sei ich am Ende, ich stünde am Rande eines Abgrundes. Ich warf diesen Brief klopfenden Herzens in den Kasten, denn ich spürte: Meine Zukunft lag jetzt in seiner Hand.

»Ich habe eine Brosche und ein Armband versetzt, die ich nie trage«, sagte Jadzia am Vorabend ihrer Abreise, »also wird Maurycy nichts merken. Hier hast du dreihundert Mark, du kannst sie brauchen. Bewahre aber bitte die Pfandscheine auf und löse sie ein, wenn du wieder Geld hast.«

Jadzia hinterließ eine Lücke, plötzlich fühlte ich mich sehr einsam. Ihre Lebhaftigkeit und ihre Zuneigung hatten auf meine wiederholten Depressionen sehr besänftigend gewirkt. Jetzt wollte ich überhaupt niemanden mehr sehen, Meyers nicht und auch nicht Emmy Destinn. Ich dachte nur noch an eines: die Antwort von Jaroszynski. Immerhin besuchte ich das eine oder andere Konzert, allerdings nur mit Freikarten.

Eines Tages begegnete ich auf der Straße Ossip Gabrilowitsch, der nicht nur ein guter Pianist, sondern auch ein liebenswerter Mensch war. Er schleppte mich fast mit Gewalt zu Joseph Lhévinne, der verheiratet in Berlin lebte. Seine Frau Rosina, ebenfalls eine blendende Pianistin, ist noch heute, im Jahre 1972, eine der bedeutendsten Klavierlehrerinnen.

Lhévinnes freuten sich, uns zu sehen, wir mußten zum Essen bleiben, und danach stürzten wir uns alle vier in eine wahre Orgie des Musizierens. Lhévinne und Gabrilowitsch spielten ein Konzert an zwei Flügeln, sodann spielte ich mit Gabrilówitsch vierhändig Schubert, darauf spielten die Lhévinnes eine Suite von Rachmaninow, und so ging es weiter bis zwei Uhr in der Frühe. An jenem Abend vergaß ich meine Sorgen und lebte wieder auf.

Zwei Tage später hörte ich Gabrilowitsch im Beethovensaal, hingerissen von der Perfektion und der Zartheit, mit der er Schumann und Chopin vortrug. Nach dem Konzert ging ich ins Künstlerzimmer, um ihm für sein Spiel zu danken. Dort drängten sich schon seine Bewunderer, darunter nicht wenige Pianisten, denn Ossip Gabrilowitsch war bei seinen Kollegen sehr beliebt. »Wie nett, daß Sie kommen, Rubinstein! Sie müssen unbedingt mit uns im Austernkeller feiern.« Ich nahm seine Einladung dankbar an und wir schlenderten in Gruppen zu diesem Restaurant, wo ein großer Tisch für zwanzig Personen in einem Nebenzimmer gedeckt war. Ich saß neben Jolanda Mero, einer jungen ungarischen Pianistin, die soeben mit Erfolg ihr erstes Konzert gegeben hatte. Als sie einen Blick auf die Speisekarte warf, schaute sie mich erschrocken an. »Hier ist alles so teuer! Da wagt man ja nicht, etwas zu bestellen.«

Ich lächelte. »Machen Sie sich keine Gedanken, Gabrilowitsch kann sich das bestimmt leisten.«

»Da irren Sie sich«, berichtigte sie mich. »Heute abend muß jeder selber bezahlen.«

Dies war ein Schreck, und es galt rasch zu handeln. Ich sagte zu Jolanda Mero: »Ach, ich muß noch rasch telefonieren, entschuldigen Sie mich, ich bin gleich wieder da.« Ich führte scheinbar ein Telefongespräch und ließ sodann durch den Pagen Gabrilowitsch ausrichten: »Herr Rubinstein bedauert sehr, er muß dringend einen erkrankten Freund aufsuchen.«

Allein auf der Straße, durchfroren und hungrig, fühlte ich mich recht elend.

Der Hoteldirektor Metzger drängte nunmehr energisch auf Zahlung. Er teilte mir schriftlich mit, mein Kredit im Hotel sei erschöpft, man werde mir auch keine Speisen mehr aufs Zimmer servieren, wenn ich sie nicht bar bezahle. Immer noch nichts von Joseph. Ich schrieb ihm ein zweites Mal und schickte den Brief per Einschreiben auf sein Landgut nahe Kiew. Von Paris war jetzt nicht mehr die Rede, dazu war es zu spät, jetzt ging es nur noch ums Überleben. »Du mußt mich unbedingt aus diesem fürchterlichen Hotel freikaufen, und ich brauche Geld für Essen und eine Fahrkarte nach Warschau, wo ich bestimmt wieder konzertieren kann. Du hast doch immer an meine Zukunft und mein Talent geglaubt, also laß mich nicht im Stich!« Während ich diesen Brief abfaßte, war mir wie einem Ertrinkenden zumute, der um Hilfe ruft.

Diesmal wartete ich noch angstvoller auf Antwort. Zugleich mußte ich bei dem Hoteldirektor den Eindruck erwecken, als erwarte ich zuversichtlich und gelassen das baldige Eintreffen von Geld. Das Frühstück hatte ich abgeschafft. Ich ernährte mich nun mittags und abends einzig von Brötchen und Würstchen, die bei Aschinger zehn Pfennig kosteten. Und was trieb ich den ganzen Tag lang? Ich wischte unsicher über die Tastatur des Flügels, wanderte lustlos durch die Straßen, war tief verzweifelt.

Doch gerade jetzt stellte sich ein sonderbares Phänomen ein. Gleich beim Einschlafen hatte ich die herrlichsten Träume, und in allen war ich erfolgreich und glücklich. Häufig war ich ein berühmter Komponist, dirigierte meine eigene Symphonie, die mit nicht endendem Beifall aufgenommen wurde, oder ich spielte mein eigenes Klavierkonzert, ein Werk von einzigartiger Originalität. Alle schönen Frauen lagen mir zu Füßen. In anderen Träumen schlug ich siegreiche Schlachten für Polen, rettete Juden vor Verfolgung, war ein unendlich reicher Wohltäter der Menschheit. Beim Erwachen dann immer der schmerzliche, tragische Gegensatz; wieder ein unerfreulicher Brief des Direktors unter der Tür hindurchgeschoben, meine Lage hoffnungslos, die Taschen leer.

Verzweifelt nahm ich mir vor, meine Träume für die Wahrheit, die Wahrheit hingegen für einen Alptraum zu halten. Ich schlief, solange ich konnte.

Zwei Wochen vergingen ohne Nachricht, und nun gab ich alle Hoffnung auf. Ich hatte den Tiefpunkt erreicht. Der Gedanke an Selbstmord kam mir nicht zum ersten Mal, jetzt aber überwältigte er mich mehr und mehr, ich war ganz besessen davon. Es blieb mir nichts anderes übrig, das Leben hatte mich in eine ausweglose Ecke gedrängt. Ich wollte sterben, ich war bereit dazu. Doch selbst das Sterben war nicht einfach. Wie sollte ich es anstellen? Ich besaß keine Waffe, kein Gift, und die Vorstellung, aus dem Fenster zu springen, stieß mich ab, denn es konnte sein, daß ich mit gebrochenen Gliedmaßen würde weiterleben müssen. Mir blieb also nur der Tod durch Ersticken, ich mußte mich erhängen. An einem Nachmittag, den ich ganz allein verbrachte und an dem mir nicht einmal jemand einfiel, an den ich hätte schreiben mögen, traf ich die Vorbereitungen. Ich befestigte die Kordel meines abgetragenen Morgenrockes an einem Haken im Badezimmer, stellte mich auf einen Stuhl, legte mir die Kordel um den Hals und stieß den Stuhl weg. Die Kordel zerriß, und ich fiel mit einem Plumps auf den Boden.

Erlebte ich heute eine solche Szene auf dem Fernsehschirm, würde ich laut herauslachen, doch damals erlitt ich zunächst eine Art Nervenschock. Ich weinte bitterlich, ich blieb eine ganze Weile liegen, wo ich war, untröstlich und ohne Kraft, mich zu erheben. Dann, nur halb bei Bewußtsein, schleppte ich mich an den Flügel und schüttete hier mein Herz aus. Musik, meine geliebte Musik, die Begleiterin aller meiner Gefühle, die uns zum Kampf entflammt und zur Leidenschaft, die unsere Schmerzen lindert und dem Herzen Frieden schenkt, sie brachte mich auch an jenem Tage der Schmach wieder ins Leben zurück.

Hört man auf zu weinen, legt sich auch der Schmerz, ganz wie der Spaß zu Ende ist, wenn man aufhört zu lachen. Die Natur machte ihre Rechte geltend, ich verspürte Hunger. »Diesmal werde ich mir zwei Würstchen leisten«, beschloß ich.

Auf der Straße blieb ich plötzlich wie angewurzelt stehen. Es überkam mich wie eine Vision oder eine Offenbarung: Ich schaute meine Umgebung mit neuen Augen an, als sähe ich sie zum erstenmal. Die Straße, die Bäume, die Häuser, die Hunde, die einander jagten, die Männer und Frauen, alles wirkte jetzt anders, auch der Lärm der großen Stadt klang anders, und alles, alles faszinierte mich. Das Leben schien jetzt so schön und lebenswert, sogar im Gefängnis, sogar im Krankenbett. Diese Offenbarung ist leicht erklärt: indem ich den Selbstmord versuchte, wies ich die Welt von mir, die ich verlassen wollte; kein Wunder also, daß ich mich nach meinem »suicide manqué« wie neu geboren fühlte. Diese Neugeburt brachte noch eine weitere Überraschung: Auch meine Psyche hatte sich gewandelt. Ich merkte, das Leben, das ich bislang geführt hatte, bestand doch nur aus einer Kette von willkürlichen Ereignissen; ich handelte stets impulsiv, folgte blind dem Weg, den die Umstände mir vorzeichneten, und hatte nie versucht, etwas zu analysieren. Nun, an jenem Abend auf der Straße, auf dem Weg zu Aschinger und meinem Luxusmahl war mir der Kopf plötzlich mit philosophischen Überlegungen angefüllt, und ich gewann eine neue Auffassung vom Leben und neue Wertmaßstäbe, für den Privatgebrauch selbstverständlich. Über die uralte, unbeantwortete Frage: »Woher stammt das Universum und warum leben wir?« könnte man endlos diskutieren, und so will ich nur sagen, daß unter all den Gedanken, die mir durch den Kopf gingen, einer mir das Geheimnis des Glücklichseins entschlüsselte, und noch heute halte ich daran fest: »Liebe das Leben bedingungslos im Guten wie im Schlechten.«

Kapitel 46

Nach meiner Rückkehr von Aschinger schrieb ich meinem Bruder Stanislas die volle Wahrheit; ich bat ihn, irgendwie die tausend Mark zusammenzukratzen, die mich retten würden. Stas hatte ein goldenes Herz; er verschwieg den Eltern mein mißliches Geheimnis, beschaffte den größten Teil der Summe von Jadzias Mann Maurycy und gab selber dreihundert Mark dazu, mehr konnte er nicht erübrigen. Ich erhielt das Geld telegrafisch, überließ die Hälfte davon dem Hotel als Abschlagszahlung (weiterer Kredit war sehr schwierig durchzusetzen) und fuhr selig nach Warschau, erlöst wie nie zuvor im Leben.

Für meine überraschende Rückkehr mußte ich den Freunden eine annehmbare Erklärung bieten, das forderten meine eingefleischte Eitelkeit, mein Stolz und ein gewisser Mangel an Bescheidenheit. Ich konnte es einfach nicht ertragen, in einem Zustand der Schwäche und Minderwertigkeit gesehen zu werden, ich mußte die Fassade des Erfolges wahren, auch wenn meine Sache denkbar schlecht stand. Das ist ein unerfreulicher Charakterzug, ich gebe es gerne zu. Diesmal verfiel ich auf eine hieb- und stichfeste Ausrede: meinen einundzwanzigsten Geburtstag. Ich wurde jetzt dienstpflichtig, und es galt, dieser Pflicht ledig zu werden.

Der erste Mensch, dem ich im Hotel Victoria begegnete, war Paul Kochanski. In unserer Wiedersehensfreude gingen wir gleich zu einem langen Schwatz auf mein Zimmer. Als ich ihm sagte, warum ich nach Warschau gekommen sei, klatschte er in die Hände und rief: »Großartig! Wir sitzen in derselben Falle! Auch ich bin einundzwanzig geworden.« Und schon hatte er einen Plan für uns bereit. »Ich werde dich Oberst Stremouchow vorstellen, er ist ein leidenschaftlicher Musikliebhaber und kann für uns was tun. Wir haben noch reichlich Zeit. Soviel ich weiß, werden wir vor November nicht einberufen.«

»Das sind ja gute Neuigkeiten«, sagte ich und fragte, um das Thema zu wechseln: »Wo steckt Jaroszynski? Was macht er eigentlich?«

»Bis vor kurzem war er in Warschau, dann ist er nach Kiew gefahren, kehrt aber in ein paar Tagen zurück. Übrigens hat er etwas ganz Wunderbares gemacht. Du weißt, daß meine Familie aus Rußland ausgewandert ist und sich in Leipzig niedergelassen hat. Meine beiden Brüder studieren Musik und meine Schwester hat eine Arbeit gefunden. Ich habe ihnen bei der Übersiedlung finanziell geholfen, und jetzt muß ich ganz für meine Eltern aufkommen. Als ich in diesem Frühjahr am Ende der Konzertsaison ohne einen Pfennig dastand und ihnen unbedingt das Geld für die Miete schicken mußte, habe ich Joseph gebeten, mir bis zum Herbst etwas zu leihen, und weißt du, was er getan hat? Er hat mir viertausend Rubel einfach geschenkt! Damit kommen meine Eltern und ich ein ganzes Jahr aus! Ist das nicht wundervoll?«

Man kann sich leicht vorstellen, welche Wirkung diese ›wundervolle‹ Geschichte auf mich hatte, was für gemischte Gefühle sie in mir wachrief. Ich freute mich für Paul, ich wünschte ihm ja nur das Beste, und doch konnte ich in Josephs Großzügigkeit Paul gegenüber nur einen Verrat an mir erblicken. Natürlich hatte Paul Joseph mit seinem Spiel und seinem Charme bezaubert, doch hielt ich ihn damals für einen ganz nahen und ergebenen Freund, und da niemals etwas zwischen uns getreten war, konnte ich mir sein gleichgültiges und grausames Betragen nicht erklären, es sei denn, daß hier das französische Sprichwort zutraf: »Les absents ont tort.«

»Nun, du bist wirklich ein Glückspilz, Paul, aber jetzt will ich dir meine wundervolle Geschichte erzählen, nur mußt du schwören, niemandem davon ein Wort zu sagen.« Das tat er. Er hörte sich mit wechselnder Miene meinen Berliner Albtraum an und war am Schluß ganz blaß.

»Wie konnte er sowas tun!« rief er schließlich empört. »Ich komme mir ja vor, als ob ich dir das Geld gestohlen hätte!«

»Reg dich nicht auf. Es besteht immerhin die Möglichkeit, daß er die Briefe nicht erhalten hat oder daß er aus einem bestimmten Grund so handelte.«

»Nun, warten wir, bis er wieder da ist, dann werden wir es ja erfahren.«

Meine Furcht, überall erstaunten Gesichtern und zudringlichen Fragen zu begegnen, erwies sich als grundlos. Alle Welt schien meine Rückkehr mit Freude zur Kenntnis zu nehmen. Szymanowski und Fitelberg wohnten noch im Victoria, und wir feierten unser Wiedersehen im Restaurant Bacchus mit Hering und Wodka.

Das Haus Kohn mit Zosia, Zuzia und dem Bechstein-Flügel öffnete sich mir von neuem; Frederic zeigte mir stolz die abgeschlossene Partitur seines Konzertes, und Pani Magdalena behielt mich zum Essen da – ganz die Alte. Pola blieb unsichtbar. Das alles trug dazu bei, daß ich mein Selbstvertrauen zurückgewann.

Genau betrachtet war es der Warschauer Frühling, der meine Lebensgeister neuerlich weckte, ja mich mit seiner berauschenden Luft in einen euphorischen Zustand versetzte. In dieser Luft sieht alles neu und festlich aus, und ich ging wie beflügelt durch die Straßen.

Eines Morgens rief Jaroszynski aus dem Bristol bei Paul an; er war soeben aus Kiew zurückgekehrt, und Paul sagte ihm, ich sei wieder da, wir träfen uns zum Essen. Da er eine Äußerung des schlechten Gewissens erwartete, überraschte es ihn sehr, wie erfreut Joseph auf diese Neuigkeit reagierte.

Als wir das Lokal betraten, kam Joseph auf mich zu, umarmte mich und rief mit seiner Stentorstimme: »Wie schön, daß du wieder da bist, Arthur. Ich fing schon an, mir deinetwegen Sorgen zu machen, aber ich habe mir gesagt, der wurstelt sich schon durch.«

Ich fragte ganz verschüchtert: »Hast du nicht zwei Briefe von mir erhalten?«

»Aber ja«, lachte er, »furchtbar traurige Briefe, aber ich kenne dich doch und wußte, du amüsierst dich großartig in Berlin.«

Nun begriff ich die Zusammenhänge. Mir fiel die Fabel von dem Kind ein, das zu oft gerufen hatte: »Der Wolf kommt!«

Und genauso war es. Ich hatte auch früher schon Joseph um Geld gebeten und dabei meine Schwierigkeiten heftig übertrieben, und immer hatte er mir großmütig geholfen; meine letzten Bittbriefe haben dann Zweifel in ihm geweckt, ob die Lage wirklich so ernst sei; das erklärte seine Gleichgültigkeit. Und sein Gewissen sagte ihm, daß er mit seinem generösen Geschenk an Paul für Kunst und Künstler vorderhand reichlich gesorgt habe. Das alles ging mir durch den Kopf und half mir, mein Gleichgewicht zurückzugewinnen. So konnte ich mich denn ihm gegenüber so ungezwungen verhalten wie zuvor.

Paul erzählte ihm später in allen Einzelheiten meine Berliner Passion. Die Beschreibung des mißglückten Selbstmordversuches war zuviel für Joseph, er kam den Tränen nahe auf mein Zimmer. Hier sprachen wir Stunden miteinander. Er sagte ganz offen, die farbige Schilderung meines Unglücks habe ihn nicht sehr beeindruckt. »Ich habe angenommen, du wolltest dich mit dem Geld verlustieren. Nach allem, was man so hört, ist das Leben in Berlin ja sehr aufregend.« Damit war der Zwischenfall beigelegt, ich trug ihm nichts nach.

Ich nahm das alte Leben wieder auf. Bei Kohns wurde musiziert und gegessen, Paul und ich spielten Billard, und auch das gesellschaftliche Leben ging seinen Gang. Als neuen Bekannten muß ich den fanatischen Musikliebhaber Oberst Stremouchow erwähnen, mit dem mich Paul bekannt machte. Er lud uns häufig abends zum Essen ein, doch wurde uns statt einer richtigen Mahlzeit nur ein kalter Imbiß gereicht, und schon mußten wir spielen; der Oberst hörte sich regungslos sechs oder sieben Sonaten für Violine und Klavier hintereinander an. Als Mensch war er von überwältigender Langeweile, doch im Zusammenhang mit unserer Dienstpflicht erwies er sich als äußerst nützlich.

Jaroszynski mußte sich wieder um sein Landgut Zarudzie kümmern und bot mir an, ihn zu begleiten. »Ein paar Tage auf dem Lande tun dir gut«, sagte er.

Ich war gerne bereit, denn ich brauchte Ruhe. Wir fuhren abends los und langten am Morgen in Kiew an, und von dort brachte uns eine Kutsche nach Zarudzie. Die Ukraine hat den fruchtbarsten Boden Rußlands, und Josephs Gut lag mitten in diesem ertragreichen Gebiet. Er hing mit allen Fasern seines Herzens an dem Boden und kaufte jeden Fleck, den es zu kaufen gab. Schon galt er als einer der reichsten Großgrundbesitzer der Gegend. Seine Ländereien, seine Zuckerfabriken, die ganzen Anlagen brachten ihm reichen Gewinn. Zarudzie, sein Stammsitz, wirkte sehr schlicht, das geräumige und bequeme Haus besaß keinen eigenen Stil. Von der langgestreckten Veranda ging der Blick ungehindert bis zum Horizont. Das Innere des Hauses war ohne Reiz: große Schlafzimmer, Badestuben ohne Badewanne, unzulängliche Installationen. Die Eßzimmereinrichtung war ausgesprochen billig. Im Wohnzimmer entdeckte ich zu meiner Freude einen Konzertflügel von Bechstein, doch die übrige Einrichtung war denkbar primitiv. Ein sonderbarer Mensch, dieser Joseph. Allmählich lernte ich ihn besser kennen.

Eine Woche verbrachten wir in absolutem Müßiggang. Ich schlief traumlos, saß den größten Teil des Tages am Flügel, während er mein Spiel mit dem üblichen Freudengeheul begleitete, und teilte mit ihm schlichte ländliche Mahlzeiten. Auf der Rückreise zeigte mir Joseph in Kiew sein Stadthaus, das eigentliche Heim der Familie, wo er den zweiten Stock bewohnte. Diese Zimmer zeugten von gutem Geschmack.

»Ich muß rasch auf eine Stunde in die Stadt«, sagte er, »anschließend frühstücken wir im Continental.«

»Darf ich nicht mitkommen?«

»Nein, warte lieber hier. Ich muß etwas Geschäftliches erledigen.« Es dauerte keine ganze Stunde, dann war er wieder da, erhitzt und auch etwas verlegen.

»Ich habe eine Überraschung für dich, Arthur.« Zugleich zog er einen dicken Umschlag aus der Tasche und gab ihn mir. Der Umschlag enthielt vierzig Scheine à einhundert Rubel, also insgesamt viertausend Rubel. Für eine Überraschung schon ganz beträchtlich. »Ich hatte auf der Bank zu tun, und dabei fiel mir ein, daß ich dich schlecht behandelt habe. Hiermit begleiche ich eine Schuld. Ich hoffe nur, du kannst in Paris deine Laufbahn weiter aufbauen.«

»Danke dir, danke dir, Jozio, du bist der großmütigste Freund von der Welt«, rief ich und küßte ihn auf beide Wangen. »Mit Paris ist es im Augenblick nichts, die Saison ist vorbei, und wenn ich den Sommer in Frankreich verlebe, bin ich sofort wieder ruiniert. Und wie du weißt, müssen Paul und ich uns im Herbst noch vor dem Militärdienst retten.« Gehobener Stimmung, weil ich so viel Geld in der Tasche hatte, verfiel ich bereits wieder in meinen alten Leichtsinn.

»Hör mal, Jozio, ich habe eine tolle Idee. Du hattest doch immer den Verdacht, ich würde dein Geld bloß verjuxen. Warum verjuxen wir es nicht wirklich einmal? Aber diesmal zusammen, du, Paul und ich? Warum machen wir nicht eine Rundreise durch die großen Hauptstädte, Berlin, Paris und London, und amüsieren uns aus Leibeskräften? Wozu ist denn Geld gut? Wenn nicht zum Leben in vollen Zügen? Und nur das nenne ich Leben, alles andere ist bloße Vorbereitung. Du hast ganz recht, Berlin kann sehr aufregend sein, und Paris schon gar, wenn du Geld hast. Und in London fängt jetzt gerade die Saison an. Ich weiß, es klingt verrückt, aber die Reise könnte himmlisch werden. Was meinst du?«

Joseph hatte mir erstaunt und verwirrt zugehört, wie immer betäubt von meiner Vitalität und Begeisterungsfähigkeit. »Es klingt herrlich«, sagte er nach einer Pause, und mit dem Versuch, ein Ge-

genargument vorzubringen, fuhr er fort: »Im August wollte ich zur Kur nach Karlsbad.«

»Und warum nicht?« sagte ich rasch. »Wir begleiten dich und amüsieren uns in Karlsbad, ohne Kur.«

Ich hatte gewonnen. Langsam breitete sich ein Lächeln auf seinem Gesicht aus; dann sprang er auf, machte einige wilde Gebärden, lachte dröhnend und rief: »Du Teufel, du bringst aber auch alles fertig!« Und als seine Aufregung sich gelegt hatte, fragte er: »Und meinst du, Paul gefällt unser Plan?«

Es stellte sich heraus, daß es kinderleicht war, Paul zu dieser »einzigartigen Vergnügungsreise durch dic europäischen Hauptstädte« zu bewegen. Ich war mit meinen Erklärungen noch gar nicht zu Ende, da unterbrach er mich schon: »Ich nehme meine Geige zu Hill nach London mit, sie muß repariert werden. Und in Paris finde ich vielleicht einen guten Bogen von Tourte.«

Wir aßen in sehr angeregter Stimmung und legten das Datum der Abreise fest.

Ein ausgedehnter Sonntagabend bei dem russischen Musikvielfraß, ein köstliches Mahl bei Rzewuskis, ein Abschiedsessen mit Pani Magdalena, Basia und Frederic und ein ganzer Tag, angefüllt mit Musik und Mahlzeiten, bei Kohns bildeten das angenehme Ende meines Aufenthaltes in der lieben Stadt an der Weichsel. Leichten Herzens reisten wir aus Warschau ab.

Kapitel 47

Diesmal war Berlin jene Stadt, die ich nur vom Hörensagen kannte. Als Junge war ich dort wie alle anderen Kinder aufgewachsen, meinen jüngsten unseligen Aufenthalt hatte ich als ein ausgedehntes Inferno erlebt; die Stadt selber, mein Exil, hatte mich gleichgültig gelassen, ich hatte keine Kontakte, und nicht einmal die ›Zerstreuungen‹ in Gesellschaft meiner Schwester hatten mich anregen können.

Diesmal rückten wir drei an einem herrlichen Frühlingstag wie Eroberer an. Ich übernahm stolz die Rolle des Bärenführers und Dolmetschers und traf alle Arrangements.

Wir wohnten im Kaiserhof, einem der besten und teuersten Hotels. »Als Kind wollte ich so gerne das Innere des Kaiserhofs sehen«, erklärte ich, »immer hab ich voller Neid nur die Fassade betrachtet.« Unsere Fenster gingen auf die vornehme und ›exklusive‹ (ich verabscheue dieses Wort!) Wilhelmstraße, dem Sitz von vielen Ministerien und diplomatischen Vertretungen. Genau gegenüber baute Hitler später seinen Bunker, wo ihn sein schmähliches Ende ereilte. Als erstes eilte ich ins Pfandhaus und löste Jadzias Schmuck aus. Erleichtert legte ich ihn zuunterst in meinen Koffer.

Nach einer angemessenen Ruhepause besichtigten wir die Sehenswürdigkeiten. Zuerst besuchten wir das Kaiser-Friedrich-Museum mit seiner einzigartigen Sammlung von Dürer, Cranach und Holbein, die erstklassigen Rembrandts nicht zu vergessen. Vor dem »Mann mit dem Goldhelm«, den ich besonders liebe, führte Joseph sich so ungezügelt auf, daß er die anderen Besucher verscheuchte.

Folgte das Zeughaus, wo die Preußen unter anderem Beutestücke aus dem Krieg von 1870 zur Schau stellten, und endlich das Schloß, die Residenz der kaiserlichen Familie. Vor Betreten der Staatsgemächer mußte man Filzlatschen anziehen, in denen man wie auf Schlittschuhen über das Parkett glitt. Wir folgten in einer Gruppe gehorsam unserem uniformierten Führer, dessen in monotonem Singsang vorgetragenen Erläuterungen die Aufmerksamkeit einschläferten. Wieder an der frischen Luft, befreit von den rutschenden Latschen und dem Palast, seufzten wir erleichtert.

»Falls du die Absicht haben solltest, uns noch weiter durch solche Scheußlichkeiten zu schleifen, nehme ich den ersten Zug nach Paris«, schwor Paul, und Joseph ächzte nur. Nach einem guten Essen und einem kurzen Bummel Unter den Linden gingen wir ins Hotel. In der Halle sprach uns eine Dame an, die Paul und mich von Warschau her kannte, die Frau eines Bankiers. Klein und rundlich, doch sehr lebhaft für ihr Alter – sie war gewiß an die sechzig – wirkte sie dank Resten ehemaliger Schönheit immer noch recht attraktiv. »Was machen Sie denn in Berlin?« wollte sie wissen.

»Wir sind auf dem Wege nach Paris«, erwiderte ich vorsichtig, »und das hier ist unser Freund Joseph Jaroszynski.«

»Bitte speisen Sie heute alle drei mit mir zu Abend. Ich verspreche Ihnen eine ausgezeichnete Mahlzeit, das Restaurant in unserem Hotel ist unübertroffen, und anschließend ist eine Loge für uns im Wintergarten reserviert.«

Ihre Unternehmungslust war ansteckend, also nahmen wir an. Das Diner war ausgezeichnet, sie bestellte Kaviar und andere Delikatessen. Champagner hob unsere Lebensgeister. Paul war glänzend. Er erzählte unvergleichlich komische jüdische Witze – unsere Gastgeberin war Jüdin –, und wir lachten schallend. Meine Imitation von Personen, die wir alle kannten, trug ebenfalls zur allgemeinen Lustigkeit bei. Singend zogen wir zum Wintergarten mit seinem aufregenden Programm. Akrobaten, Zauberer, Komiker, Seiltänzer und Jongleure trieben dort ihr Wesen. Wir waren von diesem wundervollen Abend so angetan, daß wir unsere Gastgeberin auf dem Heimweg baten, ob wir uns nicht revanchieren dürften: »Chère Madame, wollen Sie uns nicht morgen Ihrerseits die Freude machen, zur gleichen Zeit am selben Ort unser Gast zu sein?«

Das rührte sie sichtlich. »Wie reizend von euch lieben Jungen, einer alten Frau so viel Zeit zu widmen.«

Nach wiederholten Dankesbeteuerungen und Gutenachtwünschen zog ein jeder von uns sich auf sein Zimmer zurück.

Ich schlief bis Mittag, meine Kumpane noch länger. Gut ausgeschlafen verzichteten wir auf das erste Frühstück und nahmen nur einen leichten Imbiß zu uns. Nach dem Kaffee besprach ich mit dem maître d'hôtel die Speisenfolge für den Abend und ließ durch den Portier einen guten Tisch in einem literarischen Kabarett reservieren, das ich mit Jadzia besucht hatte. Den Rest des Tages verbrachten wir mit Einkäufen Unter den Linden.

Das Diner war an diesem Abend ausschließlich meine Sache, eine Gelegenheit, meinen Geschmack und meine Kenntnisse der haute cuisine française zu beweisen. Wieder gab es Kaviar, aber nicht mit Schnaps, sondern mit Wodka; danach consommé double, anschließend canard à l'orange (vom Chefkoch ausdrücklich empfohlen) und zum Nachtisch ein soufflé au chocolat. Die Weine wählte ich mit größter Sorgfalt.

Das Kabarett war bis auf den letzten Platz besetzt, doch wir hatten ja einen guten Tisch reserviert. Wir bestellten Champagner. Das Licht ging aus, die Show begann. In dem überfüllten Raum saß alles dicht beieinander, man konnte sich kaum rühren. Plötzlich spürte ich auf meinem Schenkel eine weiche warme Hand, die einen leichten Druck ausübte. Und damit war unsere Freundin noch nicht zufrieden, vielmehr streichelte sie mich höchst provozierend unterm Tisch.

Ihr fettes Bein schmiegte sich während des ganzen Sketchs an das meine. Nicht einmal die Witze des glänzenden jüdischen Komikers Fritz Grünbaum, die mit Lachsalven quittiert wurden, konnten sie aus ihrer Versunkenheit wecken. Ich war nun ebenfalls erregt und reagierte entsprechend. Dieses Techtelmechtel setzte sich fort, bis die Show vorüber war. Beim Hinausgehen flüsterte sie mir im Gedränge zu: »Komm nachher auf mein Zimmer, Nummer 39 im 3. Stock.«

Im Hotel verabschiedeten wir uns wieder ausgiebig voneinander, ehe wir den Fahrstuhl bestiegen. Als endlich alles ruhig war, schlich ich zu ihrem Zimmer – die Tür stand halboffen. Sie erwartete mich bereits im Nachthemd auf dem Sofa. Der Champagner und ihre kunstfertige Sinnlichkeit erzielten die gewünschte Wirkung. Sie ächzte und brabbelte unaufhörlich, wobei sie sich eines ganz eigenen Vokabulars bediente: »Gut machst du das, du arbeitest herrlich, ah, wie schön arbeitest du, wirklich schöne Arbeit.« Und so fort, in steigender Lautstärke. Als ich aufstand und mich davonmachen wollte, küßte sie mich und sagte: »Danke dir, Lieber, vielen Dank. Und Angst brauchst du keine zu haben, es ist nichts passiert.«

Arme Frau, das war einfach rührend.

Am folgenden Morgen hatte ich einen Kater. Ich frühstückte im Bett und wollte mich gerade noch einmal schlafen legen, als Paul klopfte.

»Was ist denn los mit dir, bist du krank?«

»Nein, nur etwas müde von gestern nacht.«

»Und das ist alles?« fragte er eindringlich.

»Was meinst du damit?«

Er sah mich aus seinen kohlschwarzen Samtaugen eine Weile an, grinste plötzlich wie ein Teufel und ächzte: »Gut machst du das, ah, du arbeitest herrlich, ah, wirklich schöne Arbeit«, und immer so weiter. Und er ahmte sie dabei glänzend nach. Einen Augenblick starrte ich ihn offenen Mundes an, dann brachen wir in ein homerisches Lachen aus. »Wann hat es denn dich erwischt, du Lump?« fragte ich, als ich wieder sprechen konnte.

»Nach der Show im Wintergarten. Vorgestern. Weißt du nicht mehr, daß ich da neben ihr gesessen habe?«

Unsere leidenschaftliche Freundin fuhr abends nach Warschau zurück, und wir brachten sie mit Blumen an die Bahn. Paul fuhr nach Leipzig zu seinen Eltern, wollte aber tags darauf wiederkommen.

Während der nächsten Tage folgte jeder von uns seinen eigenen Interessen, wir trafen uns nur zum Essen bei Dressel. Joseph sah sich landwirtschaftliche Ausstellungen an und suchte uns mit seiner Begeisterung für Traktoren anzustecken. Paul übte den ganzen Vormittag auf seinem Zimmer, und ich folgte seinem Beispiel im Klavierlager von Bechstein, ganz glücklich, endlich wieder eine Klaviatur unter den Fingern zu haben. Wegen seines gewaltigen Energieverbrauchs mußte Josph nach dem Essen ruhen, Paul ging einkaufen, er war ganz versessen auf unsinnige Geschenkartikel, besonders auf solche deutschen Fabrikats. Ich selber schmökerte in Buchhandlungen und Musikalienhandlungen. Eines Morgens fühlte ich mich mutig genug, einige meiner ehemaligen Wohltäter und Freunde anzurufen. Die meisten waren über den Sommer verreist, doch Martin Levy war noch da und empfing mich, gütig wie je. Ich prahlte mit meinen Erfolgen in Paris, Amerika und Polen und merkte mit Vergnügen, wie ich ihn beeindruckte. Noch einige Abende im Theater und der Operette – wir sahen unter anderem »Die Dollarprinzessin« von Leo Fall und eine Komödie von Schnitzler – dann war unser ruhmreiches Berliner Abenteuer beendet. Meine Kumpane waren höchst befriedigt, und ich hatte mich endlich für die Kränkungen revanchiert, die ich in dieser Stadt erlitten hatte.

Kapitel 48

Wir kamen an einem grauen Vormittag in Paris an. Die Gare du Nord wirkte noch schäbiger und schmutziger als sonst. (Der erste Anblick dieser schönen Stadt ist oft entmutigend.) Wir wurden lange beim Zoll aufgehalten und fanden nur mit Mühe eine Pferdedroschke, doch als wir endlich die Champs-Elysées entlang rollten, klärte der Himmel sich auf und die Ville Lumière lächelte uns zu.

Joseph führte uns ins Champs-Elysées Palace, wo er bereits einmal abgestiegen war, ein neues Hotel auf der gleichnamigen Avenue nahe der Place d l'Etoile. Die prätentiöse Fassade, die in Weiß und Gold gehaltene protzige Halle und die bunten Uniformen der Pagen standen in krassem Gegensatz zu den engen, unbequemen Zimmern und dem schlechten Service; man wartete Stunden auf Zimmermädchen oder Etagenkellner. Resigniert seufzend packten wir aus, hängten unsere Anzüge weg, nahmen ein heißes Bad und kleideten uns um. Wie aus dem Ei gepellt, brachen wir auf zum Pavillon Royal im Bois de Boulogne, einem Restaurant, an das Jozio und ich die schönsten Erinnerungen hatten, weil wir in den frühesten Tagen unserer Freundschaft oft dort gewesen waren.

Am Nachmittag – Joseph und Paul machten einen Spaziergang – versuchte ich gute Bekannte anzurufen, den Grafen Potocki, Rembielinski, Armand de Gontaut. Ich wollte mich für mein langes Schweigen entschuldigen, mich noch einmal bei ihnen bedanken, doch immer wieder lautete die Antwort, Monsieur sei verreist, sei im Urlaub, unterziehe sich einer Kur, sei in Amerika. Wütend legte ich den Hörer auf; es lag mir ungemein daran, diesen Männern, die so viel für mich getan hatten, mein Verhalten zu erklären. Paul und Joseph waren bei ihrer Rückkehr ebenfalls deprimiert, nicht nur das Café de Paris, nein, ganz Paris war voll von Touristen, und man hörte nirgendwo mehr Französisch sprechen. Nicht einmal der Abend bei Maxim, wo die alten Kumpane nach wie vor aushielten, hob unsere Stimmung, und als Paul dann feststellte, daß sein Geigenbogenhersteller den Laden dicht gemacht hatte, waren wir es leid. Wir besichtigten zwar noch gründlich den Louvre und den Invalidendom und besuchten abends die Comédie Française, fuhren aber tags darauf nach London.

Wir kamen mehr erwartungsfroh als erschöpft am Victoriabahnhof an. Unterwegs hatten wir im Zug gründlich über unsere Finanzen beraten. Joseph hatte großzügig die dicke Rechnung im Kaiserhof bezahlt, ausgenommen das Essen, das wir zu Ehren unserer Warschauer Freundin gegeben hatten. Die anderen Ausgaben mußten anteilsweise von Paul und mir beglichen werden. In Paris hatten wir es genauso gehalten, doch in London sollte es umgekehrt sein: Wir wollten das Hotel bezahlen, Joseph die Rechnungen in den Restaurants. Kleinere Ausgaben, Eintrittskarten, Droschken, Trinkgelder, sollten unserer Diskretion überlassen werden, wir mochten da nicht kleinlich sein.

Eigentlich wollten wir als echte Snobs im Carlton wohnen, doch leider war es besetzt, und wir gingen ins Victoria, wohin der freundliche Empfangschef vom Carlton uns vermittelt hatte. Das alte Hotel Victoria war der Prototyp aller englischen Provinzhotels. Die

Zimmer waren alles andere als angenehm. Paul und ich teilten eines mit extralangen Betten für übergroße Engländer. Waschtisch, Toilettentisch mit Spiegel und ein altertümlicher Schrank mit quietschenden Türen sowie zwei Stühle vervollständigten die Einrichtung. Josephs Zimmer war kleiner, doch ebenso möbliert. Kein Zimmer hatte ein Bad. Entschlossen, uns die gute Laune nicht verderben zu lassen, packten wir gar nicht erst aus, verzichteten auch auf das Umkleiden und marschierten eiligst zurück ins Carlton. Mit etwas Glück fanden wir in dem für seine französische Küche berühmten Carlton Grill noch einen Tisch. Hier fühlten wir uns wieder in ›passender Umgebung‹. Nach einem guten, ausgedehnten Diner erreichten wir gerade rechtzeitig die Empire Music Hall, um uns den letzten Teil der Show zu Gemüte zu führen. Wir waren so begeistert davon, daß wir beschlossen, uns am nächsten Abend das Ganze anzusehen. Damals beherrschten Variété und aufwendige Revuen die englische Bühne.

Eine Droschke brachte uns ins Hotel zurück. Wir fürchteten uns ein bißchen vor den wenig einladenden Zimmern, erwachten aber an einem herrlichen Sommertag. London ist seines Klimas wegen verrufen, doch wer dort einen perfekten Sommertag erlebt, hält London für die schönste Stadt der Welt. Zu unserer Überraschung wurde uns ein sehr ordentliches Frühstück auf dem Zimmer serviert. Paul bat mich, ihn zu dem berühmten Geigenhändler Hill zu begleiten, und Joseph wollte unterdessen die Nationalgalerie kennenlernen, wir würden ihn dann dort abholen. Die Sonne und die milde Luft genießend, schlenderten wir Old Bond Street hinunter. Paul war ganz in seinem Element. Nachdem er erklärt hatte, was für Reparaturen er an seiner Geige wünschte, und sie in guten Händen sah, begutachtete er geradezu gierig die unbezahlbaren Instrumente von Stradivarius und von Guarneri del Gesù mit dem innen eingeschnittenen Kreuz. Er hantierte zärtlich mit ihnen, fühlte, wie sie unter seinem Kinn lagen und entlockte ihnen himmlische Töne. Das rührte mich sehr. Wärest du Millionär, du würdest sie ihm alle kaufen, dachte ich bei mir.

Ehe wir Joseph abholten, huldigten wir noch unseren geheimen Lastern, Paul seiner Vorliebe für Schnickschnack und Koffer, ich meiner Schwäche für schöne Anzüge und Krawatten. Er eilte zu Asprey, seinem Lieblingsgeschäft, ich bestellte bei einem berühmten

Schneider einen Frack; er sollte in einer Woche fertig sein. Wir kamen selbstverständlich zu spät in die Galerie und fanden Joseph müde und verärgert auf einer Bank.

»Wo treibt ihr euch denn so lange herum! Und zu Paul: »Hast du etwa bei Hill dein ganzes Repertoire gespielt?«

»Wir haben uns die Schaufenster in der Bond Street und bei den Burlington-Arkaden angesehen«, logen wir vorsichtshalber. Er brauchte nicht zu wissen, wie wir sein Geld ausgaben. Das Essen bei Scott in Piccadilly, wo die Scheren der Hummer größer waren als eine ganze Demoiselle de Cherbourg (die kleinen weiblichen Hummer aus der Bretagne) besänftigte ihn wieder etwas.

Wir verbrachten herrliche Tage in London. Vormittags besuchten wir das Britische Museum, den Tower, die Wallace Collection und Schloß Windsor. Zwischendurch schlich ich mich zur Anprobe zum Schneider. Zum Essen trafen wir uns meist im Carlton oder im Savoy Grill, auch mehrmals bei Scott.

Unabsichtlich waren Paul und ich Joseph gegenüber finanziell im Vorteil. Unser Hotel war natürlich billiger als das luxuriöse, uns entgangene Carlton, während die Restaurants, in denen wir gewöhnlich speisten, noch teurer waren als die Lokale in Berlin oder Paris. Nun hatte Joseph bei all seiner Großzügigkeit einen gewissen Hang zum Geiz, wie man ihn ja bei reichen Leuten häufig trifft, aber er vermochte ihn nicht zu verbergen. So seufzte er während der Mahlzeiten gelegentlich: »Was! Schon wieder hungrig! Schon wieder Hummer! Und immer nur Steaks? Immer Champagner?« während er selber mit gesundem Appetit diese Delikatessen verzehrte. Das ärgerte uns so, daß wir ihm eine Lektion erteilten. Als wir eines Abends Caruso in »I Pagliacci« hören wollten, trödelten wir beim Ankleiden so sehr, daß Joseph uns ermahnte: »Beeilt euch doch etwas, wir kommen sonst zu spät zum Essen!«

»Wir haben heute abend keinen Hunger, wir haben mittags reichlich gegessen«, war unsere Antwort. Er seufzte. Was sollte er machen? Wir fuhren mit nüchternem Magen in die Oper. Als »Cavalleria Rusticana« vorüber war, blieben wir auf unseren Plätzen. Die Oper bot einen eindrucksvollen Anblick. In den Logen saß die Blüte der englischen Aristokratie, prachtvoll gekleidete Damen mit Tiara stellten ihre blitzenden Juwelen zur Schau. Caruso war in »Pagliacci« unübertrefflich, seine große Arie, »Ridi Pagliaccio«, rührte uns zu

Tränen, und am Schluß applaudierte ihm das Publikum stehend. Auf der Straße schlug Joseph vor, wir sollten irgendwohin essen gehen, doch ich erwiderte mit machiavellistischer Grausamkeit: »Ach danke, lieber Jozio, Paul und ich sind müde. Warum gehst du nicht allein?«

Der arme Joseph saß in der Falle. Wenn er allein essen ging, gab er zu, daß er derjenige war, der immer Hunger hatte, immer Essen brauchte, während wir beide bewiesen hatten, daß uns am Essen nichts lag. Also ging er gehorsam mit uns zurück ins Hotel. Selbstverständlich hatten Paul und ich einen wahren Heißhunger, doch waren wir entschlossen, das Spiel bis zum bitteren Ende durchzuhalten. Wir lagen hungrig im Bett und konnten nicht schlafen, unter anderem darum, weil wir Joseph nebenan stöhnen hörten. Um sieben Uhr früh klingelte er bereits nach dem Frühstück. Wir taten es ihm nach und baten ihn dazu auf unser Zimmer. Während wir uns an Speck und Eiern, an Croissants und Toast, Orangenkonfitüre und Gelee labten, gestanden wir ihm unsere Niedertracht, und nun zeigte sich, was für ein wunderbarer Freund er war. Statt uns diesen Streich übelzunehmen, bestand er fortan darauf, daß wir nur noch Hummer, Kaviar und ähnliche Delikatessen aßen.

Wir waren in London gerade richtig im Zuge, da kündigte Joseph an, daß es Zeit für ihn sei, nach Karlsbad abzureisen, er habe dort ein Zimmer reserviert.

»Wollt ihr wirklich mitkommen?« fragte er. Wir waren beide ganz überrascht; mein Frack war nicht fertig, ich hatte, um die Wahrheit zu sagen, noch einen zweiten bestellt, der zugleich mit dem ersten geliefert werden sollte. Pauls Geige ersparte mir peinliche Enthüllungen.

»Selbstverständlich gehen wir nach Karlsbad, aber nicht gleich morgen. Hill hat Pauls Geige übermorgen fertig, dann kommen wir nach.«

Josephs Zug ging am nächsten Morgen ab. Wir brachten ihn zum Bahnhof, und von dort fuhren wir wie zwei unartige Knaben, die endlich ihre Gouvernante los sind, nach Shepherd's Bush zur White City, einer Art Rummelplatz. Hier ließen wir Dampf ab und machten alles mit, was geboten wurde: Schießbuden und Karussells, Gespensterbahnen, Irrgarten und was es sonst noch an teuflischen Belustigungen gab. Und als wir todmüde ins Hotel kamen, hatten wir noch den Schwung, uns Kreisler in der Queen's Hall anzuhören.

Zwei Tage später waren wir reisefertig: die Geige und zwei Fräcke waren abgeliefert. Beim Packen sah ich, wie Paul zwei nagelneue Lederkoffer unter dem Bett hervorzog. »Die halten hundert Jahre«, sagte er stolz. Ich wußte es besser: Er würde schon sehr bald neue kaufen.

Die Reise nach Karlsbad war lang und beschwerlich, wir trafen am folgenden Tage bei Sonnenuntergang ein. Im Hotel Pupp, wo Joseph abgestiegen war, erwartete uns eine Mitteilung des Inhaltes, die Hotels seien sämtlich ausgebucht, er habe uns aber in einem nahegelegenen Privathaus ein Zimmer genommen. Wir gingen zu Fuß hin, geführt von einem Träger mit unserem Gepäck. Vor dem Hotel herrschte munteres Leben und Treiben. Unter einem von den letzten Strahlen der Sonne rot gefärbten Himmel promenierten junge und ältere Herrschaften in leichten Sommerkleidern auf der Esplanade, und die Kurkapelle spielte Wiener Walzer dazu. Wir entdeckten sogleich einige besonders hübsche Damen. Voller Eifer, uns so rasch wie möglich in diesen Trubel zu stürzen, eilten wir in unser Logis, das sich als trostlose Bodenkammer erwies. Die Wirtin, eine dicke Tschechin, überließ es uns, wie wir da zurechtkamen. Als wir uns endlich notdürftig eingerichtet hatten, waren wir schwach vor Hunger.

»Komm rasch ins Pupp«, sagte Paul. »Wir essen dort auf der Terrasse und sehen uns die Leute an.« Diesen Einfall fand ich gut. Doch als wir die Esplanade erreichten, lag sie wie ausgestorben da, die Pest schien alle Bewohner der Stadt vertrieben zu haben. Niemand weit und breit, das Orchester verschwunden, die Straßen unbeleuchtet. Das Hotel hatte bereits geschlossen, auf der Terrasse waren die Stühle an die Tische gekippt. Es verschlug uns vor Staunen die Sprache. Erst der Hunger brachte uns wieder zu Sinnen.

»Irgendwo wird man doch noch etwas zu essen bekommen«, sagte ich. »Schließlich ist es erst halb neun.« Vergeblich streiften wir durch den Ort auf der Suche nach einer Kneipe, einer Weinstube, die noch geöffnet hatte; schließlich entdeckten wir in einer Gasse ein Schaufenster mit einer Weinflasche und zwei Äpfeln.

Am folgenden Morgen frühstückten wir nach einem erholsamen Schlaf um neun bei Pupp, und Joseph leistete uns Gesellschaft. »Ich frühstücke bereits um sieben nach dem ersten Glas Wasser aus der heißen Quelle«, erklärte er uns. Über unsere Erlebnisse vom Vortag lachte er nur. Dann klärte er uns über Karlsbad auf. Das Leben dieser kleinen Stadt drehte sich ausschließlich um ihre Mineralquellen. Jahr um Jahr hofften Tausende, hier Leber und Magen mit den Wässern zu kurieren. »Man muß sich einer strengen Disziplin unterwerfen. Morgens um sechs trinke ich das erste Glas Quellwasser, danach dusche ich, werde massiert und nehme ein heißes Bad. Um sieben bekommen wir unser Frühstück, danach ist Bettruhe. Um zwölf, vor der Mahlzeit – natürlich haben wir strenge Diät – wieder ein Glas Wasser. Nachmittags dann ausgedehnte Spaziergänge, das verabscheue ich am meisten, und vor dem Abendbrot um sechs noch ein Glas Wasser. Nach dem Essen dürfen wir zum Konzert auf die Alte Wiese, das habt ihr ja gesehen. Um acht geht man ins Haus, und um neun schläft jeder.«

»Das ist nichts für uns«, sagte Paul. »Arthur, wir müssen sofort einen eigenen zweckentsprechenden Tagesablauf festlegen.« Wir überließen Joseph also seiner Leberkur und besahen uns das Städtchen. Der Hotelportier rückte, nach einem gehörigen Trinkgeld, mit wertvollen Informationen heraus, und seinen Anweisungen folgend kamen wir an einen kleinen Platz mit einem Springbrunnen in der Mitte und Blumenbeeten drum herum. Zwei Café-Restaurants mit geräumigen Terrassen verliehen diesem idyllischen Ort eine gewisse Heiterkeit, und hier war die warme Küche bis zwei Uhr früh geöffnet. Das war in der Tat eine gute Neuigkeit.

Diesen Platz wählten wir für die Dauer unseres Karlsbader Aufenthaltes zu unserem Hauptquartier. Für mich erhob sich die dringende Frage, wie ich möglichst ein Klavier auftreiben konnte, denn seit Berlin hatte ich keine Note mehr gespielt, und ich fürchtete bereits für die Beweglichkeit meiner Finger. Zu meiner großen Erleichterung erledigte sich auch diese Angelegenheit noch am selben Nachmittag. Wie jeder Kurort hatte auch Karlsbad einen Kursaal aufzuweisen, der für Bälle, Theateraufführungen und Konzerte eingerichtet war. Und dort stand ein recht brauchbarer Konzertflügel. Der Kurdirektor, den ich um Erlaubnis bat, den Flügel benutzen zu dürfen, war ein Musikliebhaber. »Sie können gerne den ganzen Tag ungestört hier üben. Der Kursaal ist ohnedies immer leer, die Leute haben zu viel mit ihrer Kur zu tun. Ich hoffe aber, Sie geben mir Gelegenheit, Ihnen zuzuhören.« Ich bedankte mich bei ihm; der Mann gefiel mir.

Fortan waren Paul und ich etablierte Antikuristen, und das machte uns großen Spaß. Abwechselnd holte einer von uns um sieben Uhr früh die köstlichen Wiener Brötchen und Hörnchen beim Bäcker, um dann weiterzuschlafen; zu unserer üblichen Frühstücksstunde um neun oder zehn Uhr gab es nämlich nur noch alten Toast. Den Vormittag verbrachten wir mit Üben, ich im Kursaal, Paul in unserer Dachkammer. Eines Tages sprach mich auf der Alten Wiese eine junge, strahlend schöne Blondine hochmütig und herrisch an: »Ich bin Piedita Iturbe, Schülerin von Leschetitzky. Sie sollen ja ein recht begabter Pianist sein?« und ging weiter. In Madrid habe ich sie Jahre später getroffen; sie war mit einem Prinzen Hohenlohe verheiratet. Wir wurden Freunde und sind es noch heute.

Wir lernten ein paar junge Leute kennen, ebenfalls Antikuristen, die ihre Eltern begleiteten. Wenn abends die Einwohner und Kurgäste bereits in tiefem Schlaf lagen, spielten wir Billard in unseren Café-Restaurants oder saßen auf der Terrasse, vor uns kühle Getränke. Joseph sahen wir nur gelegentlich zwischen seinen Trinkpflichten, doch wurde die Kur für ihn wie für uns mit der Zeit erträglicher, denn es tauchten immer mehr Bekannte aus Polen auf, unter anderen die Rzewuskis.

Eines schönen Tages wurde unserem lieben alten Joseph seine eintönige Routine zuviel. Er ließ Kur Kur sein und trat ebenfalls dem Lager der Antikuristen bei. Unsere neuen Bekannten waren anfangs etwas erschreckt von seinem Gebaren, gewöhnten sich aber rasch an seine originelle Persönlichkeit.

Als ich eines Nachmittags mit Landsleuten bei Pupp saß, stürzte Joseph aufgeregt herein und schwenkte einen Briefumschlag.

»Rate mal, was ich hier habe!« schrie er, und ohne eine Antwort abzuwarten, verkündete er triumphierend: »Eine Karte zu ›Parsifal‹. In Bayreuth! Für morgen!«

Ich war wie vom Donner gerührt. Immer schon war es mein Traum gewesen, die Wagnerfestspiele in Bayreuth zu besuchen, insbesondere »Parsifal«, den man damals einzig in dem Mekka der Wagnerianer zu sehen bekam.

»Ist die Karte für mich?« fragte ich, und mein Herz pochte vor Erregung.

»Nein! Auf der Bank hatten sie bloß diese eine Karte, und ich mußte hundertfünfundzwanzig Kronen dafür bezahlen (etwa das fünffache des ursprünglichen Preises). Vielleicht findest du etwas für die nächste Vorstellung.«

»Und du bringst es über dich, allein hinzufahren, obwohl du weißt, daß ich mich hier vor Neid verzehre?« rief ich. »Seit Januar ist doch alles ausverkauft, du fütterst mich da mit falschen Hoffnungen ab, aber warte nur, ich fahre mit, ich will sehen, ob sich nicht etwas machen läßt. Und wenn ich nichts finde, setze ich mich nach der Pause auf deinen Platz!« Ich war schier hysterisch. Joseph blieb für einmal unerbittlich. »Du kannst gerne mitkommen, aber meinen Platz schlag dir aus dem Kopf.«

Von Karlsbad nach Bayreuth brauchte man mit dem Zug etwas mehr als zwei Stunden. Wir trafen mittags ein. Bayreuth, Wagners Heiligtum, war festlich geschmückt. Festspielbesucher drängten sich auf der Suche nach Andenken durch die Hauptstraße. Wir stiegen in einem kleinen Hotel ab, und Joseph fand hier sogar noch ein Zimmer für mich, ein Wunder. Ich erkundigte mich beim Portier, wie man sich Zutritt zum Festspielhaus verschaffen könnte, doch er äußerte sich höchst pessimistisch.

»Es gibt nur eine Möglichkeit: Sie warten an der Kasse, ob eine Karte zurückgegeben wird.« Ausgerüstet mit zwei Schinkenbrötchen lief ich zur Kasse, wo bereits fünf Personen Schlange standen. Es war ein Uhr mittags, um vier sollte »Parsifal« anfangen. Diese drei Stunden vor der Kasse des Festspielhauses gehören zu den größten Prüfungen in meinem Leben. Als gegen Vier die ersten Festspielbesucher das Gebäude betraten, öffnete die Kasse. Die fünf Leute vor mir gingen einer wie der andere mit leeren Händen vom Kassenfenster weg. Als ich an die Reihe kam, war ich so niedergeschlagen, daß ich kein Wort herausbrachte, ich machte nur eine jammervolle, fragende Gebärde. Der Kassierer erwiderte mit einer bedauernden Geste: nichts.

Das Publikum war bereits eingelassen worden, die Türen wurden geschlossen. Nicht einmal dem König von Bayern wäre in Bayreuth nach Beginn der Vorstellung der Zutritt gestattet worden.

Ich trottete gebeugten Hauptes von dannen, da sprach mich ein Polizist an, der mich schon längere Zeit beobachtet hatte.

»Sie sehen ja recht verstört aus, junger Mann. Kann ich Ihnen behilflich sein?«

Ich murmelte etwas von einer Eintrittskarte.

»Dachte ich mir's doch«, sagte er. »Haben Sie zwanzig Mark übrig?«

Ich nickte.

»Dann können Sie von mir eine Karte haben, noch dazu eine sehr gute. Wir haben einen Kerl festgenommen, der eine gestohlene Karte zu einem Wucherpreis losschlagen wollte. Die Karte liegt auf der Wache, und wenn Sie wollen, können Sie sie zum üblichen Preis haben.«

Ich traute meinen Ohren nicht. Ich schüttelte ihm aus Leibeskräften die Hand, dann gingen wir um die Ecke zur Wache. Keine zehn Minuten später war ich im Besitz dieses kostbaren Stückchens Papier. Ich lief zum Festspielhaus, doch der Logenschließer runzelte die Brauen. Ich sagte nichts, sondern blickte ihn nur flehend an. Ebenso wie dem Polizisten fiel wohl auch ihm auf, wie bekümmert ich war, denn nachdem er mich ein Weilchen scharf gemustert hatte, brummte er: »Schwören Sie, daß Sie sich gleich hinter der Tür auf die Stufe setzen und sich bis zum Ende des ersten Aktes nicht rühren?« Ich hätte jeden Eid geschworen. Er öffnete die Tür einen Spalt weit, so daß ich knapp hindurchschlüpfen konnte. Verpaßt hatte ich nur das Vorspiel. Der erste Akt machte von Anfang an einen überwältigenden Eindruck auf mich. Seit meiner Berliner Zeit war ich ein begeisterter Wagnerianer, dank der wunderbaren Aufführungen von »Tristan und Isolde«, der »Meistersinger« und des »Rings«, die ich dort gesehen hatte.

In Bayreuth ging es mir sonderbar. Ich geriet unter einen geheimnisvollen Bann. Eine Weile weinte ich. Nach all diesen Jahren bietet sich leicht eine Erklärung an: Die Stadt konzentriert sich zur Zeit der Festspiele ausschließlich auf Wagner und seine Musik, seine Verehrer sammeln sich Jahr um Jahr um seinen Weihetempel, sie wandeln hinauf zum Festspielhaus wie Pilger auf der Suche nach dem Heil. Im verdunkelten Zuschauerraum meinte ich, die Musik vom Himmel herunterströmen zu hören. Das übrige bewirkten die sorgfältig ausgewählten Sänger, der üppige Orchesterklang, die monatelangen Vorbereitungen und ein großer Dirigent wie Karl Muck. Das Ergebnis war unwiderstehlich. Ich verstehe sehr gut, daß ich in meinem damaligen Alter von Wagners Genius bezwungen wurde. Es war wie eine Krankheit, und ich habe sie später meine Wagneritis genannt.

Während der Pause speiste man in dem Park neben dem Festspielhaus. Als Joseph mich dort erblickte, schnitt er ein schuldbewußtes Gesicht, bis er sehr erleichtert hörte, auf welch abenteuerliche Weise ich eine Karte ergattert hatte. Er schrie laut auf und reckte die Arme gen Himmel. Ich drängte ihn an einen Tisch, und hier ließ er seiner Freude freien Lauf. Fanfaren riefen uns zurück ins Theater. Nach diesem unvergeßlichen Abend legten wir uns wortlos schlafen.

Ehe wir am folgenden Tag nach Karlsbad zurückfuhren, machte Joseph sich auf die Jagd nach Karten für die nächste Aufführung von »Parsifal«, und diesmal trieb er drei gute Billetts auf. »Paul muß mitkommen«, sagte er.

In Karlsbad sprachen wir endlos über unser Erlebnis. Das wirkte ansteckend. Plötzlich wollten alle nach Bayreuth pilgern, sogar Paul, der Wagner recht kühl gegenüberstand. Unsere Begeisterung schlug Wellen bis ins benachbarte Marienbad, wo Pani Magdalena gemeinsam mit Basia zur Kur weilte. Die Damen besuchten uns in Karlsbad, ich nahm bei Pupp den Tee mit ihnen und redete selbstverständlich nur über »Parsifal« und Bayreuth.

»Mutter hat eine Karte gekauft«, sagte Basia, »und zwar von einem Herrn, der seine Kur lieber nicht unterbrechen wollte. Aber woher bekomme ich eine?« Und sie drehte ihren Charme an.

»Da kann ich nichts machen, überhaupt nichts«, entgegnete ich ungerührt.

»Aber Sie haben doch eine Karte, oder nicht?« fragte sie hartnäckig.

Meinen Platz wollte ich auf keinen Fall abtreten. »Fahren Sie in Gottes Namen mit nach Bayreuth, ich will sehen, was sich tun läßt.« Schlimmstenfalls, dachte ich, mußt du ihr einen Akt opfern.

In Bayreuth führte Paul uns in den Ratskeller, wo wir von bayerischen Dirndln bedient wurden. Die Atmosphäre und das Essen sagten uns dermaßen zu, daß wir ganz die Zeit vergaßen. Um drei Uhr schlug mir Basias wegen das Gewissen. Ich hatte wegen ihrer Eintrittskarte noch nichts unternommen, wollte aber nur ungern für einen Akt auf meinen Platz verzichten. Mir blieb nichts übrig, als wieder bei der Kasse anzustehen; die Chancen waren schlecht, doch hatte ich immerhin eine Karte in der Tasche. Vor mir standen etwa zwölf Interessenten. Ich wartete geduldig, wenn auch ohne Hoffnung. Da trat ein seriös aussehender Herr nahe an mich heran und flüsterte mir ins Ohr:

»Lassen Sie sich an der Kasse die Karte für Otto Schulz geben«, und ging weg. Da stand ich nun. Was sollte ich machen? War das eine Falle? Und mir fiel die gestohlene Eintrittskarte ein. Und doch, das Angebot war zu verlockend. Ich beschloß, der Anweisung zu gehorchen.

Alles spielte sich genauso ab wie in der Vorwoche. Die Leute vor mir rückten einer um den anderen vor, nur um zu erfahren: »Für heute sind keine Karten zurückgegeben worden.« Mich packte Angst, ich wollte weglaufen, doch war es schon zu spät. Ich stand bereits vor dem Tisch, hinter dem drei schwarzgekleidete Männer thronten wie Richter. Ich stotterte leise: »Die Karte für Otto Schulz, bitte«, und bekam einen Umschlag ausgehändigt. Auf meine Frage »Wie teuer?« hieß es »Freikarte«. Ich ging davon wie vor den Kopf geschlagen. Im Umschlag befand sich eine Karte für einen Platz in der Prominentenloge neben Cosima Wagner.

Meine alte Karte trat ich der entzückten Basia ab, ich selber behielt die neue Karte für mich, um sie nicht möglichen Unannehmlichkeiten auszusetzen.

Im Festspielhaus wurde es still, das Licht erlosch, und die ersten majestätischen Klänge des Vorspiels stiegen aus dem Orchesterraum herauf. Wieder erfüllte diese mächtige Musik mich mit unbeschreiblichen Empfindungen. Nie werde ich vergessen, wie herrlich Karl Muck dieses Werk dirigierte. Der erste Akt wurde noch schöner gesungen als beim letzten Mal. Doch beunruhigte mich unablässig die Frage, was es wohl mit dem Unbekannten und meiner Freikarte auf sich habe. Auch ereignete sich im Zuschauerraum eine Störung. Ziemlich weit hinten saß eine Dame mit Hut, einem riesigen Hut samt Straußenfedern, der den hinter ihr Sitzenden die Sicht nahm. Anfangs wurde nur sehr leise, später aber lauter gefordert: »Hut ab!« Die Dame tat anfangs, als gehe sie das nichts an, obschon sie gut wußte, daß sie gemeint war; endlich aber hielt sie es nicht mehr aus und schrie mit wutverzerrtem Gesicht: »Tas de chameaux! Tas de chameaux!« und rannte hinaus. Basia erklärte mir hinterher, die Dame habe eine sehr komplizierte Frisur gehabt und der Hut sei so kunstvoll darauf befestigt gewesen, daß sie ihn nicht habe abnehmen können, ohne die Frisur zu zerstören.

Während der langen Pause verzichtete ich auf das Essen, um meinen geheimnisvollen Kartenmann zu suchen. Zu meiner Freude fand ich ihn nahe der Kasse, vertieft in ein Gespräch mit dem Kassierer. Offenbar hatte ich nichts von ihm zu fürchten, denn als ich mich näherte, sagte er zu mir: »Nun, junger Mann, wie gefällt Ihnen die Aufführung? Sicher sind Sie Musiker?«

»Ja, ich bin Musiker, und ich kann Ihnen gar nicht genug danken für den wundervollen Platz, den Sie mir geschenkt haben. Was aber ist Herrn Otto Schulz zugestoßen?«

Darauf lachten sie beide. »Keine Sorge, den gibt es nicht. Wir halten an der Kasse immer zwei oder drei Karten für Notfälle zurück, für überraschenden Besuch von Frau Cosima Wagner. Und diesmal konnten wir es einfach nicht ertragen, Sie noch einmal so bekümmert zu sehen wie vergangene Woche.«

Ich schämte mich, so auffällig ihr Mitleid erweckt zu haben, war ihnen für ihre diskrete Teilnahme aber sehr dankbar. Es freute sie, daß sie einem wagnerbegeisterten Musiker geholfen hatten.

Ich wußte nicht recht, ob ich den Freunden erzählen sollte, was sich zugetragen hatte, ich fürchtete, sie würden mich auslachen. Und so war es denn auch. »Du und dein Gesicht«, kicherte Paul. »Der Teufel würde dich aus der Hölle entlassen, wenn du ihn flehend anschaust.« Wir fuhren vergnügt nach Karlsbad zurück. In unserer Bodenkammer unterhielten Paul und ich uns ausführlich über unsere Eindrücke. »Wagners Genie hat mich völlig überwältigt«, sagte Paul und fügte – sonderbare Gedankenverbindung! – an: »Du und ich, aus uns wird nie was werden, wir sind zu faul, bei uns reicht es einfach nicht.«

Sein Pessimismus steckte mich an. »Ich kann dir nur zustimmen«, sagte ich.

Eines Morgens unterbrach der Kurdirektor die Sonate für Violine und Klavier, die Paul und ich soeben probten. »Es ist wirklich ein Jammer, daß Sie hier kein Konzert geben können.«

»Warum nicht? Ist es verboten?«

»Natürlich nicht. Aber letztes Jahr haben wir ein Konzert veranstaltet, und es war ein völliger Reinfall. Es sind nicht mehr als zwanzig Leute gekommen. Die Kurgäste gehen zu früh schlafen, und die Stadtbevölkerung gibt kein Geld für Konzertkarten aus.«

»Ich will mir das durch den Kopf gehen lassen«, sagte ich, denn plötzlich verspürte ich große Lust, zu konzertieren. Schließlich war es eine Ewigkeit her, daß ich öffentlich gespielt hatte! Ich beriet mich mit Joseph und Paul. Paul hatte einen guten Einfall. Er wollte für die Plätze in den fünf vorderen Reihen fünfundzwanzig Kronen verlangen. »Unsere Bekannten und Freunde sind doch allesamt reich. Sie kommen bestimmt, und wer von ihnen kann sich schon einen billigen Platz leisten? Für die übrigen Plätze nehmen wir ganz geringen Eintritt, dann kommen auch die Einheimischen, aus reiner Neugier.«

Das leuchtete nicht nur uns ein, sondern auch dem Kurdirektor, der den Saal kostenlos zur Verfügung stellte. Die Kosten für Inserate wie für Aushänger wurden von der Kurverwaltung getragen. Wir selber mußten nur die Druckkosten für die Programmhefte übernehmen, dafür durften wir sie aber auch verkaufen. Ein paar verlokkende Nummern waren schnell gefunden: Eine Beethovensonate für Klavier und Violine, danach für jeden von uns vier Solostücke, in deren Vortrag wir uns abwechselten. Joseph erklärte sich gern bereit, Paul am Flügel zu begleiten, das hatte er schon oft gemacht, und er verstand sich darauf.

Unser Konzert begann um sieben Uhr abends und war ein brausender Erfolg. Paul hatte ganz recht gehabt: Die vorderen Plätze waren an einem einzigen Vormittag verkauft worden. Die folgenden sechs oder sieben Reihen blieben beinahe leer, doch auf den billigen Plätzen drängte sich ein lärmendes, begeistertes Publikum. Unser Profit betrug über dreitausend Kronen, eine schöne Summe für damalige Verhältnisse. Und der Kurdirektor bedankte sich obendrein bei uns.

»Sie haben die Ehre des Kursaals gerettet«, sagte er pathetisch. »Jetzt blicken wir in eine bessere Zukunft.«

Es wurde Zeit, den hübschen Kurort zu verlassen. Unsere Bekannten hatten ihre Kur beendet und waren heimgefahren. Jaroszynski, der länger geblieben war als beabsichtigt, mußte sich wieder seinen Geschäften widmen und versprach, später in Warschau zu uns zu stoßen. Paul wollte vor der Rückfahrt nach Polen noch seine Eltern in Leipzig besuchen. Und ich? Als unverbesserlicher Wagnerianer beschloß ich, mir in München die Eröffnung der Wagnerfestspiele im Prinzregententheater anzusehen, das eigens für die Aufführungen von Wagner-Opern erbaut worden war. Felix Mottl sollte hier den »Ring des Nibelungen« und »Tristan und Isolde« dirigieren.

Kapitel 49

München, die Hauptstadt des Königreichs Bayern, glich 1908 nicht im mindesten jener Stadt, die wir als den Ausgangspunkt von Hitlers Weg an die Macht oder auch als den Schauplatz des schändlichen Münchner Abkommens kennenlernen sollten.

Vor dem Bahnhof fand ich einen gutmütigen, geschwätzigen Droschkenkutscher, der mich zu dem Hotel Vier Jahreszeiten brachte und mir unterwegs wertvolle Tips für meinen Aufenthalt gab. Dank seinem Rat erstand ich die Eintrittskarten zu den Vorstellungen zum normalen Preis und aß gut und preiswert in einem Kellerlokal. Als passionierter Tourist sah ich mir sämtliche Sehenswürdigkeiten der Stadt an einem einzigen Tage an. Ich hielt mich lange in der Pinakothek auf, besichtigte drei Kirchen, auch das herrliche Residenztheater mit seiner Barockausstattung, die ideale Bühne für Mozart. In meiner Phantasie lebte allerdings die romantische, mit Wagner verquickte Vergangenheit der Stadt auf: Der schöne König Ludwig II., der um des Meisters willen sein Land ruinierte und beinahe zur Revolution trieb; zuvor Lola Montez, die Mätresse Ludwigs I., und dann der jämmerlich gescheiterte Liebestraum eines Hans von Bülow. Dieser sensitive Musiker und Wagnerfanatiker hatte doch wahrlich den Mut aufgebracht, nach allem, was geschehen war, die Uraufführung von »Tristan und Isolde« in München zu dirigieren! Während er sich Monat um Monat dieser schwierigen Arbeit widmete, wurde seine Frau Cosima, Liszts Tochter, Wagners Geliebte. Im Jahr nach dem »Tristan« ging sie mit ihm nach Triebschen bei Luzern. Das war ein rechter Skandal gewesen. Die Presse goß Hohn und Spott über Bülow aus, und das glückliche Paar wurde scharf angegriffen. Doch 1908 sonnte sich die Stadt im Ruhme des Tristan-Komponisten. Das kostspielige Prinzregententheater sollte mit Bayreuth wetteifern und war dem Festspielhaus in vieler Hinsicht überlegen – bessere Akustik, bequemere Sitze, eine edle Architektur.

»Rheingold« war eine Offenbarung für mich. Ich hatte es schon zuvor gehört, aber seinen Klangreichtum und -zauber noch nicht begreifen können. Alles war vollkommen, Felix Mottl unübertrefflich.

Während der nun folgenden Tage dachte ich nur an Wagner. Statt zu üben, spielte ich »Siegfried«, »Tristan«, was mir in die Hände kam. Zufällig war ich am ersten Abend zwei Sängern begegnet, die ich seit den Pariser Proben zu »Salome« kannte; sie erbarmten sich meines Feuereifers und nahmen mich mit auf die Proben. So hörte ich zwei vollständige Proben von »Tristan« unter Mottl, ein unvergeßliches Erlebnis. Die beiden Sänger zeigten mir unermüdlich ihr heimatliches München. Nach der überwältigenden Aufführung des »Ring« und des »Tristan« saßen wir bis spät in die Nacht bei Weißwürsten und dunklem Löwenbräu zusammen. Ich lud sie zum Dank in mein Hotel zum Mittagessen ein.

Eines Abends – die beiden traten auf – wollte ich mir das elegantere Nachtleben ansehen, und man nannte mir im Hotel das von der Münchener Gesellschaft bevorzugte Restaurant. »Während der Mahlzeiten spielt dort eine Zigeunerkapelle«, sagte der Portier. Ich zog meine besten Sachen an und ging hin, in Erwartung feinerer Gerichte als der eintönigen dicken Suppen, Würstchen und Knödel.

Tatsächlich wurden meine Erwartungen erfüllt. Die Kellner trugen Frack, die Gäste waren vornehm, die Speisen schienen vortrefflich. Die Zigeuner saßen in roten Röcken mit goldenen Litzen auf einem Podest und spielten ungarische Melodien.

Als der maître d'hôtel mich an einen kleinen Tisch unmittelbar vor dem Orchester führte, unterbrach der Pianist sein Spiel, stand auf und verdrückte sich durch eine Seitentür. Die übrigen Zigeuner schauten verblüfft. Einer folgte ihm und kam dann an meinen Tisch.

»Unser Kollege will nicht spielen, solange Sie in diesem Restaurant bleiben«, sagte er.

Ich wurde blutrot. Ein Antisemit, war mein erster Gedanke. »Das ist unerhört«, sagte ich. »Sie werden nicht erwarten, daß ich deshalb das Lokal verlasse.«

»Sie verstehen mich falsch, mein Herr«, sagte er, »er fürchtet sich vor Ihnen.«

Das begriff ich nicht. »Lassen Sie mich mit ihm reden. Ich möchte wissen, was da los ist.«

Er führte mich in die enge Musikergarderobe. Der Pianist stand auf, und ich schaute ihn prüfend an.

»Fritz!« rief ich, »Fritz Müller!« Wirklich, er war es, mein Freund und Rivale aus der Berliner Zeit, der vielversprechende Komponist und Schützling Joachims. »Warum um Gottes willen hast du Angst vor mir?«

»Nicht Angst. Ich schäme mich bloß«, sagte er und fing an zu weinen. Ich konnte es nicht ertragen, beinahe hätte ich ebenfalls geweint.

»Wenn dir meine Anwesenheit derart unangenehm ist, gehe ich, aber du mußt versprechen, mich morgen früh im Hotel zu besuchen.« Er versprach es, und ich zog in meinen Bierkeller zu Knödeln und Kraut um.

Fritz kam zeitig. Wir frühstückten miteinander. In Straßenkleidung sah er geradeso aus wie früher – er war nicht einmal mehr viel gewachsen. Ich fragte ihn nicht, warum er mit den Zigeunern spielte; ich hielt es für ausgemacht, daß er Geld verdiente, um komponieren zu können.

»Hast du viel komponiert, Fritz?«

»Nein. Ich lebte in Berlin ohne einen Pfennig. Da bin ich nach Hamburg gefahren und habe in einem Caféhaus gespielt. Ich kam gut an bei den Leuten, und so blieb ich dabei. Ich spiele gerne leichte Musik, und in München habe ich jetzt eine gut bezahlte Stellung.«

Ich war ganz bestürzt. »Aber Fritz! Du kannst doch nicht einfach dein Talent verleugnen und deine Laufbahn als Komponist und als Konzertpianist aufgeben?«

»Ernste Musik hat für mich keinerlei Reiz mehr. Ich habe sie gründlich satt. Gestern abend habe ich mich nur deshalb so verrückt benommen, weil du der einzige Mensch bist, vor dem ich mich meines Aufzuges und des Gedudels wegen schäme.«

Ich erbot mich, ihn nach Warschau mitzunehmen, doch er wollte nicht. So konnte ich ihm denn nur Glück auf seinem ferneren Weg wünschen.

Nach »Tristan und Isolde«, der letzten Aufführung der Wagnerwochen, reiste ich aus München ab nach Warschau. Das Orchester unter Mottl war so großartig gewesen, daß es sogar die Sänger in den Schatten stellte. Ich kann mich an keinen Namen erinnern, doch habe ich später den dänischen Tenor Melchior und die norwegische Sopranistin Flagstad in den Titelrollen gehört – meiner Meinung nach das beste Wagnerische Liebespaar.

Das schäbige, alte, muffige, doch anheimelnde Hotel Victoria war ein Sammelpunkt der Musiker geworden. Fitelberg, Szymanowski und Kochanski hatten Zuzug von Pauls jüngerem Bruder Eli erhalten, einem ausgezeichneten Cellisten. Ich wurde stürmisch willkommen geheißen und sogleich ins Bild gesetzt über die revolutionären Umwälzungen im Philharmonischen Orchester. Seit Emil Mlynarski vor einem oder zwei Jahren als Direktor und Chefdirigent zurückgetreten war, hatte sich der Publikumsbesuch merklich verringert. Unter zweitrangigen Gastdirigenten mit lieblos zusammengestellten Programmen war das Orchester nach und nach auf den Hund gekommen und stand praktisch vor dem Bankrott.

Als Retter in letzter Sekunde erschien Fürst Ladislas Lubomirski auf dem Plan. Er übernahm die Finanzierung des Orchesters während der achtmonatigen Saison sowie die Verpflichtung, ein eventuelles Defizit auszugleichen. Allerdings stellte er zwei Bedingungen: Sein Schützling Gregor Fitelberg sollte Emil Mlynarskis Nachfolge antreten, und das Philharmonische Orchester sollte sich in Fürstlich Lubomirskisches Orchester umbenennen. Das Komitee erklärte sich einverstanden – so standen die Dinge am Tage meiner Ankunft.

Fitelberg war ohne Zweifel ein guter Musiker und ein begabter Dirigent; Richard Strauss, Gustav Mahler und Max Reger lagen ihm besonders. Er war aber auch ein skrupelloser Mensch, der über Leichen ging. Seine enge Freundschaft mit Szymanowski, auf den er persönlich und musikalisch starken Einfluß ausübte, beruhte auf einem echten Vertrauen in Karols Genie, zudem verschaffte sie aber Fitelberg den Vorteil, für den einzigen autorisierten Interpreten des polnischen Komponisten zu gelten. Szymanowski, eine sensitive, zarte Natur voller Komplexe, war dem robusten Fitelberg in keiner Hinsicht gewachsen.

Ehe ich noch ausgepackt oder mich erfrischt hatte, klopfte Fitelberg bereits an meine Tür. »Ich habe gute Neuigkeiten für dich, Arthur. Du und Paul, ihr sollt in meinem ersten Konzert als Solisten auftreten. Du kannst deinen Saint-Saëns spielen und Paul sein Tschaikowsky-Konzert.«

»Besten Dank, Ficio. Damit fängt die Saison ja ausgezeichnet an. Ich spiele mein Zugstück, das Saint-Saëns-Konzert, auch sehr gern.« Er lachte und wollte gehen. »Moment«, sagte ich, »du hast noch gar nicht das Honorar erwähnt.«

Er schaute mich tadelnd an. »Das habe ich nicht von dir erwartet, Arthur. Es wäre doch Fürst Lubomirski gegenüber höchst undankbar, wenn du mit unserem Orchester gegen Geld spielen wolltest. Paul hat eingewilligt, ohne die Frage des Honorars überhaupt zu berühren.« Was sollte ich machen? Ich mußte mich darauf einlassen, obwohl es mir gegen die Natur ging. Ich bin immer der Meinung gewesen, daß man sich jegliche Ausübung seines Berufes bezahlen lassen soll, ausgenommen bei Wohltätigkeitszwecken. Paul teilte diese Meinung. Drei weitere Konzertengagements in die Provinz besänftigten mich einigermaßen; das Honorar war unbedeutend, doch wurde ich wenigstens bezahlt.

Frederic rief an, seine Mutter lade mich zum Essen ein. Ich sagte klopfenden Herzens zu. Der Harmansche Bann war noch nicht gebrochen. Zu meinem freudigen Erstaunen war auch Pola da. Als ich sie sah, konnte ich meine Gefühle kaum verbergen. Meine Liebe war niemals gestorben, ich fühlte, sie hatte während dieser letzten Monate sanft in mir geglüht, doch jetzt loderte sie als helle Flamme empor. Bei Tische ging es wie gewohnt lebhaft zu, dafür sorgten zwei unterhaltsame Gäste, und mein Bericht aus Bayreuth fand begierige Ohren. Als wir nach dem Essen in den Salon gebeten wurden, flüsterte Pola mir zu: »Morgen früh um elf auf der Hauptpost.«

Ich war bereits eine Viertelstunde vor der Zeit dort. Auf der Hauptpost drängten sich immer viele Menschen, und ich fürchtete schon, sie zu verfehlen, als plötzlich eine Hand ... Es war Pola! War sie noch früher gekommen als ich? Wir setzten uns an einen Tisch, an dem Postkunden Telegramme schreiben.

»Ich liebe dich«, sagte ich.

»Ich liebe dich«, erwiderte sie, und dann schwiegen wir eine Weile. Sie hatte Tränen in den Augen. »Ich kann so nicht weiterleben, Arthur«, flüsterte sie. »Ich möchte bei dir sein. Kann ich auf dein Zimmer kommen, ohne daß mich jemand sieht?«

Ich schwor ihr, einen Weg zu finden. Sie lächelte unter Tränen. »Morgen, hier, zur gleichen Zeit. Dann sagst du mir, wie du es einrichten willst.« Sie drückte meine Hand und huschte davon.

Wieder im Hotel machte ich mich an die Lösung der schwierigen Aufgabe. Der Haupteingang schied aus, denn einen Fahrstuhl gab es nicht, und auf der Treppe war es am gefährlichsten. Also blieb nur noch eine – allerdings verzwickte – Möglichkeit: Das Seitentor des Hotels, vor dem die Fuhrwerke der Lieferanten hielten, um Waren abzuladen. Dieser ehemalige Personaleingang wurde jedoch stets verschlossen gehalten und nur auf Klingeln von einem Wachmann geöffnet. Diesen Wachmann mußte ich mir also kaufen, und ich bestach ihn auch sogleich. Folgenden Tages trafen wir uns pünktlich auf dem Postamt und ich flüsterte Pola zu: »Du brauchst nur das Seitentor aufzustoßen und hindurchzuschlüpfen, mein Schatz, von vier bis fünf ist nicht abgeschlossen. Du kommst dann an eine Treppe, die nur morgens und abends von den Zimmermädchen benutzt wird. Ich wohne im ersten Stock, quer über den Flur.«

Sie flüsterte errötend: »Um vier bin ich bei dir, ich kann es kaum erwarten.«

Jener Tag ist in mein Gedächtnis wie eingemeißelt als der Beginn einer wunderschönen Liebesgeschichte ... Zwei, dreimal in der Woche saß ich in meinem Zimmer, die Ohren gespitzt, erlauschte atemlos das leise Quietschen der Seitentür, und gleich darauf lag Pola in meinen Armen. Wir liebten uns und redeten, redeten und liebten uns wieder. Es war der Himmel auf Erden.

Das erste Konzert des Fürstlich Lubomirskischen Orchesters unter Fitelberg war für alle Teilnehmer ein triumphaler Erfolg (man hätte sehr wohl von einer Festvorstellung reden können). Der Saal war ausverkauft. Der polnische Adel, den man sonst selten im Konzert antraf, erschien en masse, angelockt von dem neuen Namen des Orchesters. Das übrige Publikum, die echten Musikliebhaber, genossen es, einmal zwei Solisten zu hören statt des üblichen einen, sowie den neuen Dirigenten kennenzulernen. Wir ernteten beim Publikum wie in der Presse einhelliges Lob. So begann die Saison höchst verheißungsvoll. Besonders mit meinem Vortrag schien Fürst Lubomirski sehr einverstanden, wir sprachen lange miteinander, hauptsächlich über Wagner. Auch er litt an Wagneritis, und in Nachahmung von König Ludwig II. nötigte er Fitelberg und das Orchester, ihm vormittags Teile aus »Parsifal« vorzuspielen, während er als einziger Zuhörer im Saal saß.

Angespornt von der Liebe, widmete ich mich mit Feuereifer der Musik. Paul, sein Bruder Eli und ich bildeten ein schönes Trio. Wir probten alle Trios von Beethoven, Schubert, Schumann und Brahms, und waren bald konzertreif. Am liebsten übten wir in Zosia Kohns Schlafzimmer – manchmal bis nach Mitternacht – und beschlossen unsere Arbeit mit einem späten Mahl von Zuzia. In den kleineren Orten probierte ich die neueinstudierten Stücke aus – ich mußte unbedingt mein Repertoire für Warschau erweitern. In jener Saison gab ich allein in dieser einen Stadt mehr als zwanzig Konzerte, das ist ein absoluter Rekord, den ich heute noch halte.

Eines Morgens stürzte mein Schwager Landau wütend in mein Zimmer. Ohne auch nur den Hut abzunehmen, legte er los: »Meine Frau kann stolz sein auf ihren jüngeren Bruder, he? Er schickt sie wahrhaftig mit ihrem Schmuck ins Pfandhaus! Und was macht er mit dem Geld? Wochenlang bummelst du durch ganz Berlin und bist Stammgast in den Nachtlokalen. Deine Schwester wollte mir das verheimlichen, aber ich bin dahinter gekommen. Gib mir sofort die Pfandscheine! Ich will nur hoffen, daß du sie nicht verloren oder weggeschmissen hast.«

Ich war gekränkt und wütend. Dieser Mensch besaß ein gutes Herz, er konnte auch großmütig sein, doch hier setzte sich seine angeborene Grobheit durch. Wortlos entnahm ich meiner Reisetasche die Schmuckstücke und überreichte sie ihm.

»Ich wollte sie Jadzia gerne selber zurückgeben, doch diese kleine Freude hast du mir verdorben. Und nun geh bitte. Ich habe zu arbeiten.« Darauf wußte er nichts zu sagen, steckte den Schmuck in die Tasche und verschwand.

Dieses Intermezzo hatte noch ein hübsches Nachspiel. Um sich von seinem so charmanten Auftritt zu erholen, kräftigte sich mein Schwager mit einem kleinen Imbiß und einem Schluck Wodka in einer Kneipe. Im Hotel merkte er, daß ihm der Schmuck aus der Tasche gestohlen worden war – meiner Ansicht nach zu Recht!

Fitelberg forderte mich mit dem ihm eigenen Geschick wieder auf, in drei Abonnementskonzerten zu spielen. Leider bezahlte er seine Solisten einfach nicht. Allerdings gewann ich dank ihm mehr Erfahrung, mit einem Orchester zu spielen, und ich konnte neue Konzerte einstudieren.

Paul und ich suchten nun ernstlich Mittel und Wege, dem drohenden Militärdienst zu entgehen. Oberst Stremouchow versprach uns seine Hilfe, doch mußten wir endlose Sonatenabende als Vorleistung erbringen. Ein jüdischer Arzt von der Musterungskommission verschaffte uns ein Jahr Aufschub, und dank unserem langweiligen Obersten brauchten wir zur Musterung nicht zu erscheinen. Allerdings konnten wir nicht mehr ins Ausland fahren, unsere Pässe wurden ungültig gemacht. Der Arzt wurde für seine Gefälligkeit selbstverständlich reich entschädigt.

Gerade zu dieser Zeit erhielt ich Angebote, in Krakau und Lwów zu konzertieren, den nach Warschau und Lodz größten polnischen Städten. Ich hätte gerne angenommen, doch lagen paradoxerweise beide Städte jenseits der Landesgrenzen. Krakau war die Hauptstadt der österreichischen Provinz Galizien, also brauchte ich für diese Reise einen Paß. Der schon erwähnte Arzt verhalf mir dazu.

»Gehen Sie um die Mittagszeit ins Café Bristol. Am ersten Fenster sitzt ein kleiner glatzköpfiger Mann mit einem roten Schlips. Er kann Ihnen helfen.«

Ich tat wie geheißen und erkannte den Mann nach der Beschreibung. »Setzen Sie sich und bestellen Sie Kaffee«, sagte er, »und hören Sie mir gut zu. Nehmen Sie nicht den Nachtzug nach Krakau, da habe ich keinen Verbindungsmann, sondern den Tageszug nach Czestochowa. Dort erwartet Sie ein Polizeiinspektor auf dem Bahnhof und führt Sie in ein Hotel. Laden Sie ihn zum Abendessen auf Ihr Zimmer ein und geben Sie ihm reichlich Wodka. Er wird Sie dann am frühen Morgen über die Grenze nach Deutschland bringen, und dort besteigen Sie den Zug nach Krakau, der ja nur drei Stunden nach dem Nachtzug ankommt.«

Das klang recht abenteuerlich, doch was sollte ich machen? So bezahlte ich die verlangten fünfundzwanzig Rubel, von denen der Arzt gewiß die Hälfte bezog. Wirklich erwartete mich ein höherer Polizeibeamter in Uniform am Bahnsteig und geleitete mich über die Straße in ein Hotel. Er nahm meine Einladung ohne weiteres an, folgte mir auf mein Zimmer und rief den Kellner. Wir bestellten Räucherhering, Zwiebeln und eine Flasche Wodka, die Grundlage für ein furchtbares Gelage. Mein Polizist leerte alles in allem eine ganze und noch eine Viertelflasche Wodka, ich hielt mich stundenlang an drei Gläsern fest. Er aß den Hering und die Zwiebeln, während ich mir eine Omelette machen ließ und Kaffee trank, um wach zu bleiben. Das dauerte bis sechs Uhr früh. Er sang Zigeunerromanzen, nannte mich Artur, und ich mußte ihn Wassija nennen. Eines ist bemerkenswert – er wurde nicht betrunken. Schließlich schaute er auf die Uhr und sagte: »Artur, jetzt ist es Zeit.«

Wir gingen hinunter, ich zahlte die Rechnung, und wir marschierten Richtung deutsche Grenze. Wir passierten, ohne angehalten zu werden, die Paßkontrolle, dann stand ich auf deutschem Boden. Allerdings todmüde. Tagsüber im Zug zu schlafen, gelang mir nur schwer, da immer wieder Leute aus- und einstiegen. Nach fünf Stunden kam ich in Krakau an, entschlossen, mich sofort ins Bett zu legen und bis zum Konzert zu schlafen.

Auf dem Weg zum Hotel sah ich von der Droschke aus, daß die Plakate, die mein Konzert ankündigten, kreuzweise mit roten Streifen überklebt waren. Das machte mich neugierig. Ich ließ halten und las zu meinem Schrecken: »Rubinsteins Konzert verschoben wegen Schwierigkeiten an der Grenze.« Ich fuhr sogleich in die Konzertagentur. Der Agent wollte seinen Augen nicht trauen.

»Wie, zum Teufel, sind Sie hergekommen? Man hat mir gesagt, Sie seien an der Grenze festgenommen worden.«

»Wer hat sich denn das ausgedacht?« fragte ich empört.

»Ihr Freund Szymanowski.«

»Karol Szymanowski? Nie und nimmer!«

Nach und nach fanden wir des Rätsels Lösung. Es handelte sich nicht um Karol, sondern um einen gewissen Alexander Szymanowski, einen Bewunderer von mir, der mir zu meinem Verdruß überallhin nachreiste. Er hatte also den Nachtzug von Warschau nach Krakau genommen, um mein erstes Konzert in dieser Stadt nicht zu versäumen. Er wußte, daß ich keinen Paß besaß, und als er mich in Krakau nicht aussteigen sah, bekam er es mit der Angst zu tun und benachrichtigte die Konzertagentur von meiner Verhaftung. Seiner Ansicht nach erklärte kein anderer Grund mein Nichterscheinen auf dem Bahnhof.

Das Konzert konnte deswegen nicht an diesem Abend stattfinden, doch war der Saal zum Glück am folgenden Tag noch frei. Ein Gutes hatte die Verzögerung, ich konnte mich ausschlafen. Gleichwohl war ich vor dem Konzert nervös, denn das Krakauer Publikum galt als äußerst anspruchsvoll, und überdies stand zum ersten Mal Karol Szymanowskis »Variationen über ein Polnisches Thema« auf dem Programm, und ich spürte die Verantwortung. Ich war entschlossen, mein Bestes zu geben.

Das Konzert begann mit einer Beethoven-Sonate, die ich vor Lampenfieber steif und befangen herunterhaspelte. Das Publikum blieb kalt, es wurde kaum applaudiert. Als ich die »Variationen« in Angriff nahm, packte mich etwas, man mag es Inspiration nennen oder den Willen, mich zu behaupten, einerlei, ich spielte das Werk mit mehr Leidenschaft und Elan als je zuvor. Der Erfolg war durchschlagend. Man schrie »Bravo!«, und ich mußte mich ein halbes Dutzend mal verbeugen. Im Künstlerzimmer erschien Alexander Szymanowski und warf sich mit einem Weinkrampf aufs Sofa. Der arme Kerl hatte sich entsetzliche Vorwürfe gemacht, weil er eigenmächtig mein Konzert hatte verschieben lassen, und mein großer Erfolg bewirkte nun diesen hysterischen Ausbruch, ein Gemisch aus Glück und Schuldgefühlen. Man mußte einen Arzt rufen, der ihn schließlich beruhigte.

Seit diesem Konzert war ich im »ausländischen« Polen beliebt für alle Zeit. Nach Warschau fuhr ich mit dem Paß eines Fremden zurück, den der Bürgermeister von Krakau ausgestellt hatte. Ich kam dahinter, daß damals im geteilten Polen eine weitverzweigte Organisation Reisedokumente für jene Personen fälschte, die die russische Grenze überschreiten mußten.

In Warschau verlief die Wintersaison für mich ungetrübt, denn unsere abwechslungsreichen Konzerte fanden Anklang. Wir spielten mit dem Orchester, spielten Trios, Duos und hin und wieder auch als Solisten. In Lodz und kleineren Städten war ich viel beschäftigt. Die Einnahmen waren gering und reichten gerade von einem Konzert bis zum nächsten. Noch hatte ich nicht gelernt zu wirtschaften.

Wir fünf Musiker hielten das ganze Hotel in Atem. Zu jeder Tages- und Nachtstunde wurde einer der unseren am Telefon verlangt, und es gab nur den einen Apparat neben dem Empfang. An freien Abenden gingen wir aus, allein oder miteinander, ins Konzert, ins Theater, ins Kabarett, auf Gesellschaften. Vor zwei oder drei Uhr früh kam ich nie ins Bett.

Eines Abends beschloß ich, völlig erledigt, mich zeitig schlafen zu legen. Wen treffe ich in der Halle? Freund Paul, der auf mich zutritt und feierlich zu sprechen anhebt: »Arthur, wenn wir diese Lebensweise nicht aufgeben, landen wir mit einem Nervenzusammenbruch im Krankenhaus. Wir müssen sofort neu anfangen. Ich bin fest dazu entschlossen, und ich rate dir, das gleiche zu tun. Es ist noch früh, laß uns bis elf eine kleine Partie Piquet spielen.«

Ich folgte ihm auf sein Zimmer, froh über unsere Übereinstimmung, und wir begannen unser Kartenspiel mit viel Eifer und um kleine Einsätze. Bald packte uns grenzenloser Ehrgeiz, jeder wollte gewinnen, jeder behauptete, er sei ein Meister dieses verzwickten, altehrwürdigen Spieles. Paul gewann die erste Runde. »Verdoppeln wir den Einsatz«, sagte ich rauh. Wieder gewann er, und wieder verdoppelten wir den Einsatz. Diesmal gewann ich, und Paul forderte Revanche. Es war bereits Mitternacht, aber ich konnte ihm diesen Wunsch schließlich nicht abschlagen. Wir spielten weiter. Paul schrieb an. Keiner mochte aufgeben, und so spielten wir bis sieben Uhr früh. Als die Sonne ins Zimmer schien, merkten wir erst, wie hungrig wir waren.

Paul hatte die phantastische Summe von 1300 Rubeln verloren, selbstverständlich nur im Spaß. Wir rissen die Zettel entzwei. Weder er noch ich hätten je im Ernst erwogen, unsere Spielschulden zu bezahlen, wir hatten ja kaum Geld fürs Frühstück. Von einer Änderung unserer Lebensweise war nicht mehr die Rede.

Kapitel 50

Eines Morgens weckte mich ein dringender Anruf von Polas Zofe. »Madame ist in höchster Gefahr! Der Herr und Madames Mutter wollen sie umbringen! Sie wird geschlagen und ruft um Hilfe ...«

Ich ließ den Hörer fallen, eilte auf mein Zimmer, kleidete mich an und warf mich in eine Droschke. Polas Mädchen öffnete mir. »Jetzt sind sie fort. Die Kinder haben sie mitgenommen. Madame ist in ihrem Schlafzimmer. Sie weint.«

Ich fand meine süße, liebliche Pola weinend auf ihrem Bett. Sie wies mir die Striemen an ihrem Körper, ihr Kopf war ganz geschwollen. »Meine Kinder haben sie mir gestohlen!« rief sie, außer sich. »Und mich wollen sie in eine Anstalt sperren. Du mußt mich retten, Arthur, du mußt mich retten.«

Nun hieß es unverzüglich handeln. »Du fährst mit dem nächsten Zug ins Ausland. Meine Schwestern Jadzia und Hela sind in Bad Reinerz, einem deutschen Kurort unmittelbar hinter der Grenze. Ich telegrafiere ihnen, daß sie sich deiner annehmen sollen. Zieh dich an, laß deine Sachen packen, in einer Stunde hole ich dich ab.«

Ich küßte sie zärtlich und eilte zu Zosia, der ich alles erzählte; sie sollte mir helfen, Pola fortzuschaffen. Nach einigem Überlegen erklärte Zosia sich bereit, Pola zum Bahnhof zu bringen, während der stets dienstwillige Alexander Szymanowski in einer zweiten Droschke mit dem Gepäck folgen sollte. Das würde kein Aufsehen erregen. Ich selber wollte Pola im Zug erwarten. Pola besaß einen gültigen Paß und etwas Geld, die Fahrkarte erhielt sie von mir. Der Zug ruckte an. Wir saßen einander stumm und verzweifelt gegenüber, bis wir uns auf der Station vor der Grenze trennen mußten.

Nach einem innigen langen Kuß stieg ich schweren Herzens aus. Zwar hatten meine Schwestern mir versichert, es bestehe kein Grund zur Sorge, sie wollten sich Polas nach besten Kräften annehmen, und ich kannte die Warmherzigkeit der beiden. Mich drückte aber eine lastende moralische Verantwortung, weil ich Pola zu einem so folgenschweren und gefährlichen Schritt überredet hatte, ohne für die nächste Zukunft Vorkehrungen zu treffen. Auf der Rückfahrt nach Warschau fühlte ich mich dementsprechend jammervoll. Ich mußte mich in der Toilette einschließen, wo ich eine halbe Stunde lang abwechselnd mich erbrach und weinte.

Jetzt kam es darauf an, Haltung zu bewahren; daher beschloß ich, mich noch am selben Abend in einem Konzert sehen zu lassen – Fitelberg dirigierte »Also sprach Zarathustra« von Richard Strauss. Ich setzte mich zu Karol in eine Loge, alles war wie immer, offenbar wußte niemand, was vorgefallen war. Nach dem Konzert bemerkte ich in der Garderobe Herrn und Frau Harman. Er hob bei meinem Anblick drohend den Stock und stieß gräßliche Verwünschungen gegen mich aus. Gereizt durch sein Betragen trat ich auf ihn zu, riß ihm den Stock weg, brach ihn in zwei Stücke und warf sie ihm wortlos vor die Füße. Dann ging ich hinaus. Karol und Paul sahen mir verblüfft zu. Als ich ihnen die Ereignisse dieses Tages berichtet hatte, wurden sie allerdings sehr ernst.

»Das ist ja eine fürchterliche Bescherung«, sagte Paul. »Daraus kommst du nie wieder heraus. Willst du, daß sie sich scheiden läßt und dich heiratet?«

»Keinesfalls«, erwiderte ich. »Wie sollte ich? Zum einen ist sie katholisch und kann sich nicht scheiden lassen, zum anderen besitze ich in dieser Phase meiner Laufbahn nicht die Mittel, eine Frau zu ernähren, und drittens entspricht es nicht meiner Art, eine Frau zu heiraten, die älter ist als ich und zwei Kinder von einem anderen Mann hat.«

»Dann liebst du sie also nicht?« sagte Karol ganz entsetzt.

»Wie kannst du nur so reden!« rief ich empört. »Ich liebe sie mehr als je, ich bete sie an. Sie hat ein edles Herz, ist schön, klug und musikalisch. Ihre Liebe hat endlich jenen Bann gebrochen, mit dem ihre Familie mich behext hat . . . diese unwiderstehliche Anziehungskraft, die mich an den Rand der moralischen Unzurechnungsfähigkeit gebracht hat. Im Augenblick bekümmert mich nur Polas Sicherheit, das übrige ergibt sich schon von selbst.«

Paul hatte mit seiner »fürchterlichen Bescherung« sehr recht – tags darauf steckten wir bereits mittendrin. Plötzlich schien ganz Warschau meine Privatangelegenheiten aufs genaueste zu kennen, besonders meine Abenteuer in der Familie Harman. Die Klatschspalten der Zeitungen brachten Spottgedichte über Mutter, Tochter, Bruder und Schwester, und mich stellte man als einen Gigolo hin, der es auf das Geld der reichen Erbin abgesehen hat. Dem Vater blieben ebenfalls Hohn und Lächerlichkeit nicht erspart.

Im übrigen war die Öffentlichkeit geteilter Meinung: Meine Freunde und mein eingeschworenes Konzertpublikum traten für mich ein, manchmal zu heftig für meinen Geschmack; bei den sogenannten anständigen Leuten allerdings herrschte strikte Mißbilligung und Ablehnung vor. Man munkelte viel über Polas Aufenthaltsort, manche taten, als wüßten sie Bescheid, doch wurde das Geheimnis gewahrt, und daß ich nach wie vor in Warschau lebte, verwirrte die Schnüffler.

Am meisten kränkte mich in jenen schweren Tagen Frederics Reaktion; was die übrige Familie etwa vorzubringen hatte, blieb mir recht gleichgültig. Der Vater war vor Wut ganz um den Verstand gekommen und behauptete, ich wollte ihn erpressen, die Mutter nannte mich einen Teufel in Menschengestalt. Basia bereitete sich in Berlin auf ihr Operndebut vor – aber Frederic? Hatte ich mich ihm nicht anvertraut und war mir nicht sein brüderlicher Segen zuteil geworden? Jetzt allerdings zitterte er vor dem Vater, der ihm mit Entzug der Unterstützung drohte, falls er auch nur ein einziges Wort mit mir rede; ich wußte, ihm mangelte es an Mut zum Ungehorsam, doch hätte er mir wenigstens eine Botschaft senden, mich insgeheim treffen können, und sei es aus Besorgnis um seine Schwester. Ich habe ihn nur noch einmal gesehen, nach dem Ersten Weltkrieg, nach einem meiner Konzerte in Warschau. Er kam ins Künstlerzimmer gestürmt, so enthusiastisch wie früher, und lud mich zu einem Plauderstündchen ein. Ich hätte gerne zugesagt, war aber zu einem Bankett eingeladen, das mir zu Ehren veranstaltet wurde, und konnte nicht fehlen. Drei Jahre später saß ich in Pernambuco auf einer Caféterrasse und las in dem Lokalblättchen, daß Frederic an einem Herzanfall gestorben war, während er in der Warschauer Philharmonie das »Meistersinger«-Vorspiel dirigierte. Das traf mich tief – ich konnte tagelang an nichts anderes denken. Den guten Frederic hatte in einem Augenblick musikalischer Ekstase ein wunderbarer Tod ereilt. Später erfuhr ich, daß seine Mutter das Konzert im Radio gehört hatte und auch den tragischen Ausgang.

Kapitel 51

Ein Brief von Pola, voller Lob für das Verhalten meiner Schwestern: Man hatte ihr ein reizendes Zimmer gefunden ... behandelte sie gütig ... war nicht zudringlich. Weiter war von den Kindern die Rede, von unserer Liebe, von jenem schrecklichen Vormittag in Warschau, von der Lage als solcher. Sie hatte sich mit Basia in Verbindung gesetzt, die ihr energisch zuredete, sich in Berlin mit ihrem Vater zu treffen. Was ich dazu meine? Meine Antwort lautete: »Ja, unter allen Umständen.« Ich hoffte gegen alle Vernunft, der Vater werde ihr die Kinder zurückholen und unsere Liebe in einem anderen Licht sehen. Die wilde Wut ihrer Mutter erklärte sich schließlich aus der Eifersucht auf die Tochter. Dieses Motiv konnte der Vater nicht teilen.

Pola fuhr also nach Berlin, und ich wartete gespannt auf das Ergebnis dieser bedeutungsvollen Zusammenkunft. Einige Tage später schrieb sie ausführlich: Der Vater habe sehr ruhig und eigentlich auch gütig mit ihr gesprochen, habe zugesagt, ihr die Kinder zu verschaffen sowie eine monatliche Apanage auszusetzen. Allerdings unter einer Bedingung: sie müsse sich zuvor in einem Sanatorium von den Aufregungen der letzten Wochen erholen, um ihre Situation in Ruhe zu überdenken. Das Sanatorium sei in einem Vorort von Berlin gelegen, dort solle sie einen Monat bleiben und mit niemandem korrespondieren, besonders nicht mit mir. »Auf diese Weise wirst du wieder zu dir kommen, mein Kind.« So der Vater.

Dieser Brief erfüllte mich nicht mit Hoffnung, sondern mit Mißtrauen. Ich gebe allerdings zu, daß Mißtrauen in meinem Charakter liegt. Die väterliche Pose paßte so gar nicht zu Harman, und ich fürchtete eine Falle. Allerdings war es zu spät für eine Warnung, Pola hatte sich auf seine Vorschläge eingelassen und war schon unterwegs in das Sanatorium.

Mein Mißtrauen trog nicht. Noch in derselben Woche erhielt ich einen Brief aus Deutschland mit einem mir unbekannten Absender. Innen lag ein Zettel, auf den Pola geschrieben hatte: »Erwarte mich nächsten Freitag um elf Uhr abends mit einer Droschke am Tor«, dazu die Adresse des Sanatoriums.

Jetzt war keine Zeit mehr zu verlieren. Paul lieh mir für diesen Notfall dreihundert Rubel, mein kleiner Glatzkopf im Café gab mir einen gültigen Paß, und ich bestieg noch am selben Abend den Zug nach Berlin. Ich wählte ein unauffälliges Hotel und schrieb mich ein mitsamt Ehefrau. »Meine Frau kommt erst heute abend an«, sagte ich am Empfang. Um zehn Uhr fand ich eine Droschke mit einem starken Gaul und fuhr Richtung Sanatorium. Die Fahrt dauerte zwanzig Minuten. Die Straße war sehr dunkel, wir hielten etwas entfernt vom Eingang und warteten. Gegen Viertel nach elf hörte ich das Tor quietschen, dann erblickte ich Pola, die mit einer Tasche in der Hand auf uns zu lief. Sie sprang in die Droschke und warf sich mir in die Arme. Auf der Fahrt ins Hotel brachte sie kein Wort heraus, sie klammerte sich nur an mich und weinte und lachte abwechselnd. Ich drückte sie an mich, küßte ihre Hände und ihre Augen; es war himmlisch, sie wiederzuhaben. Dann endlich berichtete sie:

»Das Sanatorium ist in Wahrheit eine Anstalt für Geisteskranke. Vater hat mich selber hinbegleitet, er hat mit einem freundlich lächelnden Arzt gesprochen, der mir versicherte, ich würde mich dort sehr wohlfühlen und könnte mich für einmal richtig ausruhen. Nach Vaters Weggang wurde ich auf ein Zimmer mit vergitterten Fenstern geführt. Auf dem Korridor bemerkte ich später, wie blaß und sonderbar die Gesichter der Patienten aussahen – und da wurde mir plötzlich klar, wo ich mich befand. Zum Glück durfte ich ohne Aufsicht im Garten spazierengehen. Der Parkwächter hatte ein vertrauenswürdiges Gesicht, ich spürte, daß er mir helfen würde, und er hat denn auch meinen Zettel an dich abgeschickt, was für uns beide nicht ungefährlich war. Nicht einmal Geld wollte er annehmen.«

Wir betraten das Hotel Schmidt als Ehepaar und verbrachten zum ersten Mal eine ganze Nacht zusammen. Liebe half uns, allen Kummer zu vergessen.

Von Berlin kehrten wir nach Warschau zurück, wo Pola in einer bescheidenen, aber behaglichen Familienpension ein nettes Zimmer fand, während ich wieder das liebe alte Hotel Victoria bezog.

Die Nachricht von Polas Flucht aus dem Sanatorium versetzte dem alten Harman einen Schlag. Er hatte sich nämlich viel darauf zugute getan, seine Tochter so elegant abgeschoben zu haben. Der Bruch war mithin vollzogen. Von nun an durfte sie weder ihr Heim betreten noch ihre Kinder sehen, allerdings hatte sie ein kleines Einkommen aus dem großväterlichen Erbteil.

Mein Warschauer Leben hatte seinen Glanz verloren. Vorbei die sorglosen Tage, die Nächte im Café oder im Kabarett, die zahllosen Anrufe im Victoria. Klatsch und Verleumdung feierten Orgien. Der Skandal legte sich nicht, er wuchs sich aus zu »diese Affäre«. Ich hörte von Harmans Äußerungen, ich hätte seine Tochter nur entführt, um ihn zu erpressen. Das war zuviel. Ich setzte ein Dokument auf, in dem ich ehrenwörtlich versicherte, weder Polas noch ihrer Verwandten Geld jemals anrühren zu wollen. Ein mir wohlgesinnter katholischer Pfarrer, der bei Harmans verkehrte, beglaubigte meine Unterschrift und versprach, das Dokument persönlich Harman einzuhändigen. Von da an hörten wenigstens diese gräßlichen Unterstellungen auf.

Zum Glück war ich noch für einige Konzerte engagiert, doch die Saison ging zu Ende, und ich konnte nur mit Schaudern an den drohenden Sommer denken. Allerdings bedrückte mich vor allem der Umstand, daß unsere Liebe durch diesen grausigen Skandal beschmutzt und erniedrigt worden war. Mit der Intimität, der heimlichen Zweisamkeit war es vorbei. Ich durfte nur Minuten bei Pola auf dem Zimmer sein, und zu mir ins Hotel wollte sie keinesfalls mehr kommen. Wir konnten uns also nur noch bei Zosia treffen oder in einem entlegenen Lokal, einer Bar, einem Café.

Wie in einem guten Film scheint mir jetzt nach all der Düsternis eine heitere Episode angebracht, darum will ich von einem Menschen namens Kapnik erzählen.

Gleich zu Beginn der Saison hatte mich in der Philharmonie während der Konzertpause ein schüchterner junger Mensch angesprochen. Er war klein, hatte farbloses helles Haar, verschwommene Gesichtszüge und traurige große Augen.

»Oberst Stremouchow schickt mich zu Ihnen, ich soll mich von Ihnen beraten lassen.« Er flüsterte beinahe.

»Sie sind Pianist?«

»Nein, Sänger.«

»Ha, ha, da haben Sie den Falschen erwischt. Von Gesang verstehe ich nichts.«

»Der Oberst hat mir aber ausdrücklich versichert, einzig Sie wären imstande, mir zu raten.«

Ich wußte, daß ich mich dem Wunsch des Obersten nicht widersetzen durfte, und sagte daher: »Schön, kommen Sie morgen um zehn zu mir ins Hotel. Mit Noten.«

Als er an meine Tür klopfte, schlief ich noch, ich hatte ihn völlig vergessen. Ich sprang aus dem Bett, warf meinen Schlafrock über, nahm ihm die Noten aus der Hand, stellte sie auf das Klavier und wartete darauf, daß er zu singen anfange.

»Worauf warten Sie? Ich begleite Sie. Fangen Sie an.«

»Ich kenne kein einziges Lied, ich kann auch keine Noten lesen, aber ich habe eine schöne Stimme.«

»Wozu bringen Sie dann Noten mit?«

»Sie haben es doch befohlen.«

»Das ist ja Wahnsinn.« Ich wurde jetzt wütend. »Ich verstehe nichts von Stimmen, aber gut, lassen Sie hören.«

Er ließ einen langen, lauten, überhaupt nicht vibrierenden Ton hören, es klang wie eine Posaune. Das genügte. Ich kritzelte ein paar Worte auf einen Zettel. »Hier haben Sie eine Empfehlung an Edouard de Reszke, der berühmte Bassist kann Ihre Stimme am besten beurteilen.« Und ohne weiter Notiz von ihm zu nehmen, zog ich den Schlafrock aus und ging zurück ins Bett. An der Tür blieb er nochmals stehen: »Ich habe schreckliche Magenschmerzen«, sagte er und schaute mich aus seinen hellgrauen Triefaugen an. »Es gibt nur eine Arznei, die mir hilft, doch die ist sehr teuer, und ich bin sehr arm. Fünf Rubel kostet sie. Können Sie mir helfen?«

Ich besaß insgesamt dreißig Rubel, und ich gab ihm fünf davon, keineswegs aus Mitleid, sondern um ihn loszuwerden und um dem Oberst gefällig zu sein – ahnungslos, in welch tödliche Falle ich gestolpert war. Kapnik war ein Blutegel, ein Vampir, er war der leibhaftige Teufel und ließ mich nicht mehr los. Immer wußte er, wann ich Geld bekommen hatte, und dann war er unfehlbar zur Stelle und starrte mich an. Versuchte ich, mich vor ihm zu verstecken, saß er vier, sechs, auch acht Stunden vor dem Hotel auf der Bank und hielt nach mir Ausschau. Und ich entging ihm nie. Das erduldete ich so zwei oder drei Jahre – ich wurde für meine Freunde bereits zu einer Witzfigur. Paul verhöhnte mich: »Warum heiratest du ihn nicht?« Oder: »Warum rufst du nicht die Polizei?« Es nutzte alles nichts. Ich war ihm machtlos ausgeliefert, und ich zahlte und zahlte. Sänger wurde er nie, de Reszke reagierte auf meinen Zettel überhaupt nicht, und der Oberst hatte Kapnik natürlich nie zu mir geschickt!

Es gab noch ein Nachspiel. Als ich Jahre später in St. Petersburg konzertierte und vom Hotel quer über die Straße zum Künstlereingang eilte (es waren fast 25 Grad unter Null), da hielt mich ein junger Mann an und bat um eine Freikarte.

»Ich habe keine Karte, außerdem ist es kalt, lassen Sie mich vorbei!« sagte ich ärgerlich.

»Aber mein Bruder ist ein sehr guter Freund von Ihnen!« beteuerte er.

»Wie heißt Ihr Bruder?«

»Kapnik.«

Ich stieß einen Entsetzensschrei aus, rannte ins Gebäude und schlug die Tür hinter mir zu. Mein Herz klopfte, als wäre ich soeben von einem Drachen angegriffen worden.

Ich erzähle diese Episode so ausführlich, um meine Leser zu warnen: Immer gibt es irgendwo einen Kapnik. Die Juden nennen diesen Typ Schnorrer, und meinem Kapnik gönne ich gerne den Ehrentitel König der Schnorrer.

Kapitel 52

Pauline Narbut war die Witwe eines um dreißig Jahre älteren pensionierten russischen Generals, der ihr sein Vermögen und ein großes Gut samt Herrenhaus hinterlassen hatte. Eine attraktive Person, um die Vierzig, hochgewachsen und blond, mit hohen Backenknochen und hellblauen Augen, war sie mit ungewöhnlicher Lebhaftigkeit und Klugheit begabt. Diese polnische Jüdin unbekannter Herkunft (sie hat niemals ihren Mädchennamen oder ihren Geburtsort preisgegeben) wurde zum Mittelpunkt des künstlerischen und intellektuellen Lebens von Warschau. Ich bin dieser prachtvollen Frau sehr verpflichtet, und darum gebe ich mir Mühe, sie hier lebendig zu beschreiben. Ihr nämlich verdanke ich einen der glücklichsten Abschnitte meiner Jugend. Sie hatte sich in der »affaire Harman« auf meine Seite gestellt und Pola und mich eingeladen, einige Wochen bei ihr auf dem Lande zu verbringen.

Was für ein Himmelsgeschenk! Es erlöste mich für den Augenblick von den drückenden Geldsorgen und brachte uns Liebenden einen wonnigen Honigmond. Pani Paulina war die ideale Gastgeberin; nie machte sich ihre Anwesenheit störend bemerkbar. Wir mochten uns zu den Mahlzeiten verspäten, ohne vorherige Ankündigung für den ganzen Tag verschwinden, ich durfte die Nacht hindurch am Klavier sitzen – nie nahm sie Anstoß, nie mischte sie sich ein.

Unser Zimmer war geräumig und hell, mit Blick auf den Garten. Ländliches bequemes Mobiliar, geweißte Wände, gute Bücher im Regal, täglich frische Blumen, weckten in uns den Wunsch, das Zimmer nie mehr zu verlassen. Außer uns waren noch zwei Hausgäste da, der Dichter und Dramatiker Tadeusz Miciński und der legendäre Franc Fiszer. Miciński, ein Mystiker, schrieb Dramen und Gedichte auf höchstem intellektuellen Niveau. Polnische Literatenzirkel schätzten ihn sehr, sein schwieriger Stil verhinderte jedoch eine größere Popularität. Denke ich heute an seine Werke, so entdecke ich Ähnlichkeiten mit Paul Claudel.

Fiszer war einer der farbigsten Charaktere, die mir je vorgekommen sind. Groß, sehr dick, das Blondhaar ergraut, glich er mit dem edlen Spitz- und Schnurrbart einem von Velázquez gemalten Hidalgo. Er hatte kleine, boshaft funkelnde Augen, eine starke, gerade Nase und lange Ohren. Er war damals schon über fünfzig, schien mir aber ganz alterslos. Er hatte etwas von Falstaff und besaß den Witz und die Intelligenz eines Voltaire. Beurteilt man ihn nach seiner Lebensweise, könnte man ihn einen Vor-Sartreschen Existentialisten nennen.

Pola und ich fühlten uns in Gesellschaft beider Männer sehr wohl. Gelächter und Wortgefechte hielten uns stundenlang bei Tische fest. Fiszers pathetische Stentorstimme übertönte spielend uns alle, niemand konnte ihm Widerpart halten. Nur ein bedeutender Schriftsteller vermag ein zutreffendes Bild von dieser pittoresken Persönlichkeit zu geben, ich beschränke mich auf wenige Momentaufnahmen.

Francs Vater hatte einen Helden des polnischen Aufstandes zum Vater, und ihm gehörte bei Warschau einiger Grundbesitz. Doch langweilte er sich auf dem Land zu Tode. Seine Liebe zur Literatur und seine enormen Kunstkenntnisse zogen ihn unwiderstehlich nach Warschau, wo er sich einer Gruppe glänzender junger Schriftsteller und Dichter zugesellte. Man traf sich allabendlich in einem bekannten Kaffeehaus. Fiszer war ein unheilbarer Verschwender – seinen jungen Freunden bestellte er Champagner und Kaviar, er lud sie in teure Restaurants ein, überschüttete jeden, der ihn darum bat, mit Geld. Die Gruppe hatte einen einzigen Außenseiter zugelassen, einen schüchternen, unverheirateten Bankangestellten mittleren Alters, der leidenschaftlich der Poesie ergeben war. Fiszer fragte diesen eines Abends: »Hast du in deiner Wohnung zufällig ein Sofa, auf dem ich übernachten könnte? Es ist zu spät, um noch aufs Land hinauszufahren, und ich habe keinen Pfennig mehr in der Tasche.« »Aber gerne«, sagte der kleine Mann, und fortan schlief Fiszer bis zu seinem Tod auf jenem Sofa. Er hatte Grund und Boden verkauft, um seine Gläubiger zu befriedigen, und erklärte sich jetzt glücklich, endlich den »schmutzigen Mammon« los zu sein.

Sein Gastgeber war stolz darauf, ihn beherbergen zu dürfen, und jeder, der mit Franc in Berührung kam, lud ihn zum Essen ein, steckte ihm Geld zu, forderte ihn zum Trinken auf. Dieser moderne Diogenes war ein Philosoph nach meinem Herzen. Seine brillanten Einfälle schrieb er nie auf, denn, so sagte er, jeder Tag bringt neue Einfälle und ändert die Einstellung zum Leben.

Der Sommer bei Pauline war wunderschön, idyllisch, unvergeßlich. Meine Brust dehnte sich beim Anblick des im Winde wogenden Weizens und der sich im Teich spiegelnden Trauerweiden. In dieser reinen polnischen Atmosphäre erblühte unsere Liebe.

Im September ließ mir der Gedanke an die bevorstehende Saison keine Ruhe mehr. Ich hatte nicht Zeit gehabt, irgend etwas vorzubereiten. Daher war es unbedingt geboten, nach Warschau zurückzukehren. Pola allerdings wollte vorderhand noch auf dem Lande bleiben.

Die Stadt lag noch tief im dolce far niente des Sommers. Meine Freunde waren fast alle ins Ausland gereist. Paul besuchte Mlynarskis in Ilgovo, ihrem litauischen Gut, Karol lebte bei den Seinen in der Ukraine. Einzig Fitelberg war in der Stadt – doch nein, Kapnik habe ich ganz vergessen!

Dropiowski, ein recht geschickter Impresario, engagierte mich für einen Abend nach Krakau und fand einen geeigneten Tag für mein verspätetes Debut in Lwów. Es wurden noch weitere Engagements abgeschlossen, auch für Warschau, doch war die Saison noch weit, und bis dahin konnte ich finanziell nicht durchhalten. Das Essen wurde wieder zu einem bedrohlichen Problem. Der junge Direktor des Victoria, ein leidenschaftlicher Musikliebhaber, behandelte mich trotz meiner wachsenden Rückstände sehr nachsichtig. Wann immer ich etwas Geld in die Hand bekam, leistete ich ihm eine Abschlagszahlung, denn ich durfte es natürlich nicht riskieren, mein Zimmer im Hotel vor der Saison aufzugeben – möglicherweise hätte ich dann im Winter auf der Straße gestanden. Seine Freundlichkeit machte es mir aber unmöglich, auch noch auf Kredit bei ihm zu essen. Und so wanderten denn meine Krawattenperle und meine goldene Uhr den Weg zum Pfandleiher. Als Kapnik eines Tages vergeblich um Geld gebettelt hatte, führte er mich ins Ghetto und redete mir zu, einen meiner besten Anzüge zu verkaufen.

Doch Gott sei Lob und Preis, in Gestalt des Fürsten Ladislas Lubomirski erschien der deus ex machina neuerlich im letzten Moment auf der Szene. Ich entnahm der Zeitung, daß er heute zu einer Konferenz mit seinem Bruder Stanislas, dem Bankier, in Warschau eintreffe, und mein untrüglicher Instinkt ermahnte mich, ihn unbedingt zu sehen. Also betrat ich zur Mittagszeit den Speisesaal des Hotel d'Europe mit der Miene eines Menschen, der von Freunden erwartet wird, und sogleich rief mich jemand an:

»Panie Arturze, was treiben denn Sie in Warschau?«

Richtig, es war der Fürst, der mit seinem Bruder und einem anderen Herren beisammen saß. Ich grüßte, aufs angenehmste überrascht. »Ich warte auf den Beginn der Philharmonischen Konzerte«, sagte ich. »Ach, Sie sollten doch eigentlich in den bedeutenden Hauptstädten konzertieren, in Berlin, in Wien, Rom oder Paris! Warschau ist doch kein Pflaster für Ihre große Begabung.«

»Ich würde mit dem größten Vergnügen Ihren Rat befolgen,

Fürst«, gab ich zur Antwort und deutete ihm an, wieviel Geld ein Pianist aufbringen muß, wenn er noch unbekannt in diesen Städten konzertieren will. »Falls Sie nicht mein Manager werden wollen, Fürst?« fügte ich scherzhaft an.

»Und warum nicht?« entgegnete er ganz ruhig. »Ich hinterlege zehntausend Rubel für Sie auf der Bank meines Bruders, Sie können Ihre Unkosten für die Konzerte davon bestreiten.« Und ohne Zeit zu verlieren, setzte er ein entsprechendes Schriftstück auf, unterzeichnete und überreichte es dem anderen Herrn am Tisch, einem gewissen Gintovt, dem Direktor der Fürstlich Lubomirskischen Bank.

Mit dem Rest Wein in ihren Gläsern stießen sie auf meinen Erfolg an, wehrten meinen Dank ab und gingen.

Nun war ich im siebten Himmel: Dies war der Wendepunkt in meinem Leben. Keine Geldsorgen mehr! Wie wird Pola sich freuen! Doch so sonderbar das klingen mag, in einem Winkel meines Unterbewußtseins hatte ich geahnt, daß es so kommen würde. Wenn der Fürst meinem Spiel zuhörte, spürte ich jedesmal, daß zwischen uns ein besonderer Austausch stattfand.

Als ich Fitelberg von meinem Glück erzählte, wurde er grün vor Neid. »Was ist denn in den Fürsten gefahren, sein Geld in solch sinnlose Projekte zu stecken?« murrte er.

Karol telegrafierte: »Gratuliere! Komm auf eine oder zwei Wochen zu Besuch!«

Diese Einladung nahm ich mit Vergnügen an. Gintovt gab mir zweihundert Rubel voraus für erste Auslagen, und schon saß ich auf der Bahn nach Tymoszovka, wo ich am folgenden Morgen eintraf. In Kamenka, der nächstgelegenen Bahnstation, erwarteten mich Karols ältester Bruder Felix und seine jüngere Schwester Sophie mit der »britchka«. Wir kutschierten durch endlose Getreidefelder – Rußlands Kornkammer – zu dem riesigen, doch schlichten Gutshaus. Auch die übrige Familie empfing mich freundlich. Die Mutter war eine vornehme Dame, groß, mit hellen blauen Augen, einer edel gebogenen Nase und schönen Händen. Die älteste Tochter Nula war eine nervöse, unglückliche Person; Felix, Oberhaupt der Familie, verwaltete das Gut. Szymanowskis gehörten zum alten polnischen Landadel, der die alte ererbte Kultur pflegte, im Gegensatz zur Aristokratie, die im Ausland lebte und mit ihrem Reichtum in Paris, Wien und Rom protzte. Karol und ich bewohnten ein kleines Gästehaus. Nach dem Frühstück spielten wir an seinem Klavier vierhändig, meist Beethoven-Quartette, und er zeigte mir Teile seiner neuen Sonate, die ich sehr schön fand. Die jüngste Schwester Zioka, ein richtiger Lausbub, aber auch eine begabte Dichterin, sattelte dann zwei Pferde, und wir ritten zusammen durch die Felder. Die Mahlzeiten verliefen heiter, mit Tanten und Vettern waren wir zehn oder mehr Personen bei Tisch.

Ich verbrachte zehn sehr schöne Tage in Tymoszovka und sah mit Rührung, wie sehr Karol an den Seinen hing – diese Zuneigung dauerte unverändert bis zu seinem Tod. Ich kehrte um eine schöne Erfahrung bereichert nach Warschau zurück.

Am Tag meiner Ankunft erwartete mich eine unangenehme Überraschung. Gintovt schrieb mir sehr höflich, vorderhand sei er nicht berechtigt, mir aus dem ausgesetzten Fonds Geld zu überweisen. Schnell merkte ich, wer dahintersteckte. Fitelberg, ein tückischer Jago, hatte in meiner Abwesenheit seine Ränke geschmiedet. Dem Fürsten hatte er gesagt, er fühle sich zu dem Hinweis verpflichtet, daß ich zu jung und unerfahren sei, um die mir vom Fürsten anvertraute Summe selber zu verwalten; er, Fitelberg, wolle mir gerne bei den Vorbereitungen zu einem Konzert in Berlin behilflich sein, ja, er könne sich möglicherweise dazu verstehen, selber zu dirigieren. Was für ein abgründiger Heuchler! Sein Angebot bedeutete doch nur, daß er mein Konzert für seine eigene Laufbahn auszunutzen gedachte. Und der Fürst glaubte ihm, er sah darin allein die Sorge des Freundes für den Freund. (Das hat er mir später in Krakau selber gesagt.) Mir blieb also nichts übrig, als *faire bonne mine à mauvais jeu.*

Vor Beginn der Konzertsaison waren im Orchester bedeutende Veränderungen vorgegangen. Fürst Ludomirski hatte als verantwortlicher Gönner abgedankt, denn das Experiment war sogar ihm zu teuer geworden, und nach langwierigen Erörterungen hatten die Orchestermusiker beschlossen, eine autonome Körperschaft zu bilden. Sie wählten einen Verwaltungsrat und holten sich einen Manager, der Solisten und Dirigenten engagieren sollte und das Programm für die jeweilige Saison bestimmte. Mir war das sehr recht, denn endlich bekam ich Honorar, und Fitelbergs Ausbeutung gehörte der Vergangenheit an.

Meine Saison begann verheißungsvoll. Ich gab in Warschau ein

Konzert mit Orchester, einen Soloabend, einen Sonatenabend mit Paul und zwei Wohltätigkeitsveranstaltungen, die meinen durch »die Affäre« angeschlagenen Ruf aufbessern sollten.

Wenn ich außerhalb Warschaus spielte, begleitete mich Pola. Sogar nach Lodz nahm ich sie mit, und meine Eltern luden sie nach dem Konzert zu einer der berühmten Rubinsteinschen Mahlzeiten ein mit Karpfen, Nudeln und allem übrigen. Ich sah mit Freude, daß Pola sich in der ihr ungewohnten, warmen Atmosphäre meiner Familie sehr wohlfühlte.

Da ich auf der Bank kein Geld abheben durfte, wurde die Finanzlage wieder einmal desparat, schuld war selbstverständlich vor allem mein Leichtsinn. Kaum hielt ich ein Honorar in Händen, mußte ich alte Schulden abtragen, einen Teil meiner Hotelrechnung bezahlen, aber dann kaufte ich mir neue Anzüge oder Krawatten oder Geschenke oder Blumen für Pola. In Anwandlungen äußerster Extravaganz bewirtete ich sie im teuersten Restaurant in einem Separée mit den erlesensten Speisen – Kaviar, Wodka, Krebse im Reisrand, und dazu vorzügliche Weine – nichts war zu teuer für mich. Von Kapniks Ansprüchen gar nicht zu reden.

Nach unserem Sonatenabend wurden Paul und ich von einem jüdischen Bankier und seiner Frau zum Essen gebeten. Wir gingen hin, ohne uns zuvor umgezogen zu haben, jeder mit seinem Honorar von dreihundert Rubeln in der Tasche. Gutes Essen, mehrere Wodkas und ein sehr amüsanter dritter Gast, der gut zu plaudern verstand, versetzten uns in die heiterste Stimmung. Auf Vorschlag des Gastgebers begannen wir um hohe Einsätze Poker zu spielen, ein geradezu verhängnisvoller Einfall. Sowohl der Bankier als der amüsante Plauderer spielten hervorragend, und gegen vier Uhr früh verließen Paul und ich mit leeren Taschen das Haus. Auf der Straße erwies sich, daß wir uns nicht einmal mehr eine Droschke leisten konnten. So mußten wir im Frack und mit leichten Lackschuhen den langen Weg zum Hotel durch den Schnee stapfen. Kein Erlebnis, das mich mit Stolz erfüllt!

Kapitel 53

Das Berliner Konzert fand gegen Jahresende statt, und meine schlimmsten Befürchtungen bestätigten sich, ja, wurden sogar noch übertroffen. Fitelberg hatte die Philharmonie gemietet, den größten Konzertsaal der Stadt, und für viel Geld die Berliner Philharmoniker dazu. Er bestand darauf, daß ich das Klavierkonzert in G-Dur von Beethoven spielte sowie das B-Dur-Konzert von Brahms; meine Vorliebe für Chopin oder Saint-Saëns übersah er geflissentlich. Er wollte nur die von ihm gewählten Werke dirigieren. Ich durchschaute ihn ohne weiteres: sowohl das Beethoven- wie auch das Brahms-Konzert sind vorwiegend symphonische Orchesterwerke, wie kann da der Pianist als Solist glänzen und den Beifall auf sich ziehen – ein Phänomen, das alle Dirigenten fürchten?

Auf dem Programm stand ferner die Vierte Symphonie von Mahler, damals noch wenig bekannt, und sie wurde von Fitelberg als die eigentliche Attraktion dieses Konzertes präsentiert. Er holte sich für die vorgeschriebene Solistin einen erstklassigen Sopran, und die Kosten der Veranstaltung verschlangen fast die Hälfte des fürstlichen Fonds, ohne daß bedeutende Einnahmen aus der Tageskasse zu erwarten waren. Aber damit nicht genug, es kam noch schlimmer. Am Vormittag vor dem Konzert war meine Probe von zehn bis dreizehn Uhr angesetzt. Als ich pünktlich in der Philharmonie erschien, probte Fitelberg ohne Unterbrechung bis 11 Uhr 30 Mahler. Nach einer Pause setzte ich mich an den Flügel, die Musiker nahmen Platz, alles war bereit, doch Fitelberg wollte sich noch weiter mit Mahler befassen. Das war zuviel. Wütend rief ich: »Was fällt dir ein? Was wird mit meinen Klavierkonzerten? Wir haben kaum Zeit, sie durchzuspielen, und das nennst du Probe?« Er lächelte mich an. »Nur keine Aufregung. Die Mahler-Symphonie ist das wichtigste Programmstück. Deine Sachen haben wir auch früher schon gespielt, und das Orchester kann sie auswendig.« Ich hätte ihn am liebsten umgebracht.

»Du verfluchtes Schwein!« kreischte ich auf deutsch, ohne Rücksicht darauf, daß das Orchester zuhörte. Er schien mich zu überhören, wandte sich zum Orchester, sagte »Beethoven«, hob den Taktstock, und wir begannen zu spielen. Das war eine merkwürdige Probe. Wir sprachen nicht miteinander, vielmehr redete ich den einen oder anderen Orchestermusiker an, wenn ich am Tempo oder Ausdruck etwas auszusetzen hatte.

An dieses Konzert erinnere ich mich als eine der stärksten Belastungen meiner Nerven und meiner Ausdauer. Daß ich diese himmlische Musik unter der Stabführung eines mir zutiefst verhaßten Menschen spielen sollte, machte mich geradezu hysterisch. Wäre ich nicht ein echter Musiker gewesen, ich hätte abgesagt. Bedenkt man die Umstände, dann verlief der Abend sogar recht gut. Der Anfang des Beethoven-Konzertes versetzte mich in Trance, ich spielte mit geschlossenen Augen, legte mein ganzes Herz in mein Spiel. In diesem Saal hatte ich dasselbe Stück zum ersten Mal gehört – göttlich gespielt von Eugen d'Albert.

Der Saal war nur halb besetzt, und die meisten Anwesenden hatten Freikarten. Leute mit Freikarten sind meist die strengsten Kritiker, Begeisterung legt eigentlich nur das zahlende Publikum an den Tag. An jenem Abend allerdings waren alle sehr aufnahmebereit, und man rief mich dreimal heraus – allein. Ich übersah Fitelberg und schüttelte dafür demonstrativ dem Konzertmeister und dem Cellisten (der bei Brahms einen Solopart hat) die Hände. Ich hatte insgeheim gehofft, nach dem Konzert dem einen oder anderen alten Freund zu begegnen, doch es kam keiner. Fitelberg hatte angeordnet, niemanden ins Künstlerzimmer zu lassen, wie ich später erfuhr.

Professor Barth war unter den Zuhörern gewesen. Er schrieb mir einen Brief, der mir von der Philharmonie nach Warschau nachgeschickt wurde. Er redete mich mit Lieber Herr Rubinstein an, und wenn mir der Brief auch während des Ersten Weltkrieges abhanden kam, weiß ich noch gut, was darin stand: Anfang und zweiter Satz des Beethovenkonzertes gefielen Professor Barth sehr, das übrige hingegen fand er »schlammig«. Er bewunderte meine »Kraft« und »rhythmische Energie« im Brahms-Konzert, aber: »Sie müssen mehr auf Details achten und weniger das Pedal gebrauchen.« Gewiß hatte es ihn viel Kraft gekostet, mir diesen Brief zu schreiben, und ich beschloß, ihn bei meinem nächsten Aufenthalt in Berlin zu besuchen. Die Kritiker fanden an diesem Abend mehr zu loben als zu tadeln. Alles in allem war es kein großer Erfolg, aber ein ehrenvoller.

Nach einem erfreulichen Weihnachtsabend bei Pauline Narbut in Gesellschaft von Pola, Fiszer und anderen Freunden sowie einer lärmigen Sylvesternacht mit Paul, Jaroszynski, den Brüdern Moszkowski (von diesen später mehr) und ihren Bräuten bereitete ich mich auf meine Konzerte in Krakau und Lwów vor. Dropiowski versicherte mir, man erwarte mich dort bereits ungeduldig. Auf Lwów war ich sehr gespannt. Lwów plante nämlich, 1910 die Feier zu Chopins hundertstem Geburtstag mit einem Galakonzert in der Oper zu eröffnen. In das Programm sollten sich zwei Pianisten teilen, der bekannte polnische Virtuose Ignatz Friedmann und ich. Er sollte den Anfang übernehmen, darunter die Sonate mit dem Trauermarsch, ich den Schluß mit der Sonate in b-Moll. Im Mittelteil sollten wir beide gemeinsam das Rondo für zwei Klaviere vortragen. Eine sehr originelle Kombination, wie ich fand, wenn sie auch etwas nach Wettbewerb schmeckte.

In Krakau war das Konzert zu meiner Überraschung fast ausverkauft, was dort so gut wie nie vorkam. Der Abend war von der ersten bis zur letzten Minute ein Triumph, die Leute wollten einfach nicht weggehen, und ich mußte vier Zugaben spielen. Und welche Befriedigung verschaffte mir die Nachricht, daß unter den Zuhörern Fürst Lubomirski saß, gerade bei einer so glanzvollen Gelegenheit! Er kam ins Künstlerzimmer, strahlend vor Stolz und aufrichtig ergriffen von meinem Spiel.

»Bravo, bravissimo, Panie Arturze, welch ein Glück, daß ich in Krakau bin! Kommen Sie morgen zum Frühstück, ich habe manches mit Ihnen zu besprechen.«

Schöneres hätte ich mir nicht träumen lassen.

Der Fürst wohnte mit seiner Familie in Rajcza, einem großen Besitz in Galizien, doch die meiste Zeit verbrachte er in Wien bei seinen Rennpferden. Lubomirskis waren in Krakau des Karnevals wegen, daher seine Anwesenheit bei meinem Konzert. Wir speisten in seiner großen Stadtwohnung. Die Fürstin, eine adelige Wienerin, groß und weichherzig, machte mich mit ihren vier Kindern bekannt, zwei Knaben und zwei Mädchen, alle noch keine zwanzig Jahre alt, ein ganz reizendes Quartett. Während des Essens gebärdete der Fürst sich genüßlich als Impresario. »Wie war es in Berlin? Was steht als nächstes auf dem Programm? Wann spielen Sie in Wien?« Ich antwortete ausweichend – ich wartete den richtigen Moment ab.

»Übrigens hat die Gräfin Betka Potocka aus Lwów angerufen, Sie möchten am Abend vor dem Konzert in ihrem Stadtpalais vorspielen. Ich habe ihr für heute nachmittag Bescheid versprochen.«

»Mögen Durchlaucht für mich entscheiden«, sagte ich. »Ich werde mit Vergnügen dem Wunsche Euer Durchlaucht nachkommen.«

Nach der Mahlzeit gingen wir in sein Arbeitszimmer, und er ließ sich mit der Gräfin verbinden. Ich erinnere mich noch gut seines Teiles dieser telefonischen Unterhaltung.

»Hallo, Betka . . . ja, er ist hier . . . nimmt deine Einladung gerne an und wird auch für deine Gäste spielen . . . nein, Geschenke will er nicht, er will Geld . . . dreitausend Kronen für ein privates Konzert . . . was denn, zu viel? Du kannst doch das Zehnfache zahlen . . . Nein, nein, dann kommt er nur zum Essen, ohne zu spielen!« und er knallte den Hörer hin. »Diese reiche Person! Ihr gehört das schönste Schloß in ganz Europa, fünfzig livrierte Dienstboten laufen bei ihr herum, in Wien und in Rom lebt sie wie eine Königin, aber einem Künstler ein anständiges Honorar zahlen – nein. Dazu ist sie zu geizig. Doch diesmal ist sie auf Granit gestoßen, was?« Und er lachte sehr zufrieden mit sich. Jetzt war der richtige Moment gekommen. Ich erzählte ihm mein gespanntes Verhältnis zu Fitelberg, ruhig und diplomatisch, ohne Beschuldigungen, ich schilderte einfach die Tatsachen.

Der Fürst hörte mich an, weder überrascht noch betroffen. »Ich habe ihn immer für einen schlimmen Egoisten gehalten, der vor nichts zurückschreckt, um sein Ziel zu erreichen. In Ihrem Fall glaubte ich allerdings an seine Aufrichtigkeit.« Und darauf wiederholte er Fitelbergs doppelzüngige Reden in Warschau. »Doch Schluß damit«, sagte er, »von jetzt an werde ich Ihre Angelegenheiten selber in die Hand nehmen. Als erstes sollen Sie in Wien groß herauskommen, mit Orchester unter einem Wiener Dirigenten. Können Sie das Nötige veranlassen?«

Das war nicht schwer. Dropiowski bot mir seine Dienste auch für Veranstaltungen im Ausland an, ganz besonders für Wien, wohin er Verbindungen hatte. Fürst Ladislas übertrug ihm die Vorbereitung, übernahm eine Ausfallbürgschaft, und Dropiowski mietete den Musikvereinssaal, den besten Wiener Konzertsaal, und schloß mit dem Tonkünstlerorchester unter Oscar Nedbal für ein Konzert im Februar ab. Der Fürst war zufrieden. »Ich werde da sein«, kündigte er an.

Vor meiner Abreise nach Lwów gaben mir Lubomirskis ein kleines Essen, wir waren zehn oder zwölf bei Tisch. Einer der Gäste, groß, hübsch und dunkel, sah blendend aus. Graf Alexander Skrzynski, ein Pole aus Galizien, war der österreichischen Gesandtschaft beim Vatikan zugeteilt. Sehr reich (ihm gehörten Ölquellen in der Bukowina), klug und musikalisch, galt er als einer der begehrtesten Junggesellen Europas. (Diese Einzelheiten erfuhr ich von der Fürstin.)

Nach dem vorzüglichen Essen setzte ich mich an den Flügel und spielte zum Entzücken des Gastgebers Wagner, und zum Entzücken aller übrigen etwas Chopin. Graf Skrzynski war außerordentlich beeindruckt. Er sagte leise und sehr melodiös, mit charmant schnurrendem R:

»Wundervoll, Sie sind ein großer Künstler. Sie müssen unbedingt nach Rom kommen, die Römer werden Sie anbeten.« Das machte den Fürsten gleich munter.

»Panie Aleksandrze, falls Sie Rubinstein fünftausend Lire Honorar garantieren, kommt er ohne weiteres nach Rom«, sagte er, ganz in seine neue Rolle als Impresario verliebt.

»Warum nicht? Und ich versichere Ihnen: er wird erheblich mehr bekommen.«

»Vielleicht, vielleicht auch nicht, uns geht es einzig um Ihre Garantie.«

»Ich gebe sie hiermit«, erwiderte der arme Kerl, der von der geschäftlichen Seite des Konzertlebens keinerlei Ahnung hatte. »Am besten eignet sich der März. Sobald ich wieder in Rom bin, kümmere ich mich darum und halte Sie auf dem laufenden.«

Der Fürst strahlte über diesen Abschluß, ich war ein bißchen geniert.

Kapitel 54

Als ich in Lwów aus dem Zug stieg, begrüßte mich ein kleiner, traurig aussehender Mann: »Mein Name ist Türk, und ich bin Ihr Konzertagent«, und ohne seine Miene zu einem Lächeln zu verziehen, fügte er hinzu: »Wir sind für morgen ausverkauft.« Er geleitete mich zum Hotel George, wo mir der Portier eine gedruckte Einladung zu einem Diner bei Potockis überreichte. So hatte die Gräfin mich doch eingeladen? Oder wollte sie nur dem Fürsten seine Grobheit heimzahlen? Nun, das würde sich erweisen.

Dieser Abend verdient festgehalten zu werden. Gräfin Betka und ihr Gatte, Graf Roman Potocki, empfingen ihre Gäste im großen Ballsaal. Bei Tische waren wir sechzig, danach erschienen hundert weitere Gäste. Die Gräfin gratulierte mir huldvoll lächelnd zu meinem Erfolg in Krakau und sagte: »Die ganze Stadt geht morgen in Ihr Konzert, wir sind sehr gespannt.« Von Fürst Ladislas und dem Dialog am Telefon war mit keinem Wort die Rede.

Das Diner wurde an kleinen Tischen serviert. Ich saß neben zwei bezaubernden Damen, einer Fürstin Radziwill, Nichte der Gastgeberin, und einer Gräfin Tarnowska, Schwester des Grafen Skrzynski. Sofort verfiel ich dem Charme der beiden Polinnen. Sie erwiesen mir schmeichelhafte Aufmerksamkeiten, lachten über meine Geschichten und waren höchst liebenswürdig. Wenn ich heute daran zurückdenke, frage ich mich immer noch, ob sie aufrichtig waren oder nur eine Komödie agierten, um mich mit feiner List zu veranlassen, nach dem Essen zu spielen, denn als wir uns den anderen Gästen im Ballsaal zugesellten, bedrängten meine reizenden Tischdamen mich gleich: »Bitte, bitte spielen Sie etwas, uns zuliebe – wir möchten Sie so schrecklich gerne hören!« Und die junge Fürstin Radziwill bat mich: »Sie dürfen aber meiner Tante nichts verraten, sonst wird sie sehr böse.«

Wer kann schon zwei so charmanten Sirenen widerstehen?

Gräfin Betka erlaubte mir auf meine Frage gnädigst, einiges am Flügel vorzutragen. Sie klatschte anmutig in die Hände, und als es ruhig geworden war, kündigte sie an: »Pan Rubinstein ist so freundlich, uns etwas vorzuspielen. Bitte, gruppieren Sie sich um den Flügel.«

Ich spielte drei oder vier kurze Stücke, und meine jungen Verführerinnen klatschten begeistert und umarmten mich. Die Gastgeberin äußerte etliche anerkennende Worte. »Könnten Sie nicht morgen um acht zu unserem vormusikalischen Essen kommen? Sie spielen doch erst nach der Pause, also wäre genügend Zeit«, sagte die Gräfin. Ich lehnte höflich ab mit der Begründung, daß ich vor einem Konzert nichts äße. Als der Abend vorüber war, fühlte ich mich gegenüber dem Fürsten Lubomirski leicht schuldbewußt.

Ignaz Friedman stammte aus Krakau und war zehn Jahre älter

als ich. Er kam aus der Schule des berühmten Theodor Leschetitzky, der jene glänzenden, eleganten Virtuosen heranbildete, wie man sie damals liebte. Er war nicht nur ein witziger, lebenslustiger Gesellschafter und loyaler Kollege, sondern auch ein furchterregender Pokerspieler. Bei einem Vergleich mit diesem etablierten Liebling von Lwów fürchtete ich nicht wenig, schlecht abzuschneiden und in seinen Schatten zu geraten.

Es ergab sich jedoch, daß das Schicksal und einige unerwartete Umstände diesen Abend ganz anders verlaufen ließen, als ich befürchtet hatte. Friedman und ich speisten gemeinsam, dann gingen wir nachmittags, für unser Konzert schon fertig angezogen, in die Oper, um das Rondo an zwei Flügeln zu proben. Das Konzert sollte um 20 Uhr 30 beginnen, wir hatten also noch reichlich Zeit für eine Tasse Kaffee und eine Ruhepause im Künstlerzimmer. Als Friedman sich für das Podium rüstete, kam Türk herein und sagte, wie stets mit trauriger, nun aber auch verwirrter Miene: »Wir müssen ein paar Minuten zugeben. Vielleicht haben die Zeitungen die Anfangszeit falsch gebracht, denn die Plätze sind zwar ausverkauft, aber das Haus ist noch nicht halb voll.«

Wir warteten fünf, zehn, fünfzehn Minuten, fortwährend kamen Leute herein, die aber das Haus noch lange nicht füllten. Als die Anwesenden ungeduldig wurden und mit den Füßen stampften, entschloß sich Friedman, sein Programm anzufangen. Ich hörte mir seinen Vortrag nicht an, dazu war ich viel zu nervös, doch der starke Beifall nach der Sonate mit dem Trauermarsch drang bis zu mir. Für mich war dies das Stichwort – jetzt mußte ich auf die Bühne, denn nun sollte das Rondo für zwei Klaviere folgen, darauf die Pause. Wir spielten diese Komposition (die nicht zu Chopins Meisterwerken gehört) mit viel Schwung, und sie wurde auch freundlich aufgenommen.

Nach der recht langen Pause erwartete mich eine erstaunliche Überraschung. Das Theater war plötzlich bis auf den letzten Platz besetzt, mit einem völlig veränderten Publikum, das man an Galaabenden in der Oper zu sehen gewöhnt ist, doch kaum im Konzert. In den Logen saß die Blüte der beau monde von Lwów; Potockis und ihre Gäste füllten die Mittelloge.

Als die Lichter erloschen und sich Stille über das Haus senkte, spürte ich jene geheime Strömung zwischen mir und dem Publikum, jene Strömung, die mich inspiriert. Der Erfolg jenes Abends zählt zu den wichtigsten Marksteinen meiner Konzertlaufbahn, denn bis zum ersten Weltkrieg war Lwów die einzige Stadt, in der ich mit Sicherheit auf einen ausverkauften Saal rechnen konnte.

Dunkel fühlte ich mich mitverantwortlich für die unentschuldbare Unhöflichkeit des Publikums gegenüber Friedman, trotzdem konnte ich dieses Verhalten verstehen. Friedman war der bekannte, häufig gehörte Virtuose, während ich als die neue, vielversprechende Attraktion auftrat. In den Zeitungen war von meinem Erfolg in Krakau zu lesen, vom Fürsten Lubomirski, von meiner Warschauer »Affäre«, von dem Empfang bei Potockis. Kein Wunder also, daß die Leute mich sehen und hören wollten, und weil sie sich beim Ankleiden und beim Essen gerne Zeit ließen, kamen sie eben erst nach der Pause zu meinem Programm. Ich muß übrigens hinzufügen, daß Friedman diesen Abend sehr elegant mit einem nachsichtigen Lächeln abtat.

Gräfin Betka hat mir übrigens nie ein Wort des Dankes, noch ein Geschenk oder Geld geschickt. Ähnliches habe ich später in Amerika mit Mrs. W. K. Vanderbilt erlebt (»Birdie« unter Freunden), die mich häufig in ihr Haus einlud und auch einmal bat, bei einem großen Empfang »professionell« zu spielen (ihr Ausdruck) – aber nie dafür bezahlte. Eine ihrer Verwandten, Mrs. Cornelius Vanderbilt (Gracie), machte das gleiche noch wesentlich plumper. Sie fragte mich, wie hoch meine Forderung sei, und ich verwies sie an meinen Impresario. Ich spielte, doch er hörte überhaupt nichts von ihr. Ich habe bemerkt, daß Frauen geiziger sind als Männer, insbesondere mit nicht selbstverdientem Geld.

Zurück zu Lwów. Meine Heimfahrt unterbrach ich in Krakau, um hier letzte Vorbereitungen für das bevorstehende Wiener Konzert zu treffen. Ich hatte ein ehrgeiziges Programm zusammengestellt: Das Vierte Konzert von Beethoven, das Zweite von Brahms sowie das Konzert in g-Moll von Saint-Saëns.

»Das Wichtigste ist, daß ich für mein Konzert einen anständigen Bechstein bekomme«, schärfte ich Dropiowski ein. »Auf einem anderen Flügel kann ich gar nicht spielen.«

Als ich in Warschau mit meinen Erfolgen in Lwów und Krakau protzte, wurde Pola ganz aufgeregt. »Ich will unbedingt mit nach Wien, und es ist mir einerlei, was der Fürst sich denkt, wenn er uns miteinander sieht.«

Es war herrlich, sie dabei zu haben! Eines Sonnabends in der Frühe trafen wir in Wien ein, ich weiß das so genau, weil das Konzert und die zweite Probe tags darauf, an einem Sonntag, stattfanden (die erste Probe am Sonnabendnachmittag).

Es war ein strahlender Morgen, kalt und windig, die Sonne stand in einem blaugrauen Himmel, und die Luft war sehr belebend. Herr Kugel vom Musikvereinssaal, mit dem Dropiowski korrespondiert hatte, erwartete uns schon im Hotel, ein freundlicher, höflicher, verbindlicher Mensch, dessen Gesicht man schon im nächsten Augenblick vergessen hatte. Er gab einen vollständigen, vor Selbstlob strotzenden Bericht über die Vorbereitungen für mein Konzert: »Ich habe Wunder bewirkt, um Ihnen ein gutes Publikum zu verschaffen. Der Sonntag ist für Konzerte ungünstig, und die Kritiker bleiben meist weg, doch ich habe so glänzend Reklame gemacht, daß sie bestimmt kommen werden. Ihre zweite Probe findet morgen vormittag statt, unter dem zweiten Dirigenten; Herr Nedbal gibt woanders ein Gastkonzert.« Als er meine Enttäuschung bemerkte, sagte er rasch beim Abschied: »Nur keine Sorge, ich habe alles aufs beste arrangiert.«

Nun besichtigten Pola und ich die Stadt. Damals war Wien noch das Wien von Haydn, Mozart, Beethoven und Schubert, und neuerdings die Stadt von Brahms und Bruckner. Noch lagen die Strauß'schen Walzerklänge in der Luft, und seine Nachfolger, Lehár und Fall, erfreuten sich schwärmerischer Beliebtheit. Der alte Kaiser Franz Joseph blieb der absolute Monarch eines großen Reiches und der Abgott seiner Untertanen. Es wimmelte in Wien von Tschechen, Polen, Ungarn, Kroaten, Italienern; die reichen Familien aus Böhmen besaßen herrliche Stadtpalais, manche davon echte Sehenswürdigkeiten.

Wir fuhren in einem Fiaker durch die Stadt. Der Kutscher trug eine Melone und wirkte in seinem kurzen, mit Pelz besetzten Mantel mit der Nelke im Aufschlag sehr proper und gefiel uns seiner weichen wienerischen Aussprache und auch des Eifers wegen, mit dem er uns alles zeigte und erklärte.

Pola und ich kauften Blumen und fuhren zum Friedhof hinaus, um den großen Toten der Musik die Ehre zu erweisen. Ein Wächter führte uns an jene berühmte Stelle, wo wir mit angehaltenem Atem an den Gräbern von Haydn, Beethoven, Schubert und Brahms, Hugo

Wolf und Johann Strauß standen. Pola und ich schwiegen, überwältigt von der Dankbarkeit und Liebe, die wir für diese unsterblichen Genies empfanden. Auf dem Rückweg schwor ich mir, in dem Konzert mein bestes zu geben und mich ihrer würdig zu zeigen.

Am Nachmittag wurde ich von dem jungen zweiten Dirigenten dem Orchester mit ein paar freundlichen Worten vorgestellt. Ich dankte und sagte, ich wisse die Ehre zu schätzen, daß ich mit ihnen in eben jenem Saal auftreten dürfe, in dem Brahms als Dirigent und Solist gewirkt hatte. Man hieß mich herzlich willkommen, die Streicher klopften behutsam mit dem Bogen gegen ihre Instrumente. Als ich den Flügel öffnete, sah ich zu meinem Mißvergnügen, daß es nicht der gewünschte Bechstein war, sondern ein Bösendorfer, der in Wien hergestellt wird. Auf meine Proteste versicherte mir der Agent, er habe vergebens einen Bechstein aufzutreiben versucht. Ich war wütend.

»Das ist absoluter Unfug. Bechsteins haben mir immer einen Flügel zur Verfügung gestellt, und ich werde mich gleich nach der Probe darum kümmern.« Für jetzt blieb mir nichts übrig, als auf dem Wiener Fabrikat zu spielen, das sich als höchst brauchbar erwies. Die Probe ging gut, dem Orchester machte es Spaß, und der Dirigent zeigte sich als ausgezeichneter Begleiter. Wir brauchten keine drei Stunden.

Kaum war die Probe aus, eilte ich auch schon zur Vertretung von Bechstein. Zum Glück war noch jemand da. Ich fragte nach dem Geschäftsführer, und nach einem Weilchen kam ein großer, beleibter Herr herein von typisch preußischem Aussehen, mit hartem Rundschädel und den Schmissen, die man sich bei der Mensur holt, eine barbarische deutsche Sitte.

»Bitte, kann ich Ihnen behilflich sein?« fragte er sichtlich ungeduldig, denn es war spät. Ich erklärte ihm in wenigen Worten mein Anliegen. »Ich habe keinerlei Anweisungen von Berlin«, versetzte er kalt. »Sie haben gewiß einen Brief von Herrn Bechstein?«

»Nein, das habe ich nie benötigt«, sagte ich leicht gereizt, »Bechsteins und ihre Platzvertreter haben sich immer ein Vergnügen daraus gemacht, mir gefällig zu sein.«

»Das mag sein, doch ich benötige eine Anweisung aus Berlin.«

Jetzt wurde ich zornig. »Man wird in Berlin noch von mir hören! Ihr Verhalten ist empörend. Schließlich liegt es in Ihrem Interesse, daß Ihr Instrument in einem Konzert von solcher Bedeutung, noch dazu im Musikvereinssaal, gespielt wird. Im übrigen ist es mir gar nicht so unrecht, einen Bösendorfer nehmen zu müssen, das Instrument ist nämlich gut.« Und damit ging ich türenknallend ab.

Pola erwartete mich im Hotel und lachte über mein Rencontre mit dem ekelhaften Preußen. »Dem hast du es gezeigt«, sagte sie. »Aber findest du den anderen Flügel wirklich zufriedenstellend?« Ich versicherte ihr, daß er vortrefflich sei.

»Hast du von Lubomirski gehört?« fragte ich.

»Nein, noch nichts.«

Insgeheim war ich etwas unruhig. Der Fürst hatte in Krakau angekündigt, er werde zu meinem Konzert in Wien sein, und seither hatte er nichts mehr von sich hören lassen. Als ich das Hotel Sacher anrief, hieß es: »Der Fürst ist nicht im Hause«, was zweierlei bedeuten konnte: nicht im Hotel, oder nicht in Wien. Ich meldete mich nicht wieder, ich verabscheue aufdringliche Menschen. Die Probe am Sonntagmorgen verlief glatt, der Flügel hatte einen ausgezeichneten Klang.

Kurz vor Konzertbeginn ereignete sich eine kleine Unannehmlichkeit. Als ich um 19 Uhr 40 ins Künstlerzimmer trat (in Wien beginnen Konzerte um 20 Uhr), um mir in Ruhe die Hände anzuwärmen, die Krawatte zurechtzurücken, die Haare zu kämmen, packte mich Herr Kugel, riß mir Hut und Mantel weg und stieß mich mit den Worten aufs Podium: »Los, los! Sie sind zu spät! Das Publikum wartet schon geschlagene zehn Minuten!« Am Sonntag begann das Konzert eine halbe Stunde früher, doch hatte sich niemand die Mühe gemacht, mich darauf hinzuweisen! Man empfing mich mit mattem Beifall, und die Orchestermusiker warfen mir vielsagende Blicke zu, weil sie glaubten, ich hätte mich mit einem Weibsbild amüsiert und darüber das Konzert vergessen.

Das alles war mit dem majestätischen Beginn von Beethovens G-Dur-Konzert vorüber. Die große Vergangenheit des Saales und was ich gestern auf dem Friedhof empfunden hatte, inspirierten mich bei meinem Spiel. Dirigent und Orchester stimmten ganz mit mir überein, und am Ende gab es spontanen Beifall, echten Beifall. Nach kurzer Pause nahmen wir das Brahms-Konzert in Angriff. Hier war ich in meinem Element. Seit ich es zum ersten Mal gehört hatte, war es für mich »mein« Konzert gewesen, und an diesem Abend war mir, als säße Brahms unter den Zuhörern und ich spielte allein für ihn. Ich erhielt Ovationen. Ich verbeugte mich viele Male mit dem Dirigenten, dem Konzertmeister und dem Ersten Cellisten, der sein großes Solo herrlich gespielt hatte.

Während der Pause fiel mir ein sehr alter Herr im kurzen Gehpelz auf, der einen Schal um den Hals und einen Hut auf dem Kopf trug. Er kam etwas gebückt auf mich zu und stellte sich vor. »Mein Name ist Ludwig Bösendorfer, ich bin sechsundachtzig Jahre alt und gehe abends nicht mehr aus dem Haus, aber ich wollte mir doch den jungen Rubinstein anhören, der meinen Flügel ablehnt, während der große Anton Rubinstein meinen Flügel allen anderen vorzog.«

Ich schämte mich sehr, diesen reizenden alten Herrn so gekränkt zu haben, insbesondere, da sein Instrument mir zu meinem Erfolg verholfen hatte. Als ich mich entschuldigen wollte, tippte er mir leicht auf die Schulter. »Nehmen Sie sich das nicht zu Herzen, junger Mann. Ich weiß ganz gut, was dahinter steckt, und ich freue mich, daß Sie auf diese Weise mit meiner Marke bekannt geworden sind. Besuchen Sie mich morgen in meinen Verkaufsräumen, ich habe die eine oder andere Idee, die von Interesse für Sie sein könnte.«

Ich bedankte mich bei ihm, und er ging behutsam hinaus auf die Straße.

Das Saint-Saëns-Konzert tat seine Pflicht: prasselnder Beifall, lautes Rufen und eine Wiederholung. Pola hatte Tränen in den Augen. Es war für uns ein außergewöhnlicher Abend. Ein einziger Mißton hatte sich eingeschlichen: Fürst Lubomirski war nicht da, auch keine Botschaft, kein Zeichen, nichts. War das wiederum Fitelbergs Werk? Oder hatte ich etwas verdorben? Pola behauptete, ihre Anwesenheit sei schuld daran, doch zweifelte ich nicht, daß der Fürst an ihr keinen Anstoß nehmen würde – das sah ihm nicht ähnlich. Pola allerdings beschloß, tags darauf nach Warschau zurückzufahren; sie meinte, sie stünde mir im Wege.

Kapitel 55

Ludwig Bösendorfer empfing mich in seinem Privatkontor über dem Klaviergeschäft in der Herrengasse.

»Setzen Sie sich nahe zu mir, ich höre nicht mehr gut«, sagte er. »Sie wissen vielleicht, daß ich die Klavierfabriken meinen Freund Hutterstrasser verkauft habe, er ist jünger als ich und versteht etwas vom Geschäft. Ich besitze aber immer noch meinen Konzertsaal, den Bösendorfersaal. Können Sie eine weitere Woche in Wien bleiben?«

»Ich glaube schon.«

»Ja, dann möchte ich Sie dem Wiener Publikum in der einzig richtigen Form vorstellen, junger Mann. Mein Saal ist zwar für die gesamte Saison ausgebucht, aber ich kann einen Sänger auf den nächsten Herbst legen und Ihnen den kommenden Freitag für einen Klavierabend anbieten. Dazu verschicke ich eine persönliche Einladung an die Leute, die kulturell zählen, selbstverständlich auch an alle Musiker. Wie gefällt Ihnen das?«

Ich war von diesem Vorschlag des gütigen alten Herrn so ergriffen, daß ich nur wortlos nickte.

Er lächelte. »Ich tue das, mein lieber Junge, weil Sie mein Instrument so wundervoll zum Klingen gebracht haben.«

Ich eilte zurück ins Hotel, um Pola die Neuigkeit mitzuteilen. Am Empfang lag eine Nachricht für mich. »Fürst Lubomirski bittet Herrn Rubinstein für heute abend ins Sacher. Zehn Uhr, kein Abendanzug«. Mir fiel ein Stein vom Herzen. Die Abwesenheit des Fürsten, obwohl immer noch ein Rätsel, war also keiner Fitelbergschen Intrige zuzuschreiben. Pola reiste am späten Nachmittag ab. Ich ließ sie nur ungern ziehen, spürte aber, daß sie recht hatte.

Im alten Sacher, dem vornehmsten Hotel Wiens, führte man mich in ein kleines Speisezimmer, wo der Fürst mit zwei anderen Herren am gedeckten Tisch saß.

»Panie Arturze, ich freue mich, Sie zu sehen«, sagte der Fürst, eine Spur befangen. Er stellte mich seinen anderen Gästen vor, einem dicken rotgesichtigen Mann – »er hat die besten Rennpferde von ganz Österreich« – und einer sehr hübschen jungen Frau – »dies ist Rosy«. Sodann klingelte er dem Oberkellner. »Sie können jetzt servieren. Und stellen Sie den Champagner kalt.« Plötzlich lachte er laut heraus. »Sie werden es nicht glauben, Panie Arturze, seit zwei

Wochen habe ich die Karten für Ihr Konzert in der Tasche, und doch habe ich es gestern vergessen. Ha, ha!«

Ich lachte nicht mit, ich konnte nicht einmal lächeln. »Es hat mich sehr bekümmert, daß Sie nicht gekommen sind. Mit dem gestrigen Konzert wollte ich Ihnen danken für alles, was Sie für mich getan haben.«

Sogleich wurde er ernst. »Ich weiß, ich weiß, und ich bedauere es auch sehr – glauben Sie mir. Aber nun berichten Sie: Wie ist es gegangen?« Mein Bericht über das Konzert und Bösendorfers Pläne entzückten ihn.

»Ich habe immer gesagt: Wien ist die richtige Stadt für Sie.« Der Kellner hatte unterdessen Kaviar gebracht und Champagner eingeschenkt. Der Fürst hob sein Glas. »Auf Ihren Erfolg. Rosy, küsse ihn.«

Der Aufenthalt in Wien war kurzweilig. Am Vormittag übte ich für meinen Klavierabend in einem Raum, den Bösendorfers mir zur Verfügung stellten. Auf ein leichtes Mittagessen im Opernkeller – Wiener Würstel mit kaltem Kartoffelsalat – folgten Kaffee und Kuchen in einem Caféhaus der Innenstadt, wo sie einem noch einen Tisch zeigten, an dem Schubert »ein paar Lieder« komponierte. Sodann suchte ich das Kunsthistorische Museum oder die prächtigen Privatsammlungen der Liechtenstein, Harrach und Czernin auf. Dann war es Zeit für das Theater. Ich hatte das Glück, den großen Komiker Pallenberg, eine Operette von Lehár und ein oder zwei ausgezeichnete Dramen zu sehen. Jeden Abend erwartete Fürst Ladislas mich nach dem Theater in dem nun schon bekannten Speisezimmer des Sacher. Immer war Rosy dabei, manchmal auch der eine oder andere befreundete Rennstallbesitzer; an den Wänden des Zimmers hingen Stiche berühmter Pferde und Jagdszenen. Der Fürst verwöhnte mich regelrecht; die Nachtessen waren kulinarische Orgien. Wir begannen mit Champagner und Kaviar, kosteten darauf die Spezialitäten der Wiener Küche, und den Schluß bildete unvermeidlich die Sachertorte. Die berühmte Frau Sacher, die ihr Hotel und das Restaurant mit eiserner Hand regierte, fragte häufig persönlich, ob auch alles recht sei.

Eines Abends sagte der Fürst: »Ich habe für Sie in Berlin ein Konzert vereinbart, einen Soloabend im Beethovensaal. Ich möchte, daß Sie dem Berliner Publikum zeigen, was in Ihnen steckt!« Er hatte sich persönlich mit Hermann Wolff in Verbindung gesetzt; er wollte mich für den scheußlichen Vorfall mit Fitelberg entschädigen.

Zwei Tage darauf rief er mich bei Bösendorfers an. »Kommen Sie gleich ins Sacher, Skrzynski hat telegrafiert.«

Zehn Minuten später war ich dort. Der Fürst empfing mich im Schlafrock. »Was halten Sie davon?« Er reichte mir ein Telegramm. Ich weiß noch so ungefähr, was darinstand. »Konzertagenturen wollen Rubinstein für Italien nicht buchen weil unbekannt. Stop. Erbitte Nachricht falls er trotzdem nach Rom kommt. Halte selbstverständlich mein Versprechen. Gruß S.«

»Mich wundert das nicht«, sagte ich niedergeschlagen, »ich habe nichts anderes erwartet. Unter diesen Umständen lassen wir den Plan fallen.«

»Aber wieso denn!« rief der Fürst. »Ich bestehe darauf, daß Sie reisen! Sie können sehr wohl in Rom ein Konzert geben, dazu brauchen Sie keine Agentur. Und Skrzynskis wegen machen Sie sich keine Gedanken, der ist reich und freut sich, wenn Sie kommen. Ich bestelle jetzt eine Fahrkarte für Sie und telegrafiere, daß Sie nächste Woche eintreffen.« Und ohne mein Einverständnis abzuwarten, entließ er mich. »Ich muß mich umziehen. – Erscheinen Sie heute abend pünktlich zum Essen.«

Ganz wohl war mir nicht, doch freute ich mich sehr auf Rom.

Mein Klavierabend im Bösendorfersaal hatte den Glanz einer Festveranstaltung. Auf Bösendorfers Einladung hin hatte sich die Elite der Stadt eingefunden, darunter viele Musiker: Professor Leschetitzky mit seiner fünften Frau, einer Polin; der weltberühmte Pianist Moriz Rosenthal; der nicht weniger berühmte Emil Sauer; der Geiger Arnold Rosé, nach dem das Quartett benannt war; ferner der Kapellmeister der Wiener Hofoper Franz Schalk, und auf den vorderen Plätzen saßen die wichtigsten Kritiker. Die polnische Kolonie war gut vertreten, unter anderem durch zwei Minister. Fürst Ladislas hatte seine Verwandten eingeladen, die Fürstin Maria Lubomirska mit ihren Töchtern.

Man kann sich vorstellen, wie mich dieses einschüchternde Publikum nervös machte. Die ideale Akustik des Saales und der herrliche Klang des Flügels gaben mir Mut, und die Anwesenheit so vieler Musiker wirkte wie ein Stimulans. Einzig Professor Leschetitzky ärgerte mich: er beobachtete unentwegt meine Hände durch ein riesiges Fernglas. Um mich kurz zu fassen, ich spielte vortrefflich, und die Leute applaudierten herzlich; meine Zugaben lösten hier und dort Beifallsrufe aus, wie sie ein geladenes Publikum höchst selten äußert. Viele Leute drängten sich ins Künstlerzimmer, um mich zu beglückwünschen, darunter auch Rosenthal, der berühmt war für seinen Witz und seine scharfe Zunge. Zu meiner Überraschung sagte er mir nur freundliche und ermutigende Worte.

Der liebe alte Herr Bösendorfer fehlte mir sehr bei diesem Konzert, doch wollte er so spät nicht mehr ausgehen und schickte mir stattdessen seine Grüße.

Fürst Ladislas gab anschließend ein kleines Bankett für mich, an dem auch die Fürstin mit den Töchtern teilnahm und ein paar andere vornehme Gäste. Rosy war nicht eingeladen.

Ich hatte in Wien Fuß gefaßt; die Kritiker lobten mich einhellig, das Publikum kannte meinen Namen, und das Allerwichtigste: zwei Agenturen machten mir Angebote für die folgende Saison. Zum Abschied überreichte der Fürst mir eine Rückfahrkarte nach Rom und ein Schlafwagenbillet Erster Klasse.

Ich berichtete Pola ausführlich meine interessanten Neuigkeiten und bat sie, zu meinem Klavierabend Ende März nach Berlin zu kommen. Die Trennung würde lang sein – Pola fehlte mir jetzt schon.

Kapitel 56

Zum erstenmal ohne Nachbarn im Schlafwagenabteil eines Luxuszuges – es war ein geradezu wollüstiges Erlebnis. Ich konnte kein Auge zumachen, so behaglich und so beseligt fühlte ich mich, vermutlich hielt mich auch der aufregende Gedanke an Rom wach. Die lange Bahnfahrt war ein einziges Vergnügen, die Aufenthalte in Venedig, Bologna und Florenz erhöhten nur meine Vorfreude – allein die Namen dieser Städte klangen wie Musik in meinen Ohren.

Vor der Ankunft in Rom überkam mich ein gewisses Unbehagen. Wie würde Graf Skrzynski mich empfangen? Würde er mich etwa abzuwimmeln suchen, indem er mich einfach auszahlte und gleich wieder heimschickte? (Mir war diese Abrede immer zuwider gewesen; meiner Ansicht nach hatte der Fürst die Arglosigkeit des Grafen ausgenutzt und mich gegen meinen Willen zu seinem Komplizen gemacht.) Ich war auf das Schlimmste gefaßt, als der Zug hielt. Ich stieg aus und erblickte einen strahlenden Grafen Skrzynski.

»Wie schön, daß Sie doch gekommen sind, obschon diese Narren hier Sie nicht zu schätzen wissen!« Er nahm meinen Arm. »Sie wohnen im Excelsior, bei mir im Grand Hotel ist kein Platz mehr.« Auf dem Weg ins Hotel erzählte er mir seine Arrangements.

»Übermorgen spielen Sie im Ballsaal des Grand Hotel. Keine Sorge, der Saal ist sehr anständig und wird häufig für Vorträge und Konzerte gebraucht. Sie werden ein ausgewähltes Publikum vorfinden, ich habe nämlich ›tout Rome‹ eingeladen. Vor dem Konzert gebe ich ein Essen für zwanzig Personen, darunter vier Botschafter mit ihren Frauen. Wie finden Sie das?«

»Ich finde es wunderbar von Ihnen, sich soviel Mühe zu machen«, sagte ich ohne Überzeugung. Irgendwie wurde ich an die Bösendorfersche Veranstaltung erinnert, nur fehlten hier die Musiker. Als ich den Grafen danach fragte, sagte er: »In Rom bedeutet Musik die Oper, darum wollte auch niemand ein Konzert für Sie arrangieren. Nur Graf San Martino von der Academia Santa Cecilia hat ein gutes Symphonieorchester zusammengebracht und einen herrlichen Konzertsaal über dem Grab des Augustus errichtet. An ihn habe ich mich wegen eines Konzertes gewandt, doch er hat mir gesagt, er habe keinen Termin für Sie, und selbst wenn er einen hätte, würde er nie einen völlig unbekannten Künstler engagieren. Aber morgen wird er Sie kennenlernen – er kommt zu meinem Empfang und dem nachfolgenden Konzert.«

Wir waren beim Hotel angelangt. Er empfahl mich der Fürsorge des Empfangschefs, lud mich zum Essen ein und ging.

Ich hatte ein schönes Zimmer mit Bad und studierte nach dem Auspacken sogleich meinen Baedeker von Italien. Die mit vier Sternen ausgewiesenen Sehenswürdigkeiten wollte ich in der Ewigen Stadt zuerst aufsuchen. Ich machte mich so sorgsam ans Werk wie ein deutscher Pedant. Der erste Tag war den Ruinen des alten Rom vorbehalten. Eine Droschke brachte mich zum Forum Romanum – und hier erwachte neuerlich meine Leidenschaft für die Historie. Ich betrachtete jeden Stein ganz genau und war stolz darauf, einige lateinische Inschriften entziffern zu können. Den Triumphbogen, den man Titus für seinen Sieg über die Hebräer und die Zerstörung von Salomons Tempel errichtet hatte, sah ich mit Wehmut. Nach einem kleinen Imbiß in einer Trattoria setzte ich meine Pilgerfahrt durch die ruhmreiche Vergangenheit Roms fort. Im riesigen, ehrfurchtgebietenden Colosseum konnte ich mir leicht die Gladiatorenkämpfe vorstellen und die den Löwen vorgeworfenen Urchristen. Der Tempel der Vesta, die Via Appia Antica und die Katakomben mit den Gräbern der Märtyrer machten mir plötzlich wieder die Stunden mit Altmann lebendig, und ich vermißte ihn sehr.

Ich war so verzaubert, daß ich fast meine Verabredung mit dem Grafen vergessen hätte. Ich eilte ins Hotel, erfrischte mich, wechselte den Anzug und gelangte noch pünktlich in das Grand Hotel. Graf Skzynski kam sogleich herunter, und wir gingen in den Speisesaal. Während eines ausgedehnten diner à deux zeigte er mir die Liste der geladenen Gäste; es wimmelte nur so von Grafen und Baronen, kurz es war die denkbar größte Ansammlung von Konzertbanausen. Sodann gab er mir einen Überblick über den Stand der Dinge in Italien, politisch, gesellschaftlich, künstlerisch. Es war das glänzende Résumé eines bemerkenswert gescheiten Menschen. (Graf Skrzynski wurde nach 1918 polnischer Außenminister.) Empfang und Konzert hatte er so geschickt vorbereitet wie ein professioneller Agent. »Die Akustik ist ausgezeichnet«, sagte er, als er mir den Saal zeigte, »und hier ist die Adresse des hiesigen Bechstein-Vertreters, einer Madame Bretschneider. Sie kümmert sich um ein Instrument für Sie und wird Ihnen auch sonst behilflich sein.«

Ich kehrte sehr viel zuversichtlicher durch die Via Veneto in mein Hotel zurück. Meine Leser wird es erheitern, daß die jetzt so berühmte Via Veneto, mit ihren zahllosen Caféterrassen vom Excelsior bis zum Pincio, der Tummelplatz der Filmwelt und der Anhänger des Dolce Vita, damals eine stille vornehme Straße war, deren Hauptreiz der Palazzo Margherita bildete, der Wohnsitz der Königinmutter.

Am nächsten Vormittag suchte ich in der Via Condotti die Bechstein-Vertretung auf. Mme. Bretschneider, eine reizende alte Dame, zeigte mir das Instrument, das in gutem Zustand war. Sie versprach mir, den besten Klavierstimmer von Rom zu schicken. Welcher Unterschied zu dem Preußen in Wien!

Im Café Greco, wo schon Goethe, Byron, Shelley, Chateaubriand und Stendhal, Mickiewicz und Slowacki gesessen hatten, trank ich rasch einen Kaffee, dann enteilte ich Richtung Vatikan.

Ich kann nicht verschweigen, wie sehr mich der erste Anblick von Michelangelos Fresken an der Decke der Sixtinischen Kapelle überwältigte. Ich streckte mich auf dem Boden aus und betrachtete lange und staunend dieses Werk, das in genialer Weise konzipiert und ausgeführt ist. Es überschattete mir auch die schönen Gemälde von Botticelli, Ghirlandaio und anderen Malern in dieser Kapelle. Doch die Fresken von Raffael, diesem Mozart unter den Malern, und seine Stanzen bezauberten mich durch ihre Schlichtheit und die Zartheit des Ausdrucks.

Nachmittags besichtigte ich im Museo delle Terme eine große Skulpturensammlung. Schon begann ich mich zwischen all den Büsten der römischen Kaiser zu langweilen, als ich in einer Nische die herrliche Statue jener Venus Gallipygos entdeckte, die erst kurz zuvor in der Cyrenaika gefunden worden war. Ihr Leib war so vollkommen, daß ich mich nicht enthalten konnte, den Marmorhintern zu tätscheln, als wäre sie lebendig. Abends sah ich mir im vollbesetzten Salone Margherita eine Varietévorstellung an, mit Pasquariello, einem neapolitanischen Sänger als großer Attraktion. Die Besucher benahmen sich höchst merkwürdig. Während der ersten Nummern behielten die Männer den Hut auf dem Kopf, lasen riesige Zeitungen und achteten überhaupt nicht auf die Vorgänge auf der Bühne. Sobald Pasquariello auftrat, wurden die Hüte abgenommen, die Zeitungen zusammengefaltet, und die uninteressierten Leser verwandelten sich in ein lärmendes, beifallsfreudiges Publikum, und ich war einer der lautesten. Denn Pasquariello entzückte mich mit seiner warmen Stimme und seinen schönen Liedern. Ich erinnere mich noch an zwei von ihnen, und manchmal, wenn ich allein bin, spiele ich sie mir wehmütig vor.

Kapitel 57

Das Konzert, man sollte vielleicht lieber sagen: der ganze Empfang war ein Triumph für den Grafen Skrzynski und sein savoir-faire, und dieser Abend blieb lange Gespräch. Es hieß, die Speisen seien erlesen gewesen – ich bekam sie nicht zu sehen, denn wie gewöhnlich blieb ich vor einem Konzert nüchtern.

Als nach dem Essen die Gäste in den Ballsaal schlenderten, ertönten zahlreiche Ah's und Oh's, denn alle staunten, wie der Graf diesen öden Ort verändert hatte. Durch geschickte Plazierung der Blumen und des rot-goldenen Gestühls hatte er den großen Saal in einen eleganten Salon verwandelt. Meine Zuhörer saßen nicht aufgereiht wie im Konzert, sondern locker um mich her gruppiert. Nie habe ich unter günstigeren äußeren Voraussetzungen gespielt.

Die Träger der bedeutendsten Namen Italiens waren gekommen. Die Fürsten Colonna, Doria, Aldobrandini, Boncompagni, Rospigliosi vertraten Rom. Aus Venedig erschienen die wunderschöne Gräfin Annina Morosino und die lieblichen Schwestern Fürstin Potenziani und Gräfin Arrivabene. Der Herzog und die Herzogin von Trabia waren die vornehmsten Sizilianer. Vor allem in Italien spielte die Adelsgesellschaft immer noch die einflußreichste Rolle im Leben eines Künstlers.

Ich spielte ohne Unterbrechung mehr als eine Stunde lang. Die Toccata von Bach fand nur zögernden Beifall, der Erfolg stellte sich erst mit Chopin ein. Liszts Paraphrase auf den »Liebestod« aus »Tristan«, meine letzte Programmnummer, fand den größten Anklang.

Skrzynski stellte mich überall vor, ich erntete Komplimente und wurde auch in mehrere Häuser eingeladen. Graf San Marino wollte mich gerne als Solisten für eines seiner Symphoniekonzerte im Augusteo verpflichten.

»Sehen Sie? Jetzt hat er Sie kennengelernt«, sagte Graf Skrzynski, als ich ihm davon erzählte. »Morgen werde ich ihn auf sein Angebot festnageln.«

Dieser bedeutende Abend zeitigte aber noch ein zweites Ergebnis. Die Marchesa Rudini, eine wohlhabende junge Frau, gab einen Empfang zur Einweihung ihres neuen Hauses und bat um meine Mitwirkung. Sie hatte eigens einen Flügel des Palazzo Berberini gemietet, in dem sich eine leere Kapelle befand – ideal für ein Konzert, wie sie meinte. Skrzynski, den sie nach meinem Honorar fragte, verlangte ohne weiteres 2000 Lire, und sie ging mit Vergnügen darauf ein. Ich wurde über Nacht in Rom beliebt. Die Tage vor dem Rudini-Empfang waren angefüllt mit Einladungen, und ich weiß nicht, wo ich eigentlich die Zeit hernahm, bei Mme. Bretschneider zu üben und weitere Sehenswürdigkeiten zu besichtigen.

Graf Skrzynski freute sich, daß er mir zu meinem Debut im Augusteo noch während der Wintersaison verholfen hatte. »Diese Geizhälse wollen zwar nur 600 Lire zahlen, was kaum die Reisekosten deckt. Doch ich rate Ihnen, sagen Sie zu, denn dieses Konzert zählt. Schade, daß Luisa nicht in Rom ist.«

»Wer ist Luisa?«

»Die Marchesa Casati. Sie ist die interessanteste und charmanteste aller Römerinnen, und ich hoffe nur, sie kommt bald zurück.«

Eine Einladung in die amerikanische Botschaft bewies mir, daß der Botschafter eben jener Mr. Leishman war, den ich aus Paris kannte. Sowohl er als auch seine Frau begrüßten mich wie einen alten Freund, und Gräfin Gontaut-Biron, ihre Tochter, wußte Neuigkeiten von Armand. Mrs. Leishman forderte mich auf, mich in der Botschaft wie zu Hause zu fühlen.

Der Empfang der Rudini war eine glanzvolle Affäre, der Clou der Saison. Die Gäste gelangten durch fünf oder sechs königliche Gemächer, deren Wände und Decken mit schönen Fresken verziert waren, in die mit kostbaren Tapisserien ausgeschlagene Kapelle. Ein Podest und Stühle verliehen ihr den Anstrich eines Konzertsaales. Die Gäste kamen gemessenen Schrittes herein und nahmen Platz. Nie im Leben habe ich ein eleganteres Publikum gesehen. Skrzynskis Gäste, die auch hier eingeladen waren, wurden dreifach übertrumpft.

Ich spielte ein ganzes Programm und kündigte jede Nummer vorher an. Und dieses »de luxe« Publikum lauschte aufmerksam und reagierte mit dem Herzen. Sie bewiesen ihre angeborene Liebe zur Musik, die Italiener – ich spürte es beglückt.

Nach der Beethoven-Sonate erhielt ich eine Ovation; Schumann, Chopin und Liszt riefen ganze Salven von Applaus und zunehmende Begeisterung hervor.

Nach dem Konzert wurde in drei Räumen vom kalten Buffett gespeist. Dora Rudini, die blaßgesichtige, dunkelhaarige, schöne Gastgeberin, strahlte. Sie stellte mich bedeutenden Persönlichkeiten vor, so dem Maestro Sgambati, dem berühmten Pianisten und Komponisten, dem Freunde Liszts und Wagners, und Modest Tschaikowsky, dem Bruder des russischen Komponisten. Ich fand beide faszinierend, und auch sie schienen an mir Gefallen zu finden. Tschaikowsky sprach über seinen Bruder und über russische Musik, Sgambati erzählte sehr lustig von Wagner und Liszt. Wir blieben lange beisammen an diesem denkwürdigen und bedeutenden Tag meines Lebens.

Kapitel 58

Die Morgenpost brachte mir mein Honorar von Rudinis, und kaum hielt ich es in den Fingern, beschloß ich auch schon, nach Neapel zu fahren; der Baedeker brannte mir förmlich in der Hand. »Neapel sehen und sterben«, heißt es, ich aber änderte das ab in »Wer Neapel nicht sieht, stirbt daran«. Als ich Skrzynski beim Essen von meinem Plan sprach, lachte er.

»Warum alles auf einmal?« fragte er. »Später werden Sie reichlich Gelegenheit finden, sich Italien in aller Ruhe anzusehen.«

Ich jedoch barst vor Ungeduld. »Meiner Ansicht nach soll man im Leben überhaupt nichts aufschieben. Wer sich zu etwas gedrängt fühlt und Gelegenheit hat, den Wunsch zu befriedigen, soll ohne Zögern zugreifen. Glückliche Augenblicke sind Himmelsgeschenke und werden nur ein einziges Mal geboten.«

Er betrachtete den schwärmenden jungen Künstler mit nachsichtigem Lächeln.

»Aber bleiben Sie nicht zu lange in Neapel, und sagen Sie mir Bescheid, wenn Sie wieder da sind. Meine liebe Freundin Luisa Casati kehrt demnächst nach Rom zurück, und ich möchte Sie ihr vorstellen.«

Ich reiste noch am selben Abend; die Fahrt nach Neapel dauerte mit dem Zug zwar nur sechs Stunden, doch wollte ich nicht einen kostbaren Tag an die Bahnfahrt verschwenden. Also kam ich früh um sieben Uhr an. Französisch und Englisch, mit deren Hilfe ich mich in Rom hatte durchschlagen können, nützten mir hier nichts, und den neapolitanischen Dialekt verstand ich so gut wie überhaupt nicht. Ich mußte mich mit Gebärden verständlich machen. Ich dirigierte den Kutscher und seinen schwächlichen Gaul zu einem schlichten, im Baedeker mit einem Stern ausgezeichneten Hotel. Zum Glück hatte mein Zimmer eine herrliche Aussicht auf die Bucht mit dem Vesuv zur Linken. Ich frühstückte unten und wartete, bis um neun Uhr das Museo Nazionale öffnete mit der besten Sammlung von Bronzen und Skulpturen, die in Pompeji und Herculaneum gefunden worden waren. Diesmal wählte ich eine Droschke mit einem kräftigeren Gaul und sagte: »Museo Nazionale, Museo Nazionale!« Der Kutscher nickte schmunzelnd: »Si, signore«, und der Gaul trabte munter los. Dem Kutscher mußte ich gefallen, denn er erklärte unermüdlich die Sehenswürdigkeiten, an denen wir vorüberfuhren, ganz besonders jene, die mich überhaupt nicht interessierten. »Garibaldi! Garibaldi« schmetterte er, oder »Grande Magazzino« und deutete dabei auf ein Kaufhaus. In einer engen Gasse hielt er plötzlich an, wies aufgeregt auf ein Haus und drängte mich, auszusteigen. In der Annahme, hier sei jemand geboren oder gestorben, der im Leben des Kutschers eine wichtige Rolle spielte, folgte ich ihm. Unten an der Treppe stand ein kleines Mädchen von vielleicht zehn Jahren, das mich anlächelte. »Bella ragazza, bella ragazza!« rief der Kutscher und verdrehte verzückt die Augen. Daraufhin erschien plötzlich ein fettes Weib, schob mir die Kleine hin und wiederholte dauernd: »Mia figlia, mia figlia«. Da sie meine Gleichgültigkeit bemerkte, knöpfte sie das Kleid des Mädchens auf und nötigte mich, den kleinen Busen zu betasten, der hart war wie Stein. Und das alles um neun Uhr früh!

Geliebtes Neapel. 1910 war es von allen sündhaften Städten die schönste.

Ich herrschte den Kutscher an: »Museo Nazionale!«, und er gehorchte betrübt.

Die Bronzen von Pompeji und Herculaneum schienen mir Kunstwerke von höchstem Rang. Die alten Bildhauer waren einzigartig. Während ich einen Reiter (Cäsar?) bewunderte, kam mir plötzlich die Erkenntnis, daß verglichen mit Musik und Malerei die Bildhauerkunst im Laufe der Jahrhunderte sich eigentlich wenig entwickelt hat.

Im ersten Stock füllte eine Sammlung von Gemälden und Tapisserien viele Räume, doch ich nahm nur *ein* Bild in mich auf, nämlich Tizians Danae; alle anderen sind mir aus dem Gedächtnis entschwunden. Wenn ich nur dieses eine Bild besäße und sonst nichts, so wäre mein Leben doch hundertfach bereichert.

Den Rest des Tages verbrachte ich in Pompeji. Ich stürzte mich mit Lust in die ruhmreiche Vergangenheit und fühlte mich für Stunden als ein edler Patrizier jener Tage. Die zahllosen pornographischen und obszönen Funde beweisen leicht, daß das Neapel, das ich sah, die Gewohnheiten der Alten beibehalten hatte. Abends schien die Stadt sich in ein riesiges Bordell zu verwandeln. An jeder Ecke wurde ich von Zuhältern angesprochen. Kutscher wollten mich zu sensationellen Lustbarkeiten fahren, und aus vielen Fenstern winkten junge Frauen aufmunternd herunter. Ich entkam diesen bedrohlichen Lockungen unversehrt dank den väterlichen Mahnungen meines Freundes Baedeker. Er riet mir, lieber den Vesuv zu ersteigen und nicht aus Neapel abzureisen, ohne die Insel Capri besucht zu haben.

Ich unterwarf mich vertrauensvoll seinem besseren Urteil.

Am nächsten Morgen bestieg ich einen Omnibus nach Torre del Greco, um von dort aus den Vulkan zu erklimmen. Auf den ersten Blick wirkte der Berg so abweisend, daß ich schon aufgeben wollte. Da näherte sich mir ein Mann aus dem Dorfe mit einem ganz gefälligen Angebot: Er wollte mich auf einem Pferd bis an den Kraterrand führen. Der Preis schien angemessen, also schlug ich ein. Anfangs machte mir als gutem Reiter Spaß, wieder auf einem Pferd zu sitzen, obwohl es nur langsam voranschritt; dem schwerfälligen Gaul mußte ich mit meinem von Paderewski geschenkten Stöckchen Mut machen. Dann verdroß mich sehr, daß nach einem Weilchen der Führer aufhörte, vor dem Pferd herzugehen, sich vielmehr an dessen Schweif hängte und von dem armen Tier den steilen Pfad hinaufschleppen ließ. Auf meine Vorhaltungen gab er mir zu verstehen, er könne mein Pferd nur unbelästigt lassen, wenn ich für ihn ein zweites bezahle. Unwillig ging ich darauf ein. Er rannte zurück ins Dorf und kam nach einer halben Stunde auf einem Maultier zurück. »Zum selben Preis«, sagte er spöttisch. Auf halbem Wege deutete er auf eine Hütte und saß ab; ich ebenfalls. »Lacrimae Christi«, sagte er feierlich, und ich erwartete eine kleine Kapelle zu finden. Stattdessen war es eine Kneipe. Der Schankwirt erklärte mir auf Französisch, der hiesige Wein werde Lacrimae Christi genannt, und es sei Sitte, ihn beim Aufstieg zu trinken. Mein Führer nickte bestätigend. Der Schankwirt öffnete eine Flasche und goß drei Gläser voll, der Wein war süß und schwer. Als ich zahlen wollte, sagte der Wirt: »Er zahlt.« Mein Führer leerte die Flasche, und wir setzten den Aufstieg fort. Wir kamen noch an eine zweite Kneipe und kauften noch eine zweite Flasche Lacrimae Christi.

Endlich waren wir fast oben, das letzte steile Stück mußte ich zu Fuß zurücklegen. Schon beim ersten Schritt merkte ich, daß man hier nicht auf festen Boden trat, sondern auf lockere Asche. Ich sank bis zum Knie ein und versuchte erfolglos, vorwärts zu kommen. Der Führer allerdings bewegte sich wie ein Wiesel in der Asche fort. Er hielt mir von oben ein Seil hin, nach dem ich greifen sollte – Kostenpunkt 20 Lire, wie er sagte. »Nie!« rief ich und litt die Qualen des Sysiphus. Schließlich aber packte ich, völlig erschöpft, doch das Seil. »Dafür wirst du noch bezahlen, du Schuft«, knurrte ich vor mich hin, doch lachte er ob dieser Drohung nur. Nun näherte ich mich behutsam dem Kraterrand und blickte hinunter. Plötzlich ertönte ein polterndes Geräusch, Steine wurden aus der Tiefe hochgeschleudert, Flammen drohten über mir zusammenzuschlagen, und ich fühlte die Erde unter mir beben. Ich kreischte auf, der Spazierstock von Paderewski entglitt meinen Fingern, fiel in die Flammen, und ich rutschte schreckerfüllt den Aschenhang hinab. Pferd und Maultier warteten dort ungerührt und augenscheinlich an dies alles längst gewöhnt. Mein Folterknecht gab mir voll Seelenruhe zu verstehen, daß der Vesuv stets tätig sei und derlei Vorkommnisse die Harmlosigkeit selber blieben.

Stumm ritten wir zurück. In Torre del Greco bat er mich zum Bezahlen in sein Büro. Das Büro war ein Loch, in dem fünf oder sechs wie Banditen aussehende Männer an einem Tisch Wein tranken. Es waren die lieben Freunde meines Führers, und sie hatten, wie mir schien, für mich nicht viel übrig. Als der Lump mir die Rechnung präsentierte, fiel ich vor Schreck beinahe um. Jeder Posten war um ein Mehrfaches teurer angeführt als vereinbart, so hatte er mir auch vier Flaschen von den scheußlichen Christustränen aufgeschrieben. Als ich entrüstet protestierte, schienen seine Freunde daran Anstoß zu nehmen. »Zahl lieber gleich«, riet ich mir selber und befolgte diesen Rat eiligst.

Im Hotel warf ich meinem Baedeker einen verachtungsvollen Blick zu. Dennoch konnte ich seine Empfehlung betreffend Capri nicht ignorieren. In meinem Hotel (Hotel del Vesuvio – war das ein Omen?) gab es eine Art Reisebüro, wo man auch eine Tagesfahrt nach Capri buchen konnte. Eingeschlossen im Preis war die Schiffsfahrt, eine Mahlzeit auf Capri, ein Besuch in der berühmten Blauen Grotte, eine Stadtrundfahrt und eine Besichtigung der Ruinen der Villa des Tiberius.

Um neun Uhr früh sollte es losgehen, Rückkehr um sieben Uhr abends. Herrliche Sehenswürdigkeiten erwarteten mich – ich hatte von dieser paradiesischen Insel schon viel gehört.

Das mittelgroße Schiff glich denen, die zwischen Dover und Calais hin und her fahren. Der Morgen war sonnig und klar, die See ruhig, die Luft frisch, aber nicht kalt. Ich gesellte mich zu den erwartungsfrohen Touristen auf dem Oberdeck.

Plötzlich redete mich ein hochgewachsener Mann mit Seglermütze, der sich etwas abseits hielt, auf Englisch an. »Ist das Ihr erster Besuch auf Capri?«

Ich nickte.

»Sie sehen aus wie ein Künstler?« Und als ich antwortete, ja, ich sei Musiker, sagte er: »Wie interessant. Das habe ich mir doch gleich gedacht.« Er sah aus wie Mitte vierzig, und obschon er vielleicht eine Spur aufdringlich und redselig war für einen Engländer, wirkte er wie ein Gentleman.

»Ich lebe für gewöhnlich in England«, fuhr er fort. »Ich schreibe Bücher. Zwei Monate im Jahr wohne ich auf Capri, um dem fürchterlichen englischen Klima zu entgehen. Erzählen Sie von sich.«

Ich schilderte ihm meine Besteigung des Vesuvs, und er lachte. »Diese hinterlistigen Neapolitaner! Man muß sich vor ihnen in acht nehmen, sie sind gefährlich.«

Die Unterhaltung wandte sich dann der Literatur zu, meinem Lieblingsthema. Er legte große Kenntnisse der französischen und russischen Literatur an den Tag, ich meinerseits gab meiner Bewunderung für Dickens und Wilde Ausdruck, und so verflog die Zeit in angenehmem Gespräch. In Capri angelangt, sagte er zu mir: »Gehen Sie nicht mit dem großen Haufen in die Blaue Grotte, das verdirbt Ihnen den ganzen Spaß. Wenn Sie wollen, fahre ich mit Ihnen in einem Kahn hin ,– wir können dann richtig einfahren, die Touristen bekommen die Grotte nur von außen zu sehen.«

Ich nahm sein Angebot dankbar an. Es war jetzt Mittag, und ein Führer sammelte die Touristen ein. »Am besten essen wir jetzt, während die Touristen unterwegs sind, und wenn sie zurückkehren, gehen wir los«, sagte mein neuer Freund.

Der Besuch der Grotte war denn auch ein reiner Genuß. Unser Kahn, von einem sachkundigen Mann gerudert, drang durch eine schmale Öffnung in die Grotte vor und führte uns einmal im Kreise über das saphirblaue Wasser. Wieder an Land, mietete mein Cicerone eine Kutsche und zeigte mir die Gassen, Plätze und Brunnen des Ortes. Als wir in einem Café Eis aßen, bemerkte ich an einem der Tische Maxim Gorkij, der, in ein Buch vertieft, Tee mit Zitrone aus einem Glas trank. Meine zudringliche Neugier störte ihn nicht im mindesten, immerhin fehlte mir der Mut, ihn anzusprechen.

Die Uhr zeigte Viertel vor sechs, und ich wollte aufbrechen, doch da gebot mein neuer Freund mir Einhalt. »Unmöglich können Sie gehen, ohne Anacapri bei untergehender Sonne bewundert zu haben, und Sie müssen auch Neapel und Ischia von hier sehen – im Dunkeln glitzern sie wie Brillanten. Das allein lohnt schon den Besuch der Insel, und bis zur Abfahrt Ihres Schiffes bleibt Ihnen ohnedies noch reichlich Zeit.«

Ich mußte mich fügen, und so fuhren wir denn in einer offenen Kutsche eine Straße entlang, die hoch über dem Meer aus dem Felsen herausgehauen war. Es war überwältigend schön.

Wir rollten friedlich dahin, bis ich plötzlich merkte, daß mein Cicerone sich schwer gegen mich lehnte. Ich rückte weg, doch er schmiegte sich immer enger an mich, als säße er neben einer Frau. Verlegen und angsterfüllt erklärte ich, ich fühle mich nicht wohl und er möge bitte umdrehen. Er begriff und befahl dem Kutscher zum Hafen zu fahren. Schon dunkelte es, und wir kamen nur langsam vorwärts. Am Hafen erwartete mich eine unliebsame Überraschung – das Schiff war abgedampft. Der Mann mit der Mütze hatte es absichtlich so eingerichtet, daß ich zu spät eintraf.

»Keine Aufregung«, sagte er. »Morgen früh um neun geht wieder ein Schiff. Das Hotel ist besetzt, Sie können aber bei mir übernachten, ich habe zwei Zimmer. Machen wir uns frisch und essen wir – ich habe großen Hunger.« Und als er mein bekümmertes Gesicht sah, fügte er noch hinzu: »Nur Mut! Sie sind morgen mittag wieder in Neapel.« Ich schwieg, denn mir war unbehaglich.

Wir stiegen ein Treppchen zu seiner Wohnung empor, dann ging er voran durch ein großes Zimmer und öffnete die Tür zu einem kleineren Zimmer. »Hier können Sie schlafen«, sagte er mit einladendem Lächeln. Ich erschrak. Das kleine Zimmer hatte nur diese eine Tür, die in seinen Schlafraum führte. Und kein Schlüssel steckte im Schloß! Doch ich verhielt mich ruhig. Wir wuschen uns die Hände und gingen hinunter zum Essen. Ich wußte immer noch nicht: Ist das ein echter Gentleman, der dich versehentlich für einen Homosexuellen gehalten hat, oder sitzt dir ein Sexualverbrecher gegenüber, der es auf dich abgesehen hat?

Ich beschloß zu fliehen. Beim Essen schützte ich plötzlich Kopfschmerzen vor und zog mich auf mein Zimmer zurück. Er blieb ungerührt bei Tische sitzen. Ich organisierte meine Flucht. Als erstes verbarrikadierte ich die Zimmertür von innen mit einer schweren Kommode, zwei Stühlen und den übrigen dazu geeigneten Möbeln. Sodann prüfte ich das Fenster, meinen einzigen Fluchtweg. Das Zimmer lag im ersten Stock, nicht sehr hoch über dem Boden, ich konnte schlimmstenfalls springen. Ich legte mich angekleidet nieder, allerdings blieb der Schlaf mir fern. Nach einer Stunde sah ich, wie die Klinke sich auf und ab bewegte. Sodann klopfte es, und jemand drückte gegen die Tür. Als er merkte, daß die Tür verstellt war, hörte er auf, da er nichts erreichen konnte, ohne einen Skandal heraufzubeschwören. Ich wagte nicht, mich zu rühren oder zu schlafen, und es wurde eine der längsten Nächte meines Lebens.

Um fünf Uhr früh wachte der Hafen auf. Von meinem Fenster aus beobachtete ich, wie zwei größere Schiffe ihre Abfahrt vorbereiteten, die kurze Sirenenstöße ankündigten. Jetzt war keine Zeit zu verlieren. Ich kletterte aus dem Fenster, hangelte mich zu einem Balkon, von dem aus ich den Korridor erreichte, rannte die Treppe hinunter und fragte den verschlafenen Nachtportier, wohin die Schiffe führen. »Napoli! Napoli!« sagte er. Hurra! Für einige Lire nahm mich der eine Fischdampfer mit, und vier Stunden später war ich in Neapel. Im Hotel del Vesuvio hieß es, in einer Stunde gehe ein Zug nach Rom. Ich nahm ihn. In meinen Baedeker habe ich nicht mehr geschaut, weil ich fürchtete, ich könnte doch noch die eine oder andere Vier-Sterne-Sehenswürdigkeit verpaßt haben.

Kapitel 59

Wieder in Rom, zog ich vom Hotel Excelsior um ins Bertolini Splendid am Corso Umberto 1; es war wesentlich billiger und lag an der belebtesten Straße Roms. Als ich mich mit meiner neuen Adresse beim Grafen Skrzynski meldete, zeigte er sich sehr erfreut. »Sie kommen gerade zur rechten Zeit. Luisa ist zurück und hat mich zum Tee gebeten. Begleiten Sie mich. Ich habe ihr schon von Ihnen erzählt, und sie möchte Sie kennen lernen.«

Wir fuhren zu einer großen modernen Villa. Ein Butler öffnete. »La Signora Marchesa si trova nella sua camera«, sagte er und wies uns den Weg. Nach Skrzynskis Andeutungen erwartete ich eine unwiderstehliche blonde oder schwarze Schönheit, und so konnte ich einen Schreckensschrei kaum unterdrücken, als im Salon ein Gespenst saß mit lilafarbenem Haar, unheimlich geschminkten Augen und gelben Stockzähnen! Ich kannte diese Dame – sie hatte mich schon einmal im dunklen Leseraum des Münchner Hotels Vier Jahreszeiten zu Tode erschreckt. Luisa Casati hatte ein blendendes Gedächtnis. Sie lächelte mir zu: »Keine Angst. Schreien Sie nicht auf, wie damals in München. Ich tue Ihnen nichts.« Sie sagte das so charmant und gewinnend, daß sie mich sogleich bezauberte. Sie war eine eindrucksvolle Person (ich erwähne das ohne Sarkasmus) und bemerkenswert gescheit. Wir freundeten uns an diesem Nachmittag miteinander an und die Freundschaft hat über Jahre gehalten. Sie wolle einen Empfang für mich geben, ob ich für sie spielen würde? Skrzynski flüsterte ihr ein paar Worte ins Ohr, worauf sie antwortete: »Aber selbstverständlich, daran kann kein Zweifel sein!«

Der Graf sagte mir später auf der Straße: »Sie haben schon wieder ein Honorar in der Tasche.« Er lernte schnell – in ihm steckte das Zeug zu einem erstklassigen Impresario.

Sogleich nach dem Casati-Empfang wurde ich in Berlin erwartet, und hier sollte auch Pola zu mir stoßen. Mir blieben nur noch fünf Tage für Rom, und ein gewissenhafter Pianist hätte sie genutzt, um sein kommendes Konzert vorzubereiten, doch ich nicht. Dabei hatte ich für Berlin ein schwieriges Programm zusammengestellt, allerdings lauter Nummern, die ich häufig gespielt hatte, und man kann das Vorbereiten ja auch übertreiben. Von meiner angeborenen Leichtfertigkeit angestachelt, beschloß ich, Italien besser kennenzulernen. Im Frühzug nach Florenz wählte ich einen Fensterplatz im Abteil Erster Klasse – schließlich hatte ich meine Rückfahrkarte nach Wien in der Tasche! Mir gegenüber saß ein feiner alter Herr, der mich bei Rudinis spielen gehört hatte. Er stellte sich vor, lobte mich ein wenig und begann eine freundliche Unterhaltung. Die Plätze an der Tür wurden nach einem Weilchen von einem polnischen Ehepaar in mittlerem Alter eingenommen, und im letzten Augenblick ließ sich ein atemloses deutsches Ehepaar auf die Mittelplätze fallen. Der Zug fuhr ab, und bald schon entwickelte sich ein lustiges Quidproquo.

Der Franzose und ich stritten lebhaft über Malerei. Um meiner Meinung Nachdruck zu geben, warf ich die Arme in die Luft und rief: »Mais, monsieur, Michel-Ange est le plus grand de tous!« woraufhin mich die polnische Dame mißbilligend musterte. »Patrz jak ten smarkacz sobie pozwala z tym starszym Panem« (Hör nur, wie unverschämt dieser Lümmel mit dem alten Herrn redet), sagte sie zu ihrem Mann. Und weiter auf Polnisch: »Die jungen Franzosen sind so ungebildet, sie haben überhaupt kein Benehmen. Wenn das mein Sohn wäre, so würde ich ihn übers Knie legen und ihm eine Lehre erteilen.« Und dann noch: »Wie gemein er aussieht, weiß Gott, wer seine Eltern sind.«

Ich amüsierte mich und blieb ganz ruhig. Es kam noch besser. Ich hatte mir beim Spielen in Rom einen Finger verletzt und betupfte ihn von Zeit zu Zeit mit Alkohol. Die deutsche Dame beobachtete mich und fragte dann in ihrer Sprache: »Was haben Sie? Tut der Finger sehr weh?«

Ich sagte ihr auf Deutsch, worum es sich handelte, und sie entgegnete: »Mein Mann ist Apotheker, er kann Ihnen helfen.« Der Mann holte eine Dose aus dem Koffer, untersuchte meinen Finger und legte etwas Linderndes auf die Wunde. Ich bedankte mich höflich auf Deutsch. Kaum hatten die Deutschen mich angeredet, wurde die polnische Dame ganz aufgeregt.

»Ich wußte es, ich wußte es«, sagte sie mit höhnischem Lächeln zu ihrem Mann, »to jest ordynarne szwabisko! Ein ordinärer Schwabe! Wie konnte ich ihn nur für einen jungen Franzosen halten, einzig die Deutschen sind so ordinär und arrogant.«

Ich amüsierte mich mehr und mehr und wartete ab. Seinem Gespräch entnahm ich, daß das polnische Paar aus Krakau kam. Der

Franzose und ich hielten unseren Dialog in Gang, und hin und wieder machte ich auch eine Bemerkung zu meinen deutschen Nachbarn. Kurz vor der Ankunft in Florenz öffnete ich eine Schachtel Konfekt und bot den Mitreisenden davon an. Der Franzose bediente sich, die Deutschen ebenfalls, doch die Polin lehnte mein höfliches Angebot mit einer verachtungsvollen Geste ab. »Es sieht ja verlokkend aus«, sagte sie auf Polnisch zu ihrem Mann, »aber ich kann von diesem Flegel unmöglich etwas annehmen.« Als der Zug hielt, sprach ich beim Aussteigen die Dame auf Polnisch an: »Und was tut sich in Krakau, Madame?« Sie schaute mich entsetzt an und stieß ein langgezogenes »Ooooohhhh!« aus. Der Gatte beschenkte sie mit einem mordlustigen Blick und führte sie rasch fort. Ich erzählte dem Franzosen mein kleines Erlebnis, und wir lachten beide Tränen.

Florenz war herrlich. Ehe ich gewissenhaft die Besichtigung der Vier-Sterne-Sehenswürdigkeiten absolvierte, schlenderte ich stundenlang durch die Straßen, erforschte den Lungarno, die Piazza della Signoria, den Ponte Vecchio und ließ den Zauber dieser Stadt auf mich wirken. Die zarten Botticelli in den Uffizien, die raffinierten Donatelli im Bargello und die delikaten glasierten Tonreliefs des della Robbia fand ich wunderschön. Der elegante Perseus des Benvenuto Cellini rührte mich besonders an, denn ich erinnerte mich, wie er die Entstehung dieses Werkes in seiner Lebensbeschreibung schildert. Die Fresken des Fra Angelico hingegen ließen mich kalt. Ich habe für primitive Kunst nie etwas übrig gehabt, als einzige Ausnahme lasse ich Giotto gelten. An jenem großen Tag machte mir allerdings der unvergleichliche David des Michelangelo den tiefsten Eindruck. Voll aufrichtiger Dankbarkeit, daß ich die Kunstschätze und dieses Juwel von einer Stadt hatte sehen dürfen, setzte ich die Reise nach Venedig fort. Still in eine Ecke des Abteils gelehnt, versuchte ich, mir die Geschichte der Stadt der Dogen ins Gedächtnis zu rufen. Was Baedeker darüber berichtete, reichte mir nicht. Jetzt war es an mir, ihm das eine oder andere beizubringen. Ich merkte mit Vergnügen, daß meine eigenen Kenntnisse die seinen bei weitem übertrafen.

In Venedig fühlte ich mich wie zu Hause. Ich liebte die Stadt, wie man eine Frau liebt. Ich hatte ihre Vergangenheit hingebungsvoll studiert, ich wußte alles, was man von ihr wissen kann. Ihre großen Maler waren meine Lieblingsmaler; alte Chroniken, Romane, ja jede Nachricht über Venedig interessierten mich, sogar die langatmigen Erinnerungen des Casanova.

Als der Zug langsam in den Bahnhof eingelaufen war, hastete ich zum Canale Grande und sprang in eine Gondel. »Al albergo Luna«, befahl ich. In meinem jetzt viel geläufigeren Italienisch fing ich gleich an, mit dem Gondoliere zu streiten. Er wollte die übliche Abkürzung durch die engen Kanäle nehmen, ich aber war entschlossen, in die Stadt meiner Träume auf dem einzig angemessenen Wege Einzug zu halten, nämlich durch den Canale Grande, ungeachtet seiner Länge. Einige Lire bekehrten den Gondoliere zu meiner Meinung, und nun glitten wir auf dem Wasser dieses berühmten Kanals dahin.

»Ecco il ponte del Rialto!« Ich grüßte die bekannte Brücke, indem ich den Hut zog. Einen nach dem anderen rief ich die Palazzi bei Namen, als feierte ich Wiedersehen mit alten Bekannten. »Il Vendramin, dov è morto Wagner«, rief ich. »La Bella Ca' d'Oro! Il Palazzo Mocenigo! Il Palazzo Papadopoli! Il Desdemona, il Dario!« und so fort bis hin zum Hotel. Eine Minute, um mich einzuschreiben und mein Gepäck abzustellen, dann eilte ich bereits zur Piazza – zur Piazza San Marco selbstverständlich, dem schönsten aller Plätze. Ich war ergriffen, daß er wirklich den alten Gemälden glich und auch meinen hochgetriebenen Vorstellungen völlig entsprach; so setzte ich mich unverzüglich an einen Tisch des Café Florian und bewunderte die goldene Aureole des Sonnenuntergangs über den Kuppeln des Markusdoms.

Ich erlebte hier einen Augenblick Ewigkeit – so bezeichne ich jene seltenen Momente, da die Zeit ihre Bedeutung verliert. Ob sie nun eine Stunde dauern, einen Tag oder ein Jahr, nichts kann ihrer Schönheit Abbruch tun.

Zwei ganze Tage wanderte ich durch dieses Paradies für Spaziergänger (das Wort Fußgänger verabscheue ich). Fragte ich einen Vorüberkommenden nach dem Weg, weil ich mich in den engen Gassen und zwischen den Brückchen verlaufen hatte, hieß es unweigerlich: »Sempre diritto, passa il ponte e dopo domanda!« Folgte ich diesem Rat, so verlief ich mich endgültig, doch fand ich immer wieder zur Piazza zurück.

Dann wurde es Zeit für den Casati-Empfang in Rom, und ich mußte auch an das Konzert in Berlin denken. Ich hatte Pola ausführlich über Venedig geschrieben und ihr gesagt, wie sehr sie mir fehlte in dieser Stadt der Liebe, ich bat sie noch einmal, mich ja in Berlin zu treffen.

Der Abschied von Venedig war der Abschied von einer lieben Freundin. Nirgends auf der Welt konzertiere ich lieber und fühle mich mehr zu Hause als in dieser Stadt.

In Rom hieß es sich sputen. Ich übte mehrere Stunden intensiv bei Madame Bretschneider; die Tage ohne Klavier machten sich bereits bemerkbar.

Luisa Casatis Empfang war in mancher Hinsicht interessanter als die anderen Empfänge: Außer dem Adel befanden sich unter den Gästen hauptsächlich Intellektuelle und Musikliebhaber, und dieses Publikum trifft man auch in Konzerten. Ich spielte daher, als wäre ich auf der Generalprobe meines Berliner Konzerts. Skrzynski bat mich am Tage meiner Abfahrt zum Lunch ins Grand Hotel und überreichte mir 2000 Lire Honorar für mein Konzert sowie die restlichen 1000 Lire von seiner Garantiesumme. Überdies schenkte er mir ein wunderschönes Zigarettenetui aus Silber mit goldenem Monogramm.

»Ich habe Fürst Lubomirski über Ihren hiesigen Erfolg berichtet und auch mich ein bißchen herausgestrichen; ich glaube, das hat er verdient, weil er mich so schlecht behandelt hat. Schade, daß Sie schon fahren müssen; die Saison ist noch in vollem Gange, und Sie hätten noch mehrmals dans le monde spielen können.« Sodann sagte er mir liebenswürdig Lebewohl, und ich dankte ihm aus tiefstem Herzen.

Der Nachtzug traf morgens in Berlin ein, und abends sollte ich konzertieren. Im Hotel erwartete mich Pola, die eine Stunde früher gekommen war, auf dem Zimmer. Wir hielten uns umschlungen und küßten uns. Es war lange her, seit wir in Wien beisammen gewesen waren, und wir hatten einander soviel zu erzählen, daß sie mich schließlich an mein Konzert erinnern mußte. Wir frühstückten hastig, dann schickte sie mich fort, ich solle mir noch das Instrument und den Saal ansehen. »Ich rufe auch Professor Barth an und frage, ob du ihn heute nachmittag besuchen darfst. Du hast es mir doch versprochen, vergiß es nicht!« Ein Engel fürwahr, und so klug!

Fernow, der neue Geschäftsführer bei Hermann Wolff, ein Riese mit Stiernacken und kurzem Vollbart, erwartete mich bereits im Saal. »Wir haben Ärger mit Ihnen«, sagte er streng. »Der Besitzer vom Hotel Bellevue hat einen Zahlungsbefehl gegen Sie erwirkt und will die Abendkasse pfänden lassen. Was wollen Sie unternehmen?«

Mir blieb das Herz stehen, doch lächelte ich nachsichtig. »Oh, eine Kleinigkeit. Ich erledige das jetzt gleich. Geben Sie mir für heute abend sechs gute Karten, er und seine Angehörigen sind leidenschaftliche Musiknarren.«

Eine knappe halbe Stunde verging, dann hatte ich den Flügel ausprobiert und den Klavierstuhl richtig fixiert. Auf dem Weg zum Bellevue allerdings überfiel mich eine tiefe Niedergeschlagenheit. Sollte der Albtraum nie aufhören?

Metzger empfing mich in seinem Büro. Er war wild entschlossen, sein Geld einzutreiben – seit der Ankündigung meines Konzertes im Beethovensaal glaubte er, ich schwämme im Gelde. Es brauchte lange, bis ich ihm klarmachen konnte, daß Fürst Lubomirski eine Ausfallbürgschaft übernommen hatte und die Tageskasse nur einen Teil des Defizites decken würde. Metzger ließ sich von Fernow bestätigen, daß ich die Wahrheit sagte, und begnügte sich endlich mit einer Abschlagszahlung und den sechs Karten. Als ich mich mit Pola zum Mittagessen setzte, fühlte ich mich um zwanzig Jahre gealtert.

Professor Barth wünschte meinen Besuch am frühen Nachmittag; es fiel mir schwer, hinzugehen. Offen gestanden hatte ich Angst vor dem Wiedersehen. Zu meiner Erleichterung war er umgezogen, denn ihm in der gewohnten Umgebung unter die Augen zu treten, wäre noch schlimmer gewesen. Ein Dienstmädchen führte mich in ein kleines Wohnzimmer, wo er in einem Drehstuhl saß. »Wie geht es Ihnen, Herr Rubinstein?« fragte er so förmlich, als begegneten wir uns zum ersten Mal. Ich stammelte Unverständliches. »Ich will mir Ihr Konzert anhören. Was werden Sie spielen?«

»Beethoven, opus 53«, begann ich, und er nickte billigend. »Die Symphonischen Etüden von Schumann«, fuhr ich fort, und wieder nickte er. »Eine Ballade und zwei Etüden von Chopin.« Wieder ein Nicken. »Und zum Abschluß zwei Stücke von Debussy.« Nun aber schlug er mit beiden Fäusten auf den Tisch: »Diese Schweinerei! Wie können Sie so eine Schweinerei spielen!« brüllte er. Endlich war er wieder der alte Barth. Ich wollte ihm erklären, daß auch er mit der Zeit an solchen Kompositionen Gefallen finden könne, doch er hörte nicht hin; es war wie in den vergangenen Tagen. Beim Abschied wurde er ein wenig weich und wünschte mir alles Gute.

Die arme Pola regte sich furchtbar auf, weil ich so bleich und abgespannt aussah. »Wirst du denn nach diesen Strapazen überhaupt spielen können?«

Ich suchte sie zu beschwichtigen, obwohl ich im Stillen dasselbe befürchtete.

Wir fuhren zum Beethovensaal wie zu einer Beerdigung. Als Fernow sagte, es sei jetzt Zeit anzufangen, war ich völlig durcheinander. Doch nach der ersten Verbeugung kehrte bereits mein Selbstvertrauen zurück. Der Anblick vieler wohlwollender Gesichter im Publikum half mir sehr, Metzger saß mit den Seinen in der ersten Reihe, und mit Vergnügen zeigte ich ihm, daß ich mich auch aufs Spielen verstand und nicht nur aufs Schuldenmachen. Wie dem auch sei, ich spielte erheblich besser als letztes Mal unter Fitelberg, und der Erfolg war echt und verdient. Zu meiner großen Zufriedenheit wurden auch die Stücke von Debussy beklatscht. Im Künstlerzimmer fanden sich dann Frau Emma Engelmann samt Sohn Hans ein, Professor Max Friedländer und Frau und sonst noch einige alte Freunde. Sie behandelten mich so lieb und freundlich, als wäre ich nie fort gewesen. Pola wurde als »gute Bekannte aus Warschau« vorgestellt, »auf der Durchreise nach Paris«. Auf der Straße vor dem Bühneneingang wartete Henny. Sie war etwas schüchtern, als sie mich mit Pola sah, doch dann ergriff sie meine Hand, sagte mir etwas Schmeichelhaftes über mein Spiel, erwähnte auch, daß ich gewachsen sei (!) und eilte davon. Gewiß hatte sie das Konzert heimlich besucht. Diesmal schrieb Professor Barth mir keinen Brief, doch erfuhr ich später von einem seiner Schüler, daß er beeindruckt geäußert hatte: »Der Kerl hat doch ein wenig gearbeitet.«

Ich führte Pola zum Essen zu Dressel, und wir feierten unser Zusammensein und das gelungene Konzert. Zum Schluß sagte sie, sie hoffe doch sehr, ihre Kinder wiederzubekommen. »Wir müssen noch vorsichtiger sein als bisher. Je weniger man uns in Warschau zusammen sieht, desto besser.«

Ich wollte sie nicht so bald wieder gehen lassen, deshalb machte ich ihr einen Vorschlag, den ich bereits längere Zeit erwogen hatte.

»Warum fahren wir nicht nach Rom?« Ich malte ihr aus, wie ich dort gegen Honorar private Konzerte geben könnte und wie wir in dieser göttlichen Stadt eine herrliche Zeit verbringen würden. Sie gab gleich zu bedenken, sie wolle mir dort nicht im Weg sein, doch ich redete ihr das aus. Berlin jedenfalls hatte uns nichts weiter zu bieten als schlechte Erinnerungen.

Beim Frühstück lasen wir die Zeitungen. Die meisten Kritiker lobten meine Begabung, alle waren sich einig, daß ich Chopin und Debussy am besten gespielt hatte. Ein Kritiker fand meine Beethoven-Sonate nicht »tief« genug, ein mir unverständlicher Ausdruck, den die Deutschen unentwegt im Munde führen. »Mit tiefem Gefühl« konnte ja nicht gemeint sein, denn bei allen meinen technischen und sonstigen Mängeln bildet »tiefes Gefühl« geradezu die Essenz meiner Begabung.

Metzger bedankte sich schriftlich für die Karten und gratulierte mir; ich hatte gehofft, in dem Umschlag eine Quittung zu entdecken, doch einer so vornehmen Geste war dieser deutsche Herbergsvater nicht fähig.

Ich hielt mich an meinen Wahlspruch: Nie dam sie – Niemals aufgeben!

Kapitel 60

Im Bertolini Splendid nahm ich diesmal zwei Zimmer, und Pola schrieb sich unter ihrem eigenen Namen ein. Obschon sie incognito bleiben mußte, tat das dem Entzücken über unser Beisammensein keinen Abbruch.

Als erstes galt es, mit dem Grafen Skrzynski Verbindung aufzunehmen. Zu unserer Enttäuschung stellte sich heraus, daß er nach Wien abgereist war. Auf seinem Geschick, für mich Privatkonzerte zu arrangieren, hatte ich ja meinen gesamten Plan aufgebaut, und war nun ganz überraschend auf mich selber angewiesen. Ich beschränkte mich darauf, in den Palazzi der mir bekannten Standespersonen meine Visitenkarte abzugeben. (So machte man das damals.)

Luisa Casati und Dora Rudini baten mich zu Tisch – den Einladungen mußte ich wohl oder übel ohne Pola folgen –, eine Einladung zum Ball bei der Gräfin Arrivabene jedoch schlug ich aus. Leishmans luden uns beide zum Tee ein; ich stellte Pola als gute alte Freundin der Familie vor. Zu einer Konzertverpflichtung kam es nicht. Ich besaß noch einiges Geld, doch schmolz es dahin – ein Sachverhalt, den ich, leichtsinnig wie je, einfach nicht beachtete. Wir verbrachten eine Woche voll Glück und bestaunten Hand in Hand die Schätze Roms, offenen Mundes wie die Kinder; wir genossen die italienische Küche, warfen heimlich Münzen in die Fontana dei Trevi, um unsere Rückkehr nach Rom zu sichern, und hörten Pasquariello zu, der Pola weinen machte. Am liebsten schlenderten wir durch die Straßen, tranken Kaffee bei Greco und besahen uns die Schaufenster. Auf der Piazza de Spagna kaufte ich ihr ein Kleid, das sie sehnsüchtig betrachtet hatte.

Am gleichen Abend mußte ich ihr eröffnen: »Du wirst leider heimfahren müssen, ich habe kaum noch Geld, und wie du siehst, steht auch kein Engagement zu erwarten, denn die Saison ist fast vorüber.«

Pola hörte schweigend zu, sagte aber dann vorwurfsvoll: »Warum hast du mir das nicht schon in Berlin gesagt, Arthur, ich hätte doch schon von dort aus nach Warschau reisen können.«

»Nein, mein Schatz, nicht eine einzige Stunde dieser wunderschönen Woche hätte ich missen mögen und müßte ich dafür ins Gefängnis! Jede Minute, die wir zusammen erleben, ist einmalig und unwiderbringlich, Geld hingegen läßt sich verdienen, gewinnen, erben, finden, sogar stehlen.« Sie nickte resigniert und bekümmert. »Nun mach dir keine Sorgen, Liebste, ich habe Türk geschrieben, er soll für mich in Lwów ein Konzert vorbereiten, und das ist bestimmt ausverkauft.«

Am folgenden Abend nahm ich erleichtert von ihr Abschied. Sie sollte nicht das Opfer meines Leichtsinnes werden.

An Geldkalamitäten gewöhnt, richtete ich mich auf Unannehmlichkeiten ein. Ich hatte Türk gebeten, mir als Vorschuß auf die zu erwartenden Konzerteinnahmen einige hundert Lire zu schicken, doch er telegrafierte mir: »Konzert derzeit nicht ratsam Paderewski hat zweimal zu stark erhöhten Preisen konzertiert und den Leuten die Taschen geleert.« Das klang nicht sehr ermutigend, doch mußte ich schließlich aus Rom wegkommen, und da würde mir auch ein nur halb besetzter Saal genügen. Ich telegrafierte also zurück: »Unbedingt Konzert ankündigen garantiere Unkosten bitte um Terminangabe und Geld.«

Hinfort lebte ich von Hoffnung und Spaghetti, Obst und Kaffee. Mrs. Leishman lud mich zum Diner ein und fügte hinzu: »Es wird Sie vielleicht interessieren, daß wir den Bankier Pierpont Morgan als Ehrengast erwarten, und wir hoffen, daß Sie so freundlich sind, nach dem Essen für uns zu spielen.«

Selbstverständlich mußte ich für sie spielen, und zwar gratis, denn sie waren meine Freunde. Inwiefern aber, so grübelte ich, kann es dir nützen, diesen Pierpont Morgan kennenzulernen? Ganz gewiß wird er nicht sagen: »Du spielst wirklich sehr hübsch, Arthur, hier sind eine Million Lire, amüsier dich damit!« Du, der bettelarme Klavierspieler, gibst alles, was du hast, und er, einer der reichsten Männer der Welt, bekommt deine Musik umsonst.

Ich ging also voll von bitteren Gedanken gegen den Potentaten zum Diner. Nur wenige Leute waren geladen, und man wartete auf den Ehrengast, der sich verspätete. Als er hereinkam, erschrak ich sehr. Er war mehr als mittelgroß, grauhaarig und untersetzt und wäre, abgesehen von seiner Nase, nirgendwo aufgefallen. Doch diese Nase – nun, Nase konnte man das kaum nennen, es war ein unförmiger, bläulich-bräunlich-lilafarbener Knollen, partienweise vereitert. Plötzlich bedauerte ich diesen Menschen. Gewiß war es eine Qual für ihn, sich anderen zu zeigen. Er bat sehr höflich seiner Verspätung wegen um Verzeihung, dann gingen wir ins Speisezimmer. Er saß auf dem Ehrenplatz zwischen Mrs. Leishman und einer anderen Dame. Während des Essens wurde er zweimal ans Telefon gerufen, offenbar erwartete er aus London wichtige Nachrichten.

Beim Kaffee fragte er mich: »Haben Sie schon in Amerika konzertiert?« und »Wie hat es Ihnen gefallen?« Ich aber spielte den neugierigen, naiven jungen Mann und fragte: »Stimmt es, Mr. Morgan, daß Sie sich eigene Seestreitkräfte leisten könnten, um jedes Land anzugreifen, wenn Sie wollten? Und stimmt es, daß Sie tausend Jahre in größtem Luxus leben könnten, ohne zu arbeiten? Ich habe das heute morgen in der Zeitung gelesen.« Er runzelte die Brauen. »Sie sollten solchen Unsinn nicht glauben. Ich arbeite schwer.« Er bewies das auch, indem er sich nach meinem zweiten Stück verabschiedete. »Der arme Mr. Morgan sitzt tagaus tagein schon früh um sieben an seinem Schreibtisch«, entschuldigte der Botschafter den frühen Aufbruch seines Ehrengastes.

In meinem warmen Hotelbett dachte ich, um wieviel glücklicher ist ein bettelarmer Pianist als der Multimillionär, der schon um sieben

Uhr seinen Goldberg putzen muß, den er zu besitzen glaubt und doch nicht mit ins Grab nehmen kann.

Türk telegrafierte einen Konzerttermin und schickte 500 Lire. Wieder war ich gerettet.

Die Reise nach Lwów, zweiter Klasse und ohne Schlafwagen, dehnte sich endlos hin. Überdies bedrückte mich der Gedanke an eine mögliche Pleite bei dem geplanten Konzert. Was für ein leichtsinniges Versprechen, die Unkosten zu decken, falls die Einnahmen nicht reichen! Schmutzig und völlig erschöpft nach den zwei beinahe schlaflos verbrachten Nächten kam ich in Lwów an. Ich war auf das Schlimmste gefaßt. Am Bahnsteig erwartete mich Türk mit einer Miene, als sähe er den Leichenwagen mit den Särgen aller seiner Lieben auf sich zurollen. Das Herz fiel mir in die Hosen. Wir gaben einander die Hand. »Ist es wirklich so schlimm?« fragte ich matt, »nicht eine einzige Karte verkauft?«

Er schüttelte bekümmert das Haupt. »Ausverkauft.«

»Was?« schrie ich. »Sie machen wohl Witze, wie?«

»Nein, in zwei Tagen waren alle Karten weg, und wenn Sie einverstanden sind, kündige ich noch einen zweiten Abend an.«

Ich hätte den Kerl erwürgen mögen! »Warum machen Sie dann eine solche Leichenbittermiene? Sie erschrecken einen ja zu Tode!«

Das wunderte ihn. »Wie soll ich glücklich aussehen, wenn ich nichts mehr zu verkaufen habe?«

Ein sonderbarer Mensch, dieser Türk. Doch wie dem auch sei, ich spielte an zwei Abenden vor ausverkauftem Haus, und meine Zuhörer verlangten stürmisch nach mehr. Gott segne Lwów und sein treues Publikum.

Die Fahrt nach Warschau war recht ereignisreich. Das Visum in meinem falschen Paß, gültig für die Reise nach Krakau, war abgelaufen. Darum besorgte mir Türk für die Rückfahrt einen österreichischen Paß, ausgestellt von einem nicht-existenten Bürgermeister, kein sehr verläßliches Dokument. Mir blieb nichts übrig, als das Risiko zu wagen. Um Mitternacht nahm mir der russische Posten an der Grenze diesen Paß ab und verschwand. Ich mußte warten, der Zug mit den anderen Reisenden fuhr weiter. Nach längerer Zeit schloß mich der Zöllner in den Wartesaal 1. Klasse ein. Verhaftet! Ich überlegte blitzschnell. Oberst Stremouchow – der könnte helfen. Da erschien ein Gendarm mit Tee und Keksen, verschwand wortlos und schloß mich wieder ein. Ich döste bis zum frühen Morgen in einem Sessel, dann gaben zwei Gendarmen mir meinen Paß zurück und erklärten streng, diese Papiere seien unzulänglich und man würde mich nach Österreich abschieben. Puh! Endlich wieder auf freiem Boden, bestieg ich einen Zug an die deutsch-russische Grenze. Ich war unverschämt genug, dort den Russen denselben unzulänglichen Paß vorzuweisen. Diesmal kam ich ungeschoren hinüber und erreichte Warschau leicht mitgenommen, aber in guter Stimmung.

Kapitel 61

Karol und Paul freuten sich, als sie mir unerwartet im Hotel Victoria begegneten. Ich lud sie zum Essen ins teuerste Restaurant der Stadt ein, ins Europejski, und wir verbrachten den Abend und die halbe Nacht im Gespräch. Am meisten amüsierten sie sich über meine Erlebnisse am Vesuv und auf Capri – ein Beweis, wie recht ich mit meiner Behauptung habe, unerfreuliche Zufälle und gefährliche Abenteuer verwandeln sich in die lustigsten Anekdoten. Pola hörte mit Vergnügen von meiner Rückkehr und dem Fischzug in Lwów, und wir verabredeten uns telefonisch für den nächsten Tag.

Der Warschauer Frühling überschüttete uns mit seinem unvergleichlichen Zauber. Wir konnten nicht widerstehen, meine Pola besuchte mich wieder im Hotel, vorsichtig und unter Benutzung des Haupteinganges.

Paul habe ich die Bekanntschaft mit einer wunderbaren Familie zu danken, den Moszkowskis. Der Vater, ein Börsianer, war der Vetter des Komponisten Moritz Moszkowski, ein lebensfroher, witziger alter Herr, recht ähnlich seinem berühmten Verwandten. Seine Frau war Mitte Fünfzig, aber vital wie ein junges Mädchen. Sie war nicht nur eine vorbildliche Frau und Mutter, sondern las auch Bücher in drei Sprachen. Drei Söhne, mit Paul seit Kindertagen befreundet, waren nur wenig älter als wir. Einer war Ingenieur, einer Architekt, und die ganze Familie war zutiefst musikalisch. Moszkowskis ließen kein Konzert aus und zogen Paul und mich allen anderen Künstlern vor. Bald war ich in diesem anregenden Kreis ebenso gerne gesehen wie Paul. Hin und wieder spielten wir vor, was wir für unsere gemeinsamen Konzerte in Warschau und Lodz gerade übten; so konnten wir die Wirkung erproben und Kritik herausfordern.

Eines Abends schob Antek, der ältere Sohn, mir eine russische Zeitung hin. »Lies einmal das hier, vielleicht interessiert es dich.« Es handelte sich um einen ausführlichen Bericht über den Anton-Rubinstein-Wettbewerb für Pianisten und Komponisten, der im Sommer (das genaue Datum weiß ich nicht mehr) in St. Petersburg ausgetragen werden sollte. Präsident der Jury war Alexander Glasunow, die Altersgrenze der Teilnehmer wurde mit fünfundzwanzig Jahren angegeben. Der beste Komponist und Pianist sollten je 2000 Rubel erhalten.

Mein großer Namensvetter, dessen Namen ich mit Stolz trage, hat eine sehr edle Stiftung gegründet: es ist nämlich der erste internationale Wettbewerb, an dem sich jeder beteiligen kann, ohne Unterschied der Hautfarbe, des Glaubensbekenntnisses oder der Nationalität. Um die Neutralität der Jury zu sichern, bestimmte Anton Rubinstein, daß der Wettbewerb alle fünf Jahre abwechselnd in St. Petersburg, Berlin, Wien und Paris abzuhalten sei, jeweils unter dem Vorsitz des amtierenden Direktors des staatlichen Konservatoriums.

»Nun, Arthur, was meinst du dazu?« fragte Antek.

»Für begabte junge Pianisten ist der Wettbewerb eine schöne Einrichtung.«

»Verstehst du mich denn nicht? Ich finde, du solltest nach St. Petersburg reisen und den Preis gewinnen.«

Ich lächelte. »Du setzest ja gewaltig viel Vertrauen in mich! Ich würde schon mitmachen, aber ich bin darauf nicht vorbereitet. Du weißt genau, daß ich niemals eine Komposition bis in die letzten Einzelheiten einstudiert habe, immer bleibe ich in gewissem Grade auf Improvisation angewiesen. Zudem ist das den Teilnehmern vorgeschriebene Programm äußerst schwierig, und ich brauchte Monate, um es zu lernen.« Das überzeugte Antek nicht, und Paul gab ihm Schützenhilfe. »Du unterschätzt dein Talent, Arthur.«

»Mit Talent allein gewinnt man keine Wettbewerbe«, entgegnete ich. »Da wird wesentlich mehr verlangt.« Jetzt gaben die beiden auf, die Diskussion war zu Ende, doch sie hatte mich aufgestört. Offen gesagt, beneidete ich junge Pianisten, die acht Stunden am Tag ihrer Arbeit widmeten und die Stücke vollkommen beherrschten. Ich versuchte, nicht mehr an den Wettbewerb zu denken. Die Konzerte mit

Paul waren herrlich, wir inspirierten einander gegenseitig in den Sonaten von Franck und Brahms, und unser Publikum spürte das.

Warschaus Wahrzeichen, die Nixe, war wiederum am Werke, und ich verfiel ihrem Zauber mit mehr Grund als je zuvor. Polas Liebe, Zärtlichkeit und Charme liehen mir neue Vitalität und Kraft. Ihr Mut hatte mich ein für alle mal aus dem beschämenden envoûtement ihrer Familie erlöst, und ihr danke ich, daß ich die reizvolle Warschauer Atmosphäre in vollen Zügen genießen konnte, zu der eben alles gehörte – Freunde, Theater, Straßen, Cafés und die Menschen mit ihrem Humor! Auch schmeichelte mir, daß man in Warschau und Lodz meine Erfolge im Ausland kannte.

Mein Liebesglück mit der Nixe von Warschau nahm allerdings eines Morgens ein jähes Ende. In der Zeitung stand über den Rubinstein-Wettbewerb ein Artikel, der mein Blut in Wallung brachte. Glasunow und die Jury hatten nämlich den Zaren gebeten, die Verordnung, derzufolge russische Juden nicht länger als vierundzwanzig Stunden in der Hauptstadt sein durften, zugunsten der jüdischen Wettbewerbsteilnehmer aufzuheben. Er möge ihnen gnädigst erlauben, für die Dauer des gesamten Wettbewerbs in der Stadt zu bleiben. Der Zar beantwortete dieses Ersuchen nicht, aber Stolypin, der Ministerpräsident, lehnte es schroff und kategorisch ab.

Diese abscheuliche und beleidigende Ungerechtigkeit war mehr, als ich ertragen konnte. Abgesehen davon, daß ich als Jude mich persönlich gedemütigt fühlte, empfand ich es auch als eine Kränkung des Andenkens an meinen berühmten Namensvetter, der Diskriminierung dieser Art nie geduldet hätte. Ich brütete Rache. Paul und Antek hatten den Artikel ebenfalls gelesen, und zu ihnen sagte ich nun: »Ich fahre nach Petersburg und nehme am Wettbewerb teil! Und wenn mich einer daran hindern will, mache ich einen weltweiten Skandal daraus!«

Paul sagte: »Du weißt hoffentlich, daß du noch knapp zwei Wochen Zeit hast. Wie willst du das Repertoire erarbeiten?«

»Die Musik ist mir einerlei«, versetzte ich, »ich fahre bloß aus Protest gegen Stolypin.«

Antek sagte sehr ruhig: »Ich besorge dir die Noten von den vorgeschriebenen Stücken. Komm morgen vormittag herüber und schau dir alles an. Dann können wir weiter beraten.«

Das war mir recht. Tags darauf stiftete mir Madame Moszkowska ein zweites ausgiebiges Frühstück mit Kaffee, Kuchen, Eiern und Marmelade. »Und jetzt ans Klavier mit euch«, sagte sie dann munter.

Zunächst sah ich das Rubinsteinsche Konzert in d-Moll durch, das jeder Teilnehmer zu spielen hatte. Für den Hörer klang es schwierig, war aber einfacher als ich angenommen hatte. Das übrige Pensum bildete das komplette Programm eines Klavierabends: Eine vierstimmige Fuge von Bach; eine der letzten Sonaten von Beethoven; eine der bedeutendsten Kompositionen Schumanns; eine Ballade, ein Nocturne und eine Mazurka von Chopin; eine der »Etudes d'exécution transcendante« von Liszt.

Das war gar nicht so schlimm. Mit Barth hatte ich die Sonate opus 90 von Beethoven studiert, eine der leichteren mit nur zwei Sätzen. Bei Schumann konnte ich zwischen »Carnaval« opus 9 oder »Papillons« wählen. Die Sachen von Chopin waren mir vertraut, in meinem Repertoire fehlten nur eine Etüde von Liszt und die vierstimmige Fuge von Bach.

Allerdings – und das wußte ich nur zu gut – wettbewerbsreif war überhaupt nichts von alledem. Einen schönen musikalischen Wurf brachte ich jederzeit zustande, doch vernachlässigte ich immer noch die Details und die präzise Technik, ein Laster, dem ich jahrelang huldigte. Antek und die Seinen gaben sich optimistisch. »Falls Sie sich wirklich dahintersetzen, lernen Sie die Sachen im Handumdrehen.«

»Das ist es ja! Ich spiele gerne den lieben langen Tag, aber das Üben habe ich nach einer Stunde satt.«

Antek sagte: »Hör mal, Arthur – bloß mal so, uns zu Gefallen: Lerne bis zum Mittagessen den ersten Satz des Klavierkonzertes von Rubinstein.«

Einer solchen Herausforderung habe ich nie widerstehen können. »Na schön, versuchen will ich es.« Antek ging hinaus und schloß mich im Zimmer ein, der Spitzbube!

Gegen zwei Uhr mittags konnte ich die beiden ersten Sätze auswendig und stürzte mich auf den dritten. »Essen ist fertig!« rief Pani Moszkowska. Nach dem stärkenden und heiteren Mahl machte ich mich wieder an die Arbeit. Anteks schlauer Plan bewährte sich. Er wußte geschickt meinen Ehrgeiz und meinen Sportsgeist anzustacheln. Ich genoß es, eingeschlossen und zur Arbeit gezwungen und seiner Herausforderung gewachsen zu sein. Nach zehn Tagen unter Anteks Regime war ich gewiß, daß ich mit Anstand beim Wettbewerb antreten konnte.

Antek kümmerte sich um die Formalitäten, er füllte die Bewerbungsunterlagen (Geburtsdatum, Lebenslauf etc.) aus; und Zosias Vetter, der als Journalist in St. Petersburg lebte, bot mir eine Unterkunft an.

Pola hatte anfangs versucht, mich von diesem riskanten Unternehmen abzubringen, dann aber von meiner Entschlossenheit beeindruckt, stärkte sie mir den Rücken. Mit dem Segen meiner Freunde machte ich mich auf die Reise.

Kapitel 62

Stefan Grostern, Zosias Vetter, hatte ein freundliches, jungenhaftes Gesicht unter blonden Locken und blinzelte kurzsichtig. Auf dem Weg vom Bahnhof zu seiner Wohnung gab er mir wichtige Hinweise.

»Ich kenne Ihre Lage, und ich glaube, Sie haben keinen Grund zur Sorge. Ein guter Freund von mir, ein jüdischer Advokat hier in Petersburg, interessiert sich für Ihren Fall. Wenn Sie in Schwierigkeiten geraten, wird er Sie vertreten – ohne Bezahlung. Er war so wütend auf Stolypin, daß er die Regierung juristisch belangen wollte, doch hätte das keinen Sinn gehabt. Ihren Fall jedoch beurteilt er positiv.«

Später bat er um meinen Paß. »Ich muß ihn dem Hausmeister abgeben, er bringt ihn zur Polizeiwache.«

»Was mache ich, wenn die Polizei mich morgen ausweist?«

»Dann erklären Sie, daß Sie das Recht haben, am Wettbewerb teilzunehmen. Dieses Recht wird dann überprüft, und wenn der Bescheid abschlägig ist, übernimmt der Advokat die Angelegenheit.«

Einigermaßen beruhigt überließ ich ihm meinen alten Paß. Nach ausgiebigem Schlaf und ebensolchem Frühstück ging ich ins Konservatorium, um mich einzuschreiben und bei Glasunow vorzustellen.

Schon waren alle Teilnehmer dort versammelt, nicht mehr als zwanzig insgesamt. Vier von ihnen kannte ich gut, sie und einige andere waren bekannte Konzertpianisten. Glasunow empfing mich im Direktionszimmer. Er war merklich betreten.

»Sie hätten nicht kommen dürfen«, sagte er. »Man wird Ihnen keine Aufenthaltsgenehmigung erteilen.«

»In diesem Fall werde ich einen weltweiten Skandal entfesseln! Übrigens hält sich ein hiesiger Advokat bereit, meine Rechte zu vertreten.«

»Zu meinem großen Kummer sind Sie als einziger in dieser mißlichen Lage. Die anderen russischen Juden haben auf russischen Konservatorien Examen gemacht und sind mithin swobodnija houdojniki (freie Künstler), und die ausländischen Juden haben ihre ausländischen Pässe.«

»Nun, was auch geschehe, erlauben Sie mir doch, am Wettbewerb teilzunehmen«, flehte ich ihn an. Er war einverstanden; schließlich durfte er mich nicht ablehnen.

In der Halle gesellte ich mich zu den anderen, wir unterzeichneten irgendwelche Formulare, losten die Reihenfolge unseres Auftretens aus. Ich zog Nummer 12. Sodann scharten wir uns um ein Büffet und schlossen nähere Bekanntschaft. Schon bald schwatzten wir in allen erdenklichen Sprachen munter drauflos. Ein Russe deutete auf einen jungen Menschen mit Brille. »Das ist Alfred Hoehn, ein Deutscher, der kriegt den Preis.«

»Woher wollen Sie das wissen? Ist er ein Genie?«

»Er besitzt einen Empfehlungsbrief von dem Großherzog von Hessen an dessen Schwester, die Zarin Alexandra«, sagte er, »und ohne Zweifel wird das der Jury zur Kenntnis gegeben.«

Lauter Klatsch, dachte ich, immerhin war mein Interesse für den deutschen Pianisten geweckt. Nach einer kurzen Unterhaltung war klar, daß Hoehn und ich vieles gemein hatten; seine Ansichten über das Klavier und über Musik entsprachen in etwa den meinen, und beide verehrten wir Brahms.

Da die Teilnehmer ihr Instrument selber auswählen durften, machte ich mich auf die Suche nach dem Bechsteinvertreter und fand den nettesten Menschen, den man sich denken kann. Herr Diederichs ließ mich einen herrlichen Bechstein-Flügel probieren und lauschte aufmerksam meinem Spiel.

»Sie haben das Zeug zum Sieger«, rief er dann. »Ich wette, Sie und mein Instrument erhalten den Preis!«

Auf diese ermutigenden Worte folgte noch eine Einladung zum Mittagessen. Als er hörte, daß ich meine Anwesenheit als Demonstration gegen Stolypin auffaßte und mir Schwierigkeiten mit der Polizei drohten, reagierte er höchst empört, und ich mußte ihn beschwichtigen. Ich gewann an ihm einen kostbaren und treuen Freund, der meine Angst vor der Polizei teilte, als er mich zu Grosterns Wohnung begleitete. Grostern hatte den ganzen Tag in Alarmbereitschaft gesessen. Er berichtete, bislang habe sich nichts ereignet. Ich beschloß also, ruhig abzuwarten.

Am nächsten Morgen um zehn Uhr sollte der Wettbewerb beginnen. Als erster war der Schweizer Pianist Edwin Fischer dran; er spielte den ersten und zweiten Satz des Rubinstein-Konzertes (die Jury hatte den dritten Satz gestrichen). Unter Vorsitz von Glasunow nahm die Jury die beiden vorderen Reihen ein; sie bestand aus zwölf Professoren der verschiedenen Kaiserlich-Russischen Konservatorien. Ihr bedeutendstes Mitglied war die große Pianistin Annette Essipowa (die dritte Frau von Leschetitzky). Zu dieser frühen Stunde waren nur wenige Zuhörer da, und Fischer, der später berühmt geworden ist, klagte erbittert: »Bei jedem Wettbewerb ist der Erste von vorneherein erledigt. Alle warten auf die nächsten, um einen Vergleich zu haben.« Und er spielte denn auch mit einer gewissen Gleichgültigkeit.

In dem formal streng klassischen Konzert von Rubinstein finden sich einige hübsche melodische Passagen. Es möchte groß scheinen, wirkt aber nur schwülstig, und so läßt sich das Konzert allein mit Schwung und Feuer glanzvoll bewältigen. Die Teilnehmer dieses ersten Tages besaßen zwar ausreichende technische Fertigkeiten und Kraft, wiesen aber weder Schwung noch Feuer auf.

Diederichs sagte mir abends, die Polizei habe sich nicht nach mir erkundigt. »Man hat Sie vergessen«, meinte er, und wir gingen in guter Stimmung essen.

Am nächsten Nachmittag war ich an der Reihe, das Konzert vorzutragen. Am Vormittag hatten etwa fünf Pianisten gespielt, doch war die Atmosphäre der ganzen Veranstaltung immer noch recht lasch, das Publikum reagierte kühl. Ich hatte nichts gegessen, nur am Büffet zwei Tassen Kaffee getrunken, meine Nerven waren bis zum Zerreißen gespannt – schließlich sollte ich zum ersten Mal im Leben an einem Wettbewerb teilnehmen! Und ich hatte es auch abgelehnt, mit dem Orchester zu probieren, in der Annahme, eine unvorbereitete Darbietung würde spontaner klingen.

Ich wurde aufgerufen; meine Finger waren Eiszapfen. Ich verbeugte mich anmutig, setzte mich und war nahe daran, ohnmächtig zu werden. Bei den ersten Akkorden des Konzertes jedoch war ich wie umgewandelt, ich war in Trance, ich spielte wie von einer unbekannten Gewalt gelenkt. Mein Spiel muß elektrisierend gewesen sein, denn die Zuhörer tobten, bevor ich mit der Kadenz noch zu Ende war. Nach der letzten Note brach donnernder Applaus los, das Publikum klatschte, brüllte, stampfte mit den Füßen. *Die Jury stand auf und applaudierte.* Ich fürchtete, der zweite Satz, eine reizende Romanze, würde mein Publikum abkühlen, aber nichts da, die Begeisterung ließ nicht nach. In der Pause kamen alle Mitglieder der Jury ins Künstlerzimmer, um mir zu gratulieren, und Glasunow sagte: »Mir war, als ob ich Anton Grigorjewitsch hörte!« Madame Essipowa küßte mich, und ich war im Himmel.

Diederichs führte Grostern und mich zum Essen zu Cubat, dem besten französischen Restaurant in St. Petersburg, und dort feierten wir bis in die späte Nacht. Allmählich vergaß ich Stolypin und die Polizei. Die Morgenzeitungen brachten schmeichelhafte Kritiken, und alle erwähnten, daß die Jury mich geehrt hatte.

Die restlichen Pianisten bewältigten das Konzert nicht besser als ihre Vorgänger. Hoehn spielte es minutiös, aber ohne Feuer. Die Komponisten – es waren insgesamt fünf – brachten am Tage vor dem Pianistenwettbewerb ihre Kompositonen zu Gehör. Zwei Tage durften wir auf dem Instrument unserer Wahl probieren. Wir hörten einander mit größtem Interesse und ohne eine Spur von Neid zu. Alle Mitbewerber waren gute Pianisten, und viele standen vor einer schönen Laufbahn. Zwei Russen, Pyschnow und Borowski, waren Schüler von Madame Essipowa und hofften auf den ersten Platz. Ich entdeckte weitere musikalische Gemeinsamkeiten mit Alfred Hoehn, der sich als gelehrter und bescheidener junger Mann erwies. Emil Frey aus der Schweiz bewarb sich sowohl um den Preis für Komposition als um den Preis für Klavier, und das machte uns tiefen Eindruck.

Am dritten Tag war Edwin Fischer wiederum der erste, diesmal in einem vollbesetzten Saal. Publikum, Presse, ja, ganz Rußland nahmen teil. In dieser Phase des Wettbewerbes hatte jeder von uns schon seine Parteigänger, und, offen gesagt, ich hatte die meisten. Wäre ich ein Rennpferd gewesen, die Wetten hätten 10:1 für mich gestanden.

Nach Fischer hörte ich Sirota, Pyschnow und einen Engländer. Sie spielten entmutigend gut. Alle vier besaßen jene präzise Technik, die ich nie erreicht habe, und ließen keine einzige Note aus, diese Teufel. »Hör denen lieber nicht zu«, sagte ich mir, »sonst läufst du vom Wettbewerb weg, Polizei hin oder her.« Tatsächlich leide ich, wenn es um mein Spiel geht, an einem Minderwertigkeitskomplex. Selbst ein Grünschnabel, wenn er nur eine Sonate von Scarlatti anständig hinkriegt, erscheint mir besser als ich selber. Der Leser muß allerdings wissen, daß ich als Musiker im eigentlichen Sinne keine derartigen Komplexe habe.

Tags darauf hieß es am Nachmittag plötzlich: »Nummer Zwölf!«, und ich hatte das Gefühl, als schritte ich zum Schafott. Der Saal war wiederum brechend voll. Nachdem man bereits elf Pianisten angehört hatte, war die Spannung auf den Siedepunkt gestiegen, sogar die Jury schien nervös, und was in mir vorging, hätte nur ein sehr guter Analytiker entwirren können. Merkwürdigerweise ist gerade solche fieberhafte Aufgeregtheit einer guten Leistung förderlich.

Mein erstes Stück, Präludium und Fuge von Bach, klang auf dem Bechstein sehr gut, es hatte Klarheit und Würde. Das Publikum applaudierte herzlich, und die Juroren nickten mir ermunternd zu. Die folgende Beethovensonate machte mir schweren Kummer, weil sie kurz ist und kein richtiges Ende hat. Der erste Satz ist großartig und ergreifend, doch im zweiten wird das schöne Thema zu oft wiederholt und stirbt am Ende weg. Professor Barth hatte mir versichert, gerade mit diesem Satz habe Anton Rubinstein seine Hörer zu Tränen gerührt, und eingedenk seiner Worte spielte ich die Sonate aus ganzer Seele und gab jeder Wiederholung des schönen melodischen Themas eine neue Bedeutung. Das Publikum, anfangs etwas stutzig, beklatschte meine Leistung frenetisch, wie es sich für Parteigänger geziemt; der Beifall war weniger für mich bestimmt als gegen die anderen gerichtet. Ich glaubte, ich könnte den Sieg erstreiten.

Die »Papillons« von Schumann waren wirklich ein Erfolg und die Chopinstücke ein Triumph. Bei der Mazurka wischte Madame Essipowa sich die Tränen weg. Die Liszt-Etüde donnerte ich mit einer Menge falscher Noten, aber mit unwiderstehlichem Schwung hin.

Was zwei Tage zuvor wie Beifall geklungen hatte, nahm sich wie Kinderspiel aus im Vergleich zu dem von meinem Vortrag entfesselten Orkan. Russen können das begeistertste Publikum der Welt sein, und sie bewiesen es an jenem Tage. Man stürzte sich mit Geschrei auf mich, und ich entkam mit knapper Not ins Künstlerzimmer. Die Juroren folgten mir mit Mühe; manche schoben sich ziemlich zerdrückt herein. Glasunow sagte einiges Gerührte, und Madame Essipowa dankte mir für mein Chopinspiel, »das ich nie vergessen werde«, wie sie sagte.

Die Juroren gingen wieder hinaus, um sich erneut ihrer Pflicht zu widmen. Ein Franzose spielte gut, aber niemand fühlte sich davon angesprochen.

Die Morgenzeitungen berichteten ausführlich über mich, und alle, ohne Ausnahme, nannten mich den »Sieger«. Eine liberale, meist von Juden gelesene Tageszeitung ging zu weit – die Schlagzeile lautete: »Golos naroda, golos bojyi (Volkes Stimmes ist Gottes Stimme). Nur ein Rubinstein kann den Rubinstein gewinnen.« Die Warschauer Presse übernahm diese Übertreibung, und Pola, Moszkowskis und Paul gratulierten mir telegrafisch.

Den letzten Tag des Wettbewerbs hörte ich mir die übrigen fünf oder sechs Pianisten an, darunter Borowski, Hoehn, Isserlis (ein Russe) und Emil Frey. Borowski war ein guter Pianist und ein rechtschaffener Musiker, doch fehlte es ihm an Persönlichkeit; was er auch spielte, klang eingelernt und blaß. Seine vielen Freunde vom Konservatorium applaudierten ihm allerdings eifrig.

Hoehns Vortrag wurde mit Spannung erwartet. Im Publikum tuschelte man über den Brief an die Zarin, und es hieß bereits, er sei ein natürlicher Sohn des Großherzogs von Hessen. In Wahrheit war Hoehn ein ernster, anspruchsloser junger Mensch. Er hatte eine langsame, lange Fuge von Bach gewählt, die viel Nuancierung und eine Verschiedenheit im Ton verlangt, über die er nicht verfügte, und so klang sie denn auch trotz präziser Wiedergabe eintönig. Als zweites hatte er sich die größte aller Beethovensonaten gewählt, die »Hammerklaviersonate« opus 106. Dieses Werk spielte er hervorragend, wie ein reifer Meister. Er hatte die Musik in sich, und er trug so spontan vor, als komponierte er die Sonate beim Spiel. Die edle Auffassung des ersten Satzes rührte mich zutiefst an, ebenfalls das schlicht und schön gespielte Adagio. Die abschließende Fuge war glänzend, kurzum, die ganze Sonate war meisterlich gespielt. Hoehn erhielt dafür den verdienten Beifall. Sein restliches Programm bot wenig Interessantes; für Schumann war er nicht Romantiker genug, und auch für Chopin fehlte ihm das richtige Verständnis. Virtuosenstücke wie eine Liszt-Etüde waren entschieden seine Sache nicht.

Nach einem Pianisten vom Kaliber Hoehns klang Isserlis dürftig, während Frey wiederum wundervoll spielte. Sein Trio hatte der Jury gut gefallen, und er galt als einziger Anwärter auf den Preis für Komposition; niemand hatte ihm so hervorragende pianistische Fähigkeiten zugetraut, wie er sie jetzt an den Tag legte. Seine »Hammerklaviersonate« war technisch sogar noch perfekter als von Hoehn gespielt, wenn auch nicht so ergreifend, und sein Programm war insgesamt ein reiner Ohrenschmaus. Ich hielt diesen Schweizer Musiker für meinen gefährlichsten Konkurrenten, das Publikum klatschte wie wild, und die Juroren wirkten ratlos.

Der Wettbewerb war vorüber. Niemand rührte sich vom Fleck. Alle glaubten, der Preis werde sogleich verliehen, Glasunow verschob das aber auf den nächsten Tag mittags zwei Uhr. Es war grausam, uns fast vierundzwanzig Stunden in quälender Ungewißheit zu lassen. Mein Freund André Diederichs gab in seiner Wohnung eine kleine Gesellschaft für mich; sie war als Siegesfeier gedacht, etwas voreilig, wie sich nun herausstellte; immerhin genoß ich im Kreise meiner treuen Parteigänger ein ausgezeichnetes Essen, und André schien in meinem Interesse sehr tätig gewesen. Er eröffnete mir, Alexander Siloti, einer der letzten Schüler Liszts, wolle mich als Solist für zwei seiner allseits beliebten Symphoniekonzerte nach St. Petersburg engagieren.

»Ich habe ihm nichts versprochen«, sagte Diederichs, »ich wünsche mir ja etwas Einträglicheres für Sie, aber abgesagt habe ich auch nicht.«

Wir saßen die halbe Nacht herum, tranken, schwatzten. Ich mußte den bedauernswerten, hart arbeitenden Stefan Grostern früh um drei aus dem Bett klingeln, dann schlief ich bis Mittag durch. André holte mich um eins zu sakuska (einem reichhaltigen russischen Hors d'oeuvre) ab, dann eilten wir ins Konservatorium. Mein Erscheinen in dem vollbesetzten Saal wurde mit Jubel begrüßt – das erwärmte mein Herz. Jetzt war es zwei Uhr, doch geschah nichts. Nach einer Stunde geduldigen Wartens gingen wir ans Buffet und tranken Kaffee. Ein Saaldiener versprach, Bescheid zu sagen, falls sich etwas ereigne. Noch eine Stunde verging, Kaffee gab es keinen mehr, immer noch nichts. Wir kehrten in den Saal zurück, und um fünf endlich erschienen Glasunow und die Juroren. Man empfing sie mit absolutem Schweigen.

Glasunow trat blaß und schwitzend nach vorne und verkündete mit zittriger Stimme. »Der Preis für Komposition in Höhe von 2000 Rubel wird einstimmig zuerkannt Herrn Emil Frey.«

Ovation. Frey stieg auf die Bühne, nahm die Glückwünsche der Jury und den Applaus des Publikums entgegen.

Nun fuhr Glasunow fort: »Der Preis für Klavier in Höhe von 2000 Rubel wird einstimmig zuerkannt Herrn Alfred Hoehn.«

Ein Moment verblüffter Stille, dann Beifall, untermischt mit Buhrufen. Glasunow versuchte vergeblich, sich mit erhobenem Arm Gehör zu verschaffen. Es dauerte eine Weile, bis er sprechen konnte. Laut, fast schreiend, verkündete er: »Ein besonderer erster Preis, eine lobende Erwähnung wird einstimmig zuerkannt Herrn Arthur Rubinstein, und«, hier redete er ohne Unterbrechung weiter, »ein besonderer zweiter Preis, ebenfalls eine lobende Erwähnung, wird zuerkannt Herrn Alexander Borowski.« Und er forderte uns auf – Hoehn, Borowski und mich – heraufzukommen, um die Glückwünsche der Jury entgegenzunehmen.

Dieses raffinierte Manöver verwirrte die Anwesenden. Das Publikum begriff langsam, daß ich mich mit Hoehn in den ersten Preis teilte, er aber die gesamte Summe erhielt. Man billigte diese Lösung nicht, doch wirkte sie besänftigend. André schrie als einziger Aufrührer »Schande! Schande!« Was mich angeht, so bewegte mich ein wirres Gemisch von Gedanken und Empfindungen, über das ich mir klarzuwerden versuchte. Ich konnte nicht bestreiten, daß ich nach dem allgemeinen Jubel mit dem ersten Preis gerechnet hatte und daß darum dieser Spruch für mich eine bittere Enttäuschung war. In meinem innersten Herzen allerdings weiß ich, daß Hoehns Vortrag der »Hammerklaviersonate« – ein viel bedeutenderes Stück als meine kleine e-Moll-Sonate – und Freys glänzendes Spiel meine Siegessicherheit stark beeinträchtigt hatten.

André Diederichs und ich verzehrten eine der trübsten Mahlzeiten meines Lebens. Die russische Sprache ist reich an Invektiven, und während des Essens bewies mein Freund seine umfassende Kenntnis dieser Sparte. Unter anderem behauptete er, die Zarin habe die Entscheidung befohlen, »und das Schwein hat pariert!«

»Sie scheinen ganz zu vergessen, André, daß Hochn ein ausgezeichneter Pianist ist und keinerlei Protektion braucht. Er hat den Preis verdient.«

Er wollte aber nicht hören; Parteigänger sind Argumenten nicht zugänglich.

»Hören Sie auf, André!« sagte ich unwirsch. »Ihre Abneigung macht Sie ungerecht. Ich bin jetzt müde.«

Er gab nach und geleitete mich zu meinem Quartier, wo Stefan Grostern mich bereits erwartete.

»Raten Sie mal, wer hier war?« und ohne meine Antwort abzuwarten: »Die Polizei. Ein Gendarm hat Ihren Paß gebracht und ohne eine Miene zu verziehen gesagt: ›Juden ohne Ausnahmegenehmigung müssen St. Petersburg innerhalb von vierundzwanzig Stunden verlassen.‹ Als er ging, habe ich mich vor Lachen ausgeschüttet.« Ich stimmte in dieses Gelächter ein. Daß dieser dramatische Tag mit einer solchen Groteske endete, setzte das Tüpfelchen auf das i.

»Ich fahre morgen abend nach Warschau, dann sind Sie Ihren lästigen Zimmergenossen endlich los, lieber Stefan«, sagte ich. Er wehrte das selbstverständlich ab, sah aber doch sehr erleichtert aus.

Früh am nächsten Vormittag kam André in das Zimmer gestürmt. »Arthur!« rief er, »du hast trotz allem den Wettbewerb gewonnen! Heute abend reist du nach Charkow.« Er lachte über mein erstauntes Gesicht und erzählte mir dann folgendes: »Gestern abend hat Sergej Koussewizky aus Charkow angerufen, weil er von mir den Ausgang des Wettbewerbs erfahren wollte. Er hat sich sehr geärgert, daß du so ungerecht behandelt wurdest, und hat im Handumdrehen beschlossen, dir eine Art Genugtuung zu verschaffen. Er möchte mit dir über eine Konzertreise durch Rußland abschließen und dich als Solisten für seine Symphoniekonzerte in Moskau und St. Petersburg verpflichten. Sozusagen als Ausgleich für den entgangenen Preis bietet er dir einen Vorschuß von 2000 Rubel auf deine Konzerteinnahmen.«

Mir war, als träumte ich.

»Und das ist noch nicht alles«, fuhr er fort. »Koussewizky lädt dich ein nach Djergatschi, er besitzt nämlich bei Charkow ein Landhaus. Er möchte die Einzelheiten mit dir selber festlegen.«

Ich sagte, die Polizei habe mich bereits ausgewiesen, aber er spöttelte nur: »Die Lumpenhunde haben ganz plötzlich doch noch an dich gedacht? Da mußt du sofort nach Charkow reisen. Ich telegrafiere deine Ankunftszeit an Koussewizky, der schickt dir einen Wagen an den Bahnhof.« Ich umarmte ihn, umarmte auch Stefan – ich hätte am liebsten die ganze Welt umarmt.

Koussewizky galt damals in Europa als der beste Kontrabassist, er war auf diesem unhandlichen Instrument ein wahrer Virtuose. Nikisch und andere bedeutende Dirigenten engagierten ihn als Solisten. Seine Laufbahn hatte er als erster Kontrabassist im Moskauer Opernorchester begonnen. In diesen schlanken, großen, gutaussehenden jungen Mann, der sein Instrument so blendend spielte, verliebte sich eine wohlhabende, kluge Dame, und man heiratete. Die Braut brachte als Morgengabe ihrem Gatten ein ausgewachsenes Symphonieorchester dar, das seinen Namen trug. Nachdem er einige Zeit unter Nikisch studiert hatte, gab Koussewizky mit seinem eigenen Orchester in Moskau und Petersburg Konzerte; zugleich richtete er in Moskau eine Konzertagentur mit Vertretungen in ganz Rußland ein; Diederichs war sein Agent in St. Petersburg. So standen die Dinge 1910, als Koussewizky sich so edelmütig für mich einsetzte. Wie man weiß, ist er später einer der großen Dirigenten unserer Zeit geworden, und fünfundzwanzig Jahre lang war er der allseits beliebte Leiter des berühmten Boston Symphony Orchestra.

Kapitel 63

Djergatschi war ein Vorort von Charkow, ich brauchte in der Droschke keine halbe Stunde bis dorthin. Sergej Koussewizky und seine Frau empfingen mich sehr liebenswürdig in ihrem schlichten, aber geräumigen Landhaus. Während des Essens war vom Rubinstein-Wettbewerb die Rede, und ich beschrieb alle Einzelheiten, angefangen von meinen Überlegungen in Warschau bis zu dem überraschenden Ende. Am meisten gefiel ihnen mein Entschluß, mich Stolypins Erlaß zu widersetzen, und daß ich damit Erfolg gehabt hatte.

»Man hat also nicht gewagt, Sie anzurühren«, sagte er entzückt.

Nach einer ruhigen Nacht und einem vortrefflichen Frühstück geleitete er mich in sein Arbeitszimmer und erklärte mir seine Konzertpläne. »Ich möchte, daß Sie und ich das Rubinstein-Konzert spielen. Das wird eine Sensation. Ich habe gehört, daß Ihr Vortrag wie ein Wunder bejubelt wurde.« Offengestanden hätte ich ein gewichtigeres Konzert vorgezogen, doch was blieb mir übrig?

»Meine Agentur vereinbart Konzerte in Moskau und Petersburg, in Kiev und Odessa für Sie, möglicherweise auch in Charkow.«

»Ich habe André versprochen, die ›Hammerklaviersonate‹ in mein Programm aufzunehmen, und ich möchte so bald wie möglich daran arbeiten.«

»Für Moskau und Petersburg ist dagegen nichts einzuwenden«, sagte Koussewizky, »doch in der Provinz würde ich sie an Ihrer Stelle nicht spielen.«

Als man zum Essen bat, griff er in die Tasche.

»Hier ist Ihre Fahrkarte nach Warschau. Ihr Zug geht um neun, darum essen wir früh. Ach, ehe ich es vergesse . . .« Er nahm einen Umschlag aus der Schublade. »Hier der Rubinsteinpreis! Aber Sie werden noch einmal dafür spielen müssen«, fügte er schmunzelnd an.

Am Nachmittag setzte ich mich an den Blüthner, um ihn auszuprobieren, und da beide Koussewizkys darauf brannten, mich spielen zu hören, absolvierte ich ein ganzes Konzertprogramm. Madame Koussewizky, die ich bis dahin für etwas gehemmt und abweisend gehalten hatte, zeigte erhebliches Musikverständnis und wurde gleich viel freundlicher. Ihr Mann hörte aufmerksam zu und reagierte nicht viel anders als Diederichs.

»Sie haben das Zeug zum Konzertpianisten. Wenn Sie ernsthaft arbeiten, werden Sie es weit bringen.«

Er begleitete mich zum Bahnhof und küßte mich zum Abschied auf beide Wangen. Die Reise dauerte die ganze Nacht und einen halben Tag.

In den Glückwünschen der Warschauer Freunde klang Entrüstung und Wut mit; man warf den Russen Heimtücke vor, und am heftigsten äußerte sich Antek Moszkowski: »Die Juroren müßten auf der Stelle erschossen werden«, erklärte er. Doch die Episode mit Koussewizky besänftigte die Gemüter. Ich gewahrte mit Vergnügen, daß das ganze Land bei dem Wettbewerb für mich Partei ergriffen hatte und meine Beliebtheit erheblich gewachsen war.

Pola sah blaß aus, es ging ihr nicht gut. Freunde hatten sie nach Zakopane eingeladen, und ich redete ihr sehr zu, mitzufahren, obschon das eine neuerliche Trennung bedeutete. Sie verbot mir nämlich, sie dort zu besuchen; in der Hoffnung, die Kinder wiederzubekommen, wollte sie in der Öffentlichkeit nicht mit mir gesehen werden. Karol Szymanowski fuhr für den Rest des Sommers nach Tymoschowka und forderte mich auf, mitzureisen. Erst bezahlte ich noch stolz meine Schulden bei Schaniawski, dem Inhaber des Hotels Victoria. Daß Kapnik genügend Geld einheimste, um alle seine Angehörigen mit Pillen zu füttern, versteht sich von selber.

Karols Mutter und auch seine anderen Verwandten hießen mich herzlich willkommen. Es war alles wie im Vorjahr: der Vormittag gehörte der Musik mit Karol, danach folgte ein Ausritt, dann übte ich allein oder ging Karols Sonate und seine neue Symphonie durch. Abends vergnügten wir uns mit Karten- oder Schreibspielen und legten uns zeitig zu Bett. Ich blieb über vier Wochen und erholte mich prächtig.

Wieder in Warschau, im alten Victoria installiert, begann ich erfrischt und neu belebt die Arbeit an der »Hammerklaviersonate«. Zu Beginn der Konzertsaison hatte ich noch reichlich freie Zeit. Pola kehrte ebenfalls zurück, sie sah viel besser aus. Unsere heimlichen Zusammenkünfte wurden fortgesetzt, unsere Liebe war unverändert. Aus Rom kam die Bestätigung, daß ich im Augusteo mit dem Symphonieorchester konzertieren sollte. Der Termin war auf einen späten Sonntagnachmittag im Januar 1911 gelegt, fünf Tage vor meinem ersten Auftreten in Moskau. Graf San Martino bat um zwei Klavierkonzerte meiner Wahl und zwei oder drei Solostücke von Chopin. Das war ein schwerer Brocken, noch dazu für ein Honorar, das nicht einmal die Unkosten deckte. Doch war ich stolz und glücklich über die Gelegenheit, öffentlich in meinem geliebten Rom zu konzertieren.

Der Silberstreif am Horizont ermutigte mich dazu, mein Repertoire zu vergrößern. Diesmal brauchte man mich nicht einzuschließen, mir machte die Arbeit an den neuen Stücken Spaß. Auch mein gesellschaftliches Leben besserte sich. Dank meinem Erfolg in Petersburg fand man mich wieder akzeptabel, und »die Affäre« war vergessen. Bei Konzertangeboten benahm ich mich wählerisch; schlecht bezahlte Klavierabende in der Provinz wies ich zurück, ich ließ mich nur für einen Abend nach Warschau und einen weiteren Abend nach Lodz verpflichten.

Im Hinblick auf die Reisen nach Rom und nach Rußland bestellte ich neue Anzüge, und der August verging höchst angenehm mit Liebe und Arbeit und in der Gesellschaft meiner Freunde. Mitte Dezember telegrafierte Koussewizky: »Unterbreche Reise nach Berlin in Warschau erwarte Sie auf dem Bahnhof bitte Konzertprogramm mitbringen.« Tag und Stunde war beigefügt. Der Zug traf pünktlich ein, wir fuhren zum anderen Bahnhof und unterhielten uns bei einem Glas Tee im Restaurant, bis er eine halbe Stunde später weiterreiste. Mein Programm gefiel ihm, er hatte nur kleinere Änderungen vorzuschlagen.

Bei dem Konzert in Lodz kam es zu einem dramatischen Zwischenfall.

Der Saal war gut gefüllt, in der ersten Reihe saß mit gespitzten Ohren meine Familie, ich war auch schön im Zuge, aber während der Pause stürzte ein Onkel leichenblaß und verängstigt in die Garderobe. »Die Polizei ist hier. Ein Gendarm will wissen, warum du nicht zum Militärdienst eingerückt bist. Ich bat ihn, das Konzert nicht zu stören – morgen würde sich alles klären. Ich mußte ihm deine Adresse geben und auch ein paar Rubel.« Nur mit größter Selbstbeherrschung brachte ich das Konzert zu Ende, und die Familie hatte vor Furcht völlig den Kopf verloren. Mir blieb als einzige Rettung nur der Versuch, den Gendarm zu bestechen. Das war gefährlich, aber damals konnte man mit den Russen nicht anders fertigwerden. Und es funktionierte auch – für 500 Rubel. Der Gendarm versprach, die Nachforschungen einzustellen. In Warschau führte mein erster Weg zu dem Menschen, der mich um ein weiteres Jahr vom Militärdienst zurückstellen konnte.

»Nur keine Sorge«, versicherte er mir, »für dieses Jahr habe ich Ihre Zurückstellung veranlaßt, doch für nächstes Jahr brauche ich eine weitere Bescheinigung, die kostet 750 Rubel.« Mein Preisgeld schwand dahin, doch das Schlimmste stand noch bevor. Meine arme Pola mußte sich operieren lassen. Es sei dringend, behauptete sie, und sie benötige Geld dafür. Einige Tage verlebte ich in größter Angst, doch glückte die Operation, und Pola genas. Die unvermeidlichen Weihnachtsgeschenke und die kostspielige Sylvesterfeier ruinierten mich vollends.

Als sich der Tag meiner Reise nach Rom und weiter nach Moskau näherte, war ich blank. Ich konnte keine Fahrkarte bezahlen, von sonstigen Ausgaben nicht zu reden. Ich bat Paul, Antek und seinen Bruder, mir Geld zu borgen, doch waren deren Taschen ebenso leer wie meine. Allerdings verschaffte mir Paul von seinem Freund Jean Styczyński, der zufällig in Frankreich geboren war, einen brauchbaren Paß. Für die Reise nach Rußland brauchte ich mir nur bei der französischen Botschaft ein neues Visum zu holen. »Du kannst dir in Wien das Visum durch einen Boten vom Hotel besorgen lassen.«

Am Vorabend meines Reisetags geriet ich vor Verzweiflung allmählich außer mir. »So ein Blödsinn, nur weil du kein Geld für die Fahrkarte hast, verpaßt du die schönsten Gelegenheiten, in Rom und in Rußland«, murrte ich, »und keiner hilft dir aus der Klemme!«

Plötzlich fiel mir André Diederichs ein, der getreue Freund und Vertreter der Agentur Koussewizky! Der könnte mir doch sofort Geld schicken, und ich würde es ihm nach dem Konzert in Petersburg zurückzahlen. Ich telegrafierte um einen Vorschuß von 500 Rubeln auf die Petersburger Einnahmen.

Vor dem kommenden Mittag war keine Antwort zu erwarten, gleichwohl konnte ich die ganze Nacht kein Auge zumachen. Schlafen, essen, lesen – alles war aussichtslos. Ich konnte einzig warten ... warten, warten! Um zwölf nichts, um eins nichts, um zwei nichts ... ich hatte schon die Hoffnung aufgegeben, als es klopfte. Ich öffnete die Tür und da stand der Telegrafenbote. Eine Himmelserscheinung! »Sind Sie Arthur Rubinstein?« fragte er auf russisch.

»Ja, das bin ich.«

»Erwarten Sie eine telegrafische Geldanweisung?«

»Ja! Ja!«

»Aus Moskau? 1000 Rubel?«

Einen Moment zögerte ich überrascht, doch dann war mir klar: André hatte das Geld nicht bei der Hand gehabt, also hatte er das Moskauer Büro mit der Zahlung beauftragt und das hatte mit einer eleganten Geste zweimal die verlangte Summe geschickt.

»Aber ja, selbstverständlich.«

Er gab mir das Telegramm und die Anweisung auf die Handelsbank von Warschau. Ich zog mich eilig an – die Bank machte um vier Uhr zu. Nun ging alles wie geschmiert. Mit Geld in der Hand fühlte ich mich gleich wieder wie ein Millionär, kaufte eine Rückfahrkarte

2. Klasse nach Rom, lud Pola zu einem opulenten Mahl in ein Extrazimmer des Bristol, gab Paul und den Brüdern Moszkowski im Victoria einen kleinen, wodkahaltigen Abschiedsimbiß und reiste um Mitternacht nach Wien, wo ich am nächsten Mittag eintraf. Ich fuhr direkt vom Bahnhof zum Hotel Imperial, um zu speisen ... ich kannte die Hauptstadt Österreichs wie meine Westentasche. Dem Hotelportier gab ich meinen Paß mit dem Auftrag: »Bitte, lassen Sie jemanden vom Hotel bei der französischen Botschaft ein Visum für Rußland besorgen.«

Ich steckte ihm einige Gulden Trinkgeld zu und ging in den Speisesaal. Als ich beim Kaffee war, kam mein Beauftragter zurück.

»Ich bedauere, mein Herr«, sagte er und reichte mir den Paß zurück, »auf der französischen Botschaft will man kein Visum erteilen, angeblich hat der Paßinhaber in Frankreich seinen Militärdienst nicht abgeleistet.«

Der Kaffee blieb mir im Halse stecken. Was für ein schlimmer Schlag! Auf der Fahrt von Rom nach Moskau konnte ich unmöglich einen neuen Paß auftreiben, ich hatte höchstens einen halben Tag Aufenthalt in Warschau. Aber im Augenblick konnte ich nichts unternehmen. In einem Café wartete ich düster auf die Abfahrt des Zuges nach Rom.

Der Direktor des Bertolini Splendid empfing mich noch strahlender, als er mich verabschiedet hatte: in der Halle hing ein Plakat mit meinem Namen in Großbuchstaben – die Ankündigung meines Konzertes. Graf San Martino hieß mich in einem Brief willkommen und teilte mir alle das Konzert betreffenden Einzelheiten mit: Dreimal sollte ich Probe haben, Molinari dirigierte, und der Flügel war von Bechstein.

Zu meinem großen Bedauern hörte ich, daß Graf Skrzynski in Polen war, und dann fiel mir ein, wer mir in dieser Paßangelegenheit behilflich sein könnte – Modest Tschaikowsky. Ich kratzte all meinen Mut zusammen und rief ihn an. Er war selber am Apparat und nahm meine schüchterne Einladung zum Mittagessen ohne weiteres an. Um keine Unkorrektheit zu begehen, ließ ich durch einen Hotelpagen meine Karte bei Leishmans, Rudinis, Casatis und selbstverständlich auch beim Grafen San Martino abgeben.

Modest Tschaikowsky war pünktlich, küßte mich zur Begrüßung nach russischem Brauch auf beide Wangen, und ich führte ihn in ein nettes Restaurant, wo ich mit Pola zu essen pflegte. »Ich freue mich auf Ihr Konzert«, sagte er. »Was werden Sie spielen?«

»Das Klavierkonzert No. 4 von Beethoven; die ›Barcarolle‹, ein Nocturno und die Polonaise opus 53 von Chopin; und zum Schluß das g-Moll-Konzert von Saint-Saëns.«

»Das ist ja ein formidables Programm! Darf ich bei den Proben zuhören?«

»Aber ganz gewiß, es wird mir eine Ehre sein.« Unterdessen quälte mich die Notwendigkeit, ihm die Sache mit dem Paß zu eröffnen. Sollte ich die Wahrheit sagen? Wie würde er darauf reagieren? Daß er so an meinem Konzert interessiert war, beruhigte mich etwas, und schließlich erzählte ich ihm meine Bredouille. Dieser vornehme Herr begriff meine mißliche Lage ganz und gar.

»Ich kenne den russischen Konsul gut, und ich werde versuchen, bei ihm Ihre Angelegenheit ins rechte Licht zu rücken. Vielleicht hilft er Ihnen.«

Er wehrte meinen Dank mit großer Gebärde ab. »Das hat Zeit, bis Sie Papiere haben. Ich gehe jetzt ins Konsulat, und Sie erwarten mich in Ihrem Hotel. Ich bringe Ihnen Bescheid.«

Sehr viel leichteren Herzens kehrte ich ins Hotel zurück, und hier heiterte mich ein Brief der Marchesa Rudini noch weiter auf. »Lieber Rubinstein, wollen Sie morgen um neun bei mir dinieren? Und danach spielen Sie, wie ich hoffe (gegen Honorar, versteht sich). Ihre usw.«

In Anbetracht des mageren Konzerthonorars waren diese 2000 Lire sehr willkommen.

Tschaikowsky kam eine Stunde später ganz niedergeschlagen herein. »Dieser widerliche Mensch hat rundheraus abgelehnt, und nicht nur das: Er will Sie einzig mir zu Gefallen nicht anzeigen!« Eine verzweifelte Situation. Tschaikowsky war betrübt. »Nehmen Sie es sich nicht so zu Herzen, ich werde schon einen Ausweg finden. Wir sehen uns heute abend bei der Probe, und bis dahin fällt mir gewiß etwas ein.« Allein sein Mitgefühl war schon tröstlich.

Die Probe im herrlichen Augusteo verlief sehr gut. Bernardino Molinari, der Dirigent, war ein erstklassiger Begleiter, und das Orchester ging vom ersten Takt an mit. Graf San Martino, der sich nur das Beethoven-Konzert anhörte, äußerte sich befriedigt.

Tschaikowsky meinte, ich sei förmlich dazu geboren, mit einem

Orchester zu musizieren. »Ich hoffe, ich werde Sie eines Tages das große Klavierkonzert meines Bruders spielen hören.« Ich versprach ihm, es einzustudieren. Dann sagte er: »Sind Sie am Sonnabendnachmittag frei?« Das war der Tag vor dem Konzert, am Vormittag sollte die letzte Probe sein, also sagte ich ja.

»Wir haben nämlich einen kleinen russischen Klub gegründet mit den hiesigen russischen Adligen. Sonnabend um vier hält Fürst Sergej Wolkonsky einen Vortrag dort, der Intendant der Kaiserlichen Bühnen aus Petersburg. Der russische Botschafter wird mit allen Mitarbeitern erwartet, und ich möchte Sie als meinen Gast einführen. Wer weiß, ob sich da nicht etwas ergibt . . .«

»Und der Konsul?«

»Ist weder Mitglied, noch ist er eingeladen.«

Ich war skeptisch, doch ich wäre auf jeden Vorschlag von Modest Tschaikowsky eingegangen. Freitag vormittag probierten wir sehr lange, Molinari nahm sich jedes Detail vor und wiederholte immer wieder, besonders im Beethoven-Konzert. Er ermüdete mich, doch lohnte es sich.

Am Nachmittag ruhte ich mich aus, denn für das Konzert bei Rudinis wollte ich frisch sein. Im Frack, weißer Schleife, schwarzem Mantel und Zylinder fuhr ich Punkt neun am Palazzo Barberini vor. Der Butler öffnete und sagte, die Marchesa werde sogleich erscheinen. Ich glaubte schon, ich sei zu früh gekommen. Er führte mich durch mehrere Salons in ein kleines Boudoir, wo ich einen jungen Mann im Smoking antraf, der in einem Buch las. Ich verbeugte mich, er verbeugte sich ebenfalls, fuhr dann aber fort zu lesen. Ich setzte mich und wartete wie beim Zahnarzt.

Nach einem Weilchen begannen wir doch miteinander zu sprechen, auf Französisch. Er war Argentinier und sprach mit starkem Akzent. »Ich bin hier vergnügungshalber. In Buenos Aires ist es langweilig, Rom und Paris sind die einzigen Städte, in denen man sich einigermaßen amüsieren kann.«

Dieser junge Mann wußte genau, was er wollte. Er sah gut aus, trug sein schwarzes Haar nach spanischer Weise und hatte dichte Brauen. Unsere Unterhaltung wurde durch den Eintritt der Marchesa unterbrochen, die, schön wie immer, im Hauskleid erschien.

»Wie freue ich mich, Sie zu sehen, lieber Rubinstein«, sagte sie und streckte mir beide Hände hin. »Sie haben nichts dagegen, daß wir ganz zwanglos à trois speisen?« (Sie machte uns bekannt, doch habe ich den Namen des jungen Mannes vergessen.) »Aha«, dachte ich, »die Gesellschaft findet erst sehr spät statt, vermutlich gegen Mitternacht.«

Im Speisezimmer – eher war es ein Frühstückszimmer – wurde uns ein großes Diner mit allem Drum und Dran serviert. Ich knabberte kaum an den Speisen, trank überhaupt keinen Wein, immer im Gedanken an das bevorstehende Konzert. Doch mit der Zeit wurde mir unbehaglich. Dora Rudini hatte noch mit keinem Wort das Konzert erwähnt, ich ahnte nicht, wann, wo und wie es stattfinden sollte, und als ich mich höflich nach dem Marchese erkundigte, sagte sie lächelnd: »Ja, wissen Sie denn nicht, daß wir uns getrennt haben?«

Den Kaffee ließ sie im Musikzimmer auftragen, und wir setzten uns um einen niedrigen Tisch. Die Unterhaltung war in nichts bemerkenswert gewesen – es ging um Sport, Rennen, Klatsch, der junge Mann berichtete von ein paar Empfängen und urteilte über Wert und Unwert des Tango, während ich dies und das aus Rußland und Polen erzählte. Nun saßen wir stumm beim Kaffee, bis Dora plötzlich ungemein liebenswürdig sagte: »Bitte, spielen Sie für uns, caro Arturo. Ich würde besonders gern die ›Barcarolle‹ von Chopin hören, die Sie bei meinem Empfang gespielt haben.« Jetzt ging mir ein Licht auf – das also war die ganze Gesellschaft!

Der Flügel stand hinter mir, ich hatte ihn nur bislang nicht beachtet, weil er unter einem Gebirge von Kleinkram versteckt war – Fotos, Blumen, Büchern. »Ich hoffe, mein Flügel gefällt Ihnen – ich habe ihn erst kürzlich gekauft.« Zu dritt legten wir das Instrument frei, und ich setzte mich davor. Es war ein guter Blüthner, gut gestimmt, Dora und ihr Freund nahmen auf dem Sofa Platz, ich begann die »Barcarolle«. Da sie hinter mir saßen, nahmen sie wohl an, daß ich sie nicht sähe, doch der Deckel eines Flügels ist blank wie ein Spiegel, und ich beobachtete also, wie Dora, von der Musik angeregt, ihren Schönling leidenschaftlich küßte, während er, anscheinend weniger musikalisch, ihre Liebkosungen eher schwunglos erwiderte. Meine eigene Lage war höchst peinlich, und ich wußte nicht recht, was tun. Alles erinnerte mich an die französische Posse »Chopin«. Sollte ich beleidigt sein, weil man mich als exciteur engagiert hatte, oder sollte ich mit Stolz vermerken, wie mein Spiel die Liebe weckte? Wie dem auch sei, ich spielte fort und fort und spielte mit Vergnügen. Musik läßt mich alles um mich her vergessen, doch möchte ich meinem Leser versichern: *zu weit* gingen meine Zuhörer nicht.

Gegen Mitternacht verabschiedete ich mich. Dora Rudini, jetzt wieder kühl und gefaßt, küßte mich zum Abschied, der Argentinier gab mir die Hand mit der Herablassung eines spanischen Hidalgo, und der Butler, der mir in der Halle in den Mantel half, überreichte mir einen Umschlag. So kehrte ich denn um 2000 Lire reicher ins Splendid zurück.

Kapitel 64

Die letzte Probe am Samstagvormittag ging wunderbar glatt. Nachdem ich bisher meist eine einzige, noch dazu gehetzte Probe für meine Orchesterkonzerte gehabt hatte, fand ich drei so ausgedehnte Proben herrlich. Tschaikowsky, von unserem Spiel begeistert, lud mich zum Essen ein.

»Ich möchte Ihnen noch einiges über den russischen Club sagen, eine Kleinigkeit könnte Sie nämlich interessieren. Anton Rubinstein hat nach seinem letzten Konzert in Rom seinen Flügel diesem Club vermacht. Wenn der Vortrag nicht zu lange dauert, ließe es sich vielleicht arrangieren, daß Sie den Mitgliedern auf dem Rubinstein-Flügel ein kleines Konzert geben. Schließlich ist der Botschafter anwesend, wer weiß, was daraus wird. Kein schlechter Einfall, wie?« lachte er.

Der russische Club war ein nüchternes graues Gebäude in einer Nebenstraße, und von der Eingangshalle trat man sogleich in das sehr geräumige Musikzimmer. Gegen hundert elegant gekleidete Personen saßen auf bequemen Stühlen, in der Mitte stand der Flügel, seitwärts ein Rednerpult. Tschaikowsky und ich nahmen sehr weit hinten Platz.

Fürst Sergej Wolkonsky näherte sich dem Pult, warf einen Stoß handbeschriebenen Papiers darauf, nahm einen guten Schluck Wasser, knipste eine kleine Leselampe an und begann seinen Vortrag. Sein Thema war die Geschichte des Theaters und die Kunst der Darstellung. Er sprach stockend mit eintöniger Stimme, die einen Beiklang von Arroganz und Pedanterie aufwies – die Wirkung war einschläfernd, und nach einer Stunde sah man viele Herren mit diskret gesenktem Haupt schlummern. Müder Applaus belohnte den Vortragenden, die Zuhörer erhoben sich und schafften sich in lärmender, lebhafter Unterhaltung Erleichterung. Als Kaffee herumgereicht wurde, führte Tschaikowsky mich zu dem Botschafter. Fürst Dolgoruky war der Prototyp des ältlichen, konservativen Aristokraten, schlank und groß, mit wohlgeformter Adlernase, einem Schnurrbart en brosse und großem Monokel vor einem blaßblauen, tief eingesunkenen Auge. Er trug einen dunklen Gehrock, gestreifte Hosen und eine weiße Weste, steifen weißen Kragen und ein Plastron, die Krawatte wurde von einer schwarzen Perle zusammengehalten.

Modest Tschaikowsky sagte zu dem eleganten Herrn: »Darf ich Ihnen diesen sehr begabten jungen Pianisten vorstellen, Exzellenz, er heißt Rubinstein.«

»Ah, ah, ist ja höchst interessant. Heißt genauso und ist ebenfalls Pianist?«

»Falls es Ihnen nicht lästig wäre, Exzellenz, und falls die anderen Herren einverstanden sind, würde der junge Rubinstein gerne etwas russische Musik spielen auf diesem für ihn sozusagen geheiligten Flügel des unvergeßlichen Anton Grigorjewitsch.«

Tschaikowsky sprach mit Vorbedacht so salbungsvoll, obschon er Anton Rubinstein nicht leiden mochte – so wenig, wie es sein Bruder getan hatte.

»Ah, ah, mais c'est charmant! Selbstverständlich wollen wir den jungen Mann hören!«

Der Flügel war ein altes russisches Instrument Marke Becker, doch er war gestimmt. Ich spielte alles Russische, was mir in den Sinn kam, zwei Präludien und eine Etüde von Skrjabin, das berühmte Präludium von Rachmaninoff und noch etwas von Medtner. Nach dem tödlich langweiligen Vortrag wirkte die Musik auf die Anwesenden belebend, und ich wurde sehr an Petersburg erinnert sowie daran, daß kein anderes Publikum von Musik derart hingerissen wird wie die Russen. Der Botschafter ließ sogar sein Monokel fallen.

»Ah, ah, wunderbar, exquisit, bezaubernd!«

Ich stieß den Finger in Tschaikowskys Rücken.

»Exzellenz«, begann er (dies war der geeignete Augenblick), »diesem reizenden jungen Mann ist etwas höchst Peinliches widerfahren – er hat seinen Paß verloren! Morgen spielt er im Augusteo und Montag früh fährt er direkt nach Moskau, um mit einem Orchester eine Konzerttournee anzutreten.«

»Sehr traurig, sehr betrüblich«, sagte der Fürst mitfühlend, »da wird ihm doch der Konsul helfen, wie? Oder etwa nicht?«

»Das Konsulat ist geschlossen und macht erst am Montag wieder auf, der Konsul ist verreist«, log mein Fürsprecher schamlos.

»Hm, ah, ah, es muß doch einen Weg geben ... er wird in Moskau erwartet ... nun, dann muß er auch dort ankommen!«

Ehrlich besorgt rief der Botschafter einen Attaché zu sich; die beiden steckten die Köpfe zusammen, hin und wieder hörte man einen Ausruf des Fürsten – »Warum nicht?« ... »für eine einzige Reise!« »ach was ...« und dann sagte mir der Botschafter ausgesucht liebenswürdig: »Mein junger Rubinstein, morgen komme ich in Ihr Konzert und bringe Ihnen ein hübsches Geschenk mit, ha, ha, ha, ha!«

Mit solcher Liebenswürdigkeit vermag Aristokratie für sich einzunehmen. Tschaikowsky und ich verließen recht hoffnungsvoll den Club. »Er bringt Ihnen einen von ihm unterzeichneten Passierschein mit, machen Sie sich weiter keine Sorgen.«

Mein römisches Debut war für mich ein sehr bedeutsames Ereignis, und es ist mir unvergeßlich geblieben als der Beginn einer Liebesbeziehung zwischen mir und dem italienischen Publikum, die heute noch andauert.

Wir begannen mit dem Beethoven-Konzert, das glatt ging, aber etwas schwunglos. Sowohl Molinari als auch ich wurden durch den Lärm der Spätankömmlinge und der nicht übermäßig musikalischen grand monde im Parkett abgelenkt. Zum Glück saßen auf den Rängen Musikstudenten und Musikenthusiasten. Es folgten drei Stücke von Chopin für Klavier. Das erste, die »Barcarolle«, ist ein Lieblingsstück von mir, denn sie verfehlt nie, mich für das weitere Programm zu inspirieren. Auch bei dieser Gelegenheit ließ sie mich nicht im Stich. Bei den letzten Noten hatte ich das Publikum gewonnen, ich mußte mich drei-, viermal verbeugen, ehe ich mit dem Nocturne beginnen durfte. Von diesem Augenblick an war der Erfolg nicht aufzuhalten, er nahm lawinenartig zu und explodierte in ein Beifallsgetöse nach der Polonaise in A-Dur. Von den Rängen schrie man: »Bravo, bis, bis, bravo!« Für die Pause wollte ich mich in das Künstlerzimmer zurückziehen, doch das Publikum hörte nicht auf »bis« zu rufen. Ich mußte mich mehrmals verbeugen, und es wurden Zugaben verlangt, die ich aber bis zum Ende des Konzertes aufhebe. Plötzlich erschien Maestro Sgambati atemlos hinter der Bühne und rief mir zu: »Presto, presto, spielen Sie, spielen Sie, das Publikum kocht und wird gleich handgreiflich!« Damit erschreckte er mich, ich eilte zum Flügel und spielte eine Etüde von Chopin, die das hitzige Temperament des italienischen Publikums besänftigte.

Von Tschaikowsky begleitet, erschien Fürst Dolgoruki in meiner Garderobe und küßte mich, sehr von meinem Erfolg beeindruckt, auf beide Wangen. »Ah, ah, Sie böser Junge, Sie haben mich zu Tränen gerührt!« Und damit überreichte er mir einen großen Umschlag. »Und hier mein Geschenk an Sie, Lieber.« Er rief den Attaché herein, der draußen geblieben war. »Lassen Sie sich von dem jungen Mann seine Personalien geben und setzen Sie sie in das Dokument ein. Unterschrieben habe ich schon.« Als ich ihm danken wollte, wehrte er das mit einer Handbewegung ab. »Ah, ah, kein Dank, kein Dank, es ist nicht der Rede wert. Wenn Sie die Grenze hinter sich haben, zerreißen Sie das Papier. Sie besorgen sich dann einen neuen Paß. Das Ganze ist wirklich nichts von Bedeutung. Aber Sie haben mich zu Tränen gerührt, ah, ah.« Und damit ging er. Der Attaché nahm ein großes Blatt Papier aus dem Umschlag und fragte nach meinem Geburtsdatum und Geburtsort.

»Es ist ein Diplomatenpaß, ich muß ihn selber ausfüllen«, bemerkte er dabei lässig.

Ich erwiderte nach kurzem Zögern geistesgegenwärtig: »Geboren in Warschau 1889.« Er schrieb es hin und überreichte mir das Dokument. Auf dickem Papier stand da in russischer und französischer Sprache. »Nr. 1 – Im Namen Seiner Kaiserlichen Majestät des Zaren Nikolaus II. von Rußland ersuchen wir, unserem Untertan Arthur Rubinstein mit Rat und Tat beizustehen.« Dann folgten die Daten. Fürst Dolgoruki hatte eigenhändig unterschrieben. Es war kaum zu glauben – sogar Tschaikowsky wirkte etwas betreten.

»Daß er so weit geht, habe ich nicht erwartet«, sagte er.

Das Konzert von Saint-Saëns prasselte hernieder wie ein Wirbelsturm. Molinari und ich mußten uns immer wieder verbeugen, und ich spielte zwei Zugaben. Es drängten sich viele neue Bekannte herbei, um mir zu gratulieren, und Maestro Sgambati bemerkte lächelnd: »Ich habe Ihnen das Leben gerettet – einer Ihrer Bewunderer hätte Sie glatt umbringen können!«

Graf San Martino bot mir einen Termin in der kommenden Saison an, und ich verabschiedete mich dankerfüllten Herzens von Modest Iljitsch. Nie habe ich vergessen, wie verständnisvoll und nobel er sich in meinem so kontroversen Fall betrug – schließlich war er russischer Patriot und ich im Grunde ein aufrührerischer Zwangsuntertan des Zaren.

Die Rückfahrt nach Polen war lang und anstrengend und das Dokument, das ich auf mir trug, beruhigte mich keineswegs. »Es ist einfach zu schön, um wahr zu sein«, sagt der Volksmund – sollte das auch auf meinen Paß zutreffen? Würde man mich festnehmen, weil ich unrechtmäßig in seinem Besitz war? Solche Mutmaßungen quälten mich bis zur russischen Grenze. Hier zeigte ich mit klopfendem Herzen und zitternder Hand meinen ominösen Paß vor. Der Gendarm klappte auf, las, klappte zu, reichte den Paß zurück und grüßte militärisch. Sodann führte er mich zum Bahnhofsbuffet, bat mich, Platz zu nehmen und bestellte sogleich Tee und sakuska für mich. Ich war mehr als angenehm überrascht; meine eigene Achtung vor meinem Diplomatenpaß wuchs gewaltig, und ich fand es schade, ihn zu zerreißen.

In Warschau erwartete mich ein Rätsel in Gestalt eines Telegramms von André Diederichs aus Moskau. »Soeben von zweiwöchigen Ferien in Finnland zurück. Finde dringendes Telegramm. Falls immer noch Geldbedarf bitte telegrafieren. Grüße André.«

Wahrhaftig ein Rätsel! Ich wußte es nicht zu deuten. Wie konnte ich denn aus Moskau Geld bekommen, wenn Diederichs mein Telegramm nicht erhalten hatte?

Pola und Zosia, Paul und die Moszkowskis waren von meinem Paß und diesem Rätsel ebenso beeindruckt wie ich. Wie dem auch war, ich mußte nach Moskau fahren. Alle brachten mich an den Bahnhof, wünschten mir Glück. Pola war untröstlich – diese Trennung würde lange währen.

Ich traf in der alten russischen Hauptstadt an einem bitterkalten Morgen ein. Der Zug hatte immer nur schneebedeckte Ebenen durchquert, darin verstreut die Hütten der armen Bauern, ein trostloser Anblick. Sogar die Städte, an denen wir vorüberfuhren, wirkten öde und kalt.

Avierino, der Direktor der Agentur Koussewizky – nebenbei ein hervorragender Bratschenspieler, den ich von Warschau her kannte –, erwartete mich am Bahnhof. Auf dem Weg ins Hotel Metropol löste er mir das Rätsel mit der Geldanweisung, eine höchst fantastische Spielart des deux ex machina.

»Sie erinnern sich, daß Koussewizky auf der Reise nach Berlin in Warschau Aufenthalt hatte?«

»Selbstverständlich.«

»Wenige Tage später telegrafierte er mir hierher folgendermaßen: ›Überweisen telegrafisch tausend Rubel Rubinstein in Warschau gesehen alles in Ordnung Koussewizky‹. Er vergaß den Punkt zwischen Rubel und Rubinstein, und ich war so dumm, Ihnen das Geld zu schicken, anstatt das Telegramm sorgfältig zu lesen. Als ich meinen Fehler bemerkte, war es schon zu spät.« Und ich hatte das Geld im allerletzten Moment bekommen!

Jetzt mußte ich in den sauren Apfel beißen und Avierino die tausend Rubel zurückzahlen. Ich gab ihm vorerst 500, was mir so gut wie nichts übrig ließ; den Rest sollten die Konzerteinnahmen bringen.

Koussewizky stellte mich seinem Orchester aufs liebenswürdigste vor. Bei den Proben des Rubinstein-Konzertes fiel mir allerdings auf, daß er keineswegs so gut begleitete, wie ich erwartet hatte. Nach der Probe nahm er mich mit nach Hause, wo seine Frau mich aufs freundlichste willkommen hieß.

Das Konzert fand am Abend des folgenden Tages statt. Es war ausverkauft und wurde ein großer Erfolg, insbesondere der erste Satz des Rubinstein-Konzertes, doch hätten Beethoven, Chopin oder Saint-Saëns mir eine bessere Einführung verschafft. Das sentimentale Element, das sich bei dem Rubinstein-Wettbewerb einstellen mußte, fehlte selbstverständlich bei einem öffentlichen Konzert in einer so musikverständigen Stadt wie Moskau. Die Kritik äußerte sich daher wohl freundlich über mein Spiel, wartete aber mit ihrem endgültigen Urteil auf meinen Klavierabend.

Zwei Tage darauf spielten wir das gleiche Programm in St. Petersburg in der wunderschönen Dworjansoje Sobranje. Hier hießen meine Parteigänger mich schon herzlich willkommen, ehe ich noch eine Note angeschlagen hatte. Das Konzert wurde ähnlich aufgenommen wie in Moskau. Das Rubinstein-Konzert liegt mir einfach nicht. Ihm fehlt der große Wurf, es ist bloß ein brauchbares Vehikel für einen tüchtigen Interpreten, doch ich wurde ihm gerecht, und mein Erfolg war durchaus verdient.

André Diederichs war zufrieden, Koussewizky ebenfalls. Wir speisten zu dritt nach dem Konzert, und dabei drehte sich das Gespräch fast ausschließlich um jene ominösen tausend Rubel.

Meine Klavierabende in den beiden Hauptstädten weckten wesentlich mehr Interesse. Ausdrücklich wurde vermerkt, daß ich die »Hammerklaviersonate« in mein Programm aufgenommen hatte, und alle Kritiker verglichen meine Auffassung dieser Komposition mit der von Hoehn. Manche fanden meine zu romantisch, andere fanden Hoehns weniger anregend. In Wahrheit hatten wir beide recht.

»Wie kann das sein?« wollte André Diederichs wissen, mein geschworener Parteigänger.

»Ganz einfach. Wenn du dich von zehn Malern porträtieren läßt, wird jeder dein Gesicht jedesmal anders malen, und doch werden dir alle Künstler versichern, sie hätten dein Gesicht genau so wiedergegeben, wie sie es sehen.«

»Gut, da stimme ich zu. Aber wo ist die Parallele zur Musik?«

»Die liegt doch auf der Hand, André. Jedes schöpferische Werk ist ein Teil des Universums, wie jede Blume, jeder Mensch. Mithin klingt je nach Interpreten eine und dieselbe Sonate anders. Und da liegt ja auch der Auftrag, der unserem jeweiligen Talent gegeben ist. Nietzsche nennt in ›Die Geburt der Tragödie aus dem Geist der Musik‹ die Musik dionysisch, alle anderen Künste hingegen apollonisch, weil sie die Natur, ihre Ideen und Visionen interpretieren, während die Musik ihm als eine unabhängige metaphysische Kraft der Schöpfung gilt. Ich finde diesen Vergleich gut, und so betrachte ich denn die großen Schöpfer der Musik als Dionysier und ihre Interpreten als Apollonier.«

Ich lächelte etwas geniert, weil ich ihm einen Vortrag gehalten hatte. Er schien beeindruckt, beharrte aber nach wie vor darauf, daß meine Auffassung der Sonate die richtige sei.

»Ich verstehe, was du meinst, André, und ich höre es mit einer gewissen Genugtuung. Ein Interpret muß seine Zuhörer überzeugen können, und wir alle geben uns die größte Mühe, dieses Ziel zu erreichen.«

In Moskau wurde die »Hammerklaviersonate« mit sehr viel mehr Zustimmung aufgenommen, denn hier kannte man Hoehn nicht. Die Klavierabende verliefen in beiden Städten gut. Das Publikum war aufgeschlossen, gelegentlich sogar enthusiastisch, doch der Erfolg hielt sich in Grenzen. Und dafür gab es einen Grund. Zum ersten Mal war mein Name mir keine Hilfe, sondern ein Hindernis. Damals stand Josef Hofmann in Rußland obenan. Diesen Schüler Anton Rubinsteins, jenes legendären Abgottes, sah man als den rechtmäßigen Erben des großen Mannes, in mir jedoch einen Emporkömmling, der frevlerisch die Hand nach dem heiligen Namen ausstreckte. Immerhin war der Erfolg nicht zu leugnen, und daß ich neuerlich engagiert werden würde, stand fest.

In Moskau hielt ich mich länger als eine Woche auf. Der erste Eindruck von der alten russischen Hauptstadt war zwiespältig. Statt einer prachtvollen, London vergleichbaren Metropolis, die ich erwartet hatte, fand ich eine Anhäufung von Kleinstädten und Dörfern, versammelt um eine mittelalterliche, von unübersteigbaren Mauern geschützte Festung, den Kreml. Das moderne, schön geplante St. Petersburg und das ungeformte, irgendwie asiatische Moskau schienen in ganz verschiedenen Ländern zu liegen. Und doch wurde das schäbige Äußere Moskaus aufgewogen durch das wimmelnde städtische Leben und den Charakter der Einwohner. Die Stadt gehörte den Kaufleuten. Oft sah man die traditionelle Kleidung des Mushik, Hosen, in Röhrenstiefel gesteckt, Hemden mit gesticktem Kragen seitlich am Hals geschlossen, schwere Mäntel mit billigen, stark riechenden Fellen besetzt. Nicht einmal die Reichen scheuten sich, solche Kleidung zu tragen, allerdings trugen sie dann Mäntel aus Seehund-, Lamm- oder Zobelpelz. Manche besaßen einen ausgesprochenen Schönheitssinn. Die Kaufleute Morosoff und Schtschoukine kauften massenhaft französische Impressionisten, als diese in Frankreich überhaupt noch nichts galten. Ein von diesen beiden Herren eingerichtetes Museum enthielt eine der schönsten Sammlungen. Dort hingen Gemälde von Cézanne, Renoir, Monet, Manet, Degas, Pissarro, Gauguin, Van Gogh und auch schon Bilder von Picasso und Matisse.

Moskau war stolz auf seine Bolschoi-Oper und deren große Stars, Schaljapin und den Tenor Sobinow. Das von Nicholas Rubinstein gegründete Kaiserliche Konservatorium, an dem Tschaikowsky

Kompositionslehre unterrichtet hatte, folgte der großen Tradition. Meine grenzenlose Bewunderung allerdings galt dem Theater von Stanislawsky und Nemirowitsch-Dantschenko. Sie hatten es zu Ehren von Tschechow gegründet, der für die Eröffnung »Die Möwe« schrieb, später das Emblem dieses Theaters. Ich sah dort mehrere Stücke, darunter »Der Kirschgarten« – ein ganz unvergeßlicher Abend. Es gab keine Stars; hier wurden die Rollen entsprechend der persönlichen Eignung verteilt, ohne Protektion und Beziehung.

Im Rückblick fällt mir ein Beispiel für die kulinarischen Bräuche dieser faszinierenden Stadt ein. Ein Bekannter von Koussewizky lud mich zum Mittagessen in eines der besten Restaurants ein. Wir trafen uns um eins und gingen gleich an ein Buffet, wo etwa dreißig warme und kalte Hors d'oeuvre-Platten um eine Legion von appetitlich angeordneten Wodkagläsern aufgebaut waren. Damit hoffte man die durstigen Moskowiter anzulocken. Nachdem wir uns ausführlich an diesen Kleinigkeiten gelabt hatten, nahmen wir an einem Tisch im Speisesaal Platz.

»Was empfehlen Sie?« fragte mein Gastgeber den Oberkellner.

»Wir haben vorzüglichen Fisch«, sagte der und ließ uns aus einem Becken einen munter umherschwimmenden Fisch wählen. »In einer Stunde wird er fertig sein«, hieß es.

»Bis dahin könnten wir Billard spielen«, schlug mein Gastgeber vor, und wir spielten länger als eine Stunde. Dann meldete uns ein Kellner, der Fisch sei angerichtet. Wir setzten uns zu Tisch und speisten mit gutem Appetit. Dann wählten wir ein Stück rohes Rindfleisch aus und spielten wieder eine Stunde Billard. Während die Nachspeise zubereitet wurde, konnten wir zwei Partien Piquet hinter uns bringen. Zum Essen tranken wir sehr guten Burgunderwein. Das Mahl war gegen neun Uhr abends beendet und dürfte ein Vermögen gekostet haben.

Meine Konzertreise führte nun, Einladungen der Kaiserlich Russischen Musikgesellschaft folgend, nach Charkow und nach Rostow am Don. In beiden Städten empfing man mich mit echtem Enthusiasmus, sonst lohnt sich kein weiteres Wort darüber. Die Hotels waren primitiv und unbequem, die Konzertbesucher und die Straßenpassanten sahen simpel und fade aus. Nächste und letzte Station war Kiew, das ich schon von einem früheren Besuch her kannte. Das Konzert, von der Moskauer Agentur Koussewizky veranstaltet, wurde lokal von einem Polen betreut, einem gewissen Idzikowski, dem Inhaber einer großen Buch- und Musikalienhandlung. Ich traf früh am Tage des Konzertes in der ukrainischen Hauptstadt ein. Nach einem heißen Bad und einem Frühstück suchte ich Idzikowski auf, einen kleinen ältlichen Herrn mit klugem Gesicht, der mich in seinem Büro empfing.

»Wir freuen uns sehr, daß Sie in Kiew spielen«, sagte er, »leider haben Sie nichts von Szymanowski in Ihr Programm aufgenommen. Es gibt hier nämlich eine zahlreiche polnische Bevölkerung, die interessiert sich brennend für unseren jungen Komponisten.«

»Das ist ja herrlich! In Kiew weiß man von Szymanowski anscheinend mehr als in Warschau. Setzen Sie also statt des Schumann die ›Variationen‹ von Szymanowski auf das Programm.«

Er lächelte. »Heute abend werden Sie nicht viele Zuhörer haben. Man kennt Sie nämlich nicht. Die Programmänderung könnte aber helfen. Ich habe Sie in Warschau gehört und prophezeie Ihnen hier eine große Resonanz.«

Er geleitete mich zu dem Saal, der dem Club der Kiewer Kaufleute gehörte. Er lag im Stadtpark, hatte schöne Proportionen, eine perfekte Akustik und wirkte ungemein einladend. Der Flügel, ein guter Bechstein, war gestimmt. Ich übte etwa eine Stunde, nahm einen leichten Imbiß und ruhte. Daß ich Karols »Variationen« einem verständigen Publikum vorspielen sollte, erfüllte mich mit Vorfreude.

Der Saal war am Abend kurz vor Konzertbeginn praktisch leer. Einige junge Leute auf den Stehplätzen, im Parkett vielleicht fünfzig Personen – mehr waren nicht erschienen. Das stimmte mich melancholisch, doch gleichzeitig ermunterte es mich, mein Bestes zu geben. Anders als viele Kollegen, die bei wenigen Zuhörern »beleidigt« reagieren, bin ich seit je der Ansicht gewesen, daß jene wenigen ein volles Haus vertreten. Ich spielte also die einführende Beethoven-Sonate sehr behutsam und liebevoll. Wirklich erwies die kleine Zuhörerschaft sich als musikalische Elite, die meinen Vortrag zu schätzen wußte. Nach der Sonate kamen gegen zehn Personen in Abendkleidung und setzten sich auf Plätze in der ersten Reihe, Sie genierten sich etwas wegen ihrer Verspätung, doch lächelte ich ihnen freundlich zu.

Nun spielte ich Szymanowskis »Variationen«. Ich liebte diese Komposition und legte infolgedessen alle meine Liebe hinein – sie wurde achtungsvoll, aber kalt aufgenommen, einzig die Neuankömmlinge klatschten begeistert. In der Pause besuchte mich einer von ihnen im Künstlerzimmer und stellte sich vor als Graf Pruszynski, ein Pole. Er sprach besser Französisch als Polnisch und bat um Entschuldigung, daß er und seine Freunde den Anfang des Konzertes verpaßt hatten. »In Kiew fangen die Konzerte zu früh an«, sagte er. »Il faut bien dîner, n'est-ce pas? Wir sind hergekommen um Sie zu hören, hauptsächlich aber um Szymanowskis willen. Dimitrij Lwowitsch Dawydow und seine Frau sind Nachbarn und Freunde des Komponisten und ils m'ont chargé de vous inviter à souper avec nous après le concert.«

Ich nahm gerne an; Szymanowskis Freunde versprachen sympathisch und kurzweilig zu sein.

Der zweite Teil des Programms wurde gut aufgenommen. Mein junges Stehplatzpublikum umlagerte das Podium und verlangte Zugaben; es beruhigte sich erst nach der vierten. Graf Pruszynski war empört.

»Was haben die für schlechte Manieren! Zwingen Sie, Zugaben zu spielen, und stellen sich einfach vor uns hin, als ob der ganze Saal ihnen gehörte.«

»Das würde ich ihnen nicht übelnehmen, Graf. Mir gefallen solche Reaktionen meines Publikums.«

Er führte mich ins Restaurant des Grand Hotel, wo seine Freunde uns erwarteten. Hier ergab sich eine Überraschung: Dimitrij Dawydow war ein Neffe des Komponisten Tschaikowsky, mithin auch von Modest Tschaikowsky, dem ich so viel verdankte. Seine Frau Nathalie gehörte zu jenen so seltenen Menschen, die man nie vergißt – ich war sofort von ihrer edlen und gescheiten Herzlichkeit gefangen genommen. In ihrem Kreis herrschte ein interessanter, lebhafter Ton, und jenes Souper im Grand Hotel war der Anfang einer Freundschaft, die ich in bestem Angedenken habe. Überdies behaupteten sie allesamt übereinstimmend, ich müsse vor meiner Abreise aus Kiew dem Publikum ein weiteres Mal Gelegenheit geben, mich zu hören. Als ich ziemlich pessimistisch fragte, wo sie denn die Zuversicht hernähmen, es würde auch nur ein einziger Zuhörer erscheinen, hieß es: »Dimitrij Dawydow ist Adelsmarschall der Ukraine, und sein Schwager Goudim-Lewkowitsch ist der Schwiegersohn von General Trepow, dem Gouverneur der Ukraine. Die beiden füllen mit ihrem Anhang glatt zehn Säle.« Dagegen war nichts einzuwenden, und ich versprach, mit Idsikowski über ein zweites Konzert zu sprechen. Der arme Mensch empfing mich recht bekümmert.

»Gestern hat Koussewizkys Agentur einiges Geld verloren. Ich hoffe, Sie haben nächstes Jahr mehr Glück.« Als ich ihm die Absichten meiner neuen Gönner erzählte, klatschte er in die Hände und sagte auf Polnisch, da habe ich ja mal Glück gehabt: »Pan się w czepku urodzil.« (Sie sind mit einem Glückshäubchen geboren.) Er kündigte das Konzert für Ende der Woche an, und mir blieben fünf Tage für die Vorbereitung des Programms. Dawydows adoptierten mich förmlich während dieser Tage in Kiew. Ich wohnte bei ihnen, übte auf ihrem Flügel, speiste mit ihnen. Und sie veranstalteten mir zu Ehren einen großen Empfang, um mich der Gesellschaft von Kiew bekanntzumachen. So war denn der Saal ausverkauft, und der Abend verlief glänzend. In der ersten Reihe saß der Gouverneur in seiner ordensbedeckten Uniform. Seine Adlaten, deren Ehefrauen und überhaupt die gesamte Prominenz der Stadt waren anwesend. Ich spielte viel Chopin, und die Zuhörer gingen begeistert mit. Wie ich später von ihm selber hörte, hatte man den kleinen Wladimir Horowitz in mein Konzert mitgenommen. Und nachher gaben Dimitrij Lwowitsch und seine Frau im Grand Hotel einen festlichen Empfang für mich.

Idzikowski jubelte. »Wir müssen sofort noch ein Konzert ankündigen, einen ganzen Chopin-Abend.« Schließlich gab ich alles in allem vier Konzerte in Kiew, und die beiden letzten waren ebenso erfolgreich wie das zweite. Die Hauptstadt der Ukraine war meine einzige russische Eroberung. Als ich in Erwartung großer Summen mit Idzikowski abrechnete, erhielt ich nicht einmal tausend Rubel. »Ist das alles, was mir drei ausverkaufte Konzerte einbringen?« fragte ich.

»Ich handele im Auftrag der Agentur Koussewizky, die noch erhebliche Forderungen an Sie hat. Ich mußte das Defizit des ersten Konzertes abziehen, ferner die nach Warschau überwiesenen fünfhundert Rubel, und die Unkosten der vier hiesigen Konzerte betrugen auch eine ganz erhebliche Summe.«

Ich mußte ihm glauben und mich gegen mein Gefühl mit dem mir angebotenen Geld zufriedengeben. Ich schwor mir aber, hinfort schärfer auf die Kasse achtzugeben.

Dawydows bedrängten mich, den Sommer oder doch wenigstens

einen Teil des Sommers auf ihrem Landsitz Werbowka zu verbringen, und ich sagte selbstverständlich zu – wir fanden wachsendes Gefallen aneinander.

Graf Pruszynski erwies sich als sehr brauchbarer Fremdenführer. Er zeigte mir die Stadt, die nicht schön, aber sehr interessant war. So gab es ein unterirdisches Kloster namens Lawra, wo die Mönche Milliarden Goldrubel hüteten, die sie in Zeiten der Not an den Zaren ausliehen. Die Stadt schaut auf den majestätischen Dnjepr herunter. Der Sobor des Heiligen Michael war ein architektonisches Prachtstück, innen reich ausgestattet, mit bunten Glasfenstern, schönen Mosaiken und goldenen, edelsteinbesetzten Schmuckstücken. Eines Vormittags nahm der Graf mich in eine russische banja mit, ein Dampfbad. »Das russische Dampfbad ist überhaupt das beste an Kiew«, behauptete er spöttisch. »C'est tout simplement merveilleux.« Ich ging aus Neugier mit – im Grunde verabscheue ich Schweiß.

Das Dampfbad befand sich in einem freundlich aussehenden Haus auf der Hauptstraße. Wir betraten eine mit Marmor ausgekleidete geräumige Halle, wo uns ein athletischer Mann in weißer Schürze in Empfang nahm, in einen kleineren Raum geleitete und fragte, ob wir ein Dampfbad wünschten, eine Dusche oder eine Massage? Graf Pruszynski sagte in seinem gebrochenen Russisch:

»Krassiwoju jenschtschinou dlia niewo e maltschika dlia menia.« (Für ihn ein hübsches Mädchen und für mich einen Knaben.) Plötzlich begriff ich, warum er das Dampfbad so schätzte, und war nicht überrascht, denn man hatte mich vor seiner homosexuellen Veranlagung bereits gewarnt. Mich bestürzte vielmehr die lässige Art, mit der er das Ganze betrieb, ohne mich zu fragen. Immerhin wollte ich mir doch das junge hübsche Mädchen einmal ansehen, das er mir bestellt hatte, und wartete, während ihm ein anderer Baderaum zugewiesen wurde. Nach einem Weilchen erschien eine unförmige, hochschwangere Person, der ich – nachdem ich mich von meinem Schreck erholt hatte – einige Rubel gab und dazu sagte, für sie in ihrem Zustand sei es wohl besser, sie enthalte sich anstrengender Tätigkeit, und ich wolle ausnahmsweise der Versuchung widerstehen. Dankbar lächelnd schlurfte sie davon.

Als ich später Pruszynski davon erzählte, lief er vor Wut rot an. »Ces bandits! Ces voleurs! Nie wieder gehe ich dorthin! Möchten Sie es in einem anderen banja versuchen?«

»Nein, vielen Dank«, sagte ich.

Am letzten Abend spielte ich bei Dawydows bis in die späte Nacht vor wenigen geladenen Gästen. »Wir erwarten Sie in Werbowka!« war das letzte, was sie mir beim Abschied nachriefen.

Kapitel 65

Als ich morgens in Warschau ankam, erwartete Pola mich auf dem Bahnhof. Das Telegramm aus Kiew mit der Ankündigung meiner Rückkunft war die einzige Nachricht, die sie seit Moskau von mir erhalten hatte. Das war unverzeihlich – ich wußte es. Ich hatte meine Abneigung gegen das Briefeschreiben so weit getrieben, daß ich auch die dringendsten Sachen einfach liegen ließ. Sie machte mir bittere Vorwürfe über meine Herzlosigkeit, war aber glücklich, wie unverändert ich heimkehrte. Im übrigen hatte sie schon von Jaroszynski alles über Kiew erfahren.

Ich nahm gleich die gewohnte Lebensweise wieder auf – Konzerte in der Provinz und ein Konzert mit Orchester sowie einen Sonatenabend mit Paul in Warschau.

Karol und Joseph waren ebenfalls in Warschau, und Karol freute sich besonders über meine Freundschaft mit Frau Dawydow, die er sehr gern mochte; Joseph war entzückt über meinen Erfolg in »seiner« Stadt.

Wie immer war der Frühling in Warschau unwiderstehlich, und ich genoß jede Minute. Die Abende verbrachte ich entweder im Theater oder mit Freunden; Paul, sein Bruder und ich musizierten stundenlang miteinander. Als wir eines Nachmittags bei Lourse Billard spielten, sagte Paul in seiner lässigen Art:

»Lach jetzt nicht, Arthur, ich habe eine schöne Überraschung für dich – ich heirate.«

»Und wen, bitte, wirst du heiraten?«

»Selbstverständlich unsere liebe Zosia. Es ist schon offiziell.«

Ich traute meinen Ohren nicht. In all diesen Jahren hatte ich ihm nicht die Spur von Verliebtheit angemerkt. Nie behandelte er sie anders als eine gute und brauchbare Kameradin. Und was Zosia angeht, so war ich mir ganz sicher, daß sie nicht in ihn verliebt war – sie hatte mir nämlich anvertraut, daß sie Kazio Barylski leidenschaftlich liebte, den ältesten der vier Brüder.

»Überleg dir das bitte genau, Paul; du machst da einen Fehler.«

»Sei nicht so pessimistisch. Zosia sagt, daß sie gerne meine Frau werden will, und die ganze Familie ist einverstanden. Ihr Vater hat mir eine herrliche Stradivari geschenkt, die er in Rußland gekauft hat.«

Mir ging durch den Kopf, daß dieses Geschenk Pauls Entscheidung beeinflußt haben mochte. Ich sagte nichts mehr, verhielt mich aber nach wie vor ablehnend. Zu Pauls Hochzeit ging ich nicht. Er schluckte diese Kränkung und erschien an seinem Hochzeitstag wie gewohnt zum Billard.

Meine Lust zu leben durchströmte mich besonders in jenem Frühling. Ich war ein glücklicher Mensch, und ich muß sagen, von allen meinen Bekannten bin ich der weitaus glücklichste. Eine so anspruchsvolle Behauptung will auch erklärt sein: Meine Vorstellung von Glück ist an jenem traurigen Tag in Berlin gleich nach meinem mißglückten Selbstmordversuch entstanden, es war wie eine Offenbarung. In jenem Moment lernte ich das Leben bedingungslos akzeptieren. Meiner Meinung nach haben die meisten Menschen eine unreale Vorstellung vom Glück, denn sie machen alles von einem »Wenn« abhängig. Immer hört man sie sagen: »Ich könnte glücklich sein, wenn ich reich wäre, wenn jenes Mädchen mich liebte, wenn ich begabt wäre, oder die beliebteste Wendung: wenn ich nur gesund wäre.« Häufig werden solche Bedingungen erfüllt, doch dann führt man bereits neue Vorbehalte an.

Wir werden in eine nicht auszulotende, unerklärliche, unlogische, absurde und gefährliche Welt hineingeboren und stehen unablässig vor der Frage: Wer oder was hat sie erschaffen und zu welchem Zweck? Ich liebe das Leben unbedingt, im Guten wie im Schlechten, ich glaube, anders kann man sich gar nicht durch das Leben schlagen.

Ich erinnere an die Geschichte jenes Königs, dem seine Astrologen rieten, das Hemd eines glücklichen Menschen zu tragen; als die Diener nach langem Suchen einen glücklichen Menschen fanden, besaß er kein Hemd.

Keineswegs schreibe ich mir eine besondere Konstitution oder Seelenstärke zu, auch nicht jenes »Lächeln im Unglück«, im Gegenteil, ich bin ebenso sehr ein Opfer von nervösen Depressionen, Wutausbrüchen und Ungeduld wie alle anderen, mit dem Unterschied, daß ich darin die unvermeidliche Kehrseite des euphorischen Zustandes erkenne.

Das Leben kann uns die Freiheit rauben, die Gesundheit, das Vermögen, unsere Freunde, unsere Angehörigen, unseren Erfolg, nicht aber unsere Gedanken, unsere Phantasie, und immer bleibt die Liebe, bleiben Musik, Künste, Bücher und Blumen. Und die leidenschaftliche Anteilnahme an allem. Es mag paradox klingen, doch die Liebe zum Leben wurde mir erst in Berlin bewußt, an jenem unglücklichsten Tag meines Lebens.

Antek und Wacek Moszkowski luden mich ein, mit ihnen einen verehrten Freund der Familie zu besuchen, einen gewissen Dr. Goldflam, der nach ihrer Schilderung ein ganz ungewöhnlicher Mensch war. Als vermögender Arzt übte er seinen Beruf gratis unter den Armen der Stadt aus. Eines Abends machten wir uns nach dem Essen auf den Weg zu seiner Wohnung in einem schönen alten Haus, das ihm gehörte. Der Arzt öffnete uns selber, er begrüßte mich sehr herzlich, und ich erkannte in seinen dunklen Augen sogleich Weisheit und Güte.

»Endlich habe ich das Vergnügen, Sie kennenzulernen«, sagte er. »Ich habe Sie oft spielen gehört, und Antek hat mir viel von Ihnen erzählt.«

Ich fühlte mich sogleich behaglich. Er war groß, um die fünfzig, mit ergrautem Haar, sah aber jünger aus, als er war. Er reichte uns Kaffee und Kuchen in der geräumigen Bibliothek und zeigte mir seine Skulpturensammlung, darunter auch eine kleine Bronze von Rodin.

»Diese Bronzen sind meine Leidenschaft«, sagte er, »sie leisten mir in meiner Einsamkeit Gesellschaft. Ich bin, wie Sie vielleicht wissen, Junggeselle. Ich habe für die Ehe nie Zeit gehabt, meine Patienten beanspruchen mich ganz.«

Zahl und Qualität der Bücher wiesen ihn als belesenen Mann aus, und das Gespräch mit ihm war außerordentlich anregend. Wir kamen auf alle erdenklichen Themen und fanden zu meiner Freude immer neue Berührungspunkte. Er schien auf allen Gebieten gründlich beschlagen zu sein.

Antek äußerte sich über den Antisemitismus im allgemeinen und speziell in Polen, ein unter Juden häufig erörtertes Thema. Ich fand, der Antisemitismus sei in vieler Hinsicht gerechtfertigt. »Wenn ich sehe, wie reiche Juden und ihre Frauen sich in der Öffentlichkeit aufführen, wie sie mit ihrem Geld protzen, mit ihren Juwelen, ihren Pelzen, und sich überall vordrängen, wo sie auch sein mögen, dann begreife ich sehr gut die Empörung der Nichtjuden.«

Darauf erwiderte Dr. Goldflam leise: »Sie vergesen, daß jene von Ihnen beschriebenen Juden die winzige Minderheit sind. Ihre Kritik trifft keineswegs die jüdische Rasse.«

Vielleicht war mein Urteil dadurch beeinflußt, daß ich Jahre unter leise sprechenden, unaufdringlichen Protestanten und Katholiken verbracht hatte.

»Schön, schön«, entgegnete ich hitzig, »aber was ist denn die Kehrseite davon? Die Ghettos? Massen von schüchternen kleinen Männern mit Bärten und Pejes, die sich vor allem und jedem fürchten? Warum nutzen sie ihre Gaben und ihre Intelligenz nicht zu Besserem als zum Kleiderhandel? Ich kriege die Wut, wenn ich höre, wie die Polen uns Wucherer und Diebe schimpfen; ich weiß, daß auch wir eine sehr kultivierte Elite haben, und ich würde Sie, Doktor, gerne an deren Spitze sehen, doch diese Elite ist zu klein, sie gleicht nicht den schlechten Eindruck aus, den die vielen anderen machen.«

Der Arzt wurde ernst und bekümmert. Nach einem Weilchen sagte er leise: »Ich höre mit Bedauern, was Sie über uns zu sagen haben. Es liegt manch richtige Beobachtung darin, doch haben Sie je über die Ursachen der Erscheinungen nachgedacht, die Sie da so scharf verurteilen?«

Ich mußte zugeben, daß mir nur die Resultate vor Augen standen.

»Versprechen Sie mir, aufmerksam einige Bücher zu lesen, die ich Ihnen schicken werde. Nach der Lektüre bringen Sie mir die Sachen zurück, und dann reden wir weiter.«

»Ich liebe gute Bücher über alles, und ich werde sie bestimmt lesen und auch gut behandeln.«

Auf dem Heimweg bedauerte ich, daß ich so unbedacht vor einem Mann gesprochen hatte, den ich schon zu achten und zu bewundern gelernt hatte.

Goldflam schickte mir die vierbändige »Geschichte der Juden« von Heinrich Graetz auf Deutsch. Ich las sie eine ganze Woche, wenn nicht länger, meist im Bett. Herkunft und biblisches Zeitalter unserer

Rasse waren für mich nichts Neues, darüber war ich gut unterrichtet, die großen jüdischen Feiertage verweisen ja auf die historischen Daten. Überdies erinnerte ich mich noch an manches aus meinen Berliner Religionsstunden. Als ich jedoch von den heroischen Kriegstaten gegen die Römer unter Titus las, von der heldenhaften Verteidigung, von der Zerstörung des Tempels und dem Beginn der Diaspora, wuchs meine Anteilnahme von Kapitel zu Kapitel, und ich brannte darauf, mehr zu erfahren. Nur ungern legte ich das Buch aus der Hand. Als ich die vier Bände schließlich gelesen hatte, war meine Einstellung zur jüdischen Frage völlig verändert, ich war fortan bewußt Jude und stolz darauf, und ich kann Doktor Goldflam gar nicht genug danken, daß er mir die Augen geöffnet hat für den wahren Charakter der Juden.

Über zweitausend Jahre im Exil bewahrten sie sich heldenhaft ihre rassische und religiöse Identität. Verbannung, Verfolgung, Inquisition, Folter, Mord, Verstoßung – nichts konnte ihren entschlossenen Widerstand brechen, den Glauben an ihre Bestimmung zerstören.

Ich brachte Goldflam die Bücher zurück. Er war in seiner Praxis beschäftigt, lud mich aber für den Abend zum Essen ein. Diesmal erfreuten wir uns an einem schönen, fruchtbaren Gedankenaustausch. Er sagte: »Es ist bezeichnend für die Antisemiten in aller Welt, daß sie die neulich von Ihnen beschriebenen Juden ohne weiteres ertragen, ja, sie mögen sie sogar gerne. Der reiche Jude macht ihnen Eindruck, denn Geld ist eine unerhörte Macht. Die Sprößlinge der feinsten christlichen Familien heiraten die Töchter reicher Juden. Sie haben nicht einmal etwas gegen die ›Wucherer‹ einzuwenden, jene Bankiers, die ihnen Geld leihen, man braucht sie vielmehr. Was nun die anderen betrifft, die Ghettojuden, so betrachtet man sie als minderwertig und behandelt sie mit freundlicher Gönnermiene wie die Dienerschaft.«

»Das heißt also, daß der Antisemitismus sich ausschließlich gegen jene Juden richtet, die hohe moralische Grundsätze, dazu Klugheit und Begabung besitzen und die, wenn sie sich am Wettbewerb beteiligen können, in den Wissenschaften, den Künsten, der Wirtschaft, an die Spitze rücken. Man haßt sie, weil sie sich von ihren Gastländern nicht assimilieren lassen, weil sie an der Familie hängen, weil sie Nüchternheit und tätige Nächstenliebe hochhalten. Der echte Antisemit nimmt Anstoß an diesen Eigenschaften.« Der Arzt lächelte.

»Meinen Sie nicht«, fuhr ich fort, »daß dem eine erhebliche Portion Neid zugrunde liegt?«

»O ja. Neid vergiftet das Gemüt, er kann bis zu Verbrechen führen – nicht nur zu Verleumdung und Ungerechtigkeit.

Daß ich die Wiedergeburt des Staates Israel noch erlebt habe, erfüllt mich mit tiefer Dankbarkeit. Solange ich zurückdenken kann, hat mein Vater von der Rückkehr unseres Volkes nach Jerusalem geträumt und gesprochen, und ich habe das Gefühl, daß ich ihn in diesem großartigen geschichtlichen Augenblick vertrete. Die Juden, nach zweitausendjähriger Zerstreuung neuerlich in ihrer Heimat, beweisen der Welt, aus was für Stoff sie gemacht sind. Eine Wüste haben sie in weniger als einem Vierteljahrhundert in schönes, fruchtbares Land verwandelt, sie haben Industrien aufgebaut, sie förderten die Wissenschaft und die Künste. Die Israeli sprechen ein sauberes Hebräisch, vorbei ist es mit dem jiddischen Singsang, sie haben ihren Mut und ihre Kriegstüchtigkeit bewiesen im Kampf gegen einen tausendmal stärkeren Feind. O ja, aus den schwächlichen Ghettojuden sind tapfere Krieger geworden!

Kapitel 66

Die Trennung von ihren Kindern bedrückte Pola mehr und mehr. Sie hatte Angst, in der Stadt mit mir gesehen zu werden. Wir trafen uns also wie früher in Zosias Wohnung und verbrachten auch eine recht melancholische Woche bei Pauline Narbut.

Im Frühsommer entschloß ich mich, die nochmals wiederholte dringliche Einladung der Dawydows anzunehmen. Sie benutzten die selbe Bahnstation wie Szymanowskis, die Fahrt war darum nicht neu für mich. Werbowka, ihr Gut, lag etwa fünfzehn Kilometer von Karols Kamenka entfernt, sah aber ganz anders aus als das alte polnische Tymoschowka, es glich mehr einer Vorstadtvilla, mit geweißter Fassade, elegant und geräumig, aber ohne eigenen Charakter. Der Garten erinnerte an einen kleineren Stadtpark. Das Haus war im englischen Stil mit damals modernen Möbeln eingerichtet, die Zimmer fand ich nicht übermäßig groß, aber sehr behaglich. Man fühlte sich zu Hause.

Ich wurde sehr herzlich aufgenommen, besonders von den drei Söhnen. »Sie haben das Zimmer meines Onkels Pjotr Iljitsch Tschaikowsky, sein Klavier und sein Bett. Er hat hier oft den Sommer verbracht und einige seiner schönsten Werke komponiert«, sagte Dimitry Lwowitsch.

Man kann sich vorstellen, wie mich diese Eröffnung beeindruckte. Manchmal träumte ich von dem Komponisten, und zwar immer angenehmes. Das Leben in Werbowka war ganz reizend. Ich durfte tun und lassen, was ich wollte, nicht einmal die Mahlzeiten wurden zu vorbestimmten Zeiten eingenommen. Eines Tages kam Karol mit seinem Vetter Harry Neuhaus zu Besuch, einem begabten Pianisten und Komponisten, Sohn eines deutschen Klavierlehrers, der eine Base von Karols Mutter geheiratet hatte. Karols Sonate war fertig! Er hatte sie mitgebracht und ließ mich die Noten lesen; es war ein sehr schwieriges, kompliziertes Werk, aber ein Meisterstück, voller Einfälle, von unwiderstehlicher Leidenschaftlichkeit – ich war sehr bewegt und wollte es gleich studieren. Er ließ die Noten da, und ich machte mich an die Arbeit.

Ich hatte bemerkt, daß Karol sehr an Natalja Michailowna Dawydowa hing, ja, vielleicht in sie verliebt war. Während ich übte, blieb Natalja Michailowna unweigerlich im Zimmer.

Eines Abends begleitete ich Dawydows auf einen Ball, der von ihrer russischen Nachbarin, einer Fürstin Jaschwill, gegeben wurde. Die Atmosphäre dort, die Dekorationen, die Gäste – alles erinnerte mich an den Ball in Tschaikowskys »Eugen Onegin«, nur fehlte die Musik aus der Oper; die Tänze waren die gleichen, eine Polonaise und eine echte polnische Mazurka. Es war bezaubernd, und wir kamen erst um sechs Uhr früh nach Hause. Die Tage waren einfach zu kurz; ich hatte lange Unterhaltungen mit Natalja Michailowna und spielte viel. Ich spielte alles von Tschaikowsky, was mir einfiel, doch die Vormittage waren streng der Sonate vorbehalten, die ich allmählich auswendig lernte.

Eines Nachmittags besuchten Natalja Michailowna und ich Szymanowskis. Bei ihnen lebte eine ältere Tante, die kürzlich den letzten Roman des damals populärsten polnischen Schriftstellers zugeschickt bekommen hatte – »Popioly« (Die Asche) von Stefan Zeromski. Die Tante hatte soeben den ersten Band gelesen und war freundlich genug, ihn mir zu leihen. Ich begann noch am selben Abend mit der

Lektüre und war morgens um sieben damit fertig. Das Buch handelte von Polen in den Tagen Napoleons und faszinierte mich von der ersten Seite an. Unbedingt mußte ich den zweiten Band haben. Also bat ich die jungen Dawydows, mir ein Pferd zu satteln, sprengte hinüber nach Tymoschowka, warf mich der Tante zu Füßen und flehte sie an, mir den köstlichen zweiten Band zu überlassen! Sie gab mir das Buch, und mit diesem Schatz unter dem Arm galoppierte ich zurück. In einer zweiten schlaflosen Nacht stillte ich meine Neugier. Dieser Roman hat später Karol zu einer Episode in seiner 2. Symphonie angeregt.

Mein Aufenthalt in Werbowka näherte sich dem Ende. Es fiel mir schwer, Abschied zu nehmen, und ich mußte versprechen, wiederzukommen. Pola, die in Warschau geblieben war, wußte lauter üble Neuigkeiten zu berichten. Die Familie hatte sie nun endgültig verstoßen, alle Verbindungen waren abgebrochen worden. »Warum erzwingst du dir nicht Zutritt? Mach doch einen Skandal! Eine Mutter hat schließlich das Recht, ihre Kinder zu sehen«, schlug ich vor. Sie wollte aber nicht auf mich hören, sie hatte zu viel Angst nach allem, was man ihr angetan hatte. Das arme Ding durchlebte wirklich eine schwere Zeit, und ich war ihr keine Hilfe. Ich hoffte, wir würden ins Ausland fahren können, doch derzeit hatte ich nur in Polen und Rußland Konzertverpflichtungen, und dabei konnte sie mich nicht begleiten. In Polen hätte sie sich gefürchtet, und in Rußland wäre das Reisen zu zweit zu teuer gekommen. Trost bot uns einzig unsere Liebe.

Die Warschauer Konzertsaison begann verheißungsvoll. In der Philharmonie gaben Eugène Ysaye, der große belgische Geiger, und Raoul Pugno, der französische Pianist, zwei Sonatenabende – denkwürdige Ereignisse. Fitelberg, Szymanowski, Paul und auch ich waren viel mit ihnen zusammen. Wir blieben nach dem Konzert beieinander, aßen und tranken und plauderten. Ysaye faßte eine Neigung zu Paul und mir.

»Kommen Sie doch morgen in unser Hotel und spielen Sie uns eine Sonate vor, wir haben ein Klavier auf dem Zimmer.« Natürlich sagten wir mit Vergnügen zu, obwohl uns das Herz bis zum Halse schlug, daß diese Berühmtheiten uns hören wollten. Früh am Morgen übten wir noch einmal die »Kreutzersonate« und eine Sonate von Brahms, dann gingen wir tapfer zum Vorspielen. Die Meister hörten uns aufmerksam zu. Am Schluß küßte Pugno Paul spontan auf beide

Wangen und rief: »On ne joue pas mieux que cela«, und Ysaye umarmte mich mit den Worten: »Je n'ai jamais entendu la ›Kreutzer‹ jouée comme cela, vous êtes un poète.« Dieser kleine Akt der Illoyalität der großen Künstler gegeneinander amüsierte uns köstlich.

Ein weiterer berühmter Gast war Schaljapin. Die auffällige Art seiner Ankunft war typisch für ihn. Ein reicher Kaviarhändler aus Astrachan, der den Bassisten anbetete, hatte ihn für teures Geld engagiert, weil es ihm Spaß machte, Schaljapin auf einer kurzen Konzerttournee durch Rußland und dann nach Warschau zu begleiten. Sie kamen zu viert nach Warschau – Shishin, der Kaufmann, Schaljapin, Koennemann, sein Begleiter, und Avierino, mein Tausend-Rubel-Freund, der etliche Stückchen auf der Bratsche spielte

Das Konzert wurde ein Bombenerfolg. Schaljapin hatte zwar nur ein sehr beschränktes Konzertrepertoire, doch bemäntelte er diese Schwäche äußerst geschickt. Er ließ kein Programm drucken, sondern verteilte stattdessen Heftchen, in denen etwa fünfhundert Lieder numeriert aufgeführt waren; er nannte seinem Publikum dann einfach die Nummer des nächsten Liedes, und man blätterte im Heftchen. Ich wußte immer schon, welche Nummern er ankündigen würde: »Die zwei Grenadiere« von Schumann, den »Floh« von Moussorgsky, zwei Lieder von Anton Rubinstein und dann noch zwei oder drei andere. Mehr nicht. Das arglose Publikum allerdings staunte über das riesige Repertoire des schlauen Sängers.

Nach dem Konzert gab der Kaufmann in einem kleinen Saal des Bristol ein Souper. Außer mir waren noch zwei bildhübsche Ballerinen von der Oper und ein russischer Sänger eingeladen, ein Freund von Fjodor. Das Souper wuchs sich bald zu einem Gelage aus, man trank große Mengen Wodka, die Mädchen mußten sich Schaljapins kennerhafter Begutachtung erwehren, ich spielte alles mögliche auf einem scheußlichen Klavier, und Shishin, der Kaviarmensch, umarmte und küßte mich und rief mit Tränen in den Augen:

»Artuscha! Schwöre, daß du in Astrachan konzertierst! Ich mache dich in Astrachan berühmt und ich gebe dir dort ein richtiges Bankett, das hier ist ja bloß ein Witz.« Wie sollte man sich dem entziehen? Ich schwor also, ich wolle kommen (und ich hielt meinen Schwur!). Es brauchte mehrere Tage, bis ich mich von jenem Abend erholt hatte.

Karol bat mich eines Tages, ein paar Freunden von ihm seine Sonate vorzuspielen. Eine sehr musikliebende alte Dame, Madame Spiess, die Witwe eines reichen Arzneimittelfabrikanten, versammelte ein Grüppchen von Szymanowskis Bewunderern bei sich (ihr Sohn Stefan war Karols enger und hilfreicher Freund). Darunter befand sich auch Fitelberg, der Auszüge aus Karols 2. Symphonie zu Gehör bringen sollte. Die Sonate machte starken Eindruck, vor allem auf Madame Spiess. »Dies ist ein Meisterwerk«, sagte sie, »es muß der ganzen Welt bekannt werden.«

Nachdem Karol mit Fitelberg vierhändig Teile des ersten Satzes und den schönen zweiten Satz der Symphonie gespielt hatte, standen der alten Dame Tränen in den Augen. »Diese beiden Werke entstammen der gleichen Inspiration, sie sind einander komplementär«, sagte sie ergriffen. Dies war für den Opportunisten Fitelberg das Stichwort. »Wie fein haben Sie den engen Zusammenhang zwischen Sonate und Symphonie herausgefühlt, Madame«, sagte er. »Hätte ich die Mittel, ich würde nicht zögern, mit diesen beiden Werken in Berlin, Wien und Leipzig vor das Publikum zu treten. Arthur ist gewiß meiner Meinung, nicht wahr?« und er wandte sich Unterstützung suchend zu mir um.

»Ein glänzender Einfall«, bestätigte ich, »aber teuer, teuer!«

Frau Spiess schaute einen Moment verwirrt drein, dann aber sah man, wie sie einen Entschluß faßte, und schon sagte sie: »Falls Ficio die Symphonie dirigiert und Arthur die Sonate spielt, will ich das Unternehmen finanzieren.«

Zur Abwechslung einmal ein Herz und eine Seele, taten Fitelberg und ich überzeugend unsere Überraschung kund über dieses »völlig unerwartete, nicht einmal erträumte« Angebot. Angeführt von Karol, überschütteten wir sodann die begeisterte alte Dame mit Dankesbeteuerungen. Wie nicht anders zu erwarten, übernahm Ficio sämtliche Vorbereitungen für die Szymanowski-Konzerte und auch die Verwaltung der Gelder. Ich selber war zufrieden, der Welt Karols Meisterwerk vorführen zu dürfen. Allerdings konnte ich gewisse Bedenken gegen diese neue Zusammenarbeit mit Fitelberg nicht unterdrücken – ich hatte zu schlechte Erfahrungen mit ihm gemacht.

Die Konzerte sollten im Januar 1912 stattfinden, was mir genügend Zeit ließ, noch ein paar Klavierabende in Polen und fünf in Rußland zu geben, darunter das beschworene in Astrachan. Pola kam mit nach Krakau, sie hielt sich im Hotel verborgen, besuchte jedoch das Konzert – sie tat, als halte sie sich »zufällig« in dieser Stadt auf. Außer in Krakau und Lwów spielte ich noch in anderen Städten des österreichisch besetzten Polen und genoß ein ganz ungewohntes Gefühl der Sicherheit dank meinem Wunderpaß. In Rußland trat ich in den kleinen Sälen der staatlichen Musikhochschulen gegen lächerliches Honorar auf, nämlich in Moskau, Charkow, Rostow und Saratow. Ein recht primitiver Zug brauchte vierundzwanzig Stunden, um mich nach Astrachan zu befördern, eine gespenstische Reise der Wolga entlang bis zu ihrem Delta. Es gab kein elektrisches Licht im Zug, nur Kerzen, die Wagen waren von gelbgesichtigen Tataren, Kalmükken und anderen Mongolen besetzt. In dem von starken Dünsten erfüllten Speisewagen wirkten die Gesichter im flackernden Kerzenschein wie ein Spuk. Zum Glück nahm der Alptraum ein Ende, als ich in der Kaviarstadt ankam. Shishin, mein Mäzen, begrüßte mich mit Freudenrufen, er küßte mich auf beide Wangen und kutschierte mich zum einzigen anständigen Hotel am Platz. Unterwegs zerstreute er alle meine Bedenken hinsichtlich des Konzertes. »Ich habe den Saal mit lauter Bekannten von mir gefüllt«, versicherte er, »und sie haben mir geschworen, sie wollen applaudieren, als wären Sie Schaljapin in Person.« Ich war guter Laune und fing an, dieses Abenteuer zu genießen.

Das Konzert war zum Totlachen. Shishins Bekannte klatschten gewaltig, sobald ich auch nur die kleinste Pause machte, und sei es zwischen zwei Takten. Nach dem Konzert bat Shishin mich zum Essen. »Ich habe übrigens eine kleine Überraschung für Sie.« Seiner Miene war zu entnehmen, daß es sich um eine größere Sache handeln mußte, und er enttäuschte mich nicht. In einem reservierten Saal meines Hotels war für zirka dreißig Personen gedeckt, in der Mitte der Tafel stand ein riesiger Eisblock mit frischem, ungesalzenem Kaviar gefüllt, der köstlichste, den ich je gegessen habe. Ehe ich mich's versah, hatte ich bereits zwei oder drei Gläser Wodka gekippt.

Wie aus dem Boden gestampft erschien ein Tatarenchor und sang a capella die sogenannte Militärpolonaise von Chopin in A-Dur. Alle Gäste nahmen stramme Haltung an – sie hielten es nämlich für die Polnische Nationalhymne. Danach setzten wir uns zum Essen. Mein Gastgeber machte mich mit seiner Mätresse bekannt, einer wunderschönen Brünetten mit erstaunlich weißer Haut, großen Augen und langen Wimpern in einem allerdings völlig nichtssagenden Gesicht. Sie trug ein prachtvolles persisches Gewand und war übersät mit Brillanten.

Der Kaviar wurde mit langstieligen Löffeln gegessen und mit Wodka hinuntergespült – das Mahl dauerte endlos. Auf Fisch folgte flambiertes kaukasisches Schaschlik, danach gab es alle möglichen Süßspeisen, türkisches Halva, Rahat Loocoom und Kuchen, Eis, Obst, Nüsse, Datteln in mächtigen Silberschalen. Es dürfte vier oder fünf Uhr früh gewesen sein, als alle Anwesenden, ich ausgenommen, betrunken waren. Diesen Vorzug mußte ich allerdings mit heftigem Schwindelgefühl bezahlen. Eine mitleidige Seele führte mich auf die Herrentoilette, wo ich alles erbrach, was ich zu mir genommen hatte. Erleichtert und auch erfrischt kehrte ich zum Bankett zurück, das schwungvoll weiterging. Türkische oder persische Tänzerinnen führten mit nacktem Bauch schlangenhafte oder auch ruckartige Bewegungen aus, zuweilen drehten sie sich im Kreise und wackelten zur Abwechslung mit dem Hinterteil, was die Zuschauer sehr begeisterte. Ich saß ganz in diesen Anblick vertieft, als mein Gastgeber seiner Mätresse zurief: »Sitz nicht da wie ein Klotz, kümmere dich lieber um unseren Gast, daß er sich amüsiert!«

Die bedauernswerte junge Frau, die bislang wortlos gegessen und getrunken hatte, stand auf, ließ sich auf meine Knie nieder, legte mir den Arm um den Hals und machte es sich da so recht gemütlich. Dieses unerwartete Manöver stimmte mich unbehaglich, fürchtete ich doch, daß mein völlig betrunkener Gönner sich bei diesem Anblick so weit ernüchtern könnte, um mir die Gurgel durchzuschneiden. Diese Befürchtungen wurden allerdings schnell zerstreut; mein Gastgeber versicherte mir, er wolle nur die orientalische Gastlichkeit üben. So gern ich das Mädchen auf meinem Zimmer gehabt hätte, auf sein öffentliches Anerbieten mochte ich nicht eingehen. Ich reagierte daher auf die Liebkosungen des Mädchens zurückhaltend wie eine Jungfrau.

Am frühen Morgen kam frischer Schwung in das Gelage. Man servierte ein königliches Frühstück, wiederum Kaviar samt dem unvermeidlichen Wodka, dann Eier, kaltes Fleisch, Würste, Käse, heißen Kaffee mit mehreren Sorten Gebäck, Brot, Kuchen, Honig und Marmelade. Mittags erreichte ich mit knapper Not meinen Zug. Shishin und seine Freundin hatten noch die Kraft, mich tränenreich am Bahnhof zu verabschieden. »Das war nun eine echte Orgie«, seufzte ich völlig ermattet in meinem Abteil.

Kapitel 67

Die ersten Szymanowski-Konzerte fanden kurz nach Neujahr 1912 in Berlin statt. Fitelberg hatte wiederum den großen Saal der Philharmonie gemietet, doch spielte ich diesmal zum Glück ohne ihn. Das Programm bestand aus der 2. Symphonie und – nach einer langen Pause – der Sonate No. 2.

Im Grunde waren es zwei Konzerte, doch Karol beharrte darauf, daß die Sonate nach der Symphonie gegeben wurde. »Nur so entsteht die richtige musikalische Ausgewogenheit«, sagte er. Für uns war die Aufführung ein großes Ereignis. Bei seinen beiden Proben mit dem Orchester erzielte Fitelberg gute Resultate – die Musiker erfaßten Bedeutung und Schönheit der Symphonie. Ich selber wählte für die Wiedergabe der Sonate bei Bechstein den besten Flügel und arbeitete mit vollem Ernst.

Natalja Michailowna Dawidowa reiste zu dem Konzert eigens aus Kiew herbei; Karols Vetter, Harry Neuhaus, studierte derzeit in Berlin bei Professor Barth (!). Das Konzert wurde ein voller Erfolg. Das großenteils mit Freikarten beschenkte Publikum bestand selbstverständlich zumeist aus Musikern – unter ihnen Busoni – und aus Musikverständigen. Die Zeitungen schickten ihre besten Kritiker, und es herrschte durchaus die Spannung, die sich stets bei bedeutenden musikalischen Veranstaltungen einstellt. Beide Kompositionen wurden achtungsvoll aufgenommen, wenngleich die Zuhörer geteilter Meinung waren. Man bewunderte Fitelbergs meisterhafte Stabführung und lobte mich für meine ausgezeichnete Werkauffassung, mein Gedächtnis und mein Temperament.

Madame Natalja lud uns alle vier (auch Harry) zu Dressel ein, und hier brachten wir mit vom Champagner gelockerter Zunge Trinksprüche aufeinander aus. Wir kehrten erst spät ins Hotel zurück. »Wir erwarten dich morgen mittag um eins zum Essen«, sagte Karol zu Harry.

Wir standen spät auf, verzichteten auf das Frühstück und warteten auf Harry, der sich aber verspätete. Wir warteten eine geschlagene Stunde, dann begannen wir zu essen. Karol machte sich Sorgen um seinen Vetter. »Es sieht ihm überhaupt nicht ähnlich, eine Verabredung nicht einzuhalten. Leider kann ich ihn nicht erreichen, denn er hat kein Telefon.« Also verzehrten Karol und ich nur rasch einen Happen, dann fuhren wir zu Harrys Pension.

Die Wirtin machte ein besorgtes Gesicht. »Er hat sich so sonderbar benommen«, sagte sie, »ohne zu schlafen ist er schon ganz früh aus dem Haus gegangen. Er hat einen Brief für einen Herrn Szymanowski hinterlassen.« Karol riß mit zitternden Fingern den Umschlag auf und wurde aschfahl, nachdem er gelesen hatte; er reichte mir wortlos den Brief.

Ich weiß nicht mehr wörtlich, was Harry schrieb, wohl aber dem Sinne nach. Während des Konzerts habe er begriffen, daß er weder zum Komponisten noch zum Pianisten geboren sei, daß er darum sterben wolle, und zwar in Florenz, einer Stadt, die ihm lieb sei.

»Du darfst keine Zeit verlieren, Karol, fahre nach Florenz und halte ihn von seiner Verzweiflungstat zurück.«

»Ja«, murmelte Karol, »er hat solche depressiven Zustände, aber bitte, Arthur, komm mit, allein stehe ich das nicht durch.«

Also nahmen wir den nächsten Zug nach Florenz, wo wir am Mittag des nächsten Tages eintrafen. Karol ging vom Bahnhof gleich in eine Bar in der Via Tornabuonie, während ich mich bei der Polizei erkundigte, ob vielleicht schon etwas über einen jungen Mann gemeldet worden war, auf den Harrys Beschreibung paßte. Man telefonierte mehrmals und berichtete mir dann, ein junger Russe namens Nikolsky habe sich im Badezimmer eines Hotels die Pulsader geöffnet, dann aber in panischer Angst um Hilfe gerufen; er werde nun in einem Krankenhaus versorgt. Instinktiv ahnte ich, daß dieser Nikolsky gewiß Harry sei. Ich zerrte Karol von der Bar weg, wo er trübe in sein Glas stierte, und fuhr mit ihm zu dem Krankenhaus. Dort bewahrheiteten sich alle unsere Befürchtungen. Der arme Harry lag kalkweiß im Bett, einen Arm in der Schlinge.

Unser Auftreten war für ihn eine große Überraschung, er wollte etwas sagen, Karol aber wehrte alle Erklärungen ab, indem er Harry brüderlich umarmte, und nun löste sich bei uns dreien aller Kummer in Freudentränen auf. Er war reisefähig, und wir nahmen ihn im

Schlafwagen mit nach Berlin; Karol und ich hielten während der Nacht an seinem Bett abwechselnd Wache.

Es dauerte lange, bis Harrys Handgelenk heilte. Nach dem Krieg begann für ihn in Rußland eine steile Karriere. Er wurde Direktor des Moskauer Konservatoriums und gab auch hörenswerte Konzerte. Einige der besten russischen Pianisten begannen ihre Laufbahn unter seiner Leitung und fanden sich angeregt von seiner umfassenden Bildung und seinem außerordentlichen musikalischen Verständnis.

Ich war erstaunt gewesen, daß anläßlich dieses Konzertes keiner von meinen alten Bekannten sich mit mir in Verbindung gesetzt hatte; es war, als hätte ich in einer anderen Stadt konzertiert. Nach dem Abstecher nach Florenz blieb keine Zeit mehr für Besuche, wir mußten gleich weiterfahren nach Leipzig. Hier allerdings erhielt das Konzert ein geringeres Echo als in Berlin. Da das schöne, seit Felix Mendelssohn berühmte Gewandhaus nicht zur Verfügung stand, mußten wir uns mit einem unbeliebten Rundbau begnügen, der eine schlechte Akustik hatte. Das Orchester – ein bunt zusammengewürfelter Haufen von Berufsmusikern – war den Anforderungen der Symphonie nicht gewachsen, und das Publikum repräsentierte keinesfalls die musikalische Elite Leipzigs. Das Orchester spielte, mit wenigen Ausnahmen, völlig unbeteiligt, das Publikum allerdings applaudierte sowohl Ficio als auch mir recht herzlich. Als wir Karol vor das Publikum schleppten, war der Applaus eben noch höflich. Die Kritik fand viel Positives, sie bemängelte nur die dicke Orchestrierung. Dynamik und Originalität der Sonate wurden gelobt, und ich hatte im allgemeinen freundliche Besprechungen.

Durch Zufall waren Paul und Zosia in Leipzig auf Besuch bei seinen Eltern, und natürlich kamen sie in unser Konzert – eine sehr angenehme Überraschung. Tags darauf war ich zum Abendbrot bei Pauls Eltern eingeladen, die ich nun endlich kennenlernte. Die Mutter gefiel mir sogleich, die schwarzen Samtaugen und die Lebhaftigkeit hatte Paul offenbar von ihr. Sein Vater war weniger bemerkenswert; er erinnerte mich an einen orthodoxen russischen Juden, nur war er sehr wortkarg. Zwei Schwestern zeigten sich munter und gastfreundlich, wenn auch nicht sehr hübsch, und ein jüngerer Bruder, der soeben als Pianist das Konservatorium beendet hatte, mißfiel mir mit seiner Verlogenheit und seinen schlechten Manieren. Außer mir

Bois de Boulogne, 1906

Die Schwester
Tadzia

Emmy Destinn
und Caruso

rthur in Paris, 1909, mit seiner
sten Krawattenperle, einem
eschenk von George Brocheton

Arthur in Warschau, 1910,
mit Antek Moszkowski

Arthur,
Juljusz Wolfsohn,
Leo Sirota
(von links
nach rechts)

Fitelberg, Szymanowski, Arthur
(von links nach rechts)

Szymanowski, Kochanski, Fitelberg
(von links nach rechts)

Glasgow Choral Union. The Scottish Orchestra.
Conductor—Mr. Warren T. Clemens.

MESSIAH

(Annual Performance).

Mdme. Agnes Nicholls. Mr. Ben Davies.
Miss Helen Blain. Mr. Robert Radford.

SATURDAY, 1st January, 1916, at 12 noon.

Tickets—7/6, 5/ (Reserved), at Paterson's, 152 Buchanan St.

Prospective Concert Announcements.

Second Popular Concert.

ST. ANDREW'S HALL,

Saturday Evening, 13th November, 1915, at 7.30.

SOLO PIANIST—

MR. ARTHUR RUBINSTEIN

SYMPHONY, in C minor (No. 9 of B. & H. Ed.),	**HAYDN.**
CONCERTO for Pianoforte and Orchestra,	TSCHAIKOWSKY.
PRELUDE to "Parsifal,"	WAGNER.
PIANOFORTE SOLO, "Les Djinns,"	FRANCK.
SYMPHONIC POEM, "Le Rouet d'Omphale,"	SAINT-SAËNS.
SLAVONIC DANCE,	DVOŘÁK.

THE SCOTTISH ORCHESTRA.

Conductor—Mr. EMIL MLYNARSKI.

TICKETS—BALCONIES, 3/, 2/ (Reserved); **Early Door for Area, North or Platform Balcony (Unreserved)**, 6.30 to 7, 1/6—at PATERSON'S, 152 Buchanan Street. ADMISSION AFTER 7 P.M., ONE SHILLING.

Second Tuesday Concert.

ST. ANDREW'S HALL,

Tuesday Evening, 16th November, 1915, at 8.

SOLO PIANIST—

Mr. LEONARD BORWICK.

OVERTURE to "The Magic Flute,"	MOZART.
CONCERTO for Pianoforte and Orchestra, No. 2, in B flat,	BRAHMS.
RHAPSODY No. 4, in A minor (Op. 141). ("The Fisherman of Lough Neagh and what he saw.") (*First time at these Concerts.*)	STANFORD.
PIANOFORTE SOLOS, (a) Three Études,	SCRIABINE.
(b) "Conte Légendaire,"	MEDTNER.
INTRODUCTION to Act III., "Lohengrin,"	WAGNER.

THE SCOTTISH ORCHESTRA.

Conductor—Mr. EMIL MLYNARSKI.

FRONT AREA, 7/; BALCONY, 4/ (Reserved). AREA, NORTH or PLATFORM BALCONY (Unreserved), 2/—at PATERSON'S, 152 Buchanan Street. ADMISSION ONE SHILLING.

Emil Mlynarski,
Arthurs späterer
Schwiegervater

Fürst Ladislas Lubomirski

Arthurs Portrait von Kramsztyk,
gemalt 1914 in Paris

Die Nazis, die im Zweiten Weltkrieg unser Pariser Haus besetzten und ausraubten, warfen das Bild auf den Müll. Zum Glück wurde es von der Concierge gerettet und uns nach dem Krieg zurückgegeben.

Prag, 1914

Bankett, gegeben nach einem Konzert von den Freunden des Philharmonischen Orchesters von Valencia (dritter von rechts Arthur)

war noch eine Engländerin zu Gast, eine hübsche junge Geigerin namens Sylvia Sparrow, die mit Paul in Brüssel studiert hatte und mit der mich bald eine lebenslange Freundschaft verband.

Zosia fühlte sich in diesem Kreis sichtlich unbehaglich. Diese schlichten Menschen waren für sie nicht »fein« genug, und sie versuchte das zu verbergen, indem sie unentwegt lächelte, das Essen überschwenglich pries und der Mutter ständig zur Hand gehen wollte. Paul stellte mich so herzlich vor, daß man mich mit offenen Armen aufnahm.

Einige Tage später setzten wir uns Richtung Wien in Bewegung, wo wir im Hotel Kranz abstiegen, einem reizenden vornehmen Haus. Der Besitzer, ein Herr Kranz, war Musikliebhaber und zeigte sich entzückt davon, daß wir drei seine Herberge gewählt hatten.

Ich erwartete mir – in Anbetracht meines vielversprechenden Debuts in Wien – von unserem Konzert eine ganze Menge. Die Zeitungen waren interessiert, sie berichteten ausführlich über das wichtige Ereignis. Es gelang Fitelberg, sich den Musikvereinssaal und das Tonkünstlerorchester zu sichern, mit dem er dreimal probierte. Ich selber wählte mir, ohne zu zögern, einen Bösendorfer für die Wiedergabe der Sonate. Der Konzertagent berichtete stolz, die Nachfrage nach Karten sei erheblich. Fürst Lubomirski war in Wien und gab im Sacher ein Essen für uns.

In Wien war das Konzert ein Triumph. Das Publikum feierte uns, Karol mußte sich mehrmals verbeugen. Die Zeitungen lobten einstimmig beide Kompositionen und nannten sie »große Meisterwerke und eine Bereicherung unseres musikalischen Erbes«. Und Leopold Godowsky, seit kurzem Lehrer der Meisterklasse am Wiener Konservatorium, lud uns zu sich nach Hause ein.

Unser Konzert gehörte zu den Ereignissen der Saison. Auf das hin bot Universal Edition, der bedeutende Musikverlag, Szymanowski einen langjährigen Kontrakt an. Das war ein großer Schritt in Richtung auf die allgemeine Anerkennung seiner Musik. Karol zeigte uns wenige Tage später den unterzeichneten Vertrag, und wir gönnten ihm diese tiefe Befriedigung von Herzen.

Bei einem Essen im Sacher gab Fürst Lubomirski bekannt, auf seine Empfehlung hin habe man Fitelberg als Dirigenten an die berühmte Wiener Oper verpflichtet mit dem Titel k.u.k. Hofkapellmeister. Überrascht war einzig und allein ich, die anderen wußten es längst, hatten nur nicht darüber reden dürfen. Also leerten wir so manches Glas auf Ficio und den Fürsten.

Sogar mir floß ein Teil der unserem Trio erwiesenen Aufmerksamkeiten zu: Godowsky bot mir an, mit dem Titel k.u.k. Professor die Vorbereitungskurse für die Meisterklasse am Konservatorium zu übernehmen, ein schmeichelhaftes und verlockendes Angebot, das ich in jener Phase meines Lebens allerdings nicht annehmen konnte. Ich schätzte jetzt meine Unabhängigkeit, auch wenn sie durch viele Entbehrungen teuer genug erkauft werden mußte. Im Unterbewußtsein lebte ich ständig in Erwartung des Außergewöhnlichen, des Wunders, der plötzlichen Veränderung.

Ficio, Karol und ich genossen unseren Erfolg in Wien. Wir wurden in den besten Kreisen herumgereicht, und Musiker überschütteten uns mit Einladungen zu Konzerten, Empfängen, Theatervorstellungen. Ein junger Kritiker namens Hans Effenberger, ein gutaussehender junger Mann mit dunklen, verträumten Augen und einem schwarzen Bart, folgte uns wie ein Hund. Er behauptete, der uneheliche Sohn einer polnischen Gräfin zu sein und in Wahrheit Sliwinski zu heißen. Das kinderlose österreichische Ehepaar Effenberger in Prag habe ihn adoptiert. Er habe dort auch die Universität absolviert und sei dann Musik- und Literaturkritiker geworden, zudem war er Bibliothekar an der Hofburg. Diese schöne und romantische Geschichte hörten wir mit einiger Skepsis an, doch mochten wir ihn gerne, denn er war reizend und leidenschaftlich für Karols Musik eingenommen.

Bei Godowskis waren wir bald wie zu Hause. Der große Mann liebte es, uns seine neuesten Kompositionen auf seine unnachahmliche Weise vorzuspielen, wobei er die haarsträubend schwierigen Passagen lässig bewältigte. Seine Frau, eine lebhafte Brünette, behandelte uns, als gehörten wir zur Familie, ebenfalls seine vier Kinder – zwei Mädchen und zwei Jungen, alle noch unter zwanzig. Die jüngere Tochter, Dagmar, war geradezu eine Schönheit. Mit dreizehn glich sie einer persischen Miniatur und erinnerte mich sehr an Maria Szer aus Lodz. Schwere schwarze Zöpfe, mandelförmige Augen, eine hübsche Nase und volle rote Lippen ließen sie älter erscheinen, als sie war. Sowohl Karol als auch ich verfielen ihrer sinnlichen Ausstrahlung; sie betrug sich recht kokett gegen uns, erzählte gern von ihren »Freunden« Franz Lehár und Joseph Hofmann (dem berühmten

Pianisten) – »Onkel Franz und Onkel Joseph«. Eine kleine Hexe, diese Dagmar!

Eines Tages las ich in der Zeitung, Pablo Casals werde in ein paar Tagen zum ersten Mal in Wien auftreten. Er hatte schon einen Namen, und der Musikvereinssaal war ausverkauft. Zu unserer Verblüffung spielte er mit Orchester eine Komposition des Schweizers Emanuel Moór, der einzig als Erfinder eines Klaviers mit doppelter Tastatur Bekanntheit erlangt hat. Die Komposition war entsprechend unbedeutend, doch spielte Casals sie mit seinem unnachahmlichen Ton so hingebungsvoll, daß ihm keiner widerstehen konnte. Und nachdem er noch einige Zugaben geboten hatte, war Wien erobert. Als wir ihm alle im Künstlerzimmer gratulierten, stellte er mich seinem englischen Impresario vor, der ihn auf dieser für ihn so wichtigen Reise begleitete.

»Er lädt uns morgen zum Mittagessen ein«, sagte Casals, »er möchte Ihnen einen Vorschlag machen.« Selbstverständlich war ich einverstanden – Montague Chester war immerhin Direktor der Londoner Konzertagentur Vert, wie Casals mich belehrte.

Wir speisten im Bristol. »Ich weiß, daß Sie sich in Wien glänzend durchgesetzt haben«, begann Chester, »und Casals erzählt Gutes von Ihnen. Er hat nun vorgeschlagen, daß ich für die Londoner Hoch-Saison im nächsten Mai und Juni etwas arrangiere. Was meinen Sie dazu?«

»Sie wollen mich gegen Honorar engagieren?« fragte ich hoffnungsvoll.

»Nein. Meine Firma vermittelt nur. Doch ich bin bereit, Konzerte für Sie zu arrangieren, wenn Sie mich prozentual an den Bruttoeinnahmen beteiligen. Ich schlage vor, Sie geben in der Bechstein-Hall drei Klavierabende. Damit haben Sie bestimmt Erfolg und bekommen sofort Angebote.«

Ich lächelte bekümmert. »Ich habe kein Geld für Konzerte, die mit sicheren Verlusten enden, Mr. Chester. Ich weiß genau, wie teuer einen das zu stehen kommt.«

»Und wie erklärt es sich, daß Sie sich Konzerte in Berlin und in Wien leisten konnten?«

»Dank einem Mäzen, der an mein Talent glaubte.«

»Nun, so lassen Sie mich mit ihm reden, vielleicht riskiert er auch London.«

Hier unterbrach Casals. »Ich gebe gleich zu Beginn der Saison in der Londoner Queen's Hall ein Konzert. Falls Sie sich bereitfinden, mit mir zusammen Sonaten zu spielen, könnte das eine nützliche Einführung für Ihre Klavierabende sein.«

Chester klatschte in die Hände. »Sie sind ein Genie, Pablo. Sie bieten Rubinstein den Erfolg auf einem Tablett dar.« Und zu mir gewendet: »Sie wissen, Casals füllt diesen Saal, ganz London wird Sie hören. Geben Sie mir jetzt Namen und Adresse Ihres Mäzens, bestimmt wird er Ausfallbürgschaften für Ihre Klavierabende in London übernehmen. Ich rufe ihn gleich an und bitte um eine Unterredung.« Er war sehr aufgeregt.

Einige Stunden später erkundigte sich der Fürst telefonisch: »Ist dieser Engländer verläßlich?«

»Er ist der Impresario des berühmten Cellisten Pablo Casals.«

»Dann sagen Sie ihm, ich gehe auf seine Vorschläge ein.« Er legte auf, ohne meinen Dank abzuwarten. Chester und Casals hörten die Nachricht mit Freuden. Wir vereinbarten, daß ich im ersten Konzert mit Casals eine Sonate von Brahms und eine von Grieg spielen sollte. Für meine Klavierabende wollte ich so rasch als möglich drei Programmvorschläge an Chester schicken.

Karol wollte daß seine Schwester Stanislawa, eine gute Sängerin, einen Abend mit seinen Liedern gebe, und bat mich, sie zu begleiten und dazu einige seiner Kompositionen für Klavier vorzutragen. Das war nun für meine Karriere nicht besonders förderlich, doch ließ ich mich darauf ein, aus Freundschaft für ihn und aus Bewunderung für seine Musik. Das Konzert fand vierzehn Tage später in einem kleinen Saal statt. Stasia sang sehr gut, ich spielte Karols »Variationen«, auch ein paar Etüden und Präludien vor einem kleinen, aber sehr musikverständigen Publikum.

Das Leben in Wien war weiterhin recht turbulent. Ein gewisser Herr von Oberleithner, Besitzer eines großen Kaufhauses, lud mich häufig zum Essen ein. Er war ein leidenschaftlicher Opernkomponist, und sein jüngstes Werk, »Aphrodite« wurde an der Wiener Oper mit der jungen, schönen und hochbegabten Maria Jeritza in der Titelrolle uraufgeführt. Die Jeritza sang herrlich, doch die Musik taugte nicht viel; es gab mir zu denken, daß die Wiener Oper ein solches Werk überhaupt aufführte. Nach der Premiere bewirtete Oberleithner die

Sänger, den Dirigenten und einige Wiener Notablen in einem kleinen Saal des Sacher, wo auch ein gutes Klavier stand. Kaum war die Mahlzeit beendet, bat man mich auch schon an das Klavier, und ich erfüllte diese Bitte gern, denn das Publikum war ganz nach meinem Geschmack.

Fitelberg, Karol und ich aßen meist im Hotel. Ficio verwaltete die Brieftasche und bezahlte die Hotelrechnung, ich brauchte mir um Geld nicht den Kopf zu zerbrechen. Allerdings summierten sich die kleinen täglichen Ausgaben für den Friseur, Taxifahrten und Trinkgelder etc., und so war ich bald wieder am Ende. Ich entschloß mich, Fitelberg um Taschengeld zu bitten, doch fand ich ihn nirgends, und als ich am Empfang nach ihm fragte, hieß es, die beiden Herren seien am Abend zuvor nach Venedig abgereist. Ich war sprachlos. Diese herzlosen Kanaillen! Selbstverständlich war Fitelberg die treibende Kraft dabei, Karol war ja das reine Kind – aber Fitelberg!

Zum Glück war ich für diesen Abend beim Fürsten eingeladen, der Einzelheiten über das englische Projekt wissen wollte. Ich konnte nicht widerstehen und erzählte ihm von dem Venedigausflug der beiden. Der Fürst wußte, daß ich in den Szymanowski-Konzerten ohne Honorar gespielt hatte unter Verzicht auf einige einträgliche Engagements, daß ich also ein wirkliches Opfer gebracht hatte. Als er nun Fitelbergs Schurkenstreich erfuhr, rief er aus: »So ein Schuft! Ich werde dafür sorgen, daß er seine Stelle an der Oper verliert! Jeder soll wissen, was für ein Mensch das ist!«

Nur ungern sah er ein, daß das zu einem fürchterlichen Skandal führen mußte, in den wir allesamt hineingezogen würden. Der Fürst versprach, nichts zu unternehmen, lächelte wieder, und als ich ging, steckte er mir tausend Kronen zu, wobei er sagte: »Ich will nicht, daß Sie ein Opfer dieses Buben werden.«

Wenige Tage später kam der Bube aus Venedig zurück und erklärte mir: »Wir hatten Wien plötzlich satt und wollten uns eine kleine Pause gönnen.«

Auf solch eine zynische Ausrede wußte ich keine Erwiderung, ich schnitt ihn fortan. Mit Karol allerdings hatte ich noch ein Hühnchen zu rupfen. Statt sich bei mir zu entschuldigen, ging er zum Angriff über – und warum? Dagmar Godowskis wegen! Er sprühte förmlich vor Haß und Eifersucht.

»Immerzu machst du ihr Augen und schwänzelst um sie herum,

und alles nur, um mich zu ärgern! Wenn du damit nicht aufhörst, sind wir Freunde gewesen!«

Ich kochte vor Wut. »Schön!« rief ich. »Dann werde ich von jetzt an wirklich mit ihr flirten!« Und ich knallte die Tür hinter mir zu.

Als wir das nächste Mal bei Godowskis waren, forderte ich Dagmar auf, mit mir das Kunsthistorische Museum zu besuchen. Sie willigte sogleich ein, und die Eltern hatten nichts dagegen. Von diesem Augenblick an sprachen Karol und ich ein ganzes Jahr kein Wort miteinander, danach führte Dagmar selber die Versöhnung herbei. Das war für mich eine sehr bittere Erfahrung.

IV. TEIL

England und der Erste Weltkrieg

Kapitel 68

Langsam wurde es Zeit, nach London aufzubrechen. Der Gedanke an eine Saison in England begeisterte mich mehr und mehr, und meine Phantasie schoß Purzelbäume. »Dort wird endlich deine große Laufbahn beginnen«, redete ich mir ein.

So hegte ich auch den Wunsch, Pola möge diese herrliche Zukunft mit mir teilen. Selbstverständlich war mir klar, daß mein Geld für zwei, höchstens drei Wochen reichen würde, doch vertraute ich Chester und seinen Versprechen, mir gut bezahlte Engagements zu verschaffen. Überdies erwartete ich, daß Casals mich bei unserem gemeinsamen Auftreten an seinen Einkünften beteiligte. In einem langen Brief stellte ich Pola alle Einzelheiten umständlich dar und bat sie, mich in Paris zu treffen und mit mir nach London zu fahren. Sie telegrafierte zurück, sie komme am Nordbahnhof an.

Jetzt war ich ganz vergnügt und beschloß, einfach nur so als Vorsichtsmaßnahme, den reichen von Oberleithner um tausend Kronen anzugehen – schließlich konnte er mir ruhig etwas schenken, denn damals hatte ich auf seinem Empfang unbezahlt gespielt. Ich rief ihn an, und er erbot sich, mich im Hotel zu besuchen, strahlte auch sehr, schüttelte beide Hände und freute sich offenbar auf eine Einladung zu einem Konzert oder etwas ähnlich Angenehmes. Als ich das Wort Geld aussprach, veränderte sich seine Miene sogleich in die eines mißgünstigen Kassierers, doch sah er sich genötigt, mir gefällig zu sein. »Mehr als achthundert habe ich allerdings nicht bei mir«, sagte er dabei. Er verlangte von mir auch eine Quittung. Nun reiste ich also mit einem ganz hübschen Geldpolster aus Wien ab, voller Vorfreude auf London. Pola traf gesund, hübsch und munter am Nordbahnhof ein. Einen Tag und eine Nacht verbrachten wir in der Ville

Lumière, und es war herrlich – einer jener perfekten Glückstage, die ich gerne Augenblicke der Ewigkeit nenne. Am folgenden Morgen nahmen wir den Zug nach London, und es war wie immer: erst die lange Fahrt im verrauchten Abteil nach Calais, sodann die übelriechende Kanalfähre, und endlich der bequeme englische Pullmanwagen mit der ausgiebigen Teemahlzeit. Ich hatte unsere Ankunft geheim gehalten, denn Chester sollte nicht gleich merken, daß ich nicht allein reiste.

Ein in Wien lebender Engländer hatte mir empfohlen, am Hanover Square eine Wohnung zu nehmen, er hatte sogar zugesagt, dort etwas für mich reservieren zu lassen. Wir fuhren hin und sprachen mit einem uniformierten Portier in der breiten, mit Marmor verkleideten Halle des Gebäudes. Sodann zeigte ein sehr höflicher Manager uns eine kleine Wohnung, bestehend aus einem behaglichen Wohnzimmer, einem Doppelschlafzimmer und einem Badezimmer. Uns gefiel besonders, daß die englischen Möbel so bequem wirkten und alles so sauber aussah.

In der Annahme, eine solche Wohnung übersteige meine Mittel bei weitem, bereitete ich einen eleganten Rückzug vor, doch sagte der Manager, die Miete betrage fünf Pfund die Woche. »Sie können sich auch die Mahlzeiten in der Wohnung servieren lassen. Ein eigentliches Restaurant betreiben wir nicht, aber wir haben eine sehr gute und preiswerte Küche.«

Ach, das waren die goldenen Zeiten, in denen man für wenig Geld wirklich komfortabel wohnen konnte. Ich hätte den Manager am liebsten umarmt. Ich brauchte bloß zu unterschreiben, Polas Unterschrift wurde nicht verlangt. Als wir allein waren, tanzten wir ausgelassen in der Wohnung umher.

Am nächsten Morgen führte mein erster Weg zu Bechsteins. Sie hatten eine Fabrik in London und in der Nähe ihres Ladengeschäftes auch einen von Solisten sehr geschätzten Konzertsaal. Der Filialleiter empfing mich herzlich; Chester hatte sich bereits mit ihm in Verbindung gesetzt, und nun durfte ich bei meinen Konzerten auf jede Unterstützung rechnen. Welcher Gegensatz zu seinem Kollegen in Wien! Er erbot sich, mir ein kleines Instrument in die Wohnung zu schicken, und forderte mich auf, im Geschäft einen Konzertflügel auszuprobieren.

Die Agentur Vert war ganz in der Nähe. Ich ging zu Fuß hin und traf Chester in seinem Büro an. Er freute sich, mich zu sehen. »Ich habe es gerne, wenn meine Künstler frühzeitig an Ort und Stelle sind. Sie können sich dann mit dem Saal vertraut machen, mit dem Instrument und auch mit der Presse zusammenkommen. Casals reist im Augenblick noch durch die Provinz. Er will zwei Tage vor dem Konzert hier sein, um zweimal mit Ihnen zu proben. Ihr Sonatenabend in der Queen's Hall ist ausverkauft.«

Er lud mich zum Essen ein, doch lehnte ich ab; Pola erwartete mich.

Die vier Tage vor der Ankunft von Casals verbrachten wir mit der Besichtigung von Sehenswürdigkeiten. Zweimal besuchten wir die Nationalgalerie, und Pola verschlug es vor den Wundern des Britischen Museums die Sprache. Wir sahen eine gut gespielte Komödie von Pinero mit Mrs. Stella Patrick Campbell in der Hauptrolle und glänzendes Varieté. Das größte Vergnügen aber bereitete uns unser Zuhause, wo wir auch fast alle Mahlzeiten nahmen. Frühstück und Tee waren ausgezeichnet, Lunch und Dinner nahrhaft, aber nicht bemerkenswert.

Die erste Probe fand in der Wohnung statt, Casals kam zu uns. Vom Musikalischen her gesehen, machte ich eine sehr interessante Erfahrung. Bei der e-Moll-Sonate von Brahms stimmten wir an verschiedenen Stellen nicht überein. Gewiß war Brahms bis zu einem gewissen Grade von Schubert und Schumann beeinflußt, seine Musik ist auch voller Überschwang, doch spürt man stets die zügelnde Hand des Klassikers heraus, und so verstehe ich denn auch seine Kompositionen.

Casals spielte den ersten Satz mit seinem unvergleichlich vollen Ton und seiner leidenschaftlichen Wärme, doch setzte er ein gewisses Pathos zu, was mir überflüssig scheinen wollte – allerdings wagte ich nicht, ihn zu kritisieren, dazu spielte er zu schön. Das Trio im zweiten Satz jedoch phrasierte er für meinen Geschmack zu süßlich. Er verlangte auch, ich solle mehr rubato spielen, als mir lieb war, doch einigten wir uns schließlich auf einen Kompromiß. Die Sonate von Grieg klappte anstandslos, und Casals rief laut »Bravo!«, als wir fertig waren. Ich war stolz darauf, mit diesem großen Meister zu spielen.

Das Konzert in der Queen's Hall sollte nachmittags um drei stattfinden, eine Stunde, die der englische Musikliebhaber bevorzugt. Ich war nervös und fürchtete, das Publikum würde in mir nur den Begleiter eines großen Solisten sehen – doch war diese Furcht unbegründet. Casals trat Hand in Hand mit mir vor das Publikum, und wir nahmen den Applaus als ebenbürtige Künstler entgegen.

Die Brahms-Sonate machte großen Eindruck, wir mußten vier- oder fünfmal herauskommen. Als nächstes stand eine Solo-Sonate von Bach auf dem Programm, die als Meisterleistung des großen Cellisten galt. Nach der Pause spielten wir Grieg. Wie ich schon erwartet hatte, wirkte diese Komposition am stärksten auf das Publikum, man bejubelte uns, und wir mußten den letzten Satz wiederholen. Casals umarmte mich im Künstlerzimmer.

Ich wollte, daß er Pola kennenlernte (die während unserer Proben ausgegangen war) und lud ihn daher zum Essen in die Wohnung ein, ohne Chester etwas davon zu sagen. Als wir allein waren, erklärte ich ihm die Lage, und er schien nichts dabei zu finden. Beim Abendessen zeigte er sich von Pola charmiert, die sich von ihrer besten Seite zeigte; die Freude über unseren Erfolg hatte sie außerordentlich belebt.

Die strenge Londoner Kritik fand lauter Lobsprüche für unsere Leistung und behandelte mich ebenso respektvoll wie den etablierten Abgott. Ein Kritiker schrieb: »Ihr Zusammenspiel war die perfekte chemische Vermischung.« Was das bedeuten sollte, ahnte ich nicht, doch faßte ich es als Schmeichelei auf. Chester jedenfalls sah bereits den »kommenden Mann« in mir.

Mein erster Klavierabend war ein Woche später in der Bechstein Hall angesetzt, und Chester erklärte selbstzufrieden schmunzelnd: »Ich habe ein sehr beachtliches Publikum für Sie zusammengetrieben«, was hauptsächlich »Freikarten« bedeutete. Das überraschte mich nicht, denn es ist bekannt, daß die Engländer nur zögernd einen Neuling akzeptieren. Ihre Zuneigung galt den Veteranen wie Joachim, Paderewski, der Melba und de Pachmann. Diese wurden kritiklos angebetet, sie konnten einfach nichts verkehrt machen.

Für kleine Konzerte eignete sich der Saal vortrefflich. Er faßte neunhundert Personen, und zu meinem Konzert waren sechshundert erschienen. Ich spielte ein »Einführungsprogramm«, wie ich das nenne: eine Fantasie und Fuge von Bach, eine Beethoven-Sonate, die »Symphonischen Etüden« von Schumann, ein kleines Bukett von Chopin-Stücken und eine Rhapsodie von Liszt. Ich war in glänzender Form, und das Publikum ging von Anfang an mit. Mein Erfolg wuchs von Stück zu Stück. Nach dem Liszt schrie das Publikum nach Zugaben, und ich spielte drei. Erschöpft, aber glücklich kehrte ich in das Künstlerzimmer zurück, wo Pola mich umarmte. Später drängten die Gratulanten herein, darunter Emmy Destinn und Jacques Thibaud.

»Wie ich höre, haben Sie einen prachtvollen Abend mit Pablo gegeben«, sagte Thibaud. »Warum spielen wir beide nicht an zwei Abenden hier in diesem Saal?« Ich wußte nicht, was ich dazu sagen sollte, Chester aber ging begeistert darauf ein. »Los! Sagen Sie schon zu! Das ist eine Sensation, in weniger als sechs Wochen sechs Konzerte zu geben!«

»Wir spielen nur Duosonaten, keine Soli«, fügte Jacques hinzu. Das war wunderbar. Sechs Sonaten mit Thibaud, das hätte ich mir nie zu erträumen gewagt.

Emmy hatte einen bläßlichen Mann bei sich, vermutlich ihren neuen Liebhaber. »Hab ich dir nicht gesagt, daß Arthur wunderbar spielt?« fragte sie ihn, doch er wirkte nicht überzeugt. Ein ältliches Ehepaar stellte sich als Mr. und Mrs. John Bergheim vor. »Herr von Sachs, ein Bekannter aus Wien, hat uns geschrieben, wir sollten unbedingt Ihre Bekanntschaft machen. Aber er ist Ihnen durchaus nicht gerecht geworden, Sie sind viel begabter, als er annimmt«, sagte der alte Herr eifrig.

Von Sachs war ein reicher Kaufmann, der sich von den Geschäften zurückgezogen hatte. Als Musikfreund versammelte er gerne vielversprechende junge Künstler um sich. Die Atmosphäre dort roch für meinen Geschmack zu sehr nach Homosexualität, daher verkehrte ich in dieser Umgebung mit Unbehagen. Die alten Bergheims luden mich so dringlich zu sich ein, daß ich schlecht ablehnen konnte. Es paßte mir nicht, ohne Pola hinzugehen, andererseits fehlte mir der Mut, sie als Reisebegleitung auszugeben. Ich suchte noch nach einer einleuchtenden Entschuldigung, als Pola mir auf Polnisch zuflüsterte: »Nun sag schon zu, sie sehen doch nett aus und möchten so gerne, daß du hingehst!« Also nahm ich an, wir machten gleich einen Termin aus, und Bergheim sagte, er werde mich von seinem Chauffeur abholen lassen.

Das Konzert wurde in den Zeitungen freundlich besprochen. Mehrere Kritiker fanden mich zu überschwenglich, sie rieten mir, etwas gesetzter zu werden, andere fanden diesen Überschwang im Gegenteil besonders lobenswert, alle aber hielten mich für den »geborenen« Pianisten und prophezeiten mir eine große Zukunft. Mir fiel vor allem die Einförmigkeit der Londoner Kritik auf. Der persönliche Eindruck, die Vorliebe oder Abneigung des Kritikers war nie durch sachliche Argumente gestützt, man urteilte einfach drauflos wie ein Richter in der letzten Instanz. Ich fürchte fast, das hat sich im Laufe all dieser Jahre nicht geändert.

Kapitel 69

Bergheims wohnten in Hampstead, im Norden von London. Von einer kurzen, Belsize Park genannten Straße führte eine Anfahrt zu ihrem zweistöckigen Haus, das zwar geräumig, aber keinesfalls pompös für sich allein stand. Zwei Dienstmädchen erwarteten mich, nahmen mir Hut und Mantel ab, und eines meldete vernehmlich oben im Salon: »Mr. Arthur Rubinstein.« Es waren schon andere Gäste dort. Bergheim stellte mich allen – zu meinem Verdruß – als »das junge Genie« vor. Er war wohl in den Siebzigern, klein, hatte scharf blikkende, etwas hervorquellende, blutunterlaufene Augen und eine wohlgeformte, aber unverwechselbar jüdische Nase. Clara Bergheim, kaum jünger und auch nicht größer als ihr Mann, war schlank und proper, sie frisierte das graue Haar wie Queen Mary. Sie trug eine Brille mit dicken Gläsern und hatte die Angewohnheit, so stark zu erröten, daß sogar die Nasenspitze rot anlief.

Unter den Gästen befanden sich Sir Edmund Davis, einer der bekannten jüdischen Millionäre, die ihr Vermögen in Südafrika gemacht haben, ferner Ralph Peto, ein sehr gut aussehender junger Mann samt Frau, einer schlanken, großen, brünetten Schönheit, Nichte der Herzogin von Rutland und Cousine von Lady Marjory und Lady Diana Manners, zwei berühmten englischen Schönheiten. Sir George Henschel, bekannter Konzertsänger und erster Dirigent des Boston Symphony Orchestra samt Tochter Helen, einer vielversprechenden Sopranistin, waren ebenfalls anwesend.

Das Diner wurde im Speisezimmer im Erdgeschoß serviert. Wunderschöne Orchideen in allen möglichen Farben und Formen schmückten die Tafel. Bei Bergheims wurde die englische Küche gepflegt – nicht gerade mein Geschmack. Am Ende der Mahlzeit ließ der Gastgeber große schwarze Trauben reichen.

»Aus meinen Treibhäusern«, sagte er stolz.

Als die Damen hinauf gingen, wurde den Herren Portwein angeboten, dann öffnete Bergheim eine Tür in den Garten und wies auf die lange Reihe seiner Treibhäuser.

»Hier züchte ich Orchideen und Obst«, sagte er und hielt uns einen langen Vortrag über die Vorzüge der Treibhäuser.

Überläßt man Engländer nach dem Essen sich selber, so geraten sie ins Schwatzen und Trinken. Darum forderte uns Bergheim nach einem Weilchen auf, doch wieder zu den Damen zu stoßen. Auf der Treppe nahm er mich beiseite und bat, ich möge doch vorspielen. »Wir haben einen schönen Bechstein, der gut gestimmt ist, und unsere Gäste mögen Musik.« Er hätte mich nicht zu bitten brauchen, ich war durchaus dazu bereit. Eine kurze Plauderei mit Sir George Henschel hatte diesen als Wagnerverehrer entlarvt, also spielte ich den »Liebestod« aus »Tristan«, darauf mein eigenes Arrangement des »Walkürenrittes«, beides sichere Treffer. Die Wirkung war sehenswert, ich glaube, nie hat eine kleine Gesellschaft mein Spiel mehr genossen. Sir George umarmte mich, Mrs. Peto küßte mich, es war geradezu herzergreifend. Alle Anwesenden wurden für Jahre meine treuen Anhänger. Als ich mich mit den anderen verabschieden wollte, hielt Bergheim mich zurück. Er führte mich in sein Arbeitszimmer, das ganz wie ein Büro aussah.

»Ich möchte Ihnen einiges über mich erzählen«, begann er, »vielleicht interessiert es Sie.« Er war in Jerusalem geboren (Palästina stand damals unter türkischer Herrschaft). »Mein Vater war Händler, ich aber wollte ins Ölgeschäft einsteigen, und ich kam nach London, mich umzuschauen. McGarvey, ein Kanadier, wurde mein Partner, und wir kauften Ölkonzessionen im polnischen Galizien. Wir gründeten dort eine Gesellschaft, deren Direktoren Polen sind – ein Graf Skrzynski und ein gewisser Bernstein, dessen Sohn als Bühnenautor in Frankreich lebt. So habe ich in Polen ein Vermögen erworben.«

»Und hat dieser Graf Skrzynski einen Sohn?« fragte ich.

»Ganz recht. Einen Sohn Alexander und zwei sehr hübsche Töchter.«

»Ha, ha«, sagte ich, »jetzt kann ich meinerseits Ihnen einiges erzählen«, und ich berichtete von Alexander und von Henry Bernstein. Das belustigte ihn sehr.

»Sicher wollen Sie jetzt nach Hause. Es ist ja auch schon spät. Ich lasse Sie im Wagen bringen und bitte ... nehmen Sie dieses kleine Honorar für Ihr wunderbares Spiel entgegen.« Er holte fünfundzwanzig Pfund aus seinem Schreibtisch, sie kamen mir durchaus zupaß. Bislang hatte Chester nämlich weder von Engagements noch von Einnahmen oder Geld im allgemeinen gesprochen. Ich ging, nachdem ich diesem reizenden alten Herrn zugesagt hatte, ihn bald en famille zu besuchen.

Pola erwartete mich lesend im Bett. Sie wollte alles haarklein erfahren und sagte schließlich sehr zufrieden: »Ich wußte, daß diese Leute wichtig sind für dich«, und fügte, ganz Pythia, hinzu: »Sie spielen in deinem Leben eine bedeutende Rolle.«

Die Morgenzeitungen berichteten, daß Diaghilews Russisches Ballett ein Gastspiel in Covent Garden geben würde, mit »›Scheherezade‹« und »Le Spectre de la Rose«, beides von der Karsawina und Nijinski getanzt, und mit den Tänzen aus »Fürst Igor«. Das war für uns beide eine himmlische Überraschung, denn wir kannten dieses Ballett noch nicht. Chester verschaffte uns gute Logenplätze – gegen Bezahlung selbstredend. Es wurde ein phantastischer Abend. Wir saßen wie verzückt Hand in Hand. Die Stücke waren eben erst einstudiert worden, die Ausstattung von Bakst und Roerich funkelte noch ganz neu. Nijinskis Anmut und seine Sprünge waren atemberaubend, und in die Karsawina verliebte ich mich ganz einfach. Pola war nicht im geringsten eifersüchtig, sie empfand das gleiche. Wir gingen, von der Intensität unserer Gefühle erschöpft, aus dem Theater.

Zu meinem zweiten Konzertabend kamen weniger Leute als zum ersten, »aber die meisten haben Eintritt gezahlt«, schmunzelte Chester. Diesmal spielte ich mehrere Nummern erstmals, so die 5. Sonate von Skrjabin, zwei Stücke von Medtner sowie eine Etüde und zwei Präludien von Szymanowski. Die Kritik nahm die bisher unbekannten Kompositionen mehr oder weniger gut auf, konnte sich aber nicht enthalten, den Komponisten gute Ratschläge zu erteilen. Die Zuhörer spendeten freundlichen Beifall, sie fühlten sich aber merklich mehr daheim, als ich mich auf Chopins Polonaise in As-Dur warf, der dann noch etliche Zugaben folgten.

Im Künstlerzimmer erschien unvermutet Pauline Narbut, unsere Freundin aus Warschau. Sie sei geschäftlich in London, sagte sie und müsse unbedingt das Russische Ballett sehen. Pola war hoch erfreut, eine Begleiterin bei ihren Stadtbesichtigungen und Einkaufsexpeditionen zu haben. Manchmal war sie nämlich geradezu einsam, die arme, denn ich mußte mich mehr und mehr meinem Beruf widmen, bereitete mich auf meine Konzerte vor, wurde hierhin und dorthin eingeladen undsofort. Mit Pauline aßen wir im Carlton Grill, dem von mir bevorzugten Restaurant.

Leider mußte ich auch weiterhin häufig Einladungen annehmen, denn ich hatte keinen plausiblen Vorwand, sie abzulehnen. Lady Davis bat mich zu einem Bankett für zwanzig Personen, lauter Größen aus Finanz- und Industriekreisen. Es war auch ein für seine Buchillustrationen berühmter Maler anwesend, Edmond Dulac, ein Franzose. Bergheims aber nicht. Ich spielte in der Hoffnung auf ein Honorar, erhielt aber nichts als wohlfeile Danksagungen und hundert Lobsprüche.

Mein letzter Klavierabend war gut besucht, halb Freikarten, halb zahlendes Publikum. Mir fiel auf, daß ich manche Gesichter wiedererkannte, es mußte also doch der eine und andere in allen drei Konzerten gewesen sein. Auf dem Programm stand unter anderem Chopins Sonate mit dem Trauermarsch, die großen Eindruck machte. Bergheims dankten mir unter Tränen. Als letztes spielte ich den »Liebestod« in der Bearbeitung von Liszt – ein todsicheres Zugstück.

Nach diesen drei Konzerten erwartete ich viel Geld, doch Chester machte ein recht perplexes Gesicht, als ich ihn danach fragte. »Ich verstehe überhaupt nicht, was Sie meinen! Ich rechne mit Fürst Lubomirski ab; noch beträgt das Defizit nicht ganz zweihundert Pfund, für Sie ist überhaupt nichts übrig.«

Was war ich doch für ein naiver Narr! In meiner geschäftlichen Dummheit hatte ich angenommen, der Fürst werde alle Kosten tragen, ich aber könne den Erlös der Kasse einstreichen. Ich gab ja diese Konzerte ohne Garantiehonorar, ich mußte für Reisekosten und Lebensunterhalt selber aufkommen, wovon eigentlich sollte ich denn leben? Das ganze Londoner Unternehmen schien mir jetzt eine Seifenblase.

»Offen gestanden, fühle ich mich von Ihnen getäuscht, Mr. Chester«, sagte ich bitter. »In Wien haben Sie mir vorgegaukelt, daß ein

Erfolg mir gut bezahlte Engagements bringen würde. Nun war ich durchaus kein Versager, das werden Sie zugeben müssen, Publikum und Presse sind sehr zufrieden mit mir – trotzdem haben Sie mir überhaupt nichts vorzuweisen.«

»Machen Sie nicht mir diesen Vorwurf«, wich er aus. »Ich tue mein Bestes, aber die Saison ist schon recht weit vorgeschritten, und alles war lange vor Ihrem Kommen ausgebucht. Immerhin kann ich Ihnen für das nächste Frühjahr zwei gute Konzerte anbieten. Übrigens sind Sie morgen zum Tee eingeladen, bei einem jungen amerikanischen Ehepaar. Er ist Sänger, und beide haben alle Ihre Konzerte gehört.«

Ich sagte zu, aber nur ihm zuliebe; ich merkte, daß ich ihn gekränkt hatte. Pola versuchte mich aufzumuntern. »Ich habe dir die Karten gelegt, und sie sagen, daß du Hindernisse überwinden wirst. Du wirst immer siegen.« Und Bergheims baten mich wieder zu einer Abendgesellschaft. Ablehnen durfte ich nicht, ich würde mit Sicherheit ein Honorar einstecken können.

Als ich anderen Tages Paul Draper und seine Frau Muriel kennenlernte, wußte ich sofort: das sind Menschen nach deinem Herzen. Wir brauchten keine fünf Minuten, um einer den anderen bis auf den Grund zu verstehen. Paul war groß und schlank, Ende zwanzig. Sein wohlgeformter Kopf, das schmale, glattrasierte Gesicht mit den regelmäßigen Zügen gaben ihm etwas Vornehmes, und er trug sich sehr elegant. Was mich besonders zu ihm hinzog, war seine beinahe rührende Neigung zur Musik. Seine Frau war aus gänzlich anderem Stoff gemacht. Ihr Alter war schwer zu schätzen, sie mochte zwanzig sein oder auch vierzig, (in Wahrheit war sie etwas jünger als ihr Mann), sie war zierlich und blaß, hatte eine seidige Haut und wunderschöne Hände. Das Gesicht wirkte beunruhigend: ein schmaler, langer Schädel, das Haar immer von einem Netz gehalten, hoch angesetzte Wangenknochen, eine kurze, etwas platte Nase und ein übertrieben breiter Mund mit dicken, sehr roten Lippen gaben ihr das Aussehen einer weißen Negerin. Viele Menschen fanden sie häßlich, manche fanden sie schön. Trotz ihrem aggressiven Charakter und ihrer hervorragenden Intelligenz besaß sie viel weiblichen Charme.

Nachdem Chester gegangen war, sang Draper mit dünner heiserer Tenorstimme, aber großem musikalischem Empfinden einige Lieder von Schubert, den er sehr verehrte. Vor solchen Menschen brauchte ich Polas Existenz nicht zu verheimlichen, und sie luden uns beide auch gleich für den Abend zum Essen ein. Paul Draper gefiel Pola sehr, doch Muriels ironisches Lächeln, ihr schroffes Urteil und ihr lautes Lachen verstörten Pola etwas.

Bergheims schlossen mich mit der Zeit geradezu ins Herz. Es verging kaum ein Tag ohne Einladung oder wenigstens eine kurze Mitteilung. Spielte ich bei Ihnen, gaben sie mir unfehlbar einen Scheck über 25 Pfund. Bergheim bat mich einmal auf einem Empfang, Chopins Sonate mit dem Trauermarsch zu spielen – ich lehnte ab mit der Begründung, der Marsch sei Teil einer Sonate, die sich ihrer Länge wegen nicht zum Vortrag eigne; in Wahrheit aber hatte ich seit jenem Abend mit Graf Stroganoff in Rambouillet eine abergläubische Angst, sie zu spielen. Da Bergheim insistierte und ich ihm den eigentlichen Grund meiner Weigerung nicht offenbaren wollte, gab ich nach, und wieder sah ich einen lieben Menschen nachher in Tränen aufgelöst dasitzen.

Sodann geschah etwas höchst Sonderbares. Bergheim sagte eines Tages: »Kommen Sie heute zum Lunch, ich werde Sie einer wirklich netten Dame vorstellen, einer Polin, mit der wir auf einer Reise nach den Kanarischen Inseln bekannt geworden sind; sie wird Ihnen sehr gefallen.« Als ich in den Salon geführt wurde, saßen dort zu meiner unbeschreiblichen Verblüffung Pauline Narbut und Pola auf dem Sofa! Wie in einer Komödie.

Pauline meisterte geistesgegenwärtig die Situation. »Welche Freude, Sie hier zu sehen, Arthur! Pola und ich haben so viel von Ihnen gesprochen – sie hat nämlich alle Ihre Konzerte gehört!« Pola lächelte scheu, und während des Essens spielte jeder seine Rolle. Ich vermutete, und Pola bestätigte mir das auf dem Heimweg, daß Pauline sich diesen Streich ausgedacht hatte, um mich in Verlegenheit zu bringen, denn sie fand es feige von mir, Pola nicht als meine Geliebte mit Bergheims bekanntzumachen. Damals hat mich das sehr geärgert, aber rückblickend will mir scheinen, Pauline hat recht gehabt.

Die Konzerte mit Thibaud waren eine reine Freude. Musikalisch stimmten wir völlig überein, und die Proben machten uns ebensoviel Spaß wie die Konzerte. Jacques brachte die hübsche, reizende Sylvia Sparrow mit, eine ehemalige Schülerin von Paul, der ich bei seinen Eltern in Leipzig begegnet war. Beide aßen mit uns, ehe wir mit der Arbeit anfingen. Eines Nachmittags servierte Sylvia uns den Kaffee, als wir schon mit der Probe begonnen hatten; sie setzte eine Tasse für mich auf den Flügel neben den Notenständer, und Thibaud, der eben eine schwierige Passage übte, stieß mit dem Bogen die Tasse um, so daß der Kaffee sich in den geöffneten Flügel ergoß. Wir waren alle vier entsetzt, besonders ich, der ich doch verantwortlich war für dieses nur geliehene Instrument. Pola und Sylvia zögerten keine Sekunde. Mit der den Frauen für solche Dinge angeborenen Geistesgegenwart sogen sie die Flüssigkeit mittels kleiner Schwammstückchen fleißig auf, und nach einer Weile war die Klaviatur trocken. Der arme Flügel hat aber gewiß für den Rest seines Lebens nach Kaffee gerochen.

Pola beschloß, Pauline Narbut nach Warschau zu begleiten und sich eine Weile auf dem Lande aufzuhalten. Arme Pola, immer hatte sie ihre Kinder im Sinn!

In der Nacht vor ihrer Abreise ging um drei Uhr früh das Telefon. Paul Draper war unten in der Halle. »Ich muß Sie unbedingt sprechen«, sagte er in beängstigendem Ton.

»Warum . . . was ist geschehen?«

»Ich komme hinauf. Ich muß mit Ihnen reden.« Wir hatten kaum Zeit, einen Morgenrock überzuwerfen, da stand er auch schon vor der Tür. Im Wohnzimmer begann er atemlos und unzusammenhängend zu reden; ein unnatürlicher Glanz in seinen Augen und starke Röte in den Wangen steigerten noch unsere Befürchtungen. Erst jetzt merkten wir, daß er völlig betrunken war. Nach einer Weile enträtselten wir auch seine Worte.

»Arthur, ich muß sofort ein vollständiges Verzeichnis aller Schubert-Lieder haben, die ich für dich lernen soll«, murmelte er, und mir blieb nichts übrig, als ihm alle Lieder aufzuschreiben, die mir einfielen. Er nahm den Zettel und rannte weg. »Wir müssen Muriel anrufen, bestimmt macht sie sich schreckliche Sorgen um ihn«, sagte ich, doch Muriel meinte am Telefon nur verschlafen: »Denkt euch nichts dabei. Er hat seine Phase und trinkt jetzt vier oder fünf Tage ununterbrochen, aber wenn er das hinter sich hat, ist er wieder ganz normal.« Merkwürdig, daß mich das gleich beruhigte.

Pola war abgefahren, ich aber wollte noch in London bleiben in der Hoffnung, ich könnte hin und wieder bei Bergheims einen Scheck kassieren oder der jämmerliche Chester würde mir ein etwas verspätetes Engagement verschaffen. Mein Geldvorrat schmolz dahin. Sieben Wochen mit Pola in London hatten meine Taschen geleert, und die Miete war bereits seit einer Woche fällig.

Casals war wieder in London und bat mich zum Essen in das Hotel Dieudonné, das ein gutes Restaurant führte. Die alte Mme. Dieudonné hatte fast ausschließlich französische Künstler bei sich zu Gast. Casals steckte voller Überraschungen. Am Morgen dieses Tages berichteten alle Zeitungen ausführlich über die Ermordung eines spanischen Staatsministers durch den Anarchisten Ferrer, der sein Opfer vor aller Augen im Parlament niedergestreckt hatte. Als ich darüber eine empörte Bemerkung machte, sagte der große Cellist ungerührt: »Ferrer hat nur seine Pflicht getan. Ich bin ebenfalls Anarchist.« Während des Essens beklagte ich mich über Chester. »Er hat mich im Stich gelassen. Sechs Konzerte habe ich gegeben, ohne einen Pfennig zu sehen, und er hat mir kein einziges Engagement verschafft.« Ich wollte Casals ins Gedächtnis rufen, daß er mir von den Einnahmen aus unserem gemeinsamen Konzert in der Queen's Hall keinen roten Heller abgetreten hatte. Als er auf diese Andeutung nicht einging, bat ich ihn, mir zehn Pfund zu leihen. Nach kurzem Zögern nahm er mich mit auf sein Zimmer und schrieb mir einen Scheck über diesen Betrag aus. Ich bedankte mich kühl und ging.

Je häufiger ich bei Bergheims verkehrte, desto enger wurde unsere Freundschaft. Ich war oft einziger Gast und lernte auch eine Nichte und einen Neffen kennen – Waisenkinder, die Bergheims adoptiert hatten und die im Hause wohnten.

Auf einem der unzähligen Spaziergänge im Garten erfuhr ich, daß Bergheim als einer der ersten zur Errichtung des Bayreuther Festspielhauses Geld gespendet hatte. Er wollte alles über mich wissen und hörte nur mit Unwillen von meiner Beziehung zu Chester.

»Sie müssen diesen Menschen loswerden. In der nächsten Saison kümmere ich mich selber um Ihre Konzerte in England. Dann wohnen Sie auch bei uns.« Das rührte mich sehr, und überhaupt gewann ich den alten Herrn recht lieb.

Muriel Draper rief an, Paul sei wieder daheim und es gehe ihm gut. Als wir eines Nachmittags miteinander allein waren, erzählte sie mir die ganze traurige Geschichte. Paul war seit seinen Collegejahren ein Trinker, obschon er den Alkohol verabscheute, wußte er doch, was dieses Gift ihm und seiner Stimme antat. »Er bekämpft seine Sucht ganze Wochen hindurch, wenn er aber einmal einen Schluck genommen hat, ist es vorbei. Dann verschwindet er drei bis vier Tage, und in einer Stadt wie London verliere ich leicht seine Spur. Manchmal muß ich mich an die Polizei wenden.«

Welch schreckliche Krankheit! Sie war um so tragischer durch den unglaublichen Gegensatz zwischen Pauls Verhalten, wenn er nüchtern war, und seinen Rauschzuständen. Wie viele Stunden verbrachten wir nicht miteinander am Klavier, und immer war er höflich, liebenswert, begeisterungsfähig, kurzum reizend. Er war auch ein recht guter Pianist und sang Schubert, Schumann und Brahms mit dem genau richtigen Ausdruck. Mit einer besseren Stimme hätte er vielleicht zu den großen Liedersängern seiner Zeit gehört. Ihm hatte ich auch einen unerwarteten Glücksfall zu danken. Drapers zogen in eine neue Wohnung, und Paul bat mich, ihm für sein Musikzimmer einen Konzertflügel von Bechstein auszuwählen. Ich sah mich sehr gewissenhaft um und fand ein besonders schönes Instrument für ihn. Tags darauf erhielt ich von Bechstein 30 Pfund per Scheck – meine Kommission!

Ich verließ London mit dem Segen und einem Scheck über fünfzig Pfund von Bergheims und nach einem sehr herzlichen Abschied von Drapers. Als Chester noch einmal die beiden Engagements der nächsten Saison erwähnte, verwies ich ihn an Bergheim und malte mir vergnügt sein Rencontre mit dem alten Herrn aus.

Kapitel 70

Die Fahrt nach Rußland unterbrach ich zuerst in Wien. Ich hatte Dawydows versprochen, den Rest des Sommers in Werbowka zu verbringen, doch zunächst wollte ich mir einen neuen Paß für die Einreise nach Rußland verschaffen. Mein Diplomatenpaß war zu auffällig, ich hielt ihn geradezu für gefährlich, denn ich war schließlich nur ein blutjunger, bescheidener Pianist. Zwar hatte ich die Grenze bei Alexandrowo auf der Fahrt nach Warschau glatt passiert, doch wer nach Kiew reisen wollte, mußte bei Brody über die Grenze, und dort wimmelte es bekanntlich von Geheimpolizisten. Bei dem Gedanken, man könnte mich meines Diplomatenpasses wegen verhören, überrieselte mich kalte Furcht. Ein einziger Mensch, nämlich Hans Effenberger, ein ergebener Verehrer von Karol und mir, hatte sich bereit erklärt, mir in dieser prekären Sache zu helfen – wir hatten uns früher einmal über dieses Thema unterhalten. So ging ich denn nach einem Frühstück im Caféhaus zur Hofburg und dort in die Bibliothek. Als ich einen uniformierten Diener bat, mich bei Effenberger anzumelden, hieß es, dies sei nicht erforderlich, er würde mich gleich hinbringen. Als Hans uns hereinkommen sah, schlug er rasch seinen Pultdeckel zu, schob einige Bücher in Schubladen, und dann erst sprang er auf, mich zu begrüßen. »Was für eine angenehme Überraschung! Ich hoffe, Sie bleiben ein Weilchen?«

»Das hängt ganz von Ihnen ab.« Und ich sagte, wozu ich seine Hilfe brauchte.

»Da kann Ihnen bestimmt Maria helfen.«

»Und wer ist Maria?«

»Eine sehr reizende Frau. Meine Mätresse.«

Auf meine Fragen erzählte er, sie sei verheiratet, sie liebe ihn und er sie, und er wolle uns unbedingt gemeinsam zum Essen einladen.

»Das hört sich ja alles prächtig an, aber woher, zum Teufel, wird sie einen Paß nehmen?«

»Ihr Mann hat einen, den überläßt er Ihnen bestimmt gerne. Er ist sehr nett.« Das klang nun wirklich wie ein Märchen, gleichwohl konnte ich mir nicht leisten, diese Möglichkeit ungenutzt zu lassen. »Warum haben Sie Ihr Pult so rasch zugeklappt, als ich eben hereinkam?« fragte ich.

Er schaute sich um, ob auch keiner zuhörte.

»Ich bereite einen Katalog der internationalen Pornographie vor, eine sehr gut bezahlte Arbeit. Daher ist mein Lesepult randvoll von heißer Ware. Diese Bücher sind nicht gut für mich, denn zum einen bin ich fortgesetzt sexuell erregt, und zum anderen ist es, wie Sie sich denken können, gefährlich; wenn meine heimliche Tätigkeit entdeckt würde, wäre ich entehrt, und man würde mich entlassen.«

Ich fand es komisch, daß ausgerechnet in Franz Josephs Hofbibliothek ein Katalog der internationalen Pornographie zusammengestellt wurde.

Um die Mittagszeit verschloß Hans Tisch und Schubladen mit vier verschiedenen Schlüsseln. Im Fiaker fuhren wir zu einem Café. »Hier sind Maria und ich verabredet, warten Sie einen Moment.«

Gleich darauf traten beide strahlend Hand in Hand auf die Straße. Maria war klein, aber wohlproportioniert, brünett, mit glänzenden Augen, Stupsnase und einem sehr zutraulichen Lächeln. Sie redete unentwegt, und ihr Gesichtsausdruck wechselte von Sekunde zu Sekunde, sie war, was man eine angenehme Gesellschaft nennt. Kein Wunder, daß der stille, verträumte Hans sich in sie verliebt hatte. Beim Essen brachte er sofort die Paßangelegenheit zur Sprache. Maria klatschte in die Hände. »Noch heute nachmittag werden Sie den hübschesten Paß bekommen, den Sie sich nur wünschen können. Mein Mann braucht ihn nicht mehr.« Ich gab ihr einen Kuß und schwor ewige Dankbarkeit.

Knapp zwei Stunden später brachte Effenberger das heiß ersehnte Dokument, und den Abend verbrachten wir gemeinsam im Ronacher-Varieté. Im Hotel Kranz fiel ich dann in tiefen Schlaf, aus dem ich leider schon um sieben Uhr früh geweckt wurde. »Da klopft das Zimmermädchen irrtümlich an deine Tür«, dachte ich, gewahrte jedoch zu meiner Überraschung Hans vor mir: Mit verbundenem Kopf, eingeschlagener Nase, einem Arm in der Schlinge lehnte er am Türrahmen.

»Was, um Himmels willen, ist passiert?« Ich führte ihn zu einem Stuhl.

»Man hat mich geprügelt«, sagte er mit zitternder Stimme.

»Wer?«

»Ihr Mann und ihre beiden Brüder. Und sie wollen mich nochmals verprügeln, wenn ich Maria nicht in Ruhe lasse.«

Bei allem Mitgefühl für Hans galt meine Sorge mehr meinem Paß, doch Hans beruhigte mich. »Den vermißt er bestimmt nicht. Du kannst ihn ja später zurückschicken.«

Zwei Tage darauf schickte ich von Werbowka aus Hans den Paß zurück.

Der ukrainische Sommer verzauberte mich. Meine Seele fühlte sich von dem Frieden und der schlichten, unaufdringlichen Schönheit dieser entlegenen Landschaft geradezu gestreichelt. Die Monate in Wien und London waren nicht spurlos an mir vorbeigegangen. Meine Kraft war geschwächt von den unablässigen Aufregungen, der Notwendigkeit, Entscheidungen zu fällen, den Enttäuschungen, der Verantwortung und den ewigen Geldsorgen. Einige Tage in diesem friedlichen Hafen brachten mich wieder zu mir.

Bei Dawydows fühlte man sich um und um wohl. Vater und drei Söhne waren lebenslustig und voller Humor, zugleich aber ausgesprochen diskret. Nie mischten sie sich in meine Privatangelegenheiten, nie drängten sie mich, zu spielen. Madame Natalja war die ideale Gesellschaft für mich. Spielte ich, so saß sie still in der Ecke, zu anderer Zeit unterhielten wir uns stundenlang über die Kunst und das Leben, über Menschen und Literatur. Sie gab mir viele russische Bücher zu lesen, sie malte recht begabt und hatte für die Dorfbevölkerung eine Art Heimatkunstschule eingerichtet. Eine Schülerin trug an einer Kette eine Goldmedaille um den Hals, die ihr auf einer Ausstellung in London verliehen worden war.

Mein liebster Leseplatz war eine von Blumenrabatten und einigen Birken eingefaßte Bank. Dort beobachtete ich die majestätischen Sonnenuntergänge über den goldblanken Feldern der Ukraine und der scheinbar endlosen Steppe. Bei Szymanowskis machte ich diesmal nicht Besuch, mit Karol war ich ja noch frisch zerstritten, übrigens hatte Natalja Michailowna mir berichtet, Karol und Fitelberg hätten sich in Wien eine Wohnung genommen und hausten dort zusammen.

Eines Tages erhielt ich brieflich die Nachricht, Bergheim sei bei einem Autounfall ums Leben gekommen, seine Frau allerdings habe nur leichtere Verletzungen davongetragen. Der arme alte Herr. Ich weinte wie ein Kind, denn ich fühlte mich schuldig – dieser verhängnisvolle Trauermarsch! Ich hätte am liebsten nicht mehr daran gedacht, doch schrieb ich Mrs. Bergheim einen ausführlichen Brief und eine Karte an den Neffen, der mich benachrichtigt hatte. Die letzten Tage verbrachte ich ausschließlich am Klavier, meinem Trost in schweren Zeiten. Natalja Michailowna bewies viel Verständnis, sie wußte, was Bergheims mir bedeuteten, ich hatte ihr von ihnen erzählt.

Dawydows behielten mich noch eine Woche länger da, als ich eigentlich hatte bleiben wollen, denn sie meinten: »Wir lassen Sie nicht weg, solange Sie so bedrückt sind.« Damit hatten sie recht. Ich nahm mich zusammen und beschloß, im Andenken an Bergheim mein Glück in London allein zu versuchen, ohne Chester.

In Warschau erwartete mich im Hotel Victoria ein Brief von Mrs. Bergheim. Sie schrieb aus Wien, wo sie bei einer anderen Nichte ihres Mannes wohnte, Marjorie, verheiratet mit Fred McGarvey, dem Sohn und Erben von Bergheims Partner. Die alte Dame beschrieb mir ausführlich den Verlauf des Unfalles – ihr Mann war aus dem Wagen geschleudert worden und auf der Stelle tot gewesen. Dann fügte sie noch einige liebevolle Sätze an: »Ich weiß, welche Absichten der liebe Verstorbene im Hinblick auf Sie gehabt hat, und ich will sie in seinem Sinne weiterführen. Seien Sie also bei Ihrem nächsten Aufenthalt in London unser Hausgast, lieber Junge, und lassen Sie mich wissen, ob ich Ihnen bei Ihren beruflichen Anstrengungen behilflich sein kann.«

Diese Nachschrift ging mir sehr zu Herzen – eine schöne Überraschung. Ich muß zu meiner Schande gestehen, daß ich Mrs. Bergheim unterschätzt hatte. Sie stammte aus einer großbürgerlichen englischen Protestantenfamilie und war ein echtes Kind des Viktorianismus. Sie schien mir ganz zufrieden im Schatten ihres Mannes dahinzuleben – ich war gar nicht auf den Gedanken gekommen, sie könne eine eigene Persönlichkeit sein. Ich dankte ihr also sehr herzlich für ihre Einladung und versprach, sie bei meinem Konzert in Wien aufzusuchen.

Pola, die wieder in Warschau war, zeigte sich tief betroffen von der tragischen Neuigkeit. »Auch ich hatte an jenem Abend ein übles Vorgefühl, als du mir von dem Trauermarsch erzähltest.«

Die Saison begann mit einem Konzert in Lodz, und hier wollten selbstverständlich Eltern und Verwandte hören, wie es mir im Ausland ergangen war – sie wußten natürlich schon alles, denn sie waren allesamt die geborenen Detektive. Nach zwei oder drei weiteren Konzerten im russischen Polen gab ich mein jährliches Konzert in Krakau. Der Agent prahlte: »Der Saal ist recht gut besetzt, und bald werden wir Lwów übertreffen.« Im Grunde wurden die Vorbereitungen jedoch von seinem Sekretär, Rudolf Eisenbach, getätigt, dem Vetter des Pianisten Ignaz Friedman, und bei ihm bedankte ich mich denn auch eigens für den außergewöhnlichen Erfolg. Er fragte, ob er nicht einmal privat mit mir sprechen dürfe, er habe mir einiges vorzuschlagen.

»Sie wissen, wie sehr ich Sie schätze«, begann er schüchtern im Café und wurde ganz rot dabei. »Sie haben eine blendende Laufbahn vor sich, aber Sie brauchen jemand, der die Dinge für Sie in die Hand nimmt.«

»Da bin ich anderer Ansicht«, versetzte ich, »falls meine Konzerte überall so gut besucht sind wie hier in Krakau, bin ich alle Sorgen los.«

»Da irren Sie sich«, widersprach er hitzig. »Sie sind Künstler, aber nur ein Geschäftsmann kann Ihre Erfolge in Profit ummünzen. Sie brauchen jemand, der die Gelegenheit zu nutzen versteht und mit Konzertagenturen angemessene Bedingungen aushandelt. Da bin ich für Sie der richtige Mann, glauben Sie mir. Hören Sie mich an: Ich werde Ihr Impresario, lege Ihre Konzertreisen fest, versorge die Agenturen mit Werbematerial, erziele bessere Honorare für Sie und veranstalte auf unser Risiko Konzerte in erfolgversprechenden Städten. Ich begleite Sie auf Ihren Reisen und bewahre Sie vor selbstsüchtiger Ausbeutung.« Nun hielt er an, um Luft zu holen.

»Mein lieber Freund«, versetzte ich bekümmert lächelnd, »Ihr Plan klingt wunderbar, aber wie sollte ich Sie für Ihre Dienste bezahlen? Ich kann ja kaum meine eigenen Reisekosten tragen, wie soll ich da noch für Sie aufkommen?«

»Nein, nein, lassen Sie mich doch ausreden!« sagte er hastig. »Sie brauchen mir jetzt überhaupt nichts zu bezahlen. Ich will 10% Ihrer Nettoeinnahmen, sobald Sie sich das leisten können, und das wird bald der Fall sein, dafür sorge ich. Meine Reisekosten bezahle ich selber, bis Sie mir solche Auslagen ohne Schwierigkeiten zurückerstatten können.«

Da staunte ich. Sein Vorschlag klang zu schön, um wahr zu sein. Es war ein verlockender Gedanke, daß mein persönlicher Impresario meine Angelegenheiten ordnen würde, ohne daß ich eine Hand rühren müßte – und ich hätte auf der Stelle zugesagt, wäre mir nicht der Verdacht geblieben, ich hätte einen schwerwiegenden Nachteil übersehen. »Schreiben Sie mir Ihre Bedingungen auf, und ich berate mich dann mit dem hiesigen Agenten. Nach dessen Urteil richte ich mich – er kennt Sie seit Jahren und weiß, was Sie können.«

Damit war er einverstanden, und ich legte seinen Vertragsentwurf (nachdem ich ihn sorgfältig gelesen hatte) seinem Chef vor.

»Eisenbach hat schon lange Zeit diesen Plan«, sagte Trzciński. »Ich verliere an ihm einen sehr guten Mann, aber ich rate Ihnen: Nehmen Sie ihn, er ist unbezahlbar.«

Eisenbach und ich schlossen daraufhin einen auf drei Jahre befristeten Vertrag. Er fing sofort mit der Arbeit an, und die Ergebnisse ließen nicht auf sich warten. Die von ihm in Lwów kontrollierten

Konzerte waren ertragreicher, er vereinbarte einige Klavierabende in Galizien zu höherem Honorar, und seine lebhafte Korrespondenz mit den Russischen Musikgesellschaften erbrachte eine hübsche Konzertreise durch Rußland einschließlich St. Petersburg. Er druckte und verschickte einen ansprechenden Prospekt, der nicht nur mein Bild enthielt, sondern auch Auszüge aus Kritiken. Während des Herbstes hielt er mich von früh bis spät auf Trab. Die Konzerte in Rußland waren große Erfolge, besonders in Kiew, wo meine guten Freunde mich herzlich einluden. Als ich in Petersburg konzertierte, waren auch Dawydows dort und schleppten mich auf alle möglichen Gesellschaften. Wir frühstückten sogar im Winterpalast (der Zar war nicht anwesend) als Gäste des kommandierenden Generals. Nach einer herrlichen Aufführung von »Eugen Onegin« in der Marjinski-Oper gab die Baronin Uexküll-Gilenband, die ich von Kiew her kannte, einen großen Empfang für Hunderte von Menschen in allen fünf oder sechs Prunkräumen ihres prächtigen Palastes. Auf dem Weg zum Buffet bemerkte ich einen riesigen Mönch, der auf einem Taburett saß, umgeben von einer ganzen Menge Leute, seinen Zuhörern. Ich nahm an, es handele sich um den entsprungenen Mönch Iliodore, der eine Flugschrift gegen die Synode abgefaßt hatte und in gewissen Petersburger Salons gerne gesehen war. Mit seinem verdreckten Haar und dem filzigen Bart wirkte er so abstoßend, daß ich nicht stehen blieb. Dimitry Dawydow sagte mir später auf dem Heimweg: »Das war Rasputin, er übt einen gefährlichen Einfluß aus auf den Zaren und die Zarina.« Heute bedauere ich, daß ich ihn mir nicht näher angesehen habe.

Um Weihnachten verbrachte ich mehrere Wochen in Warschau und machte mit Eisenbach neue Pläne, denn außer zwei Konzerten in Rom hatte ich keinerlei Termine. Nach dem verheißungsvollen Beginn vom vergangenen Jahr wären Konzerte in Wien, Berlin und London unabdingbar gewesen. Es fehlte uns aber an den dafür erforderlichen sehr beträchtlichen Mitteln. Nach eingehender Prüfung gelangten wir zu dem Ergebnis, daß ich zwei Konzerte in Wien riskieren durfte. London mit Chester kam überhaupt nicht in Frage, da mußte ich einen anderen Agenten auftreiben.

Wir reisten also nach Wien, und Eisenbach bereitete zwei Klavierabende im Musikvereinssaal vor, während ich weiterfuhr nach Rom. Das Konzert im Augusteo war gut besucht, ich hatte auch viel Beifall, doch mein jämmerliches Honorar deckte kaum die Reisekosten. Von meinen ›bedeutenden‹ Bekannten war keiner in der Stadt, und so fehlte die Gelegenheit zu einem kleinen profitablen Privatkonzert. »Im Winter gehen die Leute Skilaufen oder sie erholen sich an der Riviera«, klärte Graf San Martino mich auf.

Ich blieb also nur wenige Tage in Rom, eine knappe Woche in Venedig, und fuhr dann nach Wien zurück. Eisenbach empfing mich am Bahnhof und äußerte sich etwas pessimistisch über unsere Aussichten.

»Zugleich mit unserem ersten Konzert findet ein großer Ball statt, und am Abend des zweiten Konzertes gibt es in der Oper eine Galapremiere.«

Das entmutigte mich nun gar nicht. Ich habe unterdessen gelernt, daß alle Konzertagenten, die mit dem Kartenabsatz Schwierigkeiten haben, einleuchtende Gründe dafür zu nennen wissen; entweder hat der Bürgermeister Geburtstag, oder es findet eine patriotische Feier statt, vielleicht herrscht auch eine Grippeepidemie. Wer wirklich ein Konzert hören will, läßt sich davon weder durch Revolution noch Krieg oder einen Generalstreik abhalten. Herr von Sachs bat mich zum Tee; Mrs. Bergheim werde vielleicht anwesend sein. Als ich ihn vom Hotel Kranz aus anrief, hörte ich, daß unsere Freundin bereits wieder in Wien war und bei McGarveys wohnte. Ich meldete mich dort gleich, und Mrs. Bergheim freute sich, meine Stimme zu hören. Sie machte mich sozusagen per Telefon mit ihrer Nichte bekannt, die mich für den folgenden Tag zum Essen bat. »Tante Clara hat uns so viel von Ihnen erzählt!« versicherte sie mir.

Fred und Madge McGarvey hatten einen Steinwurf von Godowskis entfernt eine geräumige Wohnung am Arenberg-Platz. Sie waren allein, als ich in den Salon geführt wurde. »Meine Tante wird gleich hier sein, aber wir können auch ohne sie zu plaudern anfangen. Sie sind uns gut bekannt aus Tantes Erzählungen, und wir freuen uns, Sie endlich kennenzulernen.«

Ich fühlte mich hier gleich zu Hause, und als Mrs. Bergheim hereinkam, schwatzten wir drei bereits wie gute alte Freunde. Die alte Dame schien sich von ihrem Unfallschock völlig erholt zu haben, denn sie war ganz unverändert. Sie umarmte mich. »Wie schön, daß ich Sie wiedersehe, Arthur«, und dann leiser: »Sie erinnern mich so an ihn.« Sie begann zu weinen, und ich war tief gerührt.

Bei Tische unterhielten wir uns angeregt über Musik. Fred und Madge waren beide musikalisch; ihre Vorliebe galt dem Klavier. Daß ich in Wien konzertieren wollte, fanden sie ungemein aufregend.

»Und wann kommen Sie nach London?« fragte Mrs. Bergheim. »Sie erinnern sich hoffentlich noch an Ihr Versprechen, bei uns zu wohnen?«

»Dieses Jahr wird wohl nichts daraus, ich habe kein Engagement in London bekommen.«

Mrs. Bergheim schaute sehr erstaunt drein. »Aber ... ich dachte, alles sei vorbereitet? Johnny sagte ausdrücklich, er werde sich darum kümmern. Warum wollen Sie plötzlich nicht mehr?«

Ich erklärte es ihr mit meinem übersprudelnden Redeschwall, und nach einer halben Stunde kannten sie und McGarveys alle Einzelheiten. Mrs. Bergheim wollte unbedingt Eisenbach kennenlernen. »Ist er nun Ihr Sekretär oder Ihr Impresario?«

»Er ist beides.«

Die Unterredung mit Eisenbach kam noch am selben Nachmittag zustande und Mrs. Bergheim hörte sich seine Pläne an. Sie räumte ihm einen Kredit bis zu 1500 Pfund ein, und Fred McGarvey stellte ihm noch 500 Pfund zur Verfügung. Damit sollten meine Konzerte in London, Wien, Berlin und an anderen bedeutenden Plätzen finanziert werden, und Eisenbach sollte in regelmäßigen Abständen Rechnung legen.

Rudolf berichtete mir von diesem Sieg mit einer Miene, die Napoleon nach Austerlitz wohl angestanden hätte. Mrs. Bergheim wies alle meine Dankesbezeigungen zurück. »Ich habe ganz im Sinne von Johnny gehandelt.« Und als ich mich bei Fred bedanken wollte, legte er mir die Hand auf die Schulter und sagte: »Mein lieber Freund, ich verdanke Polen mein Vermögen, und Ihnen danke ich die Möglichkeit, mich wenigstens ein bißchen zu revanchieren.«

Beide Konzerte in Wien verliefen zu meiner Zufriedenheit. Am ersten Abend spielte ich Beethovens »Hammerklaviersonate«, diesen Stolperstein für arglose Pianisten. Es ist schwer, während des ausgedehnten majestätischen Adagio die Aufmerksamkeit der Zuhörer zu fesseln, doch scheint es mir an jenem Abend gelungen zu sein. Für den zweiten Abend hatte ich ein gängigeres Programm gewählt. Nach etwas Bach und Chopin spielte ich die gewohnten Zugstücke.

Das erste Konzert hatte ein Loch in unsere Bestände gerissen, die Einnahmen des zweiten deckten aber beinahe die Auslagen.

Godowski besuchte beide Konzerte und lobte meine »Hammerklaviersonate«. »Aber Sie müssen üben, üben!«

Glücklicherweise führte jetzt Dagmar zwischen Karol und mir eine Versöhnung herbei. Wir trafen uns bei Demel und lachten nur noch über unseren kindischen Streit, und von diesem Tage an fiel kein Schatten mehr auf unsere Freundschaft bis zu Karols vorzeitigem Tod.

»Wie kommst du denn mit Ficio zurecht?« fragte ich ihn.

»Sprich nur nicht den Namen dieser schamlosen Kreatur aus!«

»Hat er dir etwas getan?« fragte ich neugierig.

Karol legte einen Finger an die Nase und zischte aufs äußerste entrüstet: »Stell dir vor, Arthur, dieses Biest bringt in meiner Abwesenheit ein Frauenzimmer in die Wohnung und schläft mit ihr auf meinem Bett – unter dem Bild meiner Mutter! Unter dem Bild meiner eigenen Mutter!! Umbringen hätte ich ihn sollen – wahrhaftig!«

Ich mußte kichern, und gleich fiel mir ein, daß sich aus genau dem gleichen Grund Chopin und Liszt verkracht hatten. Immerhin war es mir ganz recht, daß Karol den ›echten‹ Fitelberg zu sehen bekommen hatte.

Eisenbach veranstaltete einen Klavierabend für mich in Berlin in der alten Singakademie – dort hatte ich Joachim und Hausmann mit der Meininger Hofkapelle das Doppelkonzert von Brahms unter dem Dirigenten Fritz Steinbach spielen gehört. Ich empfand es als Ehre, in diesem ehrwürdigen Gebäude auftreten zu dürfen.

In Berlin erwartete mich eine erfreuliche Überraschung. Emma Engelmann, die ihren Mann verloren hatte und nun mit dem Sohn Hans am Kurfürstendamm wohnte, lud mich ein, während meines Aufenthaltes bei ihr zu wohnen. Ich nahm dankbar an. So erwartete uns denn Hans, nun ein großer dicklicher Mensch, strahlend am Bahnhof und brachte uns zu der neuen Wohnung. Rudolf nahm in der Nähe ein Hotelzimmer. Frau Engelmann war so gut wie unverändert, immer noch agil, klein, rundlich. Beim Frühstück gab es viel zu erzählen, besonders von musikalischen Ereignissen, und ich fühlte mich in der vertrauten Atmosphäre sogleich heimisch.

Das Konzert ging gut, das nicht allzu zahlreich erschienene Publikum bestand aus Kennern. Ich spielte sehr sorgsam und präzis, aber ohne meinen üblichen Aplomb. Berlin dämpfte immer wieder meinen angeborenen Enthusiasmus, es war, als stünde ich noch unter dem Bann der alten Tage mit Barth. Übrigens hörte Barth sich das Konzert an und schrieb mir einen Brief voller Beanstandungen; allerdings lobte er mein Chopinspiel. In seinem Brief fand sich kein Anhaltspunkt dafür, daß er sich dem Wesen der Musik auch nur um Millimeter angenähert hatte; nichts als Ratschläge für die Meisterung einzelner technischer Schwierigkeiten.

Frau Engelmann spielte einen ganzen Nachmittag hindurch Quartette von Beethoven und Schubert in der Bearbeitung für Klavier zu vier Händen mit mir, und das war himmlisch. Ich habe jenen Nachmittag als den Glanzpunkt meines Berliner Aufenthaltes in Erinnerung.

Rudolf und ich fuhren sodann nach Krakau, wo er für sich privat einiges zu erledigen hatte, während ich in Galizien zwei Konzerte gab, eines in Czernowitz, einer wohlhabenden Industriestadt nahe der rumänischen Grenze. Die Bewohner nannten ihre Stadt gerne das Wien des Ostens. Am Bahnhof erwartete mich ein alter Herr, dessen Namen ich vergessen habe. »Ich habe Sie engagiert«, sagte er. Als ich ihm unterwegs wegen meines Flügels auf den Zahn fühlte, sagte er etwas arrogant: »Mein Junge, Sie können stolz darauf sein, daß Sie in Czernowitz auftreten dürfen. Meine Abonnenten sind tonangebend in der Stadt, sie übertreffen an Eleganz jedes Wiener Publikum.«

Das hörte sich imponierend an, doch blieb ich mißtrauisch. Der Saal war hübsch proportioniert und gut gehalten, die Akustik perfekt und das Instrument ein sehr brauchbarer Bösendorfer. Ein Umstand allerdings gefiel mir gar nicht; eine Wand bestand aus zehn Türen, die unmittelbar auf die Straße führten. Der Gedanke, während des Vortrages schutzlos dem Straßenlärm ausgesetzt zu sein, war mir unbehaglich, ich war an Säle gewöhnt, die gegen solche Störungen besser abgeschirmt wurden.

Tatsächlich sah das versammelte Konzertpublikum eindrucksvoll aus. Die Zuhörer waren in großer Toilette erschienen – wie zum Hofball, nicht wie zu einem schlichten Konzert. Der Veranstalter hatte recht: es war wirklich das prächtigste, aber auch das indifferenteste und blutloseste Publikum, vor dem ich je gespielt habe. Nach jedem Stück – und ich spielte gut! – hörte man behandschuhte

Finger zwei-, dreimal gedämpft aneinander klopfen, und dieses Geräusch war bereits erstorben, noch ehe ich mich verbeugen konnte. Kein Wunder also, daß ich das Programm abzukürzen entschlossen war. Nach dem letzten Akkord beglückten mich die Zuhörer mit drei weiteren gedämpften Klapsen und erhoben sich. Nun wurden die Türen geöffnet, und kalter Wind blies in den Saal. Ich war bereits im Künstlerzimmer und schon in Hut und Mantel, als ich echten Applaus vernahm. Ich schaute vorsichtig in den Saal, und siehe da, dort standen die Leute im Mantel und klatschten wie wild.

»Aha«, dachte ich ergrimmt, »geklatscht wird hier bloß um Zugaben. Aber denen wirst du jetzt eine Lehre erteilen.« Ich trat nach vorne und verbeugte mich – eisig und würdevoll. Der Beifall schwoll an. Ich verbeugte mich noch zwei-, dreimal, und schließlich mußte ich schmunzeln. Jetzt rief man: »Bravo! Bis! Bravo!« – Rufe, denen kein Künstler widerstehen kann, und ich spielte denn auch eine Zugabe. Als ich fertig war, prasselte der Beifall los. Ich mußte noch drei weitere Zugaben spielen, und am Ende genoß ich meinen Erfolg.

Der Veranstalter saß während dieses ganzen Abends nur still im Künstlerzimmer, anfangs durchaus zufrieden mit mir und dem Publikum. Der laute Beifall machte ihn jedoch unruhig, und ich hörte ihn murmeln: »Das muß aufhören! Unbedingt! Ich kann es nicht länger ertragen! Schluß jetzt!« Er wurde immer wütender, schließlich trommelte er mit den Fäusten auf den Tisch und schrie: »Ich hole die Polizei! Ich hole die Polizei!«

»Was ist denn?« fragte ich hilfsbereit, »fehlt Ihnen etwas?«

»Nein«, sagte er ergeben, »es hat keinen Zweck. Nichts kann Sie daran hindern, Zugaben zu spielen.«

Das war zuviel. »Was haben meine Zugaben mit Ihrem Wutanfall zu tun?«

Darauf erwiderte er mit zittriger Stimme: »Schuld sind diese verdammten Türen. Wenn mein Publikum am Ende des Konzertes hinausströmt, drängen sich gleichzeitig Hunderte von Landstreichern und Herumtreibern herein, die bis dahin auf der Straße gewartet haben; sie klatschen wie wild, und der Solist veranstaltet, ohne es zu wissen, ein Gratiskonzert – ich kann es nicht verhindern.« Er ließ sich seufzend nieder. Ich tröstete ihn mit ein paar Worten, nahm mir aber vor, künftig in Czernowiz nur noch für die ›Landstreicher‹ zu spielen.

Nach Wien zurückgekehrt, war ich häufig mit McGarveys zusammen, die mich in jeder Weise förderten; ich durfte auch auf ihrem Flügel üben, der besser war als das Klavier im Hotel. Mrs. Bergheim war bereits nach London abgereist.

Mein Repertoire mußte unbedingt erweitert werden. In weniger als zwei Wochen eignete ich mir zwei große Beethoven-Sonaten, kurze Kompositionen von Brahms und Schumann sowie die große Sonate in h-Moll von Chopin an. Wie schon früher und noch auf Jahre hinaus nahm ich mich solcher Kompositionen in einer recht eigenartigen Weise an: Immer erfaßte ich die Struktur einer Komposition, und immer konnte ich mich in die Absichten des Komponisten einfühlen, doch die Genauigkeit im Detail und eine aufs höchste geschliffene Wiedergabe schwieriger Passagen vernachlässigte ich oft. Ich legte damals alles Gewicht auf den Gehalt der Komposition.

Effenberger war unterdessen von seinen Wunden und von seiner Neigung zu Maria genesen, er hatte seinen illegalen Katalog vollendet und war nun wieder ein reizender, gescheiter Gesellschafter, der über alles Sehens-, Hörens- und Lesenswerte Bescheid wußte. Ihm verdanke ich die Bekanntschaft mit den frühen Romanen von Thomas Mann, den Gedichten von Rilke und der jungen österreichischen Musik.

Karol zeigte mir Skizzen zu einem Klavierkonzert, das er für mich zu schreiben beabsichtigte, doch hat er sie später in seinem Paul Kochanski gewidmeten Violinkonzert verwendet. Zum Ausgleich dafür widmete er mir später die schöne Concertante Symphonie für Klavier und Orchester.

Den »Rosenkavalier« hörten wir mit Lotte Lehmann und Elisabeth Schumann, deren Stimmen herrlich zusammenklangen. Höhepunkt der Saison war jedoch die Aufführung des Doppelkonzertes von Brahms durch Ysaye und Casals. Weil es keine Karten mehr gab, mußte ich hinter einem Baßgeiger stehen, doch beeinträchtigte die Unbequemlichkeit keinen Moment die Freude, die mir diese unvergeßliche Aufführung bereitete.

Kapitel 71

Nach einer langen, ermüdenden Reise trafen Rudolf und ich an einem sonnigen Vormittag zu Beginn der Saison von Wien kommend in London ein. Mrs. Bergheim hatte den Chauffeur an den Bahnhof geschickt, und er steuerte uns durch das städtische Gewimmel zu dem entlegenen, friedlichen Belsize Park. Hier hieß die alte Dame mich mit der für sie so bezeichnenden herzlichen Schlichtheit willkommen.

»Ich hoffe, Sie fühlen sich hier wohl. Nina und Peter haben die Zimmer nebenan, Sie brauchen sich also nicht verlassen zu fühlen. Falls Sie etwas brauchen, klingeln Sie Wiggins, die kümmert sich um alles.«

Bald schon kam es mir vor, als hätte ich schon immer da gewohnt. Wiggins packte meinen Koffer aus, sie hängte meine Sachen auf und nahm mit, was gebügelt werden mußte, alles lautlos und geschickt. Der Chauffeur brachte unterdessen Eisenbacher zu einem Zimmer, das Mrs. Bergheim für ihn in einem nahen Hotel reserviert hatte.

Beim Essen traf ich auch die beiden anderen Mitbewohner. Nina Bergheim war groß und schlank, Ende zwanzig, scheu und liebenswert und ihrer Tante eine große Hilfe, leider hatte sie aber ein so nichtssagendes Gesicht, daß ich sie auf der Straße einfach übersehen hätte. Ihr Bruder Peter war Geschäftsmann in verantwortlicher Stellung bei einer Stahlfirma. Jude und wie sein Onkel in Jerusalem geboren, mühte er sich, englischer zu sein als die Engländer, was sich in kaltem und distanziertem Betragen äußerte. Später hat er gar seinen Namen abgelegt.

Ich verbrachte eine ruhige Woche in dem stillen Haus, wo der Tageslauf sich auf die Minute pünktlich abwickelte. Nach dem Frühstück bat Mrs. Bergheim mich in ihr Boudoir und las mir einen Teil ihrer Post vor; dies war gewiß ein Ritual, das sie früher mit ihrem Mann eingehalten hatte. Danach konnte ich ungestört üben.

Eisenbach legte die Daten für meine beiden Konzerte in der Bechstein Hall fest: Ende Mai und Juni. Zum örtlichen Agenten hatte er sich Daniel Meyer gewählt, einen vertrauenswürdigen Mann, der viele Künstler vertrat. Schlimmer als der alte Chester konnte er nicht sein.

Paul Draper bat mich in einem langen Brief abends zu sich. »Wir machen nach dem Essen Musik«, schrieb er. Selbstverständlich sagte ich zu. Drapers wohnten nicht mehr in ihrem reizenden Haus in Kensington, sondern in Edith Grove 19, einer kurzen, eher abschrekkenden Gasse in einem recht trostlosen Viertel. Muriel Draper hatte es aber verstanden, das banale, unscheinbare Haus in eine höchst heimelige Wohnung zu verwandeln.

Das Haus hatte hinten einen Anbau, der zu Gott weiß welchen Zwecken gedient haben mochte; ihn räumte Muriel bis auf die nackten Mauern aus, brach vom Haus aus eine Tür durch und baute eine Treppe. Sie gewann so ein geräumiges, sogar schön proportioniertes Studio mit einem mächtigen offenen Kamin. An der einen Wand stand der große Konzertflügel von Bechstein samt einigen Notenständern und Notenregalen, gegenüber ein breites Sofa, ein übergroßer Lehnstuhl und zwei lange Renaissancetische. Den Kaminsims deckte eine alte gotische Tapisserie. Die Decke wurde von dunklen Balken getragen; das Ganze erinnerte an einen Saal in einem florentinischen Palast und besaß die Kraft, bedeutende Musiker magnetisch anzuziehen.

Als ich zum ersten Mal vor diesem verzauberten Raum stand, hörte ich das Thema des zweiten Satzes aus dem F-Dur Quartett Opus 59 No. 1 von Beethoven. Nie ist Schöneres komponiert worden. Paul Draper führte mich hinein, und wir setzten uns auf die Treppenstufen, um die Musiker nicht zu stören. Ich hatte eine soirée musicale erwartet und sah nun mit Vergnügen, daß hier höchstens sechs oder sieben Leute angespannt dieser stolz resignierten Musik zuhörten. Als das Finale nach russischen Motiven zu Ende war, sagte ich Muriel und den anderen Gästen guten Abend, von denen drei Spanier waren: Enrique Fernández Arbós, Geiger und Dirigent; Agustín Rubio, Cellist und, wie Arbós, Lehrer an der Königlichen Musikhochschule; sowie Pedro Morales, Bratschist. Ferner waren da: Eugene Goossens, ein junger Geiger und Komponist belgischer Abkunft, der später als Dirigent berühmt wurde; eine anonyme Dame und der Maler John Sargent, ein leidenschaftlicher Musikliebhaber, wie ich entdeckte.

Das Londoner Streichquartett mit dem jungen brillanten Albert Sammons als Primgeiger war auf dem Wege, das beste Ensemble dieser Art zu werden. Die vier Solisten baten mich nun, mit ihnen Quintett zu spielen. »Ja, doch«, rief Muriel, »Arthur wird mit euch spielen, aber erst wird gegessen!«

Wir folgten ihr nach oben in das kleine Speisezimmer, wo kalter Hummer, Champagner, Obst, Käse und Nachspeisen uns erwarteten. Angeregt plaudernd und speisend lernten wir uns rasch näher kennen. Arbós erzählte Anekdoten, über die wir Tränen lachten. Ich unterhielt mich mit John Sargent über Joseph Joachim, dessen Portrait er gemalt hatte und den er bewunderte. Nach der letzten Tasse Kaffee gingen wir frohgemut wieder hinunter in das Studio und begannen das Quintett in f-Moll von Brahms. Ich mußte meinen Part vom Blatt spielen, doch kannte ich die Bearbeitung des Quintettes für Klavier zu vier Händen, die hatte ich oft genug gespielt. Allerdings erwies die Originalfassung sich als recht verzwickt, und ich hielt mich daher anfangs mit großer Behutsamkeit zurück. Sammons und seine Kollegen spielten jedoch so kraftvoll und zugleich sensibel, daß ich schon bald alle Bedenken ablegte. Unsere Zuhörer belohnten uns mit herzlichem Applaus. Wir wollten uns schon nach Art aller Musiker in eine endlose Erörterung von Details der eben gespielten Komposition verlieren, als Muriel uns mit dem Befehl: »Und jetzt, bitte, den Schumann!« zu neuen Taten rief. Wir gehorchten. Das Quintett von Schumann, dieses Juwel der Kammermusik, gab mir Gelegenheit, meine angeborene Begabung für das Ensemblespiel in noch besserem Lichte zu zeigen. Es bietet dem prima vista-Spieler weniger Schwierigkeiten als das Brahms-Quintett, folglich vertiefte ich mich mit freudigem Eifer in dieses Werk, und der Beifall war denn auch entsprechend. Ich war wie berauscht von Musik, ich wandte mich von den Quartettspielern ab, die jetzt Ruhe brauchten, und forderte statt dessen Goossens und Rubio auf. »Bitte, bitte, lassen Sie uns ein Trio von Schubert spielen!« Erst lehnten sie ab, doch als ich sie fast mit Gewalt an ihre Instrumente zerrte, gaben sie nach, und wir spielten das großartige Trio in B-Dur. Die Trios waren mir ganz vertraut, ich hatte sie Dutzende von Malen mit Paul Kochanski und seinem Bruder gespielt, daher hatte unser Vortrag denn auch Konzertniveau. Die Schönheit der Musik regte unseren Appetit an, und wir gingen ohne Pause zu Schuberts anderem Klaviertrio über, dem in Es-Dur, das uns noch besser gelang als das erste. Als wir endlich gesättigt und müde aufstanden, durchaus bereit, jetzt heimzugehen, verkündete Muriel mit einer Miene, die keinen Widerspruch zuließ: »Und jetzt singt Paul ein paar Lieder aus der ›Winterreise‹.«

Und Paul sang, von mir begleitet, fast die ganze »Winterreise« mit seiner kleinen, doch kultivierten Stimme und starkem Ausdruck. Er hörte dann auf, ich aber spielte meine Lieblingslieder von Brahms, Schumann, Hugo Wolf und anderen – einfach alles, was mir in den Sinn kam, und nach dieser musikalischen Orgie war es endgültig Zeit, heimzugehen.

»Kommt noch auf einen Happen nach oben«, sagte Muriel, »ihr müßt doch Hunger haben.« Wirklich, wir waren zu unserer Überraschung hungrig. Der »Happen« erwies sich als kräftige Mahlzeit, bestehend aus Rührei, kaltem Fleisch, Käse und Kaffee. Schließlich verabschiedeten wir uns lachend und scherzend. Von da an war das Drapersche Studio ein Tempel des Musizierens, eines Musizierens, wie die Welt es vordem nie gehört hat. Es ist mir als die äußerste musikalische Euphorie meines Lebens im Gedächtnis geblieben.

Tags darauf, als ich erst gegen Mittag aufwachte, fragte mich Mrs. Bergheim beim Lunch: »Waren Sie tanzen gestern abend? Ich habe Sie spät heimkommen gehört.«

Ich berichtete ihr, wo ich gewesen war, und die alte Dame zeigte sich sehr verwirrt. »Das ist ja schändlich! Man kann doch seine Gäste nicht einfach zum Spielen kommandieren! Und gegessen wurde zweimal? Das sind wohl sehr reiche Leute.«

»Ich glaube nicht, aber gewiß veranstalten sie noch öfter solche Abende, und ich würde Sie gerne einmal mitnehmen.«

Arme Mrs. Bergheim! Erst nach langer Zeit begriff sie, was diese Abende für mich bedeuteten. Zum Ausgleich ließ ich mir aber nach wie vor die Post von ihr vorlesen.

Der Mai 1913 verging wie ein Traum, mit Gesellschaften, Theaterbesuchen, großen Konzerten und kleineren; oft waren sie anregend, gelegentlich amüsant, immer aber interessant. Die musikalischen Abende bei Drapers jedoch waren inspirierend im besten Sinne des Wortes. Alle, die daran teilnahmen, ob als Zuhörer oder Mitwirkende, wurden unschätzbar bereichert, weil sie miterlebten, wie Musiker sich mühten, ihrer Kunst den reinsten Ausdruck zu verschaffen.

Die nächste Zusammenkunft bei Drapers ergab sich ganz zufällig. Nach dem Konzert von Jacques Thibaud in der Queen's Hall gingen Drapers, ich und noch andere Musiker, die von Jacques' Spiel sehr ergriffen waren, in den Green Room, ihm zu danken. »Kommt alle zum Essen zu uns«, sagte Muriel in ihrem entschiedenen Ton, »und« (zu den anderen Musikern) »bringt eure Instrumente mit. Jacques und Arthur wollen bestimmt noch spielen.«

»Mais avec joie, ma chère«, beteuerte Thibaud, der auch früher schon bei ihnen musiziert hatte. Drapers, er und ich nahmen ein Taxi und kamen vor den anderen an. Der Tisch war bereits gedeckt, Muriel hatte das Essen im Savoy Grill telefonisch bestellt. An diesem Abend lernte ich Lionel Tertis kennen.

»Mein Freund, ein Bratschist«, stellte Albert Sammons einen kleinen Mann Mitte dreißig vor, der sehr bescheiden und gütig durch seine Brillengläser lächelte. Ein buschiger blonder Schnurrbart verbarg den unteren Teil seines Gesichtes.

»Kommt essen!« rief Muriel und klatschte in die Hände, worauf die hungrige Meute sich auf die Herrlichkeiten vom Savoy Grill stürzte und alles verschlang. Als der Lärm am Tisch sich gelegt hatte, gab Thibaud die Weisung: »Auf, Jungen, jetzt spielen wir ein bißchen Quartett!«

Paul stellte die Pulte zurecht, und Jacques, Sammons, Tertis und Rubio begannen mit dem Quartett von Debussy. Mir fiel sofort auf, daß zu diesem Ensemble ein neues Element hinzugetreten war, ein sonorer Klang, den ich zuvor nicht gehört hatte: das war der kraftvolle, singende, beseelte Ton der Bratsche von Lionel Tertis. Er war einer der größten Künstler, die zu hören ich das Glück gehabt habe, und unsere enge, lebenslange Freundschaft datiert von jenem Abend her.

Nach dem Debussy spielte ich mit Tertis, Thibaud und Rubio das Klavierquartett in c-Moll von Brahms. Immer noch höre ich Tertis' Solo im ersten Satz. Es war ein herrlicher Musikabend.

Daniel Meyer traf die Vorbereitungen zu meinem ersten Konzert sehr umsichtig; es war nicht ausverkauft, aber gut besucht. Ich spielte erstmals einige Stücke meines neuen Repertoires, nicht ohne Bedenken, doch Anwesenheit und Beifall meiner Freunde und Kollegen halfen mir durchhalten. Während der Pause konnten Meyer und Eisenbach mir die freudige Nachricht bringen, daß Sir Henry Wood mich aufgefordert hatte, im Juli mit seinem Orchester zu konzertieren – endlich war ein lange gehegter Wunsch in Erfüllung gegangen!

Der Klavierabend endete mit der umjubelten Polonaise in As-Dur von Chopin und den unvermeidlichen Zugaben.

Muriel Draper wählte nach dem Konzert im Künstlerzimmer sehr geschickt die richtigen Leute für den anschließenden musikalischen Abend, den sie wohl vorbereitet hatte. Das mochte eine gute Gelegenheit sein, Mrs. Bergheim an einem Draperschen Abend teilnehmen zu lassen. »Darf ich Mrs. Bergheim mitbringen?« fragte ich, und sie erwiderte in ihrer männlichen schroffen Art: »Wenn es unbedingt sein muß.« Das störte mich gar nicht, und ich lud die alte Dame in Muriels Namen ein.

Das Souper war erlesen, es gab reichlich Hummer, und der Champagner floß in Strömen. Außer Mrs. Bergheim waren an jenem Abend noch ein paar andere Gäste geladen: John Sargent, John Warner (er hatte mit Paul in Harvard das Zimmer geteilt), ein Pianist, der auch Organist war, sowie drei hinreißend schöne junge Amerikanerinnen, die Schwestern Sarah, Hoyty und Olga Wiborg. Alle Musiker hatten ihre Instrumente mitgebracht, das gehörte unterdessen zur Hausordnung.

Der musikalische Teil begann mit dem Quintett von Schumann, bei dem Thibaud und Tertis wahre Wunder verrichteten, gefolgt von der Sonate von Franck, die Jacques und ich vortrugen. Zu unserer Freude erschien auch der kleine vierjährige, rothaarige Paul Draper im Schlafanzug, um zuzuhören. Seine Mutter brachte ihn nach einem Weilchen zu Bett. Das Sextett für Streicher in G-Dur Opus 36 von Brahms spielten später noch Sammons und Goossens (Violine), Tertis und Gertrud Bauer, die Schwester des Pianisten Harold Bauer (Bratsche), und Rubio und May Mukle, ein Neuzugang (Cello). Ein herrliches Werk, herrlich dargeboten.

Es folgte ein Imbiß, und auf diesen ein zauberhaftes Zwischenspiel. Die Schwestern Wiborg baten, ich möge sie im Terzett der Rheintöchter aus Wagners »Götterdämmerung« begleiten, das sie mit ihren frischen jungen Stimmen wunderbar sangen. Davon angeregt, hielt mich Paul am Klavier fest und sang »Ich grolle nicht« von Schumann und Schuberts »Erlkönig«. Mrs. Bergheim mit ihren viktorianischen Grundsätzen war anfangs schockiert über den Verlauf des Abends, weil es hier so wenig förmlich herging. Muriels schroffe, herausfordernde Art, ihre sarkastischen Bemerkungen und ihr lautes Lachen verletzten Mrs. Bergheims bürgerliche Vorstellungen. Als aber nach dem Essen der Zauber des Raumes und die Schönheit der Musik, die mit einem ihr bisher ungewohnten Vergnügen ausgeführt und angehört wurde, sich durchsetzten, geriet auch sie unter den Bann dieses Hauses. Auf dem Heimweg schwärmte sie unermüdlich davon.

Von jenem Abend an lebte ich halb in Edith Grove, halb in Belsize Park, eine rechte Anstrengung – die große Entfernung, die sich mit Bussen und Taxis nur unter Inkaufnahme langer Wartezeiten überwinden ließ, zehrte an meinen Nerven. So bedeutete das Eintreffen von Paul und Zosia Kochanski eine wahre Erlösung für mich. Wenn die Londoner Saison Anfang Juni ihrem Höhepunkt zustrebte, strömten die meisten Künstler herbei, denn im übrigen Europa herrschte allgemein Sommerpause. Drapers erkannten in Paul Kochanski sogleich einen wertvollen Zugewinn für ihre musikalischen Abende, und sowohl er als auch Zosia fühlten sich bei Drapers wie bei Bergheims zu Hause.

Mein zweiter Klavierabend zeitigte nicht die von mir erhofften Resultate, obschon er gut besucht und mein Spiel gut aufgenommen wurde. Er ging einfach unter in einer Lawine von Konzerten, die von den etablierten Lieblingen des englischen Konzertpublikums gegeben wurden; Paderewski, Ysaye, Casals und Kreisler füllten die Queen's Hall zum Bersten; Caruso, die Melba und die Destinn feierten Triumphe in Covent Garten. Außerdem begeisterten sich die Leute für Uraufführungen eines Theaterstücks von Shaw, James Barrie oder John Galsworthy. Schließlich wurde für Juli noch ein Gastspiel von Diaghilews Russischem Ballett angekündigt. Paul, Zosia und ich machten eifrig von diesem überreichen Angebot Gebrauch, gelegentlich auf guten Plätzen, häufiger auf Stehplätzen.

Bei Drapers musizierten wir weiter wie zuvor – genau gesagt, begann jetzt eine neue Ära. Musiker, die von unseren Zusammenkünften gehört hatten, baten, mitwirken zu dürfen, und Snobs, denen der Gedanke unerträglich war, sie könnten irgendwo keinen Zugang haben, drängten herbei. In diesem Punkt allerdings blieb Muriel unerbittlich: ausübende Künstler waren stets willkommen, doch als Zuhörer ließ sie nur bedeutende Leute zu, etwa Sargent, Henry James, Norman Douglas. Hatte sie die Ehefrauen von Musikern dazu bitten müssen, dann machte sie ihnen oben im Hause ein gemütliches Eckchen zurecht, da mochten sie dann plaudern, ohne die Musik zu stören. Obwohl sie sich häufig mit Zosia stritt, kamen die beiden gut miteinander aus.

Ich erinnere mich an den Abend, als Rubio zum ersten Mal Casals zu Drapers brachte. Im Studio wurde ein Mozart-Quartett gespielt, und wir übrigen saßen gerade beim Souper. Pablo stand noch unter der Haustür, als er schon fragte: »Wer spielt die Bratsche?«, weil ihm auf diese große Entfernung der Ton von Lionel Tertis auffiel! Beide Künstler empfanden es als Glück, einander zu begegnen. Merkwürdig übrigens: Beide sind am selben Tag im selben Jahr geboren und sind, während ich dies niederschreibe, beide im reifen Alter von 96 Jahren noch gesund und munter.

Für Paul Kochanski und mich war es segensreich, so häufig im Jahre 1913 mit diesen musikalischen Größen Kammermusik zu spielen. Rubio verehrte Casals, den er nur »Pablissimo« nannte, dabei war er selber eine bemerkenswerte Persönlichkeit. Der Sechzigjährige mit der hohen, straffen Gestalt, dem breiten grauen Bart, der Lokkenpracht und der starken Nase und den von Zuversicht und Leidenschaft blitzenden blauen Augen hätte Michelangelo sehr wohl als Modell für seinen Moses dienen können.

An jenem ersten Abend mit Casals hörte ich auch zum ersten Mal Schuberts Streichquintett mit zwei Celli, vorgetragen von Thibaud, Paul, Tertis, Casals und Rubio. Was ich beim Anhören dieses Werkes empfand, kann ich nicht beschreiben, ich kann nur sagen: seit jenem Abend wünsche ich mir, in meiner Todesstunde sein himmlisches Adagio voller Frieden und Resignation im realen Klang oder mit meinem inneren Gehör zu vernehmen.

Zurück zu meiner Karriere. Daniel Meyer erwirkte zwei Engagements in Privathäusern, das erste bei Lord und Lady Esher, das zweite bei Sir Otto Beit, einem südafrikanischen Millionär, in dessen prachtvollem Haus am Belgrave Square. Musikalische Empfänge waren in England förmlicher als die soirées musicales in Paris; sie galten als regelrechte Konzerte, nur waren sie nicht öffentlich. Ein bißchen Snobismus gehörte auch dazu. Da fällt mir folgende Geschichte ein: Eine englische Herzogin ersuchte Paderewski, nach einem Diner zu Ehren von König George und Königin Mary vorzuspielen. Der große Pianist verlangte eine hohe Summe, die ihm ohne weiteres zugestanden wurde. Einen Tag vor dem Diner erhielt er von der Herzogin folgendes Schreiben:

»Verehrter Maestro, zu meinem Bedauern kann ich Sie nicht zu unserem Diner bitten. Sie als ausübender Künstler fühlen sich vor Ihrem Auftritt gewiß in einem behaglichen Zimmer am wohlsten, wo Sie sich ungestört sammeln können.«

Darauf entgegnete Paderewski:

»Verehrte Herzogin, nachdem Sie mich so freundlich von der Teilnahme an Ihrem Diner entbunden haben, möchte ich mich dafür erkenntlich zeigen, indem ich auf die Hälfte meines Honorars verzichte.«

Eine ähnliche Geschichte erzählt man sich auch von Sarasate. Der berühmte spanische Geiger erhielt, soeben in London eingetroffen, folgende Mitteilung:

»Lieber Freund, wie reizend, daß Sie wieder in London sind. Wollen Sie morgen bei uns speisen? P. S. Vergessen Sie nicht, Ihre Stradivari mitzubringen.«

Worauf Sarasate erwiderte: »Liebe Freunde, wie reizend, daß ich Sie so bald schon sehen werde. Ich speise mit Vergnügen bei Ihnen. P. S. Meine Stradivari speist nicht.«

Im Juli drängten sich die interessanten Ereignisse. Paul Kochanski gab ein glänzendes Konzert in der Bechstein Hall, und es folgten weitere musikalische Zusammenkünfte bei Drapers.

Mein Auftreten als Solist in Chopins Klavierkonzert in f-Moll wurde vom Publikum wohlwollend aufgenommen, nicht aber von der Kritik. Die Kritiker beharrten störrisch auf ihrem Vorurteil, Paderewskis sentimentale, viel zu romantische Wiedergabe des Werkes sei die gültige, nicht aber meine entgegengesetzte Auffassung.

Kreisler, Casals und Harold Bauer spielten Trios in der Queen's Hall und die so unterschiedlichen Temperamente vereinigten sich zu einer wunderbar geschlossenen Interpretation. Ein Knabe von zehn Jahren erwies sich in einem Mozart-Konzert als vielversprechender Pianist; sein Name wurde schlicht als Solomon angegeben.

Mrs. Bergheim, die sich unterdessen zur Draperschen Art der Musikveranstaltungen bekehrt hatte, versuchte voll Ehrgeiz, mit ihren eigenen bescheidenen Mitteln Ähnliches zuwege zu bringen. Kleine Gesellschaften, bei denen ein Trio junger unerfahrener Musiker auftrat, brachten keine umwerfenden Erfolge, und daher beschloß sie, auf meinen Vorschlag hin einen richtigen musikalischen Empfang im englischen Stil zu geben. Selbstverständlich erbot ich mich, ein ganzes Programm zu spielen. Man räumte den großen Speisesaal leer und stellte einen Konzertflügel von Bechstein auf, sodann kamen Freunde des Hauses, die wiederum musikliebende Bekannte mitbrachten. Muriel erschien mit ihrem Anhang und meinen neuen Bekannten, und es wurde ein prächtiger Abend.

Die alte Dame barst fast vor Stolz, hielt Zosia, Muriel und die beiden Pauls noch lange nach Schluß des Empfangs zurück und konnte dieses Ereignis nicht genug bereden. Ihr Empfang belebte sie ungemein, was dazu führte, daß sie mir fast täglich Sehenswürdigkeiten zeigte. Entweder schleppte sie mich nach Kew Gardens oder Hampton Court, zur Ausstellung der Royal Academy oder zur Blumenschau in Chelsea, wobei ich manchmal kurz vor dem Zusammenbruch stand, während sie taufrisch blieb – ganz zu schweigen von der täglichen Inspektion ihrer Treibhäuser, die sie mir aufbrummte! Nina und Peter Bergheim beteiligten sich an solchen Unternehmen überhaupt nicht.

Als ich eines Nachmittags lesend im Zimmer saß, rief Wiggins: »Mr. Rubinstein! Mrs. Draper ist am Apparat.« Da ich annahm, es handele sich um neue abendliche Pläne, rief ich zurück: »Schreiben Sie's auf!« Doch nach einem Weilchen kam Wiggins wieder: »Mrs. Draper möchte unbedingt mit Ihnen persönlich sprechen.« Ich ging hinunter, nahm den Hörer auf und hörte Muriel mit schwacher Stimme sagen: »Bitte, Arthur, kommen Sie gleich her, ich brauche Sie. Es handelt sich um Paul.« Ich verlor keine Zeit und fuhr im Taxi nach Edith Grove. Muriel saß an ihrem Schreibtisch und glich in nichts mehr jener Muriel, die ich so gut kannte. In einem rosenfarbenen Nachmittagskleid saß da eine sehr weibliche Gestalt, deren seidiges blondes Haar bis auf die Schultern reichte und zum Teil das Gesicht verdeckte. Große blaue Augen schauten mich bekümmert an. Auf meine Frage, was denn geschehen sei, erwiderte sie mit unbeherrschtem Schluchzen. Schließlich beruhigte sie sich so weit, um berichten zu können.

»Paul ist vor vier Tagen verschwunden. Diesmal war er wirklich wie vom Erdboden verschluckt, kein Mensch hat ihn gesehen. Ich habe schließlich die Polizei bemüht – sie hat ihn mir heute früh in einem unbeschreiblichen Zustand abgeliefert – ich dachte schon, er stirbt mir weg. Er liegt jetzt oben, halb bewußtlos. Der Arzt hat ihm etwas gegeben.« Sie begann neuerlich zu weinen. »Ich kann es nicht mehr ertragen, Arthur. Ich halte es vor allen Leuten geheim, spreche mit niemandem darüber – Sie sind einer der wenigen, die Bescheid wissen. Bitte, helfen Sie mir, Arthur.« Ich wußte keine Antwort darauf. Langes Schweigen. Plötzlich nahm ich sie in die Arme, küßte sie, murmelte beschwichtigende Worte, streichelte ihr Haar. Ich verliebte mich.

Kapitel 72

Das russische Ballett war Höhepunkt und Ende der Londoner Saison, zwei Wochen lang lebte die ganze Stadt im Banne dieser Zauberwelt. Ich erlebte die Musik von Igor Strawinsky als Offenbarung. Sein »Feuervogel«, getanzt von der Karsawina, von Bolm und dem corps de ballet fesselte wohl das Auge, meine volle Aufmerksamkeit lenkte jedoch die Musik auf sich. Die üppige Orchestrierung, das rhythmische Pulsieren, die raffinierte Melodieführung und Modulation sowie das majestätische Crescendo der Schlußhymne rissen mich einfach mit.

Noch begeisterter war ich von »Petruschka«. Die Vorgänge auf der Bühne packten mich ebenso stark wie die Musik. Seit Moussorgsky hatte es einen so echt russischen Orchesterklang nicht mehr gegeben. Als Nijinski zu der trostlosen Musik den Tod der Puppe tanzte, kamen mir die Tränen. Wir sahen auch – ein unbeschreiblicher Genuß – »L'Après-midi d'un Faune« mit Nijinsky und Ravels »Daphnis et Cloé«. Zuletzt wurde »Le Sacre du Printemps« gegeben. Dank der übertreibenden Berichte von dem Pariser Premierenskandal erwartete man in London Sensationen, und wir saßen aufs äußerste gespannt im überfüllten Drury Lane Theatre. Das kurze Vorspiel klang lieblich und verheißungsvoll, doch sobald der Vorhang hochgegangen war, wurde es schwierig, der Musik zu folgen. Die lärmige Eintönigkeit der Partitur und die unverständlichen Vorgänge auf der Bühne ärgerten mich. Als die zum Opfer bestimmte Maid ihren letzten hysterischen Tanz ausführte, konnte ich es nicht mehr ertragen. Ich war traurig und unglücklich.

Man klatschte höflich, es wurde nur wenig gezischt; das wohlerzogene englische Publikum ließ es an Achtung vor dem Komponisten von »Petruschka« nicht fehlen. Ich brauchte Wochen intensiven Studiums, ehe ich die Größe dieser Komposition erkannte. Zehn Jahre später spielten Schüler vom Pariser Konservatorium den Klavierauszug wie eine Etüde von Czerny. Während der gesamten Saison dirigierte der ausgezeichnete Pierre Monteux, und so gut wie alle Vorstellungen besuchte ich in Gesellschaft von Drapers, Kochanskis oder Mrs. Bergheim, die Muriel jetzt Tante Clara, hinter ihrem Rücken aber höhnisch Clarita nannte.

Paul und Zosia fuhren zurück nach Polen, Eisenbach ebenfalls. Ich wollte sie erst begleiten, überlegte es mir dann aber anders. Ich konnte mich einfach von London nicht losreißen, und ich fand in Edith Grove ein zweites Zuhause. Ganze Tage verbrachte ich dort mit Muriel und Paul; wir aßen im Grill des Savoy oder in einem italienischen Restaurant in Soho, ich begleitete Muriel zur Schneiderin, zu Kunsthändlern, wir gingen zusammen ins Varieté oder ins Theater, und wir musizierten im Studio.

Ich entdeckte an Paul eine neue Seite: er war ein unverbesserlicher Spieler, d. h. er wettete auf Pferde, und dabei hatte er ein geradezu unheimliches Glück. Ich erfuhr das eines Tages im Savoy, als Paul von Tische aufstand und hinausging. Muriel, die meine Sorge bemerkte, sagte: »Keine Angst, Arthur, es passiert nichts.« Paul kam gleich darauf etwas erhitzt zurück und sagte: »3000 Pfund habe ich gewonnen.« Und dann erzählte er mir alles. Er hatte sich seit je für Pferderennen interessiert und studierte gründlich die Wettzeitungen. Was Pferde anging, war er zu Zeiten geradezu hellsichtig.

»In einer solchen Phase setze ich immer hoch. Mein Buchmacher, die Firma Ladbrooke, nimmt ja bis zum letzten Augenblick Wetten an. Ich setze hoch, und mein Risiko ist auch hoch.«

Muriel bestätigte das. »Pauls Instinkt für Pferde verdanken wir das Studio in Edith Grove, unsere musikalischen Abende, die Soupers, überhaupt das gute Leben und seine Stunden bei Raimund von Zur Mühlen.« Sie lachte zufrieden.

Während dieser letzten Tage in London fand ich einen neuen Freund, den bekannten Schriftsteller Norman Douglas, der gelegentlich bei Drapers auf einen Drink oder ein Schwätzchen vorbeikam. Muriel, die er schon als junges Mädchen gekannt hatte, verehrte ihn sehr. Obwohl ein wahrer Meister der englischen Sprache, bediente er sich in der Unterhaltung einer gewöhnlichen und deftigen Ausdrucksweise, die einen Rabelais hätte erröten lassen. Bei alledem war er ein Mann von überragender Klugheit, von umfänglichem Wissen, begabt mit Humor und großer Liebe zur Musik. Er besaß ein weiches Herz und in sentimentaler Stimmung erinnerte er mich an den lieben Franc Fiszer aus Polen. Douglas nahm mich gerne nach Soho zum Lunch mit. Die Freundschaft eines so viel älteren und erfahreneren Mannes tat mir wohl, und ich vertraute ihm meine Herzensangelegenheit an, besonders meine Schuldgefühle Pola gegenüber.

»Was für ein fürchterlicher Quatsch! Folge deinem Instinkt, versuche stets, du selber zu sein. Wenn du diese Pola nicht mehr liebst, trägt sie selbst die Schuld daran – sie ist eben nicht stark genug, dich an sie zu fesseln.« Ich hatte das gleiche gefühlt, aber nicht gewagt, es mir einzugestehen.

Muriel sagte eines Tages: »Paul und ich fahren nach Florenz zu Mabel Dodge, einer alten Freundin von uns. Sie besitzt eine wunderschöne Villa nahe der Stadt und hat uns aufgefordert, auch Freunde mitzubringen. Hätten Sie Lust mitzukommen?«

Ich sagte auf der Stelle zu, aber nicht ohne Gewissensbisse, denn ich hatte Pola versprochen, sie während des Sommers in Zakopane zu besuchen. »Tante Clara« hörte sich nachsichtig an, daß wir verreisen wollten. »Das überrascht mich nicht, mein Lieber, im Gegenteil, ich habe damit gerechnet.« Sie lud uns vor der Abreise noch einmal zu einem reizenden Souper ein, dann fuhren wir.

Die Reise war lang und mühsam, und als wir in Florenz ausstiegen, sahen wir aus wie die Schornsteinfeger. Die mehr als hundert Tunnel zwischen Genua und Florenz hatten uns fast erstickt. Zwei Pferdedroschken brachten uns zu der Villa, wo wir uns keinesfalls in ungewaschenem Zustand präsentieren mochten. Ich ging als letzter beim Ertönen des Gongs nach unten, dort stellte mich Muriel in einem sehr großen Raum Mrs. Dodge und ihren anderen Gästen vor.

Die Villa Curonia, ein Renaissance-Palazzo, war wunderschön. Sie lag, von hohen Zypressen und Blumenrabatten umgeben, auf der Kuppe des Arcetri, mit Florenz durch eine sanft ansteigende, gewundene Allee verbunden. Von der riesigen Terrasse ging der Blick auf die ruhige Hügellandschaft der Toscana. Hätte ich die Villa mit Muriel allein bewohnt, es wäre der Himmel auf Erden gewesen, so war es die Hölle. Mabel Dodge war eine hübsche junge Frau von etwa dreißig Jahren mit einer etwas üppigen Figur und dem starren, geistesabwesenden Lächeln der Mona Lisa. Sie sprach kaum ein Wort, außer zum Personal, und erwiderte auf Fragen nur mit kurzem Kopfnicken. Als Gastgeberin besaß sie die Gabe, die ungereimtesten Leute zusammen einzuladen.

Außer uns waren noch der Kunst- und Musikkritiker Carl Van Vechten anwesend, der sich wie kein zweiter auf Wortgefechte verstand; ferner Robin de la Condamine, ein ganz reizender, aber stotternder Schauspieler, der nie auf der Bühne gestanden hatte; John McMullen, ein junger, gutaussehender Amateur-Innenarchitekt und Muriels Busenfreund; John Reed, Journalist und Dichter und militanter Kommunist. Diesen mürrischen und abweisenden Kerl hatte Mabel sich zum Gefährten ausersehen. Ferner waren da zwei Engländerinnen mit schrillen Stimmen, deren Namen ich vergessen habe, und als wäre das noch nicht genug, strömten unablässig irgendwelche Besucher herbei und wieder davon. Es kam Gertrude Stein und stritt sich endlos mit Van Vechten; Reed verabscheute alles und jedes. Norman Douglas verausgabte sein umfangreiches Vokabular an Flüchen, und schließlich war auch ich noch da, ständig gereizt und eifersüchtig. Was ich auch spielte, Beethoven oder Strawinsky, irgendeiner stand immer auf und ging raus, weil er einen Anwesenden auf den Tod haßte.

Paul Draper war von alledem so angewidert, daß er nach London zurückfuhr, um sein Gesangsstudium fortzusetzen. Muriel schien als einzige unter dem Rummel nicht zu leiden, mir kam es gar so vor, als habe sie ihren Spraß daran. Ihre laute Stimme, ihr schrilles Lachen zerrten an meinen Nerven, und ich verabscheute ihre Art, sich à la Scheherezade mit Turban zu kleiden. Außerdem hatte ich sie nie für mich allein, denn unsere Zimmer lagen auf verschiedenen Stockwerken. Nach zehn Tagen dieser Pein hatten wir allesamt genug, und Muriel, McMullen und ich beschlossen, in Venedig ein bißchen auszuspannen. Mabel Dodge verabschiedete uns mit einem weiteren rätselhaften Lächeln sowie einem zustimmenden Nicken, und weg waren wir.

Venedig, teures Venedig, wie danke ich dir für diese drei himmlischen Tage! In der edlen Stille dieser Wunderstadt entdeckte ich wieder jene Muriel, in die ich mich verliebt hatte. Hier endlich entließ sie die goldene Haarpracht aus den Fesseln des verhaßten Netzes, hier gewöhnte sie sich an, leise zu sprechen, hier gewann sie ihren weiblichen Zauber zurück. Stundenlang saßen wir auf der Piazza und bewunderten schweigend deren Schönheit; wir schlenderten zur Academia, um die Carpaccios zu betrachten, wir aßen bei Martini köstliche Scampi und plauderten miteinander. John McMullen war ein angenehmer und amüsanter Gesellschafter. Als wir am letzten Morgen auf der Terrasse frühstückten, sagte Muriel glücklich lächelnd: »Also, Freunde, heute reise ich nach London, denn ich habe eine gute Nachricht für Paul: Ich bin schwanger!« Ich nahm diesen Schlag gefaßt hin, und wir gratulierten, wie das so Brauch ist.

Am Nachmittag begleiteten wir sie in der Gondel zum Bahnhof und setzten sie in ihr Abteil. Als der Zug anfuhr, sprang ich impulsiv auf und rief John zu: »Ich komme zurück und hole mein Gepäck!« Muriel nahm das gutmütig auf, und ich begleitete sie nach Paris. Ich blieb den ganzen Tag tief deprimiert in der heißen, verlassenen Stadt, nachdem sie vom Nordbahnhof weitergefahren war. Dann kehrte ich nach Venedig zurück, bedankte mich bei John für seine Hilfe, bezahlte die Hotelrechnung und fuhr über Wien und Krakau nach Zakopane. Hier erwartete mich Pola, der ich telegrafiert hatte, am Bahnhof, lieb und gut wie immer. Ich ertrug es nicht, ihr die Wahrheit zu verschweigen, und beichtete alles auf dem Weg in das Hotel. Sie hörte mich schweigend und gesenkten Kopfes an und sagte erst nach einer ganzen Weile: »Ich habe das seit langem kommen sehen, Arthur. Ich bin für dich zu alt, und du hast mit mir nur Ärger und Kummer.«

»Nein, nein, nein, das stimmt nicht! Du verstehst mich falsch. Ich liebe dich mehr denn je! Ich habe mich in diese Person verguckt, das war nicht zu ändern, aber ich mag sie nicht leiden!« Darauf sagte Pola nichts.

Wir hielten vor einem geräumigen Haus, das in dem mir so lieben einheimischen Stil erbaut war. Es war keine Pension, sondern ein Privathaus, und die Eigentümerin, Pani Zagorska, war eine vornehme Dame, eine Base von Joseph Conrad. Seit dem Tode ihres Mannes war sie genötigt, zahlende Gäste aufzunehmen, meist Freunde und Bekannte, zu denen auch Pola gehörte. Mein Zimmer lag neben dem ihren, und dort saßen wir lange in unser Gespräch vertieft; dann schloß sich eine schöne Liebesnacht an.

Bei Pani Zagorska lebte eine unverheiratete Tochter, Aniela, eine lebhafte und recht bemerkenswerte junge Frau, die eigentlich den Ton im Hause angab. Als Übersetzerin der Werke Conrads bekannt, genoß sie bei Schriftstellern hohe Achtung, und so war das Haus Zagorski zu einem Treffpunkt der polnischen Literatur geworden. Der bekannte Romancier Stefan Zeromski, der Dichter Leopold Staff und mein guter alter Freund Witkacy* erschienen täglich zum Mittagessen.

Wir Zuhörer mischten uns in die interessantesten Diskussionen ein, an die ich mich erinnere. Ab und zu erschien ein großer, düsterer Mann zu den Mahlzeiten, mit kleinem Schädel, stark ausgeprägten Zügen, buschigen Brauen, struppigem Schnauzbart und kurzgeschorenem Haupthaar. Er sagte kaum etwas, verabschiedete sich mit Handkuß nur von Aniela und ihrer Mutter und beachtete sonst niemanden. Man erzählte sich die unsinnigsten Geschichten über ihn, die darauf hinausliefen, daß er Verwachsene und Krüppel zum Militärdienst vorbereite. In Wahrheit war dieser Mann Joseph Pilsudski, der künftige Befreier Polens und Besieger der Roten Armee unter Trotzkij.

Die sechs oder sieben Wochen in Zakopane heilten mich von den zahllosen Wirrsalen der vergangenen Saison. Aniela sorgte dafür, daß ich vormittags ungestört im Salon am Klavier arbeiten konnte. Den Rest des Tages verbrachte ich, wie es mir am angenehmsten war: ich las, ging mit Pola spazieren, suchte Pilze oder – und das war mein liebster Zeitvertreib – führte endlose philosophische Erörterungen mit Witkacy im Café Morskie Oko.

Zwischen Pola und mir herrschte das denkbar beste Einvernehmen, jeder genoß die Gegenwart des anderen. Von Muriel war nicht die Rede, wir zwei hatten auch keine Korrespondenz miteinander. Mrs. Bergheim schickte Grüße aus einem englischen Badeort, erwähnte Drapers aber nicht. Eisenbach besuchte mich ein paar Tage, um die kommende Konzertreise mit mir zu besprechen, die sich gut anließ. Er half mir, ein Wohltätigkeitskonzert zugunsten der Tuberkulose-Klinik von Doktor Dluski vorzubereiten, das am Abend vor

* Koseform von Witkiewicz. Zu Beginn des Jahrhunderts sah man seine Arbeiten als die literarischen Extravaganzen einer im übrigen begabten und faszinierenden Persönlichkeit an. In den fünfziger Jahren hat die Intelligenzia des kommunistischen Polen in ihm den Vorläufer von Sartre und Camus entdeckt, und seit neuestem wird er allgemein ernstgenommen.

unserer Abreise stattfand. (Frau Dluska war eine Schwester von Marie Curie.) Mein Vortrag war voller Sentimentalität und Wehmut, dachte ich doch daran, wie ich vor zehn Jahren an eben dieser Stelle zum ersten Mal die Flügel für den Flug in die einsame und ungewisse Zukunft erprobt hatte. Zakopane hat stets eine geheimnisvolle, aber glückliche Bedeutung für mein Leben gehabt. Viele Jahre später kehrte ich dorthin zurück und warb um meine künftige Frau.

Kapitel 73

Anfang August löste sich der Kreis um die Villa Zagorski auf. Pola fuhr nach Warschau, ich nach Krakau, wo ich mein erstes Konzert der neuen Saison abwartete. Eisenbach machte seine Sache gut, man könnte beinahe sagen, zu gut. Den ganzen Herbst und den Winter hindurch war ich unterwegs, kaum daß er mir um Weihnachten herum vierzehn Tage Ruhe gönnte. Die Tour begann in Galizien, meine Konzerte in Krakau und Lwów waren nun schon eine feste Einrichtung. Für Lwów hatte ich mir eine ziemlich riskante Überraschung ausgedacht – ich kündigte vier Chopin-Abende an, hatte aber nur zwei abendfüllende Programme im Repertoire, nicht vier. Ich mußte deshalb während der Tournee, so gut es gehen wollte, noch Dutzende von wahllos herausgegriffenen Stücken lernen. Der Einfall war Eisenbach gekommen, der auf das Geld meiner treuen Anhänger in Lwów spekulierte. Zum Glück gab es keine Katastrophe, ich hatte jede Komposition auswendig gelernt, spielte sie aber nicht so meisterhaft, wie sie gespielt zu werden verdiente. An einem Abend erschien ein bekannter Klavierlehrer, der als strenger Kritiker bekannt war. In meiner Angst schickte ich ihm vor Konzertbeginn ein Briefchen: »Verehrter Herr Professor, ich flehe Sie an: tun Sie mir den Gefallen und verlassen Sie den Saal. Meine körperliche Verfassung ist heute abend so schlecht, daß ich Ihren Erwartungen unmöglich entsprechen kann. Wenn Sie so gütig sein wollen, nach dem Konzert mit mir im Restaurant George zu speisen, will ich Ihnen alles erklären.« Er verließ den Saal und stellte sich zum Essen ein.

Im übrigen war die Konzertreise durch Galizien lang, ermüdend und wenig einträglich. Zum Abschluß besuchte ich Bukarest. Hier fühlte ich mich ganz in meinem Element, die Stadt und ihre Bewohner erinnerten mich an Warschau. Zu meinem Konzert kam ein bunt gemischtes, sehr musikverständiges Publikum, das mir mit jener echten Aufmerksamkeit zuhörte, die der Künstler so dringend benötigt. Ich gefiel ihnen, und sie gefielen mir, besonders die schönen, dunkelhaarigen, glutäugigen Rumäninnen. Später lernte ich durch meinen Freund Georges Enesco die rumänische Volksmusik kennen, die weniger schmachtend ist als die ungarische, dafür aufregender und lebhafter.

Tags darauf spielte ich im Palast für die alte Königin Elisabeth, besser bekannt unter dem Namen Carmen Sylva, da sie unter diesem Pseudonym sentimentale Gedichte in deutscher Sprache verfaßte. Sie und ihre Hofdame lauschten eine halbe Stunde zerstreut meinem – offen gestanden – miserablen Spiel. Sobald die letzte Note verklungen war, sagte die Königin einige freundliche Worte auf Deutsch und heftete mir auf den Rockaufschlag eine glänzende Medaille mit der Inschrift »Bene Merenti«.

Ich kehrte vergnügt nach Warschau zurück, blieb hier aber nur wenige Tage. Eisenbach sorgte ja dafür, daß ich keine Ruhe fand und bis Weihnachten durch ganz Polen ein Konzert nach dem anderen gab. Auch in Lodz spielte ich einen Abend, und die Familie war angemessen beeindruckt davon, daß meine Laufbahn sich endlich zu bessern schien.

Die Weihnachtszeit ist in Warschau besonders schön, und ich habe sie immer sehr genossen. Weihnachten war ein Fest des guten Willens und des heitersten Friedens. Nichts allerdings kommt dem Sylvesterabend in Warschau gleich. Die Polen haben eine angeborene Fähigkeit, Feste zu feiern und in vollen Zügen zu genießen, was das Leben bietet. Sie lärmen und trinken, aber es geschieht aus purer Freude am Dasein, und nie verlieren sie dabei ihren Sinn für das Schickliche, ihre Höflichkeit und Eleganz.

So hießen wir denn lärmend das bedrohliche Jahr 1914 willkommen, meine Freunde und ich. Anfang Januar begann ich meine Tournee durch Rußland, diesmal war sie recht ausgedehnt. Von Kiew und Odessa führte die Reise nach Rostow am Don mit den Zwischenstationen Poltawa, Krementschny und Charkow. Nach einem Klavierabend in Moskau und einer kurzen Ruhepause, die ich zu Besuchen im Stanislawskytheater benutzte, ging es weiter; die letzten

Konzerte gab ich entlang der Wolga, in Nishni-Nowgorod, Kasan, Samar und Saratow. (Die Namen dieser und anderer Städte wurden von den Sowjets später durch die Namen unterschiedlicher kommunistischer Führer ersetzt, aber wieder umgetauft, als diese Führer in Ungnade fielen.) Diese russische Konzertreise brachte mir weder Spaß noch Profit; die Säle waren klein, das Publikum stumpfsinnig. Die einflußreiche Kaiserliche Musikgesellschaft, die mich für die Tournee engagiert hatte, kümmerte sich überhaupt nicht um ihre Zweigvereine in der Provinz, sondern überließ sie den Händen unfähiger Organisatoren. Schlimmer noch – die Honorare reichten kaum aus, die Reisekosten zu decken.

Wieder daheim – also in Warschau, denn daheim hieß für mich Warschau – bereitete ich mich auf die bevorstehenden wichtigen Konzerte in Wien, Rom, Berlin und London vor. Was London anging, so hatte Pola ernste Bedenken.

»Bestimmt wirst du sie dort sehen!«

»Vermutlich. Aber das ist kein Grund zur Sorge. Ich bin völlig geheilt.« Ich sah ihr an, daß meine Worte sie nicht überzeugten – mich auch nicht, wie ich gerne zugebe. Ich hörte mit Vergnügen, daß auch Kochanskis wieder nach London reisen würden. Ich verabschiedete mich von den Freunden und fuhr mit Eisenbach ab nach Wien. Hier begrüßte uns ein eisiger Wind – Moskau war vergleichsweise milde gewesen. Den Fuß auf die Gasse zu setzen, war gefährlich bei dem überall verbreiteten Glatteis. Zum Glück änderte sich das Wetter am Tage meines ersten Konzertes, und alles ging gut. Man hieß mich herzlich willkommen, meine Bekannten waren vollzählig erschienen. Fürst Ladislas lud mich zum Diner ein, bei McGarveys machte ich Besuch, das Mittagessen nahm ich im Kreise der Familie Godowski. Mrs. Bergheim lud mich brieflich ein, wieder in Belsize Park zu wohnen, Effenberger brachte mir Bücher und machte mich mit begabten Musikern bekannt.

Das zweite Konzert gab ich zusammen mit dem Rosé-Quartett. Dieses weltberühmte Ensemble hatte mich aufgefordert, im Musikvereinssaal mit ihm Klavierquintette zu spielen. Wir spielten das Quintett von Brahms und das von Schumann, beide waren mir dank unserer musikalischen Abende in London vertraut. Es wurde ein viel beredeter Erfolg, zumal niemand in mir einen guten Kammermusiker vermutet hatte.

Arnold Rosé – Gustav Mahlers Schwager und Konzertmeister der Wiener Philharmoniker – schlug vor, ich solle mich seinem Quartett im Jahr 1915 auf der Spanientournee anschließen, und nichts hätte mir mehr Freude machen können. Seit meinen Kindertagen hatte ich für spanische Melodien und Rhythmen eine besondere Neigung gehabt, und auch in späteren Jahren übte alles Spanische – sei es Musik, Malerei, Literatur oder Geschichte – eine besondere Faszination auf mich aus. So nahm ich denn dankbar an, obwohl ich somit in Spanien nicht als Solist in Erscheinung treten würde, sondern mehr als Hilfskraft in einem Ensemble.

Eisenbach hatte Trauriges über unsere Finanzen zu berichten. Die geringen Einnahmen reichten nicht aus, uns beide über Wasser zu halten. So kamen wir dann mit leeren Taschen in Rom an, ohne Hoffnung, sie in nächster Zeit ausreichend zu füllen. Graf San Martino wollte mich wohl als Solisten für seine Konzerte engagieren, doch weigerte er sich verstockt, mein Honorar zu erhöhen; angeblich kostete ihn sein Orchester bereits zu viel Geld. Allerdings eilte mir der Zufall zu Hilfe: die Marchesa Casati gab eine soirée musicale. Unter Molinari spielte ich im Augusteo das G-Dur Konzert von Beethoven, das zwar beim Publikum keine Beifallsstürme, dafür aber Anerkennung bei den Musikern auslöste. Mein Klavierabend in Santa Cecilia brachte zum Vergnügen des Publikums viel Liszt und Chopin.

Von Rom aus ging es ohne Halt nach Berlin, wo Rudolf im Beethovensaal einen Klavierabend vorbereitet hatte. Wie früher schon hatte ich Lampenfieber. Der Saal war nur halb voll, vor allem saßen Freikartenbesitzer da. Ich gab mir die größte Mühe, alle Noten zu spielen und so wenig falsche wie möglich, darum klang alles gequält, statt beflügelt. Zu meiner Verblüffung bezeichneten die Zuhörer, einschließlich meiner Freunde und der Kritiker, diesen Abend als mein bisher bestes Konzert. Zum Glück blieben wir nicht auf dem Defizit sitzen – Eisenbach hatte genügend Geld mitgebracht.

Als Folge der gespannten politischen Verhältnisse in Europa herrschte eine ungute Atmosphäre in Berlin. Die deutsche Presse berichtete von bedrohlichen Manövern russischer Truppen nahe der österreichischen Grenze. In Wien hatte ich schon gehört, daß russische Studenten in Lwów nach Autonomie verlangt hatten und Bosnien und die Herzegowina offen gegen das Kaiserreich revoltierten, doch in Wien nahm man das weiter nicht ernst. »Das kennt man, damit werden wir fertig«, sagten die Wiener gutmütig.

Die Deutschen nahmen es ernster. Ihre Armee und Marine flößten ihnen soviel Ehrfurcht ein, daß sie allen Sinn für Proportionen verloren hatten. Und Kaiser Wilhelms Ausfälle gegen England, Frankreich und Rußland hielten jedermann in ständiger nervöser Spannung. Wir verließen Berlin mit einem Seufzer der Erleichterung.

Kapitel 74

London war in Sonnenlicht getaucht, die ganze Stadt bot den festlichen Anblick des beginnenden Frühlings. Der langen, kalten, nebligen Wintertage überdrüssig, hockten die Londoner um die Nelsonsäule am Trafalgar Square, um den Erosbrunnen am Piccadilly Circus und drängten sich auf den Grünflächen der Anlagen. Sie saugten das göttliche Sonnenlicht ein wie Champagner. Auch Belsize Park wirkte sonnendurchstrahlt festlich. Das Haus erglänzte frisch geweißt, die Treibhäuser blinkten, im Garten versprachen schwellende Knospen eine wahre Blumenpracht.

Mrs. Bergheim, in helles Grau gekleidet, begrüßte mich mit mütterlicher Wärme. Zur Feier meiner Ankunft hatte sie Gäste eingeladen. »Ich hoffe, Sie finden in Ihrem Zimmer alles wie gewohnt vor. Wiggins hat sich darum gekümmert. Und ich habe den Flügel stimmen lassen.«

Bei Tee und Muffins plauderten wir ausführlich. Ich berichtete über meine Reisen, über Wien und Berlin, sie ihrerseits von Bekannten, doch erwähnte sie Drapers mit keinem Wort. Das wunderte mich doch sehr. Seit dem traurigen Abschied am Nordbahnhof hatte ich nichts von ihnen gehört, mich auch nicht nach ihnen erkundigt.

Als ich wenige Tage später in Edith Grove anrief, war ein Dienstmädchen am Telefon. »Hier Rubinstein, ich möchte Mr. Draper sprechen«, sagte ich. Gleich darauf fragte Paul kühl und distanziert: »Ja bitte? Was wünschen Sie?« Ich war ganz verblüfft und erwiderte in ebensolchem Ton: »Ich wollte mich nur nach Ihrem Befinden erkundigen!« Was war das für ein Unfug! Es wurde mir zu bunt. »Paul, lassen wir diesen Unsinn. Es muß zwischen uns ein Mißverständnis herrschen. Essen wir doch morgen mittag bei Scott und bereden dann alles.« Darauf erwiderte er mit seiner mir vertrauten Stimme: »Ja gut, ich komme.«

Bei Scott kam dann alles an den Tag. Paul war in Florenz eifersüchtig auf mich geworden, weil ich meine eigene Eifersucht so unverhohlen gezeigt hatte. Als Muriel ihm dann von unserem gemeinsamen Venedig-Aufenthalt erzählte, wollte er gar nicht glauben, daß wir nicht allein dort gewesen waren.

Ich sagte nun: »Gewiß war ich in sie verliebt, wie alle Männer um sie herum. Aber das ist jetzt vorbei. Ich habe glückliche Wochen mit Pola verbracht und Florenz und alles übrige vergessen. Was nun Venedig anlangt, Paul, so schwöre ich die heiligsten Eide, daß wir immer mit John McMullen zu dritt waren und nie allein. Denke also nicht mehr daran. Wenn ich nicht mehr bei euch Musik machen kann, habe ich keine Lust mehr, in London zu bleiben, und fahre lieber gleich ab.«

Paul trank seinen Kaffee aus. »Komm mit und schau dir das Kind an, Arthur«, sagte er.

Muriel saß im Studio vor dem gedeckten Tisch und schenkte Tee ein. »Du bist ja dünner geworden, Arthur«, sagte sie.

»Du hingegen siehst blendend aus, Muriel, du hast offenbar zugenommen«, versetzte ich.

»Dies hier ist meine jüngere Schwester Ruth, unser Hausgast«, machte Paul mich bekannt.

»Es freut mich, Sie endlich kennenzulernen«, sagte sie mit weicher, melodischer Stimme, »Paul hat von Ihnen geschrieben.« Bruder und Schwester ähnelten einander äußerlich nicht, allerdings strahlte auch sie etwas von seinem Charme und seiner Wärme aus. Ich mochte sie gleich gut leiden. Sie hatte ein schmales, zartes Gesicht, dunkles Haar, eine feine, leicht gebogene Nase und dunkle, ausdrucksvolle Augen.

Wir vier begannen eine ausgedehnte Unterhaltung über Musik und tranken Tee dazu. Dann erschien das irische Kindermädchen Nancy mit dem Baby und dem kleinen Paul. Muriel nahm ihr das Baby ab und sagte: »Er heißt Klecks.« (Den richtigen Namen des Kindes habe ich nie erfahren.) Ruth und ich machten aus gegebenem Anlaß die üblichen Bemerkungen – »Ein süßes Baby!« »Ganz die Mutter! Ja, aber es hat Pauls Augen.« – Das Kind begann zu brüllen und wurde von Nancy abgeschleppt. Klein-Paul, ein hübscher, rothaariger Junge, blieb und verdrückte Kuchen.

Muriel, selbstbewußter denn je, das Haar streng von dem Netz gehalten, schilderte uns die Wonnen eines bevorstehenden Gastspiels von Diaghilew. »Es wird beides geben – Oper und Ballett. Schaljapin wird in ›Boris Godunow‹, ›Fürst Igor‹ und ›Chowanstschina‹ singen, und man wird wieder ›Sacre du Printemps‹ und ›Petruschka‹ sehen können. Ich habe für sämtliche Premieren Logenplätze gekauft.«

»Das wird ja herrlich«, rief ich, »aber wem verdanken wir das alles?«

»Dem Vater von Thomas Beecham, dem Pillenmillionär. Er übernimmt eine Ausfallbürgschaft für das ganze Gastspiel unter der Bedingung, daß sein Thomas das eine oder andere Ballett dirigieren darf und daß in allen Programmen Beecham Pillen-Beecham-Pillen-Beecham-Pillen angepriesen werden.«

»Dagegen ist nichts einzuwenden«, sagte ich, »er wirbt eben zugleich für englische Abführmittel und für das russische Ballett.« Aber niemand lachte über meinen kleinen Witz – damals war russische Kunst heilig.

Die Zeit verging diesmal rasch. Schon war es Zeit für meinen ersten Klavierabend. Paul* und Zosia waren angekommen, und die Saison war in vollem Schwung. Muriel gab eine himmlische Party mit viel Musik und Überraschungen. Zu den Musikern zählten außer Paul und mir Sammons, Tertis, Sylvia Sparrow, Rubio und der vortreffliche Cellist Felix Salmond. Unter den Gästen befanden sich Henry James, John Sargent, Norman Douglas, alle drei Wiborgmädchen und Montague Chester, aufgeblasen wie je, im Frack mit weißen Handschuhen. Auf dem Programm stand das Es-Dur Trio von Schubert mit Paul und Salmond. Wir waren mit diesem Trio so vertraut, daß technische Schwierigkeiten überhaupt nicht aufkamen. Es folgte ein schönes Quartett von Haydn, mit Sammons, Sylvia, Lionel und Rubio, danach das Quartett von Brahms, gespielt von Paul, Sammons, Tertis und mir.

Unsere Zuhörer waren außer sich vor Wonne, ausgenommen

* Um Verwechslungen zu vermeiden, nenne ich von jetzt an Paul Draper einfach Draper, Paul Kochanski hingegen Paul.

Henry James, der sich aus Musik nichts machte, aber eine Schwäche für Muriel hatte, sowie Chester, der nur kurz schnaufte, wenn ihm etwas gefiel.

Nach einem ausgedehnten Souper, in dessen Verlauf Pierre Monteux mit einer Bratsche unter dem Arm eintraf, kehrten wir zurück ins Studio. Wir nahmen an, Muriel werde, wie es ihre Gewohnheit war, laut anordnen, was als nächstes gespielt werden solle, stattdessen flüsterte sie ein paar Worte in Drapers Ohr. Er erwiderte ebenfalls flüsternd, dann flüsterten beide mit Ruth, die sich anfangs augenscheinlich weigerte, dann aber nachgab. Nun verkündete Muriel laut: »Meine Schwägerin Ruth Draper wird rezitieren.«

Wir alle waren verblüfft. Da saßen wir, im Begriff, großartige Kompositionen zu spielen, und Drapers meinten, dies sei der passende Moment, Gedichte herzusagen wie zu Onkels Geburtstag! Ruth legte ein braunes Kopftuch um, verknotete es unter dem Kinn und kündigte an: »Eine alte Frau aus Irland kommt nach Amerika, um bei ihrer Tochter, die sie fünfundzwanzig Jahre nicht mehr gesehen hat, zu wohnen. Sie nimmt an, daß die Tochter am Kai wartet, aber die Tochter steht nicht da.«

Und siehe! Schon war Ruth diese Alte, suchte geschärften Blickes die wimmelnde Menge nach der Tochter ab, voll Vorfreude auf das wonnige Wiedersehen. Sie fragt die Umstehenden, ob denn niemand die Tochter . . . doch versteht man ihre irische Aussprache nicht. Allmählich fällt sie in sich zusammen, mehr und mehr, sie fürchtet das Schlimmste, und endlich, eine tragische Gestalt, drückt sich in ihr das Los aus, das sie erwartet: ein Leben arm, verzweifelt und einsam in der Fremde.

Ruth nahm das Kopftuch ab, und wir fühlten alle einen Kloß im Halse. Henry James stotterte: »Sie sind ein Genie, Liebste«, und Ruth kündigte munter an: »Jetzt bin ich eine englische Dame, die ihren Bekannten den Garten zeigt.« Sie rückte die Frisur zurecht und gehörte auch bereits zum mäkelnden englischen Landadel.

»Sind meine Petunien nicht himmlisch? Und diese kleinen Dahlien, finden Sie die nicht zauberhaft?« Und so weiter, im unverwechselbaren Ton dieser Gesellschaftsschicht. Wir waren voll des Lobes. »Wo haben Sie das gelernt?« wollten wir wissen, »wer hat Ihre Texte geschrieben?« Und Ruth erwiderte bescheiden: »Die habe ich selber gemacht. Ich habe schon immer gerne Leute nachgeahmt.«

Draper und Muriel waren sehr stolz auf ihre »Überraschung«, und wirklich, es war ein bewegendes Erlebnis.

Mein Klavierabend in der Bechstein Hall wurde ein echter Erfolg, die große Fantasie und Fuge in g-Moll und die »Symphonischen Etüden« von Schumann wurden begeistert beklatscht. Ich war in London endlich auf dem richtigen Wege, und Eisenbach berichtete strahlend, daß wir eine volle Kasse hatten.

Anschließend machten wir bei Drapers Musik. Thibaud, Tertis, Paul, Monteux, Salmond und May Mukle spielten ganz herrlich beide Sextette von Brahms, und Ruth gab zwei komische Darbietungen. Sargent war diesmal hauptsächlich Ruths wegen gekommen, um sie in ihren Rollen zu skizzieren. Auf meine Frage, wie er sie beurteile, sagte Norman Douglas: »Die alte Irin ist Mist, aber die komischen Nummern sind gut.«

Das rasende Tempo, in dem mein Leben ablief, steigerte sich noch, jeder Tag brachte etwas Neues. London war die gastfreundlichste Stadt der Welt. Man lud einander in die Oper ein und ins Theater und Konzert, oder auch zum Essen. Bei solchen Anlässen lernte ich viele kennenswerte Menschen kennen, beispielsweise Lady Colfax, die Gattin von Sir Arthur Colfax, K.C., die größte lebende Salonlöwenjägerin, ein Genie auf ihrem Gebiet und eine ganz reizende Dame dazu. Sie brachte es fertig, an Bernard Shaw zu telegrafieren: »Erwarte Sie morgen zum Tee, H. G. Wells möchte Sie kennenlernen.« Und an H. G. Wells telegrafierte sie: »Bernard Shaw ist morgen bei mir zum Tee, wollen Sie nicht kommen?« Dann erschienen alle beide. Mit diesem Trick legte sie Politiker und Künstler und überhaupt jedermann herein, der sich gerade der Aufmerksamkeit der Öffentlichkeit erfreute.

Über meiner gesellschaftlichen Aktivität vergaß ich selbstverständlich nicht meine bedeutenderen Pflichten – die Vorbereitung meiner Konzerte. Als nächstes stand ein Sonatenabend mit Paul auf dem Programm, und von Draper dazu ermuntert, probten wir häufig im Studio.

Eines Vormittags sagte Muriel: »Casals soll wieder in London sein. Warum bitten wir ihn nicht her? Dann können wir das Schubert-Quintett spielen.« Draper und Paul machten sich auf die Suche nach Casals, während Muriel die anderen Teilnehmer alarmierte. Alle sagten zu. Nach zwei Stunden erschienen die beiden Pauls im

Studio. »Nun? Habt ihr ihn gefunden? Kommt er?« fragte ich. Sie sahen mich düster an. »Was ist los? Warum sagt ihr nichts!« Aber sie blieben stumm. »Nun sag schon, was los ist, Paul«, drängte ich ihn auf Polnisch. »Offenbar hat es doch mit mir zu tun?«

Paul sagte unwillig: »Ja, Casals weigert sich, ein Haus zu betreten, in dem du anwesend bist.«

»Waaaaas?« Ich war völlig konsterniert. »Warum denn?«

»Das weiß ich auch nicht, er wollte es nicht sagen. Wir haben ihn angefleht, uns seine Gründe anzugeben, aber er wollte nicht.«

Ich setzte mich, zutiefst getroffen von einer so grausamen und unerwarteten Kränkung. Am meisten verletzte mich, daß er ein solches Geheimnis daraus machte, es war ja, als hätte ich ein Verbrechen begangen. So sehr ich mir auch den Kopf zerbrach, womit ich diese Behandlung verdient haben könnte – mir wollte nichts einfallen. Also schrieb ich ihm einen Brief ungefähr folgenden Inhalts: »Sie haben mich schwer gekränkt, und daß Sie sich weigern, den Grund für Ihr Verhalten zu nennen, ist unerträglich. Es muß ein Mißverständnis vorliegen, denn ich habe mir nichts vorzuwerfen. In meinem Herzen besitzen Sie als Mensch und Künstler seit je ein Denkmal (ein fürchterliches Bild, doch benutzte ich es), und Sie haben nicht das Recht, mir Ihre Gründe vorzuenthalten. Ich verlange eine sofortige Antwort.«

Seine Antwort traf am folgenden Tag ein, und ich weiß noch jedes Wort. »Freunde, die Geld borgen, aber nicht zurückzahlen, sind keine Freunde.« Darunter sein Name. Nachdem ich das gelesen hatte, lachte ich laut. »Weiter nichts!« O ja, ich erinnerte mich, zehn Pfund von ihm geliehen zu haben, ohne sie je zurückzuzahlen, denn ich sah darin die Abgeltung meines Beitrages zu unserem gemeinsamen Konzert. Ich besaß immer noch nicht genug Geld, ihm die zehn Pfund zurückzugeben, ich mußte sie mir von Paul geben lassen. Ich schrieb dazu:

»Zu meiner unbeschreiblichen Erleichterung handelt es sich nur um schnödes Geld. Falls ich mich recht erinnere, schulde ich Ihnen 15 Pfund, die ich mit dem Ausdruck des Bedauerns über die verspätete Rückzahlung beilege.«

Darauf erhielt ich keine Antwort, doch wurde die Angelegenheit natürlich überall herumgetratscht und muß wohl auch ihm zu Ohren gekommen sein, denn nach fünf Wochen schickte er mir in einem

Briefumschlag fünf Pfund mit der Bemerkung: »Bei der Überprüfung meiner Einnahmen ergibt sich, daß Sie mir fünf Pfund zuviel gezahlt haben, die ich hiermit retourniere.«

Damit war dieser trübe Zwischenfall abgeschlossen. Ich habe mich Jahre später mit Casals ausgesöhnt, und zwar brachte Rubio uns neuerlich zusammen. Wir spielten auch ein- oder zweimal miteinander, aber es ergab keinen rechten Klang. Mein »Denkmal« schrumpfte zusammen – ich bewunderte noch den großen Cellisten, den Menschen nicht mehr. Wir betrachteten das Leben mit zu verschiedenen Augen.

Die wunderbare Diaghilew-Saison begann mit einer Aufführung des ›Boris Godunow‹ mit Schaljapin. Seine Verkörperung des unseligen, verwirrten Zaren ist unübertroffen geblieben. Am Premierenabend sang er schöner denn je und wurde umjubelt. Kochanskis und ich saßen mit Drapers in einer Loge, völlig entrückt. Nachdem Fjodor zwanzig- oder dreißigmal vor den Vorhang gerufen worden war, gingen wir hinter die Bühne, um ihn zu beglückwünschen. Dazu mußten wir uns durch ein Gewimmel von Londonern den Weg bahnen, die so außer sich waren wie Russen.

»Wie schön, daß du da bist, Artuscha!« rief er, küßte mich in bester Moskauer Manier dreimal auf die Wangen und versprach dann, seinen nächsten spielfreien Abend bei Drapers zu verbringen.

Ich genoß mein Glück, sämtliche Teile des Diaghilew-Programms am jeweiligen Premierenabend zu sehen, entweder mit Drapers zusammen oder mit Mrs. Bergheim, die ebenfalls Karten gekauft hatte. Angezogen vom Glanz dieser Saison, kamen auch Karol Szymanowski und Joseph Jaroszynski nach London. Um mir eine Freude zu machen, lud Mrs. Bergheim Karol ein, in Belsize Park zu wohnen. Er nahm an, bereute aber schon bald seinen Entschluß, da ihm die Betulichkeit unserer Gastgeberin auf die Nerven fiel. In Edith Grove jedoch fühlte er sich ganz zu Hause. Er und Joseph und Schaljapin nisteten sich als habitués ein, und Fjodor verzieh Joseph großmütig seine Indiskretion. Eines Abends brachte er seine Freundin mit, Jeanne Granier, eine berühmte Operettendiva und Schauspielerin. Nach dem Essen sang Draper, vom Komponisten begleitet, einige sehr schwierige Lieder von Szymanowski, die mit ihrer modernen und komplizierten Struktur nur unseren Beifall fanden. Von den anderen klatschte einzig Jeanne Granier und rief: »Bravo! Bravo!

C'est merveilleux!« Schaljapin, der unaufrichtiges Lob nicht hören konnte, sagte zu ihr: »Tu doch nicht so, mein Liebchen, nicht eine einzige Note hast du begriffen!« Worauf sie wütend versetzte: »Wie kannst du sowas sagen? Als ich jung war, habe ich seine ganze ›Amour d'un poète‹ gesungen.« Sie meinte offenbar Schumanns »Dichterliebe« ganz im Glauben befangen, Szymanowski sei die polnische Version des Namens Schumann, die arme Person!

Fjodor überreichte mir, um das Thema zu wechseln, den Klavierauszug von Moussorgskys »Chowanschtschina«. Ich mußte spielen, und er sang die gesamte Oper durch.

Der Sonatenabend, für Paul und mich ein großer künstlerischer Erfolg, war sehr schlecht besucht, und mein zweiter Klavierabend erlitt das gleiche Schicksal. Die Londoner Konzertfreunde hatten nur noch Diaghilew im Kopf. Gleichwohl war ich recht zufrieden, und Daniel Meyer verschaffte mir für Januar und Februar 1915 immerhin drei gute Engagements.

»Petruschka« sah ich zweimal, das zweite Mal mit Tante Clara in ihrer Loge, während Muriel Paul und Zosia eingeladen hatte. Das Ballett hatte den gleichen stürmischen Beifall wie bei der Premiere, und nachdem der Vorhang mehrmals gefallen war, zeigte sich ein kleiner Mann auf der Bühne und verbeugte sich zu anhaltendem Beifall. Es war Igor Strawinsky. Ich rief: »Den muß ich unbedingt kennenlernen!« und lief auch schon zur Bühne. Ich war unterdessen mit der ganzen Truppe bekannt geworden, von Diaghilew bis hinunter zum letzten Kulissenschieber. Strawinsky stand noch an der Rampe und verbeugte sich immer wieder. Ich bat einen bärtigen Beleuchter: »Bitte stellen Sie mich dem Meister vor!« und er erwiderte auf Russisch: »Gut, mache ich.« Als Strawinsky abgehen wollte, zeigte der Beleuchter auf mich, sagte zu ihm: »Das ist Rubinstein«, und der Komponist blieb stehen.

»Ich habe den ›Sacre du Printemps‹ gründlich studiert«, begann ich schüchtern auf Russisch, »und ich wüßte gern, ob meine Auffassung davon richtig ist oder falsch. Hätten Sie einen Moment Zeit, mit mir darüber zu sprechen?«

Eigentlich hatte er mich sogleich wegscheuchen wollen, doch nun war sein Interesse geweckt, und er hörte mir zu. Als ich geendet hatte, sagte er nach einigem Überlegen:

»Morgen bin ich den ganzen Tag beschäftigt, doch wenn Sie früh um neun zu mir ins Hotel Cecil auf dem Strand kommen wollen, können wir eine halbe Stunde beim Frühstück darüber reden.«

Ich bedankte mich. Am nächsten Tag stand ich bereits um sieben auf, um mich nicht zu verspäten, und klopfte Punkt neun bei ihm an. Er saß am Fenster und beendete soeben sein Frühstück. Ich setzte ihm ohne alle Umschweife auseinander, wie ich »Sacre du Printemps« auffaßte, allerdings hatte ich zuvor gesagt, daß ich »Feuervogel« und »Petruschka« über alles schätzte.

»Beim ersten Anhören hat mich ›Sacre‹ unbeschreiblich verwirrt«, sagte ich, »mein musikalischer Instinkt lehnte entschieden diesen barbarischen Ausbruch ab, als den ich Ihre Komposition empfand. Ich wollte mich aber nicht mit der Reaktion des üblichen Konzertbesuchers zufrieden geben, der da sagt: ›Der Komponist ist verrückt‹ oder, schlimmer noch: ›Er ist nicht aufrichtig‹. So kam ich denn nach eingehendem Studium der Partitur zu dem Ergebnis, daß Sie nicht beabsichtigen, Stammesriten musikalisch zu untermalen, noch das Opfer eines Mädchens, dessen Tod die Götter beschwichtigen soll, sondern daß es Ihnen darum geht, die Evolution der Töne bei der Geburt der Natur aufzuzeigen.«

Strawinsky war beeindruckt; vieles von dem, was ich sagte, komme, so bestätigte er, seinen Absichten nahe. »›Sacre‹ ist im wesentlichen meine Auflehnung gegen die bestehende musikalische Tradition. Ich wollte der Musik neues Blut übertragen, ihr zu neuem Leben verhelfen.«

Nun gingen wir zu einem jener angeregten, aber endlosen Gespräche über, die sich um Kunst und Literatur, Sprachen und Politik, Religion und Liebe drehen, bis er plötzlich mitten im Satz sagte: »Da reden wir nun und reden, und ich vergesse ganz meine Verabredung. Aber gleichviel, die Leute sind ohnehin Langweiler.« Und wir setzten das Gespräch fort. Es war schon fast Mittag, als er blinzelnd vorschlug: »Warum sehen wir uns nicht das neue Ballett von Richard Strauss an? Es wird gerade geprobt. Diaghilew hat sich mit der Ausstattung von Sert völlig ruiniert, und ich will doch sehen, ob es sich auch gelohnt hat.«

Zum Drury Lane Theatre war es nicht weit, und wir setzten uns hinten in die letzte Reihe des abgedunkelten Zuschauerraums. Serts Bühnenbild war eine Nachbildung von Veroneses oder Tintorettos (ich weiß es nicht mehr genau) Darstellung des Joseph mit der Frau von Potiphar, und Strauss selber dirigierte die letzte Probe. Die Musik hatte den für Strauss so typischen Schwung, die Orchestrierung war reich und polyphon, die Komposition hingegen hohl und nichtssagend.

Strawinsky kniff mich bei gewissen Stellen in den Arm und äußerte sich über die Musik in unwiederholbaren Kraftausdrücken. Wir gingen ungesehen hinaus, und auf der Straße sagte er: »Zeit zum Essen. Kennen Sie ein ordentliches Lokal?« Paul, Zosia, Karol und Jaroszynski erwarteten mich in Edith Grove zum Essen, und daher sagte ich: »Warum kommen Sie nicht mit mir? Sie werden ein paar nette Leute kennenlernen, mit denen Sie französisch und russisch plaudern können.« Er stimmte zu, und wir kamen auch noch rechtzeitig, denn bei Muriel war Lunch immer sehr spät. Man empfing den Gast mit allen erdenklichen Ehren, und er fühlte sich bei uns durchaus wohl. Die Unterhaltung bei Tische war lebhaft, und den Kaffee nahmen wir im Studio. Strawinsky empfand sogleich, was es mit diesem Raum auf sich hatte, machte aber einige abfällige Bemerkungen über das Klavier als solches, als er den Konzertflügel erblickte. »Das Klavier ist ein Schlaginstrument und weiter nichts«, behauptete er, doch Karol widersprach ihm: »Da bin ich anderer Meinung. Die bedeutendsten Komponisten haben Klavierwerke geschrieben, die einen singenden Ton verlangen.«

»Und damit haben sie eben unrecht«, behauptete der Russe. »Ich bezweifle keinen Augenblick, daß neue Musik komponiert werden wird, die das Klavier richtig behandelt.«

Um seinem Argument Nachdruck zu verschaffen, wurde Karol persönlich. »Wenn Sie Arthur Ihren ›Feuervogel‹ oder ›Petruschka‹ auf dem Klavier spielen hören, werden Sie Ihre Meinung ändern.«

»Ist Rubinstein denn Pianist?« fragte Strawinsky ganz erstaunt, und alle lachten, weil sie das für einen Witz hielten, doch mir fiel ein, daß ich es wirklich nicht erwähnt hatte.

Wir blieben bis vier Uhr früh in Edith Grove. Abends wurde Kammermusik gemacht, zweimal wurde gegessen, es gab reichlich Champagner. Ich brachte Strawinsky im Taxi in sein Hotel. Wir küßten uns zum Abschied und beschlossen, uns fortan zu duzen, auf Französisch und Russisch. Während der einen Woche, die er noch in London verbrachte, trafen wir uns jeden Tag zum Lunch und blieben brüderliche Freunde trotz endloser Meinungsverschiedenheiten in künstlerischen Fragen.

Am 28. Juni 1914 wurde Erzherzog Franz Ferdinand von einem fanatischen serbischen Patrioten in Sarajewo erschossen. Die neue Tragödie im Hause Habsburg erregte die ganze Welt, und man bemitleidete allgemein den schwergeprüften Kaiser. König George ordnete für eine Woche Hoftrauer an.

Dieses politische Verbrechen machte auf unsere kleine Gruppe wenig Eindruck. Das Leben ging seinen Gang, noch hatten wir die Oper und das Ballett, die großen Künstler blieben in London, unsere musikalischen Abende wurden durch immer neue Programme und Teilnehmer bereichert, unsere Soupers von mal zu mal heiterer. O ja, das Leben war damals in London berauschend! Und diese herrliche Saison dauerte noch an.

Eines Tages sagte Draper zu mir: »Sag es nicht weiter, Arthur, aber ich bin pleite. Seit vierzehn Tagen ist das Glück gegen mich, ich habe höher und immer höher gesetzt, um meine Verluste wettzumachen, aber nun ist der letzte Pfennig weg. Meine ganze Hoffnung ist das Derby; ich habe 5000 Pfund auf einen Gaul gesetzt, der einfach nicht verlieren kann. Komm mit mir zum Rennen, du bringst mir bestimmt Glück.«

Ich versprach es, und so fuhr ich denn mit Draper im Taxi nach Epsom. Der Tag war sonnig und heiß, und mehr als eine Million Menschen umlagerten den Rennplatz. Wir drängten uns durch die Menge bis an das Geländer, an dem wir uns festklammerten. Der König und die Königin erschienen in einem Vierspänner und nahmen Platz in der Königsloge. Das größte Rennen des Jahres konnte losgehen. Eins nach dem anderen kamen über zwanzig Pferde langsam auf die Bahn, und die bunten, schmächtigen Jockeys, tief auf die Pferderücken geduckt, führten der erregten Menge die kostbaren Tiere vor.

Draper deutete bleich vor Erregung auf ein kastanienbraunes Tier und flüsterte: »Das ist Kenymore«, und ich sagte »merde« – das bringt Glück. Man brachte die Pferde an die Startlinie hinter einem Gatter, das Signal erschallt, das Gatter geht hoch, das Rennen ist auf. Anfangs liegt das Feld dicht beisammen, in der ersten Kurve aber zieht es sich bereits auseinander, dann streben vier, fünf Tiere unaufhaltsam nach vorne. Die Menge heult wild, trommelfellzerreißend! Man schreit die Namen der Gäule, auf die man gesetzt hat, auch Draper brüllt: »Kenymore, Kenymore!« Schon liegen vier Pferde weit voraus, aber nicht Kenymore. Draper kräht wie ein verängstigter Hahn: »Kenymore, Kenymore!« Seine Stimme wird schwach und schwächer, und als das Rennen längst zu Ende gelaufen ist, höre ich ihn noch matt wispern: »Kenymore.« Ein bejammernswertes, herzzerbrechendes Schauspiel. Den Namen dieses gräßlichen Gauls werde ich nie vergessen, der klingt mir immer noch schrecklich im Ohr.

Wir fuhren im überfüllten Bus zurück in die Stadt, die meiste Zeit stehend. Draper machte den Mund nicht auf, denn er war völlig verzweifelt. Übrigens hatte auch Paul dem Rennen beigewohnt – durch die Menge von uns getrennt – und auch er wußte, was der Ausgang bedeutete. Draper hatte ihn eingeweiht.

Muriel, Ruth und Zosia tranken derweil in Edith Grove Tee und warteten auf uns. »Wir sind ruiniert, Muriel, völlig ruiniert«, sagte Draper laut, als wir in das Studio traten.

»Na, dann trinkt erst mal alle eine Tasse Tee«, sagte Muriel, die offenbar schlechte Nachrichten erwartet hatte.

»Du nimmst mich nicht ernst, Muriel«, beharrte Draper, »wir besitzen buchstäblich keinen Pfennig mehr!«

»Verdirb uns nicht die Laune. Heute abend essen wir im Savoy, da haben wir noch Kredit.«

Draper sank in einen Sessel und gab es auf.

Tatsächlich waren sie in der Klemme: Draper hatte nicht nur sein eigenes Geld verwettet, sondern war auch bei seinem Buchmacher verschuldet. Solche Schulden sind in England eine Ehrensache. Es folgten endlose Beratungen mit Sachverständigen und Gläubigern. Das Haus wurde mit einer Hypothek belastet, und als rettender Engel griff dann im letzten Moment Ruth Draper ein, die aus Liebe zu dem Bruder ihr Vermögen drangab, um ihn vor seinen Gläubigern zu retten und fürs erste über Wasser zu halten. Draper zeigte sich von diesem Opfer zutiefst gerührt, Muriel hingegen war ganz Königin, die von einer Vasallin den Tribut entgegennimmt.

Die Politik rückte erneut in den Vordergrund. Österreich forderte die Auslieferung des Attentäters, die Serbien verweigerte. Eisenbach brachte mir eines Morgens ganz aufgeregt die Wiener Neue Freie

Presse und rief: »Lesen Sie, lesen Sie, das bedeutet Krieg! Das bedeutet Krieg!« Österreich hatte Serbien ein Ultimatum gestellt. Ich legte die Zeitung weg. »Was gibt es da schon groß zu befürchten!« sagte ich. »Falls es zu einem Krieg kommt, so wird ein großes Reich gegen seinen aufrührerischen kleinen Nachbarn eine Strafexpedition durchführen.« Tags darauf sah ich die Dinge allerdings schon anders an. Die Schlagzeilen lauteten: »Rußland droht Österreich mit Intervention auf seiten Serbiens.« Die Leitartikler sprachen von schwerer Krise, den Mann auf der Straße kümmerte das nicht im geringsten. Die Lage wurde von Tag zu Tag bedrohlicher. Kaiser Wilhelm schien auf eine solche Zuspitzung gewartet zu haben, denn er stachelte den senilen Franz Joseph auf, unverzüglich über Serbien herzufallen, und drohte den Russen in einer Note, sie mit Krieg zu überziehen, falls sie sich in den austroserbischen Streit einmischten. Das versetzte die Regierung Englands und Frankreichs in Schrecken, denn die Entente Cordiale zwischen den beiden Ländern und Rußland verlangte Intervention im Falle eines Angriffs auf einen Vertragspartner. Gewöhnliche Leute, und dazu zählten auch wir, konnten sich nicht vorstellen, daß in unserer zivilisierten Welt ein mörderischer Krieg losbrechen könnte. Immerhin lauteten die Nachrichten höchst beunruhigend.

Paul und Zosia reisten nach Litauen und nahmen Sylvia Sparrow mit. Sie wollten den Sommer auf dem Gut von Emil Mlynarski verbringen. Karol reiste nach Tymoszowka ab und Jaroszynski nach Kiew. Ich sollte nach unserer Abmachung mit Paul und Zosia fahren, blieb aber in London zurück, denn ich bin gerne dort, wo bedeutsame Dinge vorgehen, und zudem war ich immer noch verliebt.

Paul Draper fand, er sei jetzt am besten in Deutschland aufgehoben – ausgerechnet! Er konnte seinen Wunsch nur wenig überzeugend begründen – angeblich wollte er besser Deutsch lernen und hören, wie deutsche Lieder an Ort und Stelle gesungen werden. Meiner Ansicht nach wollte er dem selbstfabrizierten Scherbenhaufen entfliehen, den er nicht mehr sehen konnte. Muriel ließ sich durch seinen Entschluß nicht aus der Fassung bringen; nachdem er abgereist war, gingen wir ins Ballett, es war die letzte Vorstellung in dieser Saison.

Der Kaiser drohte nun ganz offen nicht nur Rußland, sondern auch Frankreich und England. In einer seiner vielen kriegerischen Ansprachen verschwor er sich, den Konflikt bis zum bitteren Ende auszufechten. Deutsche Truppen standen marschbereit an den Grenzen zu

Rußland und zu Frankreich. Die Lage verschlechterte sich rasch. Die befreundeten Regierungen erwiderten die Drohungen des Kaisers mit der Mobilmachung. Das störte die Londoner nun doch auf, und die Anschlagsäulen waren umlagert. Man las ängstlich schweigend die schicksalsschweren Verordnungen, und die Zeitungen brachten alle halbe Stunde Extrablätter auf die Straße. König George und Zar Nikolaus beschworen ihren Vetter Wilhelm, doch abzulassen von seinem starren Entschluß, sie seien bereit, in einer Konferenz gemeinsam eine Lösung des Konflikts zu suchen. Der Kaiser aber wies ihre Vorschläge kühl zurück. In einer feierlichen Ansprache an seine Untertanen schilderte er die allgemeine Mobilmachung der Entente als eine feindliche Provokation, die mit Krieg beantwortet werden müsse.

Dann kam der Tag, an dem ich wie vor den Kopf geschlagen die Schlagzeilen las: »Deutsche Armeen dringen nach Belgien ein!« England, das gehofft hatte, ein Wunder werde noch in allerletzter Minute das schlimmste abwenden, war empört über diesen brutalen Angriff auf ein kleines, friedliebendes Land. Im Parlament wurde einstimmig die Kriegserklärung verlangt, der König unterzeichnete. Frankreich befand sich bereits im Kriege, ebenso Rußland. Die tragische Katastrophe, aus der so viele weitere Katastrophen hervorgehen sollten, hatte ihren Anfang genommen, und die Zeit der friedlichen, unbeschwerten Beziehungen zwischen den Ländern, die Zeit der Lebenskunst, des guten Geschmackes, der guten Manieren und des Wohlstandes war für immer dahin. Die Welt hatte fortan kein Vertrauen mehr in die Zukunft.

Kapitel 75

In den ersten Kriegstagen warfen die Londoner den Deutschen hauptsächlich Rücksichtslosigkeit vor. »Ausgerechnet den Bank Holiday müssen uns die Deutschen mit ihrem Krieg verderben.« Zugleich aber stellte sich das ganze Land hinter den König, zu jedem Opfer bereit.

Mrs. Bergheim war ungeheuer geschäftig, und das tat ihr wohl. Sie begleitete den zu seinem Truppenteil einberufenen Peter Bergheim an den Zug. Nichte Nina wurde Krankenpflegerin. London sah bereits aus wie ein Militärlager. Eisenbach war ganz ratlos, denn als österreichischer Untertan hatte er ernstliche Schwierigkeiten. Blieb er in England, wurde er interniert, doch die Ausreise nach Krakau war gesperrt. In der Zeitung las ich, daß man das österreichische Botschaftspersonal auf dem Seeweg nach Triest schicken wolle, und ich sagte ihm: »Fahren Sie mit denen, dann passiert Ihnen nichts. Ihren Botschafter habe ich mal kennengelernt, das ist ein netter Mensch, allerdings weiß ich nicht, ob er uns jetzt empfängt.« Aber der Botschafter ließ uns gleich vor und sagte seine Hilfe zu. Abends schon bekam ich ein Telegramm vom Grafen Mengdorff (einem engen Freund Eduards VII.): Eisenbach möge sich an einem festgesetzten Tag in Southampton einfinden. Es war die Geste eines großen Herrn.

Muriel Draper, die Amerikanerin aus Boston, verwandelte sich über Nacht in eine leidenschaftliche englische Patriotin. Ich sah ihr an, daß sie mich verachtete, weil ich nicht Soldat wurde; ich vermochte ihr nicht zu erklären, daß in einem dreigeteilten Polen Brüder auf Brüder schießen mußten und daß ich wohl mit Freuden gegen die Deutschen kämpfen würde, allerdings nicht an der Seite der Russen.

Großfürst Nikolas Nikolajewitsch, Vetter des Zaren und Oberkommandierender der Streitkräfte, gestattete den Truppen aus Russisch Polen unter eigenem Feldzeichen zu kämpfen, und zugleich hörte man aus Frankreich, daß die dort lebenden Polen eine polnische Legion bilden und in der französischen Armee kämpfen wollten. So beschloß ich denn, unverzüglich nach Paris abzureisen und der polnischen Legion beizutreten. Mit mageren Geldmitteln ausgestattet und einer Reisetasche, die das Minimum vom Notwendigsten enthielt, bestieg ich auf dem Victoria-Bahnhof den Zug. Mrs. Bergheim und Muriel verabschiedeten mich. Die liebe Tante Clara reichte mir fünf Pfund in Gold: »Damit Sie nicht verhungern – den Franzosen ist nicht zu trauen!« sagte sie in bester englischer Manier. Muriel hingegen betrachtete mich voller Stolz als neugewonnenen Krieger.

Ich kam gegen Abend in Paris an und ließ mich sogleich in das Hotel Scribe auf dem Boulevard des Capucines fahren, wo ich für die Nacht abstieg. Ich wollte am nächsten Tag bei der russischen Botschaft vorsprechen und mich anschließend in die polnische Legion aufnehmen lassen.

Die Straßen waren beflaggt wie zum 14. Juli, und es herrschte ein patriotischer Rummel. Truppenteile, angeführt von Militärkapellen, marschierten in regelmäßigen Abständen über die Boulevards. Massen aufgekratzter Pariser umjubelten ihre Soldaten, riefen »Vive la France, vive la Belgique!«, schwenkten Hüte und Taschentücher. Frauen warfen Blumen, junge Mädchen warfen sich den Soldaten an den Hals. Bei der aufreizenden und pathetischen Marschmusik stieg mir ein Kloß in den Hals, denn »Sambre et Meuse« und »Le Chant de Départ« stacheln ebenso die edlen Gefühle auf wie die Marseillaise.

In jener Nacht fand ich keinen Schlaf. Wie ein Alptraum drückte mich die Vorstellung, ich müsse als Soldat mit dem Gewehr andere Menschen töten. Den Kaiser hätte ich ja kalten Blutes erschossen, doch der Gedanke, schuldlose junge Deutsche zu töten, darunter etwa meine Freunde vom Lesekränzchen, widerstrebte mir zutiefst in seiner Absurdität.

Ich frühstückte auf der Terrasse des Café de la Paix. Alle Gäste verschlangen nebenher die Zeitungen. Der Feind hatte die Landesgrenze erreicht! Der Einfall stand unmittelbar bevor! Die Zeitungen priesen König Albert von Belgien dafür, daß er mit seiner tapferen Armee so lange heldenhaft widerstanden hatte, um den Franzosen Zeit für die lebenswichtige Umgruppierung der Truppen zu geben.

Es wurde Zeit, die russische Botschaft aufzusuchen. Ein Taxi brachte mich in die Rue de Grenelle. Gruppen gestrandeter russischer Untertanen warteten bereits im Hof. Ich übergab einem Diener meine Visitenkarte und verlangte den Militärattaché zu sprechen. »Graf Ignatjew ist in St. Petersburg«, hieß es, »doch sein Vertreter, Oberst Osnobischin, wird Sie vielleicht empfangen.« Er verschwand mit meiner Karte. Der Name Osnobischin klang mir irgendwie bekannt. Nach einem Weilchen erschien ein großer, dicker russischer Offizier. Er sah mich an, sah auf meine Visitenkarte, und plötzlich lachte er: »Rubinstein! Was machen Sie denn hier?« Und jetzt erkannte ich ihn, einen Freund des Obersten Stremouchow, jenes musikliebenden Militärs, der Paul und mich vor Jahren in Warschau begönnert hatte. Der Dicke hatte gelegentlich unser Vorspielen bei Stremouchow mit sichtbarem Wohlgefallen angehört. Ich sagte, weshalb ich in Paris sei, und setzte hinzu: »Die Franzosen verlangen ein von den Russen unterzeichnetes Dokument als legalen Ausweis für den Eintritt in die polnische Legion innerhalb der französischen Armee.« Nun wurde Oberst Osnobischin ernst. »Seine Majestät der Zar hat den Erlaß unseres Oberkommandierenden rückgängig gemacht. Die Polen kämpfen unter der russischen Fahne, und es gibt auch in Frankreich keine polnische Legion.«

Eine niederschmetternde Neuigkeit! Im ersten Augenblick wußte ich nicht, was ich erwidern, was ich tun sollte, und sagte dann nach einem Weilchen resigniert: »Dann bleibt mir nichts übrig, als in die Fremdenlegion einzutreten. Glauben Sie, daß man mich dort nimmt?«

»Gewiß würde man Sie nehmen, aber hören Sie auf mich und lassen Sie den Unsinn. Selbst wenn Sie mit dem Leben davonkommen – Ihre Hände wären total ruiniert.«

Ich sagte matt, ich sei aber entschlossen zu kämpfen.

»Blödsinn. Wir haben genug Soldaten. Jetzt geht es darum, die Leute aus dem Kriege fernzuhalten, die der Menschheit durch ihre Begabung etwas zu geben haben. Lassen Sie mir Ihre Adresse hier, Roubinschtain, ich werde Ihnen schon einen nützlichen Posten verschaffen, bei dem Sie sich nicht die Hände verderben.«

Er verabschiedete mich mit herzlichem Händedruck, und ich dachte auf dem Heimweg: »Welches Glück, daß Graf Ignatjew in St. Petersburg ist, der hätte dich wahrscheinlich schnurstracks nach Rußland expediert!«

Während ich auf Nachricht vom Oberst wartete, suchte ich meinen Bruder Ignăcy; ich wußte, er wohnte irgendwo in der Gegend des Montparnasse, aber die genaue Anschrift hatte ich verloren. Ich erfuhr schließlich, daß ich ihn in dem bei Künstlern sehr beliebten Café de la Rotonde finden würde. Auf der Terrasse wimmelte eine bunte Menge junger Leute herum, denen man auf den ersten Blick den Maler, den Musiker oder den Schriftsteller ansah. Alle trugen langes, ungepflegtes Haar und Bärte. Gekleidet war das Völkchen recht pittoresk; man trug die Cordsamthosen der Arbeiter, schmuddelige Sweater, offene Hemden, abgewetzte Winterkleider mit steifem Kragen und die unwahrscheinlichsten Schuhe – Latschen und Lackschuhe, Knöpfstiefel und Sandalen. Und doch harmonisierte das alles aufs prächtigste miteinander. Man hörte bekannte und unbekannte Sprachen, nur nicht Französisch, denn die Franzosen waren alle eingerückt. Die jungen Frauen waren meist die Modelle oder les petites amies der Maler. Alle Welt schien miteinander bekannt zu sein, und man unterhielt sich laut von Tisch zu Tisch.

Hier gefiel es mir ausnehmend. Als ich an einem Tisch drei Männer polnisch sprechen hörte, fragte ich sie nach meinem Bruder. »O ja, den kennen wir. Er ist offenbar nicht in Paris, sonst wäre er hier.« Es wußte aber niemand die Adresse von Ignăcy. So beschloß ich denn, häufiger herzukommen.

Eine Woche verging ohne Nachricht von Oberst Osnobischin, und ich wurde nervös. Mein Zimmer im Scribe war viel zu teuer, überdies hatte ich gar nicht damit gerechnet, Geld für ein Zimmer ausgeben zu müssen. Zu meinem größten Kummer traute ich mich aus dem Hotel nicht wegzuziehen, weil ich es dem Oberst als Adresse angegeben hatte.

Von der Front hörte man nichts Gutes. Die Deutschen unter von Kluck hatten Sedan und St. Quentin eingenommen und rückten unaufhaltsam auf Paris vor. General Joffre, der französische Oberkommandierende, bezog zum Schutze der bedrohten Hauptstadt rückwärtige Positionen. Eines Morgens hingen überall Bekanntmachungen des Pariser Stadtkommandanten Gallieni, der die Pariser vor unmittelbarer Gefahr warnte und sie aufforderte, die Stadt zu verlassen. Nur kriegswichtige Arbeit durfte nicht unterbrochen werden.

Nun war Paris ohnehin leer. Ferienbeginn und Kriegserklärung hatten gemeinsam bewirkt, daß die Stadt wie ausgestorben dalag. Es gab neue Polizeivorschriften: Polizeistunde um neun Uhr, allgemeine Verdunkelung. Beinahe stündlich folgten weitere Anordnungen. Eines Morgens weckte mich ein sonderbares Geräusch von der Straße, und ich rannte auf den Balkon: Eine nicht endende Schlange von Taxis transportierte Truppen an einen mir unbekannten Bestimmungsort. Mein erster Gedanke war: »Da flüchtet die Garnison von Paris, Joffre hat die Schlacht verloren, Gallieni wird sogleich die Stadt übergeben.« Ich kleidete mich eilig an und stürzte zur Russischen Botschaft, um die letzten Neuigkeiten zu erfahren. Das Gebäude in der Rue de Grenelle wurde von zwei Polizisten bewacht, die mich nicht durchlassen wollten. »Ich werde vom Militärattaché erwartet«, sagte ich mit Nachdruck.

»Der ist gestern abend mit dem übrigen Botschaftspersonal nach Bordeaux übersiedelt«, hieß es.

Ich glaubte das nicht. »Unmöglich! Eine Botschaft darf nicht abziehen, solange die Regierung in der Hauptstadt bleibt!«

»Die französische Regierung ist schon gestern früh nach Bordeaux abgereist«, sagte der Polizist und kehrte mir den Rücken.

Mir blieb das Herz stehen. Das hatte gerade noch gefehlt! Verzweifelt kehrte ich in das Hotel zurück mit der grausigen Vision, daß die Deutschen mich als Spion verhaften und ihre Folterknechte meine Finger langsam rösten würden. Ich zahlte die Rechnung im Hotel, packte meine Sachen und ging auf die Suche nach einem billigen Zimmer. Als ich am Café de la Paix vorbeiging, hörte ich Geschrei aus Richtung der Place de l'Opéra. Man rief Extrablätter aus.

»Schlacht an der Marne! Galliéni wirft die Garnison von Paris an die Front! Stoß in die Flanke des Feindes! L'Armée de von Kluck en retraite!«

Ich war neu belebt, die Menge brüllte: »Galliéni! Galliéni!«, und ich stimmte ein. In der Rue du Helder fand ich im Hotel du Nil (ein recht alberner Name, das Hotel hatte nicht das geringste mit Ägypten zu schaffen!) ein winziges, sauberes Zimmer zu drei Francs am Tag, packte aus und nahm den Bus nach dem Montparnasse.

Das Café de la Rotonde war gerammelt voll, die Leute standen dicht an dicht, Kaffeetassen und Weingläser in der Hand, und redeten alle gleichzeitig über die Marneschlacht. Ich fand meine Polen an dem gewohnten Tisch und durfte mit einem von ihnen den Stuhl teilen. Bei näherer Bekanntschaft stellte sich heraus, daß mein Beisitzer Arzt war und ein großer Musikliebhaber wie viele seiner Berufsgenossen. Wir blieben stundenlang im Gedränge hocken. Von Zeit zu Zeit holte jemand ein neues Extrablatt, doch lauteten die Nachrichten immer gleich: der Feind war auf dem Rückzug.

Um neun Uhr war Sperrstunde, alle mußten nach Hause gehen. Der polnische Arzt schlug vor, ich solle ihn in sein Krankenhaus begleiten. Er habe dort Nachtdienst. »Sie können bei uns eine Tasse Tee bekommen, es steht sogar ein Klavier im Speiseraum.« Ich lehnte nicht ab; seit London hatte ich kein Klavier mehr gesehen. Das Hôpital Lariboisière bot in jener Nacht einen düsteren Anblick; Ambulanzen brachten Verwundete von der Front, kehrten um und holten neue. Mein polnischer Arzt machte mich mit einigen Kollegen bekannt, die bei einer Tasse Kaffee im Speiseraum saßen und fachsimpelten, bis man sie wieder zu einer Operation rief.

Hier wurde mir zum ersten Mal klar, wie wahnwitzig und schrecklich der Krieg ist. Arglose junge Menschen, die gestern noch kerngesund umhertollten, trug man verstümmelt herein, von anderen, ebenso arglosen jungen Menschen zum Krüppel geschossen. Was für eine unerträgliche Farce!

Ich lugte schüchtern nach dem Klavier in der Ecke, ging hinüber, klappte es auf und schlug einige Noten an. Es war fürchterlich verstimmt, einige Tasten gaben überhaupt keinen Ton von sich. Doch setzte ich mich davor und spielte die ›Pathétique‹ von Beethoven, spielte sie wie nie zuvor. Ich meine jetzt nicht den Klang, ich meine Gefühl und Empfindung. Ich hätte in Tränen ausbrechen mögen, und alle übrigen Anwesenden auch.

Meine geringen Mittel schmolzen dahin. Die fünf Goldpfund waren ausgegeben, und ich klammerte mich jetzt an einen Notgroschen, der mir zwei weitere Wochen im Hotel ermöglichen sollte. Da blieb für das Essen nicht viel übrig. Vier oder fünf Tage lang lebte ich von den kleinen Trauben, die zur Zeit der Weinlese für wenige Centimes auf der Straße feilgeboten werden. Ich konnte vor Hunger nicht schlafen, und wenn ich an diese gräßlichen Hungertage denke, fällt mir sofort eine kleine Tragikomödie ein: Eines Abends sah ich durch das Fenster im hell erleuchteten Café de la Paix drei englische Offiziere an einem Tische speisen. Einen davon kannte ich aus London, und auch er erkannte mich und machte mir Zeichen hereinzukommen. Er stellte mich auf sehr schmeichelhafte Weise seinen Kameraden vor. »Scheußlich, dieser Krieg, was? Aber wir werden es diesen Jerries schon geben«, fügte er unter dröhnendem Gelächter hinzu. Dann lud er mich zum Essen ein – doch lehnte ich ohne zu überlegen ab. Eine innere Stimme riet mir ab, diese drei Engländer zuschauen zu lassen, wie ein ausgehungerter Mensch sein Essen in sich hineinschlingt. Eine Tasse Kaffee lehnte ich nicht ab, verbrannte mir aber aus lauter Nervosität beim ersten Schluck die Zunge. Dieses frustrierende Erlebnis bewirkte Hungerträume, in denen große Stücke Rindfleisch mit pommes soufflées und sauce béarnaise mich lockten.

Tags darauf marschierte ich den ganzen Weg bis zum Café de la Rotonde, wo mein neuer Freund, der Arzt, mir großmütig einen Tee bestellte. Am Nachbartisch sprach ein Mann laut von einer soupe populaire, und auf meine Fragen erfuhr ich, daß Wohltäter zweimal am Tage gestrandeten Künstlern auf den Champs-Elysées Suppe und Brot austeilten. Diesmal nahm ich den Bus, ich fand auch die richtige Stelle, doch hieß es: »Erst in einer Stunde wird ausgeteilt.«

Um die Zeit hinzubringen, kaufte ich wieder Trauben und setzte mich auf eine Bank. Nach und nach versammelten sich meine Brüder in der Kunst und im Hunger; es waren gegen fünfzig. Manche kamen mir bekannt vor, doch hielt sich jeder wortkarg für sich – das konnte ich gut nachfühlen.

Hinter den Tischen erschienen nun mehrere barmherzige Samariterinnen, stapelten Suppenteller und schnitten Brot. Endlich hievte ein Mann den großen Suppentopf mit langstieliger Schöpfkelle auf den Tisch, wir stellten uns der Reihe nach an, und jeder erhielt sein Essen. Es war eine sehr gute Gemüsesuppe, und mir erschien sie als die beste Mahlzeit, die ich je gegessen hatte. Ich aß langsam, ich kostete jeden Löffel – da redete mich jemand an. Es war Gabriel Astruc, der mich hoch verblüfft betrachtete. »Was machen Sie denn ausgerechnet jetzt in Paris, Arthur?« Ich wurde rot, ich schämte mich, weil er mich in einer Volksküche angetroffen hatte.

»Falls es Sie wirklich interessiert, will ich es Ihnen gerne erzählen«, sagte ich.

»Warten Sie einen Moment, ich bin gleich wieder da«, sagte er und wandte sich den beiden Damen am Suppenkessel zu. Astruc selber hatte nämlich, wie ich später erfuhr, diese Suppenküche organisiert. Jetzt führte er mich in ein nahegelegenes Café und hörte sich mein Mißgeschick an.

»Ich werde etwas für Sie auftreiben«, sagte er und versprach, mich so bald wie möglich zu benachrichtigen. Auch gab er mir 100 Francs. »Vorschuß auf künftige Konzerteinnahmen«, schmunzelte er dabei.

Astruc verschaffte mir Arbeit als Übersetzer von Dokumenten und Briefen, die man bei Kriegsgefangenen gefunden hatte. Meine Kenntnisse des Deutschen, Polnischen, Russischen, Französischen und Englischen waren so nützlich, daß man mir 100 Francs die Woche zahlte. Nachmittags hatte ich frei. Ich war nicht Angehöriger der Armee, sondern Zivilangestellter.

Ich schlug mein Standquartier im Café de la Rotonde auf und wurde endlich auch Mitglied des »Club«. Eines Tages erschien Ignăcy, der mit anderen bei Kriegsausbruch nach Tours geflohen war. Wir hatten uns lange nicht gesehen, und das Leben hat uns seither auch wieder getrennt, denn wir haben so gut wie nichts gemeinsam; in der Rotonde allerdings verstanden wir uns besser. Zwei Polen, Neulinge in diesem Café, schlossen sich uns an, ein Maler namens

Kramsztyk aus Warschau und ein Musiker, Morawski, der seit Jahren in Paris lebte. Wir vier wurden unzertrennlich.

Der Krieg war zum Stillstand gekommen, es begann der furchtbare Grabenkampf, der grausamste aller Kriege. Die Franzosen waren entschlossen, die Front zu halten. »Ils ne passeront pas«, war die Parole. Die englische Armee hielt den linken Flügel, und König Albert klammerte sich heroisch an das letzte Eckchen seines tapferen Landes. Italien, ursprünglich Mitglied des Dreibundes, überlegte sich die Sache anders und erklärte Österreich den Krieg.

Die französische Presse berichtete von den Greueltaten, welche deutsche Soldaten in Belgien, Polen und Nordfrankreich begingen. Kaltblütig erschossen sie Hunderte von schuldlosen Zivilisten, wenn einer der ihren von einem Heckenschützen getötet wurde. Die anschaulichen Berichte über Morde, Vergewaltigungen und Folterungen nannten die deutschen Behörden Greuelpropaganda, doch Dokumente und Briefe, die mir in die Hände kamen, bestätigten die französischen Meldungen. So war der bekannte Komponist Albéric Magnard einfach ermordet worden, als er die Invasoren nicht höflich genug behandelt hatte. Ich schämte mich, daß unsere große Zivilisation sich so weit beschmutzen konnte, einem üblen Menschen wie dem Kaiser zu gehorchen, und in hilfloser Wut schwor ich mir: »Nie wieder wirst du in Deutschland spielen!«

Bis zu dieser Stunde habe ich den Schwur gehalten – unseligerweise sind inzwischen noch zwingendere Gründe dazugekommen.

Ich freundete mich mit Morawski an, dem späteren Direktor der Warschauer Musikhochschule. Bei unseren Gesprächen im Café wurden wir sehr vertraut miteinander; wir verbrachten Stunden an seinem Klavier, wo er mir seine Kompositionen vorspielte, die viel Begabung verrieten, während ich ihn mit der Musik von Szymanowski bekannt machte.

In dieser Zeit übernahm ich noch eine weitere Aufgabe: ich saß einer Malerin Modell. Es handelte sich um ein ältliches polnisches Fräulein, Olga Boznanska, die sich in Pariser Künstlerkreisen einen Namen geschaffen hatte. Sie bewunderte mich von Krakau her und wollte mich nun unbedingt porträtieren. So kam ich denn täglich um vier Uhr nachmittags in ihr Atelier am Boulevard Montparnasse, setzte mich in einen Sessel und ließ mich abmalen.

Olga Boznanska war eine Exzentrikerin – so um die Fünfzig, klein, aber schlank, mit dunklen, scharf blickenden Augen in einem kleinen, übermäßig gepuderten Gesicht, das an einen Pierrot denken ließ. Sie trug stets ein langes schwarzes Kleid wie zum Kirchgang und schlang eine Boa um den Hals, vermutlich um ein Doppelkinn zu verbergen. Schlag fünf legte Fräulein Olga den Pinsel aus der Hand und verkündete: »Teezeit. Und Zeit für meine kleinen Mäuse.« Und schon rannten von überallher Mäuse herbei, zehn oder zwölf Stück, und ließen sich von der Malerin füttern. Hatte sie Damenbesuch, so flüchtete der meist schreiend. Mein lebensgroß ausgeführtes Porträt gelang vorzüglich, und sie fing sogleich ein neues, im Halbprofil, an.

Kramsztyk, ebenfalls ein vortrefflicher Maler, bat Olga um die Erlaubnis, mich gleichzeitig in ihrem Atelier malen zu dürfen, was sie gnädig gestattete. Sein schönes Porträt von mir ist noch in meinem Besitz, doch die beiden Bilder der Boznanska sind während des Zweiten Weltkrieges aus meinem Haus in Paris verschwunden.

Zurück zum Ersten Weltkrieg. Morawski machte mich eines Tages mit einigen Rumänen bekannt – einer Witwe und ihren drei Kindern, zwei Töchtern und einem Sohn, alle drei Musiker. Der Sohn war ein sehr begabter Geiger, die ältere Schwester eine gute Pianistin, die jüngere spielte Cello. Es waren ganz reizende Menschen. Morawski gab der einen Tochter Klavierstunden und hatte sich mit der ganzen Familie angefreundet. Bei meinem ersten Besuch behielt die Mutter uns zum Essen da und setzte uns herrliche rumänische Gerichte vor. Es stellte sich heraus, daß diese Rumänen und ich viele gemeinsame Interessen hatten. Nach dem Essen wurde selbstverständlich Musik gemacht. Der Sohn und ich spielten eine Sonate, eine Tochter spielte sehr schön Faurés »Thème et Variations«, und danach bot ich alles, was mir einfiel. Morawski und ich gingen erst nach Mitternacht weg.

Dieses gastfreie Haus suchte ich noch oft auf. Die Mutter war zwar redselig, doch sehr gescheit, und plante sehr klug die Zukunft ihrer Kinder. Man sah gleich, daß sie ihren netten und hübschen Sohn bevorzugte, daß sie die jüngere Tochter sehr mütterlich behandelte, aber Marguerite, die Klavierspielerin, als Aschenbrödel vernachlässigte. Ich begriff das nicht, denn gerade Marguerite war sehr schön, sie verkörperte den rumänischen Idealtyp mit herrlicher Haut, dunklem Haar und samtschwarzen Augen. Ihr melancholischer Ausdruck rührte mich, und ich wurde in gewisser Weise ihr Beschützer. Ich ermutigte sie, vorzuspielen, ich lobte sie, widmete mich ihr bei Tische ausgesucht höflich, küßte sie allerdings auch in unbeobachteten Momenten oder drückte unter dem Tisch ihre Hand.

Die Regierung kehrte nach Paris zurück, und ihrem Beispiel folgten auch die diplomatischen Vertretungen. Als ich mich eines Tages in die Rue de Grenelle wagte, war dort Graf Ignatjew, ich aber verlangte Oberst Osnobischin zu sprechen. Diesmal empfing er mich in einem kleinen Büro und wirkte etwas verlegen.

»Es tut mir leid, daß ich Sie im Stich gelassen habe, doch mir fehlte die Zeit, wir hatten Anweisung, unverzüglich abzurücken. In der Botschaft herrschte Panik. Und was ist aus Ihnen geworden?«

Ich schilderte ihm ziemlich zutreffend meine Erlebnisse, und er hörte teilnahmsvoll zu. Dann stand er auf und sagte: »Gut, Roubinschtain, im Notfall wenden Sie sich an mich.«

Genau genommen war das Leben in Paris während des Krieges nicht nur erträglich, es hatte auch seine Vorzüge. Die von den meisten Bewohnern verlassene Kapitale war auf die Maße einer Kleinstadt zusammengeschrumpft. An die Frontnähe und die ständigen Truppenbewegungen hatte man sich bald gewöhnt. Ich meine, der Mensch kann sich jeder Veränderung anpassen.

Eines Morgens wurde ich schon um acht geweckt. »Eine junge Dame erwartet Sie in der Halle«, sagte das Zimmermädchen vom Hotel du Nil. Und auf die Frage, wie die junge Dame denn heiße: »Ihren Namen hat sie nicht nennen wollen.« Ein Geheimnis. Ich nahm an, daß es sich um einen Besuch aus dem Ausland handeln müsse, denn meine Pariser Bekannten würden mich niemals zu so früher Stunde wecken. Als ich mich angezogen hatte und hinunterging, sah ich unten Marguerite sitzen, die Klavierspielerin, eine Reisetasche neben sich. Sie stand auf und sagte ganz einfach: »Ich bin von daheim weggelaufen, ich will jetzt bei dir bleiben.«

Zuerst verschlug es mir die Sprache. Dann fiel mir der fürchterliche Morgen in Warschau mit Pola ein, und ich nahm Marguerites Hand. »Was hat man dir denn getan, Liebchen?« fragte ich.

»Nichts. Niemand weiß, daß ich hier bin, ich habe mich unbemerkt weggeschlichen!«

Unmöglich! Ich mußte dahinterkommen, was eigentlich geschehen war. »Laß die Tasche hier stehen, wir gehen frühstücken und du erzählst mir alles haargenau.«

Ich führte sie in ein kleines Café und bestellte Brioches und Kaffee. Sie hatte nicht viel zu erzählen.

»Mutter mag mich nicht, das war schon immer so. Sie mag nur meinen Bruder und meine Schwester, mich will sie nach Rumänien zurückschicken, ich soll dort einen reichen alten Mann heiraten. Ich will aber bei dir bleiben, Arthur, wir lieben einander, und alles andere zählt nicht.«

Das klang rührend und zugleich lächerlich. »Mein gutes Kind«, sagte ich und tätschelte ihre Hand, »das ist ein schöner Traum, und ein Traum muß es notgedrungen bleiben. Die Wirklichkeit ist oft grausam, und nur selten gestattet sie uns, unsere Wünsche zu verwirklichen. Du bist doch noch minderjährig, Marguerite, deine Mutter kann uns die Polizei auf den Hals hetzen, um dich gewaltsam von mir zu reißen. Und ich werde dann wegen Verführung Minderjähriger vor den Richter gezerrt.«

Sie saß reglos da und hörte mir ausdruckslos zu, mit großen Augen, ganz in ihren Traum versunken. Es wurde ein schwieriger Tag, und ich werde ihn gewiß nie vergessen. Wir saßen und saßen in jenem Café, bis ich annahm, man würde uns hinauswerfen. Sodann gingen wir in den Park der Tuilerien und setzten uns auf eine Bank, von der man die Place de la Concorde überblickte. Ihretwegen versäumte ich meine Arbeit, es war bereits Mittag vorüber, und immer noch redete ich auf sie ein, und hörte sie mir zu. Es war Dezember, uns wurde kalt, so packte ich schließlich verzweifelt ihre Hand und sagte: »Ich bringe dich zu Morawski, der soll uns raten, was zu tun ist.«

Sie gehorchte zufrieden. Morawski saß mit Ignăcy und Kramsztyk in der Rotonde. Auf meine Bitte trat er mit mir hinaus auf die Straße, wo Marguerite wartete. Dann gingen wir in Morawskis Wohnung. Er hörte mit wachsender Ungeduld meinen Bericht.

»Du albernes Mädchen!« sagte er wütend, »was fällt dir ein, dein eigenes Leben und das von Rubinstein derartig zu verpfuschen? Los, ich bringe dich zu deiner Mutter!« Und wieder gehorchte sie, durchaus zufrieden!

Wir holten zu dritt in meinem Hotel die Reisetasche, und dann verschwanden die beiden. Sonderbares Mädchen, diese Marguerite, eigentlich lieb und reizend, doch hat sie mir an jenem Tag den Spaß an Paris gründlich verdorben.

In der Rotonde sprach mich ein Engländer an. »Ich hoffe doch sehr«, sagte er, »daß ich im Januar Ihr Konzert in London hören kann.« Und als ich ihn ungläubig anschaute, zog er den Daily Telegraph aus der Tasche, in dem ich als Solist im G-Dur-Konzert von Beethoven mit dem London Symphony Orchestra angekündigt wurde. Ich bedankte mich überschwenglich bei diesem Mann, denn nun wollte ich möglichst rasch weg aus Paris und nach London. Ein Besuch bei Oberst Osnobischin erledigte alle Formalitäten. Er bescheinigte mir amtlich, daß ich mit meinem Klavierspiel für die Alliierten kriegswichtige Arbeit verrichtete. Ich kündigte also Mrs. Bergheim meine bevorstehende Ankunft an und sandte Muriel eine längere Nachricht.

Paris ließ ich nicht ohne Bedauern hinter mir, denn ich hatte das Café Rotonde und seinen munteren Club ins Herz geschlossen, auch waren mir Olga Boznanska und ihre Mäuse sowie die leidenschaftlichen Rumänen lieb geworden. Paris war während des Krieges tragisch und schön, die Pariser bewiesen so viel Stärke und Mut wie weder vorher noch nachher. Ignăcy, Morawski und Kramsztyk brachten mich zum Nordbahnhof, und ich versprach, sie gleich nach dem Krieg in der Rotonde zu treffen.

Kapitel 76

Das London der Kriegsjahre bildete zu Paris einen ganz großen Gegensatz. Seine Bevölkerung hatte nicht ab-, sondern eher zugenommen, wie mir scheinen wollte. Tausende von Belgiern waren vor den Invasoren nach England geflohen, und viele französische Familien hielten die britischen Inseln für sicherer als das Festland. Soldaten und Matrosen auf Urlaub oder auf dem Weg an die Front drängten sich in den Straßen. Theater, Varietés und Kinos waren Abend für Abend überfüllt, und viel mehr Menschen als vor dem Kriege besuchten die Konzerte.

Mrs. Bergheim schickte mir den Wagen an den Bahnhof und empfing mich mit der gewohnten Herzlichkeit; es kränkte sie bloß, daß ich während meiner langen Abwesenheit nicht ein einziges Mal geschrieben hatte – ein Vorwurf, der ihr als leidenschaftlicher Briefschreiberin natürlich zustand. Muriel, die ich tags darauf besuchte, machte mir keinerlei Vorhaltungen; sie war toleranter geworden und nicht mehr so rechthaberisch. Paul, so sagte sie, sei kurz nach der Kriegserklärung aus Deutschland zurückgekehrt, aber unverzüglich nach Amerika zu seiner schwer erkrankten Mutter gefahren. »Er hat mich meinem Schicksal überlassen«, sagte sie ohne jede Spur von Selbstmitleid. »Auf meinem Schreibtisch häufen sich die unbezahlten Rechnungen unserer Lieferanten, doch die englischen Milch- und Gemüsehändler und Fleischer sind die großherzigsten der Welt, sie geben mir weiter Kredit in der Hoffnung, daß ich eines Tages schon bezahlen werde.«

Und so gab es denn nach wie vor Musik bei Muriel, sie lud auch ihre Freunde weiter zum Tee ein, allerdings ging es bedeutend schlichter zu als zuvor.

Sylvia Sparrow traf ich auch wieder an, sie war aus Litauen über Finnland und Schweden und von dort aus mit dem Schiff zurückgekehrt. Sie schwärmte unermüdlich von Mlynarskis herrlichem Besitz, von dem Gästehaus, von der grenzenlosen Gastfreundschaft der Familie, von dem wunderschönen Njemen und von den reizenden Kindern. »Die Deutschen haben in Ostpreußen eine große Schlacht gewonnen und rücken in Litauen ein«, sagte sie, »und Mlynarskis flüchten jetzt nach Moskau. Aber Paul und Zosia sind auf dem Weg nach Warschau.«

Am selben Abend nahm Sylvia mich zu Bekannten mit, wo belgische Musiker Kammermusik spielten. Man kann sich vorstellen, wie ich mich freute, als ich Eugene Ysaye unter ihnen entdeckte! Sie spielten Mozarts Klavierquartett in g-Moll, mit Marc Hambourg am Flügel. Hambourg war ein Virtuose der alten Schule, sein harter Ton und seine willkürlichen Freiheiten paßten überhaupt nicht zu Mozart.

Nachher stellte Sylvia mich der Dame des Hauses vor, die ebenfalls Pianistin war, und darauf den Belgiern. Ysaye begrüßte mich herzlich und forderte mich auf, mit ihm und seinen Kollegen (es war das Ysaye-Quartett aus Brüssel) das Quartett von Fauré in c-Moll zu spielen. Hambourg, der nie von mir gehört hatte, räumte mir willig seinen Platz ein, und wir machten uns mit Schwung an die Arbeit. In der Mitte des ersten Satzes gibt es eine sehr schöne Stelle für das Klavier, auf die dann die Violine wie ein Echo antwortet. Von dem

Meister inspiriert, spielte ich diese Stelle mit besonderer Empfindung, woraufhin Ysaye unterbrach und ausrief:

»C'est beau, c'est beau! Tu es un poète! Recommence!«

Ich wiederholte errötend die Passage nach bestem Können, und Ysaye setzte so göttlich fort, daß nun mir meinerseits die Tränen kamen. Es klingt vielleicht sonderbar, doch hat diese Passage des Fauré-Quartetts eine Vater-Sohn-Beziehung zwischen uns beiden begründet, die bis zu seinem Tode währte.

Sylvia verhalf mir zu einem Verdienst. Sie hatte ein Atelier gemietet, wo sie Geigenstunden gab, und da dort auch ein Klavier stand, bot sie es mir an. »Es haben mich schon zwei Mädchen und ein Junge gefragt, ob Sie Stunden geben, und ich habe die Kinder auf morgen mittag zum Vorspielen bestellt. Alle drei können anständig zahlen, und ich zweifle nicht, daß Sie jederzeit weitere Schüler finden werden.«

Das leuchtete mir ein, und anderntags wurde ich Klavierlehrer. Das eine Mädchen gab sich große Mühe, das andere schwitzte enorm und mußte sich immer nach fünf Takten die nassen Finger abwischen; dem begabten Jungen fehlte jegliche Koordination. Leider lag das Atelier so weit von Belsize Park entfernt, daß ich einen Umzug ins Auge faßte; ich mußte zwischen Kensington und Chelsea, zwischen Sylvias Atelier und Muriels Studio ein neues Unterkommen auftreiben. Mrs. Bergheim nahm das gut auf. »Sie werden mir fehlen, lieber Junge, aber ich verstehe. Doch besuchen müssen Sie mich hin und wieder.«

Nach langem, vergeblichem Suchen mietete ich ein scheußliches Zimmer in der Fulham Road nahe Edith Grove. Schmutzig, übelriechend und mit Gasbeleuchtung hatte es nur einen Vorzug: seinen billigen Mietpreis.

Dank Eugène Ysaye ging es mit meiner Konzertlaufbahn aufwärts. Der Meister und seine Frau bewohnten ein hübsches Stadthaus, das ihnen ein adliger Bewunderer, der für die Dauer des Krieges lieber auf dem Lande lebte, überlassen hatte. Ysaye sah es gerne, wenn ich ihn nach dem Mittagsschlaf besuchte, starken Kaffee mit ihm trank (Tee verabscheute er!), Sonaten mit ihm spielte oder über das Konzertleben plauderte. Er lobte meinen Vortrag des Beethoven-Konzertes in G-Dur, der auch beim Publikum ein voller Erfolg war. Hinterher begleitete er mich zu Muriel, wo es Käse, Schinken, starken Kaffee und ein paar Flaschen Bier aus dem Vorratsschrank gab. Als Ysaye das Studio sah, rief er aus: »Quelle cave magnifique! Je pourrais passer ma vie làdedans!« Sammons und Sylvia (sie waren ein Paar), Lionel und Rubio spielten ihm zu Ehren das Quartett, das Debussy Ysaye gewidmet hat. Ysaye war hingerissen von ihrem Spiel, er küßte Tertis auf beide Wangen, behauptete aber zu unserer maßlosen Verblüffung, er verstehe diese Musik überhaupt nicht, sie sei für ihn zu modern.

Im Laufe der Saison gaben Ysaye und ich mehr als zwanzig Konzerte, darunter viele für das Rote Kreuz, für die Belgier, für die Polen, für Kriegsopfer und Wohltätigkeitszwecke. Ich spielte auch in Ysayes eigenem Konzert in der Queens' Hall mit ihm Sonaten und verzichtete auf ein Honorar; dafür spielte er in meinem Konzert in der Wigmore Hall (so hieß von jetzt an die Bechstein-Hall). Und selbstverständlich spielten wir mit den alten Gefährten und den neuen Belgiern bei Muriel, und diesmal organisierten wir, die Gäste, den Imbiß. Eine wunderbare Zeit. Es ist doch merkwürdig – ich muß es hier sagen – daß die beiden größten *Geiger* meiner Zeit einen so entscheidenden Einfluß auf meine Laufbahn als *Pianist* gehabt haben!

Eines Nachmittags hielt mich John Sargent in Piccadilly an. »Rubinstein! Welche Überraschung! Erst gestern abend habe ich mit einer reizenden alten Dame gesprochen, die Sie unbedingt sehen will. Sie sucht Sie schon seit Jahren, und nun hat sie mich um Beistand gebeten. Kommen Sie morgen um vier in mein Atelier in der Tite Street, da sitzt sie mir für eine Skizze.«

»Kennt sie mich persönlich oder nur vom Hörensagen?«

»Angeblich kennt sie Sie sehr gut.«

Ich dachte scharf nach, doch eine Dame seiner Beschreibung wollte mir nicht einfallen. »Schönen Dank jedenfalls. Ich komme.«

Tags darauf fand ich mich sehr neugierig im Atelier ein und traf drei Leute beim Betrachten der Bilder: eine grauhaarige Dame und ein jüngeres Paar. Die Dame tat Ausrufe in mehreren Sprachen, als sie meiner ansichtig wurde: »Ah, ah, voilà! Rubinstein! At last! Ich freue mich ja so – oh, que bien, Juanita! José Antonio! Das ist Rubinstein!« Dann lächelnd zu mir: »Und dies sind mein Neffe und seine Frau. Ah ...«

Ich ahnte immer noch nicht, wer sie war, und es stellte sich auch erst nach mehreren unzusammenhängenden Ausrufen heraus. Sie hieß Eugenia Errazuriz und hatte mit ihrer Tochter, mit Armand Gontaut-Biron und mir 1906 bei Romaine Brooks in Paris gespeist. Jetzt fiel mir wieder ein, wie sehr sie von meiner Wiedergabe des »L'Après-midi d'un faune« fasziniert gewesen war. Sie erzählte nun in ihrem lustigen Kauderwelsch, daß sie mich nicht vergessen habe, vielmehr sich stets bemühte, mich aufzutreiben. Ihr Neffe, José Antonio Gandarillas, der Sprachmächtigste der drei, setzte mir nun auseinander, daß seine Tante so oft voll glühender Bewunderung von mir gesprochen habe, daß er glaube, mich seit Jahren zu kennen. »Nachdem wir Sie endlich gefunden haben, werden wir schon dafür sorgen, daß Sie nicht wieder verlorengehen.« Die Tante stimmte dem mit Huch und Hach zu, die Nichte, eine liebreizende, sehr elegante junge Frau, schwieg, doch glänzten ihre Augen wie Sterne.

Dieses übertriebene Gerede machte mich geradezu kopfscheu und verlegen, und John Sargent stand verständnisvoll schmunzelnd dabei. Nun begann Eugenia Errazuriz neuerlich: »Venez, ah, los dos, come to dinner, oh, heute abend.« Und dabei lächelte sie Sargent und mich betörend an. »Aber mit Vergnügen«, murmelten wir zweistimmit. Sie hatte etwas Unwiderstehliches an sich.

Ich kleidete mich um, und als ich den Smoking anhatte, beschloß ich, Sargent abzuholen, um mich von ihm über die drei aufklären zu lassen. Das tat er denn auch bereitwillig.

»Eugenia – alle Welt nennt sie so – ist die geschiedene Frau eines chilenischen Diplomaten und lebt seit ihrer Scheidung in Paris oder London, in Paris kennt man sie als ›La belle Madame Errazuriz‹. Da sie seit Jahren im Ausland lebt, hat sie das heimatliche Spanisch schon ein wenig vergessen; andererseits hat sie nie ein einwandfreies Französisch oder Englisch gelernt, und deshalb redet sie etwas kariert. Mir ist aber noch niemand begegnet« – und hier drohte er mir mit dem Zeigefinger –, »der einen so unfehlbaren Geschmack besitzt wie diese Frau. Ob es sich um bildende Kunst, Musik, um Literatur oder Innenarchitektur handelt, sie sieht, hört, fühlt, riecht, schmeckt den wirklichen Wert heraus, die wirkliche Schönheit. Und wenn sie sich derart freut, Sie wiederzufinden, so muß sie in Ihnen etwas ganz Besonderes, etwas ganz Kostbares vermuten.«

Ich lachte ungläubig.

Das Haus befand sich Ecke Tite Street und Embankment, nur wenige Schritte von Sargents Atelier entfernt. Unterwegs gab er mir noch weitere Einzelheiten. »Sie wohnt bei ihrem Neffen und dessen Frau, die sehr reich ist, ihr Bruder ist der chilenische Botschafter in London. Eugenia hat selber nie über nennenswerte Geldmittel verfügt, und wenn sie Geld in die Finger bekommt, verschenkt sie es gleich an bedürftige Künstler.«

Wir betraten das Haus. Ein Butler führte uns nach oben in den Salon, wo die drei Chilenen uns mit dem bekannten Überschwang empfingen. In dem geräumigen, eichengetäfelten Salon waren viele schöne Dinge zu sehen, darunter auch ein Konzertflügel von Steinway. An den Wänden hingen ein Boldini und ein Porträt der Eugenia von Sargent (später erfuhr ich, daß sie von vielen mehr oder weniger bekannten Malern porträtiert worden ist). Blumen und Möbel waren mit feinstem Geschmack angeordnet. Meine Bewunderung wies Eugenia energisch zurück: »Das ist alles viel zu viel, viel zu viel, il faut jeter tout ça, Juanita likes bibelots, hm, hm«, und so fort. Ich betrachtete mir Eugenia zum ersten Mal genau. Sie mußte eine überwältigende Schönheit gewesen sein, ja, sie sah immer noch schön aus trotz ihrer fünfzig oder mehr Jahre. Sie war rundlich, doch ihre Haut wirkte überraschend straff und jugendlich (ich erinnere den Leser daran, daß man damals noch keine Schönheitsoperationen ausführte), sie hatte eine kesse Stupsnase und wunderhübsch geschwungene Lippen. Das Haar war grau mit Resten von Schwarz. Ihre eigentliche Schönheit aber lag in ihrem unwiderstehlichen Charme und ihrer Vitalität.

Beim Essen – um das Lukullus selber uns beneidet hätte – unterhielten wir uns hauptsächlich über den Krieg und seine Schrecken. Trotz ihrer sonderbaren Redeweise sprach Eugenia mehrmals genau meine Gedanken aus, sie sagte, man solle niemals aufgeben und das Leben vorbehaltlos lieben. Wir sprachen von Wundern, ein delikates Thema für Katholiken, doch konnte ich mich nicht zurückhalten. Immer schon habe ich das Wort Wunder geliebt, denn immer schon habe ich gefühlt, daß alles und jedes in unserem Universum ein Wunder ist. Nichts ist unmöglich, was menschlicher Geist sich vorstellen oder erträumen kann. »Wer nach einem vorübergehenden Gedächtnisverlust die Welt mit neuen, reinen Augen betrachtet, wird mich verstehen«, sagte ich. »Gibt es denn ein größeres Wunder als das Leben selber? Als Musik, Blumen, Liebe? Leider neigen wir alle dazu, uns nach einem Weilchen derart an das Wunder zu gewöhnen, daß wir zu unserem Schaden das Staunen verlernen.«

Eugenia nahm dieses Bekenntnis meiner Philosophie freundlich auf, die anderen begriffen wohl nicht ganz, was ich sagen wollte, bewunderten aber meinen leidenschaftlichen Eifer. Wie dem auch sei, ich spielte für sie ein paar Stücke auf ihrem schönen Steinway, und das versöhnte sie.

Eugenia, José Antonio und Juanita machten ihr Versprechen wahr – sie sorgten dafür, daß ich nicht wieder verloren ging. Sie schlichen sich auf unmerkliche Weise in mein Leben ein. Kein Tag, an dem sie sich nicht irgendwie bemerkbar machten. Eines Morgens schickte die Firma Asprey einen schweren Lederkoffer mit einem Reiseneccessaire, dessen silberne Toilettengegenstände mein Monogramm schmückte, und dazwischen lag eine Karte von Eugenia: »Tausend Dank für Ihr herrliches Spiel.« Oder Harborow in der Bond Street schickte einen schweren seidenen Morgenrock, und ein Briefchen von Juanita erläuterte, sie befürchte, in einem leichteren Morgenrock könnte ich mich am Ende erkälten. Dann wieder fand ich mich im Besitz einer großen Flasche von Penhaligons Hammam, weil ich am Abend zuvor dessen schwachen, aber durchaus männlichen Duft an José Antonios Taschentuch lobend wahrgenommen hatte, und ich gestehe, daß ich bis heute immer noch dieses Parfum benutze. Man lud mich zusammen mit Künstlern, Schriftstellern, Politikern, Diplomaten ein und behandelte mich immer wie einen Ehrengast. Das war aber noch nicht alles. Eines Vormittags erschien der Butler in meinem Zimmer. »Darf ich das Gepäck abholen, Sir.«

»Wozu?« fragte ich verblüfft.

»Madame hat angeordnet, Sie einzuladen.«

Es war ein Samstag, und darum dachte ich: »Wahrscheinlich ein kleiner Wochenendausflug mit Überraschungen.«

Meine Sachen waren im Nu gepackt, der Kabinenkoffer stand ja noch bei Mrs. Bergheim. Der Chauffeur hielt Ecke Royal Hospital Road und Tite Street, der Butler öffnete die Tür und trug das Gepäck eine Treppe hinauf. Ich folgte ihm, wie ein Kind dem Weihnachtsmann, in ein großes Zimmer, durch dessen Fenster die helle Sonne schien. In einer Ecke prangte ein Konzertflügel von Bechstein, ferner gab es ein bequemes Sofa, zwei Sessel und ein Kaffeetischchen. Überall standen Blumen, auf dem Tisch eine Schale mit Obst. Der Butler zeigte mir das angrenzende Schlafzimmer und ein kleines Bad. »Ihre Wohnung, Sir«, schmunzelte er.

Ich lief zu Eugenia, wo mich schon alle drei erwarteten, und es gab eine herzbewegende Szene, die ich nicht zu beschreiben versuche.

Selbstverständlich machte ich meine Chilenen mit Muriel bekannt, auch mit Ysaye und Tante Clara. Mit Muriel vertrugen sie sich nicht besonders gut. Muriels kaum verhohlene Überheblichkeit und ihr schrilles Gelächter verletzten den angeborenen Herzenstakt der Südamerikaner. Das Studio allerdings gefiel Eugenia über die Maßen. Beim nächsten musikalischen Abend – Ysaye und sein Quartett spielten – organisierten Sylvia, Tertis, Sammons und Juanita das Souper, und ich muß sagen, es erinnerte an unsere besten Tage während der goldenen Rennplatzzeiten.

Eines Abends spielten wir bei Gandarillas Kammermusik; anwesend waren unter anderen Sargent, Augustus John, der chilenische Botschafter und seine Frau sowie die Frau des spanischen Botschafters. Ysaye, Désiré Defauw, Tertis, ein belgischer Cellist und ich hatten soeben das Klavierquintett von Franck begonnen, als es laut an die Wand klopfte.

»Ach, das ist wieder unser hypochondrischer Nachbar«, erklärte José Antonio, »ein pensionierter Oberst der indischen Armee. Ausländer kann er nicht leiden, und er ärgert uns nach Kräften.« Das Pochen verstummte, und wir spielten weiter. Plötzlich wurde auf der Straße unter unseren Fenstern gebrüllt. »Aufhören mit dem Krach! Schließlich ist Krieg! Schämen Sie sich nicht, jetzt zu tanzen! Die Polizei sollte endlich alle Ausländer zum Teufel jagen!« Wir hörten auf mit unserer Musik. Gandarillas rannte entrüstet hinaus, durchaus bereit, einen Streit durchzufechten, doch war der Mann bereits wieder in seinem Haus verschwunden. José Antonio gab aber nicht auf, er zog die Klingel. Der Mann reagierte nicht. José klingelte ausdauernd – nichts geschah. Außer sich vor Zorn zerschlug Gandarillas nun mit der bloßen Hand eine Fensterscheibe neben der Tür, und kehrte blutend zu uns zurück.

Während wir ihm noch zu seinem Mut gratulierten, klingelte es. Zwei Polizisten verlangten den Hausbesitzer zu sprechen. José Antonio ging hinunter und kam etwas verlegen wieder. »Wir müssen alle auf die Polizeiwache. Sofort!« Ei, war das lustig! Wir amüsierten uns köstlich. In eleganter Abendtoilette, die Herren im Zylinder, betraten wir die Polizeiwache, wo der chauvinistische Pensionär uns bereits rotnasig und mit vorquellenden Glotzaugen erwartete. Beim Anblick des Gesandten, der berühmten Maler, der eindrucksvollen Gestalt von Ysaye, der höchst respektablen Damen machte der Polizeirichter ein sehr erstauntes Gesicht und wandte sich dann wütend an den Ex-Obersten:

»Sind dies die lärmenden Säufer? Und wo ist die Tanzkapelle?«

Der Mann gab keine Antwort. Es hatte ihm die Rede verschlagen, und ein bißchen betrunken wirkte er auch.

Sargent erklärte mit wenigen treffenden Worten, um was es sich handelte. Der Polizeirichter entließ uns unter vielen Entschuldigungen – es war ihm sehr peinlich. Gandarillas erbot sich, dem cholerischen Nachbarn die Scheibe zu ersetzen, was dieser stolz ablehnte.

Eines Morgens las ich in der Zeitung, daß die Russen hinter dem Bug befestigte Stellungen bezogen hatten; Polen war also den Deutschen überlassen worden. Im Laufe des Tages gab es dann Extrablätter: »Warschau von den Deutschen eingenommen.« Ich geriet in hilflosen Zorn, ich sah die Meinen ermordet, Pola vergewaltigt, Warschau in Flammen, die Welt dem Untergang überliefert. Ich wußte nicht, wen ich mehr hassen sollte: die Russen oder die Deutschen. Nach einem Weilchen beruhigte ich mich etwas. Gewiß war Pola mit den Kindern nach Rußland geflüchtet, Paul mußte sich mit Zosia in Sicherheit gebracht haben, und den Meinen würde schon nichts geschehen. Ich konnte mit ihnen auf keine Weise in Verbindung treten. Also saß ich den ganzen Tag daheim und grübelte.

Anderntags sandte Muriel mir ein Briefchen: »Ich weiß, wie dir zumute ist, komm doch auf ein Stück Käse zu mir, Love, M.« Die gute Juanita schickte mir Blumen wie zum Begräbnis, und Ysaye bot mir schwarzen Kaffee an und zugleich den wirksamen Trost: »Ne t'en fais pas trop, mon petit. Ils ont pris Bruxelles aussi. Mais on les aura un jour.«

Ysaye schlug seinem belgischen Cellisten, Lionel und mir vor, das Wochenende auf dem Landsitz von Lord Curzon of Kedleston zu verbringen, dem ehemaligen Vizekönig von Indien. »Königin Elizabeth von Belgien, meine treue Geigenschülerin, hat Lord Curzon für die Dauer des Krieges ihre drei Kinder anvertraut, und als alter Freund der königlichen Familie habe ich gebeten, sie besuchen zu dürfen. Lord Curzon hat uns alle für ein Weekend zu sich eingeladen; wir könnten ja ein bißchen Kammermusik machen.«

Wir nahmen diese verlockende Einladung gerne an und trafen am folgenden Sonnabend auf Lord Curzons Landsitz in der Nähe von Basingstoke ein. Am Eingang zu dem schloßähnlichen Gebäude empfing uns Lady Irene, die älteste Tocher des Hausherrn, mit typisch englischer Liebenswürdigkeit.

»Mein Vater ist noch in London, er kommt aber zum Dinner zurück.« Und zu Ysaye gewandt: »Prinz Leopold (der belgische Thronfolger) ist heute morgen an die Front abgereist zu seinem Vater König Albert, und sein Bruder verbringt das Wochenende bei einem Schulkameraden. Es ist also nur die kleine Prinzessin Marie José da, aber sie ist ja auch die einzige, die sich für Musik interessiert.«

Nachdem wir uns frisch gemacht hatten, tranken wir mit Lady Irene und deren beiden Schwestern Tee. Sie waren alle drei noch keine zwanzig Jahre alt (sie hatten als kleine Mädchen bereits die Mutter verloren) und sahen blendend aus. Während Irene den Tee einschenkte (für Ysaye Kaffee), kam die verehrungswürdige kleine Prinzessin herein und reichte uns allen (in bereits königlicher Haltung) das Händchen.

Der große Geiger fragte sie teilnahmsvoll: »Petite princesse, vous devez être bien triste après le départ de votre frère pour le front, n'est-ce pas?«

Sie aber schüttelte den Kopf. »Mais non, pas du tout. Il est parti seulement pour donner l'exemple.«

Ysaye geigte ihr einige Stücklein vor, die sie bereits kannte, und sie klatschte vor Wonne in die Hände.

Zum Essen kleideten wir uns alle um, außer dem Maestro, der an seinem traditionellen dunklen Anzug mit Samtkragen, dem weißen Hemd und der lockeren, schwarzen Krawatte festhielt.

Lord Curzon begrüßte seine Gäste als letzter. Er betrat die große Halle wie ein Richter, der ein Todesurteil verkünden wird. Der Schädel war kahl, kalte, stahlgraue Augen, schmale, fest zusammengepreßte Lippen verliehen seinem Gesicht eine höfliche Ausdruckslosigkeit, und er bewegte sich mit aufgeblasener Würde. Die Halle wurde beherrscht von einem Gemälde, das ihn als Vizekönig von Indien und Ritter vom Hosenbandorden in vollem Staat zeigte. Bei der Mahlzeit allerdings bewährte er sich als perfekter Gastgeber, er kümmerte sich um den Wein und das Nachschenken der Gläser, und als die Damen hinausgegangen waren, ließ er Portwein und Zigarren anbieten. Als wir später im Salon ein Quartett in Angriff nehmen wollten, gebot er uns Einhalt. »Ich hoffe, Sie werden uns das Vergnügen morgen nachmittag machen. Jetzt ist es Zeit, zu Bett zu gehen.«

Am nächsten Morgen sagte der Butler, das Frühstück sei im Speisezimmer angerichtet – »ganz zwanglos, Sir.« Lionel und ich kamen als erste, und trafen auf Lady Irene, die bereits am Tisch frühstückte und uns auf ein langes Buffet verwies, an dem wir uns bedienen sollten. Es gab etwa ein Dutzend warmer Gerichte – Rührei, Würstchen, Speck, Nieren, Champignons auf Toast und mehrere Fischarten. Nach einer Weile erschienen die beiden Belgier, und es begann eine echte Komödie. Ysaye beguckte sich die vielen Fischgerichte und rief seinem Landsmann zu: »Mais ce sont des sauvages! Ils mangent du poisson à huit heures du matin!« Und er beklagte sich bei der bedauernswerten Irene, daß nirgends ein anständiges Stück Brot zu entdecken sei, auch schmecke der Kaffee wie Tee und der Tee wie Kaffee. Die junge Dame hatte zum Glück Humor; sie lachte Tränen und wir ebenfalls. Ysaye gewann seine gute Laune zurück, als er hörte, daß man hier angeln konnte. Er war leidenschaftlicher Angler.

Lord Curzon nahm das Frühstück auf seinem Zimmer. Den Vormittag verbrachten wir in Gesellschaft der Mädchen. Der Maestro ging angeln, begleitet von einem Lakaien, ich spielte mit Lionel eine Sonate für Bratsche, dann allein etwas Brahms und Chopin. Beim Lunch entschuldigte Lady Irene ihren Vater: »Er kommt zum Tee.« Wirklich ließ er sich um vier Uhr sehen, nickte uns höflich zu, trank eine Tasse Tee und sagte: »Meine Herren, falls Sie nicht zu müde sind, würde ich jetzt gerne etwas Musik hören.«

Wir entschieden uns für ein Quartett von Dvořák. Die jungen Mädchen und die kleine Prinzessin gruppierten sich um uns her, Lord Curzon bezog etwas weiter weg einen bequemen Sessel und war am Ende des ersten Satzes friedlich entschlummert. Bei dem letzten Ton des Quartetts wachte er ruckartig auf und sagte: »Das war ganz, ganz vortrefflich. Ich danke Ihnen sehr, meine Herren.«

Wir nahmen einen Zug am späten Nachmittag und kamen etwas ermüdet, aber doch wohlgelaunt in London an. »Das war ganz, ganz vortrefflich, meine Herren«, versicherten wir einander mehrfach.

José Antonio und seine Frau gaben eine Abendeinladung, unter den Gästen befanden sich auch zwei Gesandte, Harold Nicolson vom Auswärtigen Amt und John Sargent. Als ich während des Essens neben Eugenia saß, sang ich unter anderem eine Lobeshymne auf Spanien und alles Spanische, auch erwähnte ich, daß die geplante Konzertreise mit dem Rosé-Quartett durch den Krieg leider ins Wasser gefallen sei. Eugenia hörte mir aufmerksam zu und legte plötzlich ihre Hand auf meinen Arm – es war die gleiche Bewegung, mit der die gute Fee Aschenbrödel mit dem Stab anrührte. »Demain, ah, morgen also, morgen reisen Sie nach Spanien.« Ich küßte ihre Hand – es war ein freundlicher Wunsch.

Doch am folgenden Tag rief wirklich ein Konzertagent bei mir an (nicht mein eigener, Daniel Meyer) und fragte: »Haben Sie zufällig das d-Moll-Konzert von Brahms im Repertoire?«

Ich lachte. »Das ist die einzige Komposition, die ich seit meinem zwölften Lebensjahr nie aufgehört habe zu spielen.«

»Maestro Arbós hat telegrafiert. Er braucht einen Pianisten, der dieses Konzert in San Sebastián mit ihm spielt. Könnten Sie das einrichten?«

Ist das Eugenias Werk? fragte ich mich. Aber das war ausgeschlossen, sie kannte Arbós gar nicht. Hier war das verlockendste Angebot meines Lebens. Aber ließ es sich überhaupt realisieren? Spanien war neutral und ich ein russischer Untertan, der kriegswichtige Arbeit leistete. Auch machte es Schwierigkeiten, eine Durchreiseerlaubnis durch Frankreich zu erhalten. Immerhin wollte ich diesem Konzertagenten nicht den Mut nehmen.

»Ich will sehen. Rufen Sie nachmittags nochmals an.«

Ganz aufgeregt lief ich zu Eugenia. Sie hörte mich gelassen an. »Ah, habe ich es nicht gesagt? Ah! Ah! Ich habe es gespürt, n'est-ce pas?« Wieder ein deus ex machina. Als ich ihr die bevorstehenden Schwierigkeiten ausmalte, lächelte sie völlig unbeeindruckt. »Warum so aufgeregt, Arturo? Je vais arranger ça, ah, you will go.« Sie telefonierte mit einer Dame, »einer guten Bekannten des russischen Botschafters«, wie sie sagte, und schon bald kehrte sie triumphierend zurück: »Sie bekommen Ihr Visum. Ah, Sie werden schon sehen.« Sodann telefonierte sie mit Harold Nicolson. Trotz ihrer sonderbaren, aus englisch-französischen Brocken gemischten Rede verstand er sie sehr genau und versprach prompte Rückäußerung. Am Nachmittag rief ich den Agenten an: »Telegrafieren Sie Arbós, daß ich höchstwahrscheinlich pünktlich eintreffe.«

Alles ging rasch. Abends telegrafierte der russische Botschafter: »Erwarte Sie Sonntag vormittag um elf mit Paß auf der Botschaft.« Und Nicolson meldete, daß der Außenminister, Lord Grey, mir einen Platz auf einem für Bilbao bestimmten englischen Kriegsschiff reservieren ließ.

Sonntag vormittag empfing Baron Benckendorff, der Botschafter, mich in der leeren Kanzlei. »Ich habe eigens meinen Landaufenthalt abgebrochen, um Ihren Paß zu unterschreiben, und ich kann nur hoffen, daß Sie es verdienen!« sagte er zornig. Beim Anblick meines Diplomatenpasses änderte er allerdings den Ton. »Ah, ich sehe, daß mein Kollege Sie sehr schätzt.« Und damit unterzeichnete er ein Schriftstück, das mir erlaubte, auch neutrale Länder zu besuchen.

Als ich mich von Muriel verabschiedete, sagte sie: »Du bist ein Glückskerl. Wenn du wiederkommst, bin ich wahrscheinlich nicht mehr da, ich muß wohl doch nach Hause fahren, in London kann ich nicht mehr existieren.« Ich glaubte ihr das nicht recht, doch wurden wir beide etwas sentimental.

Ich reiste mit dem Segen der chilenischen Engel – und konnte mir doch nicht recht darüber klar werden, ob Eugenia eigentlich eine Hexe war oder die Königin aller guten Feen.

Die Reise nach Bilbao war grauslich. Die See war rauh, und man mußte wegen der U-Boot-Gefahr ständig eine Schwimmweste tragen. Am Vorabend meines Konzertes kamen wir in Bilbao an, und ich nahm den Zug nach San Sebastián, wo Fernández Arbós mir im Hotel Continental ein Zimmer bestellt hatte.

Bei einem Kaffee auf der Terrasse gab Arbós mir einige Erläuterungen zu unserem Konzert. »Die Spanier wollen ebensowenig Brahms hören wie die Franzosen und die Italiener, und um diesem albernen Vorurteil entgegenzuwirken, habe ich hier in San Sebastián ein Brahms-Fest arrangiert. In Madrid ist mir das nicht gelungen, hier aber kann ich mit meinem Orchester machen, was ich will.«

Auf dem Weg zur Probe sah ich am nächsten Vormittag, daß mein Name auf den Plakaten mit Tinte eingetragen war, man hatte also nicht fest mit mir gerechnet. Das Konzert fand in dem kleinen Theatersaal eines Kasinos statt, wo auch gejeut wurde, also nicht ganz das passende Milieu für mein geliebtes Konzert in d-Moll.

Das Madrider Symphonieorchester war von Arbós, seinem ständigen Dirigenten, gut vorbereitet worden und die Probe ging glatt. Die Orchestermusiker schienen von meinem Spiel fasziniert, sie betrugen sich wie die Verrückten, schrien ihr Bravo! mitten in meinen Vortrag hinein und brachten mir am Ende eine richtige Ovation; herzlich schlugen sie mich auf den Rücken und wiederholten immer wieder »qué bien, qué bien«, was ich leicht verstand. Arbós versicherte mir, so hätte er sein Orchester überhaupt noch nicht erlebt.

Das Konzert war schlecht besucht, der Saal blieb halb leer. Mein persönlicher Erfolg allerdings war sensationell. Kein Saint-Saëns, kein Liszt, kein Chopin hatte sein Publikum je so begeistert. Ich mußte mich immer wieder verbeugen, bis ich schließlich – entgegen den Regeln des Festival – eine Zugabe spielte. Senor Domínguez, der Kasinodirektor, bot mir auf der Stelle drei weitere Konzerte an, eines mit Orchester und zwei Klavierabende.

Die spanische Königinmutter, Königin María Cristina, entbot mich in ihre Sommerresidenz Miramar, wo sie mich sehr gnädig empfing. Zu ihrem Bedauern gab es im Palast kein Klavier, doch versprach sie, eines meiner Konzerte besuchen zu wollen.

Mein zweiter Abend mit Orchester wurde angekündigt, und innerhalb einer einzigen Stunde waren alle Karten ausverkauft. Offenbar brannte die ganze Stadt darauf, mich zu hören. Arbós ließ mich das Konzert von Saint-Saëns in g-Moll spielen, und schon während der Probe war der Saal gesteckt voll von Eindringlingen, die sich unter den verschiedensten Vorwänden Zutritt verschafft hatten.

Eine Stunde vor dem Konzert war das ganze Treppenhaus von Leuten besetzt, die keine Karten mehr bekommen hatten; so versperrten sie förmlich den Zugang zu dem Saal. Sie blieben auch während des Konzertes dort sitzen in der Hoffnung, daß der eine oder andere Musikfetzen bis zu ihnen herüberwehe.

Der Verband der Spanischen Philharmonischen Gesellschaften bot mir einen Vertrag an für zwanzig Konzerte in den bedeutendsten Städten Spaniens, Beginn: Januar 1916. Ich wußte nicht, was die Zukunft mir bringen würde, aber ich nahm das Risiko auf mich und unterschrieb. Was auch geschehen mochte, ich dankte meinem Schicksal, daß es mich endlich den Fuß in das Land meiner Träume setzen ließ!

Da mein nächstes Konzert in San Sebastián erst zwei Wochen

später stattfinden sollte, konnte ich mir den lebenslangen Wunsch, Spanien kennenzulernen, auf der Stelle erfüllen (siehe meine italienischen Unternehmungen!). Mein Aberglaube verbot mir, eine derartige Gelegenheit ungenutzt verstreichen zu lassen. Arbós belehrte mich, wie man in Spanien einfach und billig reist: »Zählen Sie die Kilometer zusammen, die Sie zurücklegen wollen, und kaufen Sie ein ›Kilométrico‹. Der Schaffner reißt Ihnen dann immer so viele Kilometer vom Fahrschein ab, wie Sie für ihre Fahrt brauchen, und Sie haben den großen Vorteil: Sie reisen erster Klasse für den Preis einer Karte dritter Klasse.« Stolz kaufte ich ein Fahrscheinheft über 2000 km, das bedeutete für mich Madrid, Toledo, Cordoba, Sevilla, Granada und die Rückfahrt nach San Sebastián.

Ich will nicht prahlen, aber das war wirklich ein heroisches Unternehmen. Der August ist in Madrid und in Andalusien heißer als die Hölle, selbst nachts blieb die Hitze unerträglich. Dazu war ich mit meiner Garderobe auf diese Hitze keineswegs vorbereitet und ich stach in meiner englischen Herbstkleidung unter den leicht gekleideten Einheimischen enorm hervor. Und doch habe ich die spanischen Städte nie besser kennengelernt als bei dieser ersten Begegnung.

Madrid war menschenleer. Es hieß: wer es sich leisten könne, halte sich in San Sebastián (!) auf. So verbrachte ich denn viele Stunden meines zweitägigen Aufenthaltes im Prado – in der meiner Ansicht nach schönsten Kunstgalerie der Welt. Jedes einzelne Gemälde dort ist ein unübertreffliches Meisterwerk. Die Kunst eines Goya, eines Velázquez kann man einzig in Madrid richtig einschätzen, denn im Prado befindet sich so gut wie alles, was sie geschaffen haben. Philipp IV. von Spanien war auch gescheit genug, einen Velázquez mit dem Auftrag nach Rom zu schicken, die besten Werke der besten italienischen Meister zu kaufen, und das erklärt den ungeheuren Reichtum an Gemälden von Raphael, Tizian, Tintoretto und anderen großen Malern in diesem einzigartigen Museum.

In Toledo beeindruckten mich die mittelalterliche Atmosphäre der Stadt und ihre beherrschende Lage am Tajo sowie die düstere prunkvolle, im Gewirr alter, enger Gassen versteckte Kathedrale. Vor allem wollte ich mir die ›plaza‹ in der Stadtmitte ansehen, wo während der Inquisition die Juden verbrannt worden sind. Doch erst in Sevilla, Córdoba und Granada verliebte ich mich so recht von Herzen in Spanien, dies war das Spanien meiner Sehnsucht. Ich weiß: viele meiner spanischen Leser werden den Kopf schütteln: »Wieder einer, der Spanien bloß als España de la Pandereta sieht«, womit verächtlich alles gemeint ist, was die Touristen anzieht: Flamencos, Guitarren, Stierkämpfe. Und sie haben nicht unrecht. Ich will hier aber zu meiner Verteidigung anmerken, meine lebenslange Liebe zu Spanien nährt sich von meiner Liebe zu Mozarts »Don Juan« und zu »Figaros Hochzeit«, zu Bizets »Carmen«, Chabriers »España«, Rossinis »Barbier von Sevilla«, zu der »Iberia-Suite« von Albéniz und zu zahllosen anderen Werken großer Komponisten, die allesamt von der reichen spanischen Folklore beeinflußt worden sind, vor allem von der Musik, dem Leben und den Bräuchen Andalusiens, mit Sevilla als Mittelpunkt. Isabella »la Católica«, die Granada befreite und Columbus kühn die Mittel gab, Amerika zu entdecken, befeuerte mein jugendliches Herz.

Eine bleibende Erinnerung aus dem Geschichtsunterricht über Spanien war die Geschichte der Inquisition, die so viele Menschen meiner Rasse das Leben kostete; aber auch die endlosen Erbfolgekriege und der Verlust der Armada im Kriege gegen England. Aber es war Cervantes, der mir die Augen für die Wunder Spaniens öffnete, nachdem ich genügend Spanisch gelernt hatte, um »Don Quijote« im unnachahmlichen Original kennen und lieben zu lernen.

Gewiß versteht man nun mein Entzücken, als der Fremdenführer in Sevilla mir den Barrio de Santa Cruz wies – den noch unverdorbenen, aus dem 17. Jahrhundert stammenden Teil der Stadt, als er in einer idyllischen Ecke auf eine Bank deutete und sagte: »Dort hat Doña Elvira auf Don Juan gewartet.« Auf der Plaza San Fernando tanzten reizende kleine Mädchen vor meinem Balkon die Sevillana, wobei sie ihr einziges Paar Kastagnetten von Hand zu Hand wandern ließen.

Die palastähnliche Zigarettenfabrik und die Vorstadt Triana erinnerten mich an »Carmen«, und die Plaza de Toros sah aus, als wären die Stierkämpfe für sie erfunden worden.

Trotz der Gluthitze nötigte ich den Fremdenführer, mit mir die Giralda zu ersteigen, und der arme Mensch erklomm die Wendeltreppe des Turmes unter greulichen Verwünschungen gegen mich.

Überaus gefielen mir die trägen Kutscher mit den kecken Sombreros und der roten Nelke im Knopfloch; auf der Venta Eritana sangen und tanzten die Flamencos, und ich schaute ihnen hingerissen zu, nippte dabei an meinem Jerez und aß jamón crudo, einen köstlichen Räucherschinken. Diese ersten Tage in Sevilla waren zauberhaft.

Der heiße Tag, den ich in Córdoba verbrachte, zeigte mir die Stadt in tiefem Schlaf. Die Straßen waren sich selber überlassen, einzig hier und dort von streunenden Hunden und Katzen belebt. Für den Nachmittag versprach der Portier einen Fremdenführer. Um die Zeit hinzubringen, ging ich auf eigene Faust los und fand die Mezquita, die alte maurische Moschee mit ihren labyrinthischen Säulen aus Porphyr und Marmor. Ich verbrachte hier zwei geschlagene Stunden (4 Sterne im Baedeker), nicht so sehr aus Kunstbegeisterung, sondern zur Erholung in der kühlen Luft.

Nach dem Lunch und einer Siesta zeigte mir der Führer die typischen Häuser mit den schönen Patios, noch einige Kirchen und die Stierkampfarena. Er nötigte mich auch, in einem Café ein scheußliches Getränk namens horchata zu kosten. Ich wollte ihn gerade entlohnen, als er sagte: »Sie können unmöglich aus Córdoba wegfahren, ohne das feinste Bordell in ganz Spanien besichtigt zu haben.« Er machte dazu erläuternde Gesten. Ich entgegnete auf die gleiche Weise und auf Französisch, daß ich für diesen Abend keine erotischen Wünsche habe.

Mit erneuter Pantomime gab er zu verstehen: »Das ist auch nicht erforderlich. Zwei oder drei Flaschen Jerez berechtigen Sie zu einem Besuch.«

Ich erlag der Versuchung, und er führte mich in ein Haus, das sich durch nichts von den benachbarten Häusern unterschied.

Im angenehm kühlen Patio saß neben einem erfrischend plätschernden Brunnen ein ältliches Paar in Schaukelstühlen und bewegte die hölzernen Fächer schnell und geschickt. Rings umher lagerten acht oder neun anmutige Mädchen, die einen strickten, die anderen besahen sich Zeitschriften, und manche fächelten sich auch nur. Alle waren anständig gekleidet, keine war geschminkt, und sie betrugen sich wie wohlerzogene Bürgermädchen. Es war die überzeugendste Darstellung vom Familienleben, die mir je vorgekommen ist, und unser Eintritt änderte daran nicht das geringste.

Mein Führer flüsterte dem alten Herrn etwas zu, der klatschte in die Hände, und ein Mädchen brachte zwei Flaschen Jerez. Das Paar erhob sich und bat uns in den Salon. Erst hier erkannte man an den roten Plüschsofas, Tischen samt Gläsern und einigen gewagten Bil-

Als Torero in der „traje de luz",
aufgenommen in Madrid
(das Cape verdeckt den peinlichen Umstand,
daß die Hose nicht zuging)

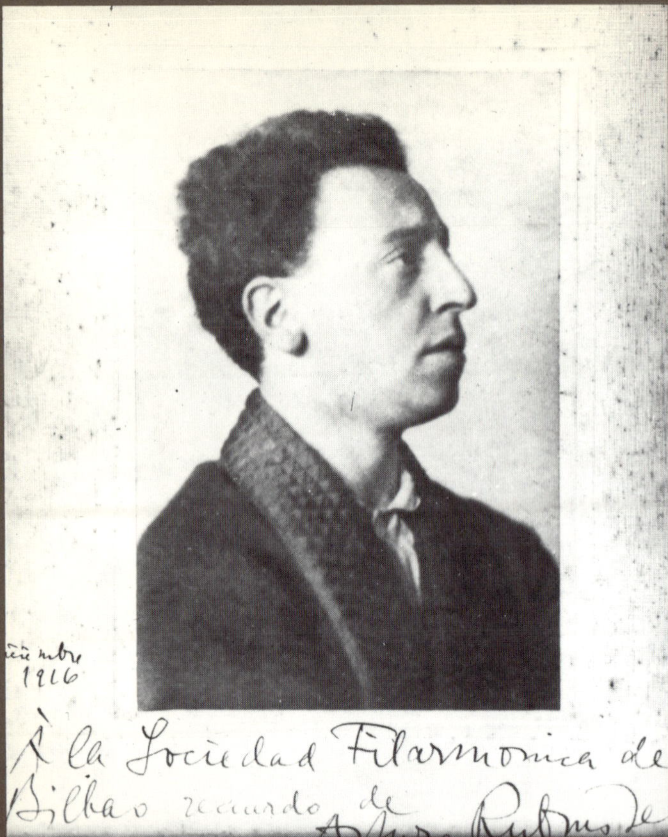

Das berühmte Studio von Paul und Muriel Draper in London, Treffpunkt aller Musiker

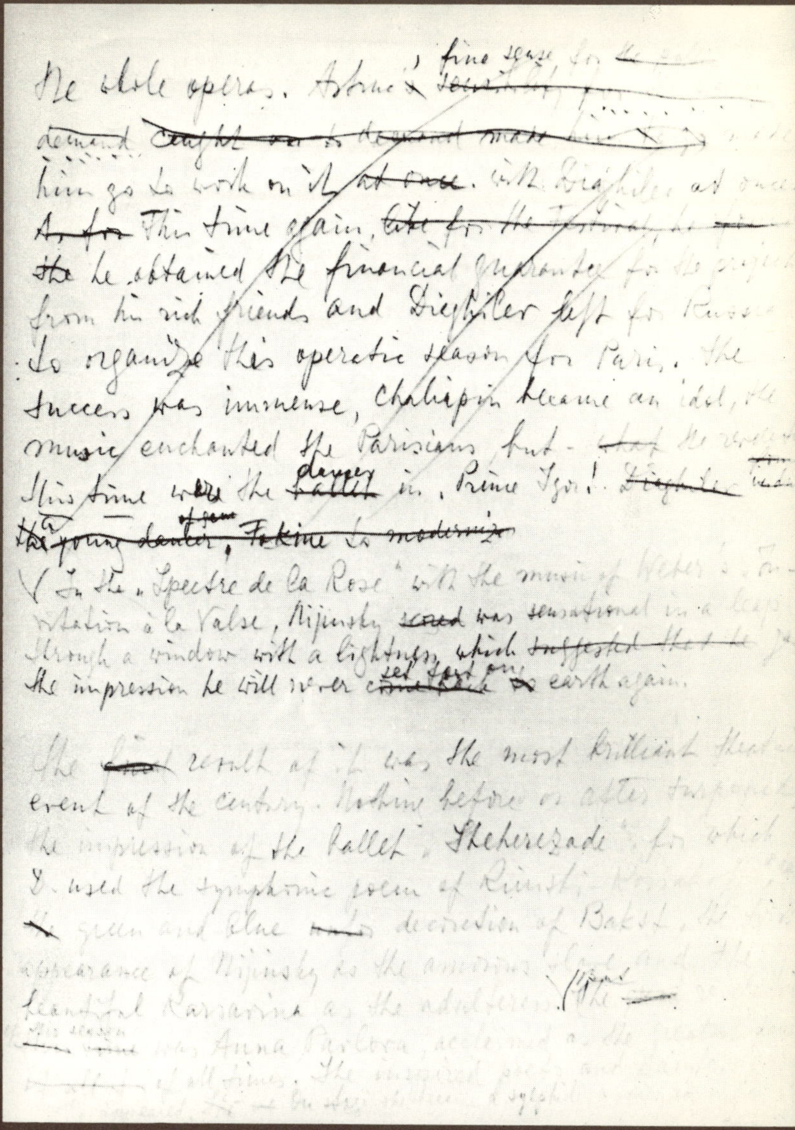
the whole operas. Astruc's fine sense for
him go to work on it with Diaghilev at once.
This time again, he obtained the financial guarantee for the project
from his rich friends and Diaghilev left for Russia
to organize this operatic season for Paris. The
success was immense, Chaliapin became an idol, the
music enchanted the Parisians but – this time were the dances in „Prince Igor"!
In the „Spectre de la Rose" with the music of Weber's „Invitation à la Valse", Nijinsky was sensational in a leap
through a window with a lightness which
the impression he will never set foot on earth again.

The result of it was the most brilliant theatrical
event of the century. Nothing before or after surpassed
the impression of the ballet „Sheherezade" for which
D. used the symphonic poem of Rimsky-Korsakov,
the green and blue decoration of Bakst, the first
appearance of Nijinsky as the amorous slave and the
beautiful Karsavina as the adulteress. The
this season was Anna Pavlova, acclaimed as the greatest
of all times. She inspired poets and

Erste Fassung einer Manuskriptseite der „Erinnerungen. Die frühen Jahre" in Arthur Rubinsteins Handschrift

(159)

scared. The two keyboards, with their opened lids, seemed to show me their teeth like the dog in the garden — I was really on the verge of running away. But then, a miracle happened — the central door went wide open and in it appeared the Sun — yes, the Sun. It was Paderewski, the still young Paderewski in his middle forties, dressed in a white suit, white shirt and a white lavallière tie; a shock of golden hair, a moustache of the same color and a little tuft of hair between his mouth and his chin gave him the look of a lion; but it was his smile and his charm which made him appear so incredibly sunny. He rushed up to me with short, quick steps and with a few warm words of apology he put me instantly at ease and made me forget my previous miseries and apprehensions. "I have heard good things about you from prof. Joachim, whom I admire and respect", he said, "and I am also delighted that you are a Pole" he added, with a kind tap on my arm. "Now play something you like to play." And then I made a big mistake, a mistake made by many young pianists on similar occasions, as I noticed later. So, instead of playing a piece I could perform with ease showing my [illegible] best advantage, I chose the second volume of

Eine Seite in der endgültigen Fassung

dern den eigentlichen Zweck des Etablissements. Allerdings hing auch eine Muttergottes über dem Klavier. Die »Familie« versammelte sich um die Sherryflaschen, und unter dem Vorwand, es sei heiß, lupften die Mädchen ihre Röcke und zeigten ihre Schenkel. Darauf stieß der alte Herr mich behutsam an und deutete blinzelnd auf die hübschen Beine. Es wurde allmählich peinlich für mich. Der zu trokkene Sherry, die erstickende Hitze und meine Sprachschwierigkeiten ertöteten alle sexuellen Wünsche in mir. Meine angeborene Eitelkeit ertrug aber nicht den Gedanken, die jungen Damen könnten mich für impotent halten und mich auslachen. Wenn ich sie beeindrucken wollte, mußte ich Musik machen, und daher setzte ich mich ans Klavier und spielte spanische Weisen, auch Wiener Walzer und anderes. Das trug mir mehr als einen Erfolg ein, man könnte es schon eher einen apokalyptischen Triumph nennen! Die Mädchen umarmten mich samt und sonders, der alte Herr wollte für den Sherry kein Geld annehmen, vielmehr sollte ich mir gratis eine Dame wählen. Selbstverständlich lehnte ich alle diese Anerbieten ab, zu guterletzt mußte ich dann meinen Namen in den Klavierdeckel schreiben, und das verschaffte mir einige Befriedigung. Ich hoffe, mein Klavier steht immer noch da und hält das Andenken an jenen schönen heißen Sommertag lebendig.

In Granada sagte ich dem Kutscher, er möge mich in das Alhambra Palace Hotel fahren, das in meinem Reiseführer sehr empfohlen wurde. Als wir auf unserem Weg die Stadtmitte durchquerten, erinnerte sie mich an ein verschlafenes Provinznest, dem nur eine schöne Kathedrale Bedeutung verleiht.

Am Ende einer unauffälligen Straße gelangten wir durch ein enges Portal in einen herrlichen Park. Plötzlich war alles verändert, und ich fühlte mich verzaubert. Ich stieg aus und ging zu Fuß, um alles deutlicher zu spüren. In diesem feenhaften Park, den dicht belaubte Bäume beschatteten, hörte ich Wasser plätschern, ohne es zu sehen. Wie in einem Traum raunten mir unsichtbare Bächlein Märchen aus einer Vergangenheit zu, deren reizvolle Geheimnisse mich einlullten. Die Stimme des Kutschers störte mich auf. Er fuhr jetzt die steile Allee zum Hotel hinauf, einem roten Gebäude in pseudo-maurischem Stil. Das Frühstück wurde auf der Terrasse meines Zimmers serviert, und das mit Recht. Der Blick von dieser Terrasse war einzigartig schön. Von hier oben wirkte die Stadt wie ein Heiligtum in einer fruchtbaren Ebene von glitzerndem Grün, geschützt von den majestätischen Gebirgszügen der Sierra Nevada. Klosterhöfe und Kirchen mit ihren Türmen schufen ein Bild des Friedens und der Heiterkeit, und ich genoß diesen Anblick ganz für mich allein, ungestört. Am Nachmittag ging ich zu der Alhambra, dem ehemals maurischen Kalifenpalast, der noch ebenso dasteht, wie ihn Boabdil, der letzte Kalif, nach der Rückeroberung Granadas durch Isabella von Castilien und Fernando von Aragon verlassen hat. Der weitläufige Bau mit zahlreichen Türmen und Bögen, Balkonen und Umgängen ist in rein maurischem Stil gehalten und liegt auf einem Berg, welcher die Umgebung beherrscht. Auch innen bietet sich ein hinreißender Anblick. Ein kleiner Pfad führt zu dem sehr gepflegten, streng angelegten Garten, der einen Teil der Alhambra bildet. Dies alles strahlte eine zarte Melancholie aus, die mir ans Herz rührte.

Der Fremdenführer überredete mich dazu, nach dem Abendessen den Albaicín zu besuchen, einen Berg gegenüber der Alhambra, in dessen Höhlen Zigeuner wohnen und die Fremden mit Tanz und Gesang unterhalten. Man warnte mich allerdings im Hotel davor, nur von einem Führer begleitet dort hinzugehen. »Es wäre besser, Sie würden sich einer Gruppe anschließen, anderenfalls müssen Sie von den Zigeunern Unannehmlichkeiten erwarten.« Mein Hang zu Abenteuern verleitete mich jedoch, diese Warnung in den Wind zu schlagen, allerdings steckte ich nur so viel Geld ein, als ich auszugeben gedachte, und ließ das übrige im Hotel. Eine Droschke brachte uns über viele steile Serpentinen zu der Höhlenreihe, wo mich sogleich ein Dutzend lärmender, schwarzhaariger und schwarzäugiger Kinder umringte und schamlos anbettelte. Man konnte sie nur schwer abschütteln, doch gelang das dem Fremdenführer schließlich mit Hilfe einiger erwachsener Zigeuner, die mich dann ihrerseits lautstark drängten, ihren Tänzen zuzusehen. Da es sich um Bewohner verschiedener Höhlen handelte, zerrten sie mich bald hierhin, bald dorthin und stritten sich um meine ungeteilte Gunst. Der Führer bewahrte mich vor dem Zerrissenwerden, indem er sich für eine bestimmte Höhle entschied, worauf sich das Kampfgetümmel augenblicks legte. Wir betraten eine innen geweißte Höhle, in der alles für den Auftritt vorbereitet war. Das Mobiliar bestand aus einigen Stühlen für die Zuschauer, zwei Hockern für die Guitarristen und einem Christusbild in der Ecke. Es tanzten und sangen zwei junge, auffallend schöne Mädchen, eine Frau von etwa sechzig Jahren und ein kleines Mädchen unter zehn. Zwei Guitarristen, die wie die Schmuggler aus »Carmen« aussahen, spielten rhythmisch und klangvoll; einer der beiden machte hin und wieder eine Pause und sang dann eine Koloraturkadenz, den sogenannten cante jondo der Flamencos, wie ich später gelernt habe. Diese Kadenzen sind nie aufgeschrieben worden, sondern werden stets improvisiert; sie gehen auf arabische Ursprünge zurück und dienen unter Verwendung von spanischen und zigeunerischen Folklorerhythmen als Begleitung von Gesang und Tanz. Die Mädchen tanzten in ihren Schleppkleidern und mit der roten Nelke unter dem Kamm im Haar höchst anmutig und leidenschaftlich, todernst, ohne eine Spur von Lächeln, eher hochmütig und so, als müßten sie ein religiöses Ritual erfüllen. Die alte Frau übertraf beide noch an Temperament, sie wirkte wie von einem Teufel besessen und machte mir geradezu Angst. Auch das kleine Mädchen war bereits eine voll ausgebildete Tänzerin. Nach dem letzten Tanz streckten alle sechs Teilnehmer die Hände vor und verlangten lärmend Geld. Der Fremdenführer hatte zwar schon den vereinbarten Betrag erlegt, doch das genügte ihnen nicht. Es war gar nicht leicht, sie mir vom Leibe zu halten. Auch als ich ihnen jeden Pfennig gegeben hatte, den ich bei mir trug, verfolgten sie mich noch schreiend bis zu der Droschke, wo der Kutscher sie mit der Peitsche zurückscheuchte. Ich fuhr mit schönen, aber auch grauenvollen Eindrücken weg.

Am nächsten Morgen reiste ich über Madrid nach San Sebastián und kam dort völlig erschöpft an. Fernandez Arbós sagte strahlend, beide Klavierabende seien ausverkauft, was mich so belebte, daß ich sehr gut spielte. Das Publikum umjubelte mich wie einen altbekannten Liebling, und Arbós verabschiedete mich mit einem reizenden Diner, bei dem ich zur allgemeinen Belustigung von meinen Reiseabenteuern berichtete. Dank dem Sieg an der Marne konnte ich unbehindert durch Frankreich nach England zurückkehren. Der lange, fürchterliche Krieg im Schützengraben nahm seinen Fortgang.

Kapitel 77

In der Londoner Wohnung erwartete mich eine Nachricht von Muriel; sie war, wie angekündigt, nach Amerika abgereist. Sie hatte bewundernswerten Mut und unvergleichliche Ausdauer bewiesen, indem sie ein ganzes Jahr lang das Haus und die Kinder, das Dienstmädchen und die Kinderschwester ohne Geld unterhielt und sich mit Schulden bei Lieferanten und im Hotel Savoy herumschlug. Offen gestanden, fühlte ich mich von Herzen erleichtert; mein völliges Unvermögen, ihr in irgendeiner Hinsicht zu helfen, hatte mich doch sehr bedrückt.

Von Eugenia, Juanita und José Antonio wurde ich wie der heimgekehrte Held gefeiert; sie wußten bereits alles durch Bekannte aus San Sebastián, die in meinen Konzerten gewesen waren. Nach wenigen Tagen fuhren wir von London nach Schottland, wo sie für den Rest des Sommers und einen Teil des Herbstes ein Haus gemietet hatten. »Wir haben für Sie ein gutes Instrument dort, außerdem können Sie reiten und Rebhühner schießen.«

Das Haus stand in Forres, einem kleinen Ort unweit Inverness und war in Wahrheit eine Burg, die Sir William Gordon Cummings gehörte, einem reizenden Herrn. José Antonio lud ihn sofort ein, Gast in seinem eigenen Hause zu sein. Ich verbrachte zwei sehr angenehme, völlig sorgenfreie Monate in Schottland; ich arbeitete mit Genuß, ritt täglich mit José Antonio aus, sah zu, wie er die bedauernswerten Hühner schoß, verzehrte sie dann allerdings mit gutem Appetit in einem phantastischen Speisesaal, während Schotten im Kilt Dudelsack blasend um die Tafel marschierten. In meinem Zimmer fand ich sehr lesbare, mir noch unbekannte englische Bücher vor. Ferner gab es einen Billardtisch, wo ich meinem Lieblingszeitvertreib obliegen konnte, und, das beste von allem, ich bereitete mich auf einige Konzerte vor, für die ich in Schottland und Leeds verpflichtet worden war und bei denen ich das Klavierkonzert von Tschaikowsky in b-Moll sowie das zweite von Rachmaninow spielen sollte. Die Einladung, unter Emil Mlynarski in Glasgow und Edinburgh mit dem Scottish Orchestra zu spielen, bedeutete eine angenehme Überraschung. Wenn ich noch spät in der Nacht am Flügel saß, kamen meine Gastgeber und andere Gäste manchmal im Schlafrock herunter und hörten mir zu.

Wir fuhren im Auto nach London zurück, entlang dem berüchtigten Loch Ness, in dem viele Schotten ein furchtbares Ungeheuer gesehen haben wollen, entlang auch dem wunderschönen Kanal von Kaledonien. In Leeds machten wir eine Pause, denn hier sollte ich das erste Konzert der Saison geben.

Hier erlebte ich zum ersten Mal echten englischen Nebel, und dieses Erlebnis werde ich nicht vergessen. Wir brauchten eine Stunde, um im Wagen zum Stadthaus zu kommen, ein Weg, den man zu Fuß in zehn Minuten zurücklegt. Als ich mich der unsichtbaren Treppe entgegentastete, stieß ich mit dem Kopf an einen der steinernen Löwen des Treppenaufgangs, so daß ich mit einer dicken Beule am Kopf konzertieren mußte, die allerdings das Publikum nicht bemerkte. Denn auch die Zuhörer saßen im Nebel, der den ganzen Saal durchzog, so daß die Verbindung zwischen mir und ihnen nur durch die Musik und ihr Klatschen zustandekam. Tags darauf verzog sich der Nebel, und wir konnten weiterfahren.

Ich will nicht im einzelnen beschreiben, wie die Monate vor meiner Spanienreise vergingen. Sylvia veranstaltete mit Juanitas großzügiger Unterstützung in Edith Grove (Muriel hatte es Juanita bis zum Ablauf des Mietvertrags überlassen) mehrere glänzende musikalische Abende. Ysaye, Tertis, Sammons, Defauw und ein belgischer Cellist, dessen Namen ich vergessen habe, musizierten ganz herrlich. Wir spielten Mozart, Brahms, Fauré, Franck, und zweimal hatten wir das Glück, zwei weitere gute Musiker aufzutreiben, mit denen wir das Oktett von Schubert und sein von mir so geliebtes Quintett spielen konnten, sowie das Septett von Beethoven. Zu den beglückten Zuhörern gehörte auch Emil Mlynarski, dessen Angehörige in Rußland sicher aufgehoben waren, während er, um seinen Verpflichtungen in Schottland nachzukommen, über Schweden angereist war. Er war es auch, der mir die Gelegenheit verschaffte, erstmals in meinem Leben das b-Moll-Klavierkonzert von Tschaikowsky zu spielen.

Ich gab zwei Konzerte in London – eines mit dem London Symphony Orchestra während der von Verbrugghen dirigierten Beethovenwochen, darauf folgte ein Sonatenabend mit Ysaye, und dann fuhr ich ab nach Glasgow. Die Probe am Vormittag vor dem Konzert erwies meine geringe Vertrautheit mit diesem Werk von Tschaikowsky und deckte bedeutende Mängel auf, doch zeigte Mlynarski nicht Ungeduld, sondern im Gegenteil größtes Verständnis. »Essen wir erstmal miteinander«, sagte er. »Nach dem Kaffee gehen wir dann in mein Zimmer, da steht ein Klavier, und wir können alles in Ruhe durchsprechen.«

Was er mir dann an kostbaren Ratschlägen für den Vortrag dieser anspruchsvollen Komposition gegeben hat, habe ich bis heute nicht vergessen. Wo die Partitur fortgesetzte fortissimi vorsieht, ließ er gemäß der Phrasierung abwechselnd piano und crescendo spielen, und damit erhöhte sich die Wirkung des Ganzen. Auch bewies er mir schlüssig, daß man die Walzerfolge im zweiten Satz nicht zu schnell nehmen darf. Nie habe ich dieses Konzert gespielt, ohne daß mir seine Hinweise wieder eingefallen wären, und ihm danke ich meine Erfolge in Glasgow und Edinburgh.

Das Weihnachtsfest feierte ich mit meinen Chilenen in London auf katholische Manier; das typisch englische Weihnachtsessen – Truthahn und brennender Plumpudding – nahm ich bei Mrs. Bergheim ein. Das Jahr 1916 begrüßten wir mit einem großartigen Souper, das Juanita für alle Freunde, Musiker und Zuhörer in Edith Grove gab.

Sogleich zu Beginn des Jahres fuhr ich nach Spanien. In Zaragoza, Oviedo und Bilbao konzertierte ich mit dem glänzenden jungen spanischen Cellisten Gaspar Cassadó, wobei wir abwechsend als Solist auftraten. Nach diesen drei erfolgreichen, aber weiter nicht bemerkenswerten Konzerten setzte ich die Reise allein fort. In Valencia spürte ich neuerlich jenen erregenden elektrischen Kontakt mit dem spanischen Publikum, an den ich mich von San Sebastián her so deutlich erinnerte. Eigentlich sollte ich nur an zwei aufeinanderfolgenden Abenden konzertieren, doch während der Pause des zweiten Konzerts beschloß das Komitee der Philharmonischen Gesellschaft, mich auch für die beiden nächsten Abende zu engagieren, so daß ich an vier Tagen vier Konzerte für das selbe Publikum gab.

Bei dieser Gelegenheit bekam ich einen Geschmack von der spanischen Gastfreundlichkeit. Einige Maler, die aus dem von Österreich okkupierten Teil Polens stammten, hatten als feindliche Ausländer Frankreich verlassen müssen und sich in Sagunto nahe Valencia niedergelassen. Ich kannte ein paar von ihnen aus meiner polnischen oder Pariser Zeit und freute mich natürlich, sie hier wiederzusehen. Ich lud sie nach meinem letzten Konzert in ein gutes Lokal ein. Ungefähr zehn Leute saßen wir um einen Tisch und sprachen polnisch miteinander. Da beglückwünschte mich ein Fremder zu meinem Spiel und setzte sich dann einfach zu uns, was uns einigermaßen verwunderte. Immerhin, wir waren Fremde mit nur geringen Spanischkenntnissen, wir blieben also höflich. Ich bot ihm ein Glas Wein an, und er trank auf meine Gesundheit. Nach einer kurzen, recht nichtssagenden Konversation schüttelte er jedem die Hand und ging. Als ich später die Rechnung verlangte, hieß es, eben jener Herr, den niemand bei Namen kannte, habe alles im voraus bezahlt. Soweit ich den Kellner verstand, hatte der Herr nur gesagt: »Dies sind Gäste unseres Landes.«

Von Valencia an war meine Konzertreise ein Triumphzug. In Barcelona, der zweitgrößten Stadt Spaniens, trat ich in einem kleinen Saal auf, doch schon fünf Tage später spielte ich im Palacio de la Música, einem großen Saal, der gleichwohl die Zuhörer nicht fassen konnte. Ich spielte Bach, Beethoven, Schumann, Chopin, Liszt, auch Debussy, Szymanowski, Skrjabin und Medtner – keinen Brahms und keine spanischen Kompositionen, ich fürchtete bei ihnen einen »fremden Akzent« nicht verbergen zu können. Den größten Anklang fanden Chopin und Liszt. Die Philharmonische Gesellschaft von Madrid wollte mich nicht engagieren wegen ihrer einseitigen Vorliebe für Kammermusik, doch hatte sich mein Ruhm von San Sebastián bis in die Hauptstadt so schnell ausgebreitet, daß ein Theater, wo gewöhnlich Komödien und Dramen gegeben wurden, mich für drei Nachmittage engagierte – eine übliche Zeit für Konzerte, denn in Spanien speist man sehr spät.

Diese Konzerte waren bereits ausverkauft, als ich in Madrid eintraf, und der Direktor wollte zwei weitere ankündigen. Zum Glück konnte ich einen alten Bechsteinflügel auftreiben, dem noch einiges von seinen edlen Anlagen verblieben war. Der erste Nachmittag im Teatro Lara war ein so durchschlagender Erfolg, daß ich vier oder fünf Zugaben spielen mußte – die Leute gingen einfach nicht weg. Die Infanta Isabel, die betagte Tante des Königs Alfonso XIII., bat mich während der Pause in ihre Loge und lud mich für den nächsten Nachmittag zum Tee. »Kommen Sie morgen um fünf in den Palast. Ihre Majestät die Königin Victoria Eugenia möchte Sie ebenfalls spielen hören«, sagte sie sehr huldvoll.

Diese Tee-Einladung war der Beginn meiner lebenslangen Freundschaft mit dem spanischen Königshaus; ich weiß, das Wort Freundschaft klingt anspruchsvoll, und ich sollte vielleicht korrekter sagen: »Die königliche Familie erwies mir zahllose Gunstbezeigungen«. Doch ich empfinde von meiner Seite aus warme, herzliche Freundesgefühle für sie, denn bei jedem einzelnen Mitglied der Familie habe ich Großherzigkeit und Verständnis angetroffen, die weder von der Revolution noch vom Bürgerkrieg beeinträchtigt wurden und die auch in der dritten Generation dieser Freundschaft unverändert sind.

Von da an ehrte die Anwesenheit der schönen, jungen, musikalischen Königin, der Infanta Isabel, der Königin Mutter María Cristina und auch der Infantitas Beatriz und María Cristina meine Konzerte in Madrid.

Tatsächlich gehörten zu meinem Publikum die interessantesten Leute von Madrid. Es kam nicht nur die sogenannte Hofgesellschaft, sondern es kamen Künstler, Politiker, Diplomaten. Der berühmte Dramatiker Jacinto Benavente pflegte sich meine Konzerte im Schaukelstuhl auf der Bühne anzuhören und dazu eine riesige Zigarre zu paffen. König Alfonso war ganz unmusikalisch und besuchte Konzerte nur bei offiziellen Anlässen, doch mochte er mich menschlich sehr gern, schätzte eine Unterhaltung mit mir und hörte mit Vergnügen, was ich zu sagen hatte. Eugenia Errazuriz, José Antonio (oder Tony, wie er genannt wurde) und Juanita reisten aus London herbei, um meine letzten Konzerte mitzuerleben. Eugenia war in der Gesellschaft sehr beliebt und führte mich in viele Adelsfamilien ein. Ihr verdanke ich mehrere lebenslange Freundschaften.

Im April organisierten Tony und der Herzog und die Herzogin von Fernán Núnez einen Ausflug nach Sevilla zur Semana Santa und zur Feria. An diesem Ausflug beteiligten sich auch der Herzog und die Herzogin von Montellano mit ihren Kindern, der Herzog und die Herzogin Aliaga mit ihrer Tochter, Graf Cuevas de Vera, Carlos Salamanca – dessen wunderschöne Schwester, die Marquesa von Villavieja, Eugenias beste Freundin war – sowie Eugenia, Juanita und ich. Unsere aufsehenerregende Karawane bestand aus vier Rolls-Royce-Automobilen und drei oder vier Lastwagen, die Gepäck, Lebensmittel und allen Zubehör für ein Picknick transportierten. Wir hielten je einen Tag in Toledo und Córdoba und reisten unserem Ziel gemächlich entgegen. Unterwegs speisten wir in frischer Luft unter schattigen Bäumen im Freien. Der geeignete Platz wurde für gewöhnlich vom Herzog von Fernán Núnez bestimmt. Sogleich breiteten die Diener Teppiche auf dem Gras aus und schleppten Feldstühle und für jeden von uns einen zusammenlegbaren Tisch herbei, auf den sie sodann Geschirr, Kristall und Silber stellten. Serviert wurde meist Kaviar, Räucherlachs, kaltes Geflügel, Salate, Käse, Obst, und dazu trank man erlesene Weine, Liköre und Kaffee. Die Herren bedienten sich aus mächtigen Humidoren mit Zigarren, die Damen entnahmen silbernen Dosen Zigaretten. Dies also nannten meine spanischen Freunde ein Picknick.

Einmal sah uns ein alter Schäfer zu, der zwei Ziegen vor sich her trieb. Seine Hose war zerrissen, das Hemd verwaschen, der Hut verbeult, doch das unrasierte Gesicht wies edle Züge auf. Der Herzog von Fernán Núnez redete ihn an:

»Können wir Euch etwas anbieten, Compadre?

»Ja, danke, gerne«, sagte der Mann.

Die Diener wurden angewiesen, ihm das gleiche vorzulegen wie uns, auch den Wein, die Zigarre nicht zu vergessen. Als wir weiterfahren wollten, sagte der alte Mann zum Herzog: »Das zweite Haus rechts in der Hauptstraße des nächsten Dorfes ist meines. Sie sind dort jederzeit willkommen, Señor«, verabschiedete sich würdig und zog mit seinen Ziegen weiter.

Der Herzog blieb ein Weilchen still und in sich gekehrt, dann sagte er, ganz gerührt:

»Schön und stolz sind unsere spanischen Bauern, nicht wahr?«

Die Semana Santa beeindruckte mich mit ihrer Mischung aus spanischem Katholizismus und reinem Heidentum. Am Karfreitag schleppten Bahrenträger auf schweren Podesten Nachbildungen der Passion durch die Straßen. Hölzerne Christusfiguren ächzten unter dem Kreuz, Apostel und die heilige Jungfrau erstrahlten ganz in Weiß, geschmückt mit echten Juwelen, die von wohlhabenden Städterinnen geliehen waren, weil dies Glück bringen soll. Den ganzen Tag über bewegten sich diese Prozessionen durch Sevilla. Hin und wieder hielten die Träger an, nahmen einen Schluck Wein und warteten, bis ein junges Mädchen von seinem Balkon der Jungfrau eine Saeta dargebracht hatte, eine gesungene, improvisierte Anrufung Marias. Traf zufällig der Zug aus einem reichen Viertel auf die Prozession aus einem ärmeren Stadtteil, so kam es unter den bereits schwer betrunkenen Statuenträgern zu Faustkämpfen. Dazu schmähten die

Kombattanten die jeweiligen Heiligen aufs wüstete: »Eure Jungfrau ist doch eine Hure!« Die fromme Menge fand viel Spaß an diesen Szenen.

Während der Heiligen Woche, also bis zum Abend des Ostersonnabends, blieben Ladengeschäfte, Theater, Banken und Restaurants geschlossen, dann aber wurde an allen spanischen Theatern nach altem Brauch »Don Juan Tenorio« von Zorrilla gegeben; die Tingeltangel machten wieder auf, und es begann ein großer Trubel, wie an einem Sylvesterabend. Ostersonntag und am folgenden Montag und Dienstag fanden die bedeutendsten Stierkämpfe statt unter Mitwirkung der größten Stierkämpfer ihrer Zeit: Gallito, Belmonte und Gaona. Wir beteiligten uns nach Kräften an der Feria, wir sahen den Sevillanern beim Tanzen zu und tanzten die Sevillanas mit, und ganze Nächte lauschten wir den Flamencos in der Venta Eritana. Es war alles in allem ein höchst erfreuliches Erlebnis, und so zog es mich noch viele Jahre zur Heiligen Woche nach Sevilla.

Unsere Karawane reiste nun nach Algeciras, um sich dort zu erholen. Carlos Cuevas, Manolo Pons (der jetzige Herzog von Montellano), Carlos Salamanca und ich setzten derweil nach Tanger über, weil wir kurz Afrika sehen wollten. Die Überfahrt dauerte nur zwei Stunden. Wir durchstreiften die arabischen Stadtviertel, kauften uns auf dem Markt einen Fez und Babouches, rauchten in einem Café die Nargileh und genossen das Exotische dieser Umgebung.

Unsere Rückkehr nach Algeciras feierten wir mit einem fidelen Essen und etwas zu viel Sherry. Am Nebentisch saß allein eine junge hübsche Frau in Trauerkleidern. Als ich nach dem Essen in der Hotelhalle meinen Kaffee nahm – die anderen waren in das Kasino oder zu Bett gegangen –, sprach mich die Dame in Schwarz an und erkundigte sich auf Französisch, wann das nächste Schiff nach Tanger fahre. Wir plauderten dann noch ein bißchen und schlenderten zusammen durch den Hotelgarten, der eine herrliche Aussicht auf das Meer und den Felsen von Gibraltar bot. Sie erzählte mir auch, daß sie ihren Mann im Krieg verloren hatte, und voll Mitgefühl ergriff ich ihre Hand. Da riß die junge Frau mich heftig, ja geradezu hysterisch an sich, und ohne zu zögern liebten wir uns auf einer dunklen Bank. Es war das unerwartetste Ereignis in meinem ganzen Leben. Sie rannte unverzüglich auf ihr Zimmer, und am nächsten Morgen war sie abgereist. Als ich später darüber nachdachte, wurde mir auf einmal klar, wie eine Frau an diesem Krieg zerbrechen konnte.

Unser Weg nach Madrid führte über Málaga, Granada und Ronda, wo uns die Herzogin von Parcent und ihre wunderschöne Tochter Piedita Iturbe in ihrem Palast aufs üppigste bewirteten. Piedita Iturbe war eben jene junge Dame, die mich in Karlsbad vor Jahren so herablassend angesprochen hatte. Von Madrid aus reisten Tony und Juanita mit dem Zug nach London, während Eugenia und ich in Madrid blieben.

Die junge Königin bat mich häufig in ihre Privatgemächer, um ihr und ihren Töchtern, einzig in Anwesenheit ihrer Hofdame, der Herzogin San Carlos, ein paar Stücke vorzuspielen. Für das diplomatische Corps, die spanischen Granden, die Infanten und Infantinnen gab ich im Königlichen Palast ein Konzert, und nach jeder musikalischen Einladung erhielt ich vom König wie von der Königin die hübschesten Präsente: Manschettenknöpfe mit Brillanten, eine goldene Uhr, eine goldene Zigarettendose mit dem eingravierten Namenszug Victoria Eugenia samt dem Datum, und eine Uhrkette aus Platin.

Der Herzog von Alba, der bedeutendste Mann nach dem König, bat mich mehrmals zum Abendessen. Da er zugleich Herzog von Berwick in Schottland war, fühlte er sich gedrängt, die in England übliche Tischzeit, acht Uhr abends, auch in Spanien einzuführen, wo man gegen zehn Uhr abends oder später zu speisen pflegt. Überdies war er pedantisch pünktlich, was dortzulande ebenfalls nicht der Brauch ist, und so verspätete ich mich denn bedauerlicherweise zu meinem ersten Diner um eine Viertelstunde. Der Palacio de la Liria, der historische Palast der Herzöge von Alba, war auch weiter vom Hotel entfernt, als ich vermutet hatte. Als ich den Palast betrat, nahmen mir zwei Lakaien Hut und Mantel ab und bemerkten streng, der Herzog und seine Gäste säßen bereits zu Tische. Ich mußte mir also eine einleuchtende Entschuldigung ausdenken. Beim Betreten des Speisesaals stotterte ich daher mit tragischer Stimme: »Ich habe ein recht übles Erlebnis gehabt, Señor! Infolge des überheizten Zimmers und eines zu warmen Bades bin ich ohnmächtig geworden.« Ich machte die Augen zu. »Ich hatte kaum die Kraft mich umzukleiden.«

Man zollte mir hörbar Anteilnahme.

»So nehmen Sie denn Platz und erholen Sie sich«, sagte der Herzog, ehrlich besorgt, »die Brühe wird Ihnen gut tun.« Eine Dame reichte mir Tabletten. »Nehmen Sie nur, sie sind gut fürs Herz.« Und man behandelte mich das ganze Diner hindurch mit zartester Fürsorge. »Fühlen Sie sich schon besser? Möchten Sie noch mehr Tabletten?« In Wahrheit ging es mir glänzend! Der Palast war ein großes Museum, so nahmen wir den Kaffee in einem Zimmer, in dem zwei Gemälde von Tizian an den Wänden hingen. Sie zeigten jenen notorischen Herzog von Alba, der Gouverneur von Flandern gewesen war. Auch Rubens hatte ihn gemalt. Zum Schluß geleitete mich ein sehr charmantes Paar in das Hotel und bestand gar darauf, mich bis aufs Zimmer zu bringen.

Bei der nächsten Einladung kam ich vertrackterweise wieder zu spät, diesmal allerdings durch fremde Schuld, Eugenia und ihre Bekannten hielten mich zu lange auf einer Cocktailparty fest. Unterwegs zum Palacio de la Liria dachte ich mir eine gute Entschuldigung aus. Der Herzog begrüßte mich etwas frostig. »Mein lieber Rubinstein, Sie entschuldigen wohl, daß wir schon angefangen haben zu essen, aber ich bin ein Anhänger der Pünktlichkeit.« Ich entgegnete gefaßt: »Wie recht Sie haben, Señor, allein mir widerfuhr Unerwartetes. Als ich eben das Taxi besteigen wollte, wurde ich an das Telefon gerufen. Ein amerikanischer Impresario schlägt mir eine Konzertreise durch die USA vor. Ich bedauere, daß ich mich wegen dieses Telefongespräches verspätet habe.«

Der Herzog lächelte erfreut. »Da gratuliere ich aber herzlich, mein Lieber!« Und an seine Gäste gewandt: »Rubinstein ist für eine Konzertreise nach Amerika verpflichtet worden!«

»Bravo, bravo und enhorabuena!« riefen die Gäste. Man trank auf mein Wohl, und ich war der Held des Abends.

Als der Herzog mich Wochen später zum dritten Mal zum Diner einlud, war ich entschlossen, pünktlich zu sein, und koste es das Leben! Bereits um halb sieben Uhr war ich fertig angekleidet, und um zwanzig vor acht bestieg ich das Taxi, das mich in weniger als fünfzehn Minuten zum Palacio de la Liria bringen würde. Als wir einen etwas düsteren Platz überquerten, knallte es dumpf wie ein Revolverschuß, es war ein Reifen meines Taxis geplatzt. Ich war außer mir. »Schnell! Ein anderes Taxi!« rief ich dem Chauffeur zu, doch der tröstete mich: »In dieser Gegend gibt es keine Mietwagen, aber Sie haben zu Fuß nicht mehr weit, erst geradeaus und dann vorne rechts, und Sie sind da.« Ich legte los wie ein Langstreckenläufer bei den

Olympischen Spielen, kam auch schwitzend und atemlos im Palast an, jedoch zehn Minuten zu spät. Und wieder saß man schon bei Tisch.

»Mir ist etwas ganz Schreckliches zugestoßen«, sagte ich gebrochen und berichtete die traurige Geschichte von der Reifenpanne. Am liebsten wäre ich umgekehrt, so zerknirscht war ich. Der Herzog von Alba sagte gemessen: »Regen Sie sich nicht auf. Ich begreife schon.« Dann lächelte er. »Es war eine hübsche kleine Geschichte, die Sie da erzählt haben.« Diesmal glaubte er mir nicht! Die Wahrheit konnte ihn nicht überzeugen.

Ich hatte zwar riesige Erfolge, doch die Philharmonischen Gesellschaften und das Teatro Lara zahlten so geringe Honorare, daß ich dringend einen guten Agenten brauchte. Ein mir früher bekannter Musiker wußte einen Mann. »Er heißt Daniel und war früher bei Wolff in Berlin.« Und mit ihm traf ich eine Verabredung.

In Wirklichkeit hieß der Mann Ernesto de Quesada und war Kubaner, allerdings besaß er eine kleine Druckerei mit dem Firmentitel Daniel. Unter diesem Namen betrieb er auch eine Konzertagentur. Er sah noch sehr jung aus, viel jünger als seine dreißig Jahre, und er war scheu, doch spürte ich sogleich, daß er der Mann war, den ich suchte, ein wirklich kompetenter Agent.

»In der nächsten Saison werden wir sehr viel bessere Honorare erzielen«, sagte er mir, »man muß nur mit den geizigen Philharmonischen Gesellschaften handeln. In Madrid und Barcelona sollten Sie Ihre Konzerte auf eigenes Risiko veranstalten – dann gehört Ihnen alles, was nach Abzug der Unkosten übrig bleibt.« Ich engagierte ihn als Agenten für Spanien, und das ist er heute noch. Wir begannen damals sogleich mit den Vorbereitungen für meine nächste Konzertreise.

Madrid war im Mai bereits unerträglich heiß, es lebte sich dort nicht mehr angenehm, und alle redeten unentwegt vom Krieg. In diesem neutralen Land erkannte ich die Lage deutlicher als in den vom Krieg heimgesuchten Ländern. Spanien war überlaufen von Parteigängern der Großmächte, die in Madrid ihre eigenen Scharmützel austrugen; Spionage, Intrigen, blinder Alarm, Verleumdungen, das waren so die geheimen Waffen. Mir fiel es darum schwer, den Freund vom Feind zu unterscheiden. Einmal stellte mich ein Franzose zur Rede: »Stimmt es, daß Sie mit einem Beamten vom österreichischen Konsulat gesprochen haben?« »Aber überhaupt nicht«, log ich, obwohl mein polnischer Bekannter an diesem Konsulat beschäftigt war. Wo man ging und stand, hielt man Ausschau nach Spionen. »Warum ist der und der so rasch weggegangen? Wahrscheinlich will er telefonisch berichten.« Zu jener Zeit begaben sich viele meiner Bekannten aufs Land oder an die See. Eugenia und Tolita Villavieja besuchten Freunde nahe Córdoba, und der Hof übersiedelte für den Sommer nach Santander in das dortige Schloß.

Kapitel 78

Es war ein warmer, sonniger Junimorgen im Jahre 1916, als ich in San Sebastián eintraf. Meine Konzerte sollten erst im Juli stattfinden, und bis dahin wollte ich mich etwas erholen – ich brauchte Ruhe und gute Luft, vor allem wollte ich fort von Madrid.

Im Hotel Continental fand ich ein bequemes Zimmer mit Blick auf die Concha, und ging dann gut gelaunt ins Restaurant zum Mittagessen. Nahe dem Fenster saß der große Sergej Diaghilew in Gesellschaft des jungen Léonide Massine, der Nijinski als erster Tänzer und auch in der Gunst dieses Zauberers des Balletts ersetzte. Während Diaghilew mich früher nie zur Kenntnis genommen hatte, stand er diesmal auf, um mich zu begrüßen.

»Welch angenehme Überraschung«, sagte er und zeigte alle seine blendend weißen Zähne, »setzen Sie sich doch zu uns.« Ich gehorchte selbstverständlich, und fortan nahmen wir drei alle Mahlzeiten gemeinsam.

Diaghilew hatte Sorgen. Für viele Zivilisten brachte der Krieg einschneidende Veränderungen, für Diaghilew aber bedeutete er den Ruin. Da verfügte er nun über ein unübertreffliches Ballettensemble, doch die Welt, seine besondere Welt, war ihm plötzlich verschlossen. Spanien, dieses einzige noch erreichbare neutrale Land, war seine Zuflucht geworden, aber was für eine gefährdete Zuflucht! Zwar hatte er für die kommende Saison ein Engagement nach New York, und für den Sommer 1917 wollte man ihn nach Argentinien und Uruguay holen, doch weder die Metropolitan Opera noch das Colón von Buenos Aires gedachten, seine Truppe ohne Nijinski zu engagieren, und wie sollte er diesen Tänzer zurückgewinnen? »Ohne seinen Namen können wir keine Reklame machen«, hieß es, und Diaghilew, der Nijinski aus eifersüchtigem Zorn über dessen Heirat entlassen hatte, konnte nur mit dem viel weniger brillanten Massine aufwarten. Der Ärmste mußte nun den berühmten Tänzer anflehen, für jene beiden Spielzeiten wieder in sein Ballett einzutreten. Er selber und Massine wollten die Gastspielreisen nicht mitmachen. Im Augenblick hatte er kaum das Geld, seine Truppe beieinander zu halten, denn außer den eigentlichen Tänzern zahlte er noch zwei russischen Malern und dem Dirigenten Ernest Ansermet Gage, und den spanischen Komponisten Manuel de Falla entlohnte er ebenfalls, da er bei ihm für die kommende Saison ein Ballett bestellt hatte, für das Picasso Kostüme und Dekorationen entwerfen sollte.

So also bot sich die Lage dar im Augenblick meines Eintreffens. Allerdings war Diaghilew nicht unterzukriegen, er ließ sich seine Sorgen nicht anmerken, und sein Humor war unverwüstlich. Daher führten wir denn bei den Mahlzeiten stets lebhafte, geistreiche und interessante Gespräche, und mehr als einmal kamen uns ganz glänzende Einfälle für sein Ballett. Mit der Zeit kannte ich selbstverständlich alle Mitglieder seiner Truppe sowie das Bühnenpersonal, und de Falla, Lydia Lopouchowa (sie heiratete später den bekannten Finanzexperten John Maynard Keynes), Adolph Bolm, Lila Kaschouba und die Geschwister Schabelski waren ständig mit mir zusammen. So verwandelte sich die in Aussicht genommene Ruhepause in einen recht heftigen Trubel. Es war aufregend, den Proben der im Trikot arbeitenden Tänzer zuzuschauen, und ich genoß die langen Sitzungen mit den Malern und mit Ansermet auf der Terrasse, die anregenden Tischgespräche im Hotel, und ich hörte gerne zu, wenn de Falla aus seinem neuen Ballett »Der Dreispitz« vorspielte. Spät abends schleppten Lydia Lopouchowa, Bolm und andere Musiknarren mich in den verlassenen Saal des Kasinos, und hier mußte ich dann stundenlang spielen, häufig über Mitternacht hinaus. Alle waren in bester Stimmung; die Tänzer hatten an manchen Tagen nichts zu essen, sie schuldeten ihre Hotelrechnungen und besaßen keinen Pfennig – dennoch verloren sie nie ihre gute Laune. Immer waren sie zu Scherzen aufgelegt, von Rückschlägen einfach nicht zu entmutigen.

Manuel de Falla war eine bemerkenswerte Persönlichkeit. Äußerlich glich er einem Mönch in Zivil. Der kahle Schädel, die durchdringenden schwarzen Augen und die buschigen Brauen gaben ihm in Verbindung mit der stets schwarzen Kleidung etwas Melancholisches. Sogar sein Lächeln wirkte traurig. Aus seiner Musik aber sprach eine konzentrierte Leidenschaft, die man nicht in ihm vermutete. Er war nämlich befangen und schüchtern. In sein Ballett baute er mehrere altmodische Menuette und Gavotten ein, die Diaghilew aber nicht gefielen.

»Die Musik soll rein spanisch sein«, verlangte er, »all der ausländische Mist muß raus.« Am folgenden Tag brachte der gute de Falla die Skizze einer Jota, des klassischen spanischen Tanzes. »Genau das brauchen wir«, sagte Diaghilew, und Massine nickte zustimmend, »und davon brauchen wir viel, viel mehr.«

Von Tag zu Tag wurde de Fallas Jota länger, bis sich endlich der leidenschaftliche, feurige Tanz des »Finale« daraus entwickelt hatte – zum Entzücken des Auftraggebers. Das Ergebnis war verblüffend, und »Der Dreispitz« gehört immer noch zu den meistgespielten Balletten.

Fernández Arbós kam aus Madrid für die Sommersaison herüber und dirigierte sein erstes Konzert mit mir als Solisten. Vor jubelndem Publikum wurde wiederum das b-Moll-Klavierkonzert von Tschaikowsky gegeben.

Zu den aufmerksamsten Zuhörern zählten diesmal Diaghilew und eine Bekannte von ihm, Madame Misia Sert. Beide fanden größten Gefallen an meinem Spiel, und erst von jenem Tage an datiert meine wahre Freundschaft mit Diaghilew, denn bis dahin hatte er mich mehr aus Nützlichkeitserwägungen kultiviert: er wußte, daß ich in Spanien Erfolg gehabt hatte, und hoffte, ich könnte ihm bei seinen Plänen behilflich sein.

Misia Sert war nicht eigentlich eine Schönheit, doch von einem ganz eigenen Zauber beseelt. In Paris war sie sehr bekannt, da sie von Manet, Renoir, Toulouse-Lautrec, Vuillard und Bonnard gemalt worden war und als Frau des spanischen Malers José Maria Sert in Künstlerkreisen verkehrte. Und vor allem half sie Diaghilew, bei den Reichen dieser Welt die Mittel für seine verschwenderischen Ausstattungen lockerzumachen. Als sie in San Sebastián eintraf, bedeutete das für ihn eine große finanzielle Erleichterung. Misia Sert konnte sich etwas darauf einbilden, die einzige Frau zu sein, die dieser Frauenhasser nicht bloß duldete, sondern geradezu verehrte.

Das Ballett gab im Teatro Victoria Eugenia von San Sebastián zwei Vorstellungen mit dem Madrider Orchester unter Ansermet, und Ansermet dirigierte ein weiteres Konzert mit mir als Solisten. Der Saal war voll, und wir übergaben unsere ganzen Einnahmen dem Ballett, damit es seine Hotelrechnungen bezahlen konnte. Diaghilew, der sich gerade in London befand, um Geld aufzutreiben, brachte mir von dort zum Dank zwei hübsche Krawatten mit – eine reizende Geste.

Und nun begann meine Konzerttournee. Von Barcelona ging es durch die Provinz Catalonien – überall ausverkaufte Häuser und endloser Jubel.

In Palma de Mallorca lud mich die Witwe von Albéniz in ihr Haus ein, wo sie mit ihren beiden Töchtern lebte. Die eine war verheiratet, die andere, Laura, war ein bildschönes junges Mädchen. Während des Essens erzählte ich, wie ich mit Albénitz bekannt geworden war, ohne es zu wissen.

»Spielen Sie jemals seine Kompositionen?« fragte Señora Albéniz.

»Aber selbstverständlich! Ich schätze seine ›Iberia-Suite‹ sehr, aber ich möchte sie nicht vor einem spanischen Publikum spielen. In Polen lacht man die besten ausländischen Pianisten aus, wenn sie sich an eine Mazurka von Chopin machen; sie treffen eben nicht den Rhythmus dieser ausschließlich polnischen Musik. Und nach meinen Erfolgen möchte ich in Spanien nicht ausgelacht werden.«

»Und doch – spielen Sie bitte etwas von Albéniz für uns«, baten die Damen.

Ich sagte etwas verlegen: »Ich trage seine Kompositionen mit viel Empfindung vor, aber doch auf meine sehr eigene Art. Meiner Ansicht nach ist die Textur der ›Iberia-Suite‹ ein wenig zu dicht, sie hemmt den natürlichen Fluß der Melodie, und Sie werden vielleicht entsetzt sein, wenn Sie hören, wie viele Noten ich auslasse, um das Wesentliche dieser Musik besser herauszuarbeiten.«

Die Damen wollten sich nicht abschrecken lassen. »Spielen Sie, wie Sie es für richtig halten. Wir sind sehr gespannt auf Ihre Interpretation.«

Ich begann mit »Triana«, und legte meine ganze Liebe zum spanischen Rhythmus hinein. Als ich zu Ende war, sagte Señora Albéniz zu Laura:

»Ist das nicht verblüffend? Genau so hat dein Vater es auch immer gespielt.«

»Ja«, bestätigte Laura, »auch Vater hat viel überflüssiges Beiwerk in den Begleitstimmen weggelassen.«

Daß Witwe und Tochter des Komponisten – beide übrigens Pianistinnen – meine Auffassung guthießen, ermutigte mich selbstverständlich sehr. Ich spielte drei oder vier Stücke aus der Suite, und meine Zuhörerinnen riefen mir zu: »Auch Papa machte dies rubato, spielte hier pianissimo, sein Tempo war genau das gleiche!« und so fort. Da war es denn für mich entschieden.

»Madame«, sagte ich, »wenn Sie mir versprechen, zu meinen ersten Albéniz-Konzerten nach Madrid oder nach Barcelona zu kommen, dann werde ich alle zwölf Stücke aus der Suite in mein Programm aufnehmen.«

Die Damen beschworen es feierlich. Ich setzte meine Tournee fort und arbeitete in jedem freien Augenblick an diesen höchst schwierigen Stücken.

Einen Monat später kündigte ich drei Konzerte in Madrid an, und zwar für jeden Abend vier der insgesamt zwölf Stücke der »Iberia-Suite«. Da bisher niemand diese Suite im Konzert gespielt hatte, war sie für das Publikum ein überwältigendes Erlebnis, und ich kann ohne Übertreibung sagen, daß diese drei Konzerte den Wendepunkt in meiner Laufbahn bedeuteten. Jede einzelne Komposition wurde mit donnerndem Jubel begrüßt, und ich sah mich dann genötigt, sie zu wiederholen. Am Ende erhielt ich die größte Ovation meines Lebens, ich mußte mich Dutzende Male verbeugen, wurde von Blumen fast erdrückt und von einer Bravo! rufenden Menge ins Hotel geleitet. Señora Albéniz, Laura, Fernández Arbós, de Falla und andere Musiker gratulierten mir aufrichtig. »Sie haben gespielt wie ein geborener Spanier«, sagten sie, und von Stund an galt ich als bedeutendster Interpret spanischer Musik und mußte in jeder Stadt wenigstens einige spanische Stücke spielen und immer zu größtem Beifall. Auch eignete ich mir »Navarra« an, eine hinterlassene Komposition von Albéniz, sie wurde meine bevorzugte Zugabe. Jahrelang ließ mich das Publikum nicht gehen, ehe ich nicht »Navarra« gespielt hatte.

Ich freundete mich mit Manuel de Falla an, und er nahm mich eines Abends in eine Spätvorstellung mit, wo Pastora Imperio, eine berühmte Zigeunerin, in seinem Ballett »El Amor brujo« auftrat; dieses Ballett handelt von einem Mädchen, das von seinem Liebhaber behext worden ist. Das Orchester bestand aus fünf oder sechs Musikern, die übliche Band, die man in Nachtlokalen findet, der Pianist saß an einem altmodischen Klavier. Die Musik faszinierte mich, insbesondere der »Feuertanz«, den Pastora Imperio hinreißend tanzte. »Könnten Sie mir die Noten von diesem Tanz überlassen?« fragte ich de Falla. »Ich möchte ihn gerne für Klavier bearbeiten und im Konzert spielen.« Er lachte. »Die Partitur können Sie gerne haben, aber es kommt bestimmt nicht viel dabei heraus.« Ich machte meine Bearbeitung nach seinen Aufzeichnungen, und als ich sie in meinem nächsten Konzert als Zugabe spielte, geriet das Publikum ganz aus dem Häuschen – ich mußte sie dreimal wiederholen.

Der Flügel, auf dem ich meine Konzerte gab, war in einem solchen Zustand, daß ich mich langsam schämte, und ich klagte eines Tages bei der jungen Königin, daß das Instrument so hart, so metallisch, so abgenutzt klinge.

»Das ist mir auch schon aufgefallen«, versetzte Ihre Majestät und fügte nach einigem Nachdenken hinzu: »Falls Sie nicht darüber reden, schicke ich Ihnen meinen eigenen Steinway-Flügel zu Ihren Konzerten in Madrid.«

Ich lachte etwas verwirrt – das war ein sehr ungewöhnliches Anerbieten. »Wenn es Ihre Majestät nicht inkommodiert?«

»Nicht im geringsten. Man wird ihn nach jedem Konzert zurück ins Schloß bringen. Ich möchte aber nicht, daß jemand davon erfährt, auch nicht der König. Ihm wäre es vielleicht nicht recht«, sagte sie lächelnd. Ich konnte meinem tiefgefühlten Dank nur unzulänglich Ausdruck geben.

Es wurde also der königliche Konzertflügel für meine Konzerte jeweils in den Saal geschafft und dann wieder abgeholt, und die Königin freute sich, daß ihr Instrument sein Bestes hergab. Dem Publikum fiel die Veränderung ebenfalls auf, doch vermutete man als den Wohltäter irgendeinen Musikliebhaber. Dann aber hieß es eines Abends kurz vor Konzertbeginn: »Ihr Flügel ist nicht da. Das Publikum strömt bereits in den Saal – was tun?«

Ich war sehr beunruhigt. »Ich kümmere mich schon darum«, sagte ich und rief den Herzog von Santo Mauro, den Hofmeister der Königin, an, der eingeweiht war.

»Der Herzog ist abwesend«, sagte der Butler.

Ich lief wieder in das Theater, es war fast voll, auf der Bühne – nichts. Die Zeit des Konzertbeginns rückte heran – immer noch nichts. Nach einer Viertelstunde zeigte das Publikum seine Ungeduld durch wiederholtes Klatschen und Trampeln. Nun ging der Veranstalter auf die Bühne und sagte, der Flügel sei noch nicht da, müsse aber gleich eintreffen. Nachdem zum Mißfallen des Publikums eine ganze Stunde verstrichen war, kam der Flügel und wurde hastig aufgestellt. Gleich darauf erschien auch die Königin in ihrer Loge. Ich stieß einen langen Seufzer der Erleichterung aus, und das Konzert wurde eines meiner besten – es lag mir daran, das Publikum zu versöhnen, und es vergaß gerne die unliebsame Verzögerung.

In der Pause wurde ich in die königliche Loge befohlen und fand die Königin in heller Erregung. »Es tut mir leid, daß ich Sie dieser Folter ausgesetzt habe. Etwas ganz Unerwartetes ist geschehen; während des Essens gerieten der König und die Königinmutter in eine sehr lebhafte politische Erörterung, und heute haben sie auf ihre Mittagsruhe verzichtet und ausgerechnet in jenem Salon ihre Unterhaltung fortgeführt, wo der Flügel steht. Man konnte ihn also nicht fortschaffen, und ich habe wie auf Nadeln gesessen. Kaum waren sie gegangen, habe ich das Instrument in aller Eile herbringen lassen, und wir selber sind auch in aller Eile gekommen, nicht wahr?« Und sie lächelte der Herzogin San Carlos zu.

In der Saison von 1916 auf 1917 habe ich allein in Spanien über hundert Konzerte gegeben. Mir fällt nicht eine einzige spanische Stadt ein, in der ich nicht gespielt hätte. Ich sprach unterdessen mit Leichtigkeit Spanisch, doch kämpfte ich auf dieser Tournee immer mit der Schwierigkeit, jeweils das geeignete Instrument aufzutreiben. Häufig mußte ich mit Stutzflügeln vorlieb nehmen oder mit sehr alten Konzertflügeln, die irgendein Privatmann herlieh.

In einer Stadt kündigte man mir gleich nach meinem Empfang an, man habe eigens für mich ein funkelnagelneues Instrument beschafft, das sich dann aber als Pianino herausstellte! Ich lehnte ab, darauf zu konzertieren, und wollte sofort weiterreisen. Der Bürgermeister erwischte mich noch auf dem Bahnhof und sagte: »Bitte demütigen Sie meine gute Stadt nicht so!« und fing an zu weinen. Das brach mir schier das Herz, und so spielte ich denn das ganze Programm auf diesem fürchterlichen Ding.

Auf den Kanarischen Inseln hieß es, ein reicher Bananenpflanzer habe einen echten Bechsteinflügel, und an den wandte ich mich denn auch unverzüglich in der Hoffnung, er werde ihn mir leihen. Der Pflanzer, ein grober, ungebildeter Mensch, schien von meinem Verlangen geschmeichelt; man hatte ihm wohl gesagt, es sei eine Ehre für ihn, wenn ich sein Instrument spielte. »Da«, sagte er stolz, »dieser Flügel ist der beste, der teuerste Flügel, den es zu kaufen gibt – ich kaufe nur das Beste. Niemand hat dieses Instrument je angerührt, den Schlüssel« – und er zeigte ihn mir – »trage ich stets bei mir. Sie sind der erste, der ihn benutzen darf.« Er klappte feierlich den Deckel auf, und uns starrte ein scheußlicher Anblick entgegen. Die Saiten waren verrostet oder gerissen, im Holzwerk saßen Termiten, und die Filze waren von Ratten angeknabbert. Ich machte, daß ich wegkam, ich hatte nicht das Herz mitanzusehen, wie der Mensch sich grämte.

Zum Glück ließ es sich einrichten, daß ich im Teatro Real von Madrid Diaghilews Ballettpremiere beiwohnen konnte. Es war eine Galavorstellung, zu der auch die königliche Familie erschien. Der Herzog von Montellano lud mich in seine Loge ein und auch zum Souper nach der Vorstellung. ›Schéhérezade‹, wieder mit Nijinski in der Rolle des Sklaven, schlug uns ganz in ihren Bann.

Während der Pause fiel mir am Buffett ein kleiner, dunkelhaariger Mann im Straßenanzug auf, der die durchdringendsten Augen hatte, die mir je vorgekommen waren. Er redete mich auf Spanisch an: »Es usted el pianista Rubinstein?« Plötzlich wußte ich, wer das war. »Picasso?« fragte ich. Wir mußten beide laut lachen, denn wir hatten einander nach der Beschreibung gemeinsamer Freunde erkannt. Ich entschuldigte mich beim Herzog von Montellano und ging mit Picasso ins Café de Levante an der Puerta del Sol, einem bekannten Treffpunkt von Künstlern und Intellektuellen. Dort redeten wir stundenlang über alles und jedes in der Welt und verstanden einander glänzend. In jener Nacht begann eine Freundschaft, die bis zur Stunde, da ich dies niederschreibe, andauert, trotz der unvorstellbaren Veränderungen, die mit der Welt und uns selber vorgegangen sind.

Eugenia wollte unbedingt die großen Männer der Ballets Russes kennenlernen, und es gelang mir, Diaghilew, Massine, de Falla und Picasso gemeinsam im Grill des Palace Hotel an ihrem Tisch zu versammeln. Sie war von allen sehr angetan, am meisten aber von Picasso. Wie schon Gertrude Stein vor ihr, nahm sie sich seiner für ein Weilchen an und ließ sich und ihre Tochter von ihm malen. Er mußte für sie auch einen Wandschirm bemalen, eine Brosche, und überhaupt alles, was sich dazu eignete, und nach dem Krieg lud sie ihn für den Sommer nach Biarritz ein. Um ihr seine Dankbarkeit zu beweisen, verfiel Picasso auf einen sehr liebenswerten Einfall. Am Morgen vor seiner Abreise bemalte er die Wände seines Zimmers und verabschiedete sich von ihr mit einem Kuß. Als Eugenia später in sein Zimmer kam, schrie sie auf vor Entzücken und zugleich vor trauriger Enttäuschung, denn die Villa gehörte nicht ihr, sie war nur für den Sommer gemietet!

Eines Tages meldete sich jemand im Hotel, der mich unbedingt sprechen, seinen Namen aber nicht nennen wollte – es sei für mich sehr wichtig, ließ er ausrichten.

Ich ging einigermaßen neugierig hinunter in die Halle und fand hier einen schwitzenden, kleinen, dicken Mann. Er sprang auf und fragte mich hastig:

»Wo können wir ungestört sprechen?«

»Doch wohl auf meinem Zimmer«, schlug ich vor, und wir fuhren hinauf.

Der kleine Mann überzeugte sich, daß die Tür gut verschlossen war, und sagte dann, ohne auch nur Hut und Mantel abzulegen, ganz aufgeregt: »Ich möchte, daß Sie nach Argentinien kommen.«

»Und wozu?«

»Um Konzerte zu geben.«

»Sind Sie Impresario?«

»Nein, aber mein Schwager hat in Buenos Aires ein großes Theater.« Er kam mir nicht sehr vertrauenerweckend vor, doch war er andererseits so eifrig, daß ich Quesada zu Rate ziehen wollte, mochte der ihn sich anschauen.

»Können wir uns morgen mittag treffen? Ich muß mich vorher mit meinem Sekretär besprechen, es gibt da nämlich auch noch andere Verpflichtungen.«

»Ich komme gern, aber bitte: nehmen Sie kein Angebot an, bevor Sie gehört haben, was ich Ihnen biete.« Ich war einverstanden, und er ging.

Ernesto de Quesada, der meine Konzerte in Madrid und in Barcelona mit sehr gutem Erfolg organisiert hatte, kam am Vormittag zu mir, und ich erzählte ihm von dem kleinen Mann.

»Legen Sie sich nicht fest«, riet Quesada. »Warten Sie, bis Ihnen Faustino da Rosa ein Angebot macht, der Direktor des Teatro Colón, das ist die berühmte Oper von Buenos Aires. Er allein kann Sie auf die richtige Weise in diesem reichen und für Sie wichtigen Lande einführen.«

Eingedenk dieses Rates empfing ich den kleinen Mann (wie er hieß, habe ich vergessen) sehr kühl und tat alles, ihn abzuschütteln, doch war er unheimlich hartnäckig.

»Ich besitze drüben eine große Kakaoplantage«, versicherte er mir, »ich bin ein reicher Mann. Ich habe nur den einen Wunsch, den Mann meiner einzigen Schwester in seinen Theaterplänen zu fördern. Er hat mich beauftragt, die beste Schauspieltruppe von Madrid für sein Theater zu engagieren, am liebsten die Truppe vom Teatro Lara. Vorgestern nun wollte ich mir ansehen, wie sie dort eine Komödie von Benavente spielen, was aber sehe ich beim Betreten des Theaters? Auf der Bühne spielt jemand Klavier, das Theater ist überfüllt, selbst die königliche Familie ist anwesend und beklatscht diesen Klavierspieler mit noch nie erlebter Ausdauer. Ich beschloß also auf der Stelle, nicht nur die Schauspieler zu engagieren, sondern auch diesen Pianisten!«

Ich lachte, schließlich war das, was er da erzählte, zum Lachen. »Die Schauspieler gehen auf Ihr Angebot vielleicht ein«, sagte ich, »ich aber reise nur nach Argentinien, wenn mich Faustino da Rosa engagiert, der einzige, der einen Künstler wie mich angemessen herausbringen kann . . .«

»Aber da irren Sie!« unterbrach er mich. »Das Teatro San Martín meines Schwagers ist größer als das Odeon, denn nur dies könnte er Ihnen zur Verfügung stellen, außerdem hat da Rosa für die nächste Spielzeit bereits alle Engagements abgeschlossen.«

»Tut mir leid«, sagte ich kalt, »lieber warte ich noch ein Jahr oder auch zwei, als daß ich mich von jemand in Ihrem großen Land einführen lasse, der nichts davon versteht. Und nun entschuldigen Sie mich – ich habe zu tun.« Ich stand auf, und der kleine Mann ging wütend weg, ohne sich zu verabschieden.

Quesada hörte sich meinen Bericht amüsiert an, die Schauspieler vom Teatro Lara ebenfalls. Ein paar Tage später klopfte es morgens an meiner Tür. Ich machte auf, und herein kam der argentinische Kakaopflanzer, einen Lederbeutel in der Hand. Wortlos goß er einen Haufen Goldstücke auf meinem Bett aus. »Eine Vorauszahlung auf Ihre Konzerteinnahmen«, sagte er schmunzelnd. »Wir garantieren Ihnen 4500 Goldpfund für 15 Konzerte in Argentinien und Uruguay.« Und er zählte 500 Goldstücke hin. Ich war sprachlos. Das Gold sah aus wie der Schatz des Ali Baba, und ich konnte nicht widerstehen. Am Nachmittag setzten wir einen Vertrag für Anfang Juni auf, Überfahrt Erster Klasse inbegriffen. Quesada bezweifelte, daß dies klug sei. Ich schlug ihm vor, als bezahlter Sekretär mit mir zu kommen, denn ich würde mich mit ihm an meiner Seite doch sehr viel sicherer fühlen. Zu meiner Erleichterung willigte er ein. Die einzige Sorge blieb mein Paß. War er auch in Südamerika gültig? Der amerikanische Botschafter Willard, ein guter Bekannter von mir, teilte meine Befürchtungen und gab mir eine Empfehlung an seinen Kollegen in Buenos Aires mit.

Im Teatro Real hörte ich die Uraufführung von de Fallas »Nächte in spanischen Gärten« mit José Cubiles, einem jungen Freund des Komponisten, am Flügel, Arbós dirigierte. Cubiles spielte nicht auswendig, brachte sich also um einen großen Teil seiner Wirkung. Ich verliebte mich auf der Stelle in diese Komposition und erbot mich, sie im letzten Konzert der Saison zu spielen. Da ich dauernd unterwegs war, mußte ich die Partitur in der Bahn lesen, doch auf der Probe spielte ich bereits auswendig. De Falla und Arbós gefiel meine Wiedergabe, dem Publikum aber weniger, denn es ist ein kompliziertes Werk und endet noch dazu in leisestem pianissimo. Immerhin applaudierte man Arbós und mir herzlich, und ich spielte als Draufgabe den »Feuertanz«, der wie gewöhnlich Jubel auslöste. Das Königspaar war anwesend, und während der Pause unterrichtete ich Ihre Majestäten über meine argentinischen Pläne; ich beklagte die Ungerechtigkeit, daß ich als Pole infolge der russischen Unruhen nicht einmal mehr über einen gültigen Paß verfügte, und der König, der selber in Polen Verwandte hatte und große Teilnahme für mein Vaterland empfand, bestellte mich für die Mittagsstunde des nächsten Tages ins Schloß. »Ich lasse Sie gleich in meine Privatgemächer führen, und wir werden sehen, was sich machen läßt.«

Ich konnte in der Nacht kaum ein Auge zutun. Punkt zwölf holte mich der Adjudant des Königs zu der versprochenen Privataudienz. Der König stellte mich einem Herrn vor: »Mein Jefe de Seguridad. Er wird Ihnen einen gültigen spanischen Paß ausstellen, der Sie als polnischen Bürger ausweist, dessen Identität von mir persönlich garantiert ist. Damit dürften Sie in alle Länder unbehelligt reisen können.« Dank wollte er nicht hören, stattdessen schenkte er mir sein Foto in silbernem Rahmen und mit der Widmung: »Para Arturo Rubinstein, el gran amigo de España. Alfonso R.«

Dieses Bild und die beiden anderen, die mir die Königin geschenkt hatte, hütete ich wie einen Schatz. Unseligerweise sind sie verloren gegangen, als die Nazis mein Haus in Paris besetzten.

Mit meinem spanischen Paß war ich der erste, von einer großen Nation anerkannte Bürger eines freien Polen, noch bevor mein Vaterland wirklich befreit worden war.

Mitte Mai reisten Quesada und ich von Cadiz auf dem spanischen Dampfer Infanta Isabel nach Argentinien. Die lange, mehr als zwei Wochen währende Reise verschaffte uns die benötigte Ruhepause. Mit uns reisten die Schauspieler vom Teatro Lara sowie die Truppe von André Brulé und Regina Badet zu Gastspielen in Chile und Perú. Die Schauspieler waren reizende Reisegefährten, ich spielte ihnen oft vor, und sie genossen es sehr.

Zwei Tage vor der Landung in Buenos Aires erhielt ich folgendes Kabel von meinem Impresario (dem bewußten Schwager): »Habe meine Rechte aus unserem Vertrag an Faustino da Rosa abgetreten stop der benötigt sie dringend für sein teatro odeon stop die truppe von guitry die er engagiert hatte kommt nicht wegen ubootgefahr.«

Ich umarmte Quesada und tanzte vergnügt um ihn herum. »Das ist mein bisher bester deus ex machina, Ernesto«, rief ich dabei.

Quesada las das Kabel mehrmals. »Es ist unglaublich«, sagte er dann, »genau dies haben wir uns gewünscht. Sie sind wirklich ein Glückspilz.«

»Ich bin ein Glückspilz, Ernesto«, sagte ich, plötzlich ernst werdend, »denn die Vorsehung, die Natur, Gott oder was ich die Kraft der Schöpfung nennen möchte, schenken mir dieses Wunder, weil ich das Leben aus vollem Herzen und mit allen Fasern liebe, weil mein Glück keine Voraussetzungen kennt, weil ich dem Leben täglich danke für alles, was es mir schenkt. Und ich meine fast, wenn ich mir mit der Seele etwas innig wünsche, dann erfüllt das Leben mir solche Wünsche gerne.«

ENDE

23. Januar 1972
New York

ARTHUR RUBINSTEIN

Nachwort

Mit voller Überlegung lasse ich hier den Vorhang fallen – die frühen Jahre sind vorüber. Nun wechselte mein Leben seine Farbe und verfiel in einen ruhigeren Schritt. Ich hatte meine Karriere in den notwendigen Griff bekommen – eine Karriere, die trotz manchem Auf und Ab mir unermeßliche Freude bereitet bis zum heutigen Tag.

A. R.

Register

Zusammengestellt von Knut Beck

Bildnachweis

Die Abbildungen sind der bei Alfred A. Knopf, New York, erschienenen Originalausgabe ›My Young Years‹ entnommen mit Ausnahme folgender Photos: Umschlagvorderseite: RCA – Teldec, Hamburg; Umschlagrückseite: Der Meister am Schreibtisch (Photothèque Ed. Robert Laffont, Paris); Nocturne von Arthur Rubinstein (Photothèque Ed. Robert Laffont, Paris); Allgemeine Musik Zeitung (Universiteits-Bibliotheek, Amsterdam); Paderewski (Photothèque Ed. Robert Laffont, Paris); Saint-Saëns (Staatsbibliothek Berlin); Astruc (Photothèque Ed. Robert Laffont, Paris); Vertrag mit Astruc (Photothèque Ed. Robert Laffont, Paris); Jadwiga Rubinstein (Photothèque Ed. Robert Laffont, Paris); Emmy Destinn und Caruso (Ullstein Bilderdienst, Berlin); Mlynarski (Photothèque Ed. Robert Laffont, Paris); Fürst Lubomirski (Photothèque Ed. Robert Laffont, Paris); Drapers Studio (Photothèque Ed. Robert Laffont, Paris); Manuskriptseiten (Photothèque Ed. Robert Laffont, Paris).